中国共青团年鉴
2012

共青团中央 编

中国青年出版社

(京)新登字083号

图书在版编目(CIP)数据

中国共青团年鉴.2012/共青团中央编. —北京：中国青年出版社，2013.10
ISBN 978-7-5153-1971-1

Ⅰ.①中...　Ⅱ.①共...　Ⅲ.①中国共产主义青年团-2012-年鉴
Ⅳ.①D29-54

中国版本图书馆CIP数据核字（2013）第243512号

*

中国青年出版社 出版 发行
社址：北京东四12条21号　邮政编码：100708
网址：www.cyp.com.cn
编辑部电话：（010）57350504　门市部电话：（010）57350370
北京顺诚彩色印刷有限公司印刷　新华书店经销

*

787×1092　1/16　28印张　10插页　550千字
2013年10月北京第1版　2013年10月北京第1次印刷
定价：200.00元
本图书如有任何印装质量问题，请与印务中心质检部联系调换
联系电话：(010)57350337

《中国共青团年鉴》（2012）

编辑说明

一、《中国共青团年鉴》是全面反映中国共青团工作情况和组织发展情况的大型工具书。其宗旨是为各级团组织开展工作提供理论政策指导、工作经验和有关信息,为社会各界提供中国共青团的有关资料。

二、本年鉴共分7个部分:

1. 特载部分,收录了党和国家领导人关于共青团工作和青年工作的重要讲话和指示。

2. 团中央书记处领导讲话部分,收录了团中央书记处领导同志的有关讲话。

3. 重要文件部分,收录了团中央以及与其他相关单位联合下发的重要文件。

4. 重点工作概述部分,记录了团中央开展的重点工作和重点活动。

5. 重要表彰部分,收录了团中央单独表彰及与其他部门联合表彰的先进集体和先进个人。

6. 省级团委工作简介部分,记录了各省级团委开展的主要工作情况。

7. 附录部分,为共青团工作大事记。

三、《中国共青团年鉴》记录的只是共青团工作的概况,为了解和研究共青团工作提供一个基本的线索,对于大量的具体工作特别是各地团组织开展的工作,因为篇幅原因未能详尽收录。

四、本年鉴由团中央机关各部门、各省级团委和各有关青年组织提供材料。团中央办公厅负责材料整理和编辑工作。

《中国共青团年鉴》涉及面广,资料收集工作繁杂,工作中难免会有差错和疏漏,不当之处,敬请批评指正。

2013年3月

∧ 2012年5月4日，纪念中国共产主义青年团成立90周年大会在北京人民大会堂隆重举行。中共中央总书记、国家主席、中央军委主席胡锦涛出席大会并发表重要讲话

∧ 2012年5月4日，纪念中国共产主义青年团成立90周年大会在北京人民大会堂举行。会前，胡锦涛、吴邦国、温家宝、贾庆林、李长春、习近平、李克强、贺国强、周永康等党和国家领导人亲切会见了参加纪念大会的先进青年典型、优秀团员团干部、基层先进团组织代表

∧ 2012 年 5 月 13 日，第五次中日韩领导人会议在北京举办，三国领导人共同参加"亚洲校园"启动仪式。国务院总理温家宝与青年代表互动交流

∧ 2012 年 3 月 24 日，中共中央政治局常委李长春与印尼总统苏希洛共同会见中印尼两国青年代表

∧ 2012年1月10日，共青团十六届五中全会在北京召开。中共中央政治局委员、全国人大常委会副委员长王兆国出席会议并讲话

∧ 2012年4月19日，共青团新媒体和文化成果交流展览会在北京展览馆举办，中共中央政治局委员、全国人大常委会副委员长王兆国和中共中央政治局委员、中央书记处书记、中宣部部长刘云山参观了交流展览会

∧ 2012 年 12 月 24 日，中央政治局委员李源潮接见中国大学生骨干培养学校第五期学员

∧ 2012 年 6 月 12 日，陆昊同志到辽宁青年新媒体应用中心考察团组织运用新媒体有关工作

∨ 2012 年 10 月 16 日，陆昊同志在黑龙江大庆油田钻探工程公司 1205 钻井队团支部调研

∧ 2012 年 6 月，王晓同志在厦门出席第十届海峡青年论坛

∨ 2012 年 7 月 17 日，贺军科同志在浙江省舟山市普陀区东港街道灵秀社区调研社区团建工作

∧ 2012年8月20日，卢雍政同志在全国青少年井冈山革命传统教育基地看望西部计划志愿者和第五期“大骨班”学员并合影

∨ 2012年10月12日，罗梅同志在北京翠微小学出席纪念少先队建队63周年“红领巾心向党——感受你的爱”主题队日活动

∧ 2012 年 11 月，汪鸿雁同志在云南省楚雄市调研乡镇实体化“大团委”建设和维护青少年合法权益工作，并为紫溪镇团委直属团组织授牌

∨ 2012 年 8 月 22 日上午，周长奎同志在吉林团省委新媒体中心就吉林共青团新媒体建设运用和青年志愿者工作进行调研

∧ 2012 年 1 月，湖南驻粤团工委走进企业举办迎春联谊活动

∨ 2012 年 2 月 28 日，安徽省含山县运漕中心学校学生在印有雷锋画像的巨幅图画上签名

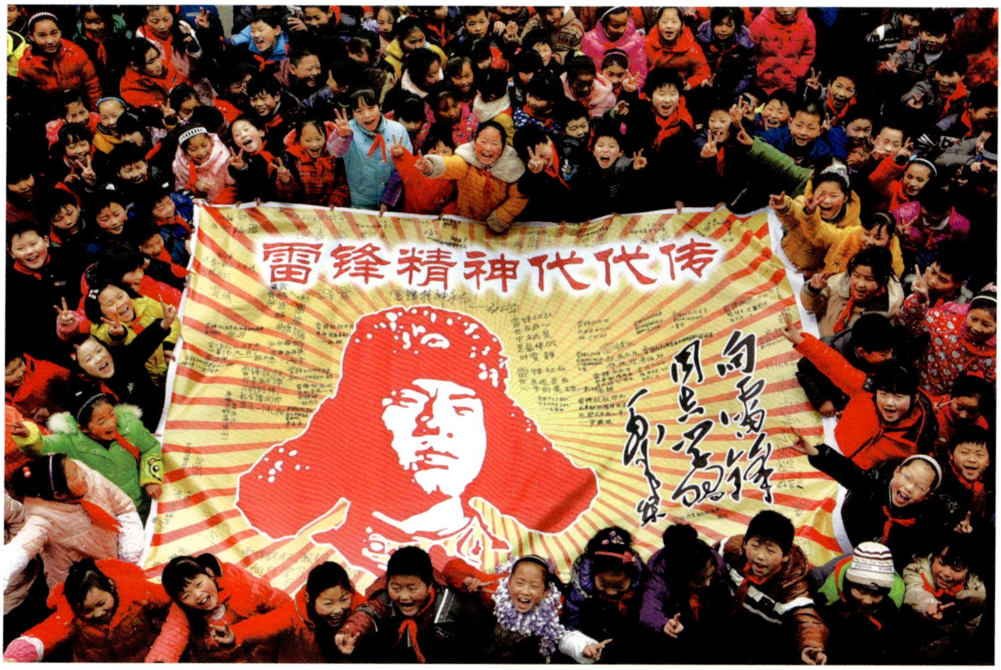

∧ 2012年4月15日，福建泉州市开展“轻松备考，共青团12355与你同行——2012年中考高考减压”活动

∨ 2012年4月22日，黄河流域9省份26个县级团组织同步启动“保护母亲河——黄河流域青少年植树行动”

∧ 2012 年 5 月 4 日，纪念中国共产主义青年团成立 90 周年大会在北京人民大会堂举行

∨ 2012 年 6 月 16 日，第四届两岸青年社团负责人圆桌会议在福建厦门市举行

∧ 2012年6月，全国少工委开展了“红领巾心向党——学先锋，找榜样，争四好”全国统一主题队日活动，通过看动漫、讲故事、办展览、颁奖章、赠礼物等形式，引导少先队员学习时代先锋和英雄少年赖宁等榜样人物，争当四好少年

∨ 2012年7月6日，首届高校国际交流社团负责人和骨干培训班学员参观外交部蓝厅

∧ 2012 年 8 月 8 日，全国少数民族大学生社会实践与社会观察活动开班仪式上全体学员演唱班歌

∨ 2012 年 9 月 27 日，第八届“振兴杯”全国青年职业技能大赛闭幕式

∧ 2012 年 11 月 25 日，由共青团中央、中国科协、教育部、全国学联和上海市人民政府共同主办的第八届“挑战杯”中国大学生创业计划竞赛决赛在同济大学举行

∨ 2012 年 12 月 4 日，2012 航展志愿服务总结大会暨援文莱志愿者出征仪式在珠海市举行

∧ 2012年12月27日，团中央"党的十八大精神宣讲团"专场报告会在成都理工大学举行

目　　录

第一部分　特载

第二部分　团中央书记处领导讲话

陆昊同志讲话

第三部分　重要文件

第四部分　重点工作概述

第五部分　重要表彰

第六部分　省级团委工作简介

第一部分
特　　载

在纪念中国共产主义青年团成立 90 周年大会上的讲话

2012 年 5 月 4 日

胡锦涛

青年朋友们，同志们：

今天是五四青年节。我们在这里隆重集会，纪念中国共产主义青年团成立 90 周年，共同回顾中国青年运动波澜壮阔的历史，共同瞻望我们伟大祖国灿烂美好的未来，共同抒发我国各族青年奋发有为的情怀。

首先，我代表党中央，向全国各族团员青年和各级共青团组织、广大共青团干部，致以热烈的祝贺和诚挚的问候！

90 年前，在中国革命风云激荡的历史变革中，在伟大五四运动的深刻影响下，中国共产主义青年团宣告成立。这是中国共产党为动员广大青年投身中国社会伟大变革而采取的重大行动，表明我们党充分认识到青年在中国社会发展进步中的重要地位和作用。从此，在党的领导下，在中国人民争取民族独立、人民解放和国家富强、人民富裕的长期奋斗中，中国青年运动展开了浩浩荡荡的发展征程。

90 年来，在中国革命、建设、改革各个历史时期，中国共产党始终高度重视青年、关怀青年、信任青年，对青年一代寄予殷切期望。毛泽东同志赞扬青年是“早晨八、九点钟的太阳”，强调希望寄托在青年身上，号召广大青年走与工农群众相结合的道路。邓小平同志满怀深情地指出，“青年一代的成长，正是我们事业必定要兴旺发达的希望所在”，希望广大青年争当有理想、有道德、有文化、有纪律的一代新人。江泽民同志强调，“青年兴则国家兴，青年强则国家强”，希望广大青年为党和人民事业坚韧不拔开拓前进。党的十六大以来，党中央要求全党都“关注青年、关心青年、关爱青年”，希望广大青年充分发挥聪明才智、尽情展现人生价值，让青春在为党和人民建功立业中焕发出绚丽光彩。这充分表明，中国共产党从来都把青年看作是民族的希望、祖国的未来，从来都把青年作为党和人民事业发展朝气蓬勃的推动力量，从来都热情鼓励和坚定支持青年在人民前进的伟大实践中实现人生理想和远大抱负。

90 年来，在中国共产党领导下，一代又一代青年用青春和热血书写了彪炳史册的壮丽篇章。在新民主主义革命时期，广大青年冲锋在前，为争取民族独立、人民解放浴血奋战、赴汤蹈火。在社会主义革命和建设时期，广大青年发愤图强，为改变国家一穷二白面貌勇挑重担、艰苦创业。在改革开放新的历史时期，广大青年锐意进取，为推进改革开放和社会主义现代化建设顽强拼搏、再立新功。一代又一代青年茁壮成长、发奋成才，涌现出一个个可歌可泣的英模人物，谱写出一首首感人至深的青春凯歌。实践充分表明，广大青年确实是我国社会最积极、最活跃、最有生气的一支力量，确实是值得信赖、堪当重任、大有希望的！

90 年来，共青团组织始终发扬“党有号

召、团有行动”的优良传统，自觉围绕党在各个历史时期的中心任务，发挥自身优势，团结带领广大团员青年，推动中国青年运动始终沿着与民族同命运、与祖国共奋进、与时代齐发展的方向前进。特别是改革开放以来，共青团组织主动适应新形势新任务，积极探索、大胆创新，组织带领广大青年为改革开放和社会主义现代化建设赤诚奉献，开创了共青团事业发展新局面。实践充分表明，共青团不愧是党的忠实助手和后备军，不愧是党联系青年的牢固桥梁和纽带，不愧是社会主义国家政权的重要社会支柱。

中国青年运动90年的历史发展，留下了极为宝贵的经验和启迪，我们要牢牢记取、倍加珍惜。

——必须始终坚持中国共产党的领导。中国共产党是团结带领全国各族人民夺取事业胜利的坚强领导核心。一部中国青年运动史，说到底，就是一部广大青年在党的领导下不懈奋斗的历史。只有坚持中国共产党的领导，广大青年才能朝着正确方向奋勇前进，中国青年运动才能沿着正确道路蓬勃发展。

——必须始终弘扬爱国主义精神。爱国主义是伟大民族精神的集中体现，是伟大五四精神的核心内容。爱国主义旗帜感召和凝聚了一代又一代青年为祖国和人民忘我奉献。只有弘扬爱国主义精神，广大青年才能激发出经久不息的奋斗热情，中国青年运动才能获得源源不断的精神力量。

——必须始终走在时代前列。青年的前进步伐从来都与时代的前进步伐紧密相连。与时代并肩前行，走在祖国和人民前进队伍的行列中，是青年成长发展、大有作为的前提条件。只有走在时代前列，广大青年才能成就远大抱负，中国青年运动才能为推动社会发展进步作出积极贡献。

——必须始终投身人民伟大实践。人民是推动历史前进的根本动力。人民创造历史的丰富实践，是青年磨砺意志、增长才干的最好课堂。与人民相结合，拜人民为师，向人民学习，是青年健康成长的必由之路。只有投身人民伟大实践，广大青年才能站稳最基本最扎实的政治立场，中国青年运动才能拥有最强大最深厚的前进动力。

——必须始终尊重青年主体地位。青年是青年运动的主体，青年运动是青年人的事业。必须尊重青年、理解青年、相信青年、依靠青年，充分照顾青年特点、发挥青年优势。只有尊重青年主体地位，广大青年才能焕发出极大的创造热情，中国青年运动才能始终保持勃勃的生机活力。

青年朋友们、同志们！

经过中国共产党人和全国各族人民前赴后继、顽强奋斗，一个生机盎然的社会主义中国已经巍然屹立在世界东方，13亿中国人民正在中国特色社会主义伟大旗帜指引下，满怀信心推进全面建设小康社会进程，加快推进社会主义现代化，中华民族伟大复兴展现出前所未有的光明前景。同时，也要清醒地看到，我们虽然取得了举世瞩目的发展成就，但我国仍然处于社会主义初级阶段，仍然是世界上最大的发展中国家，发展中不平衡、不协调、不可持续问题依然突出，人民生活水平还不高，前进道路上面对着这样那样的风险和挑战，实现社会主义现代化和全体人民共同富裕还有很长的路要走，还需要付出极大的努力。

当代青年是无比幸运的一代，又是责任重大的一代。祖国发展的巨大成就为青年成长进步创造了良好条件，祖国建设的艰巨任务为青年大展身手提供了广阔舞台。广大青年要以邓小平理论和“三个代表”重要思想为指导，深入贯彻落实科学发展观，牢记光荣使命，珍惜宝贵机遇，以坚定的信念、宽广的胸怀、创造的激情、务实的态度，踊跃投身改革开放和社会主义现代化建设伟大实践，努力做科学发展的奋力推动者、和谐社会的积极构建者，用自己的双手为全面建设小康社会、建成富强民主文明和谐的社会主义现代化国家奉献力量，谱写中国青年运动浓墨重彩的新篇章。这里，我给广大青年提五点希望。

第一，希望广大青年坚持远大理想。理想是指引人生的灯塔。青年时期牢固树立远大理想，人生道路就会越走越宽广，无论遇到怎样的艰难险阻，都能义无反顾、勇往直前。中国特色社会主义是当代中国发展进步的根本方向，是全国各族人民的共同理想。广大青年一定要高举中国特色社会主义伟大旗帜，坚定不移走中国特色社会主义道路，努力掌握和运用中国特色社会主义理论体系，坚信中国特色社会主义制度具有巨大优越性和强大生命力，把个人奋斗同人民为实现中国特色社会主义共同理想的奋斗紧密结合起来，不为任何风险所惧、不为任何干扰所惑，矢志不渝朝着崇高理想奋进，在为党和人民事业的奋斗中创造人生辉煌。

第二，希望广大青年坚持刻苦学习。青年是学习的黄金时期，学习是青年的首要任务。面对日趋激烈的国际竞争，面对艰巨繁重的改革发展任务，我们能不能始终把握未来发展的主动权，很重要的一条就是看青年一代整体素质强不强、拔尖人才多不多。广大青年一定要面向现代化、面向世界、面向未来，以只争朝夕的紧迫感，如饥似渴地学习，既认真学好基础知识又及时进行知识更新，既刻苦钻研专业知识又广泛涉猎其他知识，既重视学习文化知识又努力掌握实用技能，不断充实自己、提高自己、丰富自己。同时，要深入了解国情，自觉到基层一线去，到艰苦环境中去，到祖国和人民最需要的地方去，在实践的熔炉中增长见识、砥砺品质、强化本领，努力成为可堪大用、能负重任的栋梁之材。

第三，希望广大青年坚持艰苦奋斗。没有艰苦奋斗精神的民族难以自立自强，没有艰苦奋斗精神的国家难以发展进步，没有艰苦奋斗精神的青年难以担当重任。青年要干成一番事业，就必须不畏艰难、矢志奋斗。广大青年一定要牢记“忧劳兴国、逸豫亡身”的道理，敢于吃苦、勇挑重担，不怨天尤人、不贪图安逸，依靠自己的辛勤努力开辟人生和事业的前进道路；一定要牢记“天下大事、必作于细”的道理，从小事做起、从基础做起，不沉湎幻想、不好高骛远，用埋头苦干的行动创造实实在在的业绩；一定要牢记“艰难困苦、玉汝于成”的道理，迎难而上、百折不挠，不畏惧挫折、不彷徨退缩，在千磨万击中历练人生、收获成功。

第四，希望广大青年坚持开拓创新。创新是时代的主旋律。我们面对的是日新月异的世界，我们从事的是前无古人的事业，创新是掌握民族发展命运的关键之举，是战胜各种风险挑战的制胜之道。青年最具创新热情和创造潜力。广大青年一定要大力发扬以改革创新为核心的时代精神，有那么一种勇立潮头的浩气，有那么一种超越前人的勇气，有那么一种与时俱进的朝气，立足岗位、立足实际，讲求科学、讲求方法，把创新潜能充分发挥出来，为推动理论创新、制度创新、科技创新、文化创新以及其他各方面创新贡献聪明才智。只要青年一代的创造热情极大增强、创造能力极大提高、创造活力极大迸发，我国改革开放和社会主义现代化事业一定能够不断开辟新的发展空间、取得新的突破性进展。

第五，希望广大青年坚持高尚品行。我们要建设的现代化，是物质文明和精神文明全面发展的社会主义现代化。青年从来都是开风气之先的力量，应该主动走在建设社会主义核心价值体系的前列，为开创社会新风发挥积极作用。广大青年一定要把正确的道德认知、自觉的道德养成、积极的道德实践紧密结合起来，提高品德修养，弘扬传统美德，倡导新风正气，用高尚的道德行为推动全社会文明程度的提高。要争当诚实守信的模范，带头履行社会责任，努力营造守信光荣、失信可耻的社会氛围；争当奉献社会的模范，带头学雷锋，积极参加志愿服务活动，多做扶贫济困、扶弱助残的实事好事，大力传播我为人人、人人为我的社会公德；争当促进和谐的模范，带头弘扬社会主义法治精神，推动形成依法办事的行为规范、理性平和的社会心态、礼让宽容的人际关系，自觉维护安定团结的社会大局。广大青年要通过自己的实际行动，让爱国主义、集体主义、社会主义思想更加深入人心，让社会主义荣辱观更好引领社会风尚。

共青团作为党领导的先进青年的群众组织，肩负着团结带领广大青年为党和人民事业而奋斗的光荣任务。共青团组织一定要适应新形势，以改革创新精神推进各项工作和自身建设，更好履行组织青年、引导青年、服务青年、维护青少年合法权益的职能，不断提高共青团工作科学化水平。要着力把牢正确政治方向，把党的理论路线方针政策和中央决策部署贯彻落实到共青团各项工作中去，增强青年思想政治工作的针对性和实效性，引导广大团员青年真心实意紧跟党走中国特色社会主义道路。要着力提高服务青年能力，把为青年服务作为共青团一切工作的出发点和落脚点，为广大团员青年学习、工作、生活提供实实在在的帮助，让他们真正感受到党和政府的关怀、团组织的关爱。要着力创新活动方式，把贴近实际、贴近生活、贴近青年作为开展工作的重要原则，提高团的活动对广大团员青年的吸引力和感召力，推动共青团工作提升整体水平、实现全面活跃。要着力夯实基层基础，把加强团的基层建设当作全团的重点工程来抓，增强基层活力和战斗力，努力使团的基层组织网络覆盖全体青年，使团的各项工作和活动影响全体青年。广大团干部是推动共青团事业发展的骨干力量，要以增强政治意识、提高业务本领、转变工作作风、坚持严格自律为重点，加强团干部队伍建设，努力打造一支让党放心、让青年满意的高素质团干部队伍。

代表广大青年，赢得广大青年，依靠广大青年，是中国共产党不断从胜利走向胜利的重要保证。各级党委务必把青年工作作为一项带有根本性、战略性的工作，倾听青年心声，关心青年疾苦，鼓励青年成长，支持青年创业，及时制定和完善政策措施，尽力为青年身心健康、事业发展、生活幸福提供良好环境和条件。要加强对共青团的领导，及时研究解决共青团事业发展中的实际问题，关心帮助共青团干部锻炼成长，更好发挥共青团组织在改革发展稳定各项工作中的重要作用。

青年朋友们、同志们！

伟大的时代召唤着青年，辉煌的事业期待着青年。党和人民坚信，我国各族青年一定会不负重托、不辱使命，在全面建设小康社会、坚持和发展中国特色社会主义、实现中华民族伟大复兴的征程上创造更加壮美的青春业绩。

祖国的未来属于中国青年！

民族的光荣属于中国青年！

在第二届中非青年领导人论坛开幕式上的讲话

2012 年 6 月 19 日

贾庆林

尊敬的纳米比亚开国总统努乔马先生，
尊敬的坦桑尼亚革命党副主席姆塞夸先生，
尊敬的纳米比亚人组党总书记伊塔娜女士，
尊敬的赞比亚爱国阵线总书记卡林巴先生，
尊敬的南非总统府部长沙巴纳先生，
尊敬的各位大使先生，
亲爱的青年朋友们，女士们，先生们：

我很高兴出席第二届中非青年领导人论坛开幕式。今天在座的既有像纳米比亚开国总统努乔马这样德高望重、亲手缔造中非传统友谊的老一代领导人，又有许多热情奔放、充满活力的青年人，可以说是老友新朋共聚一堂。在此，我谨代表中国共产党、中国政府和中国人民，对第二届中非青年领导人论坛的召开表示热烈的祝贺！向开创中非友谊的老一代领导人致以崇高的敬意！向参加论坛的各位青年领导人和广大中非青年致以亲切的问候！

举办中非青年领导人论坛是中非青年交往史上的一大创举，是中非关系史上的一件大事。本届论坛以“中非合作与青年发展”为主题，顺应了中非合作蓬勃发展的大势，反映了广大青年参与中非合作、实现自身发展、推动各自国家繁荣富强的迫切愿望，必将对中非青年加深了解、相互学习发挥有力的促进作用，对中非青年事业的发展和中非合作的深化产生广泛而深远的影响。

青年朋友们，女士们，先生们！

中非友谊源远流长，根基深厚。在上世纪五六十年代，中国和非洲人民在反帝反殖、争取民族解放斗争过程中相互同情、相互支持，结下了深厚的战斗友情。在万隆会议会场内外，在联合国讲坛上，都留下了中非人民休戚与共、并肩奋斗的身影。在建设各自国家的进程中，中非相互扶持、相互帮助，奏响了密切合作、共同发展的华彩乐章。进入新世纪，中国和非洲国家立足现实和发展需要，创造性地建立起中非合作论坛这一集体对话和务实合作的重要平台。2006 年，在中非合作论坛北京峰会上，中非领导人共同决定建立政治上平等互信、经济上合作共赢、文化上交流互鉴的中非新型战略伙伴关系，推动中非关系进入全面快速深入发展的新时期。近年来，中非双方高层交往更加频繁，政治互信不断加深，经贸合作持续拓展，人文交流方兴未艾，展现出前所未有的生机和活力。下个月，中非合作论坛第五届部长级会议将在北京举行，中非双方将共同规划新形势下的中非合作蓝图，必将进一步推动中非新型战略伙伴关系迈上新台阶。

在中非友好关系的发展历程中，青年始终扮演着重要角色。恩克鲁玛、尼雷尔、卡翁达、努乔马等先驱们，在他们年轻的时候，不仅领导了波澜壮阔的非洲民族解放运动，而且与毛泽东、周恩来等中国领导人共同开启了中非友好的大门，奠定了中非传统友谊的基础。许多非洲青年志士在争取国家独立的斗争中，不约而同想到新中国，不远万里来到新中国。当时的中国在自身还很困难的情况下，积极向他们提供政治、道义和物质上的支持。大批中国青年以不同方式参与到支持帮助非洲民族解放和国家建设的事业中，成千上万中国青年建设者曾在著名的“自由之路”——坦赞铁路工地上流下辛勤的汗水。60 多名中国工程技术人员献出了他们宝贵的生命，长眠在他们热爱的土地上。他们中很多人都是青年人，其中最小的只有22岁。可以说，一批又一批中非青年用拼搏和奉献，用热血与汗水，在中非关系史上书写了可歌可泣的壮丽篇章。

当前，伴随着中非关系的发展，中非青年在各自国家建设和社会进步中发挥着越来越重要的作用，在中非合作各项事业中扮演着越来越活跃的角色。从非洲如火如荼的建设工地到现代化的通信厂房，从救死扶伤的手术台到传授知识的讲台，从展示文化魅力的舞台到维和部队的营地，到处可见中非青年并肩工作的动人场景。每年有上万名非洲青年来华学习、进修和接受短期培训，他们带来了非洲的文化，与中国青年结为知己，回国后为国效力，成为传播中非友谊的使者。中非青年交流合作已成为中非关系不可或缺的重要组成部分，成为中非合作一道亮丽的风景线。

青年朋友们，女士们，先生们！

中国共产党和中国政府一贯重视和支持中非青年合作事业，中国几代领导人都高度重视并亲自参与中非青年交往，在中非关系史上留下了许多感人的佳话。1959年2月，毛泽东主席会见非洲青年代表团时鼓励非洲青年，"要依靠非洲人自己解放非洲"，他还以鲜明的态度向非洲朋友表示，"整个中国人民都是支持你们的"。周恩来总理在他著名的非洲10国访问过程中，本着求同存异的精神，以谦恭有礼的态度，同当时的几内亚总统塞古·杜尔等非洲青年领导人进行深入的交流，畅谈世界形势和双边关系，赢得了这些非洲青年领导人的广泛赞誉。在新的历史条件下，中国共产党和中国政府继承和弘扬老一代领导人的优良传统，继续把推进中非青年合作事业发展摆在重要的战略位置，采取了一系列卓有成效的政策措施，包括邀请500名非洲青年访华、先后举办三届中非青年联欢节、与非方共同倡议召开中非青年领导人论坛等，在中非青年中产生了很好的反响。

在新的形势下，中国共产党和中国政府将继续在中非合作论坛框架下，采取积极行动，支持中非青年交流与合作，让中非合作更多惠及广大中非青年。我们将进一步扩大中非人力资源合作开发中青年的参与比例，增加非洲青年来华培训的名额和中国政府奖学金名额，举办面向非洲青年群体的专题研讨，邀请更多非洲青年代表来华考察访问。我们将帮助非洲建设职业教育培训设施，培训非洲青年职业技术人才，继续向非洲派遣中国青年志愿者，推动在非设立更多的孔子学院和孔子课堂。我们将继续与非洲国家共同办好中非青年领导人论坛及其他多边活动，为中非青年交流对话、探讨合作搭建有效平台。我相信，这些重要举措将为中非青年合作事业的发展注入强劲动力，提供有力保障。

青年朋友们，女士们，先生们！

当今世界正处于大发展大变革大调整时期，谋和平、求发展、促合作仍然是时代的主旋律。作为世界上最大的发展中国家和发展中国家集团，中非加强团结合作对促进世界和平、稳定、发展具有重要意义。青年是国家的未来和民族的希望，承载着推动中非关系发展的责任和使命。广大中非青年要接过先辈的火炬，将中非友谊进一步发扬光大，推动中非友好薪火相传、永续发展。这里，我愿提出三点想法，与青年朋友们共勉。

一是弘扬传统，努力做中非友谊的有力推动者。中非友好已深深扎根在双方人民心中，成为我们共同拥有的宝贵财富。中非友好之所以能够经受住历史岁月和国际风云变幻的考验，关键是我们在发展相互关系中始终坚持真诚友好、平等相待、相互支持、共同发展的正确原则。不管世界和中非各自情况发生怎样的变化，我们都要共同努力，把这些原则维护好，把中非传统友谊发展好。希望中非青年深刻认识加强中非关系的战略意义，更加积极地了解中非友谊的历史，更加广泛地宣传中非友好的成果,为推动中非传统友谊深入发展作出更大贡献。

二是开拓进取,努力做中非合作的积极促进者。中国和非洲各国同属发展中国家,都面临着发展经济、改善人民生活的繁重任务。加强中非务实合作,使合作成果更多惠及双方人民,符合中非双方的共同意愿。当前,中非共同利益在扩大,相互需求在增加。中非合作应当顺应形势,不断拓展领域、丰富内涵、创新方式,更好地满足中非国家发展、社会进步和人民生活水平改善的需求。希望中非青年解放思想、勇于探索,发挥聪明才智,积极投身中非合作事业,为拓展和深化中非合作作出更大贡献。

三是胸怀天下,努力做世界和平与正义的坚定维护者。维护世界和平、促进共同发展,是包括中国和非洲国家在内的广大发展中国家始终不渝的奋斗目标。希望中非青年登高望远、着眼全局,与各界有识之士和社会进步力量一道,共同推进南南合作,积极维护发展中国家权益,促进国际关系民主化,为实现世界持久和平与共同繁荣作出更大贡献。

青年朋友们,女士们,先生们!

青年是中非友好的生力军,中非友好的美好前景要靠你们开创。我衷心希望中非青年携起手来,自觉肩负起承前启后、继往开来的历史使命,把中非友好事业不断推向前进,共同创造中非关系更加美好的明天!

预祝论坛取得圆满成功! 谢谢大家!

在共青团十六届五中全会上的讲话

2012 年 1 月 10 日

王兆国

同志们:

今天,共青团召开十六届五中全会,深入学习贯彻党的十七届六中全会和中央经济工作会议精神,全面总结 2011 年工作,研究部署 2012 年任务。这对于各级团组织认清形势,把握大局,加强和改进新形势下青年群众工作,不断提高团的建设科学化水平,团结带领广大团员青年为推动经济社会又好又快发展作贡献,具有十分重要的意义。

2011 年,在党中央坚强领导下,各级团组织和广大团干部认真贯彻落实中央一系列重要指示精神,勇于探索,狠抓落实,朝着胡锦涛总书记对共青团提出的“两个全体青年”的目标要求迈出了坚实步伐。突出表现在:一是紧紧围绕迎接和庆祝中国共产党成立 90 周年,深入学习贯彻胡锦涛总书记“七一”重要讲话精神,深入开展“学党史、知党情、跟党走”和“我与祖国共奋进”主题教育实践活动,广泛举办党史报告宣讲活动和形势政策报告会,深化青年马克思主义者培养工程和分类引导青年工作,进一步坚定了广大青少年建设中国特色社会主义的共同理想信念。二是紧紧围绕科学发展这个主题和加快转变经济发展方式这条主线,扎实推进各项品牌工作,推动青年参与社会实践,激励青年岗位建功,为促进经济平稳较快发展、保持社会和谐稳定作出了积极贡献。三是关注青年的普遍性需求,积极整合社会资源,集中力量开展促进青年就业创业和关爱农民工子女工作,服务青年取得扎实成效。四是积极反映和维护青少年合法权益,深入探索重点青少年群体帮教工作机制，认真做好预防青少年违法犯罪工作，在加强和创新社会管理中发挥了重要作用。五是坚持眼睛向下、重心下移，坚持党建带团建、团建服务党建，切实抓好团的基层组织建设和基层工作，在非公有制企业团建、流动青年驻外团组织建设、乡镇街道团的组织格局创新等领域取得新的突破，团的基层组织网络覆盖面进一步扩大，基层工作活力明显增强。六是继续加强团干部作风建设，推动各级团干部以各种方式深入基层，与广大普通青年同吃、同住、同劳动，锤炼密切联系青年的良好作风，进一步增强了面对面做好青年群众思想工作的能力。七是不断深化与港澳台青少年的交往，积极拓展与国际青少年的交流，青年统战和外事工作更加活跃。在这里，我代表党中央，向各级团组织、广大团干部和团员青年致以亲切的问候！

今年是我国发展进程中具有特殊重要意义的一年，我们党将召开第十八次全国代表大会。开好党的十八大，对于我们党高举中国特色社会主义伟大旗帜，团结带领全国各族人民继续全面建设小康社会、加快推进社会主义现代化、开创中国特色社会主义事业新局面，具有重大而深远的意义。各级团组织和广大团干部要按照中央的要求和部署，切实做好迎接党的十八大胜利召开的各项工作。最近，习近平同志主持召开中央书记处办公室会议，专门听取团中央工作汇报，对共青团一年来的工作给予充分肯定，并对做好2012年工作提出明确要求。各级团组织要认真学习领会、坚决贯彻落实。下面，我讲三点意见。

一、以迎接党的十八大为契机，以引导青少年坚定跟党走为主线，全面深化青少年思想引导工作

青年是国家、民族的未来和希望，也是我们党的未来和希望。青年一代的状况，直接关系到中国特色社会主义事业的长远发展，直接关系到党的执政地位的巩固和执政使命的实现。共青团作为党的助手和后备军，始终要把引导青年坚定跟党走中国特色社会主义道路作为根本性、战略性任务。迎接党的十八大，是开展青少年思想引导工作的有利契机。共青团组织要抓住这一契机，认真研究和着力推进用社会主义核心价值体系教育引导青少年工作，为党和国家事业培养一批又一批合格建设者和可靠接班人。

要以理想信念教育为重点，引导广大青少年坚定跟党走中国特色社会主义道路的决心。理想信念教育是青少年思想引导工作的重点，核心是要让青年一代坚持党的领导、拥护党的决策、矢志为党所开创的中国特色社会主义事业奋斗。一是要引导广大青少年在深入了解党史中坚定理想信念。要组织青少年深入学习贯彻胡锦涛总书记“七一”重要讲话精神，继续推进“学党史、知党情、跟党走”主题教育活动，使广大青少年深刻认识党带领全国各族人民在革命、建设、改革中取得的丰功伟绩来之不易；深刻认识没有共产党就没有新中国，就没有今天的幸福生活；深刻认识党的根本宗旨、历史使命和优良作风，从而发自内心地热爱党、拥护党、信赖党。二是要引导广大青年在自觉学习理论中坚定理想信念。没有理论上的成熟，就不会有理想信念上的坚定。要采取青年易于接受的形式，以青年学生、团干部和青年知识分子三大群体为重点，深入推进青年马克思主义者培养工程，坚持不懈地用中国特色社会主义理论体系武装青年头脑。三是要引导广大青少年在全面把握国情中坚定理想信念。要引导广大青少年既看到我国改革开放30多年来经济社会发生的翻天覆地变化，又看到我国人均经济总量较小、城乡差距仍然较大、还有不少困难群众和落后地区等问题，充分认识我国仍是世界上最大的发展中国家，我们仍处于并将长期处于社会主义初级阶段，从而更加自觉地团结在党的周围，在党的强有力的领导下为实现国家富强、人民幸福、民族振兴而奋斗。四是要引导广大青年在意识形态斗争中坚定理想信念。当前，随着我国进入经济转型的加速期和社会矛盾凸显期，各类社会热点问题叠加出现，世界范围内各种思想文化交流、交融、交锋更加频繁，境内外敌对势力通过各种方式与我们争夺青年的斗争也日趋激烈。面对当前意识形态领域的复杂形势，各种团组织要帮助广大青年进一步增强政治敏锐性和政治鉴别力，在大是大非面前保持头脑清醒，始终坚定不移地跟党走。

要以“我与祖国共奋进”为主题，不断激发广大团员青年投身民族振兴伟业的强大精神力量。实现中华民族伟大复兴的事业艰巨而繁重，在前进的道路上仍然面临各种风险和考验，需要全民族焕发出强大的精神力量，坚持不懈地为之而奋斗。要引导广大青少年充分认识到，没有人民精神世界的极大丰富，没有全民族精神力量的充分发挥，一个国家、一个民族不可能屹立于世界民族之林，物质贫乏不是社会主义，精神空虚也不是社会主义。要着力增强广大青年投身社会主义现代化建设的责任感和使命感，通过深化“我与祖国共奋进”主题教育实践活动，帮助他们认清我国仍处于并将长期处于社会主义初级阶段，正确看待改革开放进程中遇到的各种矛盾和问题，从而保持合理发展预期，增强自强不息的奋斗精神。要大力开展以“劳动·创造·奋斗”为主题的青少年励志教育，引导广大青少年充分认识到国家发展、社会进步所提供的成才立业的广阔舞台，只在自身发愤努力就一定能够实现人生追求，从而更加积极践行“劳动最光荣、劳动者最伟大”的真理，立足岗争创一流，用扎实的奋斗开创事业发展的新天地，实现人生的最大价值。

要以弘扬社会主义荣辱观为载体，引导广大青少年在实践中形成良好的道德品质。青少年的思想道德状况，直接关系中华民族的整体素质。我们要看到，在经济社会快速发展的进程中，道德失范、诚信缺失、世界观人生观价值观扭曲的现象，在一些青少年身上同样存在。各级团组织要注重加强对青少年基本道德规范灌输和法制意识教育，运用青少年可敬、可信、可亲、可学的典型事迹，引导广大青少年知荣辱、明是非，形成爱国、敬业、诚信、友善的基本道德观念。要组织以广大青少年积极投身群众性精神文明创建活动，广泛开展青年志愿者、青年文明号、“手拉手”等道德实践活动，引导他们在实践中增进对人民的感情、对社会的责任，锤炼自身的意志品格。

二、紧紧围绕贯彻落实中央关于经济社会发展的重要精神和重大部署，团结带领团员青年为推动科学发展、促进社会和谐作贡献

今年是实施“十二五”规划承上启下的重要一年。面对复杂多变的国际形势和艰巨繁重的国内改革发展稳定任务，中央围绕“十二五”时期发展的总体目标，对经济建设、政治建设、社会建设、文化建设以及生态文明建设和党的建设作出了一系列重大部署。各级团组织要紧紧围绕党和国家工作大局，找准共青团工作的结合点和切入点，团结带领广大团员青年在促进经济社会发展中发挥积极作用。

要深入学习贯彻党的十七届六中全会精神，组织动员青年积极投身文化改革发展。党的十七届六中全会提出了新形势下推进文化改革发展的指导思想、重要方针、目标任务、政策举措。各级团组织要充分认识到，文化越来越成为民族凝聚力和创造力的重要源泉、越来越成为综合国力竞争的重要因素、越来越成为经济社会发展的重要支撑，丰富精神文化生活越来越成为人民的热切愿望；要深刻认识到青年是文化建设的生力军和文化建设成果的享有者，注重发挥青年在文化建设中的积极性和创造力，通过各类青年组织，广泛团结联系、积极培育支持青年文化人才，努力创作和运用更多文化艺术精品，服务广大青少年的精神文化需求。要大力推进团属文化事业发展，坚持公益性导向，突出青少年特色，不断巩固和强化青少年文化阵地。要积极探索吸引、凝聚、引导青少年的文化新载体新手段，善于运用青少年喜闻乐见的文化形式和文化活动，积极倡导文明健康的企业文化、乡村文化、校园文化、网络文化等，使党的思想主张真正在青少年中入脑入心。

要认真学习贯彻中央经济工作会议精神，组织动员青年积极投身科学发展实践。中央经济工作会议明确了今年经济工作的目标任务和政策举措，强调要突出把握好稳中求进的工作总基调，继续处理好保持经济平稳较快发展、调整经济结构、管理通胀预期的关系。当前我国经济已经进入加快转变发展方式和调整结构的关键时期，各级团组织要善于发现和开辟广大青年可以大有所为的广阔空间。要着眼于推动经济发展方式转变，通过青年技能大赛、青年岗位能手、挑战杯、青少年科技创新奖等载体，引导广大青年增强创新意识和能力，在知识创新、技术创新、管理创新等各个领域贡献聪明才智，特别是要激励激发青年科技工作者、青年企业家的创新热情和创造潜能，积极投身核心关键技术研发，大力推动战略性新兴产业发展。要着眼于促进区域协调发展和新一轮扶贫开发，深化大学生志愿服务西部计划、“三下乡”、博士服务团等工作，鼓励青年到基层、到一线、到西部、到祖国建设最需要的地方去干事创业；同时，要通过各级青联组织、优秀青年选拔表彰机制，把那些扎根基层和在艰苦环境中默默奉献、成绩突出的优秀青年代表挖掘出来、推广开来，努力在广大青少年中形成正确的成才导向。要着眼于促进可持续发展，继续推动保护母亲河行动，引导广大青少年增强生态文明理念，积极投身节能环保实践。

要切实贯彻落实中央关于加强和创新社会管理的重要精神，组织动员青年积极投身和谐社会建设。去年，中央多次研究部署社会管理工作。我们要充分认识到，加强和创新社会管理是实现全面建设小康社会目标、实现党和国家长治久安的重大战略任务，共青团组织在其中承担着重要的责任。一是要切实把对青少年普遍性利益诉求的服务和维护，作为参与社会管理的重要工作。今年全国高校毕业生将近700万人，再加上大量的新增进城务工青年和前些年没有实现就业的高校毕业生，将会形成一个庞大的待就业青年群体。要把促进青年就业创业作为服务青年工作的重中之重，千方百计为广大青年提供就业服务。当前，青年农民工是一个需要全社会高度重视和关心的群体，要在驻外团组织和非公企业团组织建设取得成绩的基础上，着眼于这一群体在学习成才、情感婚恋、身心健康、社会融合等方面的需要，开展丰富有效的服务和维权活动；同时，要继续深入开展关爱农民工子女志愿服务行动，用结对的方式，实现长效帮扶。二是要切实履行好中央综治委预防青少年违法犯罪专项组组长的职责，协调好有关方面，加强对特殊青少年群体的教育、帮扶、矫治、管理工作。三是要切实做好青少年社团组织的管理工作，加强对青年自组织的联系、服务和引导，努力建设以共青团为核心，以各类青年组织为延伸的青少年组织体系，使它们真正成为青年工作的有力延伸和重要依托，充分发挥党和政府联系青年的桥梁纽带作用。

三、以共青团成立90周年为契机，认真总结和把握为党做好青年群众工作的经验和规律，切实加强团的自身建设，始终保持共青团的生机与活力

今年，中国共产主义青年团将迎来成立90周年的日子。在这样一个值得纪念的时刻，各级团组织要在精心筹备和做好有关纪念活动的基础上，认真回顾带领广大青年跟着党奋斗的光荣历程，深入总结共青团的优良传统，系统梳理共青团事业发展的宝贵经验和基本规律，进一步明确今后为党做好青年群众工作的努力方向。

要牢牢把握党与团的重要政治关系，不断巩固和扩大党执政的青年群众基础。马克思主义政党只有赢得青年才能赢得未来，只有培养青年才能开创未来。共青团作为党领导的先进青年的群众组织，与党有着重要的政治关系，是为党赢得青年的重要力量，这就决定了共青团最根本的职能在于最广泛地把青年团结凝聚在党的周围。在新的历史条件下，党的科学理论的创新发展、党的执政地位的长期巩固、党的历史使命的最终实现，都需要最广大的青年群众拥护党的领导、坚定跟党走，这就要求共青团切实为党做好赢得青年的工作。共青团必须始终牢牢把握巩固和扩大党执政的青年群众基础这一根本职责，必须始终牢牢把握培养中国特色社会主义事业可靠接班人和合格建设者这一根本任务。团的各项工作和建设都要始终围绕这一根本职责和根本任务来展开，努力让更多的青年认同、支持、拥护我们党。

要牢牢把握“两个全体青年”的目标要求，始终坚持眼睛向下、重心下移、狠抓基层。共青团要为党赢得青年，最根本的就是要按照胡锦涛总书记提出的“两个全体青年”的目标要求，努力使团组织融在广大青年之中。这一融入的过程，最终要靠覆盖广泛的基层团组织和充满活力的基层工作来实现。因此，要继续把狠抓基层、支持基层，作为共青团整体建设的根本，作为青年群众工作必须长期坚持的任务。近年来，各级团组织围绕加强基层组织建设和基层工作做出了巨大努力，基层组织网络覆盖面不断扩大，基层工作活力显著增强，为有效联系和影响广大青年奠定了坚实基础。下一步，要继续保持狠抓基层的决心和力度，努力把团的基层建设不断向前推进。要坚持党建带团建，继续扎实推进非公有制企业和新社会组织团建，进一步巩固流动青年驻外团组织建设和乡镇、街道团组织格局创新工作。要更加灵活地设置基层团组织，根据青年的社会分布和流动特点，探索和完善各种联建模式，大力推进青年自组织、青年兴趣组织、农村青年专业合作组织等新领域团建，努力把更多的青年纳入团组织联系、影响和服务的范围。

要牢牢把握青年的变化与特点，不断增强共青团工作对青年的吸引力和影响力。共青团工作是党的青年工作的组成部分，青年工作必须照顾青年的特点，根据青年的变化不断创新内容和方式，只有这样才能得到青年的欢迎和接受。随着经济社会的深刻变革，当代青年的思维方式更加活跃，群体结构更加复杂，利益诉求更加多样，他们的聚集、联络、沟通、交流等方式也都发生了深刻变化。各级团组织要针对不同青年群体多样化的具体需求，创造性的设计和开展青年真正需要、乐于参与的工作和活动载体；要适应信息时代青年的思维和行为特点，进一步加强新媒体工作，充分运用即时通讯、微博、社交网站等手段，努力使团的工作更好地体现时代特点。

要牢牢把握党对青年干部成长的重要要求，坚持不懈地加强团干部队伍建设。团干部是党的青年群众工作的重要力量，团干部队伍的素质和作风很大程度上关系到党的青年群众工作的成效、关系到共青团组织的整体形象。广大团干部要坚持用中国特色社会主义理论体系武装头脑、指导实践、推进工作，不断提高理论素养和政策水平，努力加强政治意识、大局意识、责任意识，切实做到在思想上、政治上、行动上同以胡锦涛同志为总书记的党中央保持高度一致。要锤炼扎实作风，自觉到基层、到青年中去践行党的群众观点和群众路线，自觉在团的重点和难点工作中攻坚克难，进一步强化真抓实干、迎难而上、持之以恒的工作作风。今年要注意防止换届工作可能带来的影响，心无旁骛抓工作，用扎实的工作实践锻炼提高团干部本领，以良好的工作业绩开创共青团事业的新局面。

共青团事业是党的事业的重要组成部分。各级党委要从党执政地位长期稳固、党和国家事业长远发展的战略高度，重视和关心青年，支持共青团工作，严格要求和关心爱护团干部，为各级团组织特别是基层团组织做好党的青年群众工作创造更加有利的环境和条件。

同志们，让我们紧密团结在以胡锦涛同志为总书记的党中央周围，高举中国特色社会主义伟大旗帜，以邓小平理论和“三个代表”重要思想为指导，深入贯彻落实科学发展观，坚定信心，开拓进取，扎实工作，以优异成绩迎接党的十八大胜利召开！

在全国青联十一届三次常委（扩大）会议上的讲话

2012年8月16日

王兆国

同志们：

在全国各族各界青年深入学习贯彻胡锦涛总书记在省部级主要领导干部专题研讨班上的重要讲话和五四重要讲话精神、努力以优异成绩迎接党的十八大的新形势下，全国青联在这里召开十一届三次常委（扩大）会议，对于动员和激励各族各界青年增进思想共识、贡献聪明才智，为全面建设小康社会作出新贡献，具有十分重要的意义。在这里，我代表党中央，向各位青联常委和委员，并通过你们向全国广大青年表示亲切的问候！

不久前，胡锦涛总书记在省部级主要领导干部专题研讨班上的重要讲话中深刻指出，我国发展仍处于可以大有作为的重要战略机遇期，面临前所未有的机遇，也面对前所未有的挑战。一方面，近年来，在中央的坚强领导下，我们坚持改革开放，促进经济发展，推动社会进步，不断改善民生，文化繁荣发展，更加重视生态，各项事业取得了很大成就。特别是成功应对国际金融危机带来的严重冲击，推动经济社会发展保持了良好的势头。另一方面，我国现代化建设仍然面临着“四个考验”；同时，“四种危险”更加尖锐地摆在全党面前。面对这些机遇和挑战，我们既要进一步坚定在党的领导下夺取全面建设小康社会新胜利的信心，又要进一步增强大局意识、责任意识、忧患意识，更加奋发有为地推动科学发展、促进社会和谐。广大青年要认真学习贯彻胡锦涛总书记重要讲话和下半年将要召开的党的十八大精神，切实把思想和行动统一到党中央关于党和国家事业发展的重大决策部署上来。

全国青联十一届全委会召开以来，各级青联组织紧紧围绕党和国家工作大局，深入开展丰富有效的主题教育实践活动，切实增进各族各界青年的共同理想信念；围绕“十二五”规划实施，广泛凝聚各族各界青年的智慧力量；关注和服务青年群体特别是困难青年群体的普遍性诉求，积极促进青年的成长发展；创新工作模式，提高与港澳台青年交流工作的实效；不断加强青联组织的自身建设，青联组织的吸引力、影响力进一步增强。

5月4日，胡锦涛总书记在纪念中国共青团成立90周年大会上发表的重要讲话，对当代青年提出了殷切希望。青联委员都是青年人中的佼佼者，肩负着更多的社会责任和公众期望，在青年中乃至全社会都有着很强的示范作用。希望你们以更高的标准严格要求自己，用自身的成长历程、精神追求和模范行动影响带动青年，为青年作出表率。

要努力做报效祖国、心系民族的楷模。爱国主义和社会主义，始终是中国青年运动的旗帜。在新的历史条件下，实现中华民族的伟大复兴，是全体中华儿女的共同心愿；坚持中国特色社会主义，是民族复兴唯一正确的道路。青联委员要做胸怀祖国、服务人民的忠诚爱国者，自觉把个人的理想与国家民族的命运紧密结合，不断培养高尚的爱国情操，不断强化坚定的强国之志；要做中国特色社会主义事业的坚定拥护者，充分认识到中国特色社会主义是当代中国发展进步的旗帜，理性看待前进道路上的困难和风险，牢固树立跟党走中国特色社会主义道路的信念；要做改革开放和社会主义现代化事业的优秀建设者，在各条战线、各个岗位创先争优，始终与祖国共奋进、与时代同发展。

要努力做刻苦学习、发奋成才的榜样。青联委员要树立终生学习的观念，看到世界经济、科技快速发展变革的新趋势，切实增强知识更新的紧迫感，广泛学习现代经济、政治、科技等方面的新知识、新技能，不断增强与时代发展和我国现代化事业相适应的素质能力。要强化赶超先进的意识，看到我国的发展与世界先进水平相比还存在一定的差距，主动学习人类创造的一切优秀文明成果，努力走在时代发展前列。要坚持学以致用的理念，深入基层、深入群众，在实践中增长才智、积累经验、提高本领，努力成为可堪大用、能负重任的栋梁之才。

要努力做艰苦奋斗、矢志创业的先锋。青联委员要有居安思危的意识和追求卓越的精神，努力在更高基础、更广平台上不断开创事业发展的新天地。要坚持锤炼自身的顽强意志和奋斗精神，敢于在急难险重的任务面前勇挑重担，勇于在祖国和人民最需要的地方大显身手。要立足本职，爱岗敬业，脚踏实地，埋头工作，让青春在岗位奉献中焕发光彩，为国家、为社会、为人民不懈奋斗。

要努力做开拓创新、锐意进取的标兵。创新是掌握民族发展命运的关键之举，是战胜各种风险挑战的制胜之道。青联委员要顺应时代潮流，瞄准发展前沿，牢牢把握新的科技革命和产业变革的机遇、世界科技创新格局调整的机遇、经济发展水平不断提高和市场不断扩大的机遇。要敢闯敢试，积极投身知识创新、技术创新、管理创新等各个领域，以积极姿态和扎实成绩，在创新型国家建设中谱写青春华章。

要努力做品行高尚、严于律己的表率。青联委员要带头弘扬爱国主义、集体主义、社会主义精神，带头倡导社会公德、职业道德和家庭美德，走在建设社会主义核心价值体系的前列。要把个人的成就与履行社会责任紧密结合起来，多做扶贫济困的实事好事。要不断加强自身修养，保持清醒的头脑，保持谦虚谨慎的言行和艰苦朴素的作风，经得起政治、事业、名利和生活的考验，在广大青年中发挥好示范导向作用。

青联是党领导下的重要的人民团体，是党的青年群众工作的重要力量。胡锦涛总书记在五四重要讲话中深刻阐释了中国青年运动的宝贵经验，对做好新时期青联工作进一步指明了方向。青联组织要把学习贯彻胡锦涛总书记五四重要讲话精神与贯彻落实胡锦涛总书记致全国青联十一届全委会的贺信精神结合起来，牢牢把握青联工作的内在规律性，主动适应形势新变化，准确把握青年发展新特点，以改革创新精神推进各项工作和自身建设，切实打牢青联组织的共同思想基础，充分发挥青联组织服务大局、服务青年的积极作用，努力加强青联组织的自身建设，不断提高青联工作科学化水平。

各级党委和政府要切实加强对青联工作的领导，研究解决青联工作中出现的困难和问题，有力支持青联组织依照章程创造性地开展工作。共青团要充分发挥在青联组织中的核心作用，认真研究新形势下青联工作的新特点、新规律，努力为青联工作创造良好条件。

我相信，有着光荣传统的青联组织，在新的历史条件下一定能够按照党的要求，履行好自身职责，发挥好各项职能，以优异成绩迎接党的十八大胜利召开！

自觉坚持中国特色社会主义政治方向

——在与大学生骨干培养学校学员座谈时的讲话

2012年12月24日

李源潮

今天见到这么多大学生骨干，看到大家朝气蓬勃、热情洋溢，特别是听大家称我们为老师，让我回想起30年前在大学做学生工作的情景，感到很亲切。

大家正在集中学习党的十八大精神。刚才王潇潇同学讲，现在大学生中有不少困惑。这使我想起30年前的这个时候，我们正在学习党的十二大精神。那一代大学生，面临的是刚从“文化大革命”中走出来的社会，中国刚刚开启改革开放的大门，年轻人遇到的困惑和问题，没想明白的事情，恐怕比你们这一代大学生多得多。当时很多人包括许多教师，一方面赞赏这一代学生学习刻苦努力，另一方面又有一些担忧，包括政治上的担忧。因此，当时加强大学生思想政治教育，重点是按照党的十二大精神让大家认清中国将向什么方向前进。30年过去了，我们的国家更好了，我们的党更好了，我们的人民生活得更好了，当年的大学生很多都成了各行各业的领导和骨干。这是历史的进步，是国家和民族的进步，我们每一个人都是在国家和民族的进步中成熟与发展的。

青年人终究要接班，成为社会的骨干，这是历史发展的自然规律。刚才有同学讲到十八大报告提的“两个百年”奋斗目标，第一个百年你们正当“而立之年”，第二个百年你们才五十多岁，还正是干事的时候，你们的时代机遇令人羡慕。在座的各位将来不一定都当党政领导干部，但应该都会是各行各业的骨干。因为大家都是校学生会主席，有个共同特点就是组织领导能力比较强。青年大学生骨干怎么发展，将来能不能做各行各业的领导骨干或做什么样的领导骨干，是一个需要历史来回答的问题，既要靠党和国家发展的历史来回答，也要靠个人努力奋斗的历史来回答。不管是党和国家的发展，还是个人的发展，都要顺应规律。这个规律包括历史的规律和社会的规律、理论的规律和实践的规律。团中央举办中国大学生骨干培养学校，让大家接受理论教育，参加实践锻炼，到井冈山等地学习革命传统，就是为了帮助大家了解规律、掌握规律，在未来成长发展得更好。

中国共产党在中国执政是历史的选择，但也只有你执政执得正确，社会发展得好，人民拥护你，你才能长期执政。一个政党长期执政有个好处，就是可以制定长期规划，稳定发展战略，保持政策稳定性。比如我们制定的科技规划、教育规划、人才规划等都是中长期规划。

许多国外政党对此很羡慕，他们两党或多党竞争，轮流执政，规划做长了也没用，换一个政党上台，马上就把原来的政策换了。但长期执政也有长期执政之忧。胡锦涛同志多次强调，我们党面临“四大考验”，存在“四种危险”，长期执政的考验摆在第一位。要解党长期执政之忧，很重要的问题是培养坚定的、新生的领导骨干。所以，中国共产党历来关心青年大学生骨干的成长，社会也十分关注大学生的成长。十八大报告专门对青年讲了一段话，强调全党都要关注青年、关心青年、关爱青年，倾听青年心声，鼓励青年成长，支持青年创业。要求广大青年积极响应党的号召，树立正确的世界观、人生观、价值观，永远热爱我们伟大的祖国，永远热爱我们伟大的人民，永远热爱我们伟大的中华民族，在投身中国特色社会主义伟大事业中，让青春焕发出绚丽的光彩。

我们说理想既指社会理想，也指个人理想。现在大家对中国人民的社会理想是明确的，即建设中国特色社会主义，全面建成小康社会和基本实现现代化。但对人生的理想就不一定那么明确。因为学生的人生理想往往只是一个方向，已经走上社会的毕业生人生理想定位会明确一些，但大多数同学还没有走上社会，没办法对人生目标作非常精确的定位。确定人生前进的方向，要与整个社会、国家和人民前进的方向连在一起。今年年初，我上大学时同系同届的同学毕业30年聚会，人才济济，有教授、校长、市长、经理，各行各业都有，多数同学都做出了问心无愧的成绩。再过30年，你们这些学员如果重新聚会，回头看看自己的发展，是怎么和国家、人民的发展一起前进的，各自在“两个百年”的成功中起了什么作用。这个问题需要我们回答，也需要你们回答，最终还是要你们自己回答。

刚才，几位同学谈了学习十八大精神的体会，谈了参加这个班到井冈山接受革命传统教育、到农村基层实践锻炼、到西部地区当志愿者或工作的收获，表达了报效国家和人民的理想抱负，我听了很受鼓舞、很感欣慰。学习贯彻十八大精神是当前全党全国的首要政治任务。十八大精神的核心，就是坚持中国特色社会主义、坚持科学发展，为全面建成小康社会而奋斗。习近平总书记指出：“坚持和发展中国特色社会主义是贯穿党的十八大报告的主线。我们要紧紧抓住这条主线，把坚持和发展中国特色社会主义作为学习贯彻党的十八大精神的聚焦点、着力点、落脚点。”中国特色社会主义事业是面向未来的事业，需要一代又一代有志青年接续奋斗。今天，我着重就大学生骨干要自觉坚持中国特色社会主义政治方向谈点想法，与大家一起讨论交流。

一、深刻认识中国特色社会主义方向的政治内涵

对于一个党、一个国家、一个民族、一个社会来说，方向决定命运，方向决定未来。这个话大家经常听到，但感受可能不那么深。如果大家到了我们这个年龄回头看，体会就会深得多，就会感到方向的选择尤其是在关键时刻的方向选择对命运前途至关重要。一般讲选择发展方向涉及政治、经济、科技、教育、人才等各个方面，但对一个国家和社会的发展来说，政治方向最具有决定性意义。中国特色社会主义是当代中国发展进步的根本方向。十八大报告阐明了中国特色社会主义是道路、理论体系和制度三位一体的有机统一，提出了夺取中国特色社会主义新胜利的八项基本要求。坚持中国特色社会主义方向，首先要在理论和实践的结合上，在历史、现实和未来的联系上，在中国和世界的对比中，深刻把握它的基本政治内涵。

第一，中国特色社会主义方向是马克思主义中国化的理论发展方向。我们党是依靠马克思主义起家的。十月革命一声炮响送来了马克思主义，没有马克思主义中国共产党不可能成立，没有马克思主义中国化我们党也不可

能带领人民打下江山、建立新中国。中国革命、建设和改革的历史,实际上也是一部马克思主义不断中国化的历史。马克思主义同中国实际相结合的第一次飞跃产生了毛泽东思想,第二次飞跃产生了中国特色社会主义理论体系,包括邓小平理论、"三个代表"重要思想和科学发展观。中国特色社会主义理论体系是中国化的马克思主义在实践中不断时代化的结果。坚持中国特色社会主义方向,就要在新的实践中坚持和发展中国特色社会主义理论体系,不断开辟马克思主义中国化的新境界。

第二,中国特色社会主义方向是党领导人民探索社会主义道路的实践创新方向。中国特色社会主义道路是我们党带领人民历经各种艰辛探索开辟出来的国家富强之路、人民幸福之路、民族复兴之路。坚持中国特色社会主义方向,就要坚定不移地走中国特色社会主义道路,勇于实践、勇于变革、勇于创新,朝着"两个百年"的奋斗目标不断前进。理解中国特色社会主义道路是实践创新的方向十分重要。就是说,它不是从天上掉下来的,不是理论家在书本上设计的,而是我们党带领人民从实践中创造出来的,是干部群众解放思想干出来的,干得成功才被党中央总结上升为理论和制度。比如,家庭联产承包责任制,不是理论家设计出来的,而是来自小岗村农民的创造。没有这项制度,哪有中国农村30多年的发展和稳定?哪有中国社会从缺食少衣到温饱无虞奔小康的道路?

第三,中国特色社会主义方向是中国历史上最深刻、最大规模改革开放的经验总结。中国特色社会主义不仅有立场、方向问题,还有路径、方法问题。中国特色社会主义的改革是渐进、有序的创新建树,而不是那种激烈、无序的破坏运动。我们按照历史唯物主义和辩证唯物主义原理,按照实践是产生真理的源泉、实践是检验真理的标准这个马克思主义的基本立场和方法,通过"先试验、后总结、再推广"来推动改革开放的进程,叫作"摸着石头过河"。实践证明,这样总结出来的经验最符合实际,最具有可行性,也最容易成功。世界发展变革潮流滚滚,建设社会主义没有固定模式。我们今天探索得到的成果来之不易,必须十分珍惜。改革开放要坚定不移,但路径选择要非常谨慎,所以我们力求继续进行的改革应是成功的改革,是能够引导中国实现现代化和中华民族复兴的改革。中国特色社会主义是在改革开放实践中形成和发展的。改革开放把13亿中国人带上了现代化的快车道,这是人类发展史上的奇迹。人类追求现代化的努力和奋斗从300多年前开始,在一波又一波的现代化浪潮中,中国13亿人的现代化将是世界现代化史上最大的一波,前面追求现代化成功的国家总共也就10亿多人。日本前首相吉田茂写过一本《激荡的百年史》,讲日本现代化进程中的激烈变革。中国从中国共产党成立至今90多年,新中国建立至今60多年,改革开放至今才30多年。在这么短的时间里,中国经济总量能超过日本走到世界第二位,是非常不容易的。在这个最深刻、最大规模的改革开放进程中得出的结论,是我们最宝贵的政治经验和精神财富。坚持中国特色社会主义方向,就要以改革开放为根本动力,不断推进理论创新、实践创新、制度创新,增强中国特色社会主义的生机活力。

第四,中国特色社会主义方向是发展和完善社会主义制度建设的方向。中国特色社会主义制度是党领导人民建设和发展社会主义的制度成果,包括根本政治制度、基本政治制度、法律制度、基本经济制度,以及在此基础上的经济体制、政治体制、文化体制、社会体制等各项具体制度。这一制度是坚持和发展中国特色社会主义的根本保障。坚持中国特色社会主义方向,就要把制度建设摆在更加重要的位置,推动社会主义制度自我完善和发展。

二、坚持中国特色社会主义方向是大学生骨干最重要的政治选择

大学阶段是人生的重要准备阶段，也是大家投身社会主义实践的准备阶段，正确选择人生前进的方向至关重要。马克思青年时期在考虑选择职业时说："如果人只是为了自己而努力，他也许能成为有名的学者、绝顶聪明的人、出色的诗人，但他决不能成为真正的完人和伟人。如果我们选择了最能为人类福利而劳动的职业，我们就不会为他的重负所压倒，因为这是为全人类所作的牺牲，那时，我们感到的将不是一点点自私而可怜的欢乐，我们的幸福将属于千百万人。"青年大学生选择人生方向，不仅只有政治方向，还会有职业方向、情感方向。但是作为大学生骨干，政治方向的选择至关重要。一些学校的调查表明，当代大学生独立性、开放性比较强，但也有一些学生理想主义下降，价值取向功利化。你们这个班的学员，绝大多数都是党员，在坚定理想信念、选择政治方向上要给青年大学生作出榜样。回顾李大钊、澎湃等革命先烈的辉煌人生，我们会发现都与其年轻时的政治选择密切相关。李大钊当时是北京大学的名教授、图书馆馆长，每月工资有几百块大洋；彭湃家里有万贯家产，但他们都义无反顾地选择了救国救民、牺牲自己的革命道路。先进青年的人生选择，不应只从个人的前途出发，而应从国家和人民的前途出发，在国家和人民的前途中选择自己人生的定位。

中国特色社会主义是中国人民的共同理想和追求。当代大学生骨干最实际、最重要的政治选择，就是要在中国特色社会主义事业的发展中确定自己的未来前途。大家毕业后一般会有两种可能，一种是进入党政干部队伍，一种是成为其他领域的政治骨干。不论走哪条路，能否坚持中国特色社会主义政治方向，都将影响你一生的前途和命运。一个人的政治选择，大学阶段是方向性选择，工作以后是坚定性选择。大学时的选择作为起点性选择，就像一艘即将出港的航船，往哪个方向开对你以后的人生轨迹将起决定性作用。现在大学生学业、就业压力比较大，许多人把心思和精力花在拿证、考研、留学上，对政治选择考虑不够。但对于大学生骨干，政治方向的思考和选择是不可回避的现实。只有坚定对中国特色社会主义的道路自信、理论自信、制度自信，才会有正确的立场、角度、尺度去认识问题、判断是非，才能正确认识人生、认识社会，才能做好将来的工作。

三、大学生骨干应如何坚定中国特色社会主义政治方向

坚定自己的中国特色社会主义政治方向，并不是一件很容易的事。我认为，至少要从四个方面努力。一要研究理论。理论是需要学习研究的。中国特色社会主义理论体系的内涵十分丰富，不努力学习研究，不经过联系实际的思考，不明其理，未究其竟，就会变成形式主义标签。二要学习历史。尤其要学习中国近现代史和中国共产党的历史，这样才能理解中国特色社会主义的历史必然性。如果有可能，还要学一点世界社会主义运动史，因为中国特色社会主义是科学社会主义理论与中国实践的结合。三要了解国情。邓小平同志说过，离开自己国家的实际谈马克思主义，没有意义。社会主义初级阶段是中国最大的国情，是建设中国特色社会主义的总依据。了解国情可以从书上了解、网上了解，但最真切的还是要从实际中了解。刚才大家都讲到，去过井冈山，去过西藏，去过新疆，对国情的了解就深了许多。四要深入实践。深入实践就是向基层学习、向群众学习、向实践学习，总起来讲就是向人民学习。刚才大家谈到大学生村官，十八大代表中就有四个大学生村官，清华大学毕业到南京当村官的石磊是四人之一。他说，"在学校时常讲把个人理想和国家命运结合起来，但到底怎么结合没想清楚，在村里跟一千多老百姓一起干才真正想明白。无论将来做

什么,染上的农民底色一辈子不能丢。”工人、农民是我们国家最大的两个阶级群体,共产党执政必须要有染上工人底色、农民底色的政治骨干。大学生骨干坚定人生政治方向,就要像他们这些在农村广阔天地施展才华的大学生那样,主动到祖国和人民最需要的地方去,到基层去,到条件艰苦能磨练人的地方去。可能有的同学觉得,这是不是有点太理想主义了?为什么一定要到条件艰苦的地方去?这是因为苦难给人的教育是最深刻、最丰富的,“艰难困苦,玉汝于成”,吃过苦的人就不怕苦,碰过壁的人就不怕难。前年组织中央和国家机关中青年司局级干部到地方交流任职,团中央有位部长主动报名到西藏阿里去当书记,那是孔繁森工作过的地方。他在那里干得很好,我们希望他做孔繁森那样的干部,也希望大学生骨干学习这种精神。

坚定中国特色社会主义政治方向,还要有一种积极思考、勇于探索的精神。古人说,“学而不思则罔,思而不学则殆”。学与思结合在一起,特别是加强对实际问题的思考,是理论联系实际的重要方式。中国特色社会主义事业是发展的事业,它的实践形态、理论形态、制度形态都有个发展进程,都会产生许许多多新的问题、需要作新的判断和选择。清华大学研究生魏华伟,志愿到河南一个艾滋病村当村官,他逐渐把一个许多人失去信心的艾滋病村,搞成了一个比较团结,开始走向富裕、充满希望的村。能把一个出名的艾滋病村搞好,很了不起,某种意义上说比当一个县的领导人还难,这就是对中国特色社会主义的实践和创造。大学生骨干要发挥视野开阔、思维活跃的优势,积极探索研究中国特色社会主义的理论和实践问题,做中国特色社会主义的坚定信仰者、积极实践者、不懈探索者。

团中央实施青年马克思主义者培养工程,是为中国特色社会主义事业培养可靠接班人的一项重要举措,5 年来全国有近百万大学生骨干参加了学习培养,效果是好的。各级党委和团、学组织要高度重视对青年学生的思想政治教育,以学习贯彻十八大精神为动力,抓好青年马克思主义者的培养,扩大中国特色社会主义对青年的吸引力和凝聚力。

最后,我祝愿同学们在未来的人生道路上,按照党指引的方向,按照人民的需要,按照正确的人生选择,和祖国一道前进,在实现社会主义现代化和中华民族伟大复兴的“中国梦”中实现你们自己的人生理想。

第二部分

团中央书记处领导讲话

陆昊在共青团十六届五中全会上的讲话

在第二次全体会议上的讲话

2012年1月10日

这次全会的主要任务是：深入学习贯彻党的十七届六中全会和中央经济工作会议精神，认真学习贯彻党中央书记处的重要指示和王兆国同志的重要讲话精神，研究部署当前和今后一个时期的共青团工作，推动全团各项重点工作和建设实现新发展。

去年12月27日，党中央书记处召开会议，专门听取了团中央工作汇报，习近平同志和书记处各位同志作了重要指示。今天上午，王兆国同志代表党中央出席全会并发表了重要讲话。各级团组织和广大团干部要认真学习领会，深入贯彻落实。

下面，我代表团中央书记处，讲三个方面的意见。

一、2011年共青团工作的主要情况

过去一年，在党中央的领导和关怀下，全团高举中国特色社会主义伟大旗帜，认真贯彻落实党的十七大和十七届三中、四中、五中、六中全会精神，以邓小平理论和"三个代表"重要思想为指导，深入贯彻落实科学发展观，认真学习贯彻胡锦涛总书记"七一"重要讲话精神，按照党中央书记处去年初听取共青团工作汇报时的重要指示精神，重点开展了以下工作。

1. 认真学习贯彻中央一系列重要精神和重大部署。一是深入学习贯彻胡锦涛总书记"七一"重要讲话精神。各级团组织、青联、学联、少先队组织通过多种形式进行学习，进一步加深了对党的丰功伟绩、根本宗旨、历史使命、执政理念的认识，加深了对党与青年重要关系的认识，进一步坚定了跟党走中国特色社会主义道路的信念。

二是认真学习贯彻党的十七届六中全会精神。专门召开了团中央常委扩大会，通过了相关决议。各级团组织和广大团干部集中时间、采取多种形式认真学习领会全会精神。在贯彻全会精神工作中，既突出社会主义核心价值体系的基本内容，又注重运用青少年喜欢的文化载体、文化形式，用好新媒体，来传播正确的思想准则。

三是切实贯彻党中央书记处关于做好新形势下青年群众工作的重要指示。各级团的领导机关深入开展了青年群众工作调研，团中央书记处全体同志和团中央机关各部门主要负责同志分赴17个省（区、市）进行集中调研；各级团的领导机关干部广泛开展了各种形式的与青年同吃、同住、同劳动的工作，带动全团进一步形成了深入基层、走进青年的好风气。

四是贯彻落实中央关于加强和创新社会管理的重大部署。团中央切实承担起中央综治委预防青少年违法犯罪专项组组长单位职责，积极参与了另外两个专项组的相关工作。同时，团中央按照中央关于加强和创新社会管理工作的任务分工，进一步加强对有不良行为青少年的教育、帮扶、矫治、管理，认真推进全国重点青少年群体教育帮助和预防犯罪试点工作。

2. 继续全力支持和推进团的基层组织建设和基层工作。一是积极推动中央关于党建带团建制度安排的有效落实。各地各系统认真贯彻落实全国基层党建带团建暨共青团系统深入开展创先争优活动座谈会和《关于加强新形势下基层党建带团建工作的意见》精神，去年有20个省(区、市)和解放军、中央金融系统下发了党建带团建实施文件;6个省份对共青团工作经费保障标准作出了明确规定。

二是进一步加大支持基层力度。团中央主要靠募集社会资金，去年支持县级团组织6672万元，四年累计支持了2.43亿元;全国省市两级团组织一年来向基层提供了1.92亿元的资金支持。从1200多个高校选拔2653名团干部到县级团委挂职1年。继续选派2000多名青年志愿者到中西部地区县级团委工作。团中央书记处以电视电话会议和收看会议录像的形式培训乡镇街道团的组织格局创新后的兼职团干部34万多人。

三是深入推进非公企业和新社会组织团建工作。全团在前年新建非公企业和新社会组织团组织12.6万个的基础上，积极借助党建力量支持，去年在非公企业中新建团组织超过10万个，在新社会组织中新建团组织超过1.2万个，在符合条件的4.9万多个农村专业合作组织中建立团组织2.8万个，在国有企业中新建团组织1625个。目前，共青团独立建立组织的非公企业已累计接近30万家，联系团员超过800万人。

四是大力加强流动青年驻外团组织建设。驻外团组织是通过乡情因素来组织青年的一种有效形式，是对工业化、城镇化进程中出现的流动青年群体进行组织化梳理的一种手段，是对党中央书记处要求共青团重点关注的青年农民工群体进行覆盖和联系的一种组织载体。全团去年新建省、市、县三级农民工驻外团工委分别为15个、358个、247个，累计分别达74个、627个、3182个，由此派生出基层团组织1.8万多个。

五是推动全国90%左右的乡镇街道完成了团的组织格局创新工作。吸收了青年能人、青年企业家、教育工作者、大学生村官、银行信贷员等担任乡镇街道团委的副书记或委员，增加了兼职团干部近40万人，其中平均每个乡镇街道团组织增加了10名左右的兼职团干部，初步实现了充实团干部力量、拓宽联系青年渠道、丰富团的工作资源的目标。

六是大力加强中学共青团的工作和建设。考虑到绝大多数团员是在中学阶段加入团组织的，每个团员在刚入团的中学阶段对团组织的感受、认识和体验，对广大青年与团的关系，对团的事业有着非常重要的基础性战略地位，团中央联合教育部出台了多年来第一份中学共青团工作的指导性文件，召开了有7万多人同时参加的电视电话会议，部署加强中学共青团工作。我们提出，中学共青团工作要紧紧围绕掌握必备的学科知识、开始培养综合素质、逐步养成良好品德、初步形成理想信念四个层次逐步递进的育人目标找准工作切入点，既推进中学共青团工作融入国民教育体系，又找到与国民教育体系不同的侧重点，注重与学科教学改革相结合，注重探索利用新媒体开展工作，注重碎片化、分散化的活动方式。

七是认真推进创先争优活动。全团建立创先争优活动联系点3000多个，团中央局级以上干部和各省级团委领导班子成员带头到联系点加强督促和指导。依托青年文明号、青年岗位能手等载体，深入推进窗口单位和服务行业“为民服务创先争优”活动，形成了“比技能、比作风、比业绩”的良好氛围。

3. 牢牢抓住建党90周年的重大契机，深化引导青年工作。一是在青少年中深入开展“学党史、知党情、跟党走”主题教育活动。全团共举办2万多场党史学习交流活动、1万多场“与信仰对话”党史报告进校园活动、5000多场“永远跟党走”青春歌会。同时,参与编写青少年党史学习丛书;组织编创党史题材动漫作品《号角》,在卡酷、炫动等频道播出。集中组织“红领巾心向党”全国主题队日活动,基层少先队组织广泛参与。

二是大规模开展“我与祖国共奋进”形势政策教育。各级团组织围绕“十二五”规划重大战略部署,从青年普遍关心、与自身成长发展和切身利益紧密相关的就业创业、收入分配、反腐倡廉等问题入手,充分考虑青年学生、企业青年、进城务工青年、农村青年等不同群体的思想意识差异,通过组织宣讲团、为基层编写宣讲提纲,共开展8268场形势政策报告会、宣讲会,直接覆盖团员青年266.5万人次。

三是深化青年马克思主义者培养工程。通过理论框架训练与能力结构培养相结合、社会实践与社会观察相结合的途径,全年共培训包括大学生、团干部在内的青年骨干近20万人次。

四是深入推进分类引导青年工作。团中央专门下发《关于在全团深入推进分类引导青年工作的实施意见》。大力推进四类青年群体《思想引导大纲》在基层的转化工作,首批共确定712个高校、1022个国企、5986个非公企业、420个区县团组织根据本地区本单位青年思想实际,编写适合基层团干部使用的《青年思想引导手册》。

五是大力加强共青团新媒体工作。建设并开通了中国未成年人专属网站“未来网”,建设融知识性、趣味性、思想性于一体的综合网络平台。完成了中国青年网和中国共青团网的融合改版上线。推动地方团属网站和新媒体建设,每个县级以上团的领导机关基本拥有一个以上的网站,许多基层团组织开通了QQ群和飞信群,27个省级团委和一大批团干部开通了微博,19个省级团委和超过80%的地市级团委创办了手机报。

此外,我们开展了中学生政治社会化、少年儿童政治社会化、大学生宗教信仰状况、高校青年教师思想状况、青少年励志奋斗精神和道德人格状况、民族地区青少年思想状况等大样本专题调研,向党中央提出了一些初步的工作思考和建议。

4. 做好促进青年就业创业和关爱农民工子女工作。一是深化促进青年就业创业工作。去年全团新建见习基地11672个,帮助24.9万名青年实现3个月的上岗见习。联合有关金融机构,共向38.75万农村青年发放创业小额贷款177.44亿元,共向8.8万城市青年发放创业小额贷款79.80亿元。全年共对237万多名农村青年进行了有针对性的培训。中国青年创业就业基金会募集资金6206万元,全部用于支持县级团委开展相关工作。青年创业国际计划(YBC)全年扶持1500名青年创办企业,募集资金6000万元专门用于未来3年大学生“村官”创业。

二是共青团关爱农民工子女志愿服务行动已在农民工子女较集中的3.2万所学校,结对农民工子女730万人,围绕学业辅导、亲情陪伴、感受城市、自护教育、爱心捐赠等内容,开展长期结对帮扶。

5. 构建维护青少年合法权益的工作机制,代表和反映青少年普遍性利益诉求。一是全面深化“共青团与人大代表、政协委员面对面”活动。目前已有22个省级团委联合人大、政协相关机构制定下发了关于“面对面”活动的指导性文件。去年“两会”期间,把“新生代农民工的社会融入”作为共同主题,各级团组织向各级“两会”提出建议;与全国政协办公厅联合组织青年农民工问题视察工作。

二是切实履行中央综治委预防青少年违法犯罪专项组组长单位职责。完善预防青少年违法犯罪工作组织体系,研究制定预防青少年违法犯罪专项组行动方案,认真推进全国重点青少年群体教育帮助和预防犯罪试点工作。

三是继续加强12355青少年服务台建设。与中国心理学会、全国律师协会建立合作关系,提升专业化水平。以“轻松备考·与你同行”为主题,直接向考生和家长提供咨询服务。

6. 切实做好内地与港澳台青少年交流和青年对外交流工作。一是深入贯彻中央对港澳工作的要求,开展香港千名大学生暑期内地实习工作;选择有影响力的各类优秀青年代表赴港,直接面对香港青年开展110多场交流活动。在接待港澳青少年来访方面,按照“既要看,又要讲”进行“模块化”设计,所有来访团组都开展必要的思想交流活动。

二是认真完成中央交办的各项任务,与中央台办联合有关部门共同举办两岸万名青年大型交流活动,胡锦涛总书记参加有关活动并亲切会见两岸青年代表。首次在台湾岛内举办第九届“海峡青年论坛”。继续开展好“两岸青年联欢节”、“两岸青年菁英论坛”等活动。

三是密切配合党和政府重大外交行动,成功举办2011“中欧青年交流年”;开展与日本、印度、朝鲜、蒙古青少年大规模双边交流活动;积极参与和推动区域和全球性多边青年交流活动。

7. 进一步加强团干部作风建设。一是加强团干部的党性教育。要求广大团干部讲党性、讲原则、讲纪律,努力把党的宗旨、使命和优良作风内化为自己的思想自觉。

二是广大团干部在各种形式的下基层中锤炼扎实作风。很多同志反映,通过下基层,思想上受到很大触动,以前根本不理解生产线上的工人,基本不接触田间地头的农民,下基层的过程帮助自己在认识国情、联系青年、面对面地做好团员和青年群众的思想工作等方面得到了锻炼。

三是要求广大团干部坚持抓基层等重点工作不动摇、不分心、有韧劲。以年中工作交流会的方式,分别通报各省级团组织重点工作的完成情况,肯定成绩,指出问题。按照中央有关规定,切实加强团干部廉政教育和管理,严肃处理了有关违规、违纪人员。

此外,全团扎实推进其他各项工作。一是青联工作取得新进展,在中央党校和国家行政学院分别举办全国青联委员学习胡锦涛总书记“七一”重要讲话和党的十七届六中全会精神专题培训班,各个界别分别组织学习研讨,组织团中央全国青联志愿者艺术团赴井冈山和延安开展“青春颂歌献给党”庆祝建党90周年慰问演出活动,动员青联委员立足岗位开展创先争优活动,围绕经济社会发展的重要问题,开展多种形式的学习研讨、交流考察活动。二是深化大学生志愿服务西部计划,认真贯彻胡锦涛总书记给北京大学第十二届研究生支教团成员回信精神,引导青年学生深刻领会向实践学习、向人民群众学习的正确成长道路,目前有17600多名西部计划青年志愿者在岗服务,其中有近万名在服务新疆、西藏等边疆民族地区。三是希望工程去年新募集2.1亿元,资助学生2万多名,援建希望学校300多所。四是联合人力资源和社会保障部举办第七届振兴杯全国青年职业技能大赛,涉及150多个工种,动员企业青年职工积极参与。五是保护母亲河行动以募集国内资金和开展大江大河流域植树造林为核心内容,共组织300多万人次青少年参与。六是举办第十二届“挑战杯”全国大学生课外学术科技作品竞赛,内地和港澳地区317所大学参赛。七是推进少先队学科建设,加强与教育部的合作,在构建少先队学科基本理论框架、推动辅导员职称试点、在高校开设少先队培养专业或方向、增加少先队活动课时、面向全国少先队辅导员编写《培养灌输少年儿童对党和社会主义祖国的朴素感情工作读本》等方面取得新的进展。

2011年全团重点工作得到了党中央书记处和王兆国同志的充分肯定。这些成绩的取得,凝聚着各级党委和政府对我们工作的重要指导和关心支持,也凝聚着各级团干部克服困难、锐意进取的扎实努力。在此，我代表团中央委员会，向各级党政领导同志表示衷心的感谢！向广大专兼职团干部表示诚挚的问候和衷心的感谢！同时，我们也要看到，党中央书记处和王兆国同志在讲话中既有对我们工作的肯定和要求，也包含着对年轻干部的鼓励和期望。我们要在坚定信心的同时，格外地保持清醒的头脑，充分认识到我们的工作离中央的要求、青年的希望还有很大差距，离团组织完全焕发活力还有很大差距。我们要加倍努力，珍惜在团的岗位上为党做好青年群众工作的宝贵机会，不动摇、不懈怠、有韧劲地继续推进全团重点工作。

二、以纪念建团90周年为契机，系统总结和梳理共青团事业发展的经验和规律，认真思考和把握新时期共青团建设和工作的前进方向，努力提高团的建设科学化水平

2012年，我们党将召开第十八次全国代表大会，这对于团结带领全国各族人民继续全面建设小康社会、加快推进社会主义现代化、开创中国特色社会主义事业新局面具有重大而深远的意义。今年，共青团将纪念建团90周年。党中央书记处前不久在听取团中央工作汇报时的重要指示和王兆国同志今天上午的重要讲话，都对共青团在这样一个重要历史节点，认真总结和梳理共青团事业发展的经验和规律提出了明确要求。我们要按照中央要求，既要全面回顾和总结共青团90年来带领青年跟着党奋斗的光荣历程和经验规律，又要认真查找和看待新形势下共青团面临的挑战和不足，深入思考和把握如何推进共青团建设和工作实现长远发展的一些重要问题。

1.深入思考如何正确把握团的根本属性。共青团作为党的助手和后备军，与党有着重要的政治关系；多年来党中央书记处始终要求共青团切实做好青年思想引导工作，明确指示共青团要把引导广大青少年坚定跟党走中国特色社会主义道路作为根本性、战略性任务，这都充分体现出共青团组织具有鲜明的政治性、思想性。共青团是党领导的先进青年的群众组织，广大青年是生活在特定的社会环境之中的，共青团组织要融入广大青年，也要融入社会，这就使共青团组织在具有政治性、思想性的同时，也有群众性和社会性的一面。当前，全团重点开展的“学党史、知党情、跟党走”、“我与祖国共奋进”主题教育实践、分类引导青年等工作，体现的就是共青团的思想性和政治性的一面。乡镇街道团的组织格局创新、流动青年驻外团工委建设等工作，通过更广泛的兼职团干部，使团组织更加有效地联系广大青年，更好地融入广大青年、融入社会，体现的是共青团的群众性和社会性的一面。同时，我们也要认识到，共青团的思想性、政治性与群众性、社会性是内在统一的，这就要求我们在工作中既要不折不扣地贯彻落实党的要求，又要敏锐把握和充分体现青年的特点。

2.深入思考如何实现团的基层组织网络覆盖全体青年。从实现胡锦涛总书记对共青团提出的“两个全体青年”的目标要求出发，我们要充分认识到，共青团生命力的根本标志在于与广大普通青年的联系，团的基层组织处在共青团与青年的边界上，如果没有覆盖广泛的基层团组织，共青团就不可能与青年保持合理、适度、普遍的联系。当前，为解决团的基层组织网络覆盖青年的问题，我们要突出抓住“两条主线”和“三个关键”。第一条主线是继续强化层级化的组织载体，在守住县级团组织目前作为面向基层的“桥头堡”的基础上，下决心争取再用两年时间把共青团组织和工作面向基层的“桥头堡”推向乡镇街道一级，进而带动村、社区团的工作。第二条主线是大力推进非层级化的组织载体。运用市场、情感、兴趣爱好等因素，运用青年喜欢的沟通、交流、聚集和联络方式作为组织建设的载体，大力推进流动青年驻外团组织建设、非公有制企业团建、青年自组织团建、网络团建、青年兴趣组织团建等工作，以各种非层级化的组织形式实现对广大普通青年的多领域、多渠道覆盖。同时，我们要在制度条件、工作内容设计、干部队伍这“三个关键”上下功夫。一是要充分借助党建带团建的有关制度安排，为基层团组织提供有效保障；各级团的领导机关要继续全力支持基层，为基层团组织提供更多的工作资源、工作力量、工作载体。二是要充分发挥各级团组织的创造性，总结和推广各级团组织创造的好经验、好做法，集中全团智慧做好工作内容设计。三是要带好干部队伍，充分看到干部是推动工作中最关键的因素。

3. 深入思考如何实现团的各项工作和活动影响全体青年。结合学习党的十七届六中全会精神，我们感到，实现第二个“全体青年”的目标，一方面取决于共青团工作内容本身的正确性和吸引力，另一方面要在组织与青年融合的基础上，努力在思想、情感、兴趣、利益关注点等方面与广大普通青年实现融合。这就要求全团既要看到真理本身的魅力，突出社会主义核心价值体系的内容，又要注重探索面向青年传播真理的有效载体和路径，看到感情、艺术、时尚元素在真理传播过程中不可替代的作用，加强与各种专业力量和市场力量合作，创造更多的青少年喜欢的文艺作品，开展丰富多彩的文化活动，合理、适度地把团的组织存在融入文化和艺术载体之中，努力把社会主义核心价值体系的内容融入引导青少年的各项活动与工作之中。特别要善于运用新媒体手段，依托即时通讯、手机短信、微博、社交网站等载体，增强共青团工作的思想性、时尚性、互动性，努力通过网络实现团与青年的融合，扩大团的工作的影响力。

4. 深入思考如何使共青团重点工作形成社会功能。任何一项工作，只有把握社会的内在需要，才能形成社会功能；只有形成社会功能，才能具有真正的社会影响力。多年来，共青团开展的希望工程、青年志愿者、青年文明号、青年岗位能手、保护母亲河行动、挑战杯等工作，之所以成为品牌并得到社会认可，根本的原因就在于把握了社会的内在需要。当前我们正在推动的促进青年就业创业工作中的小额贷款和青年就业创业见习基地建设、关爱农民工子女、预防青少年违法犯罪等工作，也是基于这些工作体现了社会的内在需要。同时也要看到，一些团的工作和活动没有形成积极的社会影响，甚至让人感到工作比较浅，很大程度上是因为这些工作和活动没有体现社会的内在需要、没有形成社会功能。因此，我们设计和推进工作和活动，不能只注重一时的热闹，而必须找准社会需要、青年喜欢、团组织力所能及的结合点，长抓、狠抓、深抓，让更多团的工作和活动产生社会功能。

5. 深入思考如何做好新形势下党的青年群众工作。去年，全团认真落实党中央书记处重要指示精神，开展了大规模的青年群众工作调研。通过调研，我们感到，做好新形势下党的青年群众工作，要注意把握好五个方面的重要原则：首先，心里一定要真正有群众；第二，要用各种办法联系群众，努力融在青年之中；第三，要能够观察、了解普通青年的困难和困惑；第四，要力所能及、尽力而为地帮青年做事，不怕事情小，关键做得实；第五，要根据中央精神、自己平时的积累、思想水准和对社会的观察理解，对群众中的困惑给予必要的、真诚的、实事求是的引导。同时，各级团组织要突出做好抓基层、建组织、用好新媒体三项工作，努力实现联系人、碰思想、养成好作风三个目标。

三、扎实做好今年全团的各项重点工作

经中央批准，今年全团工作的总体思路是：高举中国特色社会主义伟大旗帜，认真贯彻党的十七大和十七届三中、四中、五中、六中全会以及中央经济工作会议精神，以邓小平理论和“三个代表”重要思想为指导，深入贯彻落实科学发展观，按照党中央书记处的重要指示

精神，坚持用社会主义核心价值体系引导广大青少年，继续狠抓团的基层组织建设和基层工作，积极参与社会管理和创新，不断提高做好新形势下党的青年群众工作的能力和水平，以优异成绩迎接党的十八大召开。

1. 在组织青年方面，坚持狠抓基层不动摇，进一步扩大基层团组织对青年的有效覆盖、提升基层工作活力。第一，加强层级化组织载体建设，在巩固县级团组织的同时着力推进乡镇街道一级团组织建设。一是积极争取党委政府支持，动员各级团的领导机关共同行动，努力为各乡镇、街道团组织提供每年 2 万元的资金支持。二是加强工作指导，对乡镇、街道团的工作内容进行梳理，形成工作菜单供基层选择和推广。三是加强乡镇、街道各类兼职团干部队伍建设。

第二，积极推进非层级化组织载体建设，进一步减少团建空白点。一是继续巩固流动青年驻外团组织建设。流动青年驻外团组织和团干部要积极融入所在地团的工作，流入地团组织要提供阵地、场所、银行账号等工作便利条件。二是积极推进非公企业团建，保持工作力度不减，努力跟上党建步伐；同时，找准团的根本属性、根本任务与企业生产经营功能相融合的切入点，努力增强非公企业团组织的活力。三是大力加强新兴领域团建工作，进一步加强青年自组织、青年兴趣组织、农村专业合作组织团建工作，充分运用新媒体开展工作。

第三，继续大力支持基层。团中央继续以每个县不低于 3 万元的标准支持中西部地区县级团委，努力拓宽对乡镇、街道团组织的经费支持渠道。选派第二批 2000 多名高校团干部到县级团委挂职工作。在第一轮选派地市级以上团的领导机关干部到县级团委驻点工作的基础上，再用两年时间开展第二轮到县级团委驻点工作，今年派出 1400 人。继续安排青年志愿者到中西部地区县级团委工作。按照专业对口的原则，组织高校专业资源特别是涉农科技资源，通过"三下乡"社会实践对口联系点等形式，支持乡镇一级团组织开展工作。

第四，继续加强中学共青团、少先队的工作和建设。切实推动《关于加强中学共青团工作的意见》的贯彻落实，联合教育部督查各地落实《意见》情况；定期培训中学团干部，激发他们的积极性和创造性；要求各地将"点"上经验向"面"上推广。紧紧围绕少先队组织的根本任务，继续深化"红领巾心向党"主题教育活动，加强少先队学科建设，推进辅导员队伍专业化、职业化进程。

在抓好组织载体建设的基础上，推动青年志愿者、研究生支教团、青年文明号、青年岗位能手、青工技能振兴计划、保护母亲河行动、挑战杯科技竞赛、大中专学生"三下乡"社会实践、博士服务团等工作组织化、机制化，力争形成社会功能，为实现经济社会又好又快发展作贡献。

2. 在引导青年方面，以迎接党的十八大为契机，坚持用社会主义核心价值体系引导青少年，努力实现内容和形式的有机统一。第一，在广大青少年中深入开展理想信念教育。深入推进"学党史、知党情、跟党走"主题教育活动，重点围绕迎接党的十八大、贯彻党的十八大精神，坚定跟党走中国特色社会主义道路的理想信念。深化青年马克思主义者培养工程，办好大学生骨干培养学校，争取联合有关部委出台相关指导性意见；配合有关部门积极做好高校青年教师工作；建好用好全国青少年井冈山革命传统教育基地。深入推进分类引导工作，继续以四类青年群体《思想引导大纲》转化和运用工作为主线，推动分类引导青年工作在基层不断深化。

第二，帮助青少年形成积极健康向上的生活态度和奋斗精神。广泛开展"我与祖国共奋进"主题教育活动，深化形势政策教育，围绕"十二五"规划的实施，积极引导广大青年认清形势、奋发有为；进一步加强民族团结教育，深入开展民族地区青少年思想状况调研，深化“民族团结代代传”活动。重点开展“劳动·创造·奋斗”青少年励志教育活动，广泛邀请各类青年典型讲述奋斗成长历程，激励引导广大青少年正确进行职业生涯设计，树立正确的人生目标，立足本职，积极进取。

第三，培养青少年良好的思想道德品质。深入开展青少年群众性精神文明创建活动，引导广大青少年在道德实践中锤炼品质。积极宣传各类青少年典型，用他们身边的先进人物和事迹开展教育引导。组织动员各类社会力量深入研究、积极探索引导青少年爱人民、爱中华民族、形成基本道德品格、增强法制意识的有效路径和载体。

第四，大力加强共青团新媒体工作。在发挥好中青报等团属传统舆论宣传阵地作用的基础上，深入研究把握青少年的新媒体使用特点，办好中国未成年人专属网站“未来网”、中国青年网，打造网上引导服务青少年的主阵地。推动基层团组织运用新媒体手段，广泛建设直接面向本地、本单位青年的小型化、分散化、社区化新媒体工作平台；高度重视、充分运用微博开展联系和引导青年的相关工作；积极联合青少年大量聚集的社会网站，开展动员、引导、服务青少年的工作。

3. 在服务青年方面，继续大力推动促进青年就业创业和服务农民工及其子女工作。第一，继续深入促进青年就业创业各项工作。扎实推进青年就业创业见习基地建设，多方争取政策和资金支持，进一步完善动态管理和激励约束机制。深入推进城乡青年创业小额贷款工作，健全与金融机构的合作机制，推动工作向乡镇、街道延伸，进一步扩大小额贷款工作的覆盖面。深化农村青年就业创业培训，继续与农业、人力资源和社会保障、科技、扶贫等部门合作，积极探索企业承担任务、参与培训的新途径，做好农村青年致富带头人培养工作。

第二，深化共青团关爱农民工子女志愿服务行动。推动更多的青年志愿者和青年社会组织参与，既要扩大结对数量，努力实现对农民工子女较集中学校的全覆盖，更要总结推广在学业辅导、亲情陪伴、感受城市、自护教育、爱心捐赠等方面的好经验，做深做实这项工作。

第三，在大力推进非公企业团建和流动青年驻外团组织建设的基础上，进一步探索做好服务青年农民工工作。在加强非公企业团组织、流动青年驻外团组织建设的基础上，积极为新生代农民工在学习成才、情感婚恋、身心健康、社会融合等方面的需要，提供更多帮助。各级城市共青团组织要定期开放团的阵地和场所，团中央机关带头每周开放“共青团周末剧场”，支持驻外团工委在外出务工青年中开展相关服务活动。春节前后，通过驻外团组织开展地方戏慰问进城务工青年活动，使他们进一步感受到党团组织的关心。

4. 在维护青少年合法权益方面，积极参与加强和创新社会管理的有关工作，进一步健全反映和维护青少年普遍性利益诉求的制度性安排。第一，切实履行预防青少年违法犯罪专项组组长单位职责，加强重点青少年群体服务管理和预防犯罪工作。继续深化重点青少年群体服务管理和预防犯罪全国性试点工作，在对23个试点城市工作情况中期评估的基础上，系统梳理并探索解决重点难点问题，提出有关工作建议，落实中央社会管理综合治理委员会的有关工作部署。

第二，深化“共青团与人大代表、政协委员面对面”活动。围绕“丰富新生代农民工精神文化生活”的主题，在各级“两会”前集中开展面对面活动，通过多种方式向各级人大代表、政协委员反映青少年的普遍性利益诉求，引导青年进行有序政治参与。

第三，继续做好维护青少年合法权益的各项经常性工作。深入开展法制宣传教育，特别要找到对闲散青少年和问题青少年开展法制教育的有效路径，帮助青少年增强遵纪守法的自觉性和运用法律武器维护自身权益的能力。稳步推进12355青少年服务台建设。深入开展青少年安全自护教育。

5. 进一步加强团干部队伍建设。第一，继续加强团干部的党性锻炼。围绕迎接党的十八大、学习贯彻党的十八大精神，教育团干部不断增强政治敏锐性和鉴别力，始终与党中央保持高度一致，讲党性、讲原则、讲纪律。

第二，进一步锤炼团干部作风。团的各级领导机关干部和高校团干部要在下基层驻点、挂职过程中，改进工作作风，增进与广大普通青年的感情，不断增强党的群众观点和群众立场。各级团干部要在狠抓基层、激发团组织活力过程中，努力做到锐意进取、敢碰难题，对工作既要有激情，也要有韧劲。

第三，进一步严格管理团干部。中央对干部尤其是年轻干部的要求，就是我们对团干部的要求。要认真对照查找胡锦涛总书记"七一"重要讲话对干部中存在的"四种危险"在团干部身上的表现。对于下基层不扎实、工作注意力不集中、重点工作推动不力、作风涣散、精神懈怠的团干部，要加强教育，严格管理。严格执行中央关于反腐倡廉的各项制度规定，大力加强团干部廉洁自律教育。

第四，加强团干部的学习培训。突出抓好新任职省级团委班子成员、地市和县级团委书记培训，积极开展新任职乡镇、村团干部培训。分片区大规模轮训驻外团工委书记，继续抓好非公有制经济组织和新社会组织、国有大中型企业、高等院校、中学中职团委书记培训工作。

此外，要按照中央关于深入开展创先争优活动的总体要求，落实好中央创先争优活动领导小组关于领导机关干部下基层和"基层组织建设年"的各项部署。要认真落实中央书记处关于做好换届期间有关工作的指示要求，引导团干部讲政治、顾大局、守纪律，确保换届期间思想不散、秩序不乱、工作不断。要进一步深化与港澳台青少年交流和青年对外交流工作。

以上是团中央书记处对于去年全团重点工作情况的总结和今年工作的安排，请大家结合学习贯彻党中央书记处重要指示和王兆国同志重要讲话进行讨论。

在第三次全体会议上的讲话

2012年1月11日

这次全会开得很好。两天来，大家集中精力，认真学习党中央书记处的重要指示和王兆国同志的重要讲话精神，分析总结过去一年来全团重点工作取得的进展和存在的问题，深入研究今年的工作思路和具体举措，完成了全会的各项议程。

下面，我代表团中央书记处对全会作总结，就大家讨论的情况和贯彻落实全会精神，讲三个方面的意见。

一、各位委员学习讨论的总体情况

会上，各位委员结合各地的工作实际，充分交流思想认识和工作体会。总的来看，大家学习讨论的情况主要体现在三个方面。

1. 大家普遍感到，党中央书记处的重要指示和王兆国同志的重要讲话，充分肯定了过去一年的共青团工作，表明我们的工作方向是正确的，坚定了做好工作的信心和决心。许多同志谈到，党中央书记处的重要指示和王兆国同志的重要讲话不仅从总体上对过去一年全团的工作给予了充分肯定，而且几位中央领导同志特别提到，共青团抓基层的方向是完全正确的，看到了我们连续四年支持基层、狠抓基层所付出的努力；充分肯定去年我们狠抓青少年理想信念教育取得的成果，专门提到我们关注青少年的思想意识状况、深入开展调查研究，增强了引导青年的针对性和实效性；充分肯定全团围绕青年群众工作的课题，深入基层、密切联系青年的各种做法；充分肯定各级团组织克服困难、千方百计促进青年就业创业和关爱农民工子女，赞同我们“不怕事情小、关键做得实”的工作原则，等等。大家普遍感到，中央领导同志对共青团工作是高度重视的，对我们在工作中遇到的困难和付出的努力是十分了解的，其中，既包含肯定和鼓励的内容，需要我们在今后的工作中继续坚持；也包含要求和希望的内容，需要我们更好地加强和改进。大家普遍感到，党中央肯定得越充分、越具体，我们越是要有责任、有压力地把工作做得更好，不辜负中央的信任。

2. 大家普遍认为，既要看到当前共青团工作取得的重要进展，更要看到实际工作中存在的问题和差距，以更加进取的精神和扎实的工作落实好中央的要求。许多同志谈到，尽管全团工作近年来取得了一些进展，但是，对照“两个全体青年”的目标要求，对照共青团组织目前在社会上的功能和评价，对照共青团组织在青年心中应有的活力，我们的工作还有差距，还存在许多问题和不足。比如，尽管经过全团上下的共同努力，团的层级化组织载体建设在巩固县级团委的基础上向乡镇有所推进，团的非层级化组织覆盖也取得了进展，但基层薄弱的状况没有根本改变，团组织在青年中的影响力仍然不够。比如，尽管青少年思想引导工作形成了一定声势、取得了一定实效，但引导工作的普遍性、针对性和适用性还有待加强。比如，团干部作风在全团迎难而上、攻坚克难的工作中得到锻炼，但一些团干部身上仍然存在着工作不扎实的情况，等等。结合存在的问题和不足，我们更加充分认识到，党中央书记处重要指示和王兆国同志重要讲话具有很强的针对性和指导性。大家普遍表示，我们要进一步增强做好工作的责任感，以奋发进取的精神状态推进团的工作和建设，以扎实的工作成效迎接党的十八大胜利召开。

3. 大家普遍认为，团中央对今年全团重点工作的部署认真贯彻了党中央书记处重要指示和王兆国同志重要讲话精神，要不动摇、不松懈、有韧劲地抓好贯彻落实。许多同志谈到，“五个深入思考”初步体现了共青团工作的经验和规律；“两条主线”和“三个关键”是解决“第一个全体青年”的有效路径；结合贯彻党的十七届六中全会精神，运用文化艺术载体、运用新媒体手段来创新共青团工作，是增强团的工作生机活力、实现第二个“全体青年”的重要举措。还有许多同志认为，今年以迎接党的十八大为主题，以理想信念教育为重点，全面深化青少年思想引导工作的思路，是完全符合中央要求的；继续巩固县级团组织的同时，把共青团面向基层的桥头堡向乡镇、街道一级推进的考虑，抓住了当前基层团建工作的关键，符合共青团工作和建设的实际；继续采取多种形式组织团干部下基层，对于锤炼团干部作风、支持基层工作是切实可行的，等等。总的来看，大家在今年的全团重点工作思路和工作部署上形成了比较广泛的共识。

二、分组讨论中大家提出的主要困惑和问题

在讨论过程中，各位委员从不同角度提出了一些很好的建议和问题，在这里简单和大家作个沟通。

1. 如何纪念建团 90 周年。我们已经向中央书记处请示，请中央给予指导、提出要求，中央有关部门也在考虑相关安排。目前，各地在这个问题上要把握好，先不要出新招、定主题，等中央的统一安排。团中央会在第一时间将中央批准的做法和全团的部署与大家及时沟通。我还要强调一点，不管纪念形式如何，最关键的是我们的工作，这一点无论如何要清

醒。纪念形式与我们的工作之间必须实现本质的有机统一,上半年不能把主要精力都放在搞纪念活动上,否则就完全违背了我们纪念建团90周年的本意。党中央书记处重要指示明确要求我们,“以纪念建团90周年为契机,以转变作风、增强做好青年群众工作能力为重点,不断提高团的建设科学化水平”;“系统梳理共青团事业发展的基本规律和宝贵经验,进一步明确今后共青团工作和建设的前进方向”。这些重要要求已经指明了我们纪念建团90周年需要把握的工作重点和方向。

2. 如何进一步做好全团重点工作的数据统计。我们进行全团重点工作的数据统计,不是为了统计而统计、不是为了指标而指标,而是要掌握一套认真记录工作真实情况的数据。所谓科学化,其中很重要的一条就是能够定量的工作就要有定量分析,这也是共青团一直以来坚持的好传统。我们的希望工程和推优入党工作都坚持过基本统计。因此,对于数据统计工作本身,我们必须坚持,各级团干部也要养成科学严谨的工作习惯。当然,这项工作还要不断完善,一是要把统计的事项压缩在合理的最低限度,二是给基层留足够的统计时限。同时,我们再次郑重强调,数据统计必须是真实的统计,虚假的统计要坚决处理。统计上的合理误差是允许的,但数字造假是绝对不能允许的。今年我们要抓典型,在数据上认真考核,发现了错误典型,要根据情节轻重在全团作通报处理。这不仅是作风问题,也是党性和品行问题。

3. 如何更好地开发和运用文化产品。基层团组织在运用文化元素实现第二个“全体青年”的过程中,有许多很好的创造。在今年3月份或者4月份,我们要以纪念建团90周年为契机,举办共青团运用艺术、文化、新媒体元素开展引导青少年工作的展示,同时进行经验交流,互相启发借鉴。大家现在就可以开始对相关的经验做法进行梳理总结。有同志在发言中讲了非常好的意见,我们的引导青少年工作必须要把有意义的话讲得特别有意思,没有意思的话青年人不爱听,引导工作取得不了实效。

4. 如何开展青年知识分子的工作。从共青团组织当前的实际出发,这项工作不可能要求基层团组织去做,只能由团中央、省级团委、高校团委和有条件的团市委这三个层级来做。团中央从来没有要求所有工作部署团县委都要承担,但在市一级全面部署是对的,全面部署就是为了给县一级团组织充分的选择权。当然,给选择权也有前提,一是要努力工作,二是要有基本力量。在青年知识分子工作方面,我们考虑宣传、高校、青联等战线要承担主要工作任务,从不同路径去联系青年知识分子。团干部特别是团的领导机关干部要进一步锻炼为党做意识形态工作的能力,不能只靠一般的聊天来吸收知识,必须要具备扎实的基本理论功底和对社会问题的足够认知。

5. 如何更好地加强团干部学习。有的同志在会上又提出了“非公企业团组织建了之后干什么”的问题。我希望目前对这个问题还存在困惑的同志认真地去学一下我们选编的非公企业团建案例,认真地看一看全国企业共青团工作电视电话会议的有关文件。由此我想到一个问题:我们怎么能够在做党的青年群众工作的过程中真正提高自身素质? 不学习、不思考,又要干好工作、提高本领,是根本不可能的。共青团工作领域十分广泛,对团干部来讲,不可能在所有领域都有工作经历和实践经验。在这种情况下,干好工作、锻炼本领,很重要的是靠学习思考,靠相互借鉴,靠扑下身子、真正深入实际。不是整天忙忙碌碌、参加活动、东跑西颠就算上班,总要有学习和思考的过程。所以,省级、地市级团委在学习交流的问题上有必要出点强制性的制度。目前,我们对团干部的培训已经不少了,当然还需要加强,但更重要的是团干部自己独立的学习、研究和思考。大家要学习中央的重大理论创新和战略部署，领会团中央书记处关于全团重点工作的思考和部署，对于一些重大判断和重要精神，不能只知道名称，还要记住核心内容。我一直强调，干部因为学习或不学习所产生的差距短期内不明显，但从中长期来看是非常明显的。当前，要特别强调结合工作学习。

6. 如何更好地落实党建带团建的制度性安排。团中央准备请示中组部在今年共同开展一次督查，进一步推动地方落实好有关要求。目前来看，各地总体上是在逐级落实，但是我们的一些期待还没有完全实现，比如经费问题。当然我们不能只看到经费问题。关于党建带团建，现在要关注的是制度条件和选人的问题。今年，团中央要定一个制度，每月底公布一次团县委班子成员和团县委干部的在岗情况，由团中央和省级团委直接公布，相关情况要通报给省里的分管领导。党建带团建，其中一条就是配齐工作力量。基于目前的现实情况，团市委不太容易做这件事，但要把情况反映上来，这是对大家坚持原则、敢讲真话的考验。总之，我们既要关注制度条件，又要关注干部的选拔、管理和使用，当然也要关注机关中层干部的转岗问题。

此外，大家还提了一些很好的意见，我们要在工作当中充分吸收。比如，要进一步推进驻外团工委建设，继续落实好阵地、干部专兼职结合、联席会议制度等基本要求，还要在驻外团组织负责人兼职的问题上取得进展。比如，要充分用好大学生村官队伍，使他们在基层团建工作中发挥重要作用。各地团组织如果在落实过程中遇到困难，要及时向团中央反映情况。

三、做好今年共青团工作需要强调的几个问题

今年是全团各项重点工作深入推进、一些难点工作攻坚的重要一年。下面我就如何抓好工作落实，强调几个问题。

一是要继续保持狠抓基层、支持基层的工作力度和韧劲。全团上下要共同努力，在进一步巩固县级团委“桥头堡”的基础上，积极为乡镇团组织创造条件，努力把共青团面向基层的“桥头堡”向乡镇推进。目前，河南等地有了一些很好的探索，有的地市专门下发文件给乡镇团委每年 2 万元的工作经费。这对于支持和帮助基层工作很有意义，既符合中央领导的要求，也说明只要努力工作，基层获得党政支持是可以做到的。今年，全团要继续毫不动摇地支持基层，坚持党建带团建，积极争取组织部门支持，努力为乡镇基层团组织提供制度保障和工作条件。团中央将采取适当方式为乡镇团委提供一定的资金支持，带动更多的基层党委政府为团的基层工作提供支持和帮助。

二是要充分应用互联网等新媒体增强对青年特别是大学生思想引领的深度。党中央书记处对共青团探索运用新媒体开展青少年思想引导工作提出了明确要求。我们要按照中央的要求，积极探索运用微博、社交媒体、手机等新载体，加大对青年特别是大学生的思想引导工作的深度，特别要结合去年全团在党史万场报告会中总结梳理出来的问题，通过新媒体途径加强青少年思想引导。要及时总结全团运用微博等新媒体开展工作的经验，部署和开展应用新媒体开展青少年思想引导工作。

三是要认真梳理和坚持青年群众工作的好做法。在去年全团开展青年群众工作调研中，一些地方探索出了走进基层、融入青年的很多好做法，通过与广大青年同吃、同住、同劳动，真正融入青年之中。要认真梳理全团的各种好做法、好制度，尽快形成相对统一、又有一定灵活性的制度和工作安排。同时要看到，增强青年群众工作本领不仅在于通过培训获取工作经验，还要加强学习研究，尤其注重在深入实践的过程中学习提高，在理论联系实际中增强本领。今年，我们还要继续做好高校团干部到县级团委挂职和领导机关团干部下基层

工作,切实提高团干部做群众工作的能力和水平。高校团干部挂职,是基于对高校团干部成长的战略性考虑而做出的安排。要看到,目前高校教育教学条件都有很大改善,大学生思想引导问题,主要的是社会问题。高校团干部要增强做好学生工作的本领,就要多增加对社会问题的现实感受。从第一批高校团干部到基层挂职工作来看,尽管困难很多,但收获也很大。

四是要全力推动运用文化、艺术作品等元素影响青少年工作。这是贯彻党的十七届六中全会精神、落实党中央书记处指示的重要措施,也是共青团实现第二个“全体青年”目标的必然要求。实现第二个“全体青年”的目标,归根结底要靠两条,首先是团组织本身,团的工作内容的正确、团干部状态和形象。如果团的工作本身缺乏吸引力、团的工作与广大普通青年没有关系,就不可能实现第二个“全体青年”的目标,这是问题的根本所在。其次是我们的工作,也就是怎样解决组织存在,怎样解决对青年的关心、服务,怎样解决对青年合理的影响和思想引导,这是我们工作的三个层次。所以,对于我们开展的工作,合理的宣传是需要的,但不要为宣传而宣传,首先要解决的是组织跟青年的关系问题。

五是继续毫不动摇地抓好服务青年就业创业工作。前不久,国务院讨论通过的《促进就业规划(2011—2015 年)》中明确指出,“十二五”时期的就业总量压力将继续加大,就业任务艰巨繁重。党中央书记处在对共青团工作的重要指示中也强调,要全力做好服务青年就业创业工作。就业创业是我国经济社会发展中的一件大事,也是共青团服务青年的主战场。我们要认真贯彻中央的要求,把促进青年就业创业作为服务青年最普遍、最现实、最紧迫需求的重要工作,进一步深化青年就业创业小额贷款、见习基地建设、就业培训等工作,配合同级党委和政府多渠道开发就业岗位和加强就业辅助,进一步做好促进青年就业创业工作。

六是要认真贯彻落实中央提出的一系列新的重要要求。党中央书记处在对共青团工作的重要指示中,提出了一系列新的重要要求。比如,青年知识分子的思想引导问题,怎么把马克思主义跟青年人讲清楚;比如,预防青少年违法犯罪的社会管理体系的有关工作;比如,加强大学毕业生择业引导,使更多优秀高校毕业生主动到新疆、西藏等艰苦地区工作问题;比如,贯彻落实胡锦涛总书记“七一”讲话精神,使青少年增强爱祖国、爱人民、爱中华民族的理性基础问题;比如,加强网络建设的整体性工作问题;比如,如何把那些在艰苦地方、在基层一线默默耕耘、无私奉献的优秀青年推选出来,给他们地位和荣誉,加大他们的思想业绩宣传问题。比如,如何使共青团在做好维护青年合法权益代言人方面有新突破,让青年人遇到困难的时候想得起、找得到、靠得住,等等。这些都是中央针对工作实际,在我们过去工作基础之上提出的一些具体明确的新要求,是对我们很大的信任和鼓励。我们要珍惜中央的鼓励和信任,尽管这些问题不可能一年之内都全部有重大变化,但我们要在过去工作的基础上,在我们抓好战略性、基础性工作的基础上,在加强基层组织、提高思想引导的深度等工作的基础上,力争在这些方面有新的进展。

总之,全团要认清形势,坚定信心,清醒地认识到,支撑起共青团组织的,最根本是靠我们的工作。我们要用扎实的、不断推进的工作和良好的作风来纪念建团 90 周年,用更好的工作业绩迎接党的十八大胜利召开。

陆昊在团中央机关2011年总结表彰大会上的讲话

2012年1月17日，根据录音整理

今天，我们在这里召开一年一度的机关总结表彰大会，总结机关2011年工作，部署2012年工作，表彰机关先进集体和先进个人。刚才罗梅同志代表书记处讲了很好的意见，我完全赞同。过去的一年，机关绝大多数干部与全团的同志一道，克服困难，锐意进取，勤奋工作，在一系列关系到共青团发展的战略性、基础性工作方面取得了新的重要进展，得到了党中央的充分肯定。这些成绩的取得，凝聚着广大机关干部的心血和汗水。在这里，我代表书记处向机关全体干部表示衷心的感谢！向获奖的集体和个人表示热烈的祝贺！

总的来讲，获得表彰的部门和同志都有一些过硬的地方，从不同角度得到了大家的认可。但评选表彰是一个角度的评价，不一定能够反映所有的工作。一些部门和战线的工作做得也很好，只是因为角度不同、名额有限没有被评上，所以大家对于评选表彰的结果要正确看待。

前不久，我们召开了团十六届五中全会。希望机关全体同志要认真学习贯彻党中央书记处对共青团工作的重要指示和王兆国同志的重要讲话精神，真正把思想和行动统一到中央的重要指示精神上来，贯彻落实好全会提出的工作要求和安排部署。需要强调的是，学习领会中央精神要真动脑子、深入思考，要真正用中央精神来统一思想、指导行动，这样才能把我们有限的精力集中到最重要的工作上，推动工作取得新的进展和突破。

2012年对我们党和全国人民来说，是一个非常特殊而重要的一年，我们将迎来党的十八大。今年对共青团来讲也是非常重要的一年，我们将迎来中国共青团成立90周年。在这样一个特殊的历史节点上，我们用什么样的思考、工作状态和工作业绩，来面对我们的各级党组织、面对共青团的老前辈、面对各级专兼职团干部，这对我们来说是一个重要考验。今天，借这个机会，我主要谈三个问题，与大家交流。

一、要真正做到既坚定信心决心，又保持清醒头脑

2011年全团重点工作得到了党中央书记处和王兆国同志的充分肯定，这充分表明全团重点工作的方向和工作部署是正确的，要坚定这个信心和决心。当前，希望同志们深入思考，在新的历史条件下共青团组织的活力能不能从根本上焕发出来，基层团组织能不能形成真正吸引凝聚青年的好路径、好方法，这是最根本的问题。我们用“两条主线、三个关键”来解决第一个“全体青年”的有效途径，同时还要运用青年人喜欢的文化艺术载体和新媒体手段来创新共青团工作，增强团的工作的生机和活力，解决我们组织的政治存在问题，进而不断提高团组织内在的吸引力、影响力，从而实现第二个“全体青年”的目标要求。

但同时我们也要看到，尽管全团工作近年来取得了一些重要进展，但是对照“两个全体青年”的目标要求，对照共青团组织目前在社会上的功能和评价，对照共青团组织在青年心中应有的活力，还有很大差距。因此，在坚定信心的同时，我们要格外保持清醒的头脑，珍惜在团的岗位上为党做好青年群众工作的宝贵机会，紧紧围绕党政工作大局找到共青团工作的切入点，不断总结经验、查找不足、改进工作，不动摇、不懈怠、有韧劲地继续推进全团重点工作。

二、作为全团最高领导机关，团中央机关要为全团带好头、发挥表率作用

第一，带头坚决贯彻落实中央重要指示要求。学习贯彻好中央精神，是我们把握工作方向、明确工作主线的重要前提。当前，我们要进一步深入贯彻落实胡锦涛总书记“七一”重要讲话精神、党的十七届六中全会精神、中央关于做好党的群众工作以及加强和创新社会管理等一系列重大部署，把思想和行动统一到中央对于形势的重大判断和一系列重要指示精神上来，自觉把中央要求落实到团的工作之中。胡锦涛总书记在“七一”重要讲话中指出我们党现在面临的“四种考验”、“四种危险”，在团中央机关也不同程度的存在。同志们既要面对共青团工作中的各种困难和挑战全力以赴、迎难而上，同时还要坚决抵制各种错误思想的干扰和影响，始终保持良好状态，按照中央要求扎实推动全团重点工作发展。

第二，要带头破解共青团工作难题。当前，共青团工作面临着很多困难和挑战。比如，怎样把马克思主义中国化最新成果和中国特色社会主义核心价值体系跟青年讲得更透彻、更清晰，使之成为凝聚青年的思想旗帜；怎么让青少年正确认识追求共产主义最高理想和现阶段共同理想之间的关系，等等。这些重大难点问题，都需要我们进行认真深入的思考和研究。当一名优秀团干部不是一件很容易的事，对于素质的要求是很高、很全面的。要做到思想上有真本事，素质上有真本事，推动工作上还要有真本事，这是非常不容易的。

第三，要带头转变作风，提高群众工作能力。党中央书记处对我们提出明确要求，要以纪念建团90周年为契机，把转变作风、提高青年群众工作能力作为工作重点。团干部的作风问题，关系到共青团与青年的关系，关系到共青团在青年中的形象。心里要真有群众，要明白社会发展的必然逻辑。思想上想明白了，就会转化为行动上的自觉。比如在去年全团开展青年群众工作调研中，一些团组织探索出了走进基层、融入青年的很多好做法，通过与广大青年同吃、同住、同劳动，真正融入青年之中，取得了很好的效果。

第四，要带头推动全团重点工作。各部门、各战线的重点工作都要按照中央要求和全会部署紧抓不放，还有一些重要工作要在上半年取得重要进展，在建团90周年到来之际，用我们好的工作成绩向各级党组织汇报，向关心共青团的老前辈们有个交代，向团的各级专兼职干部有个交代。凡是已经布置的工作、交待的任务，办公厅和各战线部门都要加强工作督导，确保落到实处。今年要特别注意，对于一些已经明确的重要工作部署和工作要求，如果有些干部还是置若罔闻、推动不力，我们既要加强教育、予以通报，同时也要考虑动机制、进行调整。

第五，要带头传承共青团的好传统。共青团组织能有今天的光荣历程，毫无疑问是继承了一系列宝贵的精神品格，比如理想主义、锐意进取、勤奋敬业等等。理想主义首先表现在对自己行为的约束上，不能一边空谈理想主义，一边对自己没有任何约束。勤奋不勤奋，不光是看工作忙不忙，更要看思考问题、研究问题是不是勤奋。对于梳理出来的问题不碰、不思考、不琢磨，永远就是说一点自己熟悉的东西，这不是干部成长全面发展的基本方法。团中央机关也有很多好传统，比如读书、学习、研究问题，要对这些好传统进行认真梳理，不断继承和发扬。

三、要大力加强机关党的建设

第一，要比风气。对于机关各部门的整体评价，既要比各部门的工作成果，还要比各部门是不是能够真正做到风清气正。大家在机关里不怕吃苦，就怕累心，怕不公正。无论是做事还是做人，都不能自以为是、总要小聪明，要经得起历史的检验。机关各部门特别是机关党委要及时发现问题，引导机关干部特别是年轻干部坚持讲党性、讲原则、讲纪律,在机关鲜明地树立起让大家一门心思干工作的良好风气。

第二,要比作风。机关干部要比作风。作风好坏的标准就是看是不是群众喜欢的,是不是广大青年喜欢的,是不是我们党所希望和要求的。在作风方面,不能要小聪明甚至弄虚作假,要扎扎实实、一步一个脚印地推动工作,这样才能赢得组织的信任和青年的信赖。

第三,要比工作状态。勤奋敬业是一种工作状态,这方面机关总体还是很不错的。但是有的时候一些同志报上来的材料质量很差,我就有点弄不清楚,以你的工作水准不应该出这样的材料,我看这还是状态有问题。当前我们的工作面临着很多困难和挑战,如果没有好的工作状态、没有勤奋敬业的精神,就不可能克服困难、迎接挑战,就不可能完成党交给我们的光荣任务。

第四,要比研究思考问题的深度。共青团不是一般的活动性组织,是党的助手和后备军,承担着将广大青年团结在党的周围的重要任务,进一步讲是要为党培养中国特色社会主义事业的合格建设者和可靠接班人。我们不光要比工作的推动,还要比一比对一些重大战略性、根本性问题的深度思考。大家要认真学习,善于借鉴,要有学习和研究问题的基本功,要注重对共青团事业发展的经验和规律的总结、梳理和提炼。

第五,要比对工作的推动。我们有一些部门在历次评选表彰中都没有当过先进,但他们在工作方面都是很有成绩的。评选表彰只是工作角度不同,但不管是战线部门还是综合部门,工作是不是真正得到推动,大家是有目共睹的。机关要推进创先争优的常态化、长效化,营造比业绩、比作为的良好氛围,这样长期坚持下去,就会出现扎扎实实的工作推动与干部作风加强、素质能力提高相结合的结果。

讲这些意见也不一定都对,大家有不赞同的可以及时通过各种方式进行沟通,以便提醒我们调整校正工作方向。大家要敢于发表意见,当然要经过思考和研究,再通过部门和党支部反映上来,我们是完全欢迎的。我们一定要善于把自己那份对于团组织的感情变为正确的工作方向、扎实的工作和严谨的作风,这样我们就会在纪念建团 90 周年的时候,向我们党有一个很好的汇报和交代,向共青团的老前辈有一个很好的交代,也能够带领全团不断开创新的工作局面,用实际行动迎接党的十八大胜利召开。

春节就要到了,在这里我代表书记处感谢机关同志们一年来付出的辛勤努力,也借这个机会给大家拜个早年,祝大家身体健康、家庭幸福、工作顺利!

陆昊在 2012 年共青团宣传工作会议上的讲话

2012 年 2 月 9 日,根据录音整理

这次共青团宣传工作会议的主要任务是:深入学习贯彻党的十七届六中全会和党中央书记处对共青团工作重要指示精神,落实团十六届五中全会部署,研究和部署今年和今后一个时期全团引导青年工作,推动全团引导青年工作实现新发展。

去年,团的宣传战线按照党中央要求和全团统一部署做了大量工作,很有成绩,突出表

现在扎扎实实地开展了“学党史、知党情、跟党走”主题教育活动、“我与祖国共奋进”形势政策教育，继续探索和深化分类引导青年工作，积极探索和加强全团新媒体工作，启动实施了“劳动·创造·奋斗”励志教育活动。全团宣传战线同志们勤勤恳恳、兢兢业业，取得了很好的成效。这里，我代表团中央书记处，对全团宣传战线的工作给予充分肯定，向团的宣传战线的同志们表示感谢。

关于全团宣传战线2012年的工作，请长奎同志具体部署。今天的会议，我主要跟大家交流最近一直思考的一个问题，这个问题与“两个全体青年”中第二个“全体青年”的目标有关，就是团的宣传战线如何在过去不断探索积累、引导青年取得积极成效的基础上，从我们擅长的“内容供应”全面地向“产品供应”转变，使团的工作和活动更好地实现影响全体青年的目标。

一、团的宣传战线实现由“内容供应”向“产品供应”全面转变的基本考虑

经过多年的探索，团的宣传工作已经具备了由“内容供应”向“产品供应”进行战略转变的基础，并且能够实现这样一个转变。

1. 要积极应对经济社会深刻变革和青年学习、生活、工作、娱乐、阅读方式的深刻变化对共青团宣传思想工作带来的重大挑战。团的宣传战线的同志在对中央各种重要文件的学习、研究、领会等方面具有一定优势，有较扎实的理论功底和素养，这非常值得肯定，要继续坚持和发扬。同时，我们要清醒地认识到，时代变革和青年发展对团的宣传思想工作带来了很大的挑战。其中一个显著的特征，就是青年与新媒体、文化、艺术、时尚元素之间的关系更加紧密。2010年，我国人均GDP已经超过了4300美元。从国际经验来看，人均GDP超过5000美元时，人们的时尚性、娱乐性、健康性消费支出会大幅增长。这不仅是一个抽象的准则，还会渗透在很多领域当中。对于我们的工作对象而言，具体体现为青年工作中有娱乐、娱乐中有时尚，学习中有娱乐、生活中更有娱乐。比如，很多青少年一闲下来，就会沉浸在伴随他成长的手机里，那部手机能够满足青少年沟通、生活、娱乐的多方面需求。而他们的手机界面，从10多岁的小朋友开始就没有黑白文字的格式了，手机画面的视觉冲击效果、色彩丰富程度都与过去大大不同。

在经济社会深刻变革和青年思想深刻变化，青年的学习方式、生活方式、工作方式、娱乐方式、阅读方式等发生深刻变化的背景下，做好引导青年的工作，仅靠准确把握党的要求和中央精神，把握引导青年工作的正确方向是远远不够的，还要在两个方向上继续努力：一是努力把党的理论和路线、方针、政策转化为符合青年人思维方式和观察视角的、青年易于接受的思想逻辑和“小道理”；二是大力运用青年人喜闻乐见的新媒体、文化、艺术等手段和产品，把正确的思想内容装在各种有效方式和相关产品之中，通过组织和市场两种力量，传播给广大青年。以党的理论和路线、方针、政策为基础，把符合青年特点的思想逻辑和路径载体结合起来，这并不是一个简单的“内容供应”，而是全方位的“产品供应”。

做好青年思想引导工作，首先当然要靠工作内容本身的正确。但还要强调善于把握中央的要求，用能够吸引青年人的方式，至少是青年喜欢和能接受的方式，来传播正确的思想主张。就怕我们有一些工作，内容很经典，但不讲方式，青年根本不接受。

去年，团的宣传战线各项工作得到了中央充分肯定，我们要坚定信心。但同时，我们还要保持格外的清醒，尤其要清醒地意识到我们的工作与青年的距离还是比较远的。远在哪里？就是我们还没有完全把需要引导的内容融入青年人喜欢的学习、生活、工作、娱乐和阅读方式之中。从根本上讲，还缺乏与新媒体足够的融合，缺乏足够的文化、艺术、时尚元素。

“内容供应”把握得好、把握得准，不意味着我们就能够真正完成好引导青年的任务。它还有一个过程，需要找到新的思想逻辑，找到最适用的路径和载体。当前，视觉审美的满足，已经成为许多产品第一轮次推介的工作任务。比如，新版的《理论热点面对面》、新版的历史教科书，都已经插入了很多彩色图片以增强对读者的吸引。比如，高露洁牙膏的牙膏盒包装，自进入中国市场以来发生了多少变化，如果把这些包装盒收集起来，从图案、设计的变化就能够折射出一个时代审美逻辑的变化。这些绝不仅仅是印刷技术的提高，而是反映了人们接受习惯、审美习惯的深刻变化。

再比如，国内的电视剧，以及《建党伟业》等主旋律电影，仅靠内容是不能很好地吸引观众的，还要靠色彩的丰富程度，靠审美和视觉效果。今年中央要求深入开展学雷锋活动。现在学雷锋会面临一个新问题：新一代年轻人特别是90后，除了从小学课本里知道雷锋以外，别的恐怕就知道得很少了。因此，首先要考虑的问题可能是如何让90后知道雷锋是什么样的人，比如，拍一部新版的雷锋故事电影，把雷锋精神刻画得有时代性、审美上也符合现在年轻人的接受习惯，而不是把50年代黑白片的学雷锋电影进行简单数字化，否则，没有多少年轻人会愿意看那些画面。去年，我们下了很大力气开办未成年人专属网站“未来网”，团中央网络影视中心与宣传部共同配合，下了很大功夫，效果总体是好的。但与“摩尔庄园”等社会网站相比，还有一个明显的差距，就是在色彩的丰富程度和视觉画面的完美程度方面存在不足。同样是很好的产品，在内容不错的情况下，包装和色彩上存在这些差距，产品在市场上就会受影响。因此，做好新的时代背景下的引导青年工作，要求我们特别注重把引导内容融入青年人喜欢的学习、生活、工作、娱乐和阅读方式之中，注重运用新媒体手段和文化、艺术、时尚元素。

2.不能把“产品供应”简单等同于“产品制造”。从全团来看，各级团组织在“产品供应”方面已经有了不少探索，也有很多点上的经验。比如去年结合党史教育推出的动漫片《号角》，取得了一定的社会影响。但从整体上看，还存在很大差距。我们特别要注意不能把从“内容供应”到“产品供应”的转变过程，简单理解和等同于“产品制造”的过程。实现有效的“产品供应”要靠自己做，但不能只靠自己做。如果只靠自己做，就叫“产品制造”。所以，大家要理解清楚“产品供应”主要指的是产品的策划、设计、组织，而不是简单地变成团的某一级组织的“产品制造”。青年的需求量那么大，光靠团组织自身的力量是不行的。共青团有思想性、政治性的一面，也有群众性、社会性的一面，整个社会力量远远大于团组织当前既有的专职工作力量，团组织和团干部要努力融入社会，熟悉社会生活，熟悉市场规则，熟悉商业模式，善于与专业的艺术力量、市场力量深度合作，善于借助团组织特有的社会信用，通过灵活有效的策划、设计和组织，广泛与各类生产文化艺术产品的企业和社会组织合作推出内容能引导青年，又有市场潜力的产品。

二、实现由“内容供应”向“产品供应”全面转变需要把握的几个问题

第一，要注重对内容的准确把握。实现“内容供应”向“产品供应”全面转变，各级团干部特别是团的宣传战线的干部首先要扎扎实实、认认真真地学习党的理论和中央文件原文，领会精神实质。团的宣传战线的干部和分管领导，对社会主义核心价值体系等意识形态领域的重大问题，一定要下功夫认真学习、深入研究，否则就是不称职，也没法对宣传战线的工作进行指导。大家要清楚地认识到，在政治上很难有“神童”，所有的能力都要靠学习、靠积累。大家对中央的重要讲话，不能仅看一遍，而是要反复学习，反复思考，结合实际、结合工作认真贯彻。要认识到对中央的文件能否记得住，不完全是记忆力的问题，而是学习态度、理解能力的问题。有的表述看一遍可能记不住，但多学习几遍，多联系实际、多思考，就一定能记住，关键还在于对学习和工作的态度。

第二，要探索与青年思维方式相符合的思想逻辑。团干部有坚持理想主义、锐意进取、勤奋敬业的好传统。要在引导青年工作中努力深入青年、贴近青年、融入青年，把党的思想主张和青年人的思想实际、思维方式结合起来，找到与青年人思维方式相符合的新的思想逻辑。形成新的思想逻辑，各级团干部一要准确领会中央要求的精神实质，这是基本前提；二要善于汲取党的理论战线取得的重要研究成果；三要善于汲取社会各领域取得的重要研究成果；四要融入青年，善于把理论精髓与青年人的生活实践和社会观察融会贯通，具备过硬的理论阐释功底。

当前，团的宣传战线要集中力量，努力破解如何按照青年人的思想逻辑，阐述清楚思想引导领域的一些重大问题：一是讲共同理想时，说清楚中国特色社会主义“特”在哪里；二是说清楚马克思主义的精髓是什么，在当前体现出什么样的思想主张；三是说清楚中国共产党是一种怎样的政治力量、为什么要坚持党的领导；四是说清楚我国改革开放的伟大成就与当前的基本国情，让青年既增强信心，又保持合理预期和奋斗精神；五是如何培养青少年爱祖国、爱人民、爱中华民族的理性思想和感情基础；六是青年人为什么应该有健康、积极、向上的生活态度；七是如何对青少年进行道德底线教育和社会道德教化等。要通过学习和实践，锻炼思辨能力，练好思想功底，做到在讲道理时既体现中央精神，又不脱离实际、不脱离青年人的生活、不脱离青年人的社会观察、不脱离青年人思想中存在的认识和问题。

回答这些重大问题有挑战、有难度，需要有硬功夫，需要付出艰苦努力。大家要认识到，虽然团的岗位与不少党政岗位在工作内容上存在差异，但如果抽象出来，只是锻炼的载体不同，对工作本领的锻炼在很多方面都是一致的、相通的。在团的岗位上干透的事情，以后在别的岗位也能用得上。目前我们的工作空间很大，涉及的领域很宽，提高、积累自己的机会很多。大家要抓紧时间努力，真正投入进去、钻研进去、勤奋敬业，做到“干一行、爱一行、钻一行”，在推进工作的同时锻炼本领。

第三，要找到与青年特点相贴近、相融合的路径载体。找准引导青年的有效路径和载体，要求大家多下功夫，多熟悉社会，多熟悉青年人现在的生活、工作、学习、娱乐和阅读方式。这就要求我们的工作一定要克服高端化、高龄化的倾向，一定要融入到青年学生、企业青年、农村青年、进城务工青年等普通青年群体中去，深入地观察和研究他们。

当前，微博已经成为青年重要的沟通方式，中央对于共青团大胆运用微博开展工作提出了明确要求。今年，各级团组织都要开通微博，广大团干部也要积极开微博，团的宣传战线的专职团干部都要开微博，还要鼓励各级团组织树立和联系的青年典型开微博；团组织的微博数、发帖量和粉丝量等要每月统计、内部排行。要鼓励全团在这个领域大胆开展工作，让团干部在微博上谈谈对社会热点问题、生活问题、学习问题、娱乐问题等各种问题的见解。团的宣传战线首先要带好头。

对新媒体，要注意提升团属新媒体的质量和与社会新媒体机构的合作。不要什么事都自己干，团组织也没有那么多资源。比如，有的团市委与当地最好的网站合作开设青年手机报，这就是把“内容供应”和“产品供应”结合起来，把内容供应嵌在产品供应上，效果就很好。少先队、中学共青团组织要在运用动漫载体上下大工夫。低龄青少年群体甚至一部分大学生的阅读习惯都是这样，基本上动漫化了，我们的工作载体也要适应青少年这种阅读习惯的变化。

此外,我们还要在影视、艺术、歌曲作品方面下大功夫。最近,我们与长春电影集团、海军政治部宣传部、《故事会》杂志社等合作推出影视剧和青春励志故事,团中央不用做很多具体工作,主要就是合作、参与、提出意见、联合制作等。只要是能够帮助青年形成健康积极向上生活态度的文化产品,各级团组织都可以大胆地开展合作。我们要始终牢记共青团引导青年的目标是两条:一是坚定青年跟党走中国特色社会主义道路的信念,二是引导他们形成健康积极向上的生活态度。这两条目标的实现,都要大量使用新路径、新载体。共青团有政治性、思想性的一面,还有群众性、社会性的一面,我们只讲群众性不够,还要讲社会性,要让共青团的工作内容融入到社会、融入到广大普通青年之中。

这里,还要向宣传战线的同志们强调两个问题。

一是要熟悉社会生活、熟悉市场规则、熟悉商业模式。共青团要继续办好《青年文摘》这样的王牌产品,并在产品上清晰标明共青团的符号。同时要认识到,整个社会的力量毫无疑问要远远大于共青团组织专职队伍自身的力量,我们要善于运用社会力量推动工作。少先队向社会征集6首传播"四好少年"的MV歌曲,就是一次成功的尝试。团组织在社会中还是有良好信用的,我们要有针对性地用好这一优势,通过灵活有效的策划、设计和组织,广泛与各类企业和社会组织合作,通过向社会征集、推荐、联合署名等形式,推出一批以爱国、励志、修身、情感等为主题的,思想内容积极向上、受青年喜欢的影视、动漫、歌曲、图书等文化产品,让共青团非常鲜活地、有审美水准地、符合青年人思想逻辑地存在于广大青年当中。从历史上看,共青团组织有很强的策划能力,推出的工作和活动大家很喜欢,当前遇到了一些新挑战,但我们要传承这些好的传统,不能只会干"大事"、说"大"的原则,不会干具体的事情。

二是要熟悉艺术。艺术的魅力是不可替代的,在许多领域和场合,艺术的感染力会超过政治家的讲话。做宣传思想工作,尤其要重视艺术的独特魅力。对于青年工作者特别是团的宣传战线的同志来说,熟悉艺术、了解时尚就更加重要。在工作中注重运用艺术、时尚的元素,自己首先要懂。比如,北京市最好的中学已经开始排演音乐剧了。如果我们连音乐剧是什么都不知道,连最经典的音乐剧都不了解,我们的工作就会落后于时代、落后于青年。团的宣传战线的同志们要在这方面多下功夫,多开展些专题培训,多与艺术家沟通学习,这样以后再来把握工作,效果就不一样了。

三、实现由"内容供应"向"产品供应"全面转变的两个重要目标

一是切实增强引导青年的针对性、适用性和普遍性。思想逻辑解决的是引导青年工作的针对性,路径载体的运用解决的是引导青年工作的适用性,此外,还要注重引导青年工作的普遍性。这三条缺一不可。我们经常说,目前有许多团的工作适用性、普遍性不够,影响面小,有的还仅限于"体制内"。这说明我们还没有真正地把引导工作从"内容"转为"产品",更没有实现"产品"在市场中的发展。如果我们的工作没有借助市场力量,完全靠团的组织来推动,肯定无法达到预期的效果,无法形成真正的社会功能。所有经典的"大片",没有一个是只靠组织力量推动的,根本上要靠市场的力量。我们要努力使团干部掌握这种本领,善于借助市场的力量推动工作。一旦借助了市场力量,普遍性就出来了。

二是实现共青团在青年中合理的组织存在。实现团组织在青年人中合理、适度的组织存在,仅靠现在的工作还远远不够。如果北京的中学生都在拍音乐剧,而团干部对音乐剧还没有最基本的理解,就是我们的工作要被时代和青年淘汰的一个危险信号；如果大量青年人喜欢的歌星我们从来都不知道，没有听过他的歌曲，也有被时代和青年淘汰的危险。因为不了解这些元素，根本无法挖掘青年中存在的内在积极性。

我们要在解决引导青年针对性、适用性、普遍性的同时，解决好共青团合理、适度的组织存在的问题。在有益于青年健康成长的出版物上印团徽就是团组织合理、适度存在的一种形式；联合推荐图书、拍摄电影、推出电视栏目等，最后联合署名，也是合理体现团组织存在的有效形式。

在广告学中有个原理：一个突出的符号能够让人产生记忆。为了更好地体现团的组织存在，我们就是要把共青团的组织符号鲜明地、合理地在许多地方体现出来。这样做的目的，就是要努力实现胡锦涛总书记提出的“两个全体青年”的目标要求。第一个“全体青年”主要靠继续大力强化团的基层组织建设、靠各种层级化和非层级化的组织覆盖来实现，团的宣传战线在实现第二个“全体青年”中担负着重要职责。这既要靠工作内容本身的正确，又要靠大家充分利用新媒体和文化、艺术、时尚的元素，实现团组织在青年中的合理存在。

今年团的宣传战线还有一项重要任务，就是上半年要举办专题展览和交流，既集中展示全团在运用新媒体和文化手段引导青年方面取得的积极成果，又能互相借鉴、取长补短，推动各级团组织更好地选用新媒体和文化、艺术元素开展工作。会议结束后，各地要积极行动起来，做好本地区展品的搜集、整理工作，共同把展览筹备工作做好。

各级团组织和广大团干部要把对党的忠诚和对团组织的感情转化为正确的工作方向和扎实的工作行动，用实实在在的工作业绩纪念建团90周年、迎接党的十八大。

陆昊在2012年全团组织工作会议上的讲话

2012年2月13日，根据录音整理

今天，我们召开2012年全团组织工作会议，主要任务是认真学习贯彻党的十七届六中全会和中央经济工作会议精神，贯彻落实党中央书记处、王兆国同志对共青团工作的重要指示，落实团的十六届五中全会提出的要求，研究部署下一阶段全团组织工作。

2011年，全团组织战线统筹其他各条战线狠抓团的基层组织建设，克服了很多困难，取得了很好的成效。我代表团中央书记处感谢大家作出的贡献。当前，全团组织工作仍然要牢牢把握胡锦涛总书记提出的“坚持眼睛向下、重心下移，力争使团的基层组织网络覆盖全体青年，使团的各项工作和活动影响全体青年”的重要要求，特别是要以基层组织网络覆盖全体青年为基础，努力实现全团真正意义上工作活力的焕发。今天下午，贺军科同志还要就今年全团组织工作作专门部署。我先讲三点意见。

一、坚持狠抓基层组织建设的方向不动摇

首先，这是党中央的一贯要求。抓好基层组织建设，从来都是党中央对共青团组织的重要要求。胡锦涛总书记在与团中央新一届领导班子成员和团十六大部分代表座谈时对共

青团组织提出了“两个全体青年”的重要要求。全团贯彻中央要求不仅仅体现在态度和方向上，更体现在抓基层的具体行动和举措上。在当今社会变革的背景下，团的基层组织建设面临许多挑战，开展这项工作难度很大。正因为这样，我们必须坚持狠抓基层组织建设的方向不动摇，把基层团的建设作为基础性工作抓紧抓好。

其次，这是共青团保持自身活力的要求。团的活力归根到底要靠团组织与广大青年的关系，靠处在共青团与青年边界上的广大基层团组织焕发出的活力。就团的基层组织现状而言，不论是组织覆盖还是组织活力，都与“两个全体青年”的要求、与基层组织焕发应有的活力存在很大差距。

第三，团的基层建设工作局面有了非常积极的变化，朝着“两个全体青年”的目标迈出坚实步伐，进一步坚定了我们的信心。团十六大以来，全团上下在大力加强非公有制企业团建的基础上，逐步推进了乡镇、街道团的组织格局创新、驻外团组织建设等组织创新工作，有效扩大了团的基层组织覆盖，为全团充分发挥团组织的基本活力奠定了重要基础。党中央书记处充分肯定了过去几年共青团狠抓基层的工作。这表明，我们的工作方向是正确的，我们要进一步坚定狠抓基层的信心和决心。

第四，团的基层薄弱的状况还没有完全改变。通过近年来的艰苦努力，团的基层建设取得了明显成效，也得到了中央的肯定。但总体来讲，团的基层组织建设还处在量变的过程之中，基层薄弱的状况没有完全改变。对此，我们要保持清醒的认识，不能让我们的工作只在点上取得突破、只在面上作出示范，要继续坚决地、持续地狠抓基层。

第五，继续扩大团的组织覆盖，还有许多困难和问题需要进一步克服和改进。当前，继续扩大组织覆盖进入了攻坚期，许多困难和问题进一步凸显出来。一是团干部的思想认识问题。要从内心深处真正把团的基层组织活力与团的各项工作充分结合起来作为共青团与青年关系的根本，作为党对共青团要求的重要基础。如果在这一点上认识不清醒、不坚定，遇到困难时就会退缩。二是基层团组织工作条件上确实存在困难。目前看，省、市两级团组织的工作条件有相应的制度保障，但县、乡镇两级团组织在制度条件、干部配备、工作经费、活动阵地等方面还存在许多问题和困难。比如，据团中央组织部统计，去年有700多个团县区委书记空编6个月以上。要克服这些困难，就必须坚持狠抓基层组织建设的方向不动摇。

二、抓基层要坚持抓工作活力与抓组织建设并重

抓基层组织建设与探索提高整体工作深度并重，与抓工作活力并重，是团中央书记处的一贯要求。工作活力与组织建设是相互支持的，工作活力要以组织建设为前提，组织建设要靠工作活力来支撑。在某一时点上，抓活力与抓建设是有先后逻辑关系的，无法想象在组织基础还十分薄弱甚至根本没有组织的条件下能够有效焕发组织的活力。正因为如此，我们在非公有制企业团建、外出务工青年群体团建等工作中首先强调实现组织覆盖，进而强调通过建立机制、注入资源、加强干部队伍建设等方式增强组织活力。当前，抓组织建设和工作活力要突出“两条主线”和“三个关键”。就抓活力而言，制度条件、工作内容设计都非常重要，但在目前情况下，干部素质和状态尤为关键。

团干部要对自身有清醒的认识。团的干部普遍都比较年轻，要靠在团的岗位上扎扎实实的推动工作弥补经验方面的不足，靠在迎接挑战和攻坚克难的过程中提高素质本领。团干部要保持理想主义追求、锐意进取精神和勤奋敬业状态，不仅要勇于克服困难，还要坚定地面对挑战，做出有开拓性的工作，在当前特

别要准确地把握工作的时代性。现在有的团组织还在简单地靠二十多年前组织合唱的方式来纪念“一二·九”运动，忽视了当代青年的工作、学习、生活都处于新媒体的环境之中，忽视了二十多年来信息技术、新媒体技术对青年人生活的影响，工作显然是不够的。保持锐意进取精神，很大程度上就是要通过不断的实践探索使工作跟上时代的步伐，保持组织的活力。团十六大以来，全团的很多宝贵创造都是在实践探索中形成的。比如，社区团的工作要围绕社区的安全性、便利性、健康性、娱乐性和互助性来开展的原则，首先就是从在南宁等地的调研中总结提炼出来的；乡镇、街道团的组织格局创新工作，也是在对有的地方党组织青年工作委员会实践进行研究，经过对没有行政事权的同级党组织作用发挥问题的思考和分析，并经过全团两轮试点后形成的比较完整的工作思路。

各条战线特别是组织系统，要在抓组织建设的同时，对增强基层组织活力给予指导，提出更为具体的要求，使组织建设与工作活力之间形成相互支持、互为依托的良好局面。从全团点上的经验来看，我们完全具备给予具体指导的条件。这方面的工作要进一步加强，要有规定动作。目前，我们对非公企业团建、农村团建、高校团建的指导总体上是够的，主要是推动力度的问题。对中学团建和驻外团组织建设的指导力度要进一步加强，特别是对驻外团组织，流入地团组织要主动承担起更多的责任，加大工作指导和支持力度。

三、要继续有力度、有韧劲、有创新地抓好基层组织建设和基层工作

一是要保持支持基层力度不减。通过几年来的努力，县级团委的情况已经有了很大改善，说明我们的工作方向是对的。团中央将继续以每个县每年不少于 3 万元的标准支持中西部县级团委，省、市两级团委也要积极争取党政支持，继续加大对县级团委的支持力度。今年全团要在乡镇、街道团的组织格局创新取得阶段性重要成效的基础上，重点加大支持乡镇、街道团组织的力度。团中央将筹集 5000 万元资金用于支持 5000 个工作基础相对较好、影响力较大、联系青年多的乡镇、街道团的工作。各级团的领导机关要全面配合这项工作，积极争取党委政府支持，大力整合各类社会资源，努力争取为乡镇、街道团组织提供每年 2 万元的资金支持。在给条件的同时也要给指导、提要求，努力激发乡镇、街道团组织的活力。我们要用三年时间把共青团面向基层的“桥头堡”推向乡镇、街道一级，今年已经是第二年了，要继续坚定不移地向前推进。

二是要保持抓工作的韧劲。习近平同志在全国组织部长会议上的讲话中特别强调，“干部要有思路，有激情，有韧劲”。这一要求对于年轻干部来讲非常有针对性。年轻干部的特点是工作有激情、上手快，但缺点是容易缺乏韧劲，在遇到有难度的工作的时候容易退缩。当前，在团的基层组织建设这个问题上，全团面临这么大的挑战，广大团干部尤其是组织战线的团干部，必须要保持抓工作的韧劲，要能够坚持，看准的事要一抓到底，不能只看眼前，更要注重长远。

三是要继续坚持创新。要在推进重点工作的实践中有新的思考、新的探索、新的创造。创新既有方向性的创新，也有技术性的创新。比如，在乡镇、街道团的组织格局创新这个具有方向性意义的创新工作中，采取吸收银行信贷员做团委兼职干部方式推动农村青年创业就业小额贷款工作，就是一项很好的技术性创新，实践证明是行之有效的。当前，各条战线在抓基层的过程中都不能停止创新，要在创新中破解难题，推进工作。

首先，要继续抓好驻外团组织建设。按照“建组织以流出地为主、流入地配合，发挥组织作用以流入地为主、流出地配合”的原则，促进流入地落实好开展交叉兼职、建立联席会议、提供支持保障、开放活动阵地、做好干部培训、开展表彰激励、联系普通青年、派生基层组织等重要职责。特别是联席会议、交叉兼职、提供场地便利、资金管理便利等方面，要尽快实现制度化。发达地区、流入外来务工青年多的直辖市、省会城市的团组织在这方面要发挥带头作用。

其次，要继续抓好非公有制企业团建。这项工作仍然是全团基层组织建设的重点和难点。要在紧跟党建步伐，继续扩大组织覆盖的基础上，找准团的根本属性、根本任务与企业生产经营功能相融合的切入点，努力增强组织活力。要广泛深入地开展“创先争优”活动，借助活动的实施推动非公企业团建再上一个新台阶。

第三，要抓好青年自组织、青年兴趣组织、农村专业合作组织和网络团建工作。今年要在全团层面上探索推动青年自组织团建工作，对青年自组织不能仅限于联系层面，要逐步把各类青年社会组织纳入联系、服务和引导的范围，加快构建以共青团为枢纽的青年组织体系。北京、上海等地是最早提出枢纽型青年组织体系建设的地方，也是自组织发育最快的地方，要带头加大实践探索的力度。要继续抓好农村专业合作组织团建，把在生产、销售、信息等环节上的青年都联系起来，把从农村到中心城镇的青年都联系起来，实现对更多青年的组织覆盖和工作覆盖。

过去的一年中，全团组织战线工作干得很好，各条战线在抓基层过程中坚持组织建设与工作活力并重，取得了很好的成绩。作为组织战线的同志要时刻保持清醒认识，要明白作为团的组工干部所肩负的责任，要清楚地认识到组织战线的工作原则性要远远强于灵活性，始终坚持公道、正派，要在严格要求自身的基础上带好队伍。今年团的基层组织建设工作任务依然十分繁重，希望大家继续努力，在工作中不断提高政治素质、锤炼党性、增强战斗力，推动团的基层组织建设和基层工作实现新的进步。

推进学雷锋活动在青少年中广泛深入开展

——陆昊在全国深入开展学雷锋活动座谈会上的发言

2012年3月2日

长期以来，在毛泽东、邓小平、江泽民、胡锦涛等中央领导同志的亲切关怀和大力倡导下，学雷锋活动在全国各地、特别是在广大青少年中广泛开展。在不同历史时期，共青团、少先队组织坚持把学雷锋活动作为对青少年进行思想道德教育的重要载体，雷锋形象成为几代青年人的成长记忆。90年代以来，在党的领导下，共青团组织推出的青年志愿者行动，以鲜明的时代感得到广大青年的积极参与，推动雷锋精神在新的历史时期进一步发扬光大。

党的十七届六中全会对深入开展学雷锋活动提出明确要求，最近中办专门下发意见对活动作出部署。共青团组织要认真贯彻落实中央关于开展学雷锋活动的要求和长春同志重要讲话精神，紧密结合社会主义核心价值体系教育，深入思考和梳理在新的时代背景下引导青少年学习雷锋精神的思想逻辑和行动载体，扎实推进学雷锋活动在广大青少年中深入开展。

在青少年中开展学雷锋活动，在工作目标上，要与引导青少年坚定理想信念、形成健康积极向上的生活态度和奋斗精神、培养良好道德品质结合起来；在传播交流方式上，要适应当代青少年阅读特点、审美需求和新的沟通、交流方式，与新媒体手段和文化、艺术、时尚等元素结合起来；在实践载体上，要与青年立足岗位的成才建功活动，与青少年生活中的助人为乐活动，与青年参与社会志愿服务活动结合起来。

一、深入思考和梳理新的时代背景下引导青少年学习雷锋精神的思想逻辑

雷锋精神产生于火热的社会主义建设时期，继承了中华民族的传统美德，反映了人民群众建设美好社会、创造美好生活的良好愿望，从一个侧面生动体现着社会主义核心价值体系。今天我们开展学雷锋活动，首先要引导好青少年深刻把握雷锋精神的时代价值，让青少年充分认识到雷锋精神在当前推动社会进步的进程中应该学、值得学，增强学习雷锋的主动性、自觉性。

雷锋的事迹及其社会形象，充分显示了精神追求、精神力量的可贵。我们要引导青少年认识到，虽然物质财富创造对于社会发展具有重要推动作用，但无论物质财富如何丰富，物质终究不能完全替代精神的力量，个人成长和社会进步都需要精神力量的支撑与推动。如果没有精神力量，人们不仅无法克服和应对自然界带给人类的灾害和挑战，就连社会生活的正常运转都无法保证。看一看在每一次自然灾害面前，我们党和政府、人民军队、广大党员干部靠的是什么战胜困难？看一看在每一次出现极端天气面前，有多少普通劳动者冒着酷暑或严寒，为了他人的便利仍然坚守在保持社会正常运行的工作岗位上，是靠对物质的追求吗？不是，靠的是精神力量！市场经济在提高资源配置效率和对社会组织与个人的有效激励上，很大程度是与利益联系在一起的，但我们感到，能够影响青年人行动的逻辑有三条：一是信仰、二是利益、三是感情，社会进步应该实现信仰、利益、感情对人们行动的合理平衡，不能唯利益化。青年人合理的物质利益追求应当尊重，但决不能因此就弱化精神追求。

我们要大力弘扬雷锋热爱党、热爱祖国、热爱社会主义的崇高理想和坚定信念，引导青少年深刻理解近代以来中国社会发展进步的历史逻辑，充分认识到今天繁荣的国家面貌不是自然而然得来的，从根本上靠的是中国共产党领导，靠的是中国特色社会主义制度，引导青年自觉坚持爱国主义、社会主义和党的领导的统一，坚定跟党走中国特色社会主义道路的信念。

我们要大力弘扬雷锋服务人民、助人为乐的奉献精神，引导青少年从小培养爱人民的朴素感情，奠定爱人民的情感基础。假定社会成员年轻时都能有爱人民的基本情感基础，社会上就会减少地沟油和假药这些冲击道德底线的现象。我们要引导青少年正确认识和处理个人与他人、个人与社会的关系，遵守爱国、敬业、诚信、友善基本道德规范。我们观察，构成各类道德榜样崇高品格的最基本元素，是正直、善良、诚实、有爱心。我们要引导青少年从小事做起，从最基本的要求做起，养成这些基本道德品格，严守基本道德底线。

我们要大力弘扬雷锋干一行爱一行、专一行精一行的敬业精神，引导青少年认识到在社会主义市场经济条件下，青年人的成长路径多样化，行行出状元，而职业精神是支撑人们干成事、干好事的重要基础。市场经济条件下人力资源的评价准则，是每个人在不同社会分工体系中的能力、素质和贡献，广大青年要成就一番事业、实现人生价值，就要干一行爱一行、专一行精一行。

我们要大力弘扬雷锋锐意进取、自强不息

的创新精神,引导青少年认识到市场经济中的重要因素"竞争"既会提高社会财富创造的整体效率,又会给青年人在学习、工作、生活等各方面带来挑战和压力,青年人必须勇于在遇到困难时奋发进取,勇于在社会变革中不断汲取新的知识和技能。

我们要大力弘扬雷锋艰苦奋斗、勤俭节约的创业精神,引导青少年既充分认识改革开放的伟大成就,坚定信心、增强动力,又正确认识我国仍处于社会主义初级阶段、仍然是世界上最大的发展中国家的基本国情,形成合理预期,保持奋斗精神。

二、广泛深入地开展青少年学习实践雷锋精神活动

贯彻中央要求,共青团组织将利用各种载体让青少年熟悉雷锋故事、把握雷锋精神、认识"当代雷锋"、了解社会各领域优秀的雷锋式人物,着力推动学雷锋活动在青少年中广泛、深入、持续开展。

一是适应当代青少年特点,努力创新雷锋精神学习教育的方式方法。充分借助团属网站、社会网站等新媒体力量开展宣传教育,通过有效的策划、设计、组织,积极与社会力量合作,联合创作、征集、推荐一批符合当代青少年阅读方式、审美特点的图书、电影、动漫等文化作品,从引导青年工作的"内容供应"全面向"产品供应"转变,更加生动地刻画雷锋形象、诠释雷锋精神,增强雷锋和雷锋精神对当代青少年的亲和力、吸引力。

二是充分依托青年志愿者等团的工作品牌,常态化开展学雷锋实践活动。经过近20年的培育和发展,青年志愿者行动已经成为当代青年践行雷锋精神非常重要的载体,志愿服务已经成为广大青年喜爱的精神时尚。要深入推进大学生志愿服务西部计划、关爱农民工子女志愿服务等活动,吸引更多青年加入到学习雷锋精神、参与志愿服务的行列中。要把广大青年志愿者的热情、专长、分散的服务时间,通过组织化、机制化渠道进行整合,在某个社会领域或某项社会工作中产生持续的服务效果,切实形成志愿服务的特有社会功能,使青年人认识到参与志愿服务的社会价值。同时,要继续深化青年文明号、保护母亲河行动、希望工程、手拉手等团的各项品牌活动,鼓励广大青少年立足岗位建功成才,在日常生活中助人为乐,开展学雷锋主题团、队日活动,以实际行动弘扬雷锋精神、倡导文明新风。

三是积极选树宣传各类实践雷锋精神的青少年典型。榜样的力量是无穷的。随着学雷锋活动的深入推进,各行各业青少年中必将涌现出一批弘扬雷锋精神的先进人物。各级团、队组织要善于挖掘、宣传来自青少年身边,让青少年感到可亲、可敬、可学的雷锋式青少年典型,用他们的事迹生动诠释雷锋精神的时代内涵,激励更多青少年争当当代的"新雷锋"。

陆昊在“共青团新媒体和文化成果交流展览会”工作交流会上的讲话

2012 年 4 月 20 日，根据录音整理

这次在“共青团新媒体和文化成果交流展览会”期间专门召开一次工作交流会，安排得很好。我们做很多工作，能否转化为自己的基本素养、转化为自己的工作素质，不仅仅要靠“干”，更重要的还要靠一边干一边思考。思考中最重要的就是总结。昨天晚上，大家进行了交流研讨，刚才六位同志也做了很好的交流发言，从不同角度谈了对本次交流展览会的观察、体会、思考和建议，我听了之后很受启发。

刚才，长奎同志提出大家要继续深入思考“通过这次交流展览会，学到了哪些经验？深化了哪些认识？找到了哪些差距？”这三个问题非常重要。团的岗位是一个成长、锻炼的岗位，但工作素质的提高不是必然的，许多团干部刚来的时候素质差不多，但干几年之后，培养锻炼方法不同，努力程度不同，工作状态不同，最后的结果就会有很大差距。大家推动工作、开展讨论，最后一定要注意形成一些核心看法，这对于提升工作水准、提高团干部素质非常重要。

昨天，中共中央政治局委员、全国人大常委会副委员长王兆国和中共中央政治局委员、中央书记处书记、中宣部部长刘云山参观了交流展览会并作出重要指示，对全团更好地运用新媒体和文化载体做好青少年工作提出了明确要求，为我们进一步明确了工作方向。大家要认真学习领会，并把中央领导同志的讲话精神落实到今后的工作中。下面，借今天这个机会，跟同志们交流一些感受。

一、举办交流展览会的基本考虑

举办本次交流展览会的目的，最核心的有两条：一是以实际行动贯彻落实胡锦涛总书记对共青团提出的“两个全体青年”的重要要求。在新形势下实现“影响全体青年”，运用新媒体和文化载体是必然的选择。二是贯彻落实党的十七届六中全会精神。

从共青团工作的角度来说，还有三个方面的考虑。一是通过这项工作，拉开纪念建团 90 周年工作的序幕。二是通过举办交流展览会，交流全团在新媒体和文化这个重要工作领域的工作探索和初步成效，推动各级团组织相互学习、相互借鉴、寻找差距，以新的工作推动纪念建团 90 周年。这是团中央书记处确定的纪念建团 90 周年的一个重要原则：要用工作推动，而不是简单地形式化地纪念建团 90 周年。三是推动各级团组织“碰一碰”专业力量、市场力量，进一步提高“产品供应”的能力。团的宣传战线的同志们这次应对得不错，在一次次讨论展览方案的过程中，团中央聘请的兼职团干部也发挥了很好的作用。团中央提出要引入一批熟悉市场力量的人来充实我们的队伍，把我们擅长的“内容供应”与“产品供应”组合起来。昨天的交流展览会就是需要接受市场检验的“产品”。我们强调，做好青少年思想引导工作，除了对引导内容有准确的把握之外，还要探索出与青年思维方式相符合的思想逻辑，还要找到与青年特点相贴近、相融合的路径载体，通过青年能够广泛接触和接受的“产品”传递正确的思想主张。简单地把“社会主义核心价值体系”用文件写出来，并不能表明这项工作已经做完了。这次交流展览会，就是让大家尝试通过会展这种市场化的形式跟青少年交流。从以上三点考虑出发，这次交流展览会的规模比较适度、时间也不算太长，没有影响后

面的重要工作安排。

此外,这次交流展览会还有一个实际效果,就是对平时工作的检验。工作只要"亮"出来就会有竞争。很多同志汇报工作时都强调对工作"高度重视",但到了展览的时候,如果平时缺乏工作积累就展不出来。从这个角度来说,举办展览也是推动工作的一种有效机制。

二、交流展览会反映出的工作状况

为办好这次展览,宣传战线的同志们付出了艰苦努力,克服了很多困难,在很短的时间内梳理总结了全团近年来在新媒体和文化方面的积极探索和工作进展。很多省级团委的主要负责同志亲自设计方案,研究布展的方式方法,集中梳理工作思考、工作进展,又实事求是地反映工作成绩,是非常不容易的。总体来看,既反映出积极的态势和初步的成效,也体现了存在的差距和不足。

(一)主要收获和积极成效

第一,本次交流展览会整体水平较高,体现了共青团干部较好的综合素质。无论是展览的主题定位、基本布展思路,还是展览对全团各个工作领域、工作成果的展示,以及展览总体色调、技术手段运用和展品的互动性,这次交流展览会都体现出了较高的水准。各省的展区也很有特色,有的省的展位设计具有很强的时代感,有的省突出了本省的文化特色,不少民族地区展厅也体现出鲜明的民族特色。能够取得这样的工作成绩,是大家这段时间艰苦努力的结果,但更重要的是展品背后丰富的工作积累。如果没有平时的工作积累,无论展位怎么装饰,展览都将是空洞、无味的。

这次交流展览会还体现出一批团干部具备较好的专业素质、综合素质。在新的时代背景下,一名优秀的团干部不能只会说"大"的原则性的话,还要有坚实的理论功底,过硬的党性,以及很好的实践锻炼。通过这次展览,能够检验出团干部两个重要的素质:技术素养、艺术素养。这两个素质是一名优秀干部成长过程中不能回避的。在科学技术飞速发展的今天,一名称职的团干部要有对技术进步的敏感。如果还是用几十年前的办法开展工作,就是完全藐视人类社会技术进步的最新成就,就不能"代表先进生产力的发展要求"。团干部的艺术素养同样非常重要,有的展区非常吸引人、很有特色,而有的展区就相对简单化一点,关键区别就在于主要决策的干部的艺术水平和对审美的把握。

第二,本次交流展览会使全团更加成熟和清醒,进一步明确了工作的努力方向。这次交流展览会最好的收获,还不在于昨天展了什么,而在于大家昨晚讨论时谈了什么,在于我们这支队伍越来越成熟、越来越清醒、越来越明白工作的努力方向。以往,大家很少讲自己工作中存在的差距,即使讲了,也说得比较浅,没有指出真正的问题。而这次展览,使不少地方团干部开阔了眼界,也更清醒地看到了不足和差距。通过这次展览,我们清醒地看到共青团离"两个全体青年"的目标还存在很大差距。这一点,从微博粉丝数就能看出来。比如,广东的微博发展走在全团前列,但还是不能骄傲,因为广东团组织、团干部的微博粉丝数与全广东的青年数相比差距还不小。从这个意义上来说,这次交流展览会还应该让更多地市级以上的团干部看看,让大家都受点刺激、受点触动。

第三,本次交流展览会集中反映了全团近年来在新媒体和文化方面的积极探索和工作进展。一是全团在微博运用上有了较大进展,手机报的运用呈现出一定的整体性。二是与电视台的合作有了很好的态势。今后工作中,各级团组织既要重视互联网、手机等新媒体,还要重视仍然被广大青年人接受的传统媒体。三是在网络电台、动漫、游戏、微电影的创作生产等方面有了一些新突破,如北京团市委的网络电台、天津的卡通版少代会报告、湖北拍摄的微电影、四川团省委设计推出的“雷锋棋”，都是适应当代青少年接受特点、生活方式、娱乐方式、阅读方式的有益探索。四是在运用文化产品传播共青团组织标识，与专业力量、市场力量开展合作等方面也有新的加强。

总体来说，这次交流展览会给我们很大触动，说明省级团委、地市级团委和很多基层团干部下了很大功夫，有很好的实践探索和工作创新。下一阶段，宣传部要将这次交流展览会的内容拍摄成资料片，充分展示各参展单位的工作亮点，下发全团学习参考。

（二）交流展览会反映出的工作不足

在总结和肯定积极成效的同时，更要清醒地看到我们工作中存在的差距和不足。主要存在以下几方面问题：

一是就省级团委而言，新媒体和文化工作的许多探索还停留在点上，普遍性不够。目前，在新媒体和文化方面的一些好的应用方式，如网络电台、微电影等，本应该进入到了各省普遍运用、互相比较谁做得更好的阶段，但目前很多领域还只有个别省份作了尝试，普遍性上还存在较大差距。

二是新媒体工作整体影响力不足。团属网站中，就算是早在 1999 年就开通、作为“中央重点新闻网站”的中国青年网，虽然经过融合改版升级后有了很大进步，在 Alexa 中文网站排名也只有 1000 位左右，未来网的排名还在 7300 位左右。这也是我们过去反复强调的，“重点网站”这种格式化的权威，在当今时代并不能简单等同于对青少年的实际影响力。团组织微博的影响力也需要进一步加强。当然，专职团干部中也有很多同志微博运用得较好，几位团省委书记还进入了全团排行榜前十名。省级团委书记一定要敢用微博，真正为青年人所喜欢。中央对于共青团大胆运用微博开展工作提出了明确要求，团中央宣传部要定期对全团微博排名进行公布，进一步鼓励各级团干部用好微博。

三是手机报等部分新媒体应用的覆盖面偏重于团系统内，对广大普通青年的覆盖不足。在这方面，有的省做得好一点，但仍然存在差距。今后发展的方向，还是要立足于面向普通青年，努力扩大影响力和覆盖面。

四是与专业力量、市场力量合作的深度和广度不够。这在文化产品方面尤为突出。本次交流展览反映出，各级团组织与电视台的栏目的合作有了一定进展，但电影、歌曲、动漫等领域还比较薄弱。我们要特别注意，实现从“内容供应”到“产品供应”的转变，不是要各级团组织变成“产品制造者”，而是必须借助专业力量、市场力量开展合作。共青团组织在社会公信力方面具有优势，如何运用好这一优势，借助市场规则，通过与社会机构合作加强产品供应，目前还存在较大差距。

三、进一步深化共青团新媒体和文化工作的几点要求

1. 坚定用好新媒体和文化手段这一工作方向。为什么必须用好新媒体和文化手段？最根本的原因有三条：

第一，这是新的时代条件下实现“两个全体青年”重要目标的必然要求。当前，大家普遍认同新媒体和文化手段是共青团开展社会化动员的新的有效方式，这是对的，新媒体也确实为团组织开展社会化动员发挥了比较好的作用，如北京的青檬网络电台等。但同时需要明确的是，新媒体和文化艺术载体还是加强团的组织建设、开展组织化动员的重要手段。新技术的发展大大拓展了组织建设的空间，使一个组织的存在不需要以组织成员经常见面、聚在一起做活动为前提。很多高校团组织通过微博、QQ 群传递信息、开展活动，一些基层团支部利用网络视频联系团员青年，这些新媒体应用就成为了团的组织建设的有效载体。因此，落实“两个全体青年”的目标要求，全都离不开新媒体和文化手段的运用。

第二，这是做好新形势下引导青年工作的

必然要求。引导青年是共青团必须始终牢牢把握的根本任务、战略任务。在当前时代背景下引导青年,不用好新媒体和文化手段是不可想象的。比如,去年的“我与祖国共奋进”形势政策报告会,全团扎扎实实地开展了8千多场,覆盖青年总数260多万人,而两会期间的一场网络宣讲会,青年网友的网络点击量就达到2400万次。因此,要真正做好引导青年的工作,新媒体和文化手段非用不可,这一点我们要非常坚定,不能含糊、不能动摇。

第三,这是保持共青团在青年中合理适度的组织存在的必然要求。今年以来,我们一直在思考,要用什么样的工作业绩来纪念建团90周年。反复考虑,归根结底还是要体现在落实总书记提出的“两个全体青年”的目标任务上来。解决共青团与青年合理适度的关系,组织存在是前提;而要实现共青团与青年的融合、对青年的吸引,就特别需要善于运用新媒体和文化手段。

2. 在体现针对性、适用性的同时,注重在增强普遍性、影响力上下功夫。针对性、适用性、普遍性是引导青年工作的总体要求。现在来看,我们运用新媒体和文化手段引导青年的工作,针对性总体还比较强,适用性上也有了新的进展,主要的挑战是普遍性不够、影响力不足,各级团组织下一步工作中要着重突出普遍性,力争广泛地影响覆盖更多普通青年。

3. 把握好工作的思想内涵、思想深度和正确方向的有机结合。共青团的思想性、政治性属性与群众性、社会性属性是有机统一、相辅相成的。运用新媒体和文化、艺术、时尚元素开展工作,要把引导青年形成正确思想认识和价值取向作为根本任务。关于引导青年的目标,我们曾提出“两个结合”,一是坚定青年跟党走中国特色社会主义道路的信念,二是帮助青年形成健康积极向上的生活态度和奋斗精神。随着工作实践和认识的深化,我们进一步提出了第三条引导目标,就是引导青少年养成正直、善良、诚实、有爱心等基本道德品格,严守基本道德底线。现在社会上频频出现的地沟油、毒奶粉、假酒、假药、毒胶囊等令人痛心的现象,很难完全通过政府的监管彻底杜绝,必须从道德教化做起,从提升公民的文明素养做起。大家要紧紧围绕这三方面的目标开展工作。目前各级团组织已经推出的新媒体和文化产品中,辽宁等地的青年马克思主义者培养工程有关图书是围绕坚定理想信念这一目标,武汉等地团组织推出的“微电影”是倡导健康积极向上的生活态度,团四川省委的“雷锋棋”是培养基本道德品格,这些都是很好的探索。在思想内涵、思想深度方面,团干部特别是宣传战线的干部要真正钻进去,刻苦学习、积累和研究,争取在意识形态这一团干部训练最多的领域中达到比较高的水平,再加上优秀的党性原则、个人品质,以及时代性等特点,就会形成在别的岗位得不到的素质锻炼和能力提升。

4. 按照“建用结合”的总体思路大力推进共青团新媒体工作。目前全团新媒体工作的总体思路是很清楚的,就是把建好团属新媒体阵地和充分借助社会新媒体力量结合起来。这里要特别强调把握好新媒体和传统媒体的关系。一是注意新媒体和传统媒体之间的混合型媒体,如网络电台、数字化报刊等,都有着很好的发展前景,在媒体日趋分众化、对象化的今天,是我们影响各个群体青年的重要渠道。二是通过新的商业模式,积极加强与电视、广播等有影响力的传统媒体合作。比如,许多新媒体公司的内容生产水平并不高,在采编力量、专业设备等方面与电视台等传统媒体还存在差距。我们要在工作中体现“建用结合”的思想,借助在青少年中影响广泛的媒体渠道,有效放大共青团组织的声音。

5. 积极联合专业力量、市场力量,推出有一定水准的文化产品。文化产品方面的工作思路,最需要加强的不是团组织直接进行创作生产，而是通过灵活有效的策划、设计和组织，与专业力量和市场力量合作推出优秀文化产品，以及借助团组织的社会公信力，向青少年推介社会各方面创作生产的优秀文化产品。要注重与那些政治上认同感较强、具备基本艺术水准、人品比较正派的合作者合作，为青少年提供具有一定水准的优秀文化产品，推动引导青年工作由“内容供应”向“产品供应”全面转变。

今天要对大家提一个明确的工作要求：到党的十八大召开之前，各省级团委要形成系统性的新媒体和文化载体运用，包括手机报、网站、微博、电视台合作、游戏、图书，等等。团中央宣传部要下发一个基本的工作大纲，大家要对照系统化的要求，继续巩固较强的方面，迅速补齐薄弱环节，使每个省级团委都形成比较完整的工作格局，而不能再只讲特点。只有这样，我们工作的普遍性、整体性才能提高。地市级团委要在若干方面作出有特色、有亮点的突破，县级团委也要从实际出发，积极借助新媒体和文化手段开展工作。会议结束后，各团省委班子要就这项工作专题研究、重点部署，进一步坚定决心和信心，以新的工作推动来纪念建团90周年，以新的工作业绩迎接党的十八大。

从展会组织的专业角度来看，大家要通过本次展览注意总结以下经验：一是展览的主题、主线要非常清晰，要善于在众多展品中鲜明地归纳出中心思想；二是展览的总体格局和空间设计要与主题、主线相吻合；三是要高度重视技术手段的先进性、必要展品的互动性、展示内容的经典性；四是要注重视觉效果，整体安装、色调、布展的艺术设计、甚至参展人员的服装等都要考究，展板的文字量要严格控制；五是要注重在展位布局和工作内容上突出自己鲜明的特色。

最后强调一点，做好新媒体和文化工作，要求团干部既要巩固提高自身的政治素质、理论素养，又要不断丰富和提高技术素养、艺术素养、专业素养。同志们要以本次交流展览会为契机，认真总结经验、寻找差距，更好地推动工作、提高本领，努力将共青团新媒体和文化工作提高到新水平。

陆昊在纪念中国共青团成立90周年理论研讨会上的讲话

2012年5月11日，根据录音整理

在全团认真学习贯彻胡锦涛总书记五四重要讲话精神之际，团中央召开纪念中国共青团成立90周年理论研讨会，目的是为了更好地贯彻胡锦涛总书记提出的共青团要“以改革创新精神推进各项工作和自身建设，不断提高共青团工作科学化水平”的重要要求。全团要深刻认识到，重视和加强理论研究和思考，积极推进共青团工作创新，是党中央对共青团工作的一贯要求，既是共青团学习和发扬党的思想路线和理论品格的生动体现，也是新形势下共青团推进实践探索、破解现实挑战的客观要求。

非常感谢在座的老同志，大家对党的工作、对共青团工作作出过重要贡献，还慷慨地通过各种途径提供非常珍贵的历史文献资料，支持团的理论研究。还要感谢各位专家学者，大家从不同的角度深入细致地研究共青团和青年工作，这些研究都会对共青团工作产生积极的作用。借此机会,我讲两方面的意见。

一、关于共青团事业发展重要问题的思考

团的十六大以后,团中央书记处经常思考的问题是:第一,党中央对共青团到底有些什么要求?第二,共青团究竟有什么好的经验?第三,共青团到底遇到哪些新的挑战?第四,根据党的要求和过去的经验,在新的挑战下如何进一步推动团的工作?

党中央对共青团工作既有一贯性的、不变的要求,也有时代性的、针对性的要求。党的十六大以来,胡锦涛总书记对共青团工作有三次比较全面的讲话。2003 年,胡锦涛总书记与团中央新一届领导班子成员和团十五大部分代表座谈时,提出了三个创新的要求:"工作方式创新,工作思路创新,自身建设创新"。2008 年,胡锦涛总书记与我们这一届书记处成员及团十六大部分代表座谈时强调"坚持眼睛向下、重心下移,力争使团的基层组织网络覆盖全体青年,使团的各项工作和活动影响全体青年"。今年 5 月 4 日,胡锦涛总书记在纪念中国共青团成立 90 周年大会上作了重要讲话,对中国青年运动特点和规律做了概括,对当代青年提出五点希望,对共青团工作提出了以改革创新精神推进各项工作和自身建设,不断提高共青团工作科学化水平的要求。我们召开这次研讨会,就是要集中全团,包括老同志、理论工作者、各级团组织的智慧,按照胡锦涛总书记五四重要讲话精神,对照党中央的要求,把实践中遇到的问题,尽量想得再透一些,说得再清楚一些。党中央要求我们深入思考过去的实践经验,深入思考现在实践探索中遇到的问题,所以我们特别希望借助这次研讨会,在全团形成一个学习研究深入思考的好风气,这对年轻干部的成长是非常重要的。

1. 如何把握共青团的根本属性。现阶段对共青团根本属性的规范性表述是:共青团是党的助手和后备军,是党领导的先进青年的群众组织。党中央书记处近 10 多年来对共青团提出的要求是:要引导青年坚定跟党走中国特色社会主义道路的理想信念,这是共青团的根本任务。从团是党的助手和后备军的角度来看,共青团具有鲜明的思想性、政治性。从全球政党的结构关系上来看,青年团本质上是一个政党的青年组织,欧洲很多政党都有青年组织。当一个政党把引导青年的任务交给它的青年组织时,这个组织的思想性、政治性就集中体现出来。共青团为什么要始终坚持党的领导、永远跟党走,这是由党和团的关系来确定的,这是共青团思想性和政治性的体现。我们搞分类引导青年,把中国特色社会主义理论体系在不同青年群体中的思想意识关键点梳理出来,梳理出 40 多个思想意识的关键点,每个关键点找出四五条应对逻辑,下发给基层团组织指导工作。这显然是从团的思想性、政治性来考虑的。

共青团是先进青年的群众组织,因而团组织也具有群众性、社会性的一面。目前我们面临的挑战不是团和党的关系,而是团和青年的关系。共青团必须根植于广大青年之中,这是由群众组织的性质决定的。群众组织如果脱离了社会,怎么能够和群众紧密联系在一起,融在广大青年当中呢?所以,密切联系青年群众,是共青团属性中群众性、社会性的必然要求。我们搞乡镇组织格局创新,乡镇组织层级除专职的团干部之外,为什么要把乡镇组织格局扩大,要有青年企业家、青年能人、中小学的副校长、派出所干警、银行信贷员当兼职的团干部,为什么团的基层组织格局创新只在乡镇一级,就是考虑到这一级团组织的社会性、群众性更强一些。组织格局创新,不仅是增加工作力度的问题,还有一个是怎么样更好地联系青年、防止官僚化趋势的问题。

实现共青团思想性、政治性与群众性、社会性的统一,要求我们在工作中既要不折不扣地贯彻落实党的要求,又要敏锐把握和充分体现青年的特点，密切联系广大青年，努力融入广大青年。

2. 如何认识当前共青团面临的挑战。团十六大以后，团中央书记处通过调研、观察、思考，提出了当前共青团面临三大挑战。

第一，党的历史方位发生了重大变化。党从革命党向执政党转变，由计划经济下的执政党向市场经济下的执政党转变。面对党的历史方位发生的重大变化，各级团组织要紧紧围绕党的中心任务，抓住市场经济条件下企业、农村、学校、社区等每一类社会组织的根本任务和功能，努力找准团的工作的切入点。在农村，以农村青年不甘于现状、渴望致富发展为根本动力，围绕新农村建设的任务来开展工作；在企业，以服务企业生产经营为前提，找准服务企业与服务青年的结合点，开展好思想性、技能培养性、文化娱乐性工作；在学校，围绕培养和提高学生的专业知识、综合素质、道德品质、理想信念等不同层级的目标，区分不同类别的学生群体有针对性地开展工作；在社区，围绕居住性社区需要的安全性、便利性、健康性、娱乐性、互助性功能开展工作。

第二，青年的政治化程度和政治意识表达方式发生了变化。共青团过去吸引青年很大程度上靠政治性、思想性，现在只靠这一条不够，需要通过以下五条路径吸引青年。一是靠先进思想来吸引青年。这方面有很多成熟的经验。二是靠对青年合理利益诉求的尊重和服务。只讲服务不够准确，因为共青团不能服务青年的所有需求，所以尊重也很重要，尊重包括替青年表达，帮助青年谋取这些服务。三是靠对青年特有兴趣的满足。人均 GDP 达到 5000 美元以后，人们的时尚性、娱乐性、健康性消费支出会不断增加，兴趣就可以成为青年人重要的活动方式载体。四是靠对青年未来职业生涯发展过程中所需要的社会化技能的培养。青年的沟通、交流、协调等社会化技能在非组织的环境里是得不到训练的。比如，中学共青团开展的演讲比赛，就是训练表达能力；搞一个学生夏令营，就可以训练组织能力。五是靠团干部的人格魅力和对青年的感情。这五条路径实质上体现了共青团思想性、政治性与群众性、社会性的结合。

第三，科技进步特别是信息技术发展对青年的生活方式、行为方式、交流方式和聚集方式带来了深刻影响。面对工业化、城镇化深入发展对传统行政组织格局带来的巨大冲击，各级团组织要大胆创新，不拘泥于传统的空间聚集和行政化格局建团方式，要用青年喜欢的新的沟通、交流、联络、聚集方式作为新的组织建设的有效载体和途径。比如，北京的外来务工青年这个月在朝阳区干活，下个月在大兴区，今天在这个包工队，明天再换地，项目一变，人就变了。按共青团过去的管理方式，人一变地方就得转组织关系，现在不可能。既然有流动，就要找流动规律。什么规律？这些务工青年基本上以老乡群体为主，乡情就是重要的流动规律。流出地团委来做工作，就比较好做，所以我们进行了派出团工委这一探索。

当前，共青团事业的发展面临这三大挑战。希望大家能把这些事想得再透彻一点，到底从根上遇到了哪些挑战，把这些挑战梳理清晰，在基层的创新当中找到例证，找到实践探索的基础，全团再作必要的理论思考，形成规律，推动工作。

3. 共青团如何进行组织方式的创新。近年来，共青团在市场经济条件下如何进行社会化动员方面的探索取得了明显成效，但不能忽视和弱化组织化动员这一最根本、最有效的共青团对广大青年的组织动员方式。这就要求共青团必须在巩固社会化动员优势的基础上，着力探索和创新在新的经济社会变革中组织化动员的有效途径，更加注重健全团的组织网络，努力使团的基层组织网络覆盖全体青年。因为团的基层组织网络处在共青团与广大青年的边界上，是对广大青年最广泛、最普遍的联系路径和载体。

第一，要继续强化层级化的组织载体，在守住县级团组织作为面向基层的“桥头堡”的基础上，努力把“桥头堡”推向乡镇街道一级，进而带动村、社区团的工作。这几年，通过下派干部帮助工作，向社会募集资金支援基层，有力地促进和推动了基层团组织建设和基层工作。

第二，探索推进非层级化的组织载体，运用多种符合社会机理、市场活动、情感因素、兴趣爱好和青年特点的新方式作为组织建设载体，实现对广大青年的多领域、多渠道覆盖。

第三，努力在制度条件、工作内容设计、干部队伍这“三个关键”上下功夫，切实增强基层团组织的活力。

4. 共青团如何引导青年。第一，要注重对青年人思想逻辑的把握，努力找到新的时代条件下青年新的思想逻辑，引导青年坚定跟党走中国特色社会主义道路的理想信念，形成健康积极向上的生活态度，培养正直、善良、诚实、有爱心等基本道德品格。

第二，要注重不同青年群体的分类引导。学生、农村青年、企业青年、进城务工青年对同一个问题的判断都不一样，他们的兴趣也不一样。要根据不同青年群体在理想信念、精神追求、生活态度方面的思想意识关键点，进行有针对性的分类引导。

第三，要注重既看到真理本身的魅力，突出社会主义核心价值体系的内容，又看到感情、信任、友谊等因素和情感、艺术、时尚等元素在真理传播过程中的重要作用。预防青少年犯罪就是一个例子。同样一个正确的话，让真正帮助过他的基层片警讲出来，就非常管用，很能感染人，这是信任因素。当然还要注重艺术时尚元素，年轻人生活在社会里，空洞的说教显然是没有意义的。

第四，要注重运用新媒体和文化艺术手段，努力实现引导青年工作由“内容供应”向“产品供应”全面转变。

5. 共青团服务青年的工作要努力形成社会功能。希望工程、青年志愿者、青年文明号等团的重要工作和活动之所以能持久产生积极的社会成效，说明在服务青年工作中，团的工作只有在党政工作大局中找准社会关注、青年关切、共青团力所能及的结合点，深入地抓、持久地抓、务实地抓，才能形成社会功能，真正为青年、为社会作更大贡献。比如，希望工程的社会功能就是社会财富的第三次分配；青年文明号的社会功能就是把职业精神和职业技能相结合为优质高效的行业服务提供标准。比如，在维护青少年合法权益中，要注重把维护青少年合法权益与引导青年的有序政治参与结合起来，把关注个案与关注青少年普遍性的权益问题结合起来，把代表和反映青少年的普遍性利益诉求与相关法律法规的贯彻落实结合起来，探索建立维护青少年合法权益的制度性安排。

二、关于共青团理论和青运史研究工作的重点

共青团理论研究和青运史研究工作要以胡锦涛总书记五四重要讲话精神为指导，重点研究四个方面的问题。

第一，要深入研究党和青年的关系、党和共青团的关系以及共青团和青年的关系、共青团和社会的关系。只有把这些关系讲清楚了，我们的工作方向才能始终保持清醒和坚定。

第二，要深入研究共青团遇到的挑战，要通过请老团干从历史角度的比较、专家学者从“团内”和“团外”角度的比较，研究共青团当前遇到了哪些真正的挑战，对我们的工作从根本上产生了什么影响，我们又应如何应对？

第三，要从理论思考的角度研究共青团应当如何改革创新，特别要研究共青团如何按胡锦涛总书记五四讲话中“四个着力”的要求，提高团的建设科学化水平。

第四，要研究共青团“组织青年、引导青

年、服务青年、维护青少年合法权益”四项基本职能中，目前还有哪些方面想得不够清楚、做得不够深入。各级团组织和团干部要学习党与时俱进的理论品格，按照党的要求、总结团的实践、研究当前面对的新问题，进行必要的理论思考，推动共青团工作不断取得新发展。这是我们的努力方向。

团的干部要特别注重提高理论素养。团干部肩负着为党引导青年的重要任务，理论素养是十分重要的能力要求。要对团干部开展理论学习有硬任务、硬要求。各级团干部要深入学习领会党的重要理论和党对共青团的一系列重要要求，注重对共青团工作和建设的实践探索进行理论总结和提炼，在学习党的理论和要求、总结实践经验、把握客观规律的过程中提高理论素养，提升工作水平。

努力引导青少年形成基本道德品格

——陆昊在道德领域突出问题专项教育和治理活动视讯会议上的发言

2012年5月14日

中央文明委部署开展道德领域突出问题专项教育和治理，对于树立和践行社会主义荣辱观具有重要的现实意义。各级共青团组织要按照中央文明委统一部署和云山同志讲话要求，在专项教育和治理活动中努力工作，发挥应有作用。

一是在青少年中深入开展基本道德规范教育。从众多道德模范身上，我们可以得出一个启示：在他们崇高品格背后的最基本元素，是正直、善良、诚实、有爱心；而现实中制假贩假等道德领域突出问题的产生，究其原因也就在于一些人内心里丧失了这些最基本的道德元素。加强青少年基本道德规范教育，对于社会成员固守道德底线、形成良好社会风气具有重要的基础性作用。各级团组织要在党委宣传部门指导下，通过多种形式，努力探索在新的时代背景和市场经济条件下引导青少年养成基本道德品格的思想逻辑和行动载体。比如，我们观察，影响青少年行动的逻辑有三条：一是信仰，二是利益，三是感情。我们既尊重合理的利益诉求，又要实现信仰、利益和感情的合理平衡，不能唯利益化。比如，让青少年认识到，每个人都是在与他人的社会联系中生存和发展的，只有人人都讲道德和规则，社会才能安定有序，个人才不会受到道德失范带来的伤害，从而形成爱人民的朴素感情。如果一个社会成员有一点点爱人民的感情基础，也不会出现那些严重的道德失范现象。

二是在重点领域强化青少年道德实践。基本道德品格的形成，既靠有效的教育引导，也靠日常的实践养成。食品行业团组织要教育引导本领域的从业青年从我做起，从小事做起，从最基本的要求做起，恪守基本道德底线。窗口行业团组织要更加广泛开展“青年文明号”创建活动，继续强化职业精神，突出诚实守信。各级团组织要加强社会公德教育，使青少年充分认识到国家和社会进步不仅体现在物质财富创造和积累上，还体现在国民素养和道德水准的普遍提高上，教育引导青少年注重和养成文明礼仪，比如在公共场所自觉遵守有序排队、讲究卫生、不大声喧哗、在滚梯左行右立等规则。

三是充分发挥道德榜样在专项教育和治理工作中的重要作用。在食品行业、窗口行业,广泛挖掘、选树那些不惜放弃眼前利益、按时处理过期食品,路遇病人、伸出援手的"最美丽护士",极端天气下坚守工作岗位、维护公共利益等方面来自身边的优秀典型,让恪守职业道德、彰显职业精神的行为得到更大的褒奖。组织行业优秀典型和道德模范深入重点治理行业基层单位与青年面对面交流,让青年受到道德力量的感染,在思想上引起触动。各级团属媒体将积极宣传重点领域道德模范、青年典型的事迹,积极宣传这次专项教育和治理工作的政策措施及推进成效,营造良好舆论氛围。

陆昊在团中央机关学习贯彻胡锦涛总书记在纪念中国共产主义青年团成立90周年大会上重要讲话交流会上的讲话

2012年5月17日,根据录音整理

今天,我们召开机关学习交流会,深入学习贯彻胡锦涛总书记在纪念中国共产主义青年团成立90周年大会上的重要讲话精神。最近以来,机关各部门通过各种形式组织开展了学习活动,刚才几位同志从不同侧面谈了很好的学习体会。同时,各地团组织也广泛开展了各种学习活动。我们要充分认识到,进一步深入学习宣传贯彻胡锦涛总书记的重要讲话精神,是全团当前和今后一个时期的重要政治任务。团中央机关要为全团带好头、作表率,学习贯彻胡锦涛总书记重要讲话精神不能停留在口头上、表态上,要结合实际、对照自己,寻找差距、触动思想,用新的工作推动,用转变作风和提高素质的实际行动把学习贯彻胡锦涛总书记重要讲话精神引向深入。

胡锦涛总书记的重要讲话,是当代青年健康成长的行动指南,是推动新时期共青团事业新发展的纲领性文献。学习胡锦涛总书记的重要讲话,作为党的助手、后备军,我们既感到非常光荣自豪,又感到非常庄严神圣;既感到备受鼓舞,又深感责任重大;既感到进一步明确了我们工作、前进方向,又深感工作中的差距、深感带好这支队伍的压力。学习贯彻好胡锦涛总书记重要讲话精神,全团要着力把握好以下四个问题。

一、要深刻学习领会讲话对党和青年关系的重要阐述

共青团是党的青年群众工作的重要力量。做好党的青年群众工作,首先要把握好党和青年的关系,这是做好青年群众工作的重要前提。关于党和青年的关系,胡锦涛总书记在去年"七一"重要讲话中提出我们党始终"代表广大青年、赢得广大青年、依靠广大青年",要求全党"关注青年、关心青年、关爱青年",在这次五四重要讲话中进一步强调我们党始终"高度重视青年、关怀青年、信任青年",这些重要论述深刻阐述了党和青年的重要关系,各级团组织要把这些重要要求贯彻落实到各项具体工作中。

代表青年,不仅要有法定的授予,更要有

内心的授予,使广大青年从内心里真正认同团组织代表着自己。赢得青年,不仅要赢得团干部,更要赢得广大团员青年的尊重和信任,真正融入广大青年之中。依靠青年,需要真正理解把握青年的主体地位,思考好如何在推动各项工作的过程中充分发挥广大青年的重要作用。落实“关注青年、关心青年、关爱青年”的要求,需要深入思考我们的心态够不够、作风够不够、能力够不够、条件够不够,在思考中触动思想,不断增强我们作为党的青年群众工作重要力量的使命感、责任感。

同时还要认识到,做好青年工作不能理想化。既要看到我们工作中存在着缺钱、缺阵地等问题,更要清醒认识到经济社会深刻变革对共青团组织带来的新挑战。在新形势下,要深入思考如何才能把党与青年的关系很好地转化成共青团工作的角度、工作的动力、工作的责任,扎扎实实推动全团各项重点工作,尽最大努力把广大青年团结凝聚在党的周围。

二、要深刻学习领会讲话对当代青年提出的重要要求

胡锦涛总书记在讲话中,对广大青年提出了“五点希望”,进一步指明了青年一代健康成长的正确方向和基本路径。广大团干部要深刻思考胡锦涛总书记站在全党全国的高度,站在关系国家民族未来发展的高度,为什么对当代青年提出这样的希望。一定要认真学习、深刻领会、准确把握党对青年的重要要求,切实贯彻落实到共青团和青年工作之中。要求青年做到的,团干部要首先带头做到。在这个过程中,紧密结合青年实际和自己的理性思考,把党的要求转化为青年易于接受的思想逻辑,引导广大青年领会好、贯彻好、落实好。

要引导广大青年坚持远大理想。坚定理想信念是一个不断深入的过程,树立坚定的理想信念要把握三个重要角度:一是个人目标的确立;二是把握中国近现代社会发展进步的内在历史逻辑;三是在理解中国社会发展进步规律基础上,把个人奋斗目标与中国特色社会主义共同理想紧密结合。在此基础上,引导青年深刻理解党的领导和社会主义是历史和人民的选择,自觉把坚持爱国主义、社会主义和党的领导统一起来,坚定跟党走中国特色社会主义道路,同时要把个人奋斗同人民为实现中国特色社会主义共同理想的奋斗紧密结合起来。

要引导广大青年坚持刻苦学习。不刻苦,理论就学不深、学不透,导致的结果就是:第一理解不了这个社会,第二认识有很多片面性,第三还会说很多错误的话。坚持刻苦学习,要在注重“刻苦”的同时,注意科学的方法和路径,注意结合工作学习。要充分认识到青年一代刻苦学习是个人成长发展的必要过程,既要在年轻时代对自己的未来充满期待,又要理解当今时代青年学习知识、技能、本领是个人成长发展、国家应对激烈竞争、民族强盛发展的必由之路。

要引导广大青年坚持艰苦奋斗。既看到物质财富的创造对于社会进步作出的重要贡献,又看到无论物质财富如何丰富,终究不能完全替代精神的力量,个人成长和社会进步都需要精神力量的支撑与推动。充分认识诚实劳动和艰苦奋斗对青年人成长发展所具有的普遍意义,既看到改革开放取得的伟大成就,又看到我国仍处于并将长期处于社会主义初级阶段的基本国情,形成合理预期,保持奋斗精神。

要引导广大青年坚持开拓创新。充分认识到后人超越前人是社会历史进步的必然逻辑,既要努力掌握人类已有的文明成果,又要在理解和把握历史基础、发扬科学精神的前提下,勇于开拓创新,努力形成超越前人的勇气。

要引导广大青年坚持高尚品行。总书记在讲话中强调,没有艰苦奋斗精神的民族难以自立自强,没有艰苦奋斗精神的国家难以发展进步,没有艰苦奋斗精神的青年难以担当重任。这就要求广大青年充分认识到,国家现代化的一个重要标志是国民素养和精神品格的提高，从而形成正直、善良、诚实、守信等基本道德观念，努力走在建设社会主义核心价值体系的前列。

三、要深刻学习领会讲话对共青团工作提出的重要要求

党对共青团工作的要求既一以贯之，又与时俱进。2003年，胡锦涛总书记在同团中央新一届领导班子成员和团十五大部分代表座谈时提出了“三个创新”的要求，强调要“在工作思路上创新，在工作方式上创新，在自身建设上创新”，推动共青团工作不断焕发出蓬勃的生机和活力。2008年，胡锦涛总书记在同团中央新一届领导班子成员和团十六大部分代表座谈时提出了“两个全体青年”的要求，强调要“坚持眼睛向下、重心下移，力争使团的基层组织网络覆盖全体青年，使团的各项工作和活动影响全体青年”。这次又鲜明提出了“四个着力”的要求，强调要以改革创新精神提高团的工作科学化水平。

共青团组织和团干部落实“四个着力”的要求，要努力按照胡锦涛总书记的要求，着力把牢正确政治方向，着力提高服务青年能力，着力创新活动方式，着力夯实基层基础，集中力量持久地做、务实地做，进一步推动全团重点工作实现新发展、取得新突破。一是要始终坚持党的领导。要深刻理解团和党的重要关系，理解团是党的青年群众工作的重要力量，深刻领会共青团作为党的忠实助手和后备军、党联系青年的牢固桥梁和纽带、社会主义国家政权的重要社会支柱的历史定位。深刻理解共青团组织的一个重要价值就在于努力为党探索政治行为和组织行为在青年中的实现路径，就在于探索党的思想主张在青年中的传播路径和有效方式。在任何时候、任何情况下，共青团都要坚持“党有号召、团有行动”的传统，始终在思想上、政治上、行动上与党中央保持高度一致。

二是要根植于广大青年之中。一定要清醒地认识到共青团的重要生命力在于与广大青年的关系。要融于广大青年，密切联系广大青年，履行好党联系青年的桥梁和纽带作用，防止“高端化、高龄化”工作倾向，不能仅联系少数精英，而忽略了更广大的青年群体。当前，要突出抓住“两条主线”和“三个关键”，继续强化层级化的组织载体，在守住县级团组织目前作为面向基层的“桥头堡”的基础上，争取再用两年时间把共青团组织和工作面向基层的“桥头堡”推向乡镇街道一级，进而带动村、社区团的工作。大力推进非层级化的组织载体，运用市场逻辑、情感逻辑和兴趣爱好等因素，运用青年喜欢的沟通、交流、聚集和联络方式作为组织建设的载体，大力推进流动青年驻外团组织建设、非公有制企业团建、青年自组织团建、网络团建、青年兴趣组织团建等工作，以各种非层级化的组织形式实现对广大普通青年的多领域、多渠道覆盖。同时，要在制度条件、工作内容设计、干部队伍这“三个关键”上下功夫。

三是要勇于创新。创新需要有历史基础、有科学方法，还要传承好品牌。要增强工作时代性，不能忽视技术进步，要靠多媒体、新媒体、文化艺术载体，要用市场活动、情感方式、兴趣爱好，要用青年人新的沟通、交流、聚集联络方式作为组织建设载体、工作方式载体。

四是要使各项工作努力形成社会功能。希望工程、青年志愿者、青年文明号等团的重要工作和活动之所以能持久产生积极的社会成效，就在于这些活动所具有的重要社会功能。比如，希望工程从经济角度讲就是第三次分配；青年文明号所倡导的职业精神、职业技能，完全符合市场经济条件下社会发展进步的需要；小额贷款、就业培训和见习基地，就在于既看到创业对就业有带动作用，又要看到一定就业经验和技能的积累对成功创业的支撑作用。因此，我们要在党政工作大局中找准社会

关注、青年需要、共青团力所能及的结合点,深入抓、持久抓、务实抓,在形成社会功能的基础上,为广大青年、为社会作出贡献。

四、要深刻学习领会讲话对团干部的重要要求

团干部是党的青年干部的重要组成部分,是推动共青团事业发展的骨干力量,带好团干部队伍意义重大。近年来,胡锦涛总书记对团干部成长提出了一系列重要要求,具有很强的针对性和指导性。2003 年,胡锦涛总书记要求广大团干部要"忠诚党的事业、热爱团的岗位、竭诚服务青年"。2008 年总书记提出"政治上坚定、作风上扎实、自律上严格"的重要要求。我们一定要努力把这些重要要求体现在对团的工作的推动上,体现在工作的投入上,体现在对难题、薄弱问题的针对性突破上。

在这次重要讲话中,胡锦涛总书记进一步强调,团干部要增强政治意识、提高业务本领、转变工作作风、坚持严格自律。转变作风、严格自律是对 2008 年要求的延续,政治意识是党的一贯性要求,根本原因在于团干部是党的青年干部的重要群体。提高业务本领,关键是要在团的岗位上练出对党的真正内心里的忠诚,练出对党的宗旨的内心里的认同,同时还要练出我们作为党的青年组织开展青年群众工作方面的本领,包括怎么抓组织、怎么动员青年、怎么传播党的思想主张、怎么促进青年健康全面成长等。而转变工作作风、坚持严格自律的要求,我们感到,既是针对年轻干部中容易出现的问题和现象,也是针对我们一些团干部作风上存在的问题提出的要求。团干部要对自己负责,更要对我们有着光荣历史的组织负责,努力继承理想主义、锐意进取、勤奋敬业等团干部的好传统。学习贯彻胡锦涛总书记的重要要求,需要各级团干部在学习讲话过程中对照自己、结合工作、寻找差距、克服不足。

总之,全团学习贯彻胡锦涛总书记重要讲话精神,关键是要用新的工作推动,要用我们转变作风、提高素质的过程把学习讲话引向深入,以优良的工作业绩迎接党的十八大召开。

陆昊在全国重点青少年群体服务管理和预防犯罪试点工作经验交流会上的讲话

2012 年 6 月 13 日

这次会议是由中央综治委预防青少年违法犯罪专项组、中央综治办、共青团中央联合召开的,主要任务是贯彻周永康同志对预防青少年违法犯罪工作的重要指示精神,落实中央综治委对预防专项组的职责要求,阶段性总结和交流全国重点青少年群体试点工作经验,推动形成共识,促进试点和预防青少年违法犯罪工作扎实开展。昨天的会议上,同志们进行了很好的交流和讨论,有关部委同志、专家学者也发表了意见。结合交流讨论情况和预防专项组近期工作安排,我主要讲两个方面的问题。

一、对前一阶段试点工作的总结和回顾

(一)围绕目标定位开展了大量有针对性、富有成效的探索和实践

通过全国范围的大样本调查,对于五类重

点青少年群体的基本情况和存在的问题有了比较全面、清晰的掌握。去年4月的泰安会议上，我们针对每一类重点青少年群体，分别提出了试点工作的目标定位。对于有不良行为青少年，目标定位是引入专业力量开展预防犯罪；对于闲散青少年，主要是整体性联系、有条件的进行帮扶；对于农村留守儿童，抓好校内、校外两个时段，以在校帮扶为主、校外关爱为辅；对于服刑在教人员未成年子女，抓好经济困难和心理阴影两个突出问题；对于流浪乞讨青少年，抓好救助、打拐两个环节。会议之后，各试点城市开展了积极探索，采取一系列创新、务实的工作措施，特别是对工作难度比较大的闲散和有不良行为青少年群体的工作有了很大加强。无锡市在广泛联系的基础上，把“有困难、需帮扶”的闲散青少年区分为需救济、需扶持、需引导、需干预四类，对家庭经济困难的实施救济，对缺少谋生技能的动员社会力量提供就业创业扶持，对存在社会融入障碍的提供专业心理援助服务，对有轻微违法犯罪行为的进行教育转化，取得了积极成效。

（二）形成了一些重要的工作机制

一是信息汇总和动态监测机制。这是重要的基础性工作。各地依托综治办、预防办工作机制，与相关部门实现数据共享，建立了基本信息库。无锡市形成闲散青少年动态信息调查分析机制，社区民警、村民小组长提供基本信息，再由团干部、社工上门逐一核实。上海市闵行区形成青少年违法犯罪信息共享机制，公检法司和教育等职能部门每季度提供一次数据进行及时更新。泰安市以楼宇为单位建立起3300人的信息报送员队伍，山东还正在全省建设统一的重点青少年信息管理系统。

二是引入专门力量进行教育矫治机制。开展重点青少年群体服务管理和预防犯罪工作，必须有足够的专业力量支撑。各试点城市主要从三个角度开展工作。一是引入政法机关力量。大连市依托公检法司的专业力量充实和丰富帮教资源，在案件侦查、起诉、庭审、判后回访、监所改造、释后跟踪等多个环节开展对青少年的教育转化。二是引入专业社工力量。上海市闵行区的专业社工进入全区98所学校引导帮扶后进学生，进入社区联系帮扶流动和闲散青少年，入驻拘留所、看守所对涉案青少年进行干预帮扶。三是引入专门教育力量。海口市司法局、西安市公安局分别建立了青少年法制教育中心和未成年人保护救助中心，长沙市等利用专门学校矫治有严重不良行为青少年。

三是利用社会正面力量接触联系机制。调查表明，对于闲散青少年，社会正面力量一年也不能保证与他们接触一次。虽然找到他们、联系他们很难，但试点城市没有停留在一般性工作层面，而是积极想办法、找路径，推动正面力量多去接触联系，让他们感到社会中的主流力量仍在关心、关注他们。舟山市就依托市政网格化管理平台，寻找和联系到大量闲散青少年。

四是动员社会力量参与关爱帮扶机制。试点工作做得比较好的地方，都在这方面有很好的探索和积累。遂宁市动员党政干部、教育工作者和8万多农村留守儿童长期结对，结对率超过75%，有效缓解了亲情缺失给留守儿童带来的困扰。宜昌市对农村留守儿童实施分类关爱，对脆弱群体进行重点服务管理。合肥市对服刑在教人员未成年子女积极开展心理干预。新疆对流浪未成年人再社会化问题进行了深入研究。初步统计，23个全国试点城市动员社会力量超过百万人次，联系帮扶重点青少年近30万人，覆盖试点城市重点青少年群体总数的77%，产生了良好的社会影响。从动员社会力量关爱的角度，以试点工作为基础申报的“为了明天工程——关爱帮扶重点青少年群体项目”前不久被评为第七届“中华慈善奖——最具影响力慈善项目”。

（三）对重要的理论实践问题进行深入研

究并取得了一些重要成果

试点注重理论与实践结合，每个试点城市都配备了专家组，结合实际工作中遇到的难点重点问题进行针对性研究，有些研究取得了一些可以用于指导实践的成果。

关于专门学校建设问题。要不要建，该怎么建，是否会产生“标签化”负面影响，各方面是有争议的。近期，我和教育部、公安部、司法部的有关领导同志分别带队到各地专门学校进行了调研。目前问题已经比较清楚，关键是怎么下决心、怎么操作。我们要清醒地看到，受复杂社会环境和社会矛盾的影响，有一部分青少年在社会化过程中会走偏；对于这些“走偏”的青少年，一般的学校管理往往很难奏效。对于有一般不良行为的青少年，可以通过学校和家庭配合起来进行教育，特别是对青少年的不良习惯，家庭应负重要责任。对于有严重不良行为的青少年，没有一定的专门力量乃至必要的强制性管制力量，很难进行成功的教育转化。专门学校的任务就是把教育和管理以及必要的管制结合起来。现在全国只有 76 所专门学校，在校生一年不到 1 万人次。相对于全国有严重不良行为未成年人的数量，现有的专门学校规模远远不能满足教育转化需要。从某种意义上讲，专门学校建设就是要权衡利弊，最大程度地发挥专门学校的正面作用而尽量减少其负面影响。这一点上，很多专家的认识和我们是比较统一的。

关于普通青少年向“问题青少年”转化的边界问题。一是年龄边界。研究显示，12 岁是重要节点，开始出现偷拿他人财物、逃学等不良行为；十三四岁出现抽烟喝酒、夜不归宿、出入娱乐场所等偏差行为；14—16 岁是未成年人违法犯罪的高发年龄。因此要将预防关口前移，家庭、学校和公安机关都要关注青少年偷拿财物、逃学等早期典型表现，防微杜渐，尽早矫治。二是状态边界。未成年人违法犯罪的发展路径一般为：家庭关系或学校关系紧张→与家庭和学校联系减弱→与不良玩伴联系增强→模仿并出现不良行为→违法犯罪。与家庭、学校的关系出现紧张、联系断裂是普通青少年向“问题青少年”转化的重要边界拐点，所以要强化青少年与家庭、学校乃至社会之间的纽带联系。

关于家庭教育问题。家长是孩子的第一任老师，亲情有着独特的影响力，这是任何社会力量都无法替代的。从一些少年犯的自述中不难发现，“生而不养”、“养而不教”、“教而不当”的亲情缺失或教育偏差问题，往往是导致青少年违法犯罪的重要因素。我们正在联合中央电视台制作家庭教育教学片，要从预防青少年违法犯罪的角度，通过案例警示来引起家长对孩子教育问题的重视，介绍和推广家庭教育的科学方法。全社会还要特别关心单亲家庭、困难家庭、流动家庭子女的教育。

关于青少年法制教育问题。这方面我们已经有了一些新的基础性研究成果。一是培养法治精神要从培养制度规则意识开始。法治是制度规则的升华，没有良好的制度规则意识，不可能培养出法治精神。法治的社会内涵很强，年纪小的时候可能理解不了，但制度和规则意识在小时候就可以培养。二是法制教育要符合青少年思想意识的形成规律。3—12 岁时，青少年主要靠“他律”形成规范意识，可以通过外界持续的灌输来强化对制度规则的敬畏和尊重，养成良好行为习惯。13—18 岁时，青少年个体规范意识和行为由“他律”向“自律”发展，应该引导青少年对制度规则形成价值认同，并使之内化为行为习惯。三是强调法制底线教育。要防止青少年唯利益化，反对暴力倾向、邪恶倾向。此外，对于如何完善《中小学法制教育指导纲要》，如何更多地运用新媒体方式，通过游戏、娱乐产品让法制教育概念深入到青少年头脑中，也有了一些重要的研究成果。

关于情感、道德和法制教育相结合的问题。情感、道德和法制是规范社会成员行为的三个层面，有着逐级递进的内在逻辑。我们强调依法治国、以德治国，同时也不要忽视情感的力量。首先要对青少年开展情感层面的教育。党中央要求广大青少年永远热爱中国人民、中华民族和伟大的祖国。从团中央进行的大量问卷调查来看，目前青少年中的爱国主义教育是成功的，爱人民的理念需要加强，早期的情感培育中，要增加尊重人、尊重生命、牟利时不唯利益化更不能以牺牲他人生命为代价的内容。然后，教育青少年明确道德底线，培育基本道德观念。西方国家的道德教育部分是靠宗教来解决的，我们的政体、国情不同，教育途径也有差别。如果对道德楷模包括近期涌现的时代楷模的精神内涵进行分析，我们会发现都离不开几个最根本的道德元素：正直、善良、诚实、有爱心，这正是开展道德教育的核心。最后，在情感教育、道德教育基础上，抓好法制教育，培养青少年的法制观念和法治意识，使他们自觉遵纪守法。

关于未成年犯再教育和改造问题。我在山西省未成年人管教所调研发现，让未成年犯学习《弟子规》对教育转化有很大的帮助。我又请专家组到海口市青少年法制教育中心等专门场所开展专题研究，梳理其中的思想转化逻辑，发现《弟子规》从在家、出外、待人、接物与求学五个方面提出了未成年人应该恪守的行为规范，这恰恰契合了对未成年人与家庭联系弱化、与不良环境联系增强、个人自控能力差、行为方式偏激以及排斥学习等诱发不良行为因素的规避和抵制，符合未成年人认知规律，配合拓展训练等行为体验强化内心感受，起到很好的教育转化效果。

（四）点上的实践经验在面上得到不同程度的推广

在23个全国试点城市示范带动下，各地也在225个地市开展省级试点，试点城市之间相互学习借鉴，总结和推广了一些较为成熟的工作经验。

为了实事求是地反映试点情况，去年由中央综治办、团中央等8家部委联合对23个全国试点城市逐一开展了中期评估。评估的方法、角度还有不完善之处，但至少清晰反映了试点中存在的问题和不足。难题不能不碰，碰了才知道能否解决；如果明确根本解决不了，就不能把它作为工作标准进行要求。总体来看，目前试点工作中主要存在以下几个方面的不足：

一是整体上不够均衡。中期评估中，23个试点城市有的得了90多分，有的只得了60、70分。评价打分不一定完全准确、客观地反映工作实际，但分差还是能看出各地工作水准、推进深度上的差距。两年试点即将期满，我们还要对23个试点城市进行认真的评估检查。

二是有的地方工作深度不够。比较多的停留在具体工作措施上，对于这些措施的效果、能不能解决问题还不是很清楚。试点就是碰难题的过程，就是理论联系实际的过程。工作措施能不能解决问题、经验能不能在全国推广，还要继续深入研究和探索。

三是有些地方投入力量不足。重点青少年群体情况复杂，工作难度大，投入力量不够就很难取得成效。凡是工作比较好、能出经验的地方，都是投入了大量的力量和资源。这项工作不是短时期内可以迅速见效的，需要一定的时间积累和持之以恒的不懈努力，希望大家能站在更长远的高度来看待、推进试点工作。

二、下一步的工作考虑

预防青少年违法犯罪工作，既是从整体上推进青少年健康成长的必然要求，也是应对当前发展过程中社会利益矛盾冲突的重要举措，某种程度上还关系到政权建设和社会稳定。从第一个角度看，重点青少年群体的总量很庞大，要从整体上促进青少年健康成长，必须做好这些群体的工作。从第二个角度看，西方国家上百年工业化进程中渐次出现的各种社会矛盾和问题，比如城市新移民的生活单调化问题、社会成员的水平流动和垂直流动障碍问题、绝对贫困存在和相对贫困持久性问题、收入差距拉大的问题、弱势群体的利益诉求和权益维护问题等等，都被压缩在我国改革开放30多年尤其是近20多年的进程之中。新的社会矛盾可能会不断出现，“问题青少年”的教育转化也可能会越发复杂，如果不及时采取有力措施，增强预防手段，有可能出现比较严重的后果。从第三个角度看，有犯罪前科和有案底的青少年未必都有鲜明的政治性诉求，但在重大群体性事件中，他们很容易受鼓动而成为骨干力量。无论是站在民族未来还是青少年健康成长的角度，还是从缓和社会矛盾、维护社会稳定的角度，都需要加强预防青少年违法犯罪工作。有的同志讲，多办一所预防性学校就等于少建一所监狱，这是很有道理的。

（一）对于下一步的试点工作提几点总体性要求

一是针对性问题。无论是闲散青少年还是有不良行为青少年，都不能简单地停留在心理教育、成长帮扶层面，根本上是要通过教育关爱，帮助他们重新回到正常社会生活中来，避免他们产生严重不良行为或走上违法犯罪道路。

二是科学性问题。试点越深入，我们越感觉问题非常复杂，越感觉严谨科学方法的重要性。预防青少年违法犯罪，既要靠热情、朴素的感情和责任心，更需要重视理论与实践相结合产生的重要成果，需要专家组与一线工作机构的深入研究探索。

三是专业化问题。提高工作的科学性，必然要求工作的专业化。这方面有些地方做了很好的探索，公检法司的同志在不同阶段有效介入，大幅度提高了工作的专业化水平。街道社区一般缺乏专业力量，对有不良行为青少年进行教育转化的手段不多，但通过街道社区联系、帮扶闲散青少年是可以做到的。

四是普遍性问题。要重视试点措施的普遍性，不能只对少部分或一部分工作对象有效，必须对绝大多数工作对象都有效。要分析、比较和评估点上经验的可推广性，试点的目的是形成可以在全国推广的经验，不能只是在某个城市、某个地区有效，必须具备在全国多数地区进行推广的条件和基础。

（二）在工作层面上对试点城市和预防专项组办公室讲几点意见

对于各试点城市，一是进一步完善和修正目标定位。定位低了，达不到预期目标；定位高了，超越国情和现有工作力量，就会不切实际。希望每个试点城市在会议之后上报一个材料，对本地试点的目标定位作出清晰解答。试点的根本目标是减少和预防青少年违法犯罪，围绕这个根本目标，结合五类重点青少年群体和各地实际，需要完善和修正具体的目标定位。如果能把定位找准、工作做透，这就是试点工作的一个重大成果。

二是围绕目标定位触及本质问题。明确目标定位之后，就要看工作推进的时间表、路线图是不是触及了本质问题。对于有严重不良行为青少年，如果只是简单用一些社会关爱措施触及到群体中的一小部分，这不叫触及本质问题。办一两所专门学校，只是教育一些有不良习惯或者轻微不良行为的青少年，没有碰到并转化有严重不良行为青少年，也不是触及本质问题。关爱农村留守儿童，在不替代学校作用的前提下，通过固定的社会力量建立起帮扶机制，实现定期联系、有效关爱，这就是触及了本质问题。对于因条件和能力所限还不能完全解决的问题，也要坚持实事求是的态度，在力所能及范围内尽量予以推动。

三是对照中期评估结果克服明显不足。有一些试点城市整体推进情况比较好，也有一些还存在明显不足。希望大家认真对照中期评估结果，努力克服存在的明显不足，把工作做深、做实。

四是做好专项试点的同时，注意落实预防

青少年违法犯罪整体性工作安排。试点工作是预防青少年违法犯罪整体性工作安排的一部分。永康同志在今年预防专项组工作安排上作了重要批示，要求逐一落实40项工作任务。这40项具体任务，是中央各有关部委通过认真研究讨论，在多年工作基础上，针对突出问题、明确目标定位提出的。请各试点城市的综治办领导把好关，既要做好试点工作，也要落实好整体性工作安排。

五是高度重视基层的重要作用，培育好基层工作力量试点的经验来自基层，推进依靠基层，成效也在基层得以体现。我们常讲，说一句正确的话容易，说一句让青少年特别是“问题青少年”接受的正确的话就很不容易。不是说的话不对，而是讲话的人对他缺乏影响力。我们既要看到真理本身的魅力，还要看到感情、信任、友谊的因素在真理传播中不可替代的作用。我看到很多感人的例子，都是基层一线的政法干警、教师、社会工作者直接面对有严重不良行为青少年，通过尊重、关心、联系取得他们的信任，对他们成功实施教育乃至感化。要从专业方法和爱心、责任心相结合的方向，对基层同志进行必要的培训引导。只要他们有爱心，有责任心，再教给一些专业方法，大部分人都可以成为非常优秀的专业工作力量。

关于预防专项组办公室的工作，一是充分听取各方意见，尽快明晰工作定位。二是制定好工作路线图。要抓住预防青少年违法犯罪的关键环节、关键问题，设置好工作路线图，体现工作定位和对实质性问题的触及、推动。三是继续加强对重要理论和实践问题的研究。目前我们对试点中的一些问题还没有找到很好的解决方法，要充分发挥专家组作用，请专家到工作开展比较好的地方进行实地研究，把个案访谈与理论研究结合起来，争取在重大理论和实践问题上取得突破。四是注意加强工作机制的设计。专项组办公室要总结试点城市的做法和经验，加强工作机制设计，比如信息机制、专门力量引入机制、整体配合机制等。五是为全面推广试点经验作好充分准备。对可能会涉及的法规政策、是否需要新增工作力量和工作条件等相关问题进行分析汇总，经预防专项组讨论后，形成全面推广试点工作经验的整体性意见。

共青团对预防犯罪和综治工作接触的深度还很不够，也缺乏经验。以上与同志们交流的认识不一定准确，接下来训秋同志还将作重要讲话。会后，有关团组织要认真贯彻落实好本次会议精神和训秋同志讲话要求，共同努力把预防青少年违法犯罪工作做好。

陆昊在共青团深入学习胡锦涛总书记五四重要讲话暨2012年年中工作交流会上的讲话

2012年6月26日，根据记录整理

5月4日，胡锦涛总书记在纪念中国共产主义青年团成立90周年大会上发表了重要讲话。会后，全团迅速行动、精心部署，组织各级团干部和广大团员青年深入学习宣传贯彻讲话精神。这次年中工作交流会的会期适当提前，主要考虑就是要及时总结前一阶段全团学习宣传贯彻胡锦涛总书记五四重要讲话精神的初步成果，进一步把这项工作引向深入。同时，在下半年的工作中，迎接党的十八大、深入学习贯彻十八大精神将是重大的政治任务，因此，对于如何在有限的工作时间内集中精力学习贯彻好胡锦涛总书记五四重要讲话精神，并以此为指导不断推进团的各项重点工作，全团要有紧迫感，可以说是时不我待。这次年中交流会的主要任务就是进一步统一认识、推动工作，用我们最大的努力和扎实的工作迎接党的十八大召开。

一、正确看待对各省（区、市）团组织工作推进情况的年中评价

这次交流会前，我们也像去年一样对各省（区、市）团组织重点工作完成情况进行了年中评价。在今天上午的分组讨论中，大家也实事求是地分析了自身工作中存在的问题、差距和不足，讲得都很坦诚。我要强调的是，工作评价不可能做到完全客观准确，但是能够从一个角度反映各地团组织在推动工作、开拓进取等方面的基本情况，反映各地团干部的工作状态。从汇总的情况来看，四川、辽宁、上海、广东、湖北、山东、江苏、浙江等地团组织在团的各项重点工作开展过程中，推动有力、成绩突出，在这里给予通报表扬。同时，也有一些地方的团组织由于工作条件、地方特点、推动力度等方面的原因，工作进展情况不够理想。对于有 4 项以上工作被评为“不好”的团组织，要以党组名义给团中央书记处写报告，说明原因和困难，提出今后的改进措施；其他地方的团组织也要善于从对自身工作的评价中寻找差距、克服不足。各地工作条件不完全一样，团干部的本领也可以有大小，但我们的评价主要不是针对这些因素，而是针对状态。团中央将在今年底对各省级团委全年重点工作推进情况进行总结评价，并以适当方式通报省级党委分管领导。我们就是要建立一套有效的激励约束机制，干好干差不能一样，要让干得好的团组织得到肯定。

二、要把学习贯彻胡锦涛总书记五四重要讲话精神进一步引向深入

目前全团学习宣传贯彻胡锦涛总书记五四重要讲话精神已经形成了很好的氛围，各地把握方向清晰，也能结合实际、深入思考，出台了许多扎实的举措。同时，我们也要认识到，学习贯彻胡锦涛总书记五四重要讲话精神，有一个再深化、更深入的过程。各级团组织和广大团干部在今后的学习过程中，要注意把握好三个方面的要求。一是要认认真真读原文。对于胡锦涛总书记五四重要讲话精神的学习，各级团干部不仅要做到学习态度认真，而且在学习方法上要更细致、更深入，只有在反复学习原文中才能产生更丰富、更深刻的思考和认识。二是要注意领会和把握在这次五四重要讲话中，哪些要求是中央的一贯性要求，哪些是新的针对性要求。特别是要和团中央与中央文献研究室联合编辑的《青年工作文献选编》结合起来，认真学习。这本文献选编出版后，我们还会做统一部署。三是要注意结合工作和思想实际，寻找自身工作存在的差距和不足。

在这里，我结合学习《青年工作文献选编》中中央领导同志讲话要求，特别是胡锦涛总书记不同时期的讲话要求，集中讲一讲共青团如何学习领会好、贯彻落实好“四个着力”要求的问题。

1. 关于“着力把牢正确政治方向”的重要要求。通过学习党的青年工作文献，我感到，坚持正确政治方向是从党团重要政治关系和共青团政治属性出发而提出的必然要求。深入分析可以看出，其中包含着两个方面的要求。一是要不折不扣地贯彻执行党的理论、路线、方针、政策。胡锦涛同志曾经指出，“共青团经常讲要议大事，懂全局，管本行。切实把团的工作放在中央的总体部署和全党全国工作大局中去思考、去把握、去安排，而不是就团

论团，就事论事，就活动搞活动，就能做到议大事，懂全局，管本行”。在这方面，有党中央书记处的指示，有中央领导同志的把关，有全团的智慧和努力，我们相信能够贯彻好，我们很有信心。二是要引导广大团员青年真心实意紧跟党走中国特色社会主义道路。胡锦涛总书记五四重要讲话中特别用了“真心实意”这四个字，这是一个新的表述，对我们来说也是一项很有挑战的任务。对于重大思想理论问题，团干部要在认真学习、准确领会的基础上，善于做青年群众的工作，努力探索适合青年人的思想逻辑和表达方式，使党的正确思想主张能够更好地在青年中传播，引导青年进一步坚定理想信念。特别是省级团委书记和分管高校的副书记要勇于到大学生中面对面地交流，敢于回答学生当中存在的一些尖锐的思想问题，从而切实做好党的理论宣讲和相关释疑解惑工作。这项工作要在党的十八大召开之前完成，交流的记录稿要报团中央备案。我曾经对一些具有基层经历的团干部讲过，丰富的基层工作阅历是年轻干部能力结构中重要的、好的一面，但不是全部，各级团干部要充分认识到，在共青团的岗位上所需要的能力、所受到的锻炼，第一位的还是思想政治方面的工作能力。这是由共青团组织所肩负的引导青年坚定跟党走中国特色社会主义道路的根本任务决定的。希望各级团干部要努力加强自身的理论修养，提升社会观察水准，真正替党做一些针对性、实效性都很强的青年思想引导工作。

2. 关于“着力提高服务青年能力”的重要要求。实事求是讲，“着力提高服务青年能力”这一条，现在对全团还有很大挑战。我们要清醒地看到，一方面，诸如教育、就业等青年核心需求，最根本的还是要通过政府提供公共服务、市场机制等渠道来满足；另一方面，目前在青年多样化的需求面前，全团服务青年的整体能力是不足的。团的各级领导机关要将提高服务青年能力作为一项重大课题，进行深入研究。我们要充分认识到，在市场经济条件下，服务青年不能只靠热情，要努力在机制、体制、职能上下功夫。我们要注意用好三条路径，一是积极争取党政支持，只要我们方向正确，坚持推动下去，许多难题总会有解决的办法，一定能够克服经费、人员等方面的不足；二是上级团组织支持基层不能动摇，在这个问题上团中央将继续带好头，今年我们就要在以往支持县级团委经费不变的基础上，再为5000个乡镇街道提供各1万元的经费支持；三是社会化动员不能放弃，各级团组织都要发挥好共青团社会化动员这个优势。

3. 关于“着力创新活动方式”的重要要求。我们在学习《青年工作文献选编》的过程中更加深刻地认识到，中央对共青团适应新形势新任务、着力探索创新方面一直有一系列重要的要求。比如，胡锦涛同志在团十三届二中全会上指出，“我们国家在改革和发展中面临着许多新的课题，共青团的工作和自身建设也面临新的挑战。各级团组织和团干部要敢于面对变化发展的客观现实，从解决实际工作中存在的突出矛盾和难点问题入手，在总结基层和群众实践创造的基础上，努力探索社会主义市场经济条件下青年工作的新路子。在探索新路子时要正确处理继承与创新的关系。好的传统、好的做法一定要继承。不适应的则要大胆创新，及时调整，要注重研究新情况，解决新问题，使共青团工作不断有新的发展”。比如，胡锦涛同志在团十三届三中全会上指出，“团的自身建设还存在着与形势和任务的要求不相适应的地方，还有许多问题需要研究和解决。比如，如何根据各种新经济组织和社会组织的建立和发展，从实际出发建立团的组织，开展团的活动；如何适应青年劳动力在不同产业间的转移和地区间的流动，采取切实有效的办法加强对流动团员的管理，等等”。比如，胡锦涛同志在团十四大上指出，共青团“要始终坚持继承与创新的有机结合。既继承和发扬长期以来形成的优良传统，又主动适应经济和社会的变革，以改革的精神认真研究新情况，解决新问题，创造新经验，全面履行各项职能，使共青团事业不断焕发出新的生机与活力”。再比如，胡锦涛同志在同团十五大部分代表座谈时指出，共青团要在工作思路、工作方式、自身建设上创新。

近年来，在中央的支持和领导下，各级团组织深入探索创新，在团的工作和组织建设方面取得了一些新的成绩。在创新的问题上，我们要注意把握好四点。第一，要充分认识到创新无止境，这既是长期以来中央对我们明确而一贯的要求，也是共青团事业发展的客观要求。我们必须进一步坚定探索创新的勇气。第二，要善于把握好继承和创新的关系，防止片面化、绝对化，特别要克服那种简单认为强调创新就是否定传统工作的错误观念。第三，创新不是抽象的，必须要针对问题、解决问题，而且要解决的是实践中遇到的重要问题，不是一般性问题。一些活动形式上的新花样不是真正的创新。第四，各级团的领导机关既要积极支持和鼓励基层的创新实践，又要注意总结挖掘普遍性经验，进行“面”上推广。

4. 关于“着力夯实基层基础”的重要要求。从党中央制定的一系列关于共青团工作的重要文件和中央领导同志的重要讲话中可以看出，狠抓基层基础这一重要要求，同样是中央对共青团的一贯性要求。比如，1989 年《中共中央关于加强和改善党对工会、共青团、妇联工作领导的通知》指出，“工会、共青团、妇联所联系的群众主要在基层。各级党委要指导工会、共青团、妇联把工作的重点放在基层，树立为基层服务、为群众服务的思想，努力使基层组织的工作活跃起来。要把工会、共青团、妇联基层组织是否具有活力作为检查和考核工会、共青团、妇联工作的一个重要标准”。比如，《中共中央办公厅关于转发〈共青团中央关于加强青年工作的意见〉的通知》指出，“基层团组织建设目前仍是全团工作的薄弱环节”，“把各项工作任务落实到基层，是衡量和检验团的工作是否有成效的重要标志”。比如，胡锦涛同志在团十三届二中全会上指出，“团的工作千头万绪，但任何时候都不能放松基础工作和基层建设。基础不夯实，基层没活力，好的设想规划也只能是‘空中楼阁’，落不到实处”，“要注意抓基层团组织建设中的薄弱环节，结合加强基层党的建设推动和促进基层团组织建设，把增强基层团组织活力与推动经济和社会发展有机结合起来”，“要深入基层，密切联系青年群众，关心他们的疾苦，反映他们的呼声，要把服务基层、服务青年的成效作为检验和衡量共青团工作的一条重要标志”。比如，胡锦涛同志在团十三届三中全会上指出，“团的基层组织是团的全部工作和战斗力的基础，担负着联系青年、服务青年、团结青年、教育青年，把党的要求和团的任务落实到基层的重要职责”，“看团组织的工作成效如何，很重要的一条是看联系了多少青年群众，工作有多大的覆盖面。工作不能停留在一般号召上，要深入基层，深入实际，加强调查研究，了解真实情况，帮助基层解决实际问题，防止漂浮，力戒形式主义”。再比如，胡锦涛同志在团十三届四中全会上指出，“团的基层组织建设是共青团全部工作和战斗力的基础，只有把团的基层组织建设好，才能够增强共青团的凝聚力和吸引力，才能团结带领青年去实现我们的奋斗目标”。近年来，全团集中力量狠抓基层，团的基层组织建设和基层工作取得了新的进展。同时我们也要清醒地认识到，目前团的基层组织和工作仍然比较薄弱的现状没有根本改观。今后，我们要始终按照“两个全体青年”的目标要求，坚持狠抓基层的工作方向不动摇，克服困难、争取支持，坚定信心、常抓不懈。

三、要按照胡锦涛总书记五四重要讲话的要求，切实加强团干部队伍建设

胡锦涛总书记五四重要讲话对团干部提

出了“增强政治意识、提高业务本领、转变工作作风、坚持严格自律”的重要要求。我们在学习过程中感到，“增强政治意识”是一贯性要求，“转变工作作风、坚持严格自律”是近几年反复强调的要求，很有针对性。各级团组织要认真按照这四条要求，切实加强团干部队伍建设，敢抓敢管，做到既要关心爱护、热情帮助，又要严格要求、严格管理。在这里，我就广大团干部落实胡锦涛总书记重要要求，再强调四点。

1. 要切实增强责任感。很多团干部对团组织都有着特殊的感情，这是年轻人的特点。但我们也要充分认识到，这种感情最深厚的根基应当是对党的事业的忠诚、对共青团事业的热爱、投入与工作推动。在建团 90 周年的重要节点，我们不仅要受到鼓舞，更要看到肩负的责任；不仅要看到党中央对团的工作的肯定和希望，更要看到我们的工作离党的要求和青年的希望、离实现共青团工作全面活跃的目标，仍然存在差距、面临挑战。总之，我们要把对共青团组织的感情，转化成推动共青团事业不断发展进步、克服挑战困难的责任和行动。

2. 要有进取心。大家要坚持工作上的高标准，对于已经意识到、已经触及到、并且可以深化的工作，不能退、不能等、迎着上。比如，乡镇街道组织格局创新工作已经基本完成，今年的任务就是要发现问题，及时修正，同时给予必要的指导。

3. 要有韧劲。中央对干部有一条重要要求，就是有思路、有激情、有韧劲。许多地方的实践都证明，重大工作只有坚持不懈地狠抓到底，一届接着一届干，才能最终实现量变到质变的转换，产生扎扎实实的工作业绩。希望工程、青年志愿者行动等一批有较大知名度和影响力的共青团品牌工作，也充分证明了这一点。因此，各级团干部要始终坚持既定的工作方向不动摇，有韧劲地抓好落实。

4. 要培养好作风。胡锦涛总书记五四重要讲话专门强调了要提高业务本领。我们要充分认识到，只有扎实的工作才能练出扎实的作风，对年轻干部越是有难度、有挑战的工作越能锻炼出真本领。

四、关于各省级团委有关建议

1. 关于理论创新。真正的理论，必须经得起时间和实践的检验。理论并不神秘，我们鼓励全团共同来探索创新，全团同志特别是省一级的负责同志要有这个勇气，认真归纳、总结、挖掘有规律性、有指导性、有深度的语言表达。我们还要加强前瞻性思考，把团的工作放在党的大局中考虑，边想边干，把已经想明白的事干明白，尽快下力气推动。

2. 关于加大推动党建带团建文件精神的落实力度。这个建议很好，我们还要再跟中组部沟通。同时，我们也不能完全把希望寄托在出台更多的文件上。在具体工作推动上，更重要的是需要团的各级领导机关的负责同志与同级党委组织部门的同志进行充分沟通，争取在不同层级上实现突破。

3. 关于新媒体工作。一些同志提出，希望团中央给予更多的指导、支持，这个建议很好。各地可以借助团中央新媒体展览的经验，充分借助专业化、市场化力量，共同来策划和开展共青团新媒体工作。

4. 关于团干部培训。团干部的岗位特点，决定了团干部培训是一项长期的任务。我们争取在暑期再集中进行一次培训。

5. 关于地方开展的创造性工作。对于一些重要前沿问题的探索，在一些走在经济社会发展前列的省、市都有很多有特色的工作。因此，团中央的一贯态度都是支持各地根据实际探索创新的，当然要统筹兼顾，同时也要做好全团重点工作。

6. 关于团的覆盖与团的活力。这是一个永恒的问题。我们的正确态度就是，一边抓覆盖、一边解决活力问题，两者之间不矛盾，并不对立。

总之，在下半年的工作中，各级团组织要按照结合实际、对照自己、寻找差距、触动思想的要求，用新的工作推动，用进一步转变作风、提高素质的实际行动，将学习宣传贯彻胡锦涛总书记五四重要讲话精神引向深入，以优异成绩迎接党的十八大胜利召开。

陆昊在2012年度全国少先队辅导员大规模远程培训上的讲话

2012年7月2日，根据录音整理

今天，全国少工委组织全国少先队辅导员远程培训，是很重要的。第六次全国少代会以来，全国少工委和各级少先队组织认真贯彻中央领导同志一系列重要讲话要求，做了很多有成效的工作。不仅在设计活动载体与少先队组织根本任务的结合点，而且在少先队辅导员的职业化成长路径建设方面，采取了很多积极的措施。

借这个机会，我想就几个最主要的问题和大家沟通一下情况，少先队的具体工作请罗梅同志做部署和安排。

一、准确把握少先队工作的思想逻辑

少先队工作是非常重要的。近几年来，胡锦涛总书记，中共中央政治局常委、中央书记处书记习近平同志，还有分管共青团的中共中央政治局委员王兆国同志，分管教育的中共中央政治局委员、国务委员刘延东同志，对少先队工作都有一系列重要指示。近期，几位中央领导同志专门就少先队工作的课时课程安排问题作出了明确批示，教育部党组已经正式向中央反馈了一个工作安排和工作意见，具体事宜正在推进落实中。

少先队的工作，不仅在团的框架内。我们跳出这个体系再看一看少年儿童的全面发展和培养教育，会更加感受到肩负的这项工作非常神圣、非常重要。我们国家改革开放30多年来取得伟大的成就，这一点毫无疑问，大家都很有信心，看到中华民族伟大复兴的光明前景。但与此同时，也看到当前社会上存在的一些不好的现象，看到了一些非常值得深刻思考和把握的问题。比如说，现在社会上既有那些非常令人感动的、优秀的时代先锋和道德楷模，最近一段时间大家看到有多少这样的先进人物在激励着我们；但是我们也看到了一些不好的社会现象冲击着我们的道德底线。团中央参与中央综治委预防青少年犯罪的工作和社会管理创新的工作，越发感到，我们民族未来的发展不仅仅需要具备强大的创造物质财富的能力，还需要一代又一代的年轻人保持民族前进发展所必需的精神力量。我们怎么样不断地去提高一代又一代年轻人整体的思想道德素养、文明素养和综合素质，这是非常值得从事少先队工作的辅导员同志们思考的一个重要问题。

大家都知道光有物质进步不够，希望我们不再出现假酒、假药、地沟油这样的事情。那么我们想了没有，怎么样才能做到？我看了一些材料，现在社会上这些不好的现象，靠有限的政府监管力量总显得不够。就看北京的数，比如08年我在北京工作时，北京药监系统全市加起来2300人左右的队伍，如果把药品生产企业、药品经营企业、保健品生产企业、经营企业都加起来，监管对象23万多家；质监系统全市共720多人，光特种设备，包括电梯、压力容器等加起来也有20多万台套。大家想象一下只靠政府有限的监管，能不能完全从根本上解决这些问题？这要引发我们很好的思考。

胡锦涛总书记去年“七一”讲话，希望中国年轻人“一个深刻了解、三个永远热爱”，深刻了解近代以来中国人民奋斗的光荣历程，永远热爱我们伟大的祖国、伟大的人民、伟大的中华民族。现在看，爱祖国我们做得是很好的，但爱人民的教育要进一步加强。一个社会成员，如果年轻的时候能够有一点点起码的爱人民的理性的思想基础，哪怕是一点点基本的朴素的情感基础，假酒、假药、地沟油，这些严重冲击我们道德底线的社会现象能出来吗？所以我们还是要思考、反省，我们到底在经济高速发展当中，哪个环节出了一点点值得我们全社会高度重视的偏差？我们也不能永远只讲重视教育，重视引导，要拿出很具体的讲科学的有用的方法。这都是我们要特别思考的问题。

我们在另外一个工作领域，预防青少年犯罪的工作领域，不停地与各种现象做斗争。看着一个个案例，那些朴素的善良的孩子，一步步按照某一种特定的行为和思想逻辑就离我们越来越远，最后直至走向我们的对立面。这次去辽宁调研，在沈阳工读学校，有个12岁的小女孩跟我说不喜欢数学、不喜欢学习，进到工读学校，当然她还有一些别的情况。看着纯朴劲、善良样，看看是个好孩子，我们就教育不了了吗？我跟那个小女孩开玩笑，不喜欢数学不行，以后爸爸妈妈挣了多少钱让你给数清楚、管好了，你管不好的，数学不好能把存在银行里钱的利息算清楚吗，算不清楚。我们从事少先队工作的同志，要认识到我们的工作不是简单地搞一点点活动，组织健康活泼的孩子唱唱歌、跳跳舞，不是这么简单。

这些问题实际上跟党的整体的教育路线、教育方针是紧密联系在一起的。我们怎么把握好少先队工作的根本任务，要先从中国特色社会主义教育总体目标入手，围绕培养“四好少年”的重要要求。我们要牢牢把握中央领导同志在各个场合反复强调的中国特色社会主义教育要培养中国特色社会主义事业的合格建设者和可靠接班人。出现这样很不愿意学习的孩子，出现有很多不良行为习惯甚至严重不良行为习惯的孩子，这在建设者上都不能说合格了。不是一两个人、极少数人，还是有一定面的。更不要说还有一些年轻人还不是非常理解我们的政体，容易产生一些比较片面、极端，甚至是不大正确的认识，也容易把政体当中的一些技术性的问题，简单地归结为制度性、体制性问题。怎么样实现既培养好合格建设者又培养好可靠接班人的任务，这是我们各级共青团组织、少先队组织一项重要的思想引导任务。

经过一段时间的讨论，我们在第六次全国少代会前后形成了这样一些重要的共识，中央领导同志也是赞同的。我们提出来在新的历史条件下少先队组织的根本任务，分为两个层面。

第一是从合格建设者的角度，是从少年儿童成长的综合素质的角度，我们提出来要引导少年儿童有爱心，养成良好的道德行为习惯，增强国家意识、科学意识、劳动意识，有条件的地方还要提高少年儿童的审美意识。同时注意引导孩子强健体魄，并帮助他们培养良好的心理素质。基本上是素质层面、意识层面的。因为少年儿童在这个阶段形成一些成熟的思想是不大容易的，但是产生一些意识、重要的思想意识是完全有可能的。这也是教育学的基本规律。

但是我们除了素质角度之外，还特别地注重从中国特色社会主义建设事业可靠接班人的角度还有一个重要的任务，就是要注重灌输培养少年儿童对党和社会主义祖国的朴素感情，注重党、团、队组织意识和教育内容的衔接。少先队是中国共产党创立的，是委托中国共青团领导的，是这样一个体制设计。为什么要搞这么一整套的组织体系，怎么让孩子理解少先队，进而慢慢地理解政党，都不是很轻松的事情。灌输培养对党对社会主义祖国的朴素感情，主要是考虑青春期之前灌输这种方式对孩子是起作用的，有大量的调查研究可以证明这个问题，也有学术上的重要理论支持。所以，希望大家很好地领会中国特色社会主义教育总体目标延伸出来的，结合我们队章的一贯性表达，提出的少先队组织这些根本任务。队章怎么写的？爱祖国、爱人民、爱劳动、爱科学、爱护公共财物。爱护公共财物这个逻辑我们没有想出一种很好的提法，但是总体上有这几条也够了。现在我们坚持以公有制为主体，发展多种所有制，也不好提什么财产意识，特别跟孩子强调太多的物质化问题也不好，我们就提了这么几个意识。

这样的根本任务的提出，某种程度上就是我们少先队工作的方向性问题。少先队组织是融在国民教育体系之中的，当然也是在中国特色社会主义教育之中的。我们既要融在国民教育体系之中，又要注重找到与国民教育体系有所不同的侧重点。

这些年在党中央国务院高度重视和推动下，教育事业取得了重大的发展成就，我们每个人都会感受到。现在总体上学生的培养水准越来越高，掌握先进知识、技术、技能的本领越来越高，但是够不够？显然还是不够的。我们仍要继续探索，在市场经济新的历史条件下，怎么样找到引导我们一代一代少年儿童，能够健康全面成长的有效的路径方式，减少他们出现偏差的机会。我们怎样把握好胡锦涛总书记提出的“一个深刻了解、三个永远热爱”，引导好少年儿童真正理解我们的政体、国体，进一步坚定跟党走中国特色社会主义道路的信心，这些问题并不轻松。从这个角度，恰恰可以看出我们少先队工作的重要价值，我们如果把握好中国特色社会主义教育总体目标，再结合好我们组织的根本任务，就能清清楚楚地看到我们这项工作的崇高使命、重要责任。

培养合格建设者，毫无疑问要与少年儿童的基本素质联系在一起，培养可靠接班人肯定不能回避少年儿童思想意识中的重要问题。我们现在要防止一种倾向，就是不能完全用我们有一段时间比较擅长的素质教育来替代我们的全部任务。中国的教育事业蓬勃发展，国民教育体系越来越完善，肯定是我们少先队工作的重要前提，但是我们既要找准与国民教育体系相联系的一些环节，又要找到不同的侧重点。不能国民教育体系兴奋点在哪儿，就向哪儿扑上去。我们关注它的兴奋点，但是不能完全由国民教育体系的兴奋点来替代。我们一个阶段或者一个角度去关注素质是对的，但是不能完全只做素质教育的事，更要注重那些除了知识和技能之外的更加根本性的思想意识，这是我们这个组织非常重要的战略性任务。

虽然少先队的根本任务是从两个角度提的，但本质上都还是思想意识层面的问题。你看有多少学习成绩非常好的孩子动手能力很差，回到家里什么都做不了，劳动意识严重不够；还有很多分数很高的孩子并不完全理解科学精神的本质，你跟他聊起来什么是科学、什么是科学意识，不够；问什么是国家，怎么回事，都不大清楚，更不要说挑战我们更难的一些题目，如爱心、爱人民的问题。我看不光是我们遇到这些问题，在教育学说史上一直在探讨怎么教育培养人的问题。不是我们觉得难，很多人类历史上最伟大的思想家，从不同的角度触及过这个问题，也是难题。现在越发显得在这个发展阶段，我们社会的思想多元、多样、多变的阶段，各种思想碰撞的阶段，我们这个组织的思想逻辑是第一位的。

爱是感情问题，但是感情一定程度上也会受基本思想意识支配，朴素感情更是这样。为什么要让孩子爱祖国、爱科学、爱劳动、爱人民，这话我们怎么把它变成行动、有效的行动，让更多的孩子少出现偏差？很多伟大思想家讲过孩子的很大偏差往往就在爱上出了问题，自己都不爱。所以有的思想家提出来先让他爱自己，进而爱周围的人。这些都是可以探索的。

我们强调少年儿童有爱心，有良好的道德习惯，是从社会和谐发展，是从人的全面成长的最基本的角度提出来的。人要一点爱心没有，长大了以后能善良吗？看看现在树立的一个个令人尊敬的道德模范，有个叫小孟的大学生，从 8 岁开始到 20 多岁一直坚持养着残疾的养母。我看了她的材料，非常受教育和感动，这孩子就一条，很善良。小的时候有爱心，长大以后一定是个善良的人，先不要说做多少好事，但她一定不会做坏事，伤人的事不会干。我们要研究怎么来解决孩子的善良问题、爱心问题。

我们要引导少年儿童有爱心，就是要把爱人民的理念具体化。帮助孩子学会关心他人，做事情的时候能想到他人，从小爱父母、爱老师、爱身边的人，进而延伸成为对广大人民朴素的感情。特别是在当前市场经济条件下，物质利益比较高的情况下，我们要是能有一步新的突破，找到让更多孩子接受的一种思想逻辑的话，不仅仅是对少先队工作做出的重要推动，更是对我们民族的贡献。就要从这个高度来看待我们工作的战略地位。你说是语文课、数学课还是英语课会承担这样一个教育职责，当然学校教育总体上要承担这样一种教育职责。但学校教育总要有一些具体的设计和手段。当然其他课程的教育过程有潜移默化，语文课里有很多好的教育引导，但是我们的组织再去叠加一下这样的重要任务过分吗？不需要吗？需要，丝毫不过分。这比我们调过个来，组织那些所谓但实际很难做到的拉网式检查，然后谴责、抓做地沟油的工作相比，不也是一种有效的重要方式吗？因为产业链一发现之后不是几十人几百人的问题。我们在哪个环节出了一点偏差，这不值得我们做少年儿童工作、做青少年工作的人很好地反省吗？难道我们每天把这些话挂在嘴上就表明我们的立场是坚定的？工作是到位的？重视的？不是。要找方法，要具体化，要增强实效。

再比如说增强国家意识，就是要引导少年儿童爱祖国，认识到自身的生活和未来的成长与国家紧密相连。要让大家感受到国家好了能给自己的发展增添机会，选择多了。即便农村的孩子也要讲清楚这一条。如果没有伟大的中国共产党领导的工业化、城镇化进程的话，孩子也不会到城里来遇到今天的烦恼。但是待在哪里呢？待在传统意义的农村里。因为出来也一样，没什么机会，改变不了自己的一生。有一些大学生，想不通就问，为什么要讲把个人奋斗和国家发展紧密结合在一起？他就是根儿上出了一点认识上的偏差，还没有从更大的历史跨度、更广阔的视野和空间内看自己和国家的关系。小的时候要给一点国家意识的引导。在全球范围内鲜明地存在着我们都看得见、摸得着的国家利益，这是回避不了的。真正的世界和平到现在多少年？60 多年。到现在为止，还有大量的充满恐怖充满非人道的战争的电影。看看抗日战争时候我们的局面，看看一些艺术片不断血淋淋地反映令人难以忘记的耻辱的历史，痛苦的历史。看看最近的热闹劲，可以在网上说话，有争议就打，能随便打吗？看看这些事情存在不存在，这不需要给孩子们讲讲国家意识吗？爱祖国，跟着祖国一起奋斗成长，已经不是很抽象的东西了，很具体。

增强科学意识，就是要培养少年儿童养成爱学习的好习惯，把他们的好奇心、想象力转化成探索创新的意识和能力。胡锦涛总书记在纪念建团 90 周年大会上的讲话，专门讲了青年一代的探索创新问题。这一点从战略高度上讲我们要清醒,我们现在经济总量全世界第二了,“神九”上去了,对接了,也回来了,我们自主创新就可以高枕无忧了?我们还有很大差距。光看经济总量意义不够。现在有些学术文献讲,1840年鸦片战争的时候,中国GDP总量跟英国差不多,甚至还超过了它,但是人家的GDP是工业化的各种成就,我们当时的GDP是茶叶、瓷器、丝绸等等,不在一个层面上,所以我们遭受那样的欺辱。为什么拉美国家工业化早于中国至少20年,但是整体的发展局面并没有达到发达国家的水平?这在经济学界有共识,其中非常重要的一条就是国家的自主创新能力不够。看看外面满大街跑的是什么车,这些车很多都是一百多年之前,对人类工业化进程作出贡献的国家和企业延续到今天的品牌。到现在为止,我们在最强的几个竞争性领域没有自己的东西,怎么办?光讲行吗?科技创新是讲出来的吗?不是,那是从小要培养的。所以爱科学不重要吗?简单地讲了数学课就会爱科学吗?没有必然关系。我看到有学生毕业时撕书的运动,不知道校长怎么想的。心理上有一些压力很正常,缓解舒展自己的心理压力是需要的,但不能带着对科学知识的遗弃,带着对基本教育过程的遗弃,抛弃的是那份爱学习的习惯。学习知识的过程本身并不是教育的全部内容,现在哪个大学毕业生还记得住当年在中学学的所有知识?难道记不住,教育就失败了?不对。记不住没有关系,要的是训练的过程和必要的知识沉淀。我们要给孩子的是一种系统、一种方法,更重要的是一种意识,最后是一种精神,把这些都综合起来形成一种自主创新、科技创新的能力。要过中等收入陷阱,自主创新没有根本性的突破是不行的。胡锦涛总书记对青年讲了五点希望,第一点是刻苦学习,第四点就是勇于创新。创新不简单。

劳动意识,就是要让少年儿童懂得劳动创造财富、劳动创造美好生活的道理,从小养成尊重劳动、勤俭节约的好习惯。我们有些孩子已经忘了劳动创造财富,最基本的逻辑都忘了。

柏拉图大家都知道,他说:“每个人的灵魂中,都有理性、激情、欲望三种成分,欲望占人的灵魂的最大的部分,而且本性是贪得财富的。”这是他一家之言。“只有当一个人受过良好的教育,他的理智和激情受到良好的培养和训练,使得理智得到加强,这个人的理智、激情和欲望三者的关系才能得到协调。用理智领导激情和欲望,三部分彼此友好和谐,这样的人才是有节制的人。国家和个人的节制的美德是由教育培养成的”。柏拉图认为:“教育对于良好的政治制度的维护,人性的改进,人种的改良,道德水平的提高都是至关重要的。正确的教育,可以使人们成为有理性的人、有健全性格的人,受到良好教育又能变成更好的人,胜过他们的祖先。当政者要注意的一件大事就是教育和培养。如果一个国家的公民中充斥着小偷、扒手、盗贼,就是因为这个国家里缺少良好的教育,良好的培养。”

亚里士多德讲,“教育方针应引向善德,目的是要人人都变成善人”,“道德教育的核心问题是培养人以理性节制情欲。愤怒、爱恶和欲望在人们开始其生命的历程便显见于孩子的时代。人间的至善就是善德。善就是正义。”当年他就推荐埃及人在儿童教育中寓学习于游戏的经验。我们如果光是说教,现在弄点游戏还挺费劲,确实挺有愧的,两千年前的人咱都比不了。

古罗马伟大的教育家之一昆体良主张儿童的教育应尽早开始,“应当挑选最好的保姆,特别注重他们的道德和语言的正确。儿童首先是听到她们的声音,首先模仿她们的声音,他们天生地能长久不忘孩提时期的印象。即使还在婴儿时期也不要学会以后不应当学习的用语”。昆体良特别重要的一个看法:“培养善良的精于雄辩的人为教育目标。雄辩家必须首先是善良的人及有德行的人，因为如果用雄辩去支持罪恶，那么无论是从私人还是公众的角度，没有什么比雄辩术更为有害。德行和雄辩才能是密不可分的，雄辩家的学习首先要培养德行。”这和我们讲德智体美全面发展没有冲突。

蒙田特别强调，“知识的传授比品德的形成相对较为容易”，当年就讲知识传授相对是容易的，品德形成不是那么容易的，知与行相比较，行更重要。蒙田看来：“儿童的教育是一件极其困难的事情，育儿犹如培养作物，生之者易，养之者难，要把他们培养成熟需要辛勤的养护和辛勤的培育。”现在有些人觉得培养孩子给钱就行了。最近我看了新华社的材料，采访了很多当事人，有的孩子讲，父母要什么给什么，但是父母不知道他很痛苦。“儿童的教育难就难在儿童的性情多变不定，他们的希望和前途不可捉摸，儿童的心智发展不能强制，只能引导，只能给他们最好、最有用的东西。年轻人应当要培育良心和德行，发展理性，勇于改正自己的错误、吸收别人的长处，培养探索世界的好奇心。”

我说这些的意思，就是要让大家理解少先队的思想逻辑是非常重要的。要从国家和民族全面发展进步的战略高度，看待少年儿童的重要思想意识的教育和引导，当然也不能忽略和替代知识和技能的教育。也就是说国民教育体系是非常重要的，但是我们这份工作也同样非常重要。如果我们理解好、把握好了少先队的根本任务，就能结合好中国特色社会主义教育的总体目标，结合好与国民教育体系的切入点和不同的侧重点，来把握好我们的工作方向。

这是我今天想跟大家强调的第一个问题，就是如何把握好少先队工作的思想逻辑，也就是我们的根本任务。这的的确确不是一个简单的问题。刚才念了几位思想家的言论，不一定是原话，都是在过去的书上翻到的，就是希望让大家知道教育一是很重要，二是不很容易。现在有些人感受不到我们工作的重要性，一是我们的工作需要更加加强，二是眼光也不要太浅。就像我经常讲的，团的干部要读书，读不读书，短期内看不出差别，但中长期就会有很大的差别。所以我们不能急，但是要有深度，要看到工作的方向的极端重要性，还要看到工作的难度。

二、深入研究少先队工作的理论体系

研究少先队工作基本的理论基础，我到共青团工作以后跟罗梅同志很多次遇到少先队辅导员提出的职称的问题，背后实质上是辅导员的职业成长路径问题。但一个职业有没有职称，在我们现在的评价体系中，既要跟这个职业重要性联系在一起，还要跟这个职业的专业性联系在一起，是要有专业的，是要有足够的基本理论支持的。

全国少工委搞了一次很好的大样本调研，把少先队辅导员总体的成长路径研究得比较清楚。一部分人发展成为中小学的管理者，一部分发展成为学科的优秀教师，一部分发展成为专职的少先队、少年儿童的教育工作者。总体看我们少先队辅导员，特别是大队辅导员还是选出来的，职业发展方向是清晰的。

当然，并不是每一位辅导员都这样，还有个人的起点和个人努力程度的问题，也有客观机会的问题。我们要解决这支队伍职称的问题，一定要看到，先探索好这个岗位的基本理论框架和合理的知识结构，把它的专业化找准。怎么找专业化，先从它的任务出发。当我们把少先队的根本任务分析得比较清楚的时候，这个时候来找实现根本任务所需要的基本理论支持、基本方法支持，这个专业自然就锁定了。这个时候，我们非常清醒地发现它绝不是一个简单的一门学科、一门知识的问题，它是一种典型的综合学科、交叉学科、边缘学科。这点现在大家有共识了，特别是第六次全国少代会以来，罗梅同志带着全国少工委做了非常好的、基础性的重要工作。

综合学科、交叉学科、边缘学科并不是少先队工作独有的，在学术体系内部也是很多的。法经济学领域，就是近几年来兴起的一个重要的交叉学科，是法学和经济学交叉的新学科，已经出现若干位诺贝尔奖得主。北大前任党委书记、教育经济学专家在斯坦福大学就是学教育经济的，是教育学和经济学交叉的学科。再比如说这些年来兴起的环境经济学，是把环境学的很多东西、环境保护科学的很多东西跟经济学结合起来。交叉学科、边缘学科在学术体系内部不断衍生是非常正常的事情，这是学术繁荣发展的重要角度。少先队工作因为涉及特定年龄段的孩子的思想意识的培育，再加上我们又是一个组织，还有在组织内和组织外的差别问题，尽管是全童入队，仍然是一个组织，与分散的个体又不完全一样。在这个背景下实现少先队的根本任务，所需要的基本学科就很清晰了，涉及教育学、政治学中的政治社会化理论、社会学、儿童心理学、管理学中的组织行为学、传播学等。很多学科不是简单地拿来，比如政治学主要用的是政治社会化的理论。

比如，政治社会化的最优先原理特别强调，政治社会化的过程是从儿童时期开始。儿童时期形成的政治取向会永远留在心里，并在成年后表现在政治行为上。这跟我们的根本任务是有关系的。我们传统文化当中也有很多很深刻很经典的东西。我去大连还有全国很多地方，特别是少管所、少年罪犯的监狱，都在用《弟子规》对问题青少年实施有效的影响。不管是人类文明共有的，还是我们中国传统文化里面的，都有支持我们在少年儿童中开展活动、培养思想意识的重要理论，学科基本理论可以把这些成果都摘一摘。

比如，政党依赖理论。美国的一项研究成果表明，60%—70%的四年级儿童承认喜欢共和党或民主党，该百分比与21岁到24岁的美国年轻人大致相同，而且与终身忠于某一政党的比例几乎相同。我多次问过西方的一些政治家，你们这个政党和其他政党政策差别不是很大，他为什么加入你这个政党。有些人答不出来，一讲政党依赖理论就清楚了。1997年，美国密歇根大学通过对两代人同时进行30年的研究发现，在经常讨论政治的家庭中，80%具有相同政党认同的父母，会将自己的政党认同传递给下一代。

比如，道德实践理论提出，早期的社会实践活动对成年后的思想行为有重要影响。

既看到少先队的根本任务需要在国民教育体系当中找到一个切入点和侧重点，这是符合党的教育总目标总要求的，又看到这个工作不是很轻松，需要重要理论支持，就具备了进行必要的学科综合、学科交叉的能力。这是我们全国少工委六届一次全委会以来最重要的一个成果。我们搞了大范围的调研，跟学术界广泛讨论，现在基本提出这个学科建设明确一个方向，叫做“少年儿童组织与思想意识教育”。这是结合我们全队多少年的工作实践要创新的理论体系。当我们掌握或者建立完善了这么一个系统的学科体系时，我们的工作方向会更明确，学术理论支持会更坚定、更清晰，我们工作的职业化特征、专业化水准会明显提高。

不要把理论想得很神秘，理论就是实践的积累和探索，当然也要结合前人的成果，就是解决问题的、比较深刻的表述。理论可以不断完善，但是前提第一是解决问题，第二是比较深刻。前面念的这些理论都是在所有大学教科书里能够看到的经典理论。学科理论体系我看总体上框架是可以的，现在可以大胆地去用，让大家试。“马克思主义中国化”这个提法也不是伴随中国共产党与生俱来的，到1938年毛主席才讲出这么一句话，这个过程非常清晰地表明了理论和实践的问题。理论一定是实践积累到一定阶段的产物，理论也是实践的深刻总结。现在我们有60多年少先队工作的实践、探索、积累,又有人类历史上重要的精神、文化成果,还有中华民族教育少年儿童的经典作品,《弟子规》、《三字经》当中都有很多值得我们深入挖掘,既有经典性又有时代性的很好的思想引导的方法。我们现在研究解决这个问题是具有条件的。

我看了学科基本理论的整个大纲,跟我们开始设计的是基本吻合的。现在需要少先队第一线的同志,特别是大队辅导员们好好看看,在一定范围内征求意见和试用没有问题。这里有大量的政治学、心理学、社会学、教育学的很多综合出来的东西,很有理论价值,做出几十个博士学位是不成问题的。要再结合我们中华民族传统的一些经典思想,再突出人类文明史上一些最经典的思想,以增强它的学术性、民族性、经典性。另外,还可以在书里把一些国外的经典案例再充实进去,作为教学的案例性的研究。实事求是讲,我们在这个方面做得还不够,我们比较多的还是停留在"要什么"上,对于"怎么要"、"怎么做到"讲得还不够。还要注意请一些各个学科的专家,不要都是少先队问题的专家,看看我们综合得够不够。

我看少年部最近提供的材料,感到更要只争朝夕。胡锦涛同志1983年4月的讲话中指出,"第一个问题,加强理论研究,创建适合我国国情的少年理论和少先队工作理论。首先是创建这样一门学科有没有必要,我觉得不仅大有必要,而且十分迫切。30年来,我们在进行少年儿童和少先队工作过程中积累了丰富的经验,在理论研究上也取得一定的成绩,但是实事求是讲,我们至今还没有一套、一整套适合我国国情的少年理论和少先队理论的工作体系。正因为缺乏理论指导,我们少年教育工作和少先队工作就很难完全避免盲目性,因此认真总结我们的经验,努力探索其中规律,把它提高到理论性认识上来,就成为十分迫切的任务","80年代的少年儿童具备什么样的心理特点和性格特点,如何根据这些特点去引导教育他们,在新的历史条件下我们的教育方针和培养目标应如何表述,少先队在少年儿童教育中的地位和作用如何,全童入队后如何发挥少先队组织的教育作用,类似这些问题如果不弄清楚,如果不能用正确的理论来指导实践,我们的思想就不能高度统一,工作就不能取得突破性的进展,再创少先队工作新局面的任务就很难实现。能不能设想把研究少年生理发展特征及其规律称为少年生理学,研究少年心理特征及规律的称为少年心理学,以及少年社会学、家庭学、伦理学有机结合起来,形成一门新的综合学科,即少年学。而少先队工作理论则是建立在少年理论之上的应用学科之一,它是研究少先队的性质、发展、活动及通过少先队组织教育少年儿童的规律的学科。特别是从事少先队工作理论研究同志都应该下决心学一点儿童心理学、教育学、社会学等等"。

1988年7月6日,李源潮同志在一篇讲话里讲了少先队系统的发展目标,讲了五条。"一是社会职能明确、二是组织结构合理、三是影响手段有力、四是工作队伍精良、五是学科理论繁荣。这是少先队系统具备更深刻理性指导的保证。我们的发展目标是在若干年的努力之后,使少先队教育和工作理论成为中国学术界和教育界公认的学科体系。"

我记得在全国少工委五届五次全委会讨论时,当时只想到儿童心理学,后来发现不够,看了少年部跟中科院的那次政治社会化调研报告后,又考虑政治学的部分。我们为什么现在要只争朝夕,我们有点对不起我们这些老前辈,人家很早就把路径给我们指清楚了,干得不够,我们对这些很重要的意见落实不够,要好好反省我们制度设计上的偏差。我多次讲过,少先队工作的干部不要来回换人,团中央上届书记处一个人管了一届少先队工作,这届还是这样,罗梅同志管一届。不要来回换,另外要有总辅导员的衔接体系。

我们当时提出学科建设体系，是从解决职称的具体的角度提出来的，还不是站在全局、完全战略的高度看这个问题，这就是差距。当然这个设想还要进行认真研究，现在要跟教育部特别是要跟国务院学位委员会交流沟通。现在我们国家的学科体系建设中，一级学科全国110个，教育学是一级学科，教育学下的二级学科有：教育学、科学教育、人文教育、教育技术学、艺术教育、学前教育、小学教育、特殊教育。6岁到大学之前的这个阶段，关于人的思想意识的全面系统的学术研究，理论方面还是可以做的。至少现在还没有这么一个完整的二级学科。所以和专家们反复权衡，学科名称定为“少年儿童组织与思想意识教育”。科学意识、劳动意识等都跟政治没有完全关系，光叫政治教育的话面窄了。

少工委这些年工作干得不错，下面主要负责创新、探索，上面主要负责解决大的框架。现在《少年儿童组织与思想意识教育基本理论》书样出来了，这本书总体不错，系统性也出来了，我看是好的。《少年儿童组织与思想意识教育基本方法》和《少先队工作实务》两个提纲要结合，不要方法就是方法，理论就是理论，我担心《实务》如果过于快餐化，基层辅导员不知道为什么要这么干。我们不仅要培养少年儿童，还有一个很重要的任务是在这个过程中培养少先队辅导员。要实现理论与实践的结合。共青团一大的时候，陈独秀去作报告，第一是理论研究的问题，第二是实践的问题，实际上讲的就是理论和实践结合的问题。解决了这些问题，就能支持少先队辅导员的职业生涯路径。

我们现在起步就来得及，中国有很多学科的建设都经过十几年、二十几年的历程。研究问题，不要什么学科时髦都跟着读，那不是我们岗位需要的东西，更不解决我们这个岗位发展的素质问题和理论积累问题。这个学科大纲好好完善下来很有意义，涉及人的整体教化问题，在哪个岗位不需要呢？我们的宣传理论战线不是天天碰这些问题吗，怎么能没有价值呢，在党的工作当中都很有价值。最近我去宁波和深圳调研的时候，他们非常关注除了政府的管理监管之外，怎样对社会成员进行思想道德教化，来解决我们发展当中遇到的重大挑战。看了这些东西就会找到更有用、更具体、更深刻的教育引导方式，而不是简单地跟人说空话。

这本书对儿童心理学归纳得很好，组织行为学、政治学归纳的交叉的也是好的，传播学当中的东西要加强一些。传播学如果从现有的理论当中交叉就不够，因为中国这几年传播格局发生重大变化，传播已经替代传统意义的社会教育。过去老讲家庭教育、社会教育、学校教育三结合，这个话方向肯定是对的，但内涵变了。什么家庭教育，父母谁引导，什么样的社会教育，社会教育还在少年宫里吗，早就变了。学科建设要在现在的基础上，在研究生中开设这样的选修课，甚至是在师范院校开设“少年儿童组织与思想意识教育”课程和专业。我完全有信心，再有个三几年一定有重大突破，可以对过去的老前辈有一个交代。我刚才念的都是二三十年前说的话，我们没有完全落实，所以现在要只争朝夕。

解决了这个问题，下一步我们的少先队辅导员职业成长就可以充分体现“双线”晋升的路径。我们这套体系就是为了培养我们少先队的辅导员在做这项工作的时候掌握基本理论，注意结合实际，形成自己的素质，在“双线”晋升的角度里首先是提高素质。

“双线”晋升我们仍然不能放弃这种努力，现在为什么只有“单线”呢？就是因为我们学科的建设、我们工作实践的理论总结不够，所以我们还没有形成一条清晰的“少年儿童组织与思想意识教育”的这么一支学术、学科的工作队伍。把它建立好之后，再结合中小学少先队活动国家课程的设计，我们少先队辅导员的“双线”晋升就完全有可能获得突破。最近教育部已经正式向中央报告了，要解决中小学少先队活动国家课程的设计问题，一礼拜一节。长期以来，教育部在重大方向上的把关上都是非常正确的。现在，我们要解决的是，时代背景变了，光靠简单的政治说教，强调重要性已经不行了。只讲重要性，我们跟基层的少先队辅导员都不能对话，更不要说跟中小学校长对话了。但是拿着现在我们这套书，我相信是可以做交流的，是可以对话的。

要注意在全国选一些有代表性的中小学做长期和大量的调查研究，这一点少年部要直接做，全国要选一些很有代表性的中小学一年一年做下去。我就不信只有密歇根大学能够做30年的这种重大问题的研究，我们就做不了？我们党的事业也是一茬一茬人、一拨一拨人、一代一代人接力干的，怎么不能做呢？如果有我们中国自己的、实践的、深刻的总结的话，我们中国特色的教育学体系下面这门“少年儿童组织与思想意识教育”的学科就会更坚实，就不是简单的照搬照抄，就会更有意义。

现在的方向是正确的，团中央会进一步强化这个工作。最近就要找国务院学位委员会好好地汇报这件事，开会的时候我申请做答辩人，看看我们够不够一个二级学科具备的基础和条件，重要不重要，涉及哪些学术基本理论支持。这么重要的一项工作，又有理论依据又有实践积累，我们应该有充分的信心。解决了这些问题，我们所谓的这一条线的职称也找到了依据。

当前情况下，大队辅导员们是从不同岗位调过来的，一定要清楚，每一个新的职位的变化，对合理的知识结构的复合都是一种新要求。不要以为永远能吃得了那个老本，就算是语文、数学的特级教师，理论上讲跟一个校长需要的知识结构并不完全一样。这里既有人品的问题、领导素质的问题，还有支持这个岗位所需要的知识结构问题，这是完全不能忽略的重大问题。只有很好的合理的知识结构、理论功底，才能在工作中减少盲目性和偏差，工作更有科学性、实效性、针对性。出不大合格的有偏差的学生，问题出在哪儿，忽略了什么？除了数学考不好之外，又出了思想行为偏差，为什么？社会还是希望我们一代代少年儿童健康全面成长，这个目标是完全一致的，但是要明确，要有科学方法、务实精神和理论指导，不是简单地凭善良的政治愿望就可以的。

三、积极探索少先队工作的行动载体

有了思想逻辑，也就是根本任务，再有了理论体系，也就是合理的专业化的训练，这个时候要考验我们少先队辅导员的新的任务就出来了，即怎么在我们准备争取到的中小学少先队活动国家课程当中来很好地找到活动载体，某种程度上讲就是行动载体。

我在很多场合都讲过，新的时代背景、挑战，要求我们青少年教育工作者要努力探索在市场经济条件下，教育引导青少年的思想逻辑和行动载体，这是一致的。我们现在不能完全说找够了。比如思想逻辑怎么能让人不唯利益化？我经常说一句话，影响人的思想行动的逻辑实际上有三条：信仰、利益、感情。要么受信仰影响，要么受利益影响，要么受感情影响。看看我们现在每天见什么人、参加什么活动、做什么事情，能跑出这三条吗？一个社会进步，要实现信仰、利益、感情的合理平衡，不能唯利益化。当然，只唯信仰好像也不行，这个社会活力显得还不够，要激发人创造物质财富的欲望。我们知道物质财富创造对推动人类社会发展有重大的进步作用，毫无疑问不能否定这一块，但是又不能唯利益化，我们怎么样把这些教化少年儿童的思想逻辑外化为行动载体，不能让他一听起来就烦，就抵制你，这就不行。

真正宝贵的探索在基层，真正有探索潜力的在基层。因为大家接触活生生的鲜活的人和事。我还讲过不能只看真理的魅力，还要看到艺术、时尚、情感和感情、信任、友谊在真理传播中的重要作用。这就是我们说一句正确的话很容易，但是说一句让青少年接受的正确的话很不容易。谁说管用？看看少年儿童时代、小学时代，班主任的权威性远远高于溺爱儿童的家长，比较严厉的家长还行。你看家长跟他谈话，能坐你对面二十分钟就很给你面子了，现在教育孩子有多困难，但回家天天引用“我们老师说的”，老师说的跟圣旨似的，老师说回家干点家务活就比家长说干家务活强得多，借助这种权威再给孩子一些正确的引导有用得多，这就是现在时代的重要特征。所以探索主要靠基层。

这里我非常诚恳也是本着科学态度的，代表团中央和全国少工委拜托在第一线工作的少先队辅导员，要勇于探索，根本任务思想逻辑有了，理论体系有了，还要设计行动载体。比如，怎么跟孩子讲共产党，讲我们的政体。中央讲党领导人民做了三件大事。我试着给孩子们讲了一次。第一件事是中国人民在党的领导下站起来，站起来是什么意思？就是我们爷爷奶奶过去受的欺负现在没有了。这个欺负在哪儿能看到，电影里有，孩子看到电影里有我们受人欺负的时代，站起来就不再受人欺负了。第二件事是中国人民在党的领导下逐渐富裕起来。我们小时候买白菜要排多长时间的队？冬天就买一棵大白菜排七八个小时。逐渐富裕起来也能在电影里看到一些，看得还不够。第三件事，给孩子讲社会主义现在还有点难，就给省略了，可以大了以后能明白时再讲。讲党带领我们站起来他明白，讲不受欺负他明白；讲逐渐富裕起来，过好日子了，他明白。大家一定要在工作的第一线去找这些逻辑和载体。不用讲那么多，就是结合根本任务的思想逻辑，结合根本任务的活动载体。

还是要坚持搞全队的评选活动。比如说爱科学，怎么教育、怎么设计活动。爱劳动，怎么教育、怎么设计活动。你说你的设计好，我拿你的方法到一百人的新的地方里去测试，如果有效果，这套方法就管用，光在你那里不管用。社会主义向孩子讲清楚不轻松，也要好好研究。这些问题，我们哪怕有一点点突破，都是对党的教育事业、对青少年一代健康成长的重要贡献。

我们还没有把法制意识教育交给少先队。但是道德教育、良好行为习惯一旦有了，法制意识随之也就解决了。法制意识就是从小给孩子规则意识，知道一个组织、一个群体是有规则的。《少年儿童组织与思想意识教育方法》的提纲很好，有个体、有群体、有组织、有社会的方法。特别是群体和个体之间有什么差别，我觉得是很好讲的。比如，“上课不能说话”，主要针对的是个体，还没到涉及群体，让他自言自语说去呗，同桌也不理他，主要是为了他好，他还不理解。“上课不能站起来随便说话”，主要是为了解决群体的学习制度问题，否则就不光是他了，还影响别人了。“上课不能跑到讲台上替代老师说话”，这是极端化的规则意识的强化。这三句话都讲给孩子听，他对“上课不能随便说话”就会有更深的理解。你讲这三句话，是不是个招？这样的规则意识如果从小灌输的话，我们这个民族法制意识就一定会逐步提高。

现在我们要找这些有效的东西。我们在禁毒法制教育中看到，很多人完全是感情、信任、友谊的因素，亲近的人、好朋友跟他说的，诱导了一下。另外一个是好奇心。就这两条，把很多善良的孩子变成了走向对立面的孩子。找个干部跟孩子讲不一定听，但一个好朋友、亲近的人说很好，他很可能就会试。所以在行动逻辑上要靠大家来创造、要探索。

我希望把根本任务分解开，对党、对社会主义祖国的朴素感情，全队做探索。“红领巾心向党”活动有一句话我印象很深，“党是太阳我是花”，这就是孩子们能接受的思想逻辑。

我希望这样的话越来越多，有用、让孩子好接受。爱祖国、爱人民、爱劳动、爱科学，都要做些设计，找适应当前少年儿童特征的、易于接受的思想逻辑，找行动载体，这样我们的工作就会很有价值，不光是一般的工作价值、理论上的价值，思想上的贡献，对整个少先队工作重要性的阐述就会有益。否则你怎么能说我们校长不重视？我们的校长很多是重视的，但是校长也没有那么多时间天天替少先队辅导员想你该干什么。如果你干的事浅了表面化了，看似可有可无了，就显示不出它的重要性。

四、弘扬少先队辅导员职业精神，推动辅导员专业化职业化

通过大量的实践观察，我们的少先队辅导员的的确确是相当不容易的，克服了很多困难。特别是老一辈少先队辅导员给我留下非常深刻的印象。为了少先队工作，很多人到了忘我的境界，执着地热爱着这份事业，为我们留下了非常宝贵的少先队辅导员岗位的职业精神。借此机会，我对少先队辅导员提点希望。

1. 一定要有职业精神。

市场经济条件下做好任何一份工作，没有职业精神，不可想象。因为变化很多，诱惑很多。很多思想家讲的存在的不确定因素对你一样，今天教着这个，明天想干那个。我们的职业精神主要有：

第一条，要热爱少年儿童，要真正有那么一份爱心。像卢梭讲的爱己、爱人的关系。喜欢不喜欢孩子，内心对孩子的反映程度是不一样的，在孩子面前的眼神就看得出来，你看他看孩子是什么表情。有的不喜欢孩子的，不管是男同志、女同志，我就建议不一定让他当辅导员，特别是大队辅导员。

第二条，要有干一行钻一行的精神。达到爱一行的境界有点难，但是至少要干一行钻一行。今天不仅要讲工作重要、使命很神圣，实际上听得懂的同志应该明白，你钻进去了自己会有提高的，会有收获的，对你未来的整个职业生涯发展有促进的。我们有无数的事例能够说明这一点。有的想，干两天辅导员，学这些东西有必要吗？你学到的这些，当你不干辅导员了，一样是重要的思想理论素质和方法。当了中层干部也好，甚至当了副校长、校长也好，还是你的价值和素质，不是别人的。

大家注意：有些人老说学习没意思，也有一点道理，就是知识太分散，现在网络带给我们学习的挑战主要在这里，凡是不系统很分散的东西是很难产生功能的。我非常负责任地跟大家说，在网上泡了几个小时，全世界的新鲜事都知道了，过两天什么都不知道了。要记住什么样的东西有用。少先队这么一整套系统的东西出来之后就是有用的。所谓合理的知识结构就会形成素质、形成工作能力，就是这个道理。我为什么不主张团的干部哪个学位时髦就去碰一下，没有太大用的，时间长了就忘了，因为你不用这个东西。我相信我们少先队现在探索建立的这么一门学科，它是支持我们整个少年儿童教育当中重要的一个角度的理论切入点，我希望大家认真地钻研。

第三条，要对党的事业、对我们一代一代的少年儿童、对我们民族未来的发展尽一份力所能及的责任心。一代一代少年儿童的健康成长，不光是我们少先队的事，是我们党的事业，也是民族未来发展需要的。如果我们多一些投入，我不相信沈阳工读学校的孩子就彻底扳不过来。如果我们的教育在某个时点再深入一点，就可能多减少一些偏差。当然我们不能理想化地认为每个人都能引导好，那不可能。但这是职业精神问题。

2. 希望我们的培训更有针对性。

不必把前沿的时髦的这个知识那个知识拿来讲一讲。系统吗？很不系统。长时间不系统有用吗？没用。我看可以搞系列培训，就用我们那本教材，第一部分政治学、第二部分少年儿童心理学、第三部分社会学等等，让我们少先队辅导员干了这样一份工作,有一点学术积淀,回去跟校长交流,再看看学校教育管理的事,再看看培养孩子的事,角度变一变,看看能否变得透彻一点、深刻一点。各级特别是市一级团的组织务必加强对少先队干部、辅导员的培训。一定要有一个强制性的计划,要落实。没有经费可以想办法,社会动员,咱们还是这一条。这件事要跟得上。

3. 要推动相关的制度建设。

最后,对省一级团组织、市一级团组织强调几条。最近大家要集中关注这么几件事。第一,大队辅导员担任学校中层正副职的问题要推动一下。第二,推动少先队辅导员职称双线晋升。我们研究,全国虽然有一些东西,但省一级空间很大,基本在省一级。少先队辅导员评职称的问题,至少要鲜明地提出"双线"晋升。伴随着学科体系建设,少先队辅导员队伍要在中小学教师职称评聘中有一个合理的比例、空间和科目。第三,要对总辅导员制度做研究。总辅导员制度可以马上下发征求意见,征求完团省委、团市委的意见要出台。要设立总辅导员,至少在团县委、团市委、团省委。县一级可以不拘一格,什么办法都可以用,事业编、临时聘、定级别、不定级别,都可以。思想要解放,不能只一招,就盯住所谓给一个同级团委副职,有时候行、有时候不行。他不大热爱这个事,为了平衡待遇,给个总辅导员,解决副处级、副局级待遇,把我们的工作给耽误了,不可以这样。我们现在有一批老辅导员身体非常好,返聘没有问题,要打破大一统的格局。对这个文件我就提这一个建议,不要都把总辅导员完全纳入行政级别,好像是个路径,实际上并不准确。比如说非常优秀的、中学的一个老辅导员退休了,身体很好,又充满热情,把他聘用到县里,每个月发补贴,怎么不可以?他把毕生的积累献给少先队。当然并不是完全这么做,我们还可以在团的队伍内部固化一些人,保证少先队工作的专业性、延续性,很重要。在我们整个共青团的工作体系中,专业化很强的是少先队。另外,要切实推动团中央、教育部、人力资源和社会保障部、全国少工委有关辅导员政策文件的贯彻落实。

省级团委要做好以上这几件事,给三个月的时间,9 月份要给团中央书记处写一个书面报告。

我跟大家做这些交流,就讲到这里。

陆昊在全国青联十一届三次常委(扩大)会议上的讲话

2012 年 8 月 16 日,根据录音整理

全国青联十一届三次常委(扩大)会议,是在全党全国各族人民深入学习贯彻胡锦涛总书记在省部级主要领导干部专题研讨班上的重要讲话、努力以优异成绩迎接党的十八大胜利召开的背景下召开的。选择在这个时机召开这次会议,主要是希望青联组织和青联委员们进一步深入学习领会胡锦涛总书记的重要讲话精神,进一步统一思想认识,凝聚奋进力量,努力开创青联工作的新局面。

今天上午,中共中央政治局委员、全国人大常委会副委员长王兆国同志发表了重要讲话,对青联组织更好地发展,特别是对青联委员更好地成长提出了殷切希望。讲话很有感情、语重心长,饱含着长期以来对党的青年工

作丰富的政治经验、政治智慧，希望大家认真学习领会，切实抓好贯彻落实。王晓同志作了很好的报告，客观总结了去年工作，具体部署了今年下半年的主要任务，我完全赞同。去年全国青联在坚持已有成功经验基础上，围绕更好把思想性、联谊性和扩大组织影响力结合起来，又有一些新突破新创造。比如，在国家行政学院、中央党校举办的两期研讨班，基本达到了交流、联谊、学习的共同目的，这就是一个很好的方式。

下面，我结合学习领会胡锦涛总书记在省部级主要领导干部专题研讨班上的重要讲话和五四重要讲话精神，结合对青联工作的思考，讲三个方面的意见。

一、深入学习贯彻胡锦涛总书记在省部级主要领导干部研讨班上重要讲话精神，以优异成绩迎接党的十八大胜利召开

7 月 23 日，胡锦涛总书记在省部级主要领导干部研讨班上发表重要讲话，从坚持和发展中国特色社会主义的政治高度和宽广视野，精辟分析了我国面临的新形势、新任务，科学阐述了事关党和国家全局若干重大问题，深刻回答了党和国家未来发展一系列理论和实践问题。在这里，我给青联委员们提两条建议，希望青联委员们要认真研读讲话新闻稿的原文，认真学习《人民日报》六篇评论员文章，既要读好原文，又要善于学习领会蕴含其中的思想智慧和政治判断，从而全面深入地学习领会好胡锦涛总书记的重要讲话精神。

学习贯彻胡锦涛总书记重要讲话精神，关键要把握好六个方面。一要深刻把握党和国家工作的总要求，始终坚定对发展道路的自觉自信，始终保持奋发有为的精神状态。这个总要求既强调解放思想、改革开放，还强调凝聚力量、攻坚克难，大家要深刻体会关键词的变与不变，既看到党和国家发展战略在一脉相承中保持了长期性、连续性和稳定性，又从中领会到中央对于形势和任务发展变化的新的政治判断。二要深刻把握科学发展观的重大意义，充分认识它的实践价值、理论贡献、实践要求。三要深刻把握中国特色社会主义的丰富内涵，准确理解道路、理论体系和制度的相互联系，充分认识中国特色社会主义的内在要求，用心体会具体表述的背后蕴含和体现的政治智慧。四要深刻把握改革开放这一强大动力，充分认识到没有改革开放，就没有中国的今天；离开改革开放，也没有中国的明天。改革开放带来了我国过去 30 多年的巨大成就。坚持改革开放并不是简单讲概念，是要针对问题，真正解决问题。五要深刻把握中国特色社会主义事业总体布局的重大部署，全面理解经济、政治、文化、社会建设和生态文明建设的基本构成和内在联系。六要深刻把握全面推进党的建设新要求，特别要深刻理解党和国家面临的“四个考验”、党内存在的“四种危险”，始终保持清醒头脑，以改革创新精神全面推进党的建设新的伟大工程。

二、自觉落实胡锦涛总书记提出的“五点希望”，切实加强青联委员的自身建设

胡锦涛总书记五四重要讲话，是当代青年健康成长的行动指南，是推动新时期共青团事业新发展的纲领性文献。上午，兆国同志的讲话也是围绕胡锦涛总书记五四重要讲话展开的。胡锦涛总书记五四重要讲话提出了五点希望，这是当代青年成长进步的基本途径。青联委员都是青年人中的佼佼者，是中国各界青年的优秀代表。当了代表，就要比别人做得更好一些。下面，我结合胡锦涛总书记提出的五点希望，代表团中央书记处与大家交流一些思考。

一要坚持远大理想。这里面有三层含义：一是每个人都要树立个人的奋斗目标；二是要从根本上把握我国近现代社会发展进步的内在历史逻辑；三是能够从根本上善于把个人奋斗目标同人民选择的中国特色社会主义共同奋斗结合起来。现在的问题不是青年人有没有奋斗理想，而是有些青年人职业生涯规划不很清晰、找不准合理的实现路径。中国特色社会主义共同理想是坚持远大理想的核心，问题的关键是我们希望青年一代能够把自己想的事和国家想的事结合起来。青联委员在这方面很有示范作用，这是任何别的力量不能替代的。希望广大青年委员注重历史逻辑的把握和历史感的传承，注重与青年交流实现职业成就的奋斗经历，帮助青年解决好理想问题和合理的奋斗路径问题。

二要坚持刻苦学习。不刻苦学习就理解不了社会变革，不刻苦学习就会在思想认识上出现偏差，就会讲不少错话。很多位中央领导同志都在不同场合对广大青年、对年轻干部提出加强学习的要求。胡锦涛总书记去年“七一”讲话提出，全国广大青年一定要深刻了解近代以来中国人民和中华民族不懈奋斗的光荣历史和伟大历程，就是要求我们学历史，希望把过去不知道的事通过学习弄明白。王兆国同志对当代青年马克思主义者提出的四条要求中，第一条就是高度的理论自觉，这是我们看清楚很多问题的必要条件，基本理论没弄明白，很多事就会看错说错，学习就是为了少犯错误。青联委员大都年轻，阅历不够丰富，但要肩负责任，没别的办法，只有读书学习。希望各位青联委员努力掌握关系重大问题的基本理论，努力形成相对系统的知识结构，努力学好历史，特别是中国近现代史和中国共产党党史，努力养成终身学习的习惯，努力成为专业领域前沿知识的熟悉者、掌握者，甚至是创造者、开拓者。有时间的还可以了解西方工业化的发展历史，为我们顺利实现工业化和城镇化提供有益借鉴，看清当前社会中出现的许多问题和矛盾。

三要坚持艰苦奋斗。我们要对国家的发展抱有充分信心，中国不仅在历史上辉煌过，而且正在走向民族复兴征程上。取得改革开放30多年的伟大成就很不容易，只要做一点国际比较，我们就有足够理由坚定信心。站在今天新的发展起点上，我们还要清醒看到少数人民生之迅速改善不等于普遍意义上的民生改善，孙中山先生提出的普遍民生之改善需要两个条件，一是人均经济水平要够，二是财富分配要比较合理；要清醒看到人均经济总量与先发国家的巨大差距，我国仍然存在区域差距，仍然有许多困难群众；要清醒看到我国依然处于社会主义初级阶段的基本国情，我们的道路可能不是一代青年能够走得完的，需要一代一代青年真真正正地坚持奋斗下去。这就要求我们既要坚定信心，又要头脑清醒，形成合理预期，保持奋斗精神。只要奋斗，就离不开艰苦二字，没有听说过奢华之奋斗、娱乐之奋斗，这注定是不可行的。希望广大青联委员能始终强化奋斗精神，坚持发扬勤俭作风，努力实现事业持续发展，努力推动普遍之民生改善。

四要坚持开拓创新。后人超越前人是人类社会历史进步的必然逻辑。创新有两条很重要，第一要把握历史基础，也就是要知道历史上有什么事。比如谈教育，2000多年前柏拉图就讲人的内心深处有理性、有激情、有欲望，受过良好教育、有教养的人要靠理性来平衡占有更多物质财富的那种欲望。恐怕我们现在讲的也不大能够超过这样的论述。不注重学习、不注重梳理，连根上的东西都没有弄明白，就讲创新，是不容易的。第二要有科学精神。创新只有遵循科学规律，只有掌握科学方法，才能形成超越前人的勇气，才能取得创新创造的成功。

五要坚持高尚品行。国家现代化的重要标志不仅体现在物质财富的创造和积累上，更体现在国民素养和道德水准的普遍提高上。道德问题很复杂，跟历史文化传统相联系，跟经济社会发展水平所决定的国民文明素养相联系，还跟价值观相联系，标准没有那么简单。从工作角度看，我们特别呼吁年轻人能够有最基本的道德品德，守住基本道德底线。作为社会公众人物，希望各位青联委员在坚持高尚品行方面做表率、做示范，坚决不触碰道德底线，模范形成正直、善良、诚实、有爱心等基本道德品格，在社会中、在青年中充分发挥示范带动作用。

三、以改革创新精神加强和改进青联的各项工作和建设，不断提高青联工作的科学化水平

一是坚持和遵守青联工作和建设的重要原则。在青联事业的长期实践中，各级青联组织和广大青联委员勇于探索、善于创造，摸索了许多好经验、好做法，形成了一些重要工作原则，我们必须坚持好、运用好，并努力完善好、发展好。要注重把围绕党和国家的中心工作、影响服务广大青年、支持青联委员发展相统一，把思想性、联谊性和扩大青联组织影响力相结合，既要善于强化感情纽带，又要善于以此为基础建立理性认同；既要善于加强个人友好，又要善于使委员间友好组织化、制度化，形成整体力量；既要善于支持和联络委员，又要善于通过委员影响带动和服务广大青年；既要开展丰富多彩的活动，又要坚持活动的鲜明主题和整体性、连续性。比如，青联志愿者艺术团就是很好的品牌工作，要长期坚持，并要积极开创新的活动品牌，努力使得品牌工作形成整体合力、产生持续影响。

二是丰富和改进青联委员的交流方式。从目前委员间的交流看，界别活动还可以，总体活动少一点。属地联系代表人制度是个很好的探索，我们要解决好活动少的问题。委员开展交流，可以有几个角度：第一，要学习中央重要精神。去年的两次专题培训班效果就很好。每次交流活动都要围绕中央重要精神，确定核心主题和重要任务，组织开展高水准、有深度的讨论，激发委员们各抒己见，充分体现各界青年智慧。第二，要研究重大问题。比如道德教化问题，要研究设计更多适合当代青少年思想逻辑的活动载体；比如情感逻辑问题，要帮助青少年在法律跟情感之间更好形成一点爱人民的理性基础。秘书处要做好问题梳理，围绕提高自主创新、加强道德教化等重大问题，有针对性地选择界别开展交流、集中研究，相信能出来一批很有价值的研究成果。第三，要适合青年特点。青联的交流活动当然要体现青年特点，组织形式和活动方式可以更加活跃一些。第四，要丰富界别活动。青联活动要与界别方向、界别内重大问题相结合，以兴趣爱好和专业知识为纽带，进一步丰富和创新界别的工作内容，同时加强界别之间的交流，全面活跃青联工作。青联聚集了各领域、各界别的优秀人士，一定要在策划上多花点心思、多下点功夫。

三是研究和创新青联委员对普通青年群体进行有效影响的实现路径。青联委员对广大青年的影响路径不够，是当前青联工作一个明显不足。现在破题之举还不多，除了励志教育系列活动外，还要多开辟新的领域。大学当然是主阵地，但是不能都去大学。不同界别的青联委员要多接触、多碰撞同类别的青年群体，这样才能产生好的示范效应和影响效果。我建议，下半年集中力量、组织开展一系列不同界别青联委员与相类似青年群体之间的交流活动，努力帮助青年群体清晰职业生涯中最重要的成长路径问题。这既帮助青联委员扩大社会影响力，也为更多青年人创造宝贵的精神财富，这也是一名青联委员对整个青年群体不断发展进步作出的重要贡献。

我相信，以这次青联常委会为契机，各级青联组织和青联委员一定能够进一步认清党和国家事业发展的大形势，进一步找准青联工作在大局中的切入点、结合点和着力点，不断取得新的进展，以优异的成绩迎接党的十八大召开。

陆昊在全国乡镇实体化“大团委”建设工作电视电话会议上的讲话

2012年10月9日，根据录音整理

这次会议的主题是进一步研究和推动农村共青团基层建设工作，特别是把团中央书记处近一段时间对推进乡镇实体化“大团委”建设、发挥乡镇团委“桥头堡”作用的调研、思考和工作部署等进行统一安排。

农村共青团工作是共青团整体工作非常重要的组成部分，但也是相对比较薄弱的一个环节。改革开放以来，为适应形势的变化和要求，共青团在不同阶段提出了一系列加强农村基层团组织建设的重要举措，比如，80年代的“工作到支部”，90年代的“服务万村行动”、“强乡带村”，新世纪以来的青年中心建设、区域化团建等，为破解农村共青团工作遇到的难题进行了不懈努力。目前，全国还有很大比例的青年工作、生活在农村，用什么方式把他们团结凝聚在共青团的组织体系内，是我们面临的一个重大挑战。团的十六大以来，全团坚持“两条主线、三个关键”的思路，狠抓基层，在农村基层团建上下了很大功夫，通过党建带动、集中换届、组织格局创新等进行了积极的探索，一些方面有了新的变化。但从总体上看，对照“两个全体青年”的目标要求，农村基层团组织仍然存在很多困难和问题，整体薄弱的状况目前还没有得到根本性改变。特别是村团组织，大多数只是在形式上存在，开展活动较少，团组织与农村青年发生联系的频次低，实际作用发挥有限。

今年下半年，团中央书记处安排农村部对东、中、西、东北部地区7个县团组织和青年状况进行深入的全样本调查。调查数据显示，7个县的2846个村团支部上半年平均开展活动2.2次，平均每次活动只覆盖13人；7个县的村团支部书记中，年龄最大的有60岁，任职最长的有25年，而这7个县总体上还都是工作基础不错的县。这次调查在一定程度上反映出农村团的工作，特别是以行政村为载体的团的工作，仍然存在很大的挑战和问题。这其中既有经济社会变革带来的影响，又有自身工作创造性不够的原因，核心是没能应对经济社会变革特别是城镇化、工业化、农业现代化对农村共青团工作提出的挑战，对“农村青年到底在哪里、农村青年怎么流动、怎样才能把农村青年真正组织起来”等关键性问题没有完全搞清楚。

面对“两个全体青年”的目标，通过认真研究，我们提出要把乡镇团委建成实体化“大团委”。

一、认真分析农村青年在哪里，找准农村基层团建的区域

基于对七县青年的全样本调查和对全国面上情况的分析，我们有两条基本判断：

第一，农村青年总量仍较大，在村和乡镇的较多。根据国家统计局2010年全国第六次人口普查数据计算，全国16至35岁青年约4.28亿，工作、生活在镇和乡村的青年2.74亿，占64%；全国14至28岁青年约3.23亿，工作、生活在镇和乡村的青年2.11亿，占65.4%。七县调查的数据与此基本一致，乡镇和村的16至35岁青年占55.7%，其余44.3%的青年流动到县以外。在乡镇和村的农村青年，主要是职业青年和青少年学生两个群体，比例分别是84.2%和15.8%。由此看出，在乡镇和村的青年还是很多的，比例是很高的。

第二，农村职业青年以行政村为主要集中地的空间分布格局已经打破，乡镇政府驻地实

际建成区——“镇区”的聚集功能凸显。过去一提团的农村工作，首先想到的是行政村，这是没错的，但现在白天到行政村调研，确实不太容易找到年轻人。走出农村、到外地打工，越来越成为农村青年有出息、长见识、求致富的一种标志。七县调查的数据显示，农村职业青年中，在村从事种植、养殖业的占 30.5%；在村务农、同时在镇区二三产业兼职工作的占 15.9%；在镇区二三产业工作的占 53.6%。这表明，基于工作在镇区形成聚集的达 69.5%。实际上严格意义上的农村青年，除了从事非常稳定的种植和养殖业，大多数都在省际、县际等不同层级、不同距离的空间内流动过。现在的农村在一定意义上已经不完全是传统的行政村、自然村，而是行政村、自然村与镇区的结合。

镇区的概念，主要指乡镇政府驻地实际建成区。调查数据充分说明了在城市化进程中镇区对农村青年的聚集功能，而且从长远看，随着城乡统筹发展、产业结构战略性调整和城镇化战略的实施，镇区的人口聚集、产业聚集功能，以及在农村发展中的核心地位和对村的辐射带动作用将更加强化。

面对农村青年这样一种分布聚集的新特点，根据基层团组织建设的两大原则：一是青年在哪里，团组织就建在哪里；二是社会怎样使青年聚集，就用怎样的方式建立团组织，同时还要不拘泥于省、市、县、乡、村的行政化格局建立团组织，我们对现在农村基层团组织建设的重点区域就很容易形成共识。这就是，既要关注村，更要关注镇区，特别是“村外镇内”的青年人。

二、认真分析社会怎样使青年聚集，找准团建方式和载体

青年在物理空间内形成有效聚集是团组织建设的一个重要前提。物理空间既包括所谓集中的空间，也包括互联网等物理方式联系的空间。如果青年不能有效聚集在一起，即使建起组织来，也难以发挥作用。团组织要产生活力，青年有效聚集的空间距离就不能太远，活动频次也不能太少，必须保持合理的空间距离和合理的活动频次。农村情况千差万别，多数县空间比较大；村由于青年大量外出，团组织开展活动频次很难得到保证；镇区青年有效聚集，空间距离比较合适，开展活动比较方便。七县调查的数据显示，大多数农村青年基于工作在镇区形成空间聚集，与镇的关系更紧密，特别是职业生涯与镇区空间更紧密。越来越多的农村青年白天工作在镇区，社会性更加凸显；晚上休息在农村，主要满足生活功能。这背后体现的是城镇化发展的客观趋势，体现的是农业现代化生产组织方式形成后给农村青年生产生活带来的新变化。因此，解决农村基层团组织建设问题，一定要先强化镇区，然后用各种方式去巩固和守住行政村团组织，同时在两者之间探索新的联系。

共青团有鲜明的思想性、政治性，也有群众性、社会性的一面。我们要深刻理解社会性，理解团的工作离不开社会，也离不开社会变革。因为绝大多数青年不是生活在党政组织里，而是生活在社会里；团的绝大多数工作对象不是基层团干部，而是通过基层团干部，面向和服务生活在社会中的广大青年。团组织不能抽象存在，必须融在广大青年赖以生活的特定的社会之中。团的建设要体现社会性，就是要认真研究社会本身用什么方式和载体把青年人聚集起来，然后把团组织结合、切入进去。根据七县调查的数据，目前在镇区的农村青年，除了既在农村务农、又在镇区二三产业兼职工作的以外，主要有五种社会分布：一是企业青年，分布在乡镇的工业企业中；二是个体工商户，分布在乡镇商业比较集中的地方，有的在农村集市；三是从事农畜产品加工业的；四是在机关事业单位工作的，主要分布在乡镇政府、医院、学校等；五是其他从业青年，零散地分布在建筑业、运输业、餐饮业、服务业等等。

社会使镇区内青年如何聚集？第一，区域聚集，以空间为载体，是重要的分布方式。早期城镇的萌芽与形成，在一定意义上就是农村集贸市场等灵活的空间聚集方式的固定化，社会性特征非常明显。如商业街区、工业园区、集贸市场、农业产业化基地、居住社区等。第二，功能聚集，在社会上因为某种功能而聚集。如机关事业单位、农村专业合作组织、企业、文体兴趣组织、社会组织等。因此，镇区内团组织建设既可以依托区域聚集载体，也可以依托功能性聚集载体，就是要用社会上已经存在的使青年自然聚集的方式，作为基层团组织的建设载体；同时，让这些新的基层团组织直属于乡镇团委，使乡镇团委不只是“领导层级”，而成为实体化的“大团委”。

三、准确把握乡镇实体化“大团委”和“桥头堡”功能的基本内涵，努力实现对农村青年的组织全覆盖

乡镇实体化“大团委”是相对于过去只有下属村团组织的乡镇团委而言的，主要区别在于乡镇实体化“大团委”除了有下属村团组织以外，还有大量的直属团组织，而不再是一个简单的领导层级。它既指导、推动下属的村团组织工作，又直接组织、联系、团结镇区内的青年；既有专兼职相结合、编制内外相结合、体制内外相结合的乡镇团的委员会，又有镇区内依托区域、功能性聚集载体建立的各类直属的团组织。

这项工作的主要任务是要建立大量由乡镇团委直属的团组织，团组织名称可以多样化，团总支、团支部等都可以，乡镇团委是它们的领导机关，但更大的意义是直属。直属团组织的数量和类型要从各地的具体情况出发，一个乡镇团委可以直属几十个甚至上百个团组织，类型上可以依托商业街区建团组织，可以在企业里建团组织，可以联合大学生村官建团组织，也可以建兴趣爱好类型的团组织。乡镇团委除了要发挥领导机关的职能以外，还要通过直属团组织，直接联系镇区内青年，直接组织开展团的各项活动。

按照党中央的要求，乡镇团委要履行面向农村基层的“桥头堡”功能。完成好这项任务，一靠组织格局创新后形成的由专兼职书记、副书记、委员组成的乡镇团委新格局；二靠实体化“大团委”直接领导的大量覆盖镇区内青年的多种直属团组织；三靠指导、推动村团组织；四要格外关注农村青年的致富路径，着力加强农村专业合作组织团建。

乡镇实体化“大团委”格局形成后，对农村青年全覆盖就有了清晰的实现路径：一是对务农和稳定工作、生活在村的，通过村和农村专业合作组织团组织联系和覆盖；二是对上学的，通过中学、中职、高职、大学团组织覆盖；三是对在“村外乡镇内”的，通过乡镇实体化“大团委”直属团组织覆盖；四是对“走得远”、出了县的，通过非公企业团组织和省、市、县三级流动青年驻外团组织联系和覆盖。归根结底，农村团的建设和工作，要融入农村青年日常生活之中，融入农村新型生产方式之中，融入农村青年致富追求之中。

强调一点，要在开展这项工作的过程中格外关注农村专业合作组织，重视农村专业合作组织团建。原因有两条，一是它代表着农村新型生产方式的发展方向，提供了一种社会化的方式和组织载体，就长期趋势而言不可替代；二是它的功能与农村青年追求致富的奋斗目标相一致，让从事分散农业生产的农村青年有可能形成聚集，同时满足了致富和聚集人这两个开展农村团建的核心要素。农村专业合作组织团建工作不搞“一刀切”，可以由团县委联系，也可以由乡镇团委联系，谁联系得好就由谁联系。需要明确的是，实体化“大团委”建设工作的范围只在乡镇一级，不能随意扩大。

四、全力推进乡镇实体化“大团委”建设工作

落实乡镇实体化“大团委”建设工作的关

键是要"想明白、说明白、干明白"。今天我们部署这项工作，做的就是"想明白"和"说明白"，接下来就是要"干明白"。有7个方面的工作要求。第一，工作任务。概括地说就是"一个人，两个支部"，平均1名乡镇专兼职团委成员负责新建不少于2个直属团组织，平均1个乡镇新建不少于20个直属团组织。第二，工作时间。从现在开始到明年一季度末，力争用半年左右时间在全国绝大多数乡镇完成。第三，建设方式。要从实际出发，通过空间聚集载体、功能性聚集载体这两种方式来建设。第四，责任主体。全团要整体推、集中推，团中央、团省委、团市委要面上推进、给予支持、加强监督检查，县一级团委发挥统筹协调作用，主要由乡镇团委直接推动。第五，工作内容。乡镇直属团组织建立后，要保证一个月开展一次活动，活动要首先体现组织存在，然后体现组织吸引力，再体现组织的引导。要多开展农村青年喜欢的活动，如文体类、技能培训类、公益服务类，有条件的地方还可以开展就业创业类活动等，关键是要结合好农村青年群体的需要，从农村青年的实际出发。第六，工作支持。各级团的领导机关要把对乡镇团委的支持重点放在着力解决乡镇团委每年2万元工作经费上。要充分用好团中央、财政部近期下发的《关于进一步支持和推动共青团基层组织建设和基层工作的意见》（中青联发〔2012〕20号），努力推动在省级、地市级层面协调落实乡镇团委工作经费，同时要通过社会化动员，整合各方面的资源支持乡镇团委。目前河北、安徽、湖北、江西、河南在对乡镇团委的财政支持上已经有了突破，各地要进一步加大工作力度，做出实效。第七，各地要贯彻落实团中央《加强农村专业合作组织团建工作的有关意见》，力争有新的进展。

关于做好乡镇实体化"大团委"建设工作，概括性地强调四句话。第一，把乡镇团委建设成为由众多直属团组织构成的实体化"大团委"。第二，平均一名乡镇团委成员新建两个直属团组织。第三，整体推、集中推。第四，为每个乡镇团委一年两万元工作经费而努力。

最后谈一谈全团的工作。第一，当前共青团各项工作都要围绕以优异成绩迎接党的十八大召开而展开。大家要注意，不能把优异成绩说成口号，一定要有实实在在的工作推动。全团各项重点工作要进入今年的攻坚收尾阶段，比如构建团的新媒体工作格局、运用文化艺术元素开展工作、非公团建、外出务工青年流动团组织建设、学校战线关于重大思想理论问题的研究、少先队学科建设、预防青少年违法犯罪理论成果研究等，这些重点工作都要深入抓，思想上不能放松。团省委、团市委要对第四季度的工作做调度、做研究、做部署。第二，团干部要认清立足之本。团干部要赢得各级党组织、赢得社会的认同，归根到底靠工作、靠品格、靠素质，靠对党和人民的忠诚。这几条是团干部的立足之本，绝对不能丢。第三，要保持良好的工作状态。当前不少省级团组织面临换届工作，不能因此而影响了工作状态，不能分散精力，看准了的事不能等，不能随便放，不能往下交，要以只争朝夕的精神，全力以赴做出成绩。第四，要加强对重点工作、难点问题的分析、研究和突破。关键要靠三条：一是要有进取心，敢于迎难而上，不能害怕困难。二是要扎扎实实地深入开展调查研究。搞调研一定要深入第一线，要有直接的感受，不断积累，然后做分析判断，从而真正地发现问题。三是要有解决问题的智慧和创造力。共青团现在还面临不少难题，比如村团组织的建设和活力问题、如何用好文化艺术元素的问题等，还需要全团认真地思考和研究。

下一步，省级团委要对全年的工作做一次集中调度，认真分析成绩、差距和不足，指出薄弱的地区和部门，找到解决问题的思路和办法，不断把共青团工作向前推进！

王晓同志讲话

王晓在2011海外学人回国创业周项目推介会上的讲话

2011年12月27日，根据录音整理

非常高兴来到首批“国家级创建创业型城市”石家庄参加2011年海外学人回国创业周活动。在此，我受团中央书记处第一书记陆昊同志委托，谨代表共青团中央、全国青联向长期以来关心支持共青团工作和青年健康成长并给予本次活动高度重视和大力支持的河北省各级党政领导和有关部门表示衷心的感谢！向参加活动的各位来宾、同志们、朋友们特别是远道而来的海外学人、港澳朋友表示热烈的欢迎和美好的祝愿！

自2001年以来，主办单位以“创新创业，报效祖国”为主题，已连续举办了十一届海外学人回国创业周活动。站在新的起点上，我们应清醒地认识到，随着“入世”十年和我国科教兴国、人才强国、建设创新型国家战略的深化发展，随着“千人计划”的深入推进，海外学人回国创业工作的宏观环境发生了新的变化，特别是在人才国际流动常态化、人力资源配置市场化、地方引智渠道多元化的背景下，海外学人回国创业周活动的渠道优势和信息优势正在消减。作为活动主办单位，我们应认真思考如何保持自身特色、比较优势和核心竞争力等问题。我们非常高兴地看到，在河北省委、省政府的关心与支持下，团河北省委、青联做了大量扎实有效的工作，从策划设计到组织实施，进行了不少新探索，形成了若干新亮点。借此机会，我谈几点想法，与大家交流。

第一，形成一套有特色的价值发现机制，既是我们的工作经验，更是未来的努力方向。大家知道，投资创业在本质上是一种市场行为，必须遵循基于经济理性的市场规律。而价值发现与价值判断是经济理性的核心要义，是影响各位海外学人进行创业选择、作出投资决策的基本逻辑。在市场经济条件下，市场是最基本、最重要的价值发现机制，比如，石家庄市的土地成本、物流状况、劳动力价格等市场化因素必然是大家在考虑投资创业时的首要因素。但我们也要看到，市场并非唯一的价值发现机制，很多重要的、深层的价值领域难以被市场机制自然反映，因而产生了不少信息不对称现象，制约了大家的决策质量。举办海外学人回国创业周活动，就是要探索建立一套与市场机制互补的价值发现机制，充分发挥主办单位与地方党政深度沟通的优势，通过为大家提供更全面、更深层、更权威的资讯，帮助大家超越经济角度，从政治、文化、社会等综合性视角去认识与发现当地的投资价值与创业机遇。我们高兴地看到，本次活动没有局限于基本情况介绍、具体项目推介等可以通过市场机制了解的领域，而是向各位充分展示了河北独具特色、颇具魅力的“软环境”，比如，中央对环渤海和环京津区域发展的战略谋划和大力支持，河北省党委政府推动科学发展的政治智慧和工作力度，河北全省上下“全民创业”的风气导向，燕赵儿女自古重诺守信的文化基因等等，都是市场机制难以反映的重要因素，是持续性商业行为的稳定可靠要素，相信能对各位海外学人代表产生吸引力。我认为，随着我国经济社会的整体性进步，今后，任何一个地区都不可能在投资兴业的“硬环境”上占有绝对优势，投资价值上的差异将主要体现在“软环境”上，而这一方面却往往是市场机制难以充分反映的。因此，海外学人回国创业周活动主办单位应注重建立一套不同于市场机制的价值发现机制，既要注重具体的项目对接，更要注重对当地的深度展示，为各位海外学人进行创业选择和投资决策提供全面支持。

第二，构建一个宽口径的创业支持体系，既是我们的工作方法，更是未来的努力方向。

我们注意到，近年来，海外学人回国创业工作在主体和客体方面都发生了新变化。从主体上看，海外学人群体正在进入“代际更替”阶段，被称为“第六代留学生”的海外学人日益活跃在学术科研和投资创业领域。他们比较显著的群体特征是，学科分布更加广泛，不再高度集中于单纯的技术领域。从客体上看，国内创业格局也已进入“波次更替”阶段，第四波创业浪潮正在来临。这一波浪潮的显著特点是，商业模式和运营理念正在成为新的创业生长点。两方面的变化叠加在一起，使得海外学人回国创业的形态更加丰富，对我们的创业支持体系提出了更高要求。大家知道，以往海外学人回国创业主要集中于“技术型创业”，即带回先进技术和启动资金，在国内进行深度开发和市场应用。在此过程中，“技术”是核心竞争力，保障和支持的重点也在于技术研发和企业日常运营环节。如今，海外学人的创业形态不仅有“技术型创业”，“渠道型创业”和“创意型创业”也在逐步增加。这些以“模式”而非“技术”为创新点的创业型企业，对政策环境的稳定性、产业链条的完整性、风险投资的便捷性以及社会法治化程度、创业文化氛围等有着更高的要求。昨天晚上，石家庄市专门举办了项目推介会，进行市情和项目介绍。石家庄市倡导的“鼓励创业、崇尚创业、追求成功、宽容失败”的社会文化导向就非常有利于此类企业成长。下一步，我们将配合有关地方党委政府，在继续做好海外学人技术型、资本型企业的创业扶持的基础上，拓展工作领域，增加工作内容，逐步构建一个能够服务海外学人更多创业形态的宽口径的支持体系。

第三，探索一种辐射性的作用发挥路径，既是我们的工作成果，更是未来的努力方向。

在2009年海外学人回国创业周活动期间，我曾讲过，“增量效应”是创业周活动的基本面，也是生命线。但只有规模积累的、线性的“增量效应”是不够的。我们不仅要会做加法，还要学会做乘法，实现“增量效应”和“集聚效应”的有机叠加。目前，在地方经济持续快速发展，基数和增量都不断增大的背景下，我们应在继续发挥好“增量效应”的同时，努力探索一条具有辐射性的作用发挥路径。大家知道，河北近年来经济总量快速增加，今年GDP已达到2.4万亿元，从绝对量上来看，创业周活动的“增量效应”是非常有限的。因此，创业周活动服务地方经济社会发展的切入点不是在总量上，而是在结构上，应通过服务当地优化发展结构、创新发展模式来发挥辐射性、示范性作用。在此次活动中，我们将着眼于配合河北省大力发展民营经济，实现各类型经济均衡发展的战略任务，注重促进海外学人与民营企业的对接；着眼于配合河北省改造提升传统产业、组织实施“对标行动”的战略部署，注重促进先进技术与传统产业的对接；着眼于配合河北省创新资源配置模式、优化金融生态环境、促进金融业与实业协调发展的战略举措，注重促进创业项目与金融机制的对接，力争以“四两拨千斤”的方式，发挥辐射性、示范性的作用。

大家知道，对我们中国人来说，国家的强盛和尊严是很重要的。数千年的中国社会发展衍生出了“舍己为国”、“保家卫国”等“家国同构”的社会传统。“修身、齐家、治国、平天下”的信条促进了个人追求与社会价值的统一,积淀而成了强烈的民族认同感和国家凝聚力。当前,正是海外学子回国创业的黄金时期。我们诚挚地欢迎各位海外学人回到祖国创业发展,在与祖国共奋进的时代潮流中报效祖国、建功立业。团中央和全国青联将继续开展“海外学人创业周”、“百名 IT 青年精英论坛”、“全国青联海外高层次人才联系窗口”等工作,进一步加强全国青联留学人员联谊会建设,在提供资讯信息、搭建服务平台、优化发展环境等方面下工夫,努力为海外学人回国创业发展提供更加有效的服务。

各位来宾,同志们,朋友们,我们今天做客的河北,是经济和资源大省,位于华北腹地,内环京津,外沿渤海,自古就是京畿要地,具有独特的区位优势。当前,河北沿海地区发展规划已经上升为国家战略,冀中南地区也被列为国家层面的重点开发区域,正面临着前所未有的重大发展机遇。此次河北方面向大家推荐的重点创业产业,兼具区位、资源、产业和开放等多方面优势,我们真诚地希望并祝愿大家不虚此行。

再过几天就是元旦了,春节也即将来临。在这里,我代表陆昊同志,代表团中央和全国青联提前给大家拜个早年,祝大家新年快乐,身体健康,阖家幸福,万事如意!最后,祝本次创业周活动取得圆满成功!

王晓在第十届海峡青年论坛开幕式上的致辞

2012 年 6 月 15 日,根据录音整理

非常高兴在海峡青年论坛举办十周年之际,与各位新老朋友一起出席第十届海峡青年论坛开幕式。首先,我谨代表中华全国青联,向第十届海峡青年论坛的成功举办表示热烈的祝贺!向多年来关心支持海峡青年论坛并为两岸青年交流事业发展付出辛勤劳动、作出积极贡献的各方朋友致以由衷的敬意!

常言道“十年树木”。十年间,海峡青年论坛一路走来,不断成长,已经从一棵幼苗成长为两岸青年交流事业中的栋梁之才。十年来,海峡青年论坛已经从一个专注于青年创新创业的专题性论坛发展为一个涵盖青年发展议题的综合性论坛;已经从一个侧重于理论交流、观点展示的研讨性论坛转型为一个反映青年呼声、提出工作措施的实务性论坛;已经从一个从属于福建项目成果交易会、聚焦闽台青年交流的地方性论坛升级为一个作为海峡论坛有机组成部分、全方位推动两岸四地青年和青年社团交往合作的区域性论坛。论坛的各参与方也为着共同的目标和相同的心愿,越走越近,越走越亲!

我认为,本届论坛的主题“文化和创新中的青年担当”,正是对海峡青年论坛十年发展历程的“点睛之笔”,全面展示了海峡青年论坛特有的精神气质,那就是“源于文化,精于创新,勇于担当”。

首先,我认为,海峡青年论坛植根于厚重文化。“论坛”是一个源自佛教的用语,本义就是指辩立论道之处,有着浓厚的文化意蕴。十年前,两岸有识之士选择用“论坛”作为我们这个交流平台的基本形式,正是着眼于两岸青年人文相通、血脉相连的基本现实。十年间,特别是在两岸关系出现重大历史性转折之前,海峡青年论坛充分发挥“文化搭台”的特殊优势,

在推动两岸青年增进了解、友好合作等方面作出了积极贡献。我们欣喜地看到，在历届论坛的会场上，总是涌动着亲情和友情，具有浓郁的文化氛围。

第二，我认为，海峡青年论坛成长于开拓创新。十年来，海峡青年论坛展现了一个与时俱进、创新发展的历程。在主题设置方面，历届论坛都紧紧围绕两岸青年共同关注的话题和诉求，先后经历了"青年民生"、"青年发展"和"青年使命"三个阶段，具有很强的时代感和现实针对性。在运行模式方面，论坛不断汲取先进经验，完善运行模式，形成了一套适应两岸青年交流事业发展需求、扩张论坛品牌效应的现代化治理机制。比如，从最初的青年企业家"发起人制度"到两岸青年机构共同主办的模式；比如，从传统的在固定地举办论坛到在两岸举办论坛；比如，从以往的单一论坛到青年论坛与青年社团负责人圆桌会议联动等等。可以说，正是这些持续不断的改革创新，才使我们的海峡青年论坛始终不沾暮气、充满活力。

第三，我认为，海峡青年论坛坚守于使命担当。海峡青年论坛不是一个自娱自乐的平台，而是担负着服务两岸关系和平发展大局、促进两岸青年友好交往的使命担当。作为主办方，我们总是"跳出论坛看论坛"，坚持从海峡两岸关系发展全局出发来考虑和谋划青年论坛。大家可以看到，历届海峡青年论坛的主题总是与时俱进地反映着两岸关系发展的"大潮流"。比如，前七届论坛反映了两岸经济交流升温期对青年创业问题的关注；比如，第八届论坛是在两岸社会密切接触以后对和谐社会建设的研讨；比如，第九届论坛首次入岛举办，体现的是 ECFA 实施后对青年愿景的倾听；再比如，本届论坛的主题选择等等，都是生动例证。可以说，坚守使命、服务大局是海峡青年论坛始终富有时代感、永葆生命力的最重要"秘诀"。

我认为，今年的论坛主题具有很强的思辨性和针对性。从思辨性来讲，"文化"与"创新"其实上是一个问题的两个方面。文化是"积淀的创新"，创新是"动态的文化"，两者只是在不同时空状态下的不同表现。比如，今天中华民族传统文化的诸多核心内容，都是在春秋时期伴随着"百家争鸣"的创新大潮产生、成熟起来的，而在当时，这些还都是"非主流"的创新思想。再比如，我们现在进行的理论创新、制度创新、科技创新、文化创新所取得的成果，在经历时间和实践的检验后，都将成为中华民族新的文明元素。从针对性来看，青年正处在寻找和确立自己群体身份和时代方位的特殊时期，"从哪里来"和"到哪里去"是这个群体必须面对和回答的两大基本命题。深刻理解"文化"与"创新"、自觉担负起其中的使命职责，有助于我们破解青年发展领域中的这两个基本命题。"文化是人的群体身份"，思考和讨论青年在文化中的担当，有助于我们回答好"从哪里来"的问题；"创新是未来之路"，思考和讨论青年在创新中的担当，有助于我们回答好"到哪里去"的问题。本届论坛主题把"文化"、"创新"、"青年"连接起来，勾勒出了当代青年发展的"路线图"，也为大家提供了宽广的讨论纵深。同时，我们也要看到，这一主题并非只针对两岸青年而言，它也是一个世界性议题，这是因为当今全世界的青年都面临着在文化和创新领域中履行责任的问题。但对我们两岸青年来说，认识、理解和践行论坛主题，既有和世界其他地方青年共通的普遍性，也需要把握以下三个特殊性。

第一，"认同"是我们共同的目标要求。讨论两岸青年在文化和创新中的责任，我们不能仅仅在单纯的文化学、创新学意义上展开，更要在"促进两岸交流，深化民族认同"的大目标下来认识和把握这一主题。论坛主题中的"文化"与"创新"，既有其本身的目的性，同时也是增进两岸青年认同的重要手段。简单地说，我们既希望两岸青年和世界其他青年一样在文化和创新领域取得具体成果,更希望他们通过传承同根的历史文化、深化同祖的亲情文化、分享同龄的时尚文化来缔结同根同祖同龄的"文化共同体",希望他们通过深化了解、增进友谊、创新创造、同心同行来形成面向未来、面向世界的"责任共同体",坚实中华民族认同的思想和现实根基,积极投身两岸和平统一和中华民族伟大复兴的大业。

第二,"交流"是我们重要的实现路径。与世界其他青年群体不同,两岸青年在履行文化和创新中的责任担当时有着特殊的路径资源。海峡两岸的长期分隔,使中华民族形成了世所罕见的政治文化经济格局,这既是历史的遗憾,也为两岸青年在"存异求同"的交流过程中更好地认识自己、解决"我是谁"等问题提供了特殊资源。比如,在文化方面,共同植根于中华传统文化的两岸文化在不同环境中发展形成了各具特色的具体形态和内容特征,共同构成了中华文化"一干多枝"的格局。从文化心理学的角度来讲,这样两种既有相同本质、又有具体差异的文化之间的交流,更容易促进其对母体文化的"文化自觉"。事实也表明,通过两岸文化交流,不仅台湾青年加深了对中华文化的认知和归属感,而且大陆青年对"同为龙的传人,传承中华文化"的自豪感和自觉性也大大增强。再比如,在创新领域,由于两岸青年既有共通的人文心理,又在思维观念、教育体制、职业环境等方面存在诸多具体差异,因而相互之间既便于开展合作,又能够在交流中相互学习、相互借鉴、取长补短,共创双赢。因此,有内涵、有深度的广泛交流不仅具有增进了解、巩固友谊的直接效应,在更深层面上,还是两岸青年共同履行文化、创新职责的重要路径。

第三,"责任"是我们内在的动力机制。在两岸仍处于分隔状态的背景下,两岸青年共同履行在文化、创新等领域的责任担当,不仅需要进一步发挥主观能动性,还要清醒地认识到,这一进程不能一蹴而就,不能仅仅依靠"五分钟的热情",必须遵循客观规律,具有源于高度责任感和使命感的耐心和韧劲。比如,在促进两岸青年文化认同方面,我们应当遵循文化心理学的规律,走"从量变到质变"的路径,通过有深度的交流活动,引导两岸青年在存异求同的过程中内生地形成认同,而不能奢望通过一两次参观、联谊就能让他们轻松跨越各自成长环境的差异,这一点对于两岸 90 后青年尤为如此。再比如,在促进两岸青年经济合作方面,虽然 ECFA 为两岸经济合作创造了良好的政策环境,但市场经济毕竟是一个天然偏风险性的领域,充满各种不确定性,因此,我们应在尊重和遵循市场经济规律的基础上,引导帮助两岸青年开展经得起市场和时间检验的经济合作,取得扎实的合作成果。我们看到,海峡青年论坛坚守到今天并形成可喜局面,其中一个根本原因就是各参与方有责任担当,有着强烈的以家国情怀为核心的责任意识。两岸青年在文化和创新中的担当只有植根于理性责任,而非感性兴趣,才能做到长期坚守、持之以恒、取得实效。

朋友们,第四届海峡论坛明天就要开幕了。站在新的起点上,中华全国青联愿与台湾和港澳地区的青年社团进一步密切合作,引导更多两岸青年为两岸关系和平发展、实现中华民族的伟大复兴作出新的贡献。

最后,衷心祝愿第十届海峡青年论坛和即将开幕的第四届海峡论坛圆满成功!祝各位朋友生活幸福美满、事业蒸蒸日上!

王晓在两岸青年社团负责人圆桌会议上的讲话

2012 年 6 月 16 日，根据录音整理

我和在座的很多朋友都可以说是圆桌会议的资深成员，一起见证了圆桌会议的成长和发展。我们高兴地看到，在大家的共同努力下，圆桌会议已经成为围绕两岸青年共同关注的话题和诉求，落实海峡青年论坛主题要求的制度化、操作性的组织和工作平台。在筹备圆桌会议的过程中，福建省和厦门市的青联组织做了大量扎实有效的工作。我提议，让我们用热烈的掌声向他们表示衷心的感谢！

刚才，大家讲了很多很好的意见，听了之后很受启发。全国青联秘书处要认真整理和研究，和有关社团加强沟通，共同制订工作措施。结合大家所讲的意见，我提几个具体建议。一是要注重记录和留存会议的研讨过程。请全国青联秘书处认真整理会议记录，形成会议纪要。本次论坛和圆桌会议之后，全国青联还将收集和整理十年海峡青年论坛和四年圆桌会议的研究成果，供大家参阅。二是要注重梳理和评估会议的实践成果。今后，我们应在合作中及时交流体会，加强工作评估，查找问题，采取有针对性的措施，更好地吸引凝聚和影响合作双方所联系的青年群体。三是要注重加强和改进会议的自身建设。比如，会期可以再长一点，形式可以更丰富一些，节奏可以更轻松一些。同时，还应对会议的制度设计、成员职责、工作边界、入会标准和程序等进行研究和明确。

在前三届圆桌会议上，我已经先后从战略、项目、方法论等层面较为系统地谈了一些思考和建议。下面，我想讲几个需要我们共同注意和把握的问题，与大家交流，供大家参考。

一、在传导效应上，要努力争取话语权

近年来，随着两岸关系一系列重大进展和两岸政策环境不断优化，两岸人员往来规模继续扩大，两岸各界加强交流、扩大合作的积极性更加高涨，大交流大合作的潮流蓬勃发展，两岸人民大交流的局面已经形成。我认为，这一局面的出现是两岸关系自 1988 年破冰以来的一个重要里程碑式事件，标志着两岸人民开始成为两岸交往的主角，也标志着两岸关系进入了一个由民意决定、不可逆转的新阶段。大交流大合作有利于长期隔绝的两岸人民促进了解、化解歧见、深化友谊、建立信任，有利于培育形成“和平、合作、和解”的主流价值，是两岸关系和平发展的重大利好。为此，我们应在扩大交流规模、提升交流质量的基础上，注重通过媒体和信任、情感、友谊的纽带积极传播交流活动成果，影响带动更多两岸青年和民众加入到友好交流中来。同时，我们也必须看到，交流并非自然而然地带来正效应。正如舌头和牙齿难免有磕碰一样，在两岸“井喷式”、大规模的交往过程中也难免会出现少数不和谐现象。这类问题虽然在两岸大交流的格局中属于细枝末节，但是社会学上有句名言“社会情绪比社会事实更重要”，如果这些“小问题”处理不当，在负面情绪传导效应的作用下也会对全局产生消极影响。因此，两岸青年社团应在争取话语权、塑造青年观感方面进一步加强合作，着眼于解决好“怎么看”的问题，阐明两岸人民大交流既是历史潮流必然，也是同胞亲情使然，符合两岸人民的根本利益，同时针对一些具体现象做好解释、说明工作，引导两岸青年从积极的、建设性的角度来认识、评价两岸人民的交往，避免一些细枝末节的负面现象经“不当发酵”后影响两岸民众的同胞亲情、损害两岸和平发展的民意基础，避免青年被狭隘观点、偏激情绪和别有用心的势力左

右，努力营造以正面、积极为基调的两岸交流氛围。

二、在产品供给上，要切实增强吸引力

多年来，两岸青年社团结合两岸关系发展和两岸青年群体实际，因时制宜、因地制宜地开展了内容丰富、形式多样的交流活动。在此过程中，同祖的亲情文化、同根的历史文化和同龄的时尚文化作为重要载体和纽带，发挥了不可替代的重要作用。但从目前情况看，两岸青年社团在文化交流项目的供给上，还有着较大的工作空间。一是亲情文化类交流项目还需要在“亲”字上下功夫。目前这方面的项目在实施过程中，感觉温度还不够。下一步我们应注重通过文化和艺术的力量，设计能够触动受众内心、唤起民族归属感的立体化体验过程。在这方面，我们可以采用“讲故事”的方式。最近很受人关注的台湾影片《赛德克·巴莱》，就非常生动地讲述了台湾历史上著名的“雾社事件”，以艺术的形式诠释了台湾人民爱国抗日、坚韧不屈的精神气质，给人以深刻印象。二是历史文化类交流项目还需要在“深”字上下功夫。目前，此类项目的实施虽然激发了青年对民族历史的感性情感，但大多停留在听介绍、看古迹等层面，在与时俱进、抽象升华、深度交流、思想碰撞等方面还有不小的上升空间。下一步，我们可以以感性认识为基础，注重弘扬中华民族“和平和谐、重情尚义、坚韧进取”等主流价值，增进两岸青年的理性认同。三是时尚文化类交流项目还需要在“活”字上下功夫。我们要吸引凝聚青年，首先要解决的是“青年在哪里、青年喜欢什么”这两个问题，需要我们根据青年人喜欢的沟通、交流、联络和聚集方式选准工作的着力点和突破口，而时尚文化的生成和发展给我们提供了很多有益的启示。与其他群体相比，青年人有着接受时尚文化影响的更多基因，也有着创造时尚文化的更高天赋。从青年人口学特点来看，青年既是诞生时尚文化行为的“源头群体”，也是传播时尚文化的“主力群体”，还是接受时尚文化的“易感群体”，在时尚文化中蕴含着很多当代青年的“生活密码”。为此，我们应在时尚文化类交流产品供给上下功夫，积极进入时尚文化领域，加强与时尚文化类青年社团的联系与合作，注重发挥传媒作用，针对不同层次、不同类别青年的偏好和要求，将时尚、艺术等元素融入到交流活动产品之中，拉近两岸青年的心理距离，使时尚文化类交流项目成为交流活动新的亮点和增长点。

三、在工作力量上，要注意做好传帮带

当前，伴随着两岸青年交流事业的发展，我们的工作队伍正在进入新一轮代际更替。回顾圆桌会议四年来的发展历程，我们高兴地看到，很多新生代工作骨干陆续出现在会场上，他们在宏观视野、思维观念、知识结构、工作激情和贴近青年心态等方面有着突出的优势，给我们的工作注入了新的活力。同时，我们也应看到，新生代的工作骨干在工作经验等方面还有提升空间。因此，我们各家社团应在工作力量代际更替之际，在完善制度安排、发挥制度机制长效作用的基础上，切实抓好传帮带工作，不断培养和储备新生代工作骨干，为我们的友好交流事业不断注入新鲜血液和青春活力。

最后，衷心祝愿各位朋友家庭幸福、身体健康、事业顺利！衷心祝愿我们为着共同的目标和相同的心愿，越走越近，越走越亲！

贺军科在2012年全国城市战线共青团工作会议上的讲话

2012年2月3日，根据录音整理

2011年，城市战线紧紧围绕扩大组织覆盖、服务青年成长成才等方面的重点工作，不动摇、不松劲，扎扎实实、任劳任怨，取得了新的进步。在此，我代表团中央书记处充分肯定大家取得的成绩并衷心感谢大家一年来的辛苦工作！

这次会议的主要任务是贯彻落实共青团十六届五中全会精神，安排部署2012年城市共青团工作。刚才，6位同志分别介绍了他们推动重点工作的经验和体会，很有代表性，希望同志们结合本地实际，虚心学习借鉴。

下面，我就今年城市共青团工作讲四点意见，供大家参考。

一、深刻把握当前城市共青团工作的特点、规律和要求

城市共青团工作以城区常住青年中的经济活动人口为主要工作对象、以履行团的四项基本职能为主要工作任务，是共青团全局工作的重要组成部分。伴随着我国工业化、城镇化进程，青年人口由农业向非农产业、由农村向城镇的转移持续进行，城市共青团工作的重要性日益凸显。

城市各类社会组织聚集，社会分工细密，人的生产与生活空间分离，以业缘为主的人际关系更具有“陌生人社会”特点，这是国内外城市的一般性特征。除此之外，我国正处于城乡统筹发展、区域协调发展、产业结构调整进程中，人口大规模、高频率、跨区域流动是当前我国城市特有的重要阶段性特征。在此背景下，城市青年既有成长就业、情感婚恋、身心健康、社会融合等方面的普遍需求，同时又有多样化的个性需要和发展目标。但无论时代怎样发展，共青团作为党领导的先进青年的群众组织、作为党的助手和后备军的性质没有改变，青年是国家和社会的未来的自然规律不会改变。这是我们做好城市共青团工作需要把握的基本方向。

为了顺应我国城市经济社会发展和青年群体变化，2007年团中央调整了机构设置，开始整体谋划、系统推进城市青年工作。经过全团几年来的艰苦探索和实践，我们对城市共青团工作形成了一些初步认识。第一，建立形态多样、分布广泛、有机联系的基层组织是其他一切工作的前提。共青团工作本质上是做“人”的工作，没有稳定有效的组织联系渠道，就难以应对各不相同、数以亿计的青年，也难以形成工作成果的累积；离开一个个现实存在的基层组织，谈资源共享、区域推进就是空话。正是基于这个认识，这几年全团着力强化城区、街道、社区层级化组织体系，同时大力推进非公企业、驻外团组织、青年自组织等非层级化基层组织建设，新建了27万多个基层团组织，形成了条块结合、互为促进的区域化工作格局的雏形。第二，洞悉社会机理、提高社会动员能力是推动城市共青团工作的重要保证。狭义地看，社会机理就是社会组织或社会成员在一定环境条件下相互作用、相互影响的规则

和原理。团组织是先进性和群众性相统一的组织,不能仅仅依赖党政资源支持,否则,难以完全满足政治社会化的需要,难以克服群众组织“行政化”倾向的问题。必须在努力争取党建带动的同时,顺势从客观存在的市场机理、社会机理中寻求推动工作、动员资源、引导思想的结合点,真正使团的基层组织扎根于青年的社会生活中。这几年各地在推动非公企业建团、街道组织格局创新、见习基地建设、青年文明号创建等工作中都有好的经验。第三,提高工作的科学化水平是推动工作取得实效的重要手段。团的工作是在很有限的人力、物力、财力资源和时间条件下开展的,以影响人的思想为根本目的的复杂劳动,越是这样,越要注意内容设计、工作机制的科学性,真正从青年的内心需要出发、从所处的社会环境出发,找到团的组织存在、组织运行的必然规律,克服“一阵风”、形式化等问题。建立数据分析、信息台账、考核评估等工作机制的目的就在于此。近年来,我们试图在共青团工作中引入更多科学管理的理念和手段,但仍有少数同志不能适应这样的工作方式。共青团工作最终是做“人”的工作,我们工作对象有多少?做了多少人的工作?做到了什么程度?如果我们一概不知,说出来的都是概念,其结果就是干与不干一个样,干多干少、干好干坏一个样,我们怎么对社会交代?怎么对组织交代?怎么对自己交代?在这些方面大家必须要有清醒认识,否则,提高共青团工作的科学化水平就只是停留在纸面上的空谈。我们更为担心的是,一旦我们的专职团干部形成“大而化之”的工作习惯,将来难以适应其他岗位的工作要求。因此我们丝毫不能放松要求,丝毫不能懈怠。

取得上述认识成果是对我们的鼓舞。但与城市共青团工作的复杂性、重要性、迫切性要求相比,我们对其工作规律的认识还处于初级阶段,各级团组织要继续坚持对的、改正错的、探索新的工作方法。

二、围绕两条主线、把握三个关键,努力提高团组织覆盖的广泛性

基层组织覆盖不广、力量薄弱仍是当前城市共青团工作最突出的问题。落实团的十六届五中全会要求,突出抓好“两条主线”、把握“三个关键”,大力推进非公有制企业、新社会组织、青年自组织等非层级化组织的团建,在已有基础上把街道团组织建成联系青年的纽带、整合资源的平台、推动工作的枢纽,把握制度条件、工作设计、干部队伍三个关键增强组织活力,是今年城市共青团组织建设的主要任务。

1. 巩固街道组织格局创新工作成果,努力建设城市共青团工作桥头堡。去年,按照创新乡镇街道组织格局工作的总要求,全国4万多个乡镇街道完成了干部选配工作,这是重要的阶段性成果。全国6900多个街道配备体制内外、专兼职团干部8.2万余人,平均每条街道配备委员12人,街道团组织的干部力量大大加强,为拓宽联系渠道、争取社会资源、活跃团的组织建立了基础。今明两年的重点是围绕发挥“桥头堡”作用加强建设,着力抓好三个方面。一是联系辖区青年的纽带。街道团组织要大力推进非公企业、新社会组织、青年农民工聚集区团建,积极联系和培育青年社团和青年自组织,努力构建以街道团组织为核心,普遍联系各类团组织和青年社团的青年组织体系,把尽可能多的辖区团员青年凝聚在团组织周围。二是推动重点工作的枢纽。把全团重点工作的要求与街道实际情况有机结合,进行再设计、再转化。大家要认真学习最近国务院办公厅下发的《社区服务体系建设规划(2011—2015年)》,着重研究街道社区公共服务、市场服务、互助服务等方面的主要内容,了解在整体建设、资源投入、政策设计等方面的有关措施,争取对我们推动街道社区共青团工作有所启发。三是整合资源的平台。基于当前现实，立足社区推进区域团建还普遍受到资源不足的制约，街道更具备资源整合的基本条件。团的各级领导机关，特别是地市级团委和区县级团委，要大力争取党政支持和社会资源，为街道团组织开展工作提供工作经费、活动场所等资源支持。同时要帮助街道团组织完善分工协作、工作例会、议事决策、考核激励等工作机制，不断增强自转能力。

2. 毫不动摇、毫不松懈地推进非公有制企业团建。有关统计显示，全国共有企业法人495.9万家，其中非公有制企业390.1万家，建立团组织的只有31万家。建团数远低于建立党组织数和建立工会数，城市战线必须正视差距，树立长期克难攻坚的思想。我们曾经提出过两个阶段目标，即到团的十七大时，基本跟上党建步伐，非公企业建团数量达到50万家；再用5年左右时间在限额以上非公企业建立100万个团组织。这个目标要求没有变。今年确定的目标任务是在非公企业独立新建团组织9万家以上。抓好今年非公团建工作，要注意四个方面。一要善于乘势而上。今年是全党确定的“基层组织建设年”，创先争优活动将继续深化，围绕社会管理创新这一重大课题将陆续推出一系列实质举措，这都是推动团建的有利契机。各级团的领导机关要实事求是地向党组织汇报团建的现状，把团建纳入党建格局一同推进。比如，福建、云南、陕西、新疆、山东等省区，党组织对团建工作提出了明确要求，为推动团建工作提供了良好的外部环境。二要用透既有路径。经过前两年的探索，全团积累了一些有效的建团路径，如党(工)建带动，行业推动、园区联动，活动驱动等等，要进一步梳理社会机理，丰富有效路径。三要注重工作效率。非公企业团建最主要的目标是联系和影响更多青年，不但要看建立了多少团组织，最根本的是要看联系了多少青年，组织起来多少共青团员。要优先抓好从业青年多且企业运行稳定的限额以上企业建团，对于一些大中型企业，团的领导机关要直接负责推动其建团，不能简单地把工作层层压给基层。四要建设好已成立的团组织。团的各级机关既要靠前指导、加大支持，也要善于发现青年中存在的内生资源和创造活力。今年将在非公企业团组织中广泛开展“达标创优”活动，要对照创建标准普遍争取达标，在达标的基础上争取创建优秀团组织，努力提升非公企业团组织的整体活力。

3. 加强国有企业和机关事业单位等基层团组织建设。国有企业和机关事业单位是共青团的传统工作领域，但在市场经济条件下同样面临不少新的课题。国有企业团的工作要注重完善企业内部基层组织，加强对控股和参股企业的组织覆盖，把非正式用工青年纳入团的工作体系。机关事业单位团的工作要从巩固党的执政基础，提高党的执政能力的实践要求和青年成长需要出发，帮助青年深入了解国情、深入人民群众、增强宗旨意识、坚定理想信念，不断提高工作能力和政治素养。当前，城市的青年自组织发展迅速，成为城市青年人际交往、社会参与的重要载体。2007年全团调研显示，自组织成员中的80%是青年，80%的青年自组织在城市。城市团组织要把青年自组织纳入工作体系，主动联系和沟通，加强服务和引导，争取把具备条件的青年自组织纳入团的组织体系。

三、立足形成社会功能，努力提高服务青年的针对性和有效性

服务青年是团的重要职能，也是增强团组织吸引力、凝聚力的重要手段。我们所讲的服务青年是在党和政府依托行政力量服务全体人民的大格局要求下，针对广大青年特定成长阶段的典型需要所开展的部分服务，最终目标是让青年增强对党的认同。我们要看到，只有在服务主体和服务对象之间建立确定的印象，使服务形成社会功能，才能减少“陌生人社会”因信息不对称造成的效率损失。这就要求在

多个服务主体同时能为青年提供各类服务的情况下，团组织服务青年的工作要形成不可替代、具有稳定性和有效性的社会功能。我们常说的“形成品牌”就是这个意思。要把能否形成社会功能作为对团组织服务青年工作的一个重要判断准则。

1. 关于就业创业见习基地工作。见习基地工作已经是我们服务青年就业创业的常态化工作，但这更考验我们的工作深度和工作韧劲。从近两年实践来看，见习基地工作中出现了一些新情况。一是见习主体发生明显变化。按照当初的工作设计，参与见习的主体包括已毕业未就业大中专毕业生、应届大中专毕业生、下岗失业青年、青年农民工等，而现实情况是高校在校生成为了见习主体，青年农民工急于找到工作而不愿参加见习。基于这些情况，见习青年主体就要做出相应调整，青年只要愿意参加见习，我们都应该给予支持，城市战线要主动与学校战线做好配合。二是政策环境的变化。当初我们主要基于社会和市场机理提出了建设见习基地。这几年国家出台了一些见习补贴政策，但由于多种原因，相当多的省还没有把政策打通，出现了人力资源和社会保障部门的见习基地能得到补贴，而团组织的见习基地则难于得到补贴的情况，成为了我们推动工作的掣肘，这个政策壁垒要努力打通。三是一些见习基地质量不高，个别见习基地存在简单用工情况。我们的工作策略要根据这些情况的变化作出相应调整，强化工作理念，增强工作韧劲。第一，要大力倡导见习理念。既要看到创业对就业的带动效应，也要看到必要的就业技能积累对就业创业的支持作用，要引导更多青年认识到参加就业见习是完整学习过程的重要组成部分，在见习过程中提高就业能力、增强社会化技能、培养劳动观念、实现自我成长。第二，要着力建设一批高质量的见习基地。城市战线已经建立了约 3.7 万家见习基地，客观地讲，处于闲置状态的挂名见习基地不在少数。下一步要对见习基地做适当梳理，通过“星级创建”活动等办法，对做得好的见习基地给予鼓励，提高见习基地质量和管理水平。第三，要积极探索有效对接模式。从实际情况看，组织青年上岗见习仍然是我们当前工作的软肋，大家在这方面要多想办法，要把组织青年见习作为见习单位扩张性用工的选择过程，探索一些稳定有效的组织对接模式。

2. 关于城市青年创业服务工作。城市创业具有自身特点，创业项目差异性大、创业成本较高、市场风险管控较难、陌生人社会征信成本高等，但也存在创业要素比较聚集、创业空间比较广阔、创业服务体系比较完备等有利条件。我们初步考虑是以创业贷款为核心，完善城市青年创业服务体系，增强服务青年创业的便利性和有效性。一是继续深化创业贷款工作。进一步强化与金融机构合作，创新贷款担保方式，规范项目申报审批流程，争取政策性支持，尽可能多地为城市青年提供创业贷款服务。二是针对城市未就业青年开展创业服务。一方面借助政府或社会力量，依托楼宇商圈、孵化器、创业园区或电子商务平台，引导和支持青年开展知识型科技型创业。另一方面利用街道组织格局创新成果，发挥街道社区团组织的网络优势，引导和支持青年在居民服务业等门槛较低的领域创业。三是加强城市青年创业能力建设。围绕创业所需的阵地、人才、项目等要素，通过开展创业知识培训、组织青年企业家与创业青年结对辅导等方式，帮助创业青年提高创业能力、规避创业风险。通过建立创业青年俱乐部、创业联盟等，对创业青年进行组织化梳理，加强后续服务和培养。

3. 关于深化传统品牌工作。关于青年文明号活动，要研究青年文明号植入各类社会组织中的社会机理，不断拓展创建活动的参与面，特别是面向两新组织广泛开展；要继续组织窗口单位和服务行业青年文明号深化创先争优活动，做到活动和建设相互促进；要规范青年文明号创建、审核和管理工作，完善工作机制，形成整体合力。关于青年岗位能手活动，要以评选活动统揽企事业单位技能培养性工作，完善认定标准、培养方式和评选办法，努力扩大活动参与面。要注重活动对青年的思想引导，提高青年对提升技能的认识。现在有相当一部分青年对提升技能兴趣不强，这是很令人担忧的。我们要帮助青年认识到社会发展的一般规律。随着生产力发展，社会生产的手段会发生分化，机器劳动将会替代大部分人的劳动，或者把人的复杂劳动拆分为简单劳动，但是机器永远代替不了人。人要力争不被淘汰，就要提高简单劳动的熟练程度，或者在劳动中提供机器所不能代替的价值。这就是青年需要学习技能的重要原因，不这样做就最终会被淘汰。要以“振兴杯”全国青年职业技能大赛为抓手，推动各级各行业团组织广泛开展技术竞赛活动，提高参与的普遍性，组织引导更多青年学技能、比技术、早成才。在开展青年岗位能手活动中，要注重活动的价值引领和导向。在社会垂直流动还不十分顺畅的现实下，动员更多普通青年劳动者通过参加活动成长为各级青年岗位能手，是对普通劳动者的尊重，是对其人力资本提升的价值认同，这对普通劳动者来说是非常重要的。

四、创新组织管理体系，努力增强城市共青团工作的整体性和科学性

我们的目标是建立一个条块结合的组织管理体系。一是强化层级化组织的属地管理功能。市、区、街道、社区是城市共青团主要的工作层级，是联系城市基层团组织的主要枢纽。从组织联系角度看，要努力形成“塔松”式组织架构，进一步拓展各个层级对基层团组织的联系规模，保证团的工作信号、工作指导直接到达更多的基层团组织。各个城市还要注意到驻外团组织是本地共青团工作的重要帮手，联系指导支持驻外团组织是自己分内职责。二是借助行业力量强化专业指导功能。要深入研究社会分工协作的专业化格局，依托行业性组织力量进行团的组织载体设计，增强组织建设的有效性。要借助行业组织的工作资源和专业优势，形成推动工作的整体力量。城市战线要继续发挥煤炭、钢铁、汽车、港口等组织平台作用，各地也要积极借助行业力量，大胆探索建立行业性组织平台和工作平台。三是合理利用组织资源，突出重点城市的骨干引领作用。城市战线共青团工作全面活跃的必要条件是一个个城市的活跃。要认真分析不同城市团的工作力量、工作资源状况，合理确定城市战线共青团工作的战略重心，建立重点城市联系调度制度，发挥重点城市的骨干引领作用，增强推进重点工作的科学性和有效性。同时还要注意工作之间的有机融合，相互构成资源支撑，形成整体推进的态势。

同志们，2012 年是不平凡的一年。我们的任务很重。希望城市战线的同志们继续心无旁骛、全力以赴、持之以恒地抓工作；继续勤奋学习、深入研究、准确把握城市共青团工作的规律，在攻坚克难中增长本领。以奋发有为的精神风貌、实实在在的工作业绩纪念建团 90 周年、迎接党的十八大召开。

贺军科在2012年全团组织工作会议上的讲话

2012年2月13日,根据录音整理

今天上午,陆昊同志出席会议并作了重要讲话,对2011年全团组织工作取得的成绩给予了充分肯定,对今年和今后一个时期全团继续深入推进基层组织建设和基层工作提出了明确要求。下面,结合我的学习领会和分组讨论中大家提出的意见和建议,对今年的具体工作再讲几点意见,供参考。

一、全面把握全团组织建设的总体情况

当前,全团基层组织建设和基层工作仍处于艰难的爬坡阶段。

一是团的组织载体得到丰富和发展,但团的组织有效覆盖面较低的问题还没有根本改观。应该看到,这几年全团在加强非公企业建团、推进乡镇街道组织格局创新、推动建立驻外团工委等方面的成绩是令人鼓舞的。也应该清醒问题仍很严重。比如,截至2011年底,党组织覆盖非公企业约60万户,工会覆盖非公企业410多万户,而独立建团的非公企业刚过30万户,全国约25%的团员在非公企业,目前该领域联系到的只有不到三分之一。在农村、新社会组织、农民工群体等领域,也还普遍存在组织空白问题。

二是基层兼职干部队伍显著壮大,但部分关键环节和重要岗位的干部力量仍显薄弱。这几年随着基层团组织的建立,几十万优秀青年兼职成为基层团干部,为推动团的基层工作做出重要贡献。但同时,省、市、县三级专职团干部长期缺编问题比较普遍和严重,其中县级团委缺编率现已达到20%,全国2856个县级团委中超过700个没有书记,有几十个县级团委甚至出现了仅有一个一般干事或由高校挂职团干部或青年志愿者主持工作的现象,更有9个团县委空无一人,这些问题会极大地消解我们支持县级团委的种种努力。

三是团员队伍不断壮大,但团员发展和管理上存在突出问题。在团员发展方面,发展规模与发展质量之间的矛盾日益突出,一些地方特别是中学团组织存在突击入团、整批入团的现象,客观上影响团的先进性,需要引起高度重视。在团内统计工作方面,部分省、市、县长期心中无数且安于心中无数,新建立的共青团基本信息系统数据库还有很多不完善的地方,很多地方工作进展缓慢。

四是团的制度条件得到进一步优化,但制度有效落实普遍需要加强。《关于加强新形势下基层党建带团建工作的意见》出台后,大部分省级团委联合党委组织部等部门出台了相关工作意见,一些地方还在经费保障、团干部配备、党建带团建机制等方面取得了突破。但截至目前,还有大约三分之一的省份和系统没有开会或发文,地市一级、县一级没有开会或发文的占多数。政策落实层面存在的问题更大。团的其他基本制度,包括基层工作条例、团内选举、团费收缴等,还有一些方面迫切需要根据时代变化进行完善。

二、继续扎实做好今年的工作

总的要求是:保持清醒头脑,牢牢抓住全党开展"基层组织建设年"活动、加强和创新社会管理的契机,紧紧围绕"两条主线"和"三个关键",推进团的基层组织建设和基层工作取得新的进步。

(一)加强层级化组织载体建设

1. 继续加大对县级团委的支持和指导力度。一是按照"指导工作、推广经验、调查研究、服务青年"的总要求,组织实施好第二轮次选派地市以上团的领导机关干部到县级团委

驻点工作。全团计划再用两年的时间分四批选派2800人参加驻点工作，今年选派两批1400人。各省级团委要严格管理，严肃纪律，规范驻点工作的任务和职责，加强工作指导和督促检查，确保驻点干部全身心投入工作，特别要加强对地市团委派出团干部的管理。

二是继续开展选派高校团干部到县级团委挂职工作。全团选派人数不少于2400人，各地要扎实做好挂职干部的选配、培训、任职等工作，加强工作指导、管理和服务，积极引导挂职干部围绕全团重点任务开展工作。

三是切实抓好县级团委干部配备工作。今年年底前，县级团委干部的配备率要达到90%以上。对于人口大县，要求要更高一些，要力争有4个以上的编制。各级团的领导机关都要特别重视团县委书记的选拔配备工作，要逐级落实责任。同时，要明确团县委书记对配齐本级团委一般干部负主要责任。团中央组织部将建立市、县级团的领导机关干部配备情况通报制度，切实加强对团干部配备情况的督导检查。

四是继续对县级团委给予资金支持。团中央对中西部地区的县级团委继续给予每个县每年不低于3万元的资金支持，各省级团委要积极争取党政和社会各方面的支持，为活跃县级团委工作持续注入资源。

2. 深入推进乡镇、街道团的组织格局创新工作。全国绝大多数乡镇、街道已经完成了团委班子选配工作。今年要通过加强制度保障、工作指导和干部队伍建设，进一步激发乡镇、街道团组织的活力，下决心再用两年时间把共青团面向基层的“桥头堡”推进到乡镇、街道一级，进而带动村、社区团的工作。

一是进一步完善乡镇、街道团的委员会结构和工作机制。按照正面培养、介入选拔、倒逼淘汰的要求，调整、充实乡镇、街道团的委员会，大力加强乡镇、街道团干部队伍建设。同时要健全工作条例、工作规范，促进乡镇、街道团的工作不断规范。

二是要加大对乡镇、街道团组织的经费支持力度。今年团中央将筹集5000万元，按照每个乡镇、街道1万元的标准，支持全国5000个工作基础相对较好、影响力较大、联系青年多的乡镇、街道团组织。各级团的领导机关要共同行动，力争为各乡镇、街道团组织提供每年2万元的经费支持。同时，要鼓励和指导乡镇、街道团组织发现、调动委员会和青年中的内生资源，善于借助社会资源开展工作。

三是做好对乡镇、街道共青团工作内容的系统梳理，形成工作菜单加以推广，帮助新到团的岗位的同志尽快找到工作的切入点，尽快适应乡镇、街道团的工作。

（二）加强非层级化组织载体建设

要在巩固学校、机关事业单位、国有企业团的建设和工作的基础上，继续扩大驻外团组织建设工作成果，继续加强非公企业团建，有重点地推动新社会组织团建，积极探索在青年自组织、青年兴趣组织等领域实现团的组织存在的方式和方法。

1. 关于驻外团组织建设。经过这两年的努力，全团在重点流出省份和流入省份之间、重点流出地区和流入地区之间基本建立起了驻外团组织框架，一些驻外团组织还结合自身实际和青年需求，开展了一些很有针对性的工作，产生了较好的影响。在这个基础上，今年要重点在以下几个方面下功夫。

一是要构建一个联系广泛、有一定资源整合能力、有一定战斗力的团的工作委员会。各地要根据实际适当地扩大委员会规模、优化班子成员结构。团中央组织部将提出具体的指导意见。

二是要真正建立起以流入地为主、流出地配合的工作机制。建设好、发挥好已建立的驻外团组织的作用的主要责任在流入地团委。流入地团组织要全面落实开展交叉兼职、建立联席会议、提供支持保障、开放活动阵地、做好干部培训、开展表彰激励、联系普通青年、派生基层组织等重要职责，团中央将对青年农民工流入重点省份进行考核。流出地团组织也要积极配合流入地团组织开展工作。

三是建立针对驻外团组织工作的指导员队伍。要组织团的领导机关专职干部、社区工作者、青年志愿者等方面优秀骨干直接对口联系指导，帮助驻外团组织将工作引入正轨，使驻外团组织干部尽快熟悉团的工作。

四是要加强工作内容设计。要把联系普通青年农民工作为首要任务，按照联系为主、联系与服务相结合的思路，围绕青年农民工在就业培训、学习成才、情感婚恋、身心健康、城市融入等方面的需求开展力所能及的帮助和服务，增强团组织对他们的吸引和凝聚。总的原则是，要选择那些青年有实际需求、共青团力所能及、社会影响力大的方向开展工作。

2. 关于非公有制企业团建。这项工作已在今年城市共青团工作会议上专门做出部署。一方面，今年要在非公企业单独新建团组织 9 万家以上。另一方面，要广泛深入地开展“创先争优”活动，提高团建水平，增强组织活力。

3. 关于新社会组织团建和青年自组织团建。新社会组织团建重点要放在律师事务所、会计师事务所等社会中介机构和民办非学历教育培训机构，积极依托行业主管部门或行业性组织进行团的组织载体设计，探索通过行业建团等多种方式，增强新社会组织团建工作效果。

今年全团要继续积极探索推进青年自组织团建，要积极推动城市和县级团委在掌握青年自组织数量、结构和运行特点的基础上，从联系有影响的组织做起，通过切实有效的服务建立起与他们的经常性联系，逐步将他们纳入联系、服务和引导范围。在此基础上，在具备建团条件的青年自组织中建立团组织。

（三）以落实党建带团建制度为重点，加强团的制度建设

团中央拟联合中组部开展党建带团建落实情况督导检查。尚未开会、发文的省份和系统尽快开会、发文，目前还没有下发文件的，在起草文件过程中要注意提高文件内容的针对性和可操作性，重点在干部配备和培训、资源和阵地支持、机制建设等方面下功夫。在巩固省级层面工作成效的基础上，要把落实党建带团建制度安排的重点向地市一级推进，力争今年年底前一半以上的地市召开党建带团建工作会议、出台党建带团建工作文件。县一级层面不作具体要求，但有条件的地方要尽可能地向前推。

（四）以提高团员发展质量为重点，加强团员队伍建设

根据党员发展工作的新要求，结合团的实际，初步考虑团员发展工作总的要求是“控制总量、提高质量、发挥作用”。控制规模是十分必要的，按照目前的发展速度，到 2023 年团青比将高达 60%，这既不符合团员先进性的客观要求，同时以全团现有的引导和服务能力也不能保证入团后团员得到持续培养。作为第一步，去年中学共青团工作会议上已经提出了中学团员发展的控制标准，各地要认真执行。

与团员队伍建设相关的是团内统计问题，这是做好团员队伍建设以及团的其他工作的基础。这个问题我们已经强调过两年了。今年是建团 90 周年，五四前要向社会公布我们这个组织的基本情况，各级团组织要清楚这是我们这个组织的一项政治任务，务必在 3 月底前负责任地逐级统计上报准确数据。要继续下力气做好共青团基础信息库建设，力争用 3 到 5 年时间形成较为完备、准确的全团基本信息数据库。

（五）关于省、市两级团组织换届工作

今年和明年有 29 个省、市以及 100 多个地市的团组织要进行换届。这里提几个方面的要求：一是选出的代表要具有广泛性和代表性，要与全团大力推进基层组织建设后的组织

分布状况相一致，与青年群体的分布相一致。二是要注重提高委员会的议事和决策能力，所组建的委员会的结构要与具备议事和决策能力的要求相一致。三是相关领导班子的配备要符合现行的基本原则。此前团中央组织部给各省组织部门发过函，对省级团委领导班子的配备提出了一些原则性的要求和意见。各地要主动地与组织部门沟通有关情况，争取尽量满足这些原则性要求，同时也要综合考虑各方面的情况。对于换届工作，各级团的领导机关要履行好协管职能。

（六）关于团干部教育培训工作

继续按照“分级分类培训”和“下跨一级培训”的原则，团中央将继续安排对省级团委班子成员和新任职地市团委书记、县级团委书记进行培训，举办少数民族地区团干部培训示范班；各省、市、县要按各自职责分别安排开展层级化组织的干部培训工作，同时，还要以流入地团组织为主对驻外团工委班子成员进行全员培训，按照“谁建团、谁培训”的原则，对非公有制经济组织、新社会组织团委书记进行培训；按照“谁主管、谁培训”的原则，统筹安排国有大中型企业、大中专学校团委书记培训工作。各类培训都要把促进共青团工作的针对性、实效性放在首位，要特别注重培养专兼职团干部把握社会机理、整合社会资源、动员社会力量开展工作的能力。

组织战线在全团组织工作中主要承担牵头抓总的工作，要注意把握好工作的侧重点，在抓制度规范、抓骨干配备、抓探索创新三个方面下功夫，为其他各条战线、为广大基层团组织创造更好的制度条件，提供更多的干部支持，探索更多的新经验。

希望大家在新的一年再接再厉，用扎扎实实的工作业绩纪念建团 90 周年、迎接党的十八大胜利召开！

罗梅同志讲话

罗梅在全国少工委六届三次全委会上的讲话

2012 年 2 月 9 日，根据录音整理

新春伊始，我们召开全国少工委六届三次全委会。这次会议的主要任务是：认真学习贯彻党中央书记处指示精神，贯彻落实共青团十六届五中全会精神，总结 2011 年少先队的工作，确定 2012 年的工作任务。刚才，高洪同志代表教育部作了讲话，阐述了教育改革发展新形势对少先队工作提出的新要求，就进一步支持好少先队工作提出了明确的意见。各位委员要认真学习领会，切实贯彻落实。下面，我讲几点意见。

一、2011 年少先队工作的概况和经验

过去一年，各级少先队组织围绕培养“四好少年”的目标要求，认真落实少先队根本任务，把握组织属性，扎实工作，积极进取，工作取得显著成果。这次全会的工作报告里反映得比较充分，这里我结合工作取得的成效和经

验进行简要的梳理。主要体现在三个方面。

第一，全队进一步统一思想认识，做到了步调一致，齐心协力，工作的普遍性和实际效果得到了明显增强。团十六大和第六次全国少代会以来，大家对少先队组织的根本任务、组织属性、基本职能有了逐步深入的认识和理解，并且落实到工作的推动上，呈现出比较好的局面。

正是因为认识到位，各地能够自觉按照全国少工委的部署，紧紧围绕灌输培养少年儿童对党和社会主义祖国的朴素感情，采取各种措施动员基层，主题一致，形成合力，多轮推动，使得“红领巾心向党”活动在各地基层普遍开展，产生了良好的教育效果，形成很大声势。仅从活动网站实时统计的情况看，基层少先队组织就直接上传了活动实例近 5.5 万个，直接参加活动的少先队员约 5215 万人次。

正是因为认识到位，很多地方主动钻研落实根本任务的方法措施，加强对基层的指导。山西引入校园和网络旗帜传递、漂流册等时尚元素，组织亲子活动，推出全省入队仪式的标准操作手册和视频；重庆组织“红色之旅”、绘制党史地图、开展故事大王比赛；天津征集推广“红领巾心向党”精品队会；上海发布相关图书、教育基地推荐目录等。

正是因为认识到位，一些地方主动用好全国少工委编发的《灌输培养少年儿童对党和社会主义祖国朴素感情工作读本》。江苏率先在全省选定 40 所中小学少先队大队和两个区级少工委，开展《读本》推广试点工作。

第二，坚持遵循规律、与时俱进，在载体、形式、研究等各方面得到了创新和发展。全队认真研究把握当代少年儿童思想意识的形成规律和受影响途径，尝试运用艺术、时尚、情感元素，通过少年儿童喜欢、熟悉、常用的方式引导少年儿童。

全国少工委制作和推广一批“红领巾心向党”主题歌曲、动漫宣传片、网络游戏。广东编创了主题歌曲《在阳光下》；浙江把《红领巾飘起来》等 8 首歌曲编排为舞蹈，制成光盘发放到基层学校。全国少工委和央视少儿频道联合制作播出了一组《飘扬的红领巾》专题节目，和中国教育电视台联合制播《红领巾之歌》电视颁奖仪式。重庆在本地电视台少儿频道播出 32 期电视专题节目。广东与嘉佳卡通频道合作宣传少先队工作，还在南方电视台少儿频道开设《红领巾时间》栏目。山东在省电视台少儿频道推出每周两次《红领巾之声》栏目。

在团中央建设全国性未成年人专属网站的基础上，全国少工委办公室与团中央网络影视中心共建了未来网红领巾集结号板块，为基层少先队员、辅导员在互联网上沟通、交流、聚集、开展少先队活动，开辟了新的空间。全国少工委办公室委托少先队事业发展中心建设了“红领巾心向党”和“辅导员分级全员培训”两个专题网站，与腾讯网开展网络旗帜传递活动。上海开通了“上海红领巾”微博。山西建立了全省少先队信息体系，使工作信息能迅速到达省市县少先队工作者和全部 1 万余所学校大队辅导员。新疆利用新浪和腾讯“新疆”微群、手机报等媒体进行深入宣传。

第三，坚持攻坚克难，遇到困难和矛盾不退让、不回避，一些困扰少先队事业发展的重要问题实现了新突破。过去的一年，全队上下团结一心，在教育、人社和其他有关部门的大力支持下，聚焦长期困扰少先队工作和少先队事业发展的一些重要问题，不怕困难，科学研究，锐意进取，取得了突破性的进展。

在辅导员参加中小学教师职称评审上，全国少工委办公室多次沟通协调，争取到教育部人事司、人力资源和社会保障部专业技术人员管理司对辅导员职称试点的明确支持。河北少工委联合教育厅、人社厅在沧州、唐山、张家口三市开展辅导员职称试点，在中小学教师职称中设立少先队教育科目，有 12 名大队辅导员以此评上中小学最高层级职称。云南少工委去年底和省教育厅、人社厅确定了有关政策安排。湖北武汉等地市少工委在与教育部门的联发文件中，明确规定“在中小学教师职称申报评审中设立少先队专业科目，做好大队辅导员的职称（职务）评聘工作。”

在省、市级总辅导员配备上，陕西规定全省各级少先队总辅导员按同级团委副职配备，向省编办争取到市、县总辅导员 118 个职数。四川、重庆、云南新配备了省级专职总辅导员。江苏部分地市开展了市总辅导员的公开选聘工作。

在高校开设课程、开设专业上，全国少工委联合首都师大、上海少工委联合上海师大开设少先队兼教方向或辅修专业，河北少工委联合河北师大、浙江少工委联合宁波师大开设了选修课，四川少工委与四川师大联合开课的工作也已确定。

在分级全员培训上，全国少工委办公室征得教育部师范教育司支持，将骨干大队辅导员培训首次纳入“国培计划”。辽宁少工委通过骨干辅导员培训、电视电话会议培训、讲师团送队课等形式，培训各级少先队辅导员 13125 人次，基本实现全覆盖。

在少先队活动课时上，争取教育部基础教育一司、二司明确支持，在拟修订中的《国家义务教育课程设置表》中写入“班、团、队活动”，力争在国家层面对中小学少先队活动给予课时保障。辽宁将保障少先队活动课时写进省义务教育条例。

在辅导员待遇上，全国少工委到 10 省（市）实地调研检查四部委《关于进一步加强辅导员队伍建设的若干意见》的落实情况。全国所有省级少工委都转发或下发了相关文件，在不同程度上解决辅导员岗位设置、绩效工资、职称评审等问题。如湖南将少先队辅导员绩效工资纳入教育部门的制度性安排，等等。

过去一年的成绩，凝聚着与会同志和全国的少先队工作者的心血和汗水。在这里，我代表团中央书记处，向辛勤工作、克服困难、锐意进取的广大少先队工作者表示诚挚的敬意！向教育系统、中央和国家机关有关部门、专家学者和社会各界的关心支持表示由衷的感谢！

同时，我们也要看到，我们的工作离中央的要求、离少先队事业发展的需要还有很大的差距。比如，少年儿童思想教育的普遍性有明显提高，但是活动对少年儿童内心的感染力和影响力还有很大差距；再比如，少先队学科理论框架构建、师范院校开设相关专业（方向、课程）、辅导员职称评审等取得重要突破，但还需要深入探索并在面上大力推广等等。我们要加倍努力，坚持正确的工作方向，继续不动摇、不懈怠、有韧劲地推进各项工作。

二、坚持以社会主义核心价值体系教育引导少年儿童，进一步推动少先队组织根本任务的落实

党的十七届六中全会突出强调了社会主义核心价值体系的重要性，并从中国特色社会主义事业全局和战略高度，提出了在国民教育、精神文明建设和党的建设全过程，在改革开放和社会主义现代化建设各领域，在精神文化产品创作生产传播各方面，全面推进社会主义核心价值体系建设的总体目标和任务。其中也强调了青少年的理想信念教育和思想道德教育。团中央常委会作出决议，要求全团深入学习贯彻党的十七届六中全会精神，切实提高思想认识，紧紧围绕用社会主义核心价值体系引导青少年这个根本，积极探索、切实用好文化艺术载体开展青少年工作，使正确思想主张深入广大青少年。这对少先队组织有着非常重要的指导意义。

少先队组织坚持以社会主义核心价值体系教育引导少年儿童，本质上是由少先队的组织属性决定的。社会主义核心价值体系是社会主义意识形态的本质体现，是巩固全党全国各族人民团结奋斗的共同思想基础。在全党全社会形成统一指导思想、共同理想信念、强大精神力量、基本道德规范是对加强社会主义思想道德建设提出的新任务新要求。作为党创立和领导的少年儿童群众组织，作为具有鲜明组织属性的少先队组织，用党的思想主张教育下一代，为巩固全国人民团结奋斗的思想道德基础发挥应有作用，这对少先队来说，是属性决定、使命所在。

少先队组织坚持以社会主义核心价值体系教育引导少年儿童，体现在工作上就是落实好少先队组织的根本任务。少先队组织的根本任务与社会主义核心价值体系在方向和本质上是内在一致的。少先队组织的根本任务，是社会主义核心价值体系在少先队工作中的儿童化、具体化。我们要通过注重党、团、队组织意识和教育内容的衔接，灌输培养少年儿童对党和社会主义祖国的朴素感情，把马克思主义指导思想和中国特色社会主义共同理想的要求体现在少先队工作中，帮助少年儿童从小培养远大的理想和志向。要通过引导少年儿童有爱心，养成良好的道德行为习惯，增强国家意识、科学意识、劳动意识、审美意识，锻炼强健体魄，培养良好心理素质，把民族精神和时代精神、社会主义荣辱观的要求落实到少先队工作中，帮助少年儿童形成积极健康向上的生活态度，培养良好的思想道德品质。落实好少先队组织的根本任务，是少先队组织贯彻落实社会主义核心价值体系的具体体现。

少先队组织坚持以社会主义核心价值体系教育引导少年儿童，在路径上要有效履行组织的基本职能。团结、教育、引导少年儿童是少先队组织的基本职能。其基本要求是注重工作的普遍性、针对性和适用性，增强少先队基层组织活力，探索少年儿童喜欢和易于接受的方式，努力实现以有效的形式传播正确的内容，使社会主义核心价值体系的种子在少年儿童的心田中生根发芽。

在坚持以社会主义核心价值体系教育引导少年儿童工作中，既要看到真理本身的魅力，又要注意艺术、时尚、情感元素在传播重要思想准则中的作用。当前，我们面临的主要挑战在于，内容和形式能否很好统一，能否既体现社会主义核心价值体系的内涵，又为少年儿童真心喜欢。换句话说，能否把“有意义”的事情做得“有意思”。为此，我们要着重在以下几个方面下功夫：

1. 加强活动设计。一是活动要打动孩子。把有意义的事做得有意思，是一件不容易又必须做的事。活动是少先队教育引导少年儿童的基本方式。我们感到，去年在开展“红领巾心向党”活动中，还有一些成人化、表面化、模式化的现象。在团中央全会上，有的辅导员委员也反映，有的活动形式没意思，基层开展的效果还不理想。我们不少活动很有意义，但是打动不了孩子，缺少真正有感染力的、能影响孩子内心的活动设计。

今年，各级少工委都要集中思考怎样把“红领巾心向党”活动设计得有意思，既让孩子受教育，又让孩子喜欢。既要发挥好自身的主体作用，还要放开眼界，积极联合社会专业机构，如活动策划、游戏创编、多媒体制作、视觉应用、人际沟通等各方面的人士，一起策划时代感强的、孩子们喜欢的具体内容和方式。要探索运用互联网开展这一活动的有效形式，做到线上线下相结合。此外，还要在用好课表时间开展集中活动的基础上，利用分散化、碎片化时间开展活动。归结起来一句话，就是要让孩子们觉得，“红领巾心向党”活动很有意思。

二是品牌活动要形成思想教育功能。陆昊同志指出，少先队工作要强调帮助少年儿童形成一些重要的意识，以此支持未来形成良好的素质。工作的侧重点是引导少年儿童形成一些健康、积极、向上的意识，形成社会主义核心价值体系所要求的重要意识。所以我们的活动只有把握住这一点，形成教育功能，才能有生命力。

今年，我们要深入研究“手拉手”活动怎样

形成各民族少年儿童、城乡少年儿童之间长期的、普遍的、有效的交流机制,促进他们的理解、尊重和关爱,而不是强化、刺激他们差别意识,从而有效培养爱心、民族团结意识、国家意识等重要思想意识。以往认为,从爱父母、爱身边的小伙伴就能自然过渡到爱人民,现在看来不那么必然、不那么简单,"手拉手"活动能不能作为一种超越熟人社会的交流机制,帮助孩子们更好地培养善良、爱心、爱人民,其中的机制需要好好研究。少年科学院、少年军校等各项少先队重要品牌的活动机制和教育功能,都要认真地去研究。

三是要注重效果,科学检验。活动效果的检验,一直是制约我们工作科学性的难题,同时也影响到少先队活动的社会认可度。我们开展的思想教育活动,问到实际效果时往往难以回答。今年,各级少工委都要充分借鉴各方面的经验,引入必要的专业力量,探索解决这个难题。需要强调的是,我们活动最重要也是最直接的评价标准来自孩子。设计活动和检验成效,一定要注重孩子的感受,基层辅导员和少先队工作干部要注意观察和了解孩子在活动中的表现和感受。今后,各地在汇报活动开展情况时,要尽可能地阐述活动效果,这是改进和提高的基础,也是增强少先队工作科学性的基本要求。

2. 加强文化产品创造和推广。文化对人的影响是深层次的、长久的。一本好书、一首好歌可能影响人一辈子。随着时代的发展,各种视听产品对人的震撼力感染力远远超过了以往的文化产品手段,但是现在有影响的文化产品很少是少先队的。如果少先队没有好的文化产品,就难以传播我们的思想主张,就不能形成我们的影响力。

陆昊同志强调,共青团在文化产品创造上,要实现由"内容供应"向"产品供应"的全面转变,但又不直接等同于产品制造。我们感到,少年儿童喜欢的文化产品提供能力,是少先队组织活力和教育引导能力的重要体现。这是一项各级少工委必须面对、绕不过去的工作。

少先队自身的资源有限,既要整合资源,力所能及地直接生产和制作一些重要的文化产品,又要善于发现体现我们教育主张的优秀文化产品,运用我们的组织体系,向少年儿童传播推荐。今年,一是要抓住重点。形式上要主攻动漫、音乐、游戏、影视等孩子喜欢、影响力强的载体,内容上要以帮助上好队会课、推动开展基层队活动为突破。二是要发挥作为少年儿童文化产品提供者的纽带作用。现在正赶上中央推动社会主义文化大发展大繁荣这个大好时机,各级少工委要积极争取政府支持、社会资源,把懂孩子、懂少先队、懂艺术、懂新媒体、懂市场的专业力量整合到一起来,让少年儿童得到少先队优秀文化产品的滋养。

目前,全国少工委正在与凤凰出版传媒集团合作,策划制作队会课动漫版系列教材和辅导员多媒体资料库。希望各地都能在这方面积极行动起来。

3. 加强传播渠道建设。好的教育内容和载体,必须通过有效的传播渠道,才能到达和普及。在信息时代,传播影响也是实现组织多重覆盖和影响的一种方式。互联网和移动通信迅猛发展,已经成为少年儿童的重要生活方式和成长环境。我们要加强支持和配合,建好未来网"红领巾集结号",运用新媒体创新少先队组织和活动方式。要继续推进与各级电视台的合作,制作播出少年儿童喜欢、传播重要价值观的优秀节目。要积极办好少先队队报队刊,支持中国少年报、辅导员杂志等队报队刊扩大覆盖面,提高影响力。

4. 制定实施少先队活动(课程)指导纲要。团十六大以来,全队一直积极探索、深入推进面向少先队员的分层教育,在这方面也积累了很多好的经验。但同时大家也感到,学校少先队经常性的教育引导活动,还缺少比较科学、系统、时代感强的指导，少先队教育还缺少与学校教育教学体系相衔接的专业路径和方式。为此，我们在一系列有关课题和调查研究的基础上，集中全队智慧，研究制定《少先队活动（课程）指导纲要》，逐步推动在中小学建立少先队教育学科。

目前这个纲要的草稿，贯彻了社会主义核心价值体系的要求，围绕争当“四好少年”的目标，按照少先队组织根本任务两个层面的要求，根据儿童心理发展、政治社会化、道德实践理论等，研究少先队组织特点，明确提出组织意识、政治启蒙、道德养成、成长取向等教育内容，提出组织生活、集体活动、信息传播、个体辅导等路径载体，把各年龄段的培养目标、教育内容和教育载体具体化、有形化，努力体现时代感。同时，注重发挥雏鹰奖章的评价激励作用。讨论稿已送给各位委员，请大家提出意见。《纲要》颁行后，希望大家创造性地贯彻实施。总之，我们要通过《纲要》的系统安排，使八年的少先队经历，成为对孩子一生的思想发展有重要影响的教育过程。

以上是对于少先队用社会主义核心价值体系教育引导少年儿童的一些初步思考。根据党中央书记处对共青团工作的重要要求，团中央将开展社会主义核心价值体系引导青少年的重点课题研究。下一步我们还要深入思考，做进一步的部署。

三、继续加强辅导员队伍专业化职业化建设，进一步推动少先队基层组织建设和基层工作

团十六大以来，全团一直在大力加强基层组织建设和基层工作。少先队组织加强基层组织建设和基层工作，队伍建设是一项至关重要的任务，辅导员队伍专业化职业化建设又是队伍建设的关键。

基层队组织是依学校依班级而建的，组织设置基本上比较健全，现在主要的问题是少先队活动对少年儿童内心的影响不足。辅导员的职业精神和专业素质，直接决定着基层少先队工作和活动的成效。

对于包括少先队辅导员在内的少先队工作者而言，热爱少先队工作、爱孩子，这是支撑少先队事业最重要的职业品格。我们要大力提倡和弘扬职业精神。同时，根据少先队辅导员承担的帮助少年儿童形成成长发展所必需的思想意识的重要引导者和有力推动者的任务，以及目前队伍现状，提高工作队伍的专业素质、构建其职业发展和成长路径是当务之急。因此，我们要从专业化和职业化两个方面来抓好辅导员队伍建设。

关于这个问题，我在去年的全委会上说得比较清楚，现在我结合调研和大家比较集中反映的问题，在以下两个方面再强调一下。

1. 通过学科理论建设、高校课程开设和辅导员培训，推动辅导员专业化。教育是一门科学，少先队教育也不例外。少先队组织要科学有效地完成党交给的育人的任务，要在中国特色社会主义教育体系中取得应有的地位，要找到自己与学校德育不同的侧重点，就必须在教育学中建立自己的独特学科。

建设教育学下的二级学科，需要遵循学术界公认的学术层次和规范，需要运用科学的逻辑和话语体系，需要能与教育学其他分支学科以至与社会科学其他学科对话，有一定的国际比较，而不仅是组织自身经验的提炼和归纳。现在党建研究很强调“提高学科科学化水平”，从政党政治、政党活动、执政党建设的一般规律，提高党建研究的学术含量。

少先队的学科无论从教育主体还是教育内容来看，都可以成为以教育学为基础，借鉴心理学、政治学、社会学、管理学、传播学等相关理论，研究通过少年儿童组织培养少年儿童重要思想意识一般规律的教育学二级学科。少先队有着丰富的实践积累，形成了独特的教育理念和方法，提供了学科建设的实践基础。我们要把理论指导和实践经验抽象结合起来，逐步构建起科学的学科体系。这一体系，也是指导辅导员专业化职业化的理论基础。

去年以来，我们请教了一百多位专家学者，很多是教育学、心理学、政治学、社会学、管理学、传播学等领域的权威专家，包括我们队内理论深厚和经验丰富的专家，探索构建学科基本理论。仅研究名称就召开了4轮集中研讨，小型的研讨数十次。

我们深入研究了如何确定少先队学科独特的研究对象、理论体系和方法论，提炼了教育学和相关学科以及以往少先队工作的理论，按照学术规范进行了梳理、整合和适当创新，使之体系化，初步形成了少年儿童组织与思想意识教育基本理论要点（草稿）。提交这次全会的文本还很不成熟，请大家提出宝贵意见，共同努力完善。

学科建设是一个系统工程，我们要在实践中不断探索和推进。比如，我们原先考虑高校开设课程、开设专业是学科研究成果应用的路径之一，所以强调要开必修课、选修课或者辅修专业。这个工作方向是对的，但开起来后发现师资、教材跟不上，原有的用于辅导员培训的教学内容、方法以及师资力量，在系统性、专业性上都无法满足在高校开设课程和专业的需求。下一步，我们要下大力气完善少先队相关学科基本理论要点，推出《学科概论》，并按照理论、方法、历史的分类，着手组织编写系列教材。有条件的省市，也可以在这一框架下，组织专业力量，积极开展学科重要问题的研究，集全队智慧不断深化学科科研。同时，通过这项工作，建设一支从事少先队学科研究的老中青相结合的专业人才队伍，为少先队工作提供有力的智力支持。

在高等学校开设相关专业、方向、课程，是公认的建立学科的必要条件和标志，是推动学科不断深入发展的主要机制，是从源头上提高辅导员专业素养的主要渠道。今年，我们要下大力气推动在师范院校开设少先队相关专业、方向、课程。院校选择很重要，既要选择著名高校，培养研究生层次，更需要联合培养小学、初中教师和培训在职教师的本专科师范院校，开展这项工作。

此外，在职辅导员培训是提高队伍专业化的重要途径，也要重视抓好。

2. 以中小学辅导员职称试点推动辅导员职业化。职称是专业技术人员的标志，中小学教师职称是衡量教育教学水平的专业评价标准，又是构成教师职业发展的专业激励手段。根据目前国家中小学教师职称改革的方向，今后中小学教师最高可以评上正高级职称，相当于正教授，职称对辅导员的社会地位和自身利益的影响越来越大。从一定意义上讲，与职级相比，职称日益成为激励辅导员最重要的因素。多年来，一些地方将辅导员的少先队工作的业绩纳入辅导员参评语数外德育等职称科目的评价范围，在一定程度上体现了辅导员从事少先队工作的价值，但少先队工作业绩无法成为这些科目职称评审的主要依据，迫切需要在中小学教师职称评审中设立少先队教育的专业科目，从根本上解决少先队辅导员“干什么”和“评什么”脱节的问题。据我们咨询有关部门，辅导员参评少先队教育的专业科目后，如果不再从事少先队工作，仍然可通过“立交桥”机制，以其他专业科目参评职称。

去年，全国少工委办公室和中央教科所联合开展的一项调查表明，如果在教师职称中设立少先队相关专业科目，76.1%的辅导员表示愿意申报。随着教育学的发展和少先队学科的建设，少先队组织开展的思想意识教育和活动逐步成为有着独特的目标、内容、计划、策略、实施、评估的完整过程，这为我们推进少先队教育的职称科目提供了条件。我们必须努力探索构建辅导员参评职称“双线发展”的机制。

一方面，按照四部委《关于进一步加强少先队辅导员队伍建设的若干意见》规定，“将大队辅导员少先队工作内容、工作量和工作质量纳入中小学教师职称评价范围”，辅导员参评兼教学科职称时，这一条必须牢牢坚持。

另一方面，根据四部委文件精神，教师担任辅导员期间，要以少先队工作为主业。要探索在中小学教师职称中，与语数外音体美等参评科目并列设立一个少先队教育科目。强调一下，不是在中小学教师职称之外设立一个新的职称序列，而是中小学教师职称中增加一个专业科目。开展这一辅导员职称试点，教育部、人力资源和社会保障部有关司局支持的态度很明确，大家要在认识上、行动上更加坚决主动地探索。今年，各省级少工委要全面推动这项工作。

四、做好今年的重点工作

今年的少先队工作请大家按照团中央书记处和陆昊同志的总体要求，认真贯彻落实。关于全年重点工作，这次全会的工作报告里已做了全面安排，这里我再提一些要求。

1. 在重要事件、时间节点上，要与全国少工委部署保持一致。今年将迎来党的十八大和纪念建团90周年。党中央和全团会有统一部署，各地在这个问题上不要急于定主题、做部署，届时根据全团、全队统一部署行动。我们要研究清楚党的十八大召开、建团90周年和少先队的关系，对少年儿童开展什么形式的教育引导，要掌握好度，不能掉队，也不能不讲规律，更不能简单贴标签。在“六一”、“十·一三”等重要节点，全队将继续开展集中主题活动，各级少工委要动员组织基层普遍参与。

2. 配合落实好中央交给全团的重要任务。一是开展好课题研究。根据党中央书记处的要求，团中央年后将开展一系列重点调研，这几项课题中与少先队有关的工作主要由全国少工委、省级少工委来开展，请大家按照全团、全队的统一安排认真做好。二是推报少先队优秀文化产品参加共青团展览交流会。今年“五四”前，团中央要举办共青团运用艺术、文化、新媒体元素开展引导青少年工作的展览交流会。大家要积极创作，深入挖掘，把全队近年来创造的好的文化产品推报上来，充分反映我们探索的成效，并在更大的范围推广运用。

3. 抓好全队工作几个关键。前面对辅导员职称试点和推动高校开课、开专业工作，我已经做了强调。此外，我们要下大力气推动总辅导员配备。年内，省一级专职总辅导员要全部配齐。鼓励有条件的地方在市、县一级配起来。关键是选对人，要选熟悉少先队、热爱少先队、专业性强的人来干，不能成为一个解决待遇的岗位。要做好辅导员分级全员培训。在培训内容上，根据辅导员专业化的要求，充分用好学科理论成果和教学资料，全国少工委将成立讲师团，为各地开展培训提供支持。在培训机制上，要推动将辅导员培训纳入教育部门的省培、市培计划，同时积极开展好共青团系统的培训项目。

五、保持全身心投入、真抓实干、迎难而上的工作状态，以坚持不懈的韧劲推动工作

党中央书记处、团中央对团干部队伍建设有明确要求。各级少工委中的专职团干部，都要认真学习、思考、领会和落实，在走进基层、推动工作的过程中锤炼过硬的本领和作风，切实为党做好少年儿童工作。

1. 要加强学习研究，练好本领。对少先队的同志来说，要在做党的群众工作的过程中真正履行职责，提高素质，关键要扑下身子，结合工作多学习，多研究，多投入。一是要学习研究少先队学科建设的内容。要注重专业理论素养的提高，加强教育学、心理学、政治学、社会学、管理学、传播学等相关学科知识的学习研究，对于少先队学科的重要内容，不能只知道概念，更要理解透彻。二是要学习研究有关部门与少先队密切关联的工作。比如，教育改革发展方面，一个是全国中小学德育工作和基础教育课程改革，一个是中小学教师队伍改革发展，一个是高等教育的学科专业设置调整。

还要重点研究人社部门与教师队伍有关的人事制度改革。我们如果自身积累不够,又不及时跟进学习,就难以和相关业务部门的同志对话,争取支持。三要学习研究与少先队工作相关的新媒体、新的文化形态、新的技术手段,努力提高运用文化产品和新技术教育引导孩子的能力。

2. 要保持攻坚克难的良好状态,锤炼过硬作风。难事最考验作风、能力,也最长本事。一是要正确对待工作的选择权。工作不能总挑容易的、习惯的、自己喜欢的来做,要全身心专注于事业真正需要我们的工作,在攻坚克难中尽义务、做贡献、练本领。二是要主动作为,发扬首创精神。既要用好现有的制度条件和研究成果,也要积极作为,敢于碰难题,善于找到破解难题的方法和路径。三是不怕困难,锐意进取。我们是在为党、为少年儿童健康成长做工作,应当光明正大、理直气壮,即使碰壁受冷落也不要紧,关键要坚持不懈,以诚动人,以理服人。

3. 要保持工作韧劲,持之以恒地推动工作落实。我们强调推进工作要有韧劲。对于年轻干部,既是考验,也是锻炼。第一,要专注,不变频道。对于认准的重点工作,要心无旁骛去推动,不要今天热情一阵子,明天又去换频道。比如,培养朴素感情工作、学科建设工作,绝非一日之功,需要一个艰苦的过程,必须长期推动下去。第二,要通过量变实现质变。工作能多向前推动一步是一步,有利因素能多争取一分是一分,量变到了就会引起质变。拿四部委联发文件落实来说,就要部门挨个去碰,区县挨个去碰,内容逐条去碰,逐地、逐项地落实,直到政策实实在在地落实到学校、落实到辅导员身上。如果我们将好不容易争取下来的政策安排简单转发了事,再好的制度也会成为一纸空文。

这里,我还要提醒一点,在政治和业务上,我们要清醒敏锐,了解社会公众的心理和舆情,掌握与媒体打交道的本领。现在是微博时代,很小的事情可能会被迅速传播和放大,成为公众话题。如果没有一点敏感性,工作就会陷入被动。遇到问题要及时向上级组织沟通汇报,及时采取应对措施。只要我们遵循少先队的基本理念和基本制度,做好我们自己的事,坚持公平公正公开,就能始终掌握工作的主动权。

同志们,少先队的光荣是一茬茬少先队工作者用心血和汗水干出来的,我们这茬人表达对少先队事业感情的最好方式,就是为之做了什么,做成了什么。在新的一年里,让我们继续以不懈的努力和良好的作风推动重点工作,以此纪念建团90周年,迎接党的十八大胜利召开!

罗梅在共青团对口支援民族地区工作研讨会上的讲话

2012年4月13日,根据录音整理

这次会议的主要任务是,深入落实中央民族工作会议和中央第五次西藏工作座谈会、中央新疆工作座谈会以及共青团民族地区青少年工作研讨会精神,进一步总结经验,整合资源,加强和推动对口支援民族地区工作。

团中央书记处一直十分重视民族地区青少年工作。团十六大以后,团中央专门成立了民族地区工作领导小组,主要职能是落实书记处关于民族地区的有关要求和工作任务，指导做好青少年民族团结教育、团的基层组织建设和基层工作、青年就业创业和青少年交流以及各类青年骨干队伍的培养凝聚。同时，团中央根据共青团的根本任务和基本职能，针对民族地区实际需要，统筹组织、宣传、学校、少年、统战、志愿者等多个部门的工作资源，动员各直属单位从人才、资金、项目等多个方面向民族地区倾斜和支持。据不完全统计，去年团中央机关及各直属单位划拨经费4092.6万元，建立青年就业创业见习基地1520个、提供见习岗位1.6万多个，培训民族地区团干部近2000人，派遣民族地区西部计划青年志愿者超过10000人，资助援建双语幼儿园、希望小学15所，资助困难学生1000余人。特别是为了进一步加强民族地区和内地青少年之间的交流，启动实施了民族团结“万人交流计划”项目，每年财政专项经费支持1000万，拟开展10年。去年，共2460多名少数民族青少年参与了活动。各省级团委也积极行动，认真按照团中央书记处要求和各级党委政府的统一安排做好落实。据各省市上报的数据，去年共投入资金6925.3万元，培训各级团干部330人，民族团结“手拉手”活动结对4000对，资助援建幼儿园、小学20所，资助困难学生近2000人，选派支农、支医、支教志愿者62名。此外，近年来自然灾害频繁发生的地区，如汶川、玉树、舟曲等，包括发生旱灾的云南和贵州，多数是民族地区。在遇到这些自然灾害时，团中央及各省级团委都给予了民族地区和灾区大力支持。

下面，我就当前和今后一个时期共青团对口支援民族地区工作，讲三点意见。

一、深化对民族工作重要性的认识和理解，增强做好共青团对口支援工作的责任意识和大局意识

我国是一个各民族共同缔造的统一的多民族国家，各民族的命运和国家的命运紧密联系在一起。在我们这个多民族的大家庭里，少数民族人口超过一亿，占全国人口的8.41%，分布在全国各地。民族自治地方占国土总面积的64%，这些地方蕴藏着支撑中华民族可持续发展的丰富的自然资源和丰富多彩的社会人文资源，西部和边疆绝大部分地区都是少数民族地区。这一国情决定了民族问题始终是我们建设中国特色社会主义必须认真处理好的重大问题，决定了不断增强民族团结始终是关系党和国家事业发展的重大问题，是关系祖国统一、领土完整、边疆巩固的一项重大任务。

在我国建设改革的各个历史时期，我们党始终把马克思主义民族理论与民族地区的实际相结合，始终把民族工作作为一项重要的工作来抓，民族地区的经济社会发展、社会事业、文化事业都取得了巨大的进步。但由于历史、自然条件等原因，民族地区整体发展水平与东部发达地区仍有很大的差距。国家贫困县有90%以上在少数民族地区和西部地区，农村贫困人口占全国农村贫困人口的54%。到目前为止，吃饭难、出行难、饮水难、上学难、看病难等民生问题还相当突出，民族地区仍然面临着解决温饱和实现小康社会的双重任务、保护生态和开发建设的双重矛盾以及维护稳定和加快发展的双重压力。中央从国家工作的战略全局出发，按照科学发展观的要求，提出要坚持以民族政策为基石、以民族团结为保障、以加快发展为核心、以改善民生为根本，全面推动新形势下的民族工作。

面对近年来我国民族工作遇到的新情况、新问题和新考验，中央作出一系列重大决策部署，先后出台了扶持五个自治区等民族地区加快发展的一系列政策措施，编制实施了扶持人口较少民族发展、兴边富民行动、少数民族事业发展等专门规划，颁发了新十年农村扶贫开发纲要、促进牧区又好又快发展的若干意见等重要文件。2010年，中央先后召开了第五次西藏工作座谈会、新疆工作座谈会和西部大开发工作会议，构建了全国上下共同做好民族地区特别是西藏、新疆、四省藏区的工作格局，进一步加大了对民族地区的扶持力度。所有这些，都有力地促进了少数民族和民族地区的发展。胡锦涛等中央领导同志就民族工作提出了一系列新思想、新论断，对民族工作提出了新要求、新任务。并强调加强开展对口支援是中央民族工作的一项重要决策，是贯彻"两个大局"思想、促进区域协调发展的战略举措，是发挥社会主义制度优越性、巩固和发展各民族大团结的重要体现，是增强少数民族地区自我发展能力、促进少数民族地区跨越式发展的有效途径，是促进社会和谐稳定、长治久安的重要保证。这些重要指示为开展好民族地区的对口支援工作指明了方向。

共青团组织作为党的助手和后备军，要深刻理解和把握中央关于当前民族工作的新要求，从党和国家全局的高度，从巩固党的执政基础、扩大党的青年群众基础的高度，充分认识对口支援工作的重大战略意义。各级团组织要在当地党委和政府的统一部署和安排下，积极参与对口支援工作，把对口支援工作作为共青团服务"两个大局"、促进区域协调发展的重大政治任务来抓，从履行执政党青年组织的根本职责和基本职能、推动全团工作整体发展的高度，扎实开展对口支援民族地区工作。

二、围绕中心，把握重点，推进共青团对口支援工作取得实效

民族工作始终是关系党和人民事业发展的一项重大工作，我们要将民族地区青少年工作放在党和国家中心工作和共青团事业的大局中去谋划、去推动，结合本地区、本单位的实际，凝心聚力、求真务实，为民族地区实现跨越式发展和长治久安作出共青团应有的贡献。中央关于对口支援工作也有专门的部署和安排，各级团组织要发挥自身优势，结合当地需求，坚持对口支援工作在党和国家工作大局下、在当地党委的统筹安排下来推进。

1. 将共青团对口支援工作和全团重点工作相结合。团十六大以来，书记处落实胡锦涛总书记提出的"两个全体青年"重要要求，将加强团的基层组织建设、基层工作、分类引导青年工作、促进青年就业创业工作、维护青少年合法权益作为全团的重点工作来部署。这些重要决策和部署是具有普遍意义的，无论是在民族地区还是非民族地区，无论是在发达地区和欠发达地区，都要形成这样的共识。共青团对口支援工作同样要围绕着共青团的重点工作和任务来推进。根据中央关于促进民族地区跨越式发展和长治久安的总体要求，结合民族地区青少年思想实际和切身需求，对口支援工作要紧紧围绕思想引导和服务青年成长两条主线开展工作。

思想引导的核心内容是民族团结教育。要围绕各民族共同团结进步、共同繁荣发展的主题，在各族青少年中广泛开展民族团结教育，帮助青少年真正地理解、巩固和发展平等、团结、互助、和谐的社会主义民族关系，牢固树立"三个离不开"的思想观念，更深层次实现青少年对伟大祖国的认同、对中华民族的认同、对中华文化的认同、对中国特色社会主义的认同，夯实民族团结的思想基础。要把握好民族团结教育的主线，着力增强各民族之间的团结交流，继续实施好"万人交流计划"、"手拉手"等项目，积极组织不同民族青少年共同参与的交流活动，在不同民族青少年之间搭建起联系、沟通的平台，树立起各族兄弟手拉手、中华民族一家亲的朴素意识。

服务青年成长的核心内容是就业创业。就业创业是青年最迫切、最现实的需求，这在民族地区显得格外突出。少数民族青年在就业和创业上面临着很多困难，如文化知识储备不够、就业技能欠缺、语言障碍等。针对这些问题，支援地区团组织要将促进青年就业创业作为开展对口支援工作的切入点，为青年在岗位实习、技能培训、双语学习等方面给予支持和帮助。要继续统筹好青联、青年创业就业基金会、青企协、青基会的优势，为对口支援工作提供必要的资金保障。

民族地区共青团工作特别是基层工作受客观和主观条件影响，基础弱，力量小，资源少，开展工作难度大。这既是民族地区共青团工作的重点，也是难点。在工作路径上，支援地区团组织要在支援资源和项目上，进一步向民族地区团的基层组织和基层工作倾斜，通过挂职锻炼、考察学习，帮助民族地区基层团干部提高工作能力和水平，通过双向交流、双向挂职，促进两地团干部在思想观念、能力水平的提升，有条件的地方可以举办民族地区青年干部培训班。要引导鼓励优秀的大学毕业生到民族地区工作，要通过“西部计划”、“研究生支教团”等志愿服务项目，加大对民族地区的派遣规模，特别是针对工业发展、城市管理、教育卫生、双语教育等专业进行对口选派，进一步扩大支教、支医、支农、支企活动的规模和范围，动员各族青年投身边疆的建设。

2. 将共青团对口支援工作与党政对口任务相结合。近年来中央动员和组织国家各部委和全国发展较快的地区加大了支援民族地区的工作力度，相关省份按照中央要求，制订了对口支援的专项规划，明确支援的目标和任务，全面组织实施了对口支援工作。做好对口支援工作，是共青团服务大局的具体行动，各级团组织要在党政对口支援工作中发挥积极作用。

一是主动争取纳入党政总体计划中。当前，部分省区市启动了新一轮对口支援计划的调研和制定工作，各级团组织要与党政有关部门及时沟通汇报，认真开展调研，受援地区要摸清本地区共青团工作情况和青年普遍需求，支援地区要广泛了解需要借助党政力量统筹的资源，为共青团对口支援工作创造更大空间。

二是在党政对口支援工作大格局中找准定位。要积极主动地完成好党政交办的对口支援任务，特别是要善于在经济支援、干部支援、人才支援、教育支援、科技支援相结合的整体工作中，体现共青团的工作和活动，发挥好共青团组织的作用。

同时，要在对口支援工作中积极考虑发挥团组织在社会管理创新中的作用，例如，充分发挥民族地区驻外团工委的作用，利用乡情的社会机理，一方面加强对务工民族青年的联系与服务，另一方面动员更多的民族青年以一定形式参与对家乡的对口支援工作。

3. 将共青团对口支援工作与双方的能力和需求相结合。任何一项工作都要符合事物发展的客观规律，切合实际工作的现实需求，对口支援工作也是如此。只有循序渐进，顺势而为，量力而为，这项工作才能长久、持续地开展下去。由于受经济社会发展水平和历史文化、宗教等方面影响，民族工作的长期性、民族工作的特殊性、当前国际国内形势的复杂性，使得民族地区共青团工作面临很多挑战和困难，任务很重。一方面，要做好民族地区对口支援工作，团中央和各省、市要整合资源，统筹安排，加大对民族地区支援的力度。另一方面也需要民族地区自己去挖掘和整合资源，应对挑战解决问题。

一是要准确把握好受援地区的需求重点和差异性。由于经济社会发展状况、工作资源基础、青年利益诉求等方面各不相同，受援地区团组织的需求也不尽相同，有的需要加强青少年交流，有的需要培养青年干部队伍，有的需要安排青年就业创业技能培训，有的需要在硬件建设、基础设施建设给予支持，等等。受援地区团组织要提前做好调查研究，主动沟通协调，确保对口支援工作重点突出，项目科学合理，既切合当地实际，又与支援省份的情况和能力结合起来。

二是要将支援地区有限的资源用好用实。支援地区的共青团工作同样面临很大挑战，自身还有很多难点问题亟待解决。共青团是一个群众性的组织，不论东中部还是西部，同样存在着可动员社会资源是有限的这一客观事实。支援地区的团组织既要全力支持好受援地区，也要力所能及，将推动本地区团的重点工作与加强对口支援工作统筹考虑。既要强调资金、项目的硬件资源支持，也要重视人才、信息、经验等方面的软件资源支持。

三、统筹资源，形成合力，确保共青团对口支援工作扎实开展

对口支援工作是共青团工作的重要组成部分，也是共青团推动科学发展、服务青年的生动实践。各级团组织要把对口支援工作纳入重要议事日程，真抓实干，加强配合，高起点、高标准抓紧抓好各项工作。

一是要加强领导。各省级团组织要贯彻落实好这次会议精神，把这项工作纳入当地团的工作全局中去统筹安排，积极部署，更好地发挥各自优势，实现有效项目对接，力所能及地开展对口支援工作。

二是要加强沟通协调。只有相互之间加强沟通和协调，才能确保工作对接的科学和合理，项目才能可持续地开展下去。受援地区团组织要主动与支援省份加强协调配合，及时与本地区有关部门联系沟通。支援地区团组织要主动了解受援地的经济发展、产业布局、就业形势、青年生产生活、人才培养等基本情况，熟悉当地环境。

三是要营造良好气氛。近年来，对口支援工作中出现了许多好经验、好做法和感人事迹，要注重在生动的实践中去挖掘典型，加强民族团结、对口支援的宣传，营造一个良好的社会氛围。

同志们，做好对口支援工作，责任重大，任务艰巨。希望大家坚定信心，齐心协力，共同努力，以对党、对祖国、对中华民族的前途和未来高度负责的态度，扎实做好各项工作，以优异的成绩迎接党的十八大胜利召开。

罗梅在2012年度全国少先队辅导员大规模远程培训上的讲话

2012年7月2日，根据录音整理

刚才，团中央书记处第一书记陆昊同志就少先队工作作了重要讲话，大家要深入领会，认真落实。下面，我就少先队的具体工作与大家交流。

团十六大以来，在团中央书记处领导下，在教育部支持下，我们集中全队智慧，通过不断的学习思考、实践探索，进一步深化了对新的历史条件下少先队工作规律的认识，形成了比较清晰的工作思路和工作布局，概括起来就是：一项任务、三项建设。具体而言，一项任务就是把握好少先队组织在新的历史条件下的根本任务；三项建设就是重点抓好少先队学科建设、少先队活动课程建设、少先队辅导员专业化职业化建设。这些都与少先队工作者、少先队辅导员们有着密切的联系。所以今天我既要讲一项任务、三项建设是什么，为什么要确立这些重点工作，还要讲讲各级共青团组织和少工委“怎么干”，基层辅导员“干什么”。

一、关于落实好少先队组织在新的历史条件下的根本任务

1. 少先队的根本任务有哪些主要内容？

搞清楚根本任务，也就是弄明白我们“干

什么”的问题。

在全国少工委五届五次全委会上，我们提出了新的历史条件下少先队组织的根本任务，在第六次全国少代会上得到确立。完整表述是：“要引导少年儿童有爱心，养成良好的道德行为习惯，增强国家意识、科学意识、劳动意识、审美意识，还要锻炼强健体魄，培养良好心理素质；要特别注重党、团、队组织意识和教育内容的衔接，灌输培养少年儿童对党和社会主义祖国的朴素感情。”

我们强调，要准确把握中国特色社会主义教育体系的总目标。培养“合格建设者”，是与基本素质紧密联系的；培养“可靠接班人”，则与思想意识密切相关。少先队要处理好素质层面的任务与思想层面的任务之间的关系，把工作侧重点放在引导少年儿童形成一些健康、积极、向上的意识，形成社会主义核心价值体系所要求的重要意识，特别是灌输培养少年儿童对党和社会主义祖国的朴素感情。这并不是说，素质培养对于少年儿童不重要，少先队不需要开展这方面的活动，而是从我们作为党的少年儿童群众组织的角度，从市场经济条件下各类社会组织的根本功能的角度，既融入国民教育，又要和教育部门、学校以至社会教育机构各有侧重，发挥好自己的职能作用。

对于根本任务，可以从两个层面来理解：

在基本思想意识层面，陆昊同志指出，从合格建设者的角度，少先队工作要强调帮助少年儿童形成一些重要的意识，以此支持未来形成良好的素质。我们的工作和活动只有把握住这一点，形成教育功能，才能有生命力。要通过引导少年儿童有爱心，养成良好的道德行为习惯，增强国家意识、科学意识、劳动意识、审美意识，锻炼强健体魄，培养良好心理素质，把民族精神和时代精神、社会主义荣辱观的要求落实到少先队工作中，帮助少年儿童形成积极健康向上的生活态度，培养良好的思想道德品质。

这项工作是我们基层辅导员过去比较擅长和广泛开展的一项工作、活动。很多的工作、活动实际上是围绕着刚才说的基本层面，也就是围绕着我们说的素质教育来开展的。这里有一个缺憾，就是不太注重活动开展的过程当中帮助少年儿童形成培养这些素质的重要的思想意识。刚才陆昊同志讲的，少先队的工作不同于传授知识和技能，更重要的是让孩子形成一种意识，比如培养科学意识。不是教会他掌握科技技能去参加一项科技比赛，而是培养孩子热爱学习、实事求是、探索创新的精神，这才是我们需要把握的基本层面的重点。

在最重要的思想意识层面，我们强调少年儿童的政治启蒙。刚才，陆昊同志用了很多国际上关于政治社会化的理论成果和大家做了交流。国内外许多理论和实证表明，少年儿童时期形成的政治取向会永远留在心里，并在成年后表现在政治行为上。根据少年儿童认知、情感、意识、行为形成的一般规律，这一时期还不可能形成成熟的、坚定的思想，所以我们强调少先队要培养朴素感情。用大家便于理解的话，朴素感情就是发自内心的、真心实意的情感，比如相信“共产党好、社会主义好、伟大祖国好”，认同少先队，向往党和共青团等等。这是根本任务中最重要的内容，也是很有挑战的内容，所以我们始终不能动摇、不能含糊、不能放弃、不能遗忘。

2. 为什么要强调少先队的根本任务？

少先队的根本任务是由少先队的组织属性决定的。而组织性质是任何一个组织首先要把握的基本理念。

少先队作为全体少年儿童的组织，有着儿童性、群众性、自主性、政治性、教育性的基本特点，儿童性是少先队最基础的组织属性，政治性（思想性）是少先队最本质的组织属性。我们强调，必须把握好儿童性和政治性（思想性）的统一，既要尊重少年儿童主体地位，竭诚为少年儿童健康成长服务，更要巩固党的执政基础，为培养党的事业合格建设者和可靠接班人发挥不可替代的作用。

少先队是党创立和领导的少年儿童的群众组织，对照党章、团章和队章，可以这样形象理解，党是先锋队，团是后备军，少先队是预备队。这种紧密的关系，我们也能真切地感受到。比如，我们的队旗，星星火炬，星星代表中国共产党，火炬代表光明。我们的红领巾，是红旗的一角，而红旗是党的事业的象征。这些都说明，少先队不是一个一般的少年儿童组织，是一个政治性、思想性很强的少年儿童群众组织。我们的辅导员需要强化身份意识和责任意识，认识到自己不仅仅是一名任课教师，更是一名党的少年儿童工作者。特别是当前，我国正处在改革发展的关键时期，社会思想意识多元多样多变，形成全民族全社会的统一意志，对于全面建设小康社会、实现中华民族伟大复兴非常重要。这就要求我们站在巩固党的执政地位、实现党的执政使命的高度，牢牢把握少先队组织属性，落实好少先队根本任务，努力为党和国家的事业赢得未来，培养可靠接班人。

在实践中，有一种错误倾向，仅仅把少先队看作是一个普通的少年儿童组织，忽视少先队最根本的组织属性。我们对少先队的政治性、思想性要有坚定的立场，不能在五彩缤纷、丰富多彩的活动过程中忘记少先队的组织属性，丢掉根本任务。

有的同志提出，国民教育中的德育也进行思想道德教育，许多学校的少先队大队辅导员还兼着德育副主任，因此少先队工作与学校德育是不是一回事？应当说，少先队工作与德育工作是密切联系，相互促进的。两者有共通的地方，首先，两者培养的方向是一致的，都是围绕着培养我们党的事业的合格建设者和可靠接班人这个目标来进行的；其次，两者都培养孩子对我们政党、政体和制度的认同，对坚定他们的信仰做一些思想意识的引导和铺垫。但两者在体制上有不同安排，在教育内容上有不同侧重，特别是在教育方式上有各自路径，彼此不可替代。

第一，少先队是党做出的一项重要政治安排。我们党在新中国成立伊始就亲手缔造了全国统一的少年儿童组织。建队 60 多年来的实践证明，这种安排符合党的事业长远发展的需要，符合中国国情，是中国特色社会主义制度的组成部分，是十分重要的。这是两者在体制上和制度设计上的不同。

第二，在教育内容上，少先队重视政治社会化功能，塑造孩子正确的政治价值取向的组织意识，更加注重思想层面的教育引导，有自己独特的侧重点。2011 年版的义务教育《品德与生活课程标准》中，主要是讲健康、安全、负责任、有爱心的生活，动脑筋、有创意的生活，学会关心、学会爱，养成良好的品德行为习惯，为使其成为爱祖国、爱人民、爱劳动、爱社会主义的公民打下基础。这跟少先队的基本层面有一些交叉。中高年级，主要是以学生良好品德的形成为核心来促进学生社会性发展，包括“我们的健康成长”、“我们的家庭生活”、“我们的学校生活”、“我们的社区生活”、“我们的国家”等等。义务教育《思想品德课程标准》（2011 版），关于初一、初二最主要提到了思想品德的发展，是一门引导和促进初中学生思想品德发展的综合性课程。而少先队重在政治启蒙教育、组织意识养成、成长取向塑造。因此，德育和少先队教育有交叉，但是有不同的侧重点。

第三，在教育方式上，少先队教育以组织生活和集体活动为基本方式，坚持“孩子为主，老师为辅”。少先队更加注重孩子们自我管理、自我教育、自我服务，这与课堂教学和学校管理活动是不同的。

3. 如何落实少先队的根本任务？

组织属性、根本任务在很大程度上要通过基本职能来实现。团结、教育、引导少年儿童是少先队组织的三项基本职能，要通过增强工作的普遍性、针对性和适用性来有效履行。

第一，履行团结职能，必须注重普遍性。要扩大少先队组织的覆盖面，增强少先队基层组织活力，从而达到把全体少年儿童组织起来的目标。这几年，全国少工委开展的大型的活动是不太多的，更注重比较易于组织和开展的活动，一年基本上也只有“六一”和“十一三”，其他的时间都给了基层辅导员和大队、中队，大家有足够的自主空间。当前，少先队组织还是要注意覆盖到一些比较偏远的农村学校，不然组织的普遍性就不会完全得到体现。这也跟我们开展活动的方式、载体能不能适应城乡少年儿童成长需要有一定的关系。

第二，履行教育职能，必须注重针对性。要按照争当“四好少年”的目标要求，依托少先队组织体系开展的有计划、有步骤、可检验的系统性活动，进行少年儿童做人的基本品格、素养的教育，重点是爱党爱社会主义祖国的教育。教育的职能主要是围绕根本任务来开展。本届少工委开展的大型的主题活动，比如“六一”和“十一三”，基本上围绕着“红领巾心向党”的主题。当然有形式上、方式上和侧重点的不同，但基本上没有脱离“灌输培养少年儿童对党和社会主义祖国的朴素感情”这一项重要的内容。

第三，履行引导职能，必须注重适用性。要遵循少年儿童认知、意识、信念、情感形成的规律，运用艺术、时尚、情感元素和信任、友谊、伙伴等因素，探索时代感强的载体，向少年儿童灌输培养重要的思想意识。

根本任务是少先队工作的思想逻辑。当前，落实好少先队组织的根本任务，从工作部署来看，主要体现为三项建设。第一，是少先队学科建设。我们现在学科初步命名为“少年儿童组织与思想意识教育”，在我们少先队组织系统内基本上形成这个共识。因为少先队是少年儿童的组织，有我们独特的组织教育。少先队最主要的是要让孩子们形成以后能具备良好素质的思想意识，而不仅仅是素质本身。我们不是教他怎么劳动，而是让他有一种劳动的精神，知道劳动是创造财富的。所以这可能是我们在学科建设方面需要把握的。第二，是少先队活动课程建设。第三，是辅导员队伍专业化、职业化建设。其中，学科建设主要是提供理论支撑。少先队活动课程建设承载着少先队的实践载体。辅导员队伍专业化、职业化建设是提供人才保障。少先队的活动课程建设是少先队一个外化的活动的载体，或者叫行动载体，因为有了理论的逻辑，有了思想的逻辑，最后外化为少年儿童能够接受的活动载体，就是我们所说的课程的实践。怎么跟孩子讲党，怎么跟孩子讲社会主义，社会主义的制度的优越性在哪儿，怎么看待我们国家发展中的优势和存在的问题，这些是我们辅导员要通过孩子们能够接受的语言和活动形式让孩子们去理解的。那么辅导员的专业化、职业化建设，就是为支持我们刚才说的思想逻辑和理论体系，包括外化的行动载体来提供人才保障。这可不是个简单的事情，如果我们对这些问题把握的不是很深刻、很全面，就不一定能做好这件事。

二、抓好少先队学科建设

少先队的学科，主要以教育学为基础，综合心理学、政治学、社会学、管理学、传播学等若干其他学科，系统地提炼、升华少先队教育的理论与实践，探索在教育学下构建与少先队组织根本任务密切相关的二级学科，叫做“少年儿童组织与思想意识教育”，以此来建构少先队辅导员特有的专业化的职业素质结构。

（一）为什么要搞学科建设

1. 可以科学回答少先队独特的育人作用。少先队为什么重要？为什么能够引导少年儿童形成重要的思想意识，对少年儿童进行有效的政治启蒙？为什么能够在培养社会主义可靠接班人当中发挥不可替代的作用？背后的逻辑、原理和实现方式是什么？这些问题一直以来只有政治的逻辑而缺乏学术的回答，这也是大家关心的。因此，我们现在开展学科建设，正是为了能够解答这些问题。

在我国，自从少先队建队以来，少先队对每个人的成长发挥着很大的作用，我们接触的包括国家领导人，还有一些专家，比如，我国著名的数学家杨乐，他认为，在小学阶段参加少先队的活动的过程中，养成了一些习惯和精神，对他今后成为数学家，进行数学研究起着非常大的作用。“不可替代”，这是胡锦涛总书记在致少先队建队60周年的贺信上讲的，背后的逻辑、原理、实现方式是什么，我们跟团跟党有着密切的关系，在培养党和人民事业的可靠接班人、合格建设者方面，跟德育有交叉，又有不同侧重点。

我们提出“灌输培养”，有些人有一些质疑、有一些困惑，特别是基层的教育者，认为“小学应该主要抓行为习惯和基本道德的养成。而现在少先队提政治启蒙，孩子能不能听得懂，政治这么抽象，是不是在孩子小的时候能够讲明白？”要回答这个问题，就需要运用学科中的政治社会化理论作为支撑。第一，政治社会化研究明确提出，应当对少年儿童进行政治启蒙教育，因为孩子幼年时期形成的政治倾向和朴素感情，对他一生的政治选择会起到重要作用。第二，对少年儿童进行政治启蒙教育要方法得当，符合孩子的身心发展规律。比如，6—8岁的儿童可以借助具体生动的事件或人物来把握政治概念，对年龄小的孩子讲政治机构是不行的。美国研究表明，小孩子看政治体系好不好，一是看政治领导人，是不是亲切，做的事是不是孩子喜欢；二是看警察，是不是关心孩子、帮助孩子。9—11岁的儿童具有从众性，政治学习可以进行良好的榜样示范教育。比如，“红领巾心向党”，身边的榜样，青年人的榜样，包括涌现很多的青年代表，像张丽莉、吴斌等。12岁以后的孩子自我意识高涨，政党依恋呈下降趋势，政治兴趣呈上升趋势，可以从国情、制度等角度逐步深入，增加理性思考和实践体验的成分。这些学科理论充分说明了少先队组织和思想意识教育的科学性和专业性要求。

2. 可以更好地指导实践。从实践层面而言，少先队工作经历几十年的发展，积累了许多宝贵的经验，一些少先队研究者也发扬了探索精神和首创精神，借鉴相关学科理念为少先队理论研究作了前期探索，使少先队研究初步超越了感性认识阶段。但是作为一门学科，少先队尚未建立起符合学术界普遍认可的理论体系，为此需要在梳理、提炼、归纳少先队多年来研究成果的基础上，充分借鉴教育学、心理学、政治学、社会学、管理学、传播学等相关理论，完成对丰富实践的深度理论提炼，形成科学系统的学科理论体系，从而指导实践，使大家掌握少年儿童组织和思想意识教育的一般规律和方法，为活动课程建设提供理论支撑。

3. 可以推动少先队的人才培养和职业发展。当今各行各业都讲究技术含量和专业深度，我们少先队辅导员关心的职称首先不能和重要性联系在一起，而必须和学科联系在一起。只有具备学科的支撑，才能为中小学教师职称评审中单独设立少先队活动评聘科目提供可能。同时，我们积极争取在高校开少年儿童组织和思想意识教育专业和方向，也为未来将要从事辅导员工作的在校师范生和在职辅导员深造提供了一个很好的培养平台。

（二）学科建设的主要内容

近两年来，我们请教了国内相关领域的一百多位专家学者，很多是权威专家，还包括我们队内专家，召开了多次集中研讨会，探索构建学科基本理论，确定了“少年儿童组织与思想意识教育”的名称，现阶段主要开展三方面的研究。学科建设主要是省以上的共青团和少先队组织，特别是要借助有关高校的一些专家来完成。

1. 基本原理。着眼于中外少年儿童组织开展思想意识教育的一般规律,重点研究少年儿童组织的教育功能,少年儿童重要思想意识形成的心理规律、影响因素和途径,如何建设有教育功能的组织,进行组织教育的基本原则、理论等等。全国少工委已经做了一些工作,有了一些初步的成果。

2. 工作方法。主要研究少年儿童组织开展思想意识教育有些什么最经典、最基本的教育方法,比如仪式教育、榜样教育、纪律教育、舆论教育,等等。

3. 工作实务。主要研究如何设计、开展有意义、有意思的少先队活动,其中有哪些重要的操作环节和考虑因素,等等。其中具体的操作环节,具体的方法、形式可能是我们要考虑的。我们要把工作方法和工作实务结合起来,两者不能脱节。希望团省委、省级少工委的同志配合全国少工委在这方面进一步改进。我们力争暑期可以形成一个书稿,争取在下个学期开课之前能够提供给大家使用。

(三)学科建设的具体实施

1. 各级少工委的主要任务。

第一,要积极推动本地师范类高校开课开专业。这是公认的建立学科的必要条件和标志,是推动学科不断深入发展的主要机制,有利于从源头上提高辅导员专业素养。不开课就不能形成一个研究方向,不能形成一个专业,就谈不上是一个学科。目前全国有9所师范院校开设少先队相关学科选修课程,另有21所师范院校确定将于今年9月开设课程。

据我们了解,在开课方面,高校学生积极性是很高的。因为这一学科的理论、方法和实务与经典教育学不完全一样,有自己的鲜明特点,有很多新的东西,它启发学生从新的维度、视角去思考很多教育现象和问题,只要高校学生了解了,就会非常感兴趣。

要成为一门学科,必须在高校成为一门研究方向进而成为一门专业,而要成为一门研究方向进而成为专业,必须在高校开设课程。首先开课然后才能形成专业,专业形成了才能成为一门学科,然后再加上中小学少先队活动课程设置,才能支撑辅导员职称。各级少工委要下大力气推动在师范院校开设少年儿童组织与思想意识教育课程,推进形成儿童组织与思想意识教育专业。它是一个交叉学科,各方面的专家也是有的。我们再掌握一些少先队的基本理论,系统梳理以后,逐步开展是有条件的。要重视院校选择,既要选择著名高校培养研究生层次,还需要联合培养小学、初中教师和培训在职教师的本科师范院校。要重视运用学科建设成果,达到学科应有的深度,将少年儿童重要思想意识形成规律、少年儿童组织教育的原则方法等作为主要内容。有条件的省(自治区、直辖市),也可以在这一框架下,组织专业力量,积极开展学科重要问题的研究。

第二,抓好在职辅导员培训。我们还是要有针对性,不能什么问题热闹就讲什么问题。要有针对性地解决我们少先队辅导员和少先队工作在专业方面的一些缺失和不足。我们要继续联合教育部师范教育司实施"国培计划——骨干大队辅导员培训项目",推动省、市级在教师在职培训中增设辅导员培训项目,围绕少先队组织的根本任务,用好学科理论建设成果,开展有针对性的培训。

2. 基层辅导员主要任务。

第一,要学好相关理论。这些理论对大家的成长以及职业生涯的发展进步是非常有益的,对大家拓展视野和清晰思路很有帮助。能不能成为真正进行有效教育的少先队辅导员,需要这方面的专业知识和技能的积累。即便从事其他学科教育工作,这些技能和专业知识也是非常有必要的。希望大家能抽出时间,静下心来学一学这些理论知识,结合工作实践加深理解,验证一下这些理论是不是有道理,能不能化解一些原来的困惑。同时也可以提出意见,帮助我们丰富和完善这些理论。

第二，要用好相关理论。在开展少先队活动课程时，要运用学科理论指导，举一反三，使工作从自发走向自觉。当前，爱心、科学意识、劳动意识、国家意识、审美意识等规律性的总结提炼还是要加强。辅导员之间应当就学用理论开展交流，集思广益。由于每个人对学科理论的理解掌握和实际运用会有所区别，因此，通过交流启发，能够更好地促进理论的吸收和运用。

三、抓好少先队活动课程建设

团中央书记处强调，要找到根本任务的落实载体，少先队要用少年儿童喜闻乐见的形式、丰富多彩的活动、易于接受的方式和语言来开展教育。建设少先队活动课程，要靠少先队组织根本任务、学科所形成的思想逻辑、理论体系，进而联系少年儿童，设计培养少年儿童重要思想意识的行动载体，解决少先队组织根本任务的落实问题，也解决辅导员的职业生涯问题。此前，我们提出分层教育体系，讲党讲社会主义祖国探索，到现在明确提出课程建设，反映了对这个问题认识的深化。

要通过保证时间开展少先队活动，建设少先队活动课程。课程是国家意志和核心价值观的体现，居于学校教育的核心地位。在国家基础教育课程改革的大背景下，少先队活动课程将承载少先队活动中最稳定、最基本、最经典、最普遍的部分，将有力推动少先队教育的经常化、系统化、科学化，使八年的少先队经历成为影响孩子一生思想发展的重要教育过程。

中小学少先队活动课程是重要的桥梁，它一头连着辅导员，一头连着少年儿童；一头连着高校"少年儿童组织和思想意识教育"学科专业，一头连着中小学教师职称"少先队活动"评聘科目。它为高校"少年儿童组织和思想意识教育"学科专业毕业生提供了必不可少的就业岗位，为中小学教师职称"少先队活动"评聘科目提供了专业性工作内容。

1. 少先队活动课程建设的必要性。

第一，适当的教育频率是影响教育效果的必要条件。美国著名教育家本杰明·布卢姆的"掌握学习理论"认为："只要给足够的学习时间和适当的教学，几乎所有的学生都可以掌握所有的学习内容。"中小学各科教学都有固定的课时，从而有效地保障了学科教学任务的实施。如果少先队连基本的、稳定的教育时间都无法保障，教育效果就无从谈起。

第二，系统性的课程规划是提高少先队教育质量的基本要求。课程具有渐进性。少年儿童在不同的成长时期，有着不同的心理生理特点，需要由浅及深、构建分层教育体系。我们的一线辅导员们很热爱少先队，但多年来确实有许多基层辅导员是凭热情、凭经验、靠感觉开展活动，不是所有的辅导员都能保证良好的教育效果。因此，对少先队活动系统规划，对少先队活动进行认真梳理、归纳、总结，形成科学的课程体系十分必要。

第三，课程资源是少先队教育的有力保障。因为课程有教学器材、教学用书、评价激励手段、教学研究等资源支持，能够更好地支撑少先队教育。同时，课程是教师专业性的具体体现，能够支持辅导员职称科目。它是整个少先队工作极为重要的立足点和支撑。

2. 活动课程建设的可行性。

第一，有丰富的实践基础。少先队活动课程不是零起步，长期以来学校里有队会课，有一支专职的大队辅导员队伍和兼职的中队辅导员队伍，开展了大量的少先队活动。少先队活动已具备活动课程的各要素，比如，独特的性质、目标、内容、实施途径、手段和评价等等。

第二，有活动课程的先例。十多年前，中小学的课程只有一类，就是语文、数学、英语、音体美，以课堂教育为主。2001 年第 8 次基础教育课程改革方案中，新增了"综合实践活动"作为中小学校的必修课程，同时越来越多地鼓励学科课程到教室外面去上，到社会大课堂去上。所以我们开设少先队活动课程，符合中小学课程日益多样化的趋势。

第三，有教育部门的课时保障。一直以来，教育部门重视少先队工作，课程设置方案中大多对少先队活动时间做了规定。一段时间以来，针对基层客观存在的少先队活动时间难落实的问题，我们通过必要方式，多次与教育部门进行沟通和争取。在中央的关心下，教育部在第9次基础教育课程改革中，将在《义务教育课程设置方案》里明确“少先队活动”为国家规定的必修课，每周1课时。这将为建立少先队活动课程提供坚实保障。

3. 少先队活动课程的性质。

有的同志担心，少先队活动成为一门课程后，会不会变成一堂枯燥的课？会不会减少少先队的灵活性和创造力？这里我可以明确告诉大家，有了少先队活动课以后，少先队活动天地更大了，少先队教育更丰富了。

第一，少先队活动课程不是课堂教学而是活动教育。这一课程的特点是以少年儿童思想意识教育为内容，以少先队独特的组织生活和活动机制为教育形式，运用艺术、时尚、情感等元素系统开展活动，而不是课堂教学。

第二，少先队活动课程不会增负而是减负。根据国家义务教育课程改革精神和方向，一般性的知识教育要往下减，对终身有价值、有意义的知识和方式要增加。少先队活动不会给中小学生增加任何学习负担，我们鼓励少年儿童积极参与主题鲜明、丰富多彩的各类活动，在活动中，他们将进一步解放身心，得到不同程度的感悟和锻炼，实现健康成长。

第三，少先队活动课程的评价方式不是考试而是激励。少先队活动课程不布置书面作业，也不进行考试，坚持正面教育和多元评价，通过一枚枚雏鹰奖章，鼓励少年儿童通过定章、争章、评章、颁章、护章，不断为自己确立新的目标，看到自己的进步，证明自己的成功。

4. 少先队活动课程的特点。

少先队活动课程具有很强的思想性、创造性、开放性、生成性和自主性。

思想性体现在，少先队活动课程不仅仅是形式丰富多彩，更不是简单的蹦蹦跳跳，背后渗透着社会主义核心价值体系要求的一系列重要思想意识，要求始终围绕着少先队组织根本任务来实施。创造性体现在，少先队活动课程有基本的教育手段，但具体实现方式没有框框，鼓励辅导员和队员充分发挥创造性思维。开放性体现在，少先队活动重视抓住社会事件、重大活动等教育契机，教育内容具有较强的灵活性，可以随着社会生活的变化作必要调整。生成性体现在，尽管少先队教育活动开始前都有精心的设计，但是教育过程却不是机械的执行过程。随着活动的展开，可以在不偏离预设教育目标的前提下，不断生发新的灵感和创意，使队员的认识和体验不断加深。自主性体现在，少先队活动中我们始终坚持“辅导员指导、少先队员自主”的教育模式，辅导员在教育过程中，不是说教者，而是指导者，辅导员运用各种活动形式，帮助少先队员通过自主实践和积极思考，从而实现自我管理、自我服务、自我教育。

5. 少先队活动课程的主要内容和形式。

少先队活动课程可以从三个维度来理解：一是分为三阶段八个年级；三阶段即低年段、中高年段和初中年段。二是有政治启蒙、组织意识和成长取向三个方面内容。三是主要有少先队组织生活、集体活动等形式，还可采用信息传播和个体辅导等。

第一，少先队的组织生活。党、团、队有着紧密的关系。少先队的组织生活是为了培养少先队员的组织意识，培养对党、团、队组织价值观的认同感，渴望成为党、团、队组织中一员的荣誉感，愿意为组织出力并对自己组织尽义务的责任感。这些意识的培养是通过少先队组织生活中最经典的表现形式来实现的。比如，入队仪式虽然看着简单，但是那种对组织追求的美好理想的向往，对成为组织一员的光荣感在少年儿童的心里已经萌发。比如，通过少先队小提案和民主选举小干部，已经形成了对社会主义民主的初步接触，在脑海里形成了权利意识、责任意识、奉献意识的基本印象。我们的基本制度、核心价值观通过这样潜移默化的方式完成了一次教育过程，这就是小舞台能唱大戏的原因。

第二，少先队的集体活动。我们开设少先队活动课程，就是要从少先队集体活动中总结提炼具有少先队鲜明特点的活动机制。比如，“红领巾心向党”活动，采用正面灌输、榜样引领等方法，体现情感归依、情感升华等教育原理，进行政治启蒙，培养队员对党的朴素感情。“手拉手”活动，就要通过让不同地域、不同民族、不同境遇的少年儿童手拉手做好朋友，使少年儿童逐步形成正直、善良、诚实、有爱心等基本道德品格。比如，“少年军校”活动通过训练、竞赛、展示，运用角色模拟法等，培养少年儿童爱党、爱人民军队的情感和国家意识、国防观念以及健康体魄、坚强意志。

6. 如何建设少先队活动课程。

各级少工委抓好少先队活动课程建设，应当做到“三个要”。

第一，要落实课时。国家层面上已经同意在国家课表里面设一周一节课，但是真正落实到学校的课程表上，还需要省、市、县的同志一起努力。新的国家课表出台后，要推动同级教育部门纳入本级课程安排，并积极争取在地方课程中增加少先队活动时间。通过联合开展督导，保证基层学校专课专用，指导基层辅导员充分用好这一课时。

第二，要用好纲要。全国少工委正在抓紧研究和制定《少先队活动课程指导纲要（试行）》，将作为课标性文件颁布，明确少先队活动课程的指导思想、目标、性质、基本活动内容、活动标准、实施路径、评价方式、课程保障。各级少工委要在此基础上，结合本地实际加以具体化，规范和指导少先队活动课程的实施。

第三，要争取保障。各级少工委要努力寻求教育行政部门和学校的支持，通过相关途径挖掘各种资源，落实经费、教辅资料和器材等配套资源。

广大基层辅导员在少先队活动课程建设中起着至关重要的作用。课时能否用好，教育内容能否实施，都要靠大家来最终落实。

一是要争取校长支持。新学期新的国家课表公布后，借助上级团委、少工委的力量，把少先队活动课时落实到学校课表上。

二是要认真做好活动设计。要和少年儿童的生活经验相结合，加强活动设计，既要强调思想性，也要重视道德教育和实践养成，是开展活动，不是课堂教学，不能变成讲课。同时，要发挥主动性、创造性，使有意义的活动变得有意思。比如，山西在全省创新、推广入队仪式，让家长见证孩子入队的光荣时刻，在队旗下合影留念，赠送成长寄语，这综合运用了少先队礼仪文化、教育氛围营造、借助家长等重要人物影响等多种教育手段，既富有亲子的温情，又极具感染力，在队员的心里留下了深深印记。我们给全队辅导员编了一本《灌输培养少年儿童对党和社会主义祖国朴素感情工作读本》，有这样一个教育读本，希望大家用好它。

三是要用好文化产品。共青团引导工作正在由“内容供应”向“产品供应”转变。我们感到，文化产品是深受少年儿童喜爱的教育载体，音乐、图画、视频、动漫、故事等文化产品有着很好的教育效果。我们掌握这个时代孩子的特征，包括他接受信息的一些载体和路径很重要。比如，建队 60 周年胡锦涛总书记贺信提出争当“四好少年”。“四好少年”四个方面的内容，如果我们编成歌曲，编成动漫作品，更易于让孩子理解和记住。全国少工委前年约请有关专家创作了 8 首“四好少年”歌曲并制作 MV，去年又做了 6 首“红领巾心向党”歌曲及 MV，包括北师大附小、首师大附小，我们让这些孩子去唱，伴随着少年儿童喜欢的旋律，孩子们就好记。目前我们正在和江苏凤凰传媒出版集团合作出版少先队系列动漫版教材。在今年的共青团新媒体和文化成果交流展览会上，各地少先队组织都创作和挖掘了一批成果。这些都可以成为基层辅导员的教育资源。大家也不妨开动脑筋去发现和整合各种文化资源。本地资源是开展少先队活动的资源宝库，比如人文资源、红色资源，等等，只要发挥主动性，它可以无处不有。一名出色的辅导员，应当善于发现和借助文化资源，在少先队活动中广为运用。

四是要扎实推动教研。以大队辅导员为主，吸收年级辅导员、中队辅导员成立教研组，对少先队教育的内容、方式、途径进行研究，通过教案交流、课题研究、发表论文等方式，不断提高少先队教育科研能力。

少先队教育包括但不限于少先队活动课程，还要善于用好各种课时和非课时的时间段，充分利用综合实践课、德育课、晨会、升旗仪式、大课间、自由活动时间以及课余课外和假期开展活动。

四、抓好少先队辅导员专业化职业化建设

做辅导员，首先心里要有孩子，要热爱少先队工作，这是老一代少先队工作者身上非常可贵的品质，我们一些老的辅导员非常热爱孩子、非常热爱这份工作，可以说为少先队工作奉献了终身。干一行要爱一行，爱一行才能干好这份工作。同时我们要着眼于少先队辅导员作为少年儿童成长发展所必需的思想意识的重要引导者和有力推动者，提高我们的专业素质，构建我们职业成长的发展路径。

（一）少先队辅导员职称评聘

1. 职称是制约辅导员专业化职业化发展的关键因素。

职称是专业技术人员的标志，中小学教师职称是衡量教育教学水平的专业评价标准，又是构成教师职业发展的专业激励手段。当前，从制度性和长期性角度来看，职称评聘是事关辅导员队伍积极性和工作深度的牛鼻子。根据目前国家中小学教师职称改革的方向，今后中小学教师最高可以评上正高级职称，相当于正教授。职称对辅导员具有很强的现实意义，它对辅导员的学术地位、经济待遇和社会评价的影响越来越大，从某种意义上说，也成了辅导员职业选择主要衡量因素，成为辅导员最为关心的内容。推动辅导员职称评聘，有利于引导大家全身心投入工作，寻求内心里对少先队事业的认同感和归属感。

2. 少先队辅导员职称评聘的基本设计。

少先队辅导员职称评聘主要是采取“单设为主，折算为辅”双线并进的思路。

第一，辅导员职称单列。主要是在中小学教师职称评聘中，像语文、数学、音、体、美那样，单设一个“少先队活动”科目，做好少先队辅导员与课任教师类似的激励机制设计。

主要有以下几方面考虑：一是体现公平，它使辅导员从事的少先队工作像其他学科一样，在职称方面获得同等尊重和肯定，解决辅导员“干什么”和“评什么”脱节的问题。二是突出优势，有利于突出少先队专业性的优势。三是职业发展，可以为辅导员提供一个实现终身职业发展的平台。辅导员参加少先队科目评聘后，将来转而从事其他专业科目教学，仍然可以通过“立交桥”机制参评其他专业科目更高层级的职称。

去年，全国少工委办公室和中央教科所联合开展的一项调查表明，如果在教师职称中设立少先队评聘科目，76.1%的辅导员表示愿意申报。目前，有3个省份已初步试点在中小学教师职称中单设辅导员评聘科目，其中河北已有11名辅导员以辅导员身份获评小中高职称，1名辅导员获评小学高级职称，下半年起在全省推广。有13个省份下半年将开展试点。随着少先队活动课作为国家课程地位的确立，

辅导员单设职称科目将获得普遍性的制度契机。希望各地积极做好准备。

第二,成果折算。成果折算主要是把辅导员从事少先队的工作量和科研成果纳入兼教科目职称评定。有6个省份将这一条纳入在当地教育、人社部门文件规定,也是值得肯定的。

以上制度设计,既鼓励大家参评少先队职称,又可以进行多样化选择。

3. 推动少先队辅导员职称评聘的主要办法。

第一,各级少工委要"积极推、开口子、出评委"。"积极推"就是要与教育、人社等部门积极联系和推动职称工作,制定相关配套措施,如辅导员职称评聘办法、引导鼓励政策等;"开口子"就是要在中小学教师职称评审中单独设立少先队活动评聘科目;"出评委"就是要推荐相关少先队工作专家作为职称评聘委员会评委。

第二,对广大辅导员而言,鼓励大家积极参评辅导员职称科目。大家朝着专业化方向发展,成为少先队名师和教育专家,在育人和学术领域作出贡献。

在职称评聘上,我们还要关注这样一个问题。有的同志会质疑,大队辅导员并不直接上少先队活动课程,凭什么评这个职称呢?如何评价大队辅导员的工作,根据教育部门颁布的《中小学教师水平评价基本标准条件》,主要从三个方面来认识:一是大队辅导员长期工作在教育教学第一线,具有较为坚实的理论基础、专业知识和专业技能。大队辅导员直接组织开展全校性大队活动,设计安排全校性中队少先队活动,指导各中队结合中队特色个性化地开展活动,负责全校小干部的选拔培养和红领巾小社团的活动开展等,这些都是第一线的工作。二是大队辅导员肩负教育教学带头人,在指导、培养下一级教师方面能发挥重要作用。大队辅导员负责中队辅导员的培训工作,组织中队辅导员开展教研观摩、评课等活动,对课程改革、教学方法、教育创新实践等有积极促进作用。三是大队辅导员自身具备较强的教育教学研究能力,有教学业绩和学术成果。这当中包括发表相关的学术文章,获得学校和个人的少先队荣誉等。

(二)各级少先队总辅导员配备

1. 少先队总辅导员配备的意义。

少先队总辅导员是各级少先队组织中长期从事少先队工作的重要专业人员。实践证明,一个地方的少先队工作做得好不好,与当地是不是有一个好的总辅导员有密切联系。

2. 总辅导员的职责和定位。

少先队总辅导员是基层辅导员的辅导员,负责为本区域的少先队辅导员培训提供专业支持,指导基层少先队辅导员开展工作和提高职业素质。基层辅导员的诉求和意见建议可以通过总辅导员反映。

少年部长和总辅导员的关系如何界定?简单地说,少年部长更多从事行政管理的角色,总辅导员主要侧重专业技术角色,类似于企业里面的总工程师。在学校,大队辅导员工作职能有双重性,既要管理,又要开展教育活动。到了上级团委、少工委,少年部长主要进行管理,比如制订计划、募集资金、协调政策、配备人员、推动实施;总辅导员主要在决策时提供重要专业意见,在培训时亲自登台去讲,在编写专业工作资料时充分发挥作用等。总之,少年部长和总辅导员工作各有侧重,两者通力合作,共同推进少先队事业的发展。

3. 少先队总辅导员的配备途径。

目前,全国少工委正在研究制定总辅导员配备管理规定,在征求全队意见基础上,已向相关部门征求意见。每个层级设置辅导员的条件不太一样。我建议省和地市一级设在同级团委系统,使用行政编制,为非领导职务,按不低于同级团委中层副职的标准配备。岗位应专职专用,兼职会牵扯很大的精力,对从事总辅导员工作有较大不利的影响。在区县一级,也应设在团委系统,但可以因地制宜,采用灵活方式配备。在级别上,我们现在要求中层副职以上,有条件的地方可以配备得更高一点。

目前,省级专职总辅导员配备方面,按照团省委行政编制、中层副职以上标准,在原有4省份配备基础上,又有4省份配备,另有5省份已从省编办争取到编制,将在下半年落实人选。地市级专职总辅导员配备方面,陕西已争取省编办同意,在全省118个地市和区县按照团委班子副职设置总辅导员。省级和地市级团委不论是争取编制也好,内部挖潜也好,应当抓紧解决。关键是选热爱少先队、懂少先队、能够长期从事少先队工作的人,不能成为一个解决待遇的岗位。

少先队辅导员是少年儿童重要思想意识形成的引导者和推动者,是少先队工作最为重要的力量。长期以来,广大少先队辅导员默默耕耘、无私奉献,为党的育人事业付出了大量心血和汗水。各级少工委要争取党政部门支持,从思想上、工作上联系好、关心好基层辅导员。特别是农村中小学校少先队工作还比较薄弱,许多偏远农村小学甚至还没有建少先队组织。各级团委的同志要多往农村学校跑一跑,下乡时别忘了到学校里看望一下辅导员,力所能及地关心他们的工作和生活。你们手上不一定有很多物质资源,关键在于有这份心,尽这份力,使他们切实感受到组织的温暖。

同志们,以上就全队整体工作思路和重点工作部署作了简要讲解,希望大家回去可以更好地贯彻落实。

落实少先队根本任务,抓好少先队学科建设、活动课程建设、辅导员专业化职业化建设,都是事关少先队基础性、根本性、长远性发展的工作内容。这是少先队工作提升科学化水平的必然要求,也是几代少先队工作者的夙愿。这些工作专业性很强,需要深入掌握中小学教育教学制度、教育基本理论、职称政策和干部人事制度等。而且,这些工作涉及面广、制约因素多、推动难度不小。但是,一旦取得突破,就会推动少先队事业上一个大台阶。

在机遇和挑战面前,希望全队同志们下功夫学习研究,练好本领;保持攻坚克难的良好状态,锤炼过硬作风;保持工作韧劲,持之以恒地推动工作落实。我相信,只要我们保持全身心投入、真抓实干、迎难而上的工作状态,沿着正确的目标,一步一个脚印去开拓,去创新,去探索,就一定能够把全队的认识成果转化为具体的工作载体和制度性安排,转化为各级少先队组织的理论探索和实践创新,从而将光荣的少先队事业不断推向前进。

汪鸿雁同志讲话

汪鸿雁在2012年全国共青团农村工作会议上的讲话

2012年2月10日，根据录音整理

这次会议的主要任务是，学习贯彻党的十七届六中全会和中央经济工作会议、中央农村工作会议精神，学习贯彻党中央书记处的重要指示和王兆国同志的重要讲话，落实团十六届五中全会部署，总结2011年农村共青团工作，研究部署2012年工作。团中央书记处十分重视农村共青团工作，陆昊同志对开好这次会议、做好今年有关工作提出明确要求。下面，我讲三点意见。

一、认真总结2011年农村共青团工作

过去一年，在团中央书记处的正确领导下，农村战线坚持方向，保持韧劲，探索创新，狠抓落实，各项工作取得了新进展。

1. 着眼于把共青团组织和工作面向基层的“桥头堡”推向乡镇一级，全国90%左右的乡镇团委完成组织格局创新工作，乡镇专兼职团干部达到36.7万名，22个省（区、市）抓住村“两委”集中换届契机加强村团组织建设，在28607个农村专业合作组织中建团，农村团的基层组织建设和基层工作迈出重要步伐。辽宁、新疆、贵州、青海等20个省（区、市）联合党委组织部下发文件，陕西、四川、山西等地探索了乡镇团委班子新的选配模式，河北、吉林、河南、重庆等地建立健全了工作保障机制，广东、广西等地依托农村远程教育站点拓展村团组织阵地，河南、江苏、湖北、山东出台了面上推进农村专业合作组织团建工作的措施。

2. 针对农村青年增收致富的迫切需求，进一步扩大和深化与各类金融机构的合作，全国2751个县（市）开展了小额贷款工作，共向40.33万名农村青年发放小额贷款185亿元，对256.08万名农村青年开展了有针对性的培训，着力培养更多致富带头人，促进农村青年就业创业工作取得扎实成效。江苏、湖北、辽宁、江西、宁夏、福建等地农村青年信用示范户工作推进力度较大，山西、重庆、广西、云南、新疆等15个省（区、市）争取出台了小额贷款贴息政策，陕西、广东、黑龙江、内蒙古等地实施了地方特色培训项目。

3. 以募集资金、植树造林为核心工作内容，争取林业、绿化、农业等部门和企业的资源支持基层，开展青少年植树行动，组织300多万青少年参与，保护母亲河行动进一步深化。辽宁、吉林、陕西、江西、山东等地积极为基层开展保护母亲河行动创造条件，广西、重庆、江苏、内蒙古、宁夏、黑龙江等地大力开展植树造林，湖南、浙江、河南、上海、湖北、云南、天津等地强化了生态环保宣传。

2011年农村共青团工作得到了党中央书记处和王兆国同志的肯定。在此，我代表团中央书记处，向农村战线广大专兼职团干部表示衷心的感谢！

在工作推进中，我们逐步形成了一些重要的思想共识、工作原则和方法：

1. 坚决贯彻全团重点工作部署，坚持工作方向的稳定、持续，保持工作推进的韧劲和力度，创新工作载体、手段和方式方法，努力把重点工作做实做深。

2. 注重工作普遍性和面上推进，注意完善工作推进的链条，明确不同层级的工作责任，及时总结推广工作规范、流程和模式，努力提高工作的科学化水平。

3. 坚持眼睛向下、重心下移，狠抓基层、支持基层，重视争取各级党政特别是涉农部门政策，为基层团组织提供更多工作资源和载体，努力优化基层工作条件和环境。

同时，我们要清醒地认识到，农村团的基层组织相对薄弱的局面还没有根本改变，面上推进工作的长效机制还没有完全建立，工作中还存在不少困难和问题。比如，推广典型尚未形成机制，工作创新的意识和办法仍待加强；重点工作督促落实的力度需要加大，重要工作数据统计的科学性、准确性仍需加强；对基层的指导和支持还要下更大力气；部分团组织克服困难、解决问题的能力不强，一些团干部作风还不够扎实，不能持续保持良好工作状态。

总之，我们要进一步增强工作责任感和紧迫感，坚定信心，保持清醒，加倍努力，共同把农村共青团工作的好势头巩固好、发展好。

二、把握农村共青团工作的重要背景和要求

最重要的是领会党中央书记处的重要指示和王兆国同志在团十六届五中全会上的重要讲话精神，学习陆昊同志在全会上的讲话，把握“三农”工作大局，把思想和行动统一到全团重点工作部署上来。

1. 农业农村形势和政策。主基调是“三化同步”，建设社会主义新农村。当前，我国“三农”发展进入又一个“黄金期”。2011 年，粮食生产首次迈上 11000 亿斤新台阶，人均达到 852 斤。在农产品需求持续增长、农业资源环境约束加剧、农业生产成本上升、国际因素影响增多等条件下，促进农业发展、保障粮食等农产品供给，根本出路在于推进现代农业建设，提高农业综合生产能力。长远看，必须靠农业科技，靠一代新型农民。伴随粮食的“八连增”，农民增收实现“八连快”，去年增速比城镇居民收入增速高出了 3 个百分点。在我国经济增长存在下行压力可能使农民外出就业机会减少、农产品价格上涨空间有限等形势下，持续促进农民增收，难度和不确定性增加。随着城镇化的快速发展，我国农村人口去年第一次低于城镇人口，城乡关系、农村社会结构、农民生产生活方式、消费行为、价值观念及农村社会管理理念、体制机制和方式正在发生深刻变化，值得我们认真观察思考。

近年来，中央连续出台了 9 个一号文件，制定了一系列强农惠农富农政策，推动农业农村发展取得巨大成就。去年底召开的中央农村工作会议和今年中央一号文件聚焦农业科技创新、保障农产品有效供给，对今年“三农”工作进行了全面部署，提出了许多新论述、新思路、新举措。比如，农业科技具有显著的公共性、基础性、社会性；加大农业投入和补贴力度，确保增量和比例均有提高；引导科研教育机构开展农技服务，培育和支持新型农业社会化服务组织；培育新型职业农民，对未升学的农村高初中毕业生免费提供农业技能培训，对符合条件的农村青年务农创业和农民工返乡创业项目给予补助和贷款支持。可以预期，我国农业农村发展的强劲势头将会持续。

在这些形势和背景下，共青团要继续服务农业农村发展和农村青年增收致富，必须坚持促进青年就业创业工作不动摇，把握农村青年特点和需求，进一步找准工作切入点和着力点。一是科技。围绕促进解决“地怎么种”、“谁来种地”的问题，通过争取政策、加强培训、提供服务等措施，引导农村青年带头学用农业科技，提高科技素质、职业技能和经营能力，培养一代新型青年农民和更多致富带头人。二是专业合作组织。围绕促进解决农业组织化程度不高的问题，鼓励和支持农村青年致富带头人领创办专业合作组织，在增强自身抵御风险能力、实现增产增收的同时，为农业生产经营提供社会化服务。三是金融。围绕促进解决农村金融产品和服务不足的问题,进一步深化小额贷款等工作,扩大工作覆盖面,创新工作载体,帮助农村青年解决创业中的资金难题,带动更多农民走上致富之路。

2. 团十六届五中全会部署和要求。按照陆昊同志在全会上的讲话要求,结合农村战线实际,深入思考如何正确把握团的根本属性,如何实现团的基层组织网络覆盖全体青年,如何实现团的各项工作和活动影响全体青年,如何使共青团重点工作形成有效的社会功能,如何做好新形势下党的青年群众工作,特别是要把握“两条主线,三个关键”的工作思路。过去,我们主要依靠单位体制和行政区划来设置团的组织,开展团的工作。尽管目前乡镇、村团的组织和功能弱化,但依靠县、乡、村层级化团组织覆盖农村青年,绝不能动摇,更不能放弃,必须持续加强。这是最主要的组织基础。这几年,全团坚持狠抓基层、支持基层,受益最大的是农村。去年,经过全团的努力,乡镇团的组织格局创新工作取得明显成效,农村基层团组织的状况正在逐步改善。基于此,我们提出,在守住县的基础上,争取再用两年时间把共青团组织和工作面向基层的“桥头堡”推向乡镇,进而带动村团组织,这是第一条主线,继续强化层级化的组织载体。第二条主线,大力推进非层级化的组织载体。在农村,主要是推进农村专业合作组织团建,运用市场逻辑、情感逻辑,在产业链上对农村青年进行组织化梳理和覆盖。

在推进“两条主线”过程中,要把握好“三个关键”:第一个关键,制度条件。团的各级领导机关要尽最大努力为基层争取政策、支持资源、提供载体。第二个关键,工作内容设计。发挥农村战线各层级的创造性,总结和推广好经验好做法。第三个关键,干部队伍。加强农村专兼职团干部队伍建设,发挥其在推动工作中的重要作用。

三、扎实推进2012年农村共青团工作

今年农村共青团工作的总体思路是:深入学习党的十七届六中全会、中央经济工作会议和中央农村工作会议精神,贯彻落实党中央书记处重要指示和团十六届五中全会部署,继续狠抓农村团的基层组织建设和基层工作,进一步推动促进农村青年就业创业工作,不断深化保护母亲河行动,努力提高做好农村青年群众工作的能力和水平,以优异成绩纪念建团90周年、迎接党的十八大召开。关于工作总体安排,团中央农村部印发了工作要点的讨论稿。这里,我作一些强调。

1. 在农村团的基层组织建设和基层工作方面,坚持“两条主线,三个关键”的工作思路,进一步扩大基层团组织的有效覆盖,提升基层工作活力。第一,全力加强乡镇团组织建设。总的看,我们全面推进的乡镇团的组织格局创新工作,是适应农村改革发展特别是乡镇机构改革要求、加强基层团组织建设的重大举措,初步探索了一条通过体制机制创新,破解乡镇团委难题的有效途径,为实现“桥头堡”前移目标奠定了坚实基础。但同时也要看到,全国乡镇数量众多,情况千差万别,各地团的工作基础和条件不平衡,加强乡镇团委建设,真正让乡镇团委活跃起来,任务还十分艰巨,尤其需要团的各级领导机关采取更加有效的措施,持之以恒地给予支持和指导。今年,我们要继续巩固组织格局创新成果,把乡镇团委良性运行、工作活跃作为重点,全力推动。一是推动各地争取党政支持,研究出台加强基层共青团工作的意见和措施,着力推动党建带团建制度安排在地市和县一级的落实,为乡镇团委开展工作创造良好条件。二是加强工作指导,对乡镇团的工作内容进行梳理,形成工作菜单供基层选择和推广。三是加强乡镇团干部队伍建设,优化班子结构,抓好工作培训。四是加强工作跟踪、督导和分析、通报,注意阶段性、区域性工作调度,收集、推广工作典型和案例。

另外,还要继续加强对团县委的指导,注意发挥大学生村官的作用,进一步巩固村团组织。

第二,积极推进农村专业合作组织团建工作。实现农业现代化,既要农业生产的物质条件和技术现代化,也要农业组织管理现代化。近年来,农村专业合作组织发展迅猛。随着“三化同步”的深入推进,它将日益成为发展现代农业、促进农民增收的重要组织载体,成为农村青年重要的聚集、交流平台和联结纽带,成为乡村社会治理的一支新力量。对此,要予以高度关注。与学校、企业等青年聚集较多、组织架构严密、管理运作规范的领域相比,农村专业合作组织符合建团条件的较少,建团和开展活动难度更大。推进农村专业合作组织团建,应首先立足于解决团的“组织存在”问题,找准共青团组织性质、任务与专业合作组织特点、功能相融合的工作切入点,把握社会机理,探索建团路径,联系更多农村青年。会上,团中央农村部印发了《关于加强农村专业合作组织团建工作的有关意见(征求意见稿)》,希望大家认真研究讨论,提出意见建议。在工作中,要结合自身实际,大胆探索好的工作模式和经验,进一步推动农村专业合作组织团建工作。

2. 在促进农村青年就业创业工作方面,以小额贷款工作为重点,统筹推进就业创业培训、科技服务和致富带头人培养工作。第一,深入推进小额贷款工作。一是注重研究政策。中央农村工作会议、全国金融工作会议和中央一号文件对持续增加农村信贷投入、提升农村金融服务水平出台了不少政策。比如,确保涉农贷款增速高于全部贷款平均增速,大力推进农村信用体系建设,适当提高涉农贷款风险容忍度,加大对种养大户、农民专业合作社的信贷投放,加大对科技特派员下乡创业的信贷支持力度。我们要注意跟踪研究,把握工作利好,用足用活政策。二是突出工作重点。健全与银监部门、农信社、邮储银行、地方商业银行等金融机构的合作机制,深化与农业银行的合作,联合人民银行深入推进农村青年信用示范户工作,继续创新担保方式,争取财政贴息政策,努力推动工作向乡镇延伸。三是加强数据统计核查。开展数据统计,根本目的是记录工作情况,积累工作成果,指导推动工作,提高工作实效和科学化水平。今年,要继续加大小额贷款工作数据统计和核查通报力度,团中央农村部要设计科学合理的考察要素和标准,加强数据汇总、核查、分析、通报;各地要加强对基层的业务培训,进一步完善省、市、县三级数据核查机制,确保数据真实准确,培养求真务实、扎实工作的好作风。

第二,积极开展培训和科技服务工作。今年,农村青年就业创业培训工作要突出针对性,重点抓好两个方面:一是部委合作。巩固和扩大与涉农部门的合作,深入推进与农业部合作的农村青年创业就业行动,注意培养致富带头人。二是企业合作。借鉴种都、美涂士等示范项目做法,探索企业承担任务、参与培训的新途径。在农村青年科技服务工作方面,2010 年,团中央与科技部实施了农村青年科技特派员创业行动。下一步,我们将加大工作力度:一是整合部委资源。为贯彻中央一号文件精神,团中央将与农业部、科技部、教育部等部委出台有关动员农村青年参与农业科技创新加快致富增收的文件。各地要提前谋划,主动对接,争取资源,结合本省实际,创造性地开展工作,放大政策效应。二是整合团内力量。团中央将按照专业对口的原则,组织高校资源特别是涉农科技资源,通过“三下乡”社会实践对口联系点等形式,支持县、乡团组织开展科技服务。各地要认真梳理基层科技需求,在做好与团中央项目对接工作的同时,整合省内高校资源,探索科技服务的有效途径,为当地农业主导产业发展和乡镇团委开展工作提供支持。

3. 在保护母亲河行动方面,以募集国内资金、开展植树造林为核心内容,引导青少年广泛参与。党中央明确要求我们,要着眼于促进可持续发展,围绕资源节约型、环境友好型社会建设,引导广大青少年增强生态文明理念,以实际行动投身节能减排和保护生态环境。今年保护母亲河行动主要思路,一是争取各方面政策和资源,加强机制设计,支持基层团组织开展工作;二是实施2012年度青少年植树行动,注重发动各级团组织开展植树造林,团中央将重点支持黄河流域的活动;三是运用新媒体,加强网络宣传和动员,联系和凝聚青少年生态环保社团。各地要加强与林业、农业、环保及重点企业的合作,争取植树造林项目和资源,为基层提供支持,吸引和动员更多的人参与保护母亲河行动。

最后,我强调两条工作方法。一是更加关注基层。团十六大以来,全团统一认识、统一行动,眼睛向下、重心下移,狠抓基层、支持基层,形成了良好工作态势。今年,团中央继续大力支持基层,一是派干部,启动第二轮团干部驻点,继续组织高校团干部到团县委挂职;二是配经费,在继续支持中西部县级团委工作经费的同时,拿出五千万元资金奖励工作优秀的乡镇街道团委;三是给载体,把团的一些重要工作载体向乡镇延伸。各地要按照团中央要求,继续保持工作力度和韧劲,把更多的政策、资源和载体放到基层,注重激发基层团组织的积极性和创造性,推动基层工作活跃。

二是形成社会功能。判断一项团的工作是否形成社会功能,标准有三个:第一,是否满足社会内在需求;第二,是否形成组织化和机制化;第三,是否具有实效。多年来,农村战线开展的保护母亲河行动之所以成为品牌、得到社会认可,根本原因就在于此。我们要牢牢把握这些要求,坚定工作方向,深入了解社会和青年需求,不断创新工作载体、手段和方法,把农村团的重点工作做深做实,努力做出社会功能。

周长奎同志讲话

周长奎在2012年共青团宣传工作会议上的讲话

2012年2月9日,根据录音整理

上午,陆昊同志就如何做好当前和今后一段时期团的宣传思想工作,特别是围绕团的宣传战线如何实现由“内容供应”向“产品供应”的全面转变作了重要讲话,提出了明确要求。讲话具有很强的思想性、指导性和针对性,对于我们明确方向、掌握方法、坚定信心、推动工作具有重要的指导意义。下面,我就贯彻落实陆昊同志讲话精神,做好今年团的宣传思想工作讲几点意见。

一、把“深化”、“创新”作为今年团的宣传思想工作的主线

2012年共青团宣传战线的工作主线,可以概括为“深化”和“创新”。强调“深化”,是因为今年已经是2008年团十六大以来的第四个年头。经过近几年的努力,许多重点工作已经具备了一定的基础,今年很重要的一个任务,

就是把团十六大以来团中央书记处关于共青团引导青年的重要思路和重点工作进一步深化。强调“创新”，是因为今年工作需创新的任务非常重。刚才陆昊同志特别强调团的宣传战线要实现由“内容供应”向“产品供应”的转变，如果把这一思想转变为工作现实，我们创新、创造的空间很大，任务也会非常艰巨。所以，今年宣传工作重点就是要围绕“深化”、“创新”这个主线展开。

团十六大以来，陆昊同志和团中央书记处在引导青年工作方面，提出了一系列重要思路和部署。这些重要任务的落实既要强调紧迫性，同时也需要一个推进过程。这些重要思路和部署的根本目标，就是陆昊同志反复强调、我们在历次共青团宣传工作会上也反复强调的，要增强共青团引导青年工作的针对性、适用性和普遍性。为了实现这“三性”，就必须围绕以下三个重要的思想方法展开团的宣传思想工作：

第一，在过去长期坚持的正面引导基础上向分类引导深化。为了实现这一任务，我们用了将近三年的时间来进行探索推进。从2008年年底初步提出，2009年进行部署试点，到2010年年中形成初步的工作成果，以2010年党中央书记处听取团中央书记处关于分类引导青年的工作汇报为标志，分类引导青年工作前期试点基本完成。2010年下半年，团中央专门下发了《关于在全团开展分类引导青年工作的实施意见》，对这项工作作出全面部署。从2011年下半年开始，我们按计划分三批推动这项工作在基层的落实。过去，共青团一直长于进行正面引导。我们希望通过这几个轮次的分类引导工作，使分类引导青年的思想方法、工作方法真正为各级团组织和团干部掌握，内化为工作意识和工作本领，贯彻在共青团整个引导青年工作当中。

第二，从我们始终强调的以理想信念教育为核心，进一步拓展到兼顾引导青少年树立积极健康向上的生活态度。为了落实这项工作，从去年开始，团中央在坚持不懈地推进“我与祖国共奋进”、“学党史、知党情、跟党走”等理想信念教育的同时，又启动了“劳动·创造·奋斗——我的青春故事”励志教育活动，引导青少年树立“劳动创造财富，知识改变命运，奋斗成就人生”的观念。在当前一些青少年“炫富”、“寻找成功捷径”的背景下，开展这项工作，既有现实的社会意义，也能帮助青少年树立正确的成才观、奋斗观、劳动观。

第三，实现由“内容供应”向“产品供应”的全面转变。实际上，近年来各级团组织按照陆昊同志要求，在这方面已经进行了不少探索。在分类引导青年试点过程中，我们特别强调了路径载体的问题，团中央提供的动漫教学片《团萱漫话》和四类青年群体《思想引导大纲》，都是分为前后两个部分，前半部分是引导内容，后半部分就是引导路径和载体。每一类《大纲》最后还附了一张工作案例光盘。今天上午的会议，陆昊同志第一次非常系统地阐释了这个思想，对全团全面地提出这样的工作任务，按他的话叫“全面攻坚”。这是当前团的宣传战线推进引导青年工作更具“针对性、适用性、普遍性”的一个新的战略思路。

总结来看，共青团开展引导青年工作，根本目标是引导青年坚定跟党走中国特色社会主义道路的理想信念、引导青年形成健康积极向上的生活态度，根本途径就是增强引导青年的针对性、适用性和普遍性，基本要求就是中央在宣传思想工作中经常强调的“三贴近”，即贴近实际、贴近生活、贴近群众。通过这样系统的梳理，大家就能更加融会贯通地对共青团引导青年工作有个整体把握，认识到2012年共青团宣传工作的阶段性任务就是“深化”和“创新”，在此基础上推动工作向前发展。

二、今年主要工作的布局

宣传战线的工作有一个特点，容易抓“虚”。我们抓团的基层组织建设，或者抓服务青年的工作真下功夫进行推动，可以较快地见到成效。但对于宣传工作而言，有可能经过很大一番努力，也并不一定能明确测出青年对党的认同度、青年精神面貌在具体数据上的变化。在这种情况下，对于宣传工作而言，工作过程就显得特别重要。如果缺乏具体可操作的工作过程，青年思想引导工作就可能陷入“虚抓”。因此，团的宣传战线要树立这样一种意识：用比较实的工作方法、工作手段、工作项目和工作流程推进工作。这就对我们团的宣传战线的同志如何把工作项目、工作任务摆布好提出了很高的要求。如果摆布不好，很多具有全团性的重大任务可能无法完成，在推进工作过程中也有可能顾此失彼。按照书记处总体考虑，我把今年团的宣传战线主要工作安排与大家沟通一下。

（一）关于加强青年理想信念教育和引导青年形成健康积极向上的生活态度

全团引导青年工作主要有两个目标，一是引导青年坚定跟党走中国特色社会主义道路的信念，二是引导青年形成健康积极向上的生活态度。围绕这两个工作目标，今年主要开展以下两个工作项目：

1. 深化“学党史、知党情、跟党走”主题教育活动。去年，全团结合庆祝中国共产党成立90周年，用了一年的时间，广泛深入地开展了“学党史、知党情、跟党走”主题教育活动。总体来看，这项工作推进得比较扎实，看得见、摸得着，成效也可以从一定角度作出衡量。中央领导同志对这项工作充分肯定，认为共青团开展这项工作有亮点、有声势，产生了较大的社会影响。按照党中央书记处的要求，今年要继续深化“学党史、知党情、跟党走”主题教育活动。

结合重大契机开展正面教育是宣传战线的一个重要工作特点。按照中央要求，今年宣传战线要把迎接党的十八大作为一项重要政治任务，要深入开展“科学发展、成就辉煌”主题教育，深入宣传党的十六大特别是十七大以来取得的伟大成就。在这一背景下，我们考虑，今年的“学党史、知党情、跟党走”活动要紧扣“科学发展、成就辉煌”的主题，围绕迎接党的十八大，重点引导青年深入了解党的十六大特别是十七大以来党带领人民推进科学发展、促进社会和谐取得的辉煌成就，进一步坚定跟党走中国特色社会主义道路的理想信念。

引导青年坚定跟党走中国特色社会主义道路的理想信念，增强青年对党的意识形态和思想主张的认同，是共青团的长期任务、根本任务。“学党史、知党情、跟党走”活动经过去年一年的广泛开展，已经形成了一定的声势，这个工作成果要继续巩固和深化。我们要在今年继续推进，进一步打响品牌。

在工作载体上，去年“千网联动学党史”活动中动员和联络的1300余家网站，既有在全国层面的网站，也有许多地方网站，既有各级领导机关的网站，也有许多商业网站，是团组织借助社会新媒体力量开展青年思想教育工作的重要资源。我们要继续用好这些资源，作为今年“学党史、知党情、跟党走”主题教育活动的重要载体。在网页设置和内容更新方面，一是要按照中央部署，把“科学发展、成就辉煌”主题教育的权威内容在“千网”上进行集中展示；二是要多上传一些党史题材影视片、经典图书、纪念文章，爱国爱党歌曲、红色旅游等内容，以及团中央制作的党史题材动漫片《号角》等一批新的素材，吸引青少年点击观看。

2. 推进“劳动·创造·奋斗——我的青春故事”励志教育活动。开展以劳动、创造、奋斗为主题的青少年励志教育活动，是中央领导同志给共青团提出的一项重要工作任务。去年，我们考虑在团中央层面先开展起来，总结一些经验，然后在全团作出正式部署。这项活动已于去年12月初启动，以团中央、全国青联的名义联合推出，主要依托平面媒体和网络媒体开展。从去年推进的情况看，总体效果不错，特别是全国青联和地方团组织推荐了一批非常贴近青年的典型人物，通过《中国青年报》的报道和中青在线的视频访谈，已经产生了一定的社会影响。同时，我们与国务院新闻办联合，推出同一主题的网络文化活动，每天推出一个人物。这项活动在各大重点新闻网站和主要商业网站都设立了链接，已经形成了一定的覆盖面和影响力。

推出这项工作的主要考虑，是目前一些社会负面现象导致青少年在个人奋斗观、劳动观、价值观上出现了一些偏差。前一阶段，团中央围绕青少年励志奋斗精神开展了专项调研。从调研情况看，当代青少年普遍向往成功、崇尚奋斗，有比较明确的人生目标追求，但有相当一部分青年在成功的路径选择上存在偏差。在这种情况下，团组织在强调对青少年进行理想信念教育的同时，引导他们形成健康积极向上的生活态度，帮助他们充分认识到劳动、创造、奋斗对成功的普遍意义，对他们进行必要的职业生涯设计和成功路径指导，就显得十分必要。这项工作对于各类青少年都具有较强的针对性和普遍性，大学生、企业青年、农村青年、进城务工青年等各个青年群体都会十分关心。

今年，要推动这项活动在全团持续开展、不断深化，各地要参照团中央的做法重点做好三方面工作：

一是推荐青年典型。希望大家及时把本地涌现出的事迹突出、精神感人的优秀青年人物推荐给团中央宣传部，通过这个活动平台，让他们的事迹和精神影响更多的青少年。要注意推荐的青年典型不能离当代青年太远。比如，前一阶段宣传的一个进城务工典型，经过3年的努力，从一名普通保安成长为企业的“楼长”。这种典型虽然不是那么“高大”，但青年会认为自己经过奋斗也能够达到，就会让青年有亲近感。

二是做好组合宣传。要充分运用团属媒体和本地青年喜爱的各类平面媒体、网络媒体，通过专栏转载、视频转播、组织青年参加在线互动活动等形式，做好活动组合宣传，形成整体声势，不断扩大活动的影响力和覆盖面，在广大青年中形成“尊重劳动、崇尚创造、励志奋斗”的良好氛围。

三是搞好上下联动。各地团组织要围绕“劳动·创造·奋斗”主题，参照团中央的模式，积极在本地青少年中开展“我的青春故事”励志奋斗精神宣传教育活动。高校、企业、农村等基层团组织要广泛邀请优秀青年典型与青年面对面交流，开展报告座谈、青春故事会等活动，帮助青少年树立成长信心，矢志奋斗成才。

（二）关于加强正面教育和深入推进分类引导青年工作

坚持正面教育，同时根据不同青年群体的思想实际有针对性地开展分类引导，是宣传战线的一项主线、长线工作。今年，要重点把握好以下两项工作任务：

1. 围绕纪念建团90周年开展正面教育引导。今年是中国共青团成立90周年。各级团组织要抓住纪念建团90年的契机，系统梳理、总结和宣传共青团90年来在党的领导下，带领一代又一代青年在革命、建设、改革的历程中不懈奋斗，为推动历史发展、社会进步作出贡献的历史进程。要梳理和宣传近年来共青团工作在新的条件下取得的新发展、新成绩、新收获、新经验，为进一步明确今后共青团工作和建设的前进方向打好基础。要大力宣传各个时期的青年代表人物，引导团员青年从这些优秀青年人物身上感受奋斗激情、汲取精神力量、激发进取动力。

2. 继续扎实推进分类引导青年工作。分类引导青年工作的线索是非常清楚的。去年召开的全团分类引导青年工作专题培训会上，我们对怎样推动这项工作也已经进行了明确的部署，总体的考虑就是要使分类引导青年工作最终实现“重心下移”,逐步在基层“落地生根”。这项工作的难度很大,但“碰”总比不碰强,“碰”的过程就是学习的过程,就是发现问题的过程,也是推动工作不断深化的过程。当然,我们对这项工作的推进不能太理想化,毕竟团的基层干部做思想政治工作的水平和情况不尽相同。从去年 12 月完成的第一批《大纲》转化和运用情况来看,基本是“上、中、下”都有。有一部分基层团组织对团中央《大纲》进行了非常鲜活的转化,在路径载体上也有不少创新,形成了既有一定的思想性和针对性、也体现本单位青年特色的《青年思想引导手册》;但也有部分基层团组织没有真正下功夫结合本地本单位青年的实际情况进行有针对性的转化,甚至还有部分基层团组织简单地照搬照抄。针对这些问题,团中央将会对第一批《大纲》转化工作成果进行梳理总结,并提出一些具体的要求。今年推动分类引导青年工作在基层不断深化,主要任务有以下两条:

一是注重把握工作节奏。今年整体工作节奏要求为:2—6 月和 7—11 月,分别用 5 个月的时间,推动第二批、第三批基层单位完成《大纲》转化工作,同时积极挖掘和上报典型案例。每个基层单位团组织《大纲》转化的具体步骤,仍然是参照全团试点工作的做法,首先通过问卷调查、一对一访谈、座谈等形式,深入了解掌握本单位青年的思想意识关键点及其形成逻辑;然后探索运用本地、本单位的事例、素材,以及本单位青年熟悉的话语体系,对其存在的主要思想困惑进行解答;再积极寻找、创造和运用本单位青年喜闻乐见的路径载体,把思想引导内容有效传递到青年中去;在此基础上,形成由思想引导内容、工作路径载体两部分构成的本单位《青年思想引导手册》。一年内推动两批基层单位《大纲》转化工作,任务是比较重的。但我们同时相信,只要基层团干部能够充分借鉴团中央前期试点和第一批基层单位《大纲》转化工作的经验,真正按照工作要求和步骤,把团中央的《大纲》转化为适合自己单位使用的,包括思想引导内容、工作路径载体两部分的《青年思想引导手册》,团干部个人在意识形态工作的能力上就一定会有很大收获,对于推动全团的思想引导工作也必然起到非常积极的推动作用。

二是注重深化工作内容。引导青年对意识形态领域的重大理论和现实问题形成更全面、更理性、更深刻的思想认识,是分类引导青年工作的重要目标。今年党中央书记处在听取团中央工作汇报时明确要求,要推动社会主义核心价值体系转化为同青年生活实际紧密联系、为广大青年喜闻乐见的具体内容和形式。今年的分类引导青年工作中,各地要集中围绕这一要求,作出一些实实在在的探索,不断提升引导青年的工作深度。要按照陆昊同志要求,从理论和实践、历史和现实、思想精髓和外在表现相结合的角度,努力向青年说清楚、讲明白中国特色社会主义“特”在哪里,马克思主义的精髓是什么、在当前体现出什么样的思想主张,中国共产党是一种怎样的政治力量、为什么要坚持党的领导,如何认识我国改革开放的伟大成就与当前的基本国情等一系列思想引导领域的重大问题。要结合新的实践素材,在六个“为什么”、七个“怎么看”、“四个重大界限”等重大问题上加强对青年的释疑解惑工作,引导青年形成正确的思想观点和社会观察结论。作为共青团宣传战线的干部,这些重大理论问题一定要碰,能够做到什么程度是工作能力的问题,但这些问题如果不去主动碰,就是我们工作的失职。在工作方法上,各省也可以借助省内理论工作者的力量共同研究、共同探索。

(三)关于实现由“内容供应”向“产品供应”的转变

按照陆昊同志的要求,实现由“内容供应”向“产品供应”的转变,主要从新媒体和文化、艺术两个领域进行探索。

1. 关于加强共青团新媒体工作。2009 年,团中央提出了全团向新媒体进军,全团上下把加强新媒体工作作为重要战略任务,取得了一定的进展。比如,我们实现了中国青年网和中国共青团网的"两网合并",开通了中国未成年人专属网站"未来网",创办了"共青团移动频道"手机报。各地特别是基层团组织也在创办手机报、开设官方微博、举办新媒体活动等方面作出了一些新的探索。从今年开始,全团要对新媒体工作进行新的重点部署和推进。结合目前新媒体发展的最新态势和我们的工作积累、工作思考,今年新媒体工作重点任务主要有以下两个方面。

第一,要在运用微博开展工作方面取得重点突破。我们没有对新媒体各领域工作进行全面系统的部署,而是选择从微博这一当前新媒体运用当中"最热"的点高位切入,一方面是因为中央领导同志对团干部运用微博开展工作提出了明确的要求,另一方面也是考虑到微博作为当前新媒体领域最具发展潜力的运用方式,对当代青年生活方式、思想观念的影响远远超过其他新媒体手段,迫切需要共青团在运用微博开展工作方面有所作为。微博是有结构的,第一个结构是"名人 + 粉丝"结构,如果是社会名人,只要开通微博,就会立刻吸引大量粉丝的"关注";第二个结构是话题结构,通过设置公众普遍关注的议题,也能够迅速吸引大量"关注"。各级团组织运用微博开展工作,就要善于把握微博的这些特点,同时注重挖掘共青团的自身优势。目前,全团将主要推动开设四类微博:第一类是各级团组织的官方机构微博,第二类是团干部微博,第三类是团组织树立和联系的青年典型、优秀青年代表微博,第四类是"青年志愿者"、"希望工程"等团的品牌活动微博。在微博内容建设方面,要注重紧密结合团的工作,增强与青年网民的互动,及时作内容更新,积极引导微博舆论,把微博作为联系青年、服务青年、引导青年的重要渠道。会上下发的《关于在全团广泛运用微博开展工作的实施意见》,希望大家认真讨论,提出意见和建议。

第二,要从整体上推进共青团新媒体的建设。要着重从三个方面入手:

一是要加强和社会新媒体机构的合作。各级团组织要发挥群众性、社会性的功能,积极主动与大型商业网站和地方知名网站合作,包括共青团的重点活动都可以与这些网站联合开展,借助他们的专业力量和影响力宣传、推广团的工作,扩大团的活动在青少年中的影响力。

二是要切实加强团属新媒体阵地建设。要进一步加强中国青年网、"未来网"等团属网站建设和中国青年手机报、共青团移动频道等手机报建设;各地团组织也要加强团属网站、手机报平台等阵地的建设。

三是要着力推动共青团新媒体建设的"基层化、小型化、分散化、社区化"。加强共青团新媒体工作也要"眼睛向下,重心下移"。我们多次强调,在新媒体领域,真正有生命力的还是"草根媒体",不能停留在设想构建一个全团型新媒体体系的阶段。既然有了分类引导青年的指导思想,就要明白只有更"小"、更灵活的新媒体平台才能更有效地引导青年。比如,一些城市社区、高校的手机报,因为内容贴近本地、本单位青年的实际生活、针对性强,很受青年的欢迎。各基层团组织要在前两年工作的基础上,继续推进"小型化、分散化、社区化"新媒体阵地建设,长期持久地运用手机报、QQ群、飞信群、SNS 社区等灵活多样的新媒体工具开展工作,为青年提供信息和沟通、交流服务。只有基层团组织都普遍学会善于运用新媒体的时候,共青团的新媒体建设才能上一个大台阶。

2. 关于加强共青团文化工作。文化工作和文化活动始终是寓教于乐、吸引青年广泛参与的有效载体,是基层团组织开展团的工作和活动的重要形式。深入贯彻落实党的十七届六中全会精神，贯彻落实陆昊同志提出的宣传战线实现由“内容供应”向“产品供应”全面转变的要求，宣传战线要对下一步工作进行更好的总结梳理，推动全团更好地把文化、艺术元素运用到共青团的工作和活动中。

团的文化工作有一定基础和传统。当前，我们进一步加强共青团文化工作，并不是“另起炉灶”，而是站在实现胡锦涛总书记提出的“两个全体青年”，特别是第二个“全体青年”的高度上，推动这项工作实现新的发展。会上下发的《关于加强共青团文化工作的实施意见》，体现了团中央在加强全团文化工作方面的初步考虑。今年，要开展好以下几个方面的工作。

第一，树立健康积极的文化导向。作为一个具有较好社会公信力的组织，共青团在倡导文化导向方面还是具有一定优势的。今年，我们将组织开展“五推一展”活动，通过建立共青团文化工作推荐机制，更好地在青少年中倡导主流价值观念。“五推”活动，就是由共青团主导，面向团内外，特别是面向社会文化企事业单位征集，邀请相关文化领域专业人士和青少年代表进行遴选，分批向社会发布、向青少年推荐能够体现社会主义核心价值体系，受到青少年欢迎的优秀图书、影视、歌曲、动漫、游戏等文化产品。在“五推”过程中，要找准团组织与市场力量的结合点，文化企业可以借助共青团的公信力扩大文化产品的市场范围，团组织可以借助这些文化产品向青少年传播主流价值观念和正确的思想主张。“一展”活动，就是由团中央举办专题展览交流会，展示近年特别是团十六大以来，全团运用新媒体和文化手段开展引导青年工作取得的主要成果。作为纪念建团90周年的一项重点活动，展览交流会的时间初步定在4月下旬。展览交流会期间，我们将为各省级团委和团中央直属单位提供独立展台。大家回去后要尽快推进本地、本单位展品的搜集、整理工作，努力使展览能够体现本地、本单位工作的最高水平。今后，我们将专门设立网络展览，把这个展览交流会固定下来，开通专门网页，使它成为各地团组织相互学习借鉴、推动工作的平台。

第二，提供更多优秀文化作品。一方面，各级团组织要发挥团属文化企事业单位的重要作用，积极创作生产更多优秀的文化产品。另一方面，从实现由“内容供应”向“产品供应”转变的要求出发，各级团组织要发挥自身优势，积极争取与影视、动漫、音乐、图书、报刊、演出院团等领域规模大、实力强的文化机构开展长期稳定合作，参与创作和推出更多青少年喜爱，思想性、艺术性、观赏性相统一的文化精品。在开展工作的过程中，各级团组织要注意两点：一是要努力形成长效合作机制。比如，与电视台的合作，不能仅仅满足于联合举办一两期节目，而是要争取在栏目上进行整体、全方位合作，努力做到定期有固定播出的内容。二是要合理、适度体现共青团的组织存在。既要在文化作品思想内容方面积极介入，发挥团组织的作用，把好正确导向，还必须合理体现共青团标识，扩大共青团在青少年中的影响力。

第三，广泛汇集青年文化人才。做“人”的工作是共青团工作的重要切入点。各级团组织要广泛吸引文化领域具有较大影响力的青年人才参与共青团文化建设、支持团的文化工作。今年，团中央将遴选出一批在文化业界具有强大影响力的中青年骨干人才，组成共青团文化工作咨询委员会，请他们积极为共青团文化工作献计出力。省级、地市级团组织要着手建立青年文化人才库，广泛吸引凝聚文化创作、文艺表演、文化经营等方面的青年人才；条件成熟的省级、地市级团组织可以尝试建立青年文化工作者联谊组织和文艺演出团体。

第四，广泛开展文化活动。青年是文化需求最旺盛的群体。文化活动是基层团组织最擅长、最广泛开展的活动，也是共青团工作在基层体现生命力，辐射和影响广大青少年的重要载体。各级团组织要继续发挥传统优势，广泛开展各类主题鲜明、特色突出的校园文化、企业文化、乡村文化、社区文化和军营文化活动，努力满足青年的精神文化需求，增强团组织对青年的亲和力、吸引力和凝聚力。

（四）关于加强团的新闻舆论阵地建设和理论研究工作

1. 不断巩固和发展共青团宣传舆论阵地。要牢牢把握正确的舆论宣传导向，按照中央要求和全团重点工作部署，唱响主旋律，壮大主流思想舆论，为党的十八大召开营造良好氛围。要做好团属新闻出版单位转企改制工作，按照中央关于深化文化体制改革的总体要求，规范有序、积极稳妥地推进转企改制工作，团属非时政类报刊单位要牢固树立政治意识和市场意识，抓住机遇、主动谋划、积极作为，努力做到社会效益和经济效益的本质统一，不断实现新的发展壮大。已经完成转企改制的出版单位，要建立健全科学高效的管理机制，提升参与市场竞争的能力和服务青年的能力。团属新闻出版单位要主动适应时代发展，大力加强新媒体的研究运用，不断增强传播力和竞争力。要做好重点工作和活动的新闻报道，各级各类团属媒体要按照中央和全团对迎接党的十八大、纪念建团 90 周年等重点活动宣传报道的总体部署，精心策划新闻宣传工作；要充分反映近年来在党的领导下共青团各项重点工作取得的新进展新成效，展示广大团员青年立足本职岗位创先争优的良好风貌；要注重结合社会热点事件和现象加强对青年社会观察的引导，挖掘和宣传一批既符合时代需要，又为青年乐于接受的青年典型。要深化“走基层、转作风、改文风”活动，推动团属媒体新闻、出版工作者走到一线、走进基层，紧贴青年工作生活和接受特点，努力改进报道方式，不断增强新闻报道的吸引力。

2. 加强团的理论学习和理论研究工作。要统筹推动全团理论研究工作，实施好 2012 年度团中央青少年和青少年工作研究课题规划，发布课题研究指南，对课题申报立项工作进行部署。要着力抓好全团重点研究方向、重点课题的论证和研究，围绕青年关切的重大理论和现实问题，集中力量进行攻关，力争取得突破并形成阶段性成果。要加强课题跟踪和服务，加大支持和指导力度，提高课题研究质量和水平，探索加强研究成果的推介和转化利用工作，进一步提升社会影响。要加强全国青联社会科学工作者联谊会建设。密切与青年知识分子特别是社会科学领域青年知识分子的联系，为理论学习、理论研究和理论武装工作提供支持，并有针对性地做好有关工作。要推动全团大兴学习之风。在继续组织好团中央书记处集体学习的基础上，加强选题策划，结合党和国家事业发展的新要求、国际国内形势的新变化和共青团工作发展的新需要，突出对各级团干部特别是领导机关团干部的辐射带动，巩固深化学习成效。

需要特别强调的是，中央提出要结合新的时代条件深入开展学雷锋活动，推动学雷锋活动常态化。雷锋是著名的青年典型，雷锋精神哺育了一代又一代青年。在新的时代条件下，共青团要按照中央要求，认真组织、深入开展学雷锋活动，让青少年成为学雷锋的主体力量。宣传战线要注重运用新媒体手段和文化、艺术元素，使雷锋事迹和雷锋精神在青少年中广为知晓，使雷锋的形象更具时代性，对青少年更有亲和力、吸引力。

三、进一步提高做好团的宣传思想工作的能力和水平

对于共青团宣传战线的同志来讲，目前确实面临着许多新的挑战。与党中央交给我们的任务相比，与青少年的实际需求相比，与陆昊同志的要求相比，我们的工作都还存在着较大的差距。缩小这个差距是一个循序渐进的过程，也是不断迎接挑战、不断积累成长的过程。在这里，我对团的宣传战线的同志提以下几点要求：

第一，要保持理想主义追求。理想主义追求是团组织和团干部最宝贵的精神传统。引导青年工作是思想层面的工作，核心目标是引导青年真心诚意地拥护党、跟党走。只有我们自己首先深刻地理解了党、理解了团，从内心里树立起理想主义追求、确立起对马克思主义和中国特色社会主义的真诚信仰，才能够以不懈的动力和真挚的情感去做好党的理论的宣传诠释工作；只有自己首先真学、真信、真懂、真用，才能够带动青年树立正确理想信念。

第二，要勤于实践锻炼。无论任何领域，干好工作、长好本事，除了加强实践，别无他法。比如，运用微博开展工作的事情，自己开了微博，用一用，就会逐渐熟悉了。如果自己不用，无论如何也很难对怎么运用微博开展工作有准确的把握。因此，团的宣传战线的同志们要先学、先用、先投入实践，在实践中提高运用新媒体和文化、艺术手段开展工作的水平。

第三，要加强读书学习。只会干事不行，还要学会思考，既要干好工作，还要注重利用业余时间多读点书。特别是对于我们做理论工作、思想工作的同志来说，如果不学习，对很多重大理论和社会现实问题就无法说清楚，更无法与青年对话。所以，同志们要把学习作为一个永恒的课题加以强调，作为一种自觉追求加以坚持。

第四，要保持良好状态。当前，宣传战线工作面临着很多新挑战。如果没有好的工作状态、没有勤奋敬业的精神，就不能克服困难、应对挑战，就不能完成党交给我们的光荣使命。今年的工作任务很重，大家既要注重工作摆布，还要以兢兢业业的工作状态来完成好工作，尽可能提高工作质量。

第五，要善于借助外力。实现由“内容供应”向“产品供应”的全面转变，需要加强与各种专业力量和市场力量合作。要善于借助外力、引入“外脑”，帮助我们转变观念、推动工作。今年，团中央宣传部将从社会文化企事业单位挖掘一些优秀人才到机关挂职锻炼。省级团委宣传部也可以借鉴这种做法，从省内文化单位借调新媒体、文化领域的专业人才帮助工作。总之，大家要开门广纳人才，不能陷入“体制内循环”。

周长奎在2012年全团青年志愿者工作会议暨共青团关爱农民工子女志愿服务行动经验交流会上的讲话

2012年2月24日，根据录音整理

今天，我们召开2012年全团青年志愿者工作会议暨共青团关爱农民工子女志愿服务行动经验交流会。会议的主要任务是，深入学习贯彻党中央书记处的重要指示精神，认真贯彻落实团的十六届五中全会精神，全面总结2011年的工作，集中交流共青团关爱农民工子女志愿服务行动工作经验，研究部署2012年及今后一个时期的工作，特别是结合中央近期作出关于深入开展学雷锋活动的重要部署，研究推进学雷锋志愿服务常态化、机制化的各项工作。

刚才，广西等地等单位团委作了关爱农民工子女志愿服务典型经验发言，与会同志参观了各省级团委制作的共青团关爱农民工子女志愿服务行动展板。总体感觉，共青团关爱农民工子女志愿服务行动自2010年五四青年节启动实施以来取得的成效证明，这是一个“干得成、留得下”，在社会上能够产生影响力、能够产生一定社会功能的品牌项目。青年志愿者工作到今天为止仍然充满了无限的创造空间和发展前景，青年人仍然保持很强的参与热情，而我们社会发展、社会进步仍然呼唤这样一种志愿服务。

中央领导同志对青年志愿者工作高度重视。2011年5月10日，胡锦涛总书记给中国青年志愿者北京大学第十二届研究生支教团回信，充分肯定支教团为西部地区发展发挥的积极作用，并号召广大青年学生“向实践学习、向人民群众学习”。11月2日，习近平同志对研究生支教团工作作出重要批示时指出：“这项工作是团工作的创新之举。”党中央书记处在听取团中央汇报时以及王兆国同志在团十六届五中全会上，都对青年志愿者行动特别是共青团关爱农民工子女志愿服务行动给予充分肯定并提出明确要求。团中央书记处一直以来都把加强全团青年志愿者工作摆在重要位置。2011年以来，陆昊同志对“关爱行动”作出15次批示，并专门出席了2011年西部计划暨第十三届研究生支教团出征仪式，就青年学生如何向实践学习、向人民群众学习及进一步深化西部计划和研究生支教团工作提出明确要求。我们要认真学习中央精神，贯彻全团部署，不断探索创新，努力推动全团青年志愿者工作实现新发展。

长期以来，广西各级党委、政府高度重视共青团和青年志愿者工作。今天，广西壮族自治区党委副书记危朝安同志专门到会讲话。全区各级团组织和团干部大力推进青年志愿者工作，特别是贯彻全团部署，深化“关爱行动”、“大学生志愿服务西部计划”等重点品牌工作，迎难而上、改革创新、坚持不懈，在西部省区市乃至全国都具有很强的代表性。希望各省区市能够相互学习借鉴，挖掘潜力、创先争优，把青年志愿者工作提高到一个新水平。

下面，我代表团中央书记处，讲三点意见。

一、全团青年志愿者工作在我国志愿服务新的格局中取得新发展

2011年，各级团组织按照团中央确定的青年志愿者工作基本格局，推动几项重点工作取得重要进展，使中国青年志愿者行动的影响力进一步扩大，为实现“两个全体青年”的目标作出了积极贡献。

（一）关爱农民工子女志愿服务行动不断深化。2010年“关爱行动”启动后，全团发挥组织化动员优势，实现了这项工作的良好开局。2011年，经过全团上下共同努力，不断破解发展难题，又向前迈了一大步，逐步形成机制、队伍、内容、阵地“四位一体”的工作格局。

一是结对覆盖面不断扩大。按照陆昊同志关于提高结对质量的指示要求，进一步加强摸底，扩大结对覆盖，深化“结对＋接力”工作机制。各地共摸底农民工子女较集中学校4.6万所，已结对农民工子女较集中学校3.2万所，结对农民工子女730万人。团中央推出了结对工作标准，对结对的基本形式、服务内容、时次要求、接力轮换等工作进行了明确。山西、辽宁、河南、四川、青海等地的结对学校、人数增幅均在19%以上。

二是参与志愿者队伍不断壮大。参与这项工作的志愿者达436万人，全国参与结对的基层团组织或志愿者组织共5.4万个。在此基础上，按照团中央统一要求，各地在结对的志愿者团队中选拔了首批10151名项目专员，这支队伍覆盖范围大、年龄结构合理、行业来源广、党团员比例高、志愿服务团队化趋势明显，是“关爱行动”志愿者中的核心骨干，是我们抓落实的重要力量。

三是志愿服务内容得到深化。2011 年，在总结北京的“爱心课表”、江苏镇江的“四点钟学校”、中建二局的“带孩子上班日”活动等实践经验的基础上，团中央推行了“七彩课堂”，对基层团组织和志愿服务团队的服务方式、实现目标、具体任务等方面进行了深化和规范，对已结对的志愿服务团队每年开展志愿服务的时间、次数和内容提出了指导性要求，使“关爱行动”的服务内容管理有章可循，考核激励有据可依。

四是服务阵地建设得到加强。阵地建设是推进“关爱行动”的一个重要方面，各地也有许多这方面的创造。团中央积极整合社会资源，筹集资金超过 3000 万元，支持基层建设了 226 个“七彩小屋”，92 个“集善之家”。各地团组织积极争取各方支持，筹集资金 1.9 亿元，共建设“关爱行动”服务阵地约 1.7 万个。四川省建设了留守学生之家 4557 个，重庆市团委联合重庆电力公司建设了 100 家“渝电春苗之家”，北京市在结对的 125 所学校全部建立了志愿服务站，河南团省委推出了“微笑吧”项目，贵州省建设了一批志愿者“微笑小屋”，宁夏建设了一批“志愿者青春助力爱心教室”，江苏建设了一批“希望来吧”。

（二）西部计划在调整中不断提升成效。2011 年，团中央联合相关部委通过调规模、调结构、调机制，不断增强西部计划在服务人才强国、西部大开发和促进民族团结方面的实效。一是调整了实施规模。中央财政支持的全国项目扩大到17600 人，将新增的2600 名志愿者全部派往新疆、西藏等边疆民族地区，使在新疆和兵团的实施规模扩大到 4200 人左右，在西藏的实施规模扩大到 400 人左右，派往民族地区的西部计划志愿者实施规模达到 1 万人左右。山东、河南等 21 个有国家对口援助任务的省市积极行动，圆满完成了招募工作。二是调整了实施结构。将服务专项调整为基础教育、农业科技、医疗卫生、基层青年工作、基层社会管理、服务新疆、服务西藏等 7 个专项，并将研究生支教团纳入西部计划相关专项实施，切实提升了西部计划和研究生支教团工作实效。三是调整了实施机制。积极与财政部协商，2011 年 8 月起，将志愿者生活补贴由每人每月 680 元上调为每人每月 760 元。各级项目办也从各地实际出发，积极争取志愿者保障以及就业服务相关政策，取得了较好成效。新疆和兵团将西部计划纳入新疆人才培养工程，近一半的志愿者扎根当地基层。江西省项目办积极协调有关部门，申请专项资金调整志愿者补贴，弥补了西部计划与当地服务基层志愿者补贴差距。

（三）大型活动志愿服务在探索中不断健全运行机制。随着各地赛会和大型活动的增多，各地逐步探索、完善大型活动志愿服务运行机制。一是探索特色模式。深圳大运会共招募组织约 127 万志愿者，其中包括 100 万名社会志愿者，并在此期间激发各方力量、协同社会各界，以志愿服务公益性号召的方式倡导私家车限量出行，共同推进全民志愿服务行动。西安世园会共招募园区志愿者 1.3 万人，深化了世博会之后长时间、多批次的志愿服务模式。贵州第九届民运会共招募组织 7.5 万名志愿者，形成了具有民族特色服务模式。二是发挥教育引导作用。深圳大运会的公益性服务平台成为党员、团员青年、大学生、少先队员“创先争优”的实践载体；西安世园会推动“三结合”和“三注重”，即：党建带团建、创先争优和奉献世园三者的有机结合；注重把世园会作为联系青年的重要纽带、教育青年的生动课堂、促进青年成长的平台。三是完善支持协调机制。2011 年，在团中央协调指导下，有关地区团组织圆满完成了具体志愿服务项目实施任务，完善了“举办地团组织为主、上级团组织协调配合、各地团组织有序参与”的大型活动志愿服务运行机制。

（四）海外志愿服务在稳妥推进中扩大影响。一是巩固援非计划成果。2011 年，继续向毛里求斯、塞舌尔等国家派出青年志愿者，在岗服务的海外青年志愿者共计 69 人，巩固了援非 300 名青年志愿者计划的实施成果和运行机制。2011 年国务院新闻办公布的《中国的对外援助》白皮书将援外青年志愿者项目给予积极评价，作为对外援助的 8 种方式之一，并纳入长期规划。二是积极完善运行机制。进一步完善了外事化管理、项目化推进的运行机制。有效协调了由于突尼斯政局动乱，第三批援突尼斯志愿者提前结束服务回国相关工作；进一步提高了海外计划受援国所提出的专业需求与我招募工作的契合度。江苏团省委争取省财政给予援外志愿者在服务期间每人每月 1000 元的生活补贴，在赴受援国之前，补助每位援外志愿者生活用品购置费 2000 元。三是广泛开展国际交流。进一步发挥中国青年志愿者协会具有联合国经社理事会特别咨商地位的积极作用，参与国际事务，宣传有关工作，扩大中国青年志愿者的影响。联合举办 2011 年“中欧青年交流年”旗舰活动“中欧青年志愿服务大会”，联合选派 100 名中国青年志愿者代表参加 2011 年 9 月的中欧青年论坛和中欧青年志愿服务大会。

2011 年，在推进全团青年志愿者工作中，各地、各系统、各单位团组织在贯彻“全团一盘棋”部署的同时，积极探索、改革创新，合力推动了青年志愿者工作不断取得新发展。一是积极争取了党政支持。北京、上海、福建、山东、河南、湖北、湖南、四川、重庆、宁夏等省区市党委、政府主要领导同志和 21 个省区市党委、政府分管领导同志通过多种方式，对青年志愿者工作给予高度评价并提出明确要求。四川、重庆 2 省市把“关爱行动”纳入各级党委政府民生工作。兵团党委把志愿服务工作列入和谐兵团建设的重要组成部分。中央企业、铁道、民航、金融等行业党委负责同志也多次就加强系统青年志愿服务工作提出要求。二是不断做强组织网络。各地继续推进志愿者专门机构建设。目前，全国 31 个省区市和兵团中，有 24 个成立了志愿者专门工作机构；15 个副省级城市和计划单列市中，有 9 个成立了志愿者专门工作机构。北京市注重加快推进“枢纽型”志愿者组织建设，努力形成“条块结合，点线联动”的工作格局。辽宁、上海、湖北等省市依托各级共青团组织建立志愿者协会网络体系，形成了以协会、分会、中心、服务站、服务队为主要形式的服务网络。三是努力壮大志愿者队伍。广东、山东、重庆等省市团委和中央企业团工委注重与社会上较为活跃的志愿服务类 NGO 建立联系，形成了良好的沟通机制、合作模式。上海等地通过重点品牌项目凝聚社会各界认识，与有关企业志愿者组织共同推出“企业公民日志愿服务行动”。四川等地重点组建了以西部计划志愿者、“五老”志愿者和机关干部、教师、医生、法律工作者为重点志愿者队伍。江苏省通过每年征集 100 个优秀志愿服务项目，扩大基层志愿者队伍招募渠道。四是加强了工作创新。18 个省区市和 13 个较大市颁布了志愿服务地方性法规。辽宁省在中央、省、市级新闻媒体宣传 330 余次，安徽省在腾讯、新浪、搜狐等多家知名网站开通了微博，四川省拍摄了全国首部农民工子女题材公益电影。

在充分肯定成绩的同时，我们也要清醒地看到，在青年志愿者工作推进中，也还存在一些亟待解决的问题。比如有些地方对重点品牌工作的重要性认识不足、投入力量不足、推进成效不大，力量分散、精力分散、品牌分散；有些地方把精力主要投向一些短期的、零散的活动上，形不成合力，不喜欢做抓基层、打基础、利长远的事；有些地方开展工作与全团中心工作结合不紧、步调不一，存在“两张皮”现象等等。这些问题,都从根本上影响着青年志愿者工作的长足发展,必须高度重视,加以改进,着力完善。

二、不断深化和提升全团青年志愿者工作重点项目实施成效

近日,中央对深入开展学雷锋活动作出了重要部署,团中央已经就在全国青少年中深入开展学雷锋活动下发了实施意见。全团青年志愿者工作战线要深入贯彻落实。共青团组织开展的青年志愿者行动是新的时代条件下学雷锋活动的深化和发展,要按照关于深入开展学雷锋活动的总体部署和全团统一安排,继续把青年志愿者行动作为新时期共青团开展学雷锋活动的非常重要的载体,以"传承雷锋精神,参与志愿服务"为主题,不断深化全团青年志愿者重要品牌,加强精神引领,挖掘时代内涵,深化活动内容,大力推动学雷锋志愿服务的常态化、机制化,突出形成特有社会功能,使参与学雷锋志愿服务成为越来越多青年的精神时尚,使青少年成为学雷锋的骨干。

团的十六大以来,陆昊同志和书记处根据我国经济社会发展的新特点和志愿服务工作的新格局,对青年志愿者工作发展思路、发展布局和发展战略作出了新的决策部署,特别强调要坚持品牌的整体性、持久性和工作深度,通过深化重点志愿服务项目,提升新时期青年志愿者品牌的影响力。这是贯彻中央精神、创新团的工作、推进志愿服务的必然要求,是当前和今后一个时期推进全团青年志愿者工作的重要指导思想,必须不断坚持、深入发展。

(一)按照"四位一体"的工作布局,着力把"关爱行动"打造成信得过、可持续的品牌项目。2012 年,要坚持服务全团中心工作、服务农民工子女健康成长、服务青年志愿者事业深入发展,深化和完善"四位一体"的工作布局,不断推进"关爱行动"整体工作有形化、日常化、科学化,着力把"关爱行动"打造成共青团在服务青年方面信得过、可持续的品牌项目。

一是夯实基础,不断完善"结对 + 接力"工作机制。"结对 + 接力",既是开展关爱农民工子女志愿服务的基础,又是推进关爱农民工子女志愿服务的机制。2012 年,坚持组织化动员方式和社会化动员方式并重,努力在年底前实现在现有摸底基础上,对农民工子女较集中学校(近 5 万所)和农民工子女(近 1500 万人)的结对全覆盖。对于城市市区、郊区、县城、乡镇村、偏远地区的结对工作,要分门别类地进行设计,一步一步地加以推进。要通过采取项目合作、资源共享、联手联动等多种方式,辐射带动机关、企业、新社会组织、民间志愿服务团体和公益机构等领域的志愿者广泛参与。要注重提升结对质量。特别是对基层志愿服务团队,要加强工作指导和督促,确保把结对工作做细、做实。

二是培养骨干,牢牢抓住"项目专员"骨干队伍。招募选拔项目专员,是抓骨干带动"关爱行动"整体工作的重要举措,是强化社会动员、凝聚各方力量的重要抓手。2012 年,要分批次选拔项目专员,建设一支基本覆盖所有结对志愿服务组织或基层团组织的项目专员队伍,使项目专员队伍大体达到 4 万—5 万人。要加强培训,团中央志工部要开展项目专员培训。省、市两级要对本地区项目专员骨干开展培训。要加强管理,指导各地制定具体激励办法,在荣誉称号、资金支持、项目评比、新闻宣传等方面给予项目专员更多激励。各级团组织要为项目专员开展工作提供必要条件和支持,使项目专员职责有规定、干好有荣誉、工作有保障。要加强宣传,通过对典型事迹的宣传,打造项目专员的整体形象。

三是深化服务,不断推进"七彩课堂"普及。七彩课堂是深化服务内容的工作载体,是推进"关爱行动"深入持续发展的必然要求。2012 年,要确保"七彩课堂"在全国各地普遍推行、不断深化。指导各地通过加强工作指导、编制总体规划、抓好督促落实等方式,形成规划统一、分级负责，注重考核、有效管理的“七彩课堂”运行机制。总结提炼“七彩课堂”的通用做法，通过建立“七彩课堂”精品课程库等手段，结合各地工作实际，加强网上推介和展示。

四是强化阵地，大力加强“七彩小屋”建设。坚持把活动阵地建设特别是打造“七彩小屋”这项工作，作为加强“关爱行动”社会筹资和社会动员的重要载体。各地要着眼于“关爱行动”活动阵地的规范化建设，把各类名目繁多的活动阵地，打造成统一规划、统一命名、统一形象、统一配备的标准形象。要坚持“建、管、用、宣”并举。要建好阵地，各地要争取支持，整合资源，借鉴团中央建设模式，推进“七彩小屋”在当地的复制、建设。要管好阵地，制定、完善以“七彩小屋”为主要内容的活动阵地管理办法。要用好阵地，充分借助“七彩小屋”等活动阵地，深入开展关爱志愿服务活动。要宣传好“七彩小屋”，采取多种方式，向全社会广泛宣传、推介“七彩小屋”，使之成为社会各界参与、支持“关爱行动”的重要渠道和载体。

（二）按照“巩固实施规模、强化服务培养、完善政策措施”的工作思路，进一步深化西部计划和研究生支教团工作。2012 年，全团要深入学习贯彻胡锦涛总书记给北京大学第十二届研究生支教团回信精神和习近平同志给研究生支教团批示精神，不动摇，不懈怠，在推动区域协调发展和新一轮扶贫开发工作中，充分发挥西部计划和研究生支教团的重要作用。一是巩固实施规模。2012 年，西部计划和研究生支教团整体规模保持在 17000 人左右，继续稳步推进服务新疆、服务西藏专项，保持在少数民族地区服务志愿者万人实施规模。二是深入推进青年工作专项。在巩固县级团组织的同时为推进乡镇街道一级团组织建设贡献力量。各地要及时总结经验，发现存在问题，克服面临困难，制定工作规划，提出意见和建议。要明确志愿者在加强团的基层组织建设、促进青年就业创业、预防青少年违法犯罪、维护青少年合法权益等方面的职责，特别是对他们如何参与“关爱行动”，要提出明确要求。三是强化服务培养。坚持“培养与使用并重”的原则，将加大人才培养力度贯穿与推进西部计划工作全过程。深化实施研究生支教团工作，切实做好后续人才培养，引导广大青年学生在服务西部基层中成长成才。四是完善政策措施。加强志愿者岗位设置、安全健康管理及县级项目办年度绩效考核。要根据《中华人民共和国社会保险法》有关规定和人社部有关文件精神，着力解决志愿者参加社会养老保险等突出问题。同时，全国项目办将继续协调财政部，并于近期进一步提升西部计划一至三类艰苦边远地区津贴标准。各地要学习借鉴江西、贵州等省的经验做法，将平衡西部计划与同类项目志愿者基础补贴的工作纳入工作日程。

（三）按照社会化、机制化的工作要求，不断扩大以大型活动为载体的青年志愿者影响力。要充分利用大型活动易于吸引青年、参与起点低、形式时尚等特点，扩大青年志愿者影响力，有效服务团的基本功能。一是加强对青年的覆盖和影响。利用好 2012 年重点大型活动和各地举办的各类以志愿服务为重点的大型活动，力争今年覆盖百万青年，在大型活动中增强青年人对共青团的认同感，使他们在有效、有序地参与社会管理和服务当中体现自身价值、提升思想境界、形成精神追求。二是实现成果转化。深入总结北京奥运会、上海世博会、广州亚运会及深圳大运会等成功的、成熟的志愿服务经验，提升成果转化水平。启动目前已进入筹办阶段的青奥会、全运会等大型活动的运营设计工作。三是做好顶层设计。高度重视大型活动的顶层设计，充分总结，提炼共性，同时兼顾创造性的特色模式，围绕完善“举办地团组织为主、上级团组织协调配合、各地团组织有序参与”的大型赛会志愿者工作协调机制，促进大型活动志愿服务机制在各地的“落地”、运行和完善。

（四）积极发挥海外服务计划在提升我国文化软实力方面的重要作用。按照党政外交外援工作的部署，积极稳妥做好海外计划，扩大国际影响力，提升我国文化软实力。一是切实做好重点项目。会同商务部、外交部，以受援国需求为基础，继续做好派遣工作，逐步扩大实施国别和服务领域。有针对性的增加中国民族文化、中国传统武术等培训内容，使志愿者的服务更能体现中国文化特色，丰富志愿者的沟通手段，推动建立更为完善科学的培训体系。二是切实加强政策引导。系统梳理成功经验，从运行机制、管理水平、政策引导、人员选拔等方面进一步做实做细海外计划，进一步提升海外计划的实施水平。积极争取各级各类政策保障和资金保障。推动建立具有国际视野的志愿者人才档案库。逐步建立与各专业优势相结合，与工作机制相协调，适应文化“走出去”战略需要的海外计划人才储备库。三是切实扩大国际影响。充分借助海外计划实施10周年的契机，通过多种方式有效扩大海外计划的国内外影响力。

需要特别指出的是，以上重点品牌工作，是牵动全团、服务全团的重点青年志愿者工作，具有全局性、稳定性和长期性。各地一定要集中精力，把品牌做深做透，这是做强全团青年志愿者工作的战略考虑，各地一定要从政治、全局的高度，不折不扣地、创造性地完成好这些“规定动作”。在做好这些工作的同时，各地可根据当地实际，探索创造特色工作，并重点在机制、政策和基础建设上着力，以推动全团青年志愿者工作实现长足发展。

三、深入推进青年志愿者工作需要注意的几个问题

深入推进新时期青年志愿者工作，迫切要求我们把握内在规律，注重统筹兼顾，不断提升青年志愿者工作的科学化水平。当前，要特别注意把握以下几个问题。

（一）在落实重点工作中推动青年志愿者工作形成特有社会功能。要按照陆昊同志提出的“把每个志愿者的意愿、专长和零散的时间整合起来，通过机制化的工作设计，使志愿者活动成为一种长效机制，从而在某些领域、某项社会工作中形成一定的社会功能”的要求，这是我们开展志愿服务的重要目标。在推进共青团关爱农民工子女志愿服务行动等重点项目中，深入思考通过加强机制、队伍、阵地等方面的建设，把弘扬志愿精神、激发青年热情、发挥志愿者专长、灵活安排时间等工作与社会需求有机结合起来，汇聚成志愿服务的整体力量，使这些重点工作项目能够叫得响、干得成、留得下，使志愿服务工作更有深度、更有影响力，逐步形成特有的社会功能。

（二）着力构建枢纽型青年志愿者组织体系。加强各级青年志愿者协会自身建设，积极争取各级党政支持，推动协会在共青团领导下社会化运转。注重联系、吸纳各类志愿服务组织，将更多的青年吸引到中国青年志愿者行动中，凝聚在共青团旗帜下，更好地服务于“两个全体青年”目标和团的职能的实现。加强青年志愿者工作的能力建设。通过加强青年志愿者的注册、培训、激励和权益保障等工作，增强志愿者组织的学习运用能力、组织协调能力、宣传引导能力、开拓创新能力。

（三）推进志愿服务文化建设。志愿服务文化是推进志愿服务工作的“精、气、神”。加强志愿服务文化建设，是打造青年志愿者整体品牌，推进青年志愿者事业发展的必然要求。通过选树一批批志愿者工作典型，充分发挥他们在广大青年和社会中的精神引领作用，用他们的先进事迹引导青年。加强新媒体手段的运用，充分运用新媒体，通过互联网、手机、动漫、短视频、移动媒体等手段，加强青年志愿者网站建设、微博建设。推出一批具有志愿服务特色的文化产品，创作有社会影响力的电影、电视剧、歌曲，等等，激发当代青年参与志愿服务的责任感、成就感、荣誉感。

第三部分

重 要 文 件

一、综合

共青团中央、教育部关于共建中国青年政治学院的意见

2012 年 5 月 30 日

为了深入贯彻胡锦涛总书记在庆祝中国共产党成立 90 周年大会、在纪念中国共产主义青年团成立 90 周年大会和在庆祝清华大学建校 100 周年大会上的重要讲话精神，落实科教兴国战略和人才强国战略，进一步推动教育规划纲要的贯彻落实，加强对共青团发展高等教育的支持，加快中国青年政治学院的改革和发展，使之更好地为党的青年工作的创新、为巩固与扩大党执政的青年群众基础服务，经共青团中央（以下简称团中央）和教育部协商，就共建中国青年政治学院有关事宜达成如下意见。

一、中国青年政治学院是团中央直属的唯一一所高等学校，在国家高等教育布局和共青团系统中具有特殊地位。重点建设好中国青年政治学院，是团中央和教育部的共同责任。实行团中央主管、教育部重点支持的共建，旨在促进中国青年政治学院的改革与发展，不断提高教育教学质量和科研水平，使之成为具有“青年”和“政治”特色的高素质人才培养、高水平科学研究的重要基地，实现“有特色、高水平”大学的建设目标。

二、积极推进中国青年政治学院的科学发展，努力提高学科建设水平。团中央将积极采取有效措施，进一步加强对中国青年政治学院的支持。在中国青年政治学院的建设发展中，教育部将视条件和可能，在教学改革、学科建设和科学研究等方面给予学校一定的经费投入支持。

三、教育部将对中国青年政治学院改革、发展、建设等方面给予更多的指导与扶持。

（一）指导和帮助中国青年政治学院制订战略发展规划和学科建设规划。

（二）加强对中国青年政治学院在教学、科研、学科建设、师资队伍建设等方面的指导，推进改革创新。

（三）在相应的人才培养基地、重点学科、人文社科研究基地等有关布点和建设中，将中国青年政治学院纳入整体规划统筹考虑。在“2011 计划”的整体规划中，将中国青年政治学院纳入特殊行业院校统筹考虑。支持中国青年政治学院按程序申请服务国家特殊需求博士人才培养等项目。

（四）在遴选开展推荐优秀本科生免试攻读研究生工作的高校时，给予支持。对开办在职研究生教育予以支持。在招收本科文体特长生等方面予以支持。

（五）吸收中国青年政治学院参加教育部召开的直属高校的重要会议，进一步推动中国青年政治学院与教育部直属高校的相互学习和信息交流。

（六）委派干部到中国青年政治学院挂职或接受中国青年政治学院的干部到教育部及其直属高校挂职，以推进中国青年政治学院科学管理水平的提高。

四、团中央进一步加强对中国青年政治学院的领导，集中力量重点建设好中国青年政治

学院，在政策、物质条件等方面加大支持力度，为其改革与发展创造更为良好的环境。

（一）将支持中国青年政治学院发展改革纳入全团工作总体规划。

（二）进一步推进中国青年政治学院的改革发展步伐，在人才培养、学位点建设、重点学科和人文社科研究基地建设等方面提供更好的条件。

（三）进行体制机制创新，协调推动中国青年政治学院与各级团组织、有关部委、研究机构及其他社会组织共建协同创新平台，在学科建设、人才培养、科学研究等方面加强交流合作，促使其在提高教育水平、办学效益和在共青团、青年研究上取得新成绩。

（四）积极为中国青年政治学院的基本建设、重点学科建设和人文社科研究基地建设与发展争取经费。

（五）在学生实习实践、就业创业方面进行扶持和支持。

（六）加强学校队伍建设，在人才引进和人事制度改革以及教师和管理人员培训进修、挂职交流、出国进修等方面给予支持，促进教师队伍和行政管理队伍素质的整体提高。

五、团中央和教育部依据《中华人民共和国高等教育法》，为中国青年政治学院建设并完善自我发展、自我约束的运行机制积极创造条件。

六、在共建过程中的实施细则及具体事宜，由团中央、教育部组织中国青年政治学院具体研究确定。

关于划拨乡镇街道共青团工作专项经费的通知

2012 年 6 月 7 日

共青团各省、自治区、直辖市委：

为深入贯彻落实团十六大精神，进一步支持和推进团的基层组织建设和基层工作，团中央决定通过中国青年创业就业基金会积极募集社会资金，在继续支持县级团委工作经费的基础上，一次性向部分乡镇、街道团组织划拨专项经费。现将有关事宜通知如下。

一、资金支持对象

此次专项经费支持对象为本地区工作成绩突出的乡镇、街道团委（各省、自治区、直辖市分配名额见附件 1）。团中央按照受资助每个乡镇（街道）团组织 1 万元专项经费标准划拨。

名额分配遵循先进性原则，重点考虑工作突出的乡镇、街道团委；遵循普遍性和特殊性相结合原则，既要覆盖全国所有的县级行政区，又要适度向中西部地区、少数民族地区和贫困地区倾斜。

具体分配方式如下：

1. 全国所有县级行政区各有一个工作突出的乡镇或街道团委被列为支持对象。

2. 着眼于推动民族地区团的工作开展，将五个自治区所辖的所有县级行政区和各省的自治州所辖县级行政区以及其他少数民族自治县纳入发放范围，确保上述三类县级行政区各增加 1 个名额（新疆生产建设兵团，参照此前团中央支持基层工作经费相关做法，将其所辖的 14 个师纳入发放范围，按照每个师 3 个名额分配）。

3. 着眼于推动贫困地区团的工作开展，将中央 14 个扶贫开发集中连片特困地区所辖的县级行政区纳入发放范围，确保每个县级行政区各增加 1 个名额（与民族地区县级行政区重合的不再计入）。

4. 全国 333 个地级行政区各分配 3 个机动名额。

二、推报条件

申请此专项经费的乡镇、街道团委须具备以下条件：

1. 团的领导班子健全，工作制度完善，乡镇、街道团的组织格局创新等工作成绩突出，能够带动本地区团组织开展工作。

2. 工作活跃，促进青年就业创业等工作成效明显。

3. 在团员青年中有较大影响力。

三、经费用途

此专项经费用于推进乡镇（街道）团的工作，支持基层团组织根据上级团组织的工作部署和自身实际，深入开展青年就业创业培训、青年能人扶持奖励、加强基层团组织建设、基层团干部培训等团的重点工作。

四、推报程序

1. 团中央将名额分配至各地市级团委，由地市级团委按要求统筹推报工作。乡镇、街道名额分配比例原则上不低于 5:1，同等条件下可优先考虑青年数量较多的乡镇、街道。

2. 在推报过程中，各地市团委要严格把关，及时督导县级团委做好推报工作。推报的乡镇、街道团委须征得所在乡镇、街道党委的同意。

3. 团中央对各地市级团委推报的名单进行审核，确定后将专项经费一次性拨付到地市级团委，由地市级团委及时拨付到位。

五、有关要求

1. 划拨专项经费是团中央支持基层团组织的一项重要举措。工作中涉及的团组织要高度重视，精心组织。

2. 各省级团委接到通知后，迅速将文件转发所辖的地市级团委。各地市级团委要迅速落实推报工作，并于 6 月 29 日前将《“支持乡镇街道共青团工作专项经费”申报单位汇总表》和《“支持乡镇街道共青团工作专项经费”申报表》以及电子版报至团中央办公厅秘书处。

3. 专项经费拨付到各地市级团委账户后，各地市级团委应第一时间足额下拨专项经费，并通过适当方式督导有关乡镇、街道团委结合全团重点工作使用资金。要严格财经纪律，确保专款专用。有条件的地区应以此为契机，加大对乡镇、街道团组织的支持。

4. 团中央将在适当时候对资金划拨和使用情况进行检查。

共青团中央、财政部关于进一步支持和推动共青团基层组织建设和基层工作的意见

2012 年 8 月 20 日

各省、自治区、直辖市团委，财政（财务）厅（局）：

为深入贯彻胡锦涛总书记在纪念中国共青团成立 90 周年大会上的重要讲话精神，认真落实党中央书记处关于共青团工作的重要指示，进一步支持和推动共青团基层组织建设

和基层工作，提出如下工作意见。

一、充分认识加强共青团基层组织建设和基层工作的重要意义

党中央始终高度重视共青团和青年工作。胡锦涛总书记在纪念建团90周年重要讲话中指出，共青团是党的忠实助手和后备军，是党联系青年的牢固桥梁和纽带，是社会主义国家政权的重要社会支柱，要求共青团组织要着力把牢正确政治方向、着力提高服务青年能力、着力创新活动方式、着力夯实基层基础，更好地履行组织青年、引导青年、服务青年、维护青少年合法权益的职能，力争使团的基层组织网络覆盖全体青年，使团的各项工作和活动影响全体青年。胡锦涛总书记的重要讲话精神，为做好新形势下的共青团工作指明了方向。

共青团深入贯彻落实胡锦涛总书记等中央领导同志的重要指示精神，切实履行四项基本职能，努力实现"两个全体青年"的目标，关键在基层。团的基层组织和基层工作处在共青团与广大青年的边界上，是共青团联系广大普通青年最根本、最普遍的路径和载体。密切联系广大普通青年，是共青团生命力的根本标志。

二、当前共青团基层组织建设和基层工作中存在的主要问题

加强团的基层组织建设和基层工作，一靠制度条件，二靠工作内容设计，三靠团干部队伍。近年来，在各级党委政府的领导下，共青团大力加强基层组织建设和基层工作，在乡镇街道组织格局创新、非公有制经济组织团建、农民工驻外团建、分类引导青年、促进青年就业创业、维护青少年合法权益等领域有了很多创新，在大规模抽调机关干部到基层驻点、组织高校团干部到团县委挂职、选派西部计划志愿者支持基层、大力加强团干部作风建设等方面迈出了新的步伐。2010年，中央组织部与共青团中央联合下发的《关于加强新形势下基层党建带团建工作的意见》，财政部下发的《关于建立和完善县级基本财力保障机制的意见》等文件，为基层共青团工作和建设提供了有力的指导和支持。但同时，共青团基层组织建设和基层工作中仍存在较多困难和问题。比如，部分团干部能力素质有待进一步提高；应对当前共青团面临挑战的工作路径转化为工作成效还需进一步加强；部分基层团组织工作经费严重不足，中西部地区有些县级团委每年只有几千元工作经费，绝大多数乡镇、街道团委没有稳定的经费来源，在很大程度上影响了基层团的组织建设和工作开展，等等。

三、支持和推动共青团基层组织建设和基层工作的主要措施

贯彻落实胡锦涛总书记对共青团工作提出的重要要求，不断提高服务青年的能力、夯实共青团基层基础，一方面要充分发挥各级团组织的主动性和创造性，坚持不懈地狠抓基层、支持基层；另一方面要坚持党建带团建，完善基本财力保障机制，为共青团基层组织建设和基层工作提供有力支持。

加强对团干部的培训。围绕胡锦涛总书记提出的"增强政治意识、提高业务本领、转变工作作风、坚持严格自律"的重要要求，在全团已经开展的大规模团干部培训基础上，通过组织培训班、电视电话会议、收看录像等形式，加大对市（地）、县级新任职团干部以及乡镇街道团的组织格局创新后专兼职团干部的培训力度，切实提高广大团干部对中央要求和全团重点工作部署的理解和把握，增强推动全团重点工作的能力和素质。

积极探索创新基层组织方式。一方面，要继续强化层级化的组织载体，在守住县级团组织作为面向基层的"桥头堡"的基础上，努力把"桥头堡"推向乡镇街道一级，进而带动村、社区的共青团工作。另一方面，要探索推进非层级化的组织载体，运用多种符合社会机理、市场活动、情感因素、兴趣爱好和青年特点的新方式作为组织建设载体，实现对广大青年的多领域、多渠道覆盖。

强化对基层的经费支持和保障。各级财政部门要从为党做好青年群众工作,不断巩固党执政的青年群众基础的战略高度进一步认识支持共青团工作的重要意义,积极采取制度性措施,切实加强对团的基层组织建设和工作的财力保障。要积极安排共青团履行组织青年、引导青年、服务青年、维护青少年合法权益等基本职能所开展的重点工作经费,省级财政部门要督导所辖市(地)特别是各县(市、区)在年度财政预算中切实保障同级共青团工作经费,努力为基层团组织提供长期、稳定的工作经费支持。中央、省级和市(地)级团组织在安排团的经费时,也要重点向基层团组织倾斜。

团中央将会同有关部委对各地贯彻落实加强党建带团建、支持和推动共青团基层组织建设和基层工作的有关措施和落实情况进行督导检查。

共青团中央关于进一步规范省级团委班子有关工作制度建设的通知

2012年10月23日

共青团各省、自治区、直辖市委,解放军总政治部组织部,全国铁道团委,全国民航团委,中直机关团工委,中央国家机关团工委,中央金融团工委,中央企业团工委,新疆生产建设兵团团委:

为指导省级团委切实加强工作制度建设,始终保持好的工作状态,不断提高共青团工作科学化水平,经团中央书记处研究决定,现就有关事项通知如下。

一、严格执行重大事项集体决策。凡涉及重要工作部署、重大资产处置、较大数额资金使用等工作,都须召开领导班子会议集体研究决定,人事任免等事项要严格遵守同级党委相关规定。

二、规范会议纪要的起草和下发。领导班子开会研究重大议题时,要及时形成会议纪要并发至省级团委机关各部门、各直属单位和各地市级团委。研究重要专项工作的专题会议,也要形成规范的会议纪要,及时下发有关部门、直属单位和地市级团委。研究人事任免等事项时,应如实记录每一位与会领导班子成员的意见并存档。

三、建立健全领导班子成员外出报备制度。主要负责同志离开省会城市,要按照本地区省级党委的相关规定做好报备,并指定其他一位班子成员牵头日常工作,办公室做好备案;其他班子成员离开省会城市,应报主要负责同志批准并由办公室备案;班子成员进行调研或参加活动时,办公室要加强统筹,在时间安排、地域分布等方面及时提出建议。省级团委机关各部门主要负责同志离开省会城市,须报主要负责同志和其分管领导批准,并报办公室备案;机关各部门其他负责同志离开省会城市,应报部门主要负责同志和本部门分管领导批准;直属单位主要负责同志离开省会城市,由省级团委根据本通知精神自行决定。

四、建立健全领导班子成员一周主要工作及活动汇总制度。原则上每周五下午,由办公室汇总领导班子成员和机关各部门主要负责同志本周工作实录报主要负责同志阅知。每周一上午，由办公室汇总领导班子成员本周工作安排，印发领导班子成员和机关各部门主要负责同志掌握，便于统筹安排有关工作。

五、继续严格执行2010年1月15日共青团中央办公厅印发的《关于严格管理团的专职干部的几项规定》。

以上规定各省级团委要严格执行。团中央将对贯彻落实情况进行监督检查，并以适当方式予以通报。

共青团中央常委会议关于深入学习宣传贯彻党的十八大精神狠抓团的自身建设团结动员广大团员青年在全面建成小康社会进程中充分发挥生力军作用的决议

2012年11月21日中国共产主义青年团第十六届中央委员会常委会议通过

中国共产主义青年团第十六届中央委员会常委会议认真学习党的十八大精神，就全团深入学习宣传贯彻党的十八大精神进行研究部署。会议做出如下决议：

一、全面深入学习领会党的十八大精神，切实把广大团干部和团员青年的思想和行动统一到党的十八大精神上来

会议认为，中国共产党第十八次全国代表大会，是在我国进入全面建成小康社会决定性阶段召开的一次十分重要的大会，是一次高举旗帜、继往开来、团结奋进的大会，对凝聚党心军心民心、推动党和国家事业发展具有十分重大的意义。大会高举中国特色社会主义伟大旗帜，以马克思列宁主义、毛泽东思想、邓小平理论、“三个代表”重要思想、科学发展观为指导，分析了国际国内形势的发展变化，回顾和总结了过去5年的工作和党的十六大以来的奋斗历程及取得的历史性成就，确立了科学发展观的历史地位，提出了夺取中国特色社会主义新胜利必须牢牢把握的基本要求，确定了全面建成小康社会和全面深化改革开放的目标，对新的时代条件下推进中国特色社会主义事业作出了全面部署，对全面提高党的建设科学化水平提出了明确要求。

会议认为，胡锦涛同志代表十七届中央委员会作的《坚定不移沿着中国特色社会主义道路前进，为全面建成小康社会而奋斗》的报告，描绘了全面建成小康社会、加快推进社会主义现代化的宏伟蓝图，为党和国家事业进一步发展指明了方向，是全党全国各族人民智慧的结晶，是我们党团结带领全国各族人民夺取中国特色社会主义新胜利的政治宣言和行动纲领，是马克思主义的纲领性文献。

会议认为，大会通过的《中国共产党章程（修正案）》，体现了党的理论创新和实践发展的成果，体现了党的十八大确立的重大理论观点和重大工作部署，对以改革创新精神全面推进党的建设新的伟大工程、提高党的建设科学化水平提出了明确要求。

会议认为，党的十八届一中全会选举产生的以习近平同志为总书记的新一届中央领导集体，得到了包括广大团员青年在内的全国各族人民的高度信赖、衷心拥护，必将团结带领全党全国各族人民奋力开拓中国特色社会主义更为广阔的发展前景，共同创造中国人民和中华民族更加幸福美好的未来。

会议认为，认真学习宣传贯彻党的十八大精神，关系党和国家工作全局，关系中国特色社会主义事业长远发展，对动员全党全国各族人民在以习近平同志为总书记的党中央领导下，高举中国特色社会主义伟大旗帜，满怀信心为全面建成小康社会、夺取中国特色社会主义新胜利而奋斗，具有重大现实意义和深远历史意义。

会议强调，各级团组织和广大团干部要深刻领会党的十八大的主题，深刻领会过去5年和10年党和国家事业取得新的历史性成就，深刻领会科学发展观的历史地位和指导意义，深刻领会中国特色社会主义的丰富内涵，深刻领会夺取中国特色社会主义新胜利的基本要求，深刻领会全面建成小康社会和全面深化改革开放的目标，深刻领会社会主义经济建设、政治建设、文化建设、社会建设、生态文明建设等方面的重大部署，深刻领会全面提高党的建设科学化水平的重大任务。

会议认为，党的十八大报告指出，中国特色社会主义事业需要一代又一代有志青年接续奋斗，并对广大青年寄予了“树立正确的世界观、人生观、价值观，永远热爱我们伟大的祖国，永远热爱我们伟大的人民，永远热爱我们伟大的中华民族”的殷切期望。广大青年要积极响应党的号召，不断增强责任感和使命感，积极投身中国特色社会主义伟大实践。

二、广泛深入开展学习宣传活动，在广大团员青年中兴起学习宣传贯彻党的十八大精神的热潮

认真学习宣传贯彻党的十八大精神，是当前和今后一个时期共青团组织的首要政治任务。全团要抓住组织团干部深入学习、面向广大青年开展宣传引导、把党的十八大精神贯彻到团的各项工作和建设中去这三个重要环节，分步骤、有重点、持续深入地抓好学习宣传贯彻工作。

要首先抓好团干部自身的学习，采取多种形式组织广大团干部带头学习好党的十八大精神。各级团组织和广大团干部要下大功夫带头学习好党的十八大精神，既要原原本本研读原文，又要结合工作深入思考，还要注重交流、研讨和培训，谈体会，碰问题，触动思想。所有专兼职团干部都要参加党的十八大报告学习辅导，都要参加学习交流会，联系自身思想和工作实际交流体会；各级团组织都要尽快开展集中学习活动。要通过深入的学习，进一步坚定广大团干部跟党走中国特色社会主义道路的理想信念。

要加强对广大青年的宣传引导，使党的十八大精神在广大青年中深入人心。当前，党的理论、路线、方针、政策的集中体现，就是党的十八大精神。各级团组织和团干部要在自身学好学深的基础上，把组织化动员方式与社会化动员方式结合起来，切实把党的十八大精神准确、广泛、有效地传播到广大青年中去。在学习宣传活动的方式方法上，要邀请党的十八大代表、党政领导和专家学者为广大团员青年解读党的十八大精神；地市以上团委都要组织宣讲团，深入各界青年当中举办报告会、宣讲会；广泛发动基层团组织开展学习党的十八大精神主题团日活动，最大限度地使广大青年了解、思考和掌握党的十八大精神；广泛开展“千网联动学习十八大”活动、“感悟十八大·青春正能量”主题微博编创传播活动、“青春共话十八大”手机报主题学习宣传活动。通过对青年广泛深入的宣传引导，要帮助广大青年增强对中国特色社会主义道路、中国特色社会主义理论体系、中国特色社会主义制度的内心认同感，在此基础上坚定跟党走中国特色社会主义道路的理想信念；增强为全面建成小康社会而奋斗的责任感，更好地发挥生力军作用；增强

奋斗精神，引导青年在准确认识我国基本国情、发展的目标任务、面临的风险挑战的基础上，保持合理预期与奋斗精神，真正做到顽强奋斗、艰苦奋斗、不懈奋斗。

要注重基层、注重宣传的普遍性，最大限度地发动基层团组织和各类青年组织行动起来。要充分利用团的基层组织建设成果为共青团贯彻落实党的十八大精神提供坚实保障，以党的十八大精神的贯彻落实带动基层团组织的活跃。要通过发动全部的基层团组织，特别是近年来新建立的非公团组织、流动青年驻外团组织、组织格局创新后的乡镇实体化“大团委”，让数以百万计的基层团组织都行动起来，使学习宣传工作影响到广大青年。要充分发挥青联、学联、青企协、青科协、农村青年致富带头人协会等组织的作用，使学习宣传贯彻工作覆盖、影响更多青年。

要贴近青年，运用和创新学习宣传贯彻的有效载体。共青团组织开展学习宣传党的十八大精神，既要注重准确性，用中央精神统一青年的思想和认识，又要注重运用青年喜闻乐见、易于接受的认识逻辑和表现形式。要适应大量青年在网络上沟通、交流、联络、聚集的特点，注重发挥好微博、手机报、即时通讯等手段的作用。要创新设计各种形式的文化产品，通过动漫、微视频、专题片等生动活泼的形式宣传党的十八大精神。要抓紧研究制作针对不同青年群体的党的十八大精神青年版等既有思想深度、又生动活泼的宣讲学习材料。

要加强分类引导，面向不同群体青少年开展有针对性的学习宣传活动。针对青年学生群体，充分用好“与信仰对话”报告会、青年马克思主义者培养工程、高校微博群等载体，帮助他们全面深入地领会党的十八大精神。针对企事业单位青年职工和进城务工青年，重点将国情教育、形势政策教育与企业文化建设、职业道德培养紧密结合，激发爱岗敬业、开拓进取的奋斗精神。针对农村青年，充分借助农村党员干部现代远程教育网、乡镇实体化“大团委”等载体，帮助他们了解党的强农惠农富农政策，激发敢闯敢试、创业致富的意识。学习宣传工作既要充分体现党的十八大总体精神，又要注意结合党的十八大报告中与不同青年群体切身利益相关的内容，增强感性认识。各级少先队组织要从少先队员的思想实际出发，有针对性地开展主题队日活动，编写少年版宣讲学习材料，向他们宣讲党的十八大的主要精神。

三、激发广大团员青年的历史使命感和奋斗精神，在全面建成小康社会进程中充分发挥生力军作用

党的十八大描绘了全面建成小康社会、加快推进社会主义现代化的宏伟蓝图，提出了中国特色社会主义经济建设、政治建设、文化建设、社会建设、生态文明建设五位一体的总体布局。作为党领导的先进青年的群众组织，共青团要紧紧围绕党的十八大对经济社会发展作出的重大战略部署，动员引导广大团员青年充分发挥生力军作用。

要引导青年切实增强为全面建成小康社会而奋斗的历史使命感。要通过深入开展“我与祖国共奋进”、“学党史、知党情、跟党走”等主题教育活动，引导青年充分认识党领导人民取得的伟大成就，充分认识实现中华民族伟大复兴的目标任务，充分认识我国社会主义初级阶段和发展中国家的基本国情，充分认识当前我国经济社会发展面临的风险挑战，充分认识国家发展的美好前景要靠一代又一代青年的接续奋斗去实现，从而自觉把个人的奋斗与国家民族的发展紧密相连，不断增强为全面建成小康社会而奋斗的使命感和责任感。

要引导青年立足岗位建功成才。要通过深化“劳动·创造·奋斗”等励志教育活动，引导青年充分认识诚实劳动和艰苦奋斗对青年人成长发展所具有的普遍意义，自觉树立劳动创造财富、奋斗成就人生的观念。要深入开展青年文明号、青年岗位能手、青工技能振兴计划等活动，引导青年增强职业精神、提高综合素质和业务本领。要培养更多农村青年致富带头人，在发展现代农业、建设社会主义新农村、推动城乡一体化发展中发挥积极作用。要千方百计为进城务工青年的发展创造条件，帮助他们在为城市发展作出贡献的同时，融入城市生活，成长成才。

要组织动员青年奉献社会、服务人民。要努力找准党政关心、社会关注、青年关切、共青团能为的工作切入点，注重运用市场规律、商业模式、社会机理、文化传播等元素，合理设计和用好各类工作和活动载体，推动团的重点工作形成社会功能，有效激励和动员广大青年作出积极贡献。要充分发挥青联、学联、青企协、青科协、农村青年致富带头人协会等组织的作用，通过广泛开展青少年科技创新、“挑战杯”、科技支农等活动，不断激发青年的创造活力和创新潜能。要深入开展“希望工程”、大学生志愿服务西部计划、“三下乡”、博士服务团等工作，为区域协调发展作出贡献。要深入持久开展学雷锋活动、学习宣传道德模范活动、青年志愿者行动和群众性精神文明创建活动，积极倡导社会新风。要引导团员青年积极参与能源生产和消费革命，积极投身生态文明实践，深化保护母亲河行动，为建设美丽中国作贡献。

四、狠抓团的自身建设，努力做好新形势下党的青年群众工作

各级团组织要认真学习领会党的十八大对全面提高党的建设科学化水平提出的一系列要求，结合自身实际，扎实推进团的各项工作和建设。要把认真贯彻落实党的十八大精神与深入贯彻落实中央对共青团工作的一系列重要要求结合起来，与切实履行组织青年、引导青年、服务青年、维护青少年合法权益的基本职能结合起来，与深入推进团十六大以来全团各项重点工作结合起来，努力把学习宣传贯彻党的十八大精神落实到为党做好新形势下青年群众工作的实际行动之中。

要坚持不懈地狠抓团的基层组织建设和基层工作。要从巩固和扩大党执政的青年群众基础的高度，坚持党建带团建，继续有力度、有韧劲地狠抓基层、支持基层。要继续注重抓好层级化组织载体建设和非层级化组织载体建设这“两条主线”和制度条件、工作内容设计、干部队伍这“三个关键”，让团的组织最大限度地融入广大青年。要在巩固乡镇团的组织格局创新工作成果的基础上，大力推进乡镇实体化“大团委”建设，努力把共青团面向基层的“桥头堡”推进到乡镇一级。要深入推进流动青年驻外团组织建设。要进一步深化非公团建工作，继续扩大组织覆盖，增强组织活力。要进一步做好“推优入党”工作，积极推荐青年工人、农民、知识分子中的优秀分子做党的发展对象，源源不断地为党输送新鲜血液。要继续把工作力量向基层集中、把工作资源向基层倾斜、把工作载体向基层转移，继续做好选派领导机关团干部驻点、蹲点、挂职等工作，继续努力争取各方面支持，帮助基层组织解决经费等方面的具体困难，当前特别要为落实每个乡镇团委每年 2 万元工作经费而努力。

要不断增强引导青年工作的针对性和实效性。要在坚持正面引导的基础上，增强引导内容的针对性、引导方式的适用性和引导对象的普遍性。要注重把握青年的认识逻辑，引导广大青年认真学习社会主义核心价值体系，在广大青年中倡导富强、民主、文明、和谐，倡导自由、平等、公正、法治，倡导爱国、敬业、诚信、友善。要注重不同青年群体的分类引导，把握不同青年群体在理想信念、精神追求、生活态度方面的思想意识关键点。要注重既看到真理本身的魅力，又看到感情、信任、友谊等因素和情感、艺术、时尚等元素在真理传播过程中的重要作用。要注重运用新媒体和文化艺术手段，努力实现引导青年工作由“内容供应”向“产品供应”全面转变。当前，要深入研究如何在广大青年中落实党的十八大报告对青年提出的“树立正确的世界观、人生观、价值观，永远热爱我们伟大的祖国，永远热爱我们伟大的人民，永远热爱我们伟大的中华民族”的重要要求。

要切实服务青年普遍性利益需求。要针对青年在学习成才、情感婚恋、身心健康、社会融合等方面的需要，努力创造条件为他们提供服务。要把促进青年就业创业作为服务青年的重中之重，扎实推进青年就业创业见习基地建设、青年创业小额贷款、青年就业创业培训等工作。要深化共青团关爱农民工子女志愿服务行动，把学业辅导、亲情陪伴、感受城市、自护教育、爱心捐赠等方面工作做深做实。

要更好反映青少年呼声、维护青少年合法权益。要认真贯彻党的十八大对人民团体提出的“要充分发挥桥梁纽带作用，更好反映群众呼声，维护群众合法权益”的要求，积极探索反映青少年呼声、维护青少年合法权益的途径。要把维护青少年合法权益与引导青年的有序政治参与结合起来，把关注个案与关注普遍性的权益问题结合起来，把代表和反映青少年的普遍性利益诉求与相关法律法规的贯彻落实结合起来，努力建立和完善维护青少年合法权益的制度性安排。要充分发挥为党联系广大青少年的桥梁纽带作用，深入青少年，了解青少年诉求，深化“共青团与人大代表、政协委员面对面”等活动，引导青年实现有序政治参与。要积极参与社会管理和服务，努力在社会管理中发挥积极作用，切实履行好预防青少年违法犯罪等有关工作职责。

要进一步加强团干部作风建设。要教育各级团干部认真学习《党章》，自觉加强党性修养，结合学习贯彻党的十八大精神，深刻理解中国共产党，深刻理解党的根本宗旨和历史使命，继承和发扬党的优良作风，深刻认识党与共青团的重要政治关系，始终把牢正确政治方向，在思想上、行动上与党中央保持高度一致。要按照党中央的要求和部署，在全团积极开展以为民务实清廉为主要内容的党的群众路线教育实践活动，引导团干部深入基层、融入青年，进一步密切与广大青年的关系。要引导团干部增强忧患意识、创新意识、宗旨意识、使命意识，坚持求真务实、艰苦奋斗，全身心投入工作，始终保持锐意创新、奋发有为的精神状态，特别是当前要在团组织换届期间做到心思不乱、工作不断。要严格管理，引导团干部讲党性、讲原则，严格遵守党的各项纪律，做到警钟长鸣，防微杜渐，努力做广大团员青年的表率。

会议决定，将在共青团十六届六中全会上就全团深入学习宣传贯彻落实党的十八大精神进一步作出全面部署。

会议号召，各级团组织和广大团员青年要紧密团结在以习近平同志为总书记的党中央周围，高举中国特色社会主义伟大旗帜，坚持以邓小平理论、“三个代表”重要思想、科学发展观为指导，深入学习宣传贯彻落实党的十八大精神，以更好的精神状态、更大的工作力度推动共青团工作不断实现新的发展，努力为党做好新形势下的青年群众工作，动员广大团员青年为全面建成小康社会、不断夺取中国特色社会主义新胜利贡献智慧和力量！

共青团中央关于组织引导广大团员青年认真学习宣传贯彻习近平总书记在十八届中共中央政治局第一次集体学习时的讲话和在参观《复兴之路》展览时的讲话精神的通知

2012 年 12 月 3 日

共青团各省、自治区、直辖市委，解放军总政治部组织部，全国铁道团委，全国民航团委，中直机关团工委，中央国家机关团工委，中央金融团工委，中央企业团工委，新疆生产建设兵团团委：

11 月 17 日，十八届中共中央政治局就深入学习贯彻党的十八大精神进行第一次集体学习。习近平总书记主持学习并发表讲话，强调坚持和发展中国特色社会主义是贯穿党的十八大报告的一条主线，要求紧紧抓住这条主线，把坚持和发展中国特色社会主义作为学习贯彻党的十八大精神的聚焦点、着力点、落脚点，把党的十八大精神学得更加深入、领会得更加透彻、贯彻得更加自觉。11 月 29 日，在全党全国上下认真学习贯彻党的十八大精神的热潮中，习近平总书记和中央政治局常委李克强、张德江、俞正声、刘云山、王岐山、张高丽，以及中央书记处的领导同志来到国家博物馆，参观《复兴之路》展览，回顾近代以来中国人民为实现民族复兴走过的历史进程，号召全党同志承前启后、继往开来，把我们的党建设好，团结全体中华儿女把我们国家建设好，把我们民族发展好，继续朝着中华民族伟大复兴的目标奋勇前进。

这两篇讲话，对于包括广大团员青年在内的全党全国各族人民深入学习贯彻好党的十八大精神，进一步坚定中国特色社会主义理想信念，更加积极主动地为实现中华民族伟大复兴这一中国梦而奋斗，具有重要的指导意义。各级团组织要把认真学习宣传贯彻习近平总书记的讲话精神，作为学习宣传贯彻党的十八大精神工作的重要举措，作为在广大青少年中深入开展理想信念教育的重要内容，切实抓好落实。

一、要引导广大团员青年认真学习讲话关于坚持和发展中国特色社会主义的重要阐述，进一步坚定跟党走中国特色社会主义道路的理想信念。要引导广大团员青年深刻领会中国特色社会主义是党和人民长期实践取得的根本成就，深刻领会中国特色社会主义是由道路、理论体系、制度三位一体构成的，深刻领会建设中国特色社会主义的总依据、总布局、总任务，深刻领会夺取中国特色社会主义新胜利的基本要求，深刻领会确保党始终成为中国特色社会主义事业的坚强领导核心，不断增强对中国特色社会主义道路、中国特色社会主义理论体系、中国特色社会主义制度的内心认同感，进而坚定跟党走中国特色社会主义道路的理想信念。同时，要紧密结合党的十八大对青年提出的重要要求，努力引导广大团员青年树立正确的世界观、人生观、价值观，永远热爱我们伟大的祖国，永远热爱我们伟大的人民，永远热爱我们伟大的中华民族。

二、要引导广大团员青年从讲话中深刻认识中华民族近代以来的奋斗史，进一步增强为实现中华民族伟大复兴贡献力量的历史使命感和奋斗精神。要引导广大团员青年从中华民族昨天的深重苦难中充分认识到，落后就要挨打，发展才能自强；从中华民族今天的伟大成就中充分认识到，道路决定命运，中国特色社会主义道路来之不易，必须坚定不移走下去；从中华民族明天的宏伟蓝图中充分认识到，实现民族复兴还有很长的路要走，需要我们付出长期艰苦的努力。要深入开展中国近现代史教育、党史教育和国情教育，引导广大团员青年充分认识到，中国共产党人为国家和人民不懈奋斗，付出了巨大牺牲，带领中国人民“站起来”、逐渐“富起来”是多么来之不易，从而正确把握我国近现代社会发展进步的内在历史逻辑，深刻理解党的领导是历史和人民的选择，深刻理解中国特色社会主义是实现中华民族伟大复兴的必由之路。要引导广大团员青年清醒认识到，实现中华民族伟大复兴是一项光荣而艰巨的事业，需要一代又一代中国人共同为之努力，始终牢记“空谈误国，实干兴邦”，自觉把个人的奋斗与国家民族的发展紧密相连，为实现中华民族伟大复兴而顽强奋斗、艰苦奋斗、不懈奋斗。

三、要扎扎实实学习好、宣传好、贯彻好习近平总书记的讲话精神。各级团组织、青联、学联、少先队要切实把学习宣传贯彻习近平总书记讲话精神纳入学习宣传贯彻党的十八大精神工作的整体部署，做到统一组织、统一推进。要把学习宣传讲话精神融入到团的领导班子理论中心组学习以及各类学习交流会、报告会、宣讲团等工作中，融入到广大基层团组织开展的主题团队日活动中，融入到开展“学党史、知党情、跟党走”、“我与祖国共奋进”、青年马克思主义者培养工程等活动和工作中，融入到运用新媒体和文化艺术手段开展青少年思想引导工作中，融入到团属各类媒体对党的十八大精神的宣传中，通过广泛深入的宣传引导，切实把讲话精神有效传播到广大青少年中去。在学习宣传贯彻讲话精神工作中，要注重结合青年学生、企事业单位青年职工、进城务工青年、农村青年等不同青少年群体的特点，注重结合青少年的认识逻辑和接受方式，准确生动地体现讲话精神，努力使讲话精神在青少年中深入人心。

各省级团委要及时把学习宣传贯彻习近平总书记讲话精神的有关情况报团中央办公厅。

共青团中央办公厅关于省市两级团组织开展作风自查工作的通知

2012年12月12日

共青团各省、自治区、直辖市委：

为进一步加强团干部作风建设，严格落实相关管理制度，决定在省、地市两级团组织中开展作风自查工作，现就有关事项通知如下。

1. 认真对照中共中央政治局近日作出的关于改进工作作风、密切联系群众的八项规定的有关精神以及近年来中央关于加强和改进作风建设的一系列重要要求，认真对照团中央书记处近年来关于加强团干部作风建设的要求，对照《关于严格管理团的专职干部的几项规定》（中青办发〔2010〕3号）、《关于做好省级团委换届期间有关工作的通知》（中青发〔2012〕11号）和《关于加强省级团委班子工作制度建设的通知》（中青发〔2012〕12号），从工作和干部的思想实际出发，认真查找学习、工作、接待等方面存在的问题，结合对加强团干部作风建设的观察，提出有针对性的改进措施，形成书面材料。

2. 各地市级团委要在文件下发之日起两周内将自查材料报送所属的省级团委。各省级团委要认真审核地市级团委的自查材料，提出工作要求，并于2013年1月4日（周五）下班前将省级团委的自查材料报团中央办公厅。

二、组织

关于进一步明确流入地团组织在驻外团组织建设中工作职责的通知

2012年3月6日

共青团各省、自治区、直辖市委：

经过近年来的努力，全国农民工主要流出地在农民工主要流入地普遍建立起了驻外团组织。按照“建组织以流出地为主、流入地配合，发挥组织作用以流入地为主、流出地配合”的原则和抓组织建设与抓工作活力并重的要求，为进一步强化流入地团组织的工作职责，使驻外团组织更好地融入流入地团的组织和工作体系，现将已建立驻外团组织的流入地团组织工作职责明确如下。

1. 明确管理层级。结合本地驻外团组织的实际情况，分别确定省、市、县三级团组织与各级驻外团工委的工作对应关系，参照直属团组织管理模式将全部驻外团工委纳入相应工作体系，明确专门部门或机构，切实加强对驻外团组织的管理和指导。

2. 建立联席会议。定期召集驻外团工委负责人联席会议，作为推进驻外团组织建设的重要工作机制，安排协调工作、沟通工作信息、交流工作经验，保证驻外团组织与流入地团组织工作协调一致、共同推进。联席会议每季度不少于两次。

3. 开展交叉兼职。选派专人兼任驻外团工委的副书记或委员，指导和帮助驻外团工委开展工作。同时，可根据工作需要按照有关程序将驻外团工委负责人吸收为流入地团的委员会成员或团属各类青年组织成员。

4. 开放活动阵地。各级团的领导机关要向青年农民工开放所属活动阵地，依托各级团校、青少年宫、青年中心等阵地和场所，通过举办“共青团周末剧场”等形式，定期开展服务青年农民工的活动。活动阵地每月至少向青年农民工开放一次。

5. 做好干部培训。要把驻外团工委干部培训纳入总体培训计划，帮助驻外团工委干部掌握团的基本知识和工作方法，了解全团和当地团的重点工作，明确驻外团组织的工作任务和要求，提高工作能力和水平。省、市两级团组织每年要对所负责层级驻外团工委负责人轮训一遍。

6. 开展表彰激励。围绕驻外团工委干部增长才能、拓展交往、获得认同、融入组织等需求,有针对性地设计激励措施,将其纳入团干部培训、评选表彰和交流出访计划,积极推荐加入青联、青企协等组织。农民工流入重点省份、重点城市年度优秀团员、团干部、团组织评选表彰要有一定比例的驻外团组织、团干部。

7. 提供支持保障。整合团内工作项目和工作资源向驻外团工委倾斜,注重把全团重点工作、重点项目与驻外团组织建设相结合,发挥示范带动作用。相关各战线要依托驻外团组织分别开展至少一项经常性服务青年农民工的工作。要给予驻外团组织一定的经费支持。

8. 指导驻外团工委加强规范化建设。要加强与流出地团组织的沟通协调,指导和帮助驻外团工委做到四个有:团工委成立前流入地、流出地有充分对接,成立团工委有正式文件,团工委人员有任命文件,依托单位悬挂有团工委标识。

9. 指导驻外团工委健全工作机制。要建立驻外团工委例会制度,每个季度召开 1 至 2 次团工委全体会议。建立团工委班子成员和委员联系青年制度,每人联系 2 到 3 名普通青年农民工。建立领导分工、报告请示、学习交流、团务管理、述职考核等基本规章制度,确保驻外团组织有效运转。采取有效措施帮助驻外团工委解决经费使用中遇到的问题。

10. 指导驻外团工委派生基层组织。把派生基层组织作为驻外团工委联系青年农民工的重要途径,指导和帮助驻外团工委在青年农民工聚集度较高的行业、社区和地方广泛联系和建立基层组织,扩大对青年农民工的覆盖。指导驻外团组织积极探索在青年农民工中建立青年互助类、志愿服务类、兴趣类等组织。

11. 指导驻外团组织联系普通青年。把联系普通青年农民工作为当前驻外团组织建设的首要任务,通过统计、计生、人社、公安等部门摸清辖区内外来青年农民工数量、地区和行业分布情况,指导和帮助驻外团组织与本地青年农民工建立联系。每个驻外团工委都要建立联系青年农民工的名册。

12. 指导驻外团组织开展服务工作。围绕青年农民工在就业培训、学习成才、情感婚恋、身心健康、城市融入、权益维护等方面的需求,总结梳理工作项目菜单,指导和支持驻外团组织开展服务青年农民工工作。每个驻外团工委至少要有一项经常性的特色工作或活动;每年至少要做到"四个一":开展一次就业服务活动、一次城市体验活动、一次婚恋交友活动、一次节日慰问活动;春节前驻外团组织都要开展"我们一起回家"服务青年农民工返乡过年活动。

未建立驻外团组织的流出地团组织要积极推进驻外团组织建设。流出地团组织要继续加强驻外团工委班子建设,支持驻外团工委开展工作。要按照联系广泛、有一定资源整合能力和战斗力的要求选好配强书记、副书记和委员,省级团工委委员一般不少于 13 人,地市级一般不少于 11 人,县级一般不少于 7 人。要理顺管理机制,同一流出地的省、市、县三级驻外团工委可以按照层级建立领导关系,没有隶属关系的同一流出地的各级驻外团工委之间要建立沟通协调机制。要向省、市两级驻外团工委派出专职团干部以挂职、驻点、志愿服务等方式担任驻外团建工作指导员,同时担任驻外团工委副书记,协助流入地指导驻外团组织开展工作。要争取党委、政府和社会力量支持,为驻外团组织注入更多工作资源,探索与驻外团组织共同开展活动的载体和方式,加强对驻外团组织和团干部的表彰激励。

在外出青年农民工中加强团的建设,是全团落实胡锦涛总书记"两个全体青年"要求的重要举措。流入地团组织要充分认识到在这项工作中担负的重要职责,切实把驻外团组织作为自身重要工作力量,加强领导,多给支持,狠抓组织建设和工作活力,推动驻外团组织更好地成长发展、更好地发挥作用。团中央将对流入地团组织落实上述职责要求情况进行考核,同时,对流出地团组织相关工作进行督察。

共青团中央关于做好省级团委换届期间有关工作的通知

2012 年 10 月 23 日

共青团各省、自治区、直辖市委：

当前，绝大多数省（自治区、直辖市）团委正在筹备换届，部分地方已完成换届。各省（自治区、直辖市）团委要认真做好换届期间各项工作，确保工作有序衔接、扎实推进。经团中央书记处研究，现就有关事宜通知如下。

一、严肃换届纪律，认真做好省级团委换届工作

要认真落实各省（自治区、直辖市）党委和团中央关于换届的要求，精心组织，周密安排，统筹做好换届工作，为团的事业发展提供坚强组织保证。要认真贯彻执行中纪委、中组部关于严肃换届纪律的有关精神，坚决防止和克服换届过程中的不正之风，保证换届工作全过程风清气正。要教育团干部特别是领导班子成员增强党性观念，讲政治、顾大局，自觉以党的事业为重，正确对待个人进退留转，自觉服从组织安排，经受住换届的考验。

二、始终保持良好的工作状态和进取精神，努力做好团的各项重点工作

要通过换届进一步统一思想、理清思路、明确目标，把力量凝聚到团的事业发展上来。要把精力放到全团重点工作推动上，不能因为换届放松要求，坚决防止出现精神懈怠、情绪浮躁、注意力不集中、落实不到位等现象。要始终以高度的事业心、责任感和良好的工作状态深入青年、深入基层，扎实推进各项重点工作。要认真做好领导班子成员离任工作交接，确保团的领导干部调整后工作的连续性。

三、以换届为契机，抓好团干部队伍作风建设

要切实加强团干部队伍建设，教育引导广大团干部增强政治意识、提高业务本领、转变工作作风、坚持严格自律。省级团委领导班子要认真履行带好队伍的重要职责，对团干部既要关心爱护、热情帮助，又要严格要求、严格管理。要注意在换届有关安排上考察团干部的政治品行，通过抓工作的具体表现发现不足，狠抓团干部队伍作风建设，教育引导团干部自觉增强党性修养、纪律意识和宗旨观念，始终保持饱满、积极的工作热情，恪尽职守、锐意进取，全身心地投入到各项工作中。

团中央组织部将进一步配合各省（自治区、直辖市）党委组织部门加强对省级团委班子的管理。通过参加省级团委领导班子届中调整和换届考察、参与省级党委组织部门对团委领导班子的定期考核、向团中央战线部门了解日常工作情况等方式，全面了解省（自治区、直辖市）团委领导班子思想和工作状况，加强工作督促。对于在换届期间发现的问题，将及时与党委组织部门沟通。

各省（自治区、直辖市）团委要认真落实协管职责，按此文件精神严格要求各市（地、州、盟）团委，确保各市（地、州、盟）团委在换届期间保持良好的精神和工作状态。

三、宣传

关于在全国青少年中深入开展学雷锋活动的实施意见

2012年2月22日

为深入贯彻落实党的十七届六中全会和《中共中央办公厅关于深入开展学雷锋活动的意见》(中办发〔2012〕7号)精神,发挥青少年学雷锋的骨干作用,大力弘扬雷锋精神,推动学雷锋活动常态化,现就在全国青少年中深入开展学雷锋活动提出如下实施意见。

一、总体要求和工作思路

1. 深刻认识在青少年中深入开展学雷锋活动的重要意义。雷锋是实践社会主义、共产主义思想道德的楷模,是全国人民特别是广大青少年学习的光辉榜样。雷锋精神是中华民族精神的重要内容,集中体现了中华民族的传统美德,昭示了我国青少年成长进步的正确方向,始终是引领青少年奋发进取、健康成长的一面永不褪色、永放光芒的旗帜。青少年是学雷锋活动的主体和重点。新形势下在青少年中深入开展学雷锋活动,大力弘扬雷锋精神,对于促进社会主义核心价值体系建设,引导广大青少年牢固树立正确的世界观、人生观、价值观,传承中华民族传统美德,践行社会主义道德规范,倡导文明社会风尚,自觉投身全面建设小康社会和中国特色社会主义伟大实践,为实现中华民族伟大复兴贡献青春和力量,具有十分重要的意义。

2. 准确把握中央关于开展学雷锋活动的总体要求。认真贯彻落实党的十七届六中全会精神,以邓小平理论和“三个代表”重要思想为指导,深入贯彻落实科学发展观,着眼于建设社会主义核心价值体系,着眼于推进社会公德、职业道德、家庭美德、个人品德建设,着眼于提升公民思想道德素质和社会文明程度,以传承和弘扬雷锋精神为主题,以青少年为重点,以社会志愿服务为载体,贴近实际、贴近生活、贴近群众,创新内容、创新形式、创新手段,广泛进行雷锋事迹、雷锋精神和雷锋式模范人物的宣传教育,广泛开展学雷锋实践活动和社会志愿服务活动,广泛普及爱国、敬业、诚信、友善基本道德规范,推动学雷锋活动常态化、机制化,形成践行雷锋精神、争当先进模范的生动局面,形成我为人人、人人为我的良好氛围。

3. 紧密联系当代青少年的思想实际。准确把握、全面阐释雷锋精神的丰富时代内涵,引导青少年学习弘扬雷锋热爱党、热爱祖国、热爱社会主义的崇高理想和坚定信念,学习弘扬雷锋服务人民、助人为乐的奉献精神,学习弘扬雷锋干一行爱一样、专一行精一行的敬业精神,学习弘扬雷锋锐意进取、自强不息的创新精神,学习弘扬雷锋艰苦奋斗、勤俭节约的创业精神。大力创新青少年学雷锋活动的形式、路径和载体,体现鲜明时代特色和青少年特点,增强针对性、适用性、普遍性。把青少年学雷锋活动与推动共青团重点工作和品牌活动结合起来,把集中性活动和常态化活动结合起来,推动青少年学雷锋活动深入持久开展。

二、工作安排

通过学习宣传雷锋精神、开展主题实践活

动、扎实推进志愿服务、选树宣传先进典型等方式,引导广大青少年普遍参与学雷锋活动。重点开展好以下工作和活动:

1. 学习宣传雷锋事迹与雷锋精神

组织广大青少年学习了解雷锋和雷锋式模范人物的先进事迹,帮助青少年了解雷锋精神的时代内涵,增强学雷锋的主动性、自觉性。注重运用文化、艺术手段塑造新时期雷锋形象,通过拍摄电影、微电影、微视频、动漫片、漫画书等多种形式,使雷锋事迹更易于青少年接受。联合社会力量编创、推荐以雷锋精神为主题的歌曲、图书、影视剧。发挥互联网、手机等新媒体的重要作用,通过开设专题网页、组织网上交流讨论以及微博、社交网站推广等形式,使雷锋事迹和雷锋精神在青少年中广为知晓。

团的宣传战线联合有关方面拍摄反映雷锋事迹和雷锋精神的电影,联合重点社会网站开展“学雷锋 · 在身边”视频图片征集活动。中国青年报开设青少年学雷锋活动专栏;中国青年出版(总)社组织出版宣传雷锋故事和学雷锋先进事迹的图书;中国少年儿童新闻出版总社组织出版适合少年儿童阅读的雷锋故事动漫图书、画报。中国青年网开设青少年学雷锋活动主网页,集中展示雷锋和各类学雷锋先进典型事迹,突出与广大青少年网友的互动;未来网开设“学习雷锋好榜样”专栏,为中小学生、少先队员和基层少先队组织上传、展示和交流学雷锋活动成果提供平台。

2. 学雷锋志愿服务活动

每年3月5日前后开展以“传承雷锋精神,参与志愿服务”为主题的集中性志愿服务活动。围绕学业辅导、亲情陪伴、感受城市、自护教育、爱心捐赠等内容,集中力量开展好共青团关爱农民工子女的学雷锋志愿服务行动。扎实推进大学生志愿服务西部计划,继续实施好服务新疆、西藏和支教、支医、支农、基层社会管理等专项项目。面向边远地区、民族地区、贫困地区,开展教育、科技、文化、卫生等方面的青年志愿服务活动。联合有关单位开展“保护母亲河——关爱自然植树护绿志愿服务行动”,广泛动员青年志愿者参加义务植树,参与生态文明建设。围绕广大群众特别是困难群众的实际需求,组织青年志愿者开展便民利民、敬老助残、法律援助、医疗卫生以及倡导文明礼仪、维护公共秩序等学雷锋志愿服务活动。大力加强青年志愿者组织、青年志愿者队伍和志愿服务阵地建设,大力加强“结对 + 接力”等志愿服务机制建设,把青年志愿者的热情、专长、服务时间与社会需求有机结合起来,通过团组织和青年志愿者组织的制度化安排转化为志愿服务的整体力量,打造具有鲜明共青团特色的青年志愿服务体系,努力形成特有社会功能、产生持久社会影响力。

3. 学雷锋主题团、队日活动

每年3月5日(学雷锋纪念日)和9月20日(公民道德宣传日)前后,各级学校共青团、少先队组织要围绕学雷锋主题,集中开展两次团、队日活动,采取升国旗仪式、演讲比赛、学习讨论、读书征文、诗歌朗诵、参观寻访、故事讲述、文艺演出、主题队会、网上互动、志愿服务等形式,帮助学生了解雷锋精神,引导学生参与学雷锋实践活动,增强学习雷锋的自觉性。

4. “雷锋榜样进校园”活动

邀请道德模范和青年典型,特别是以郭明义为主要代表的新时期各行各业学雷锋先进榜样,走进大、中学校,举办雷锋精神学习报告会、宣讲会、座谈会,结合自身成长经历和感人事迹,与青年学生进行面对面交流。2012年,全国举办“雷锋榜样进校园”交流活动1万场以上。

5. “岗位学雷锋”活动

在城市窗口单位和服务行业,要结合青年文明号创建,开展以“传承雷锋精神,竭诚为民服务”为主题,以“学雷锋亮明承诺、学雷锋提升技能、学雷锋真诚服务、学雷锋结对帮扶”为主要内容的服务创建活动。在企业,要结合青年职业技能大赛,开展“岗位学雷锋”主题活动,深化各类技术竞赛和技术比武,引导青年职工爱岗敬业、奉献社会,提升青年职工的职业素质和职业精神。采取有效措施,发挥好非公企业团组织和各级驻外团组织的作用,有针对性地在青年农民工群体、“两新”组织中开展学雷锋活动。

6. 农村青年“学雷锋,争做好青年”活动

以“扶贫助困、奉献社会”为主要内容,在农村青年中广泛开展关爱帮扶留守儿童和留守老人等学雷锋活动,引导农村青年做助人为乐、富有爱心的好青年。以“诚实守信、勤劳敬业”为主要内容,发挥农村青年致富带头人的示范带动作用,通过技能培训、学用科技、创建信用示范户等活动,帮助农村青年增强就业创业能力,引导农村青年做创业创新、带头致富的好青年。以“倡导文明新风、美化家乡环境”为主要内容,动员农村青年广泛参与乡风文明、村容整洁等农村社会建设,引导农村青年做建设家乡、践行文明的好青年。

7. 大中专学生学雷锋社会实践活动

结合大中专学生暑期社会实践活动,重点组织学雷锋实践服务团(队)到农村基层、城市社区开展以参与公共服务、助人为乐、帮助孤寡老人、关爱农民工子女等为主要内容的实践服务活动。2012 年,全国各类大、中学校组织各级学雷锋团队 10000 支以上,团中央支持 100 支全国重点团队。

8. 青联委员学雷锋活动

在各级青联中开展以学雷锋为主题的委员活动日、界别活动日,引导青联委员认真学习践行雷锋精神,立足本职岗位,争创一流业绩,发挥示范作用。依托“科技之光”青年专家服务团,到农村开展农业技术培训活动。组织医药卫生、文化艺术等界别青联委员,到社区开展送医送药、慰问演出等活动。

9. 少先队“学雷锋,手拉手”实践体验活动

围绕“学习雷锋好榜样”主题,普遍开展以“知雷锋、爱雷锋、找雷锋、做雷锋”为主要内容的“学雷锋,手拉手”实践体验活动。重点动员少先队员通过“手拉手”结对,帮助农民工子女小伙伴、农村留守儿童小伙伴和身边需要帮助的小伙伴。倡导少先队员通过组建“学雷锋小队”、“红领巾学雷锋小社团”,力所能及地帮助身边需要帮助的人,助人为乐,持之以恒。

10. 选树宣传学雷锋青年典型

结合青年五四奖章、青年岗位能手、青年创业奖、青年文明号、农村青年致富带头人、青年志愿者优秀个人(组织)奖、青少年科技创新奖、优秀少先队员等评选活动,选树、宣传一批可亲、可敬、可学的新时期雷锋式青年先进个人和先进集体。深入开展“劳动 · 创造 · 奋斗——我的青春故事”青少年励志教育活动和青春励志故事网络文化活动,邀请广大青少年身边践行雷锋精神的青年典型讲述成长奋斗历程,宣传他们的事迹,引导青少年深刻理解和大力弘扬雷锋精神,踊跃参加学雷锋活动。

三、工作要求

1. 高度重视,加强领导。在青少年中深入开展学雷锋活动、大力弘扬雷锋精神,是推进社会主义核心价值体系建设的重要举措,对青少年健康成长、全面发展意义重大。各级团组织要充分认识这项工作的重要意义,切实加强组织领导和统筹协调,做好任务分解,采取有力措施,推动青少年学雷锋活动深入开展。

2. “学”、“做”统一,注重创新。要强调“学”,突出活动的思想性,把帮助青少年学习了解雷锋和不同历史时期特别是新时期雷锋式模范人物的先进事迹、学习了解雷锋精神的时代内涵,作为深入开展学雷锋活动的重要内容。要强调“做”,突出活动的实践性,大力创新活动形式、路径和载体,注重运用青少年喜闻乐见的方式,增强对青少年的吸引力、感召力,引导广大青少年自觉参与各类实践活动。

3. 立足基层，务求实效。在青少年中开展学雷锋活动，关键在基层、重点也在基层。要切实发挥好以共青团组织为核心的各类青年组织的优势，充分调动基层组织的积极性、主动性和创造性，努力扩大活动的覆盖面和影响力。要注重把学雷锋活动与共青团的品牌工作结合起来，与共青团创先争优活动结合起来，推动学雷锋活动机制化、常态化，不搞“一阵风”，杜绝形式主义。团的各条战线要分别抓好有关工作的具体部署和落实，在开展活动的同时做好基础数据统计工作，及时汇总上报活动情况。

军队青年的学雷锋活动由解放军总政治部组织部根据本意见精神作出安排。

关于在全团广泛运用微博开展工作的实施意见

2012 年 2 月 28 日

共青团各省、自治区、直辖市委，解放军总政治部组织部，全国铁道团委，全国民航团委，中直机关团工委，中央国家机关团工委，中央金融团工委，中央企业团工委：

当前，微博对青少年影响日益广泛和深刻。为适应微博发展带来的新情况、新挑战，努力把微博打造成共青团联系、服务、引导青少年的新途径、新载体，现就全团广泛运用微博开展工作提出如下实施意见。

一、广泛开设共青团微博，建立共青团微博群

以开设微博服务的中央重点新闻网站、国内主要商业网站、地方主要新闻网站为依托，充分发挥各级共青团组织和广大团干部的积极性和创造性，广泛推动全团运用微博开展工作。

1. 以团组织名义开微博。各级团组织可在中国青年网或新浪、腾讯等微博业务影响较大的网站开通官方微博。原则上要求县级以上团的领导机关、高校团组织今年上半年全面开通微博，实现全团“县县开博”。县以下基层团组织、企业团组织，根据自身情况，适时开通微博。

2. 以团的工作项目和品牌活动名义开微博。鼓励各级团组织围绕青年志愿者、青年文明号、保护母亲河、希望工程、12355 等团的重点工作项目和品牌活动，开设专项工作微博。

3. 以团干部和青年工作者个人名义开微博。鼓励各级团干部和青年工作者开微博，可以实名，也可以非实名。

4. 鼓励和引导与团组织有密切联系的青年典型或青年名人开微博。推动一批在青年中有影响力、社会形象正面、与团组织有密切联系的青联委员、青年典型、青年名人开微博。

5. 开设共青团微博群。将以上各类共青团微博以及与共青团有密切联系的青年个人微博整合，在中国青年网、新浪、腾讯等设置共青团微博群。

二、加强内容建设，强化舆论引导

微博内容事关共青团微博发展的成效。要高度重视微博内容建设，把微博作为联系青年、服务青年、引导青年的重要渠道，使团组织微博成为传播积极健康向上信息和文明理性表达意见的新平台。

1. 紧密结合团的工作。各级团组织要注意结合好团的工作，打造微博特色内容。要善

于将团的重点工作和活动，特别是与青年关联度高、互动性强的活动，借助微博平台予以生动呈现，使微博平台成为共青团面向青年重要的组织和动员方式。要结合自身工作实际、所服务对象群体特点，打造一批特色话题，吸引青年关注。

2. 增强与青年网民的互动。要积极通过原创发布、转发点评、微直播和微访谈等多种形式，与青年网民进行直接、平等的交流沟通。转变话语体系，努力贴近青年的网络语言习惯。

3. 注重内容及时更新。各级团组织的官方微博要保证一定频率的内容更新，确保微博内容发布的数量和质量。

4. 积极引导微博舆论。关注青年对重大理论和社会现实问题的关切，适时发出正面理性声音，引导青年形成正确的社会观察结论。及时发现涉及共青团组织和本地的网上热点，回应关切，解疑释惑。对网上谣言要及时澄清。

三、完善工作机制，确保良性发展

1. 领导机制。各级团组织要高度重视微博工作，切实加强组织领导和统筹协调。凡开通官方微博的团组织，应建立由主要负责人牵头的微博工作领导机制，并制定本系统、本单位微博建设具体实施方案。

2. 管理机制。各级团组织官方微博要成立管理维护团队，挑选得力骨干担任管理员，对微博进行日常维护。要注意把握官方微博与个人微博的侧重，官方微博侧重于工作交流，个人微博侧重于观点交流。不发布涉密内容，不发布未经证实或许可的信息，不发布与团组织性质和团干部身份不相符的观点，维护团组织和团干部的社会形象。

3. 督导机制。团的各级领导机关要做好下级团组织微博、团干部微博以及所联系青年工作者、青年典型个人微博的统计备案，掌握情况，加强督导。各地要努力形成一批有影响力、关注度较高的名微博。建立月统计制度，将主要微博的关注度提升情况进行统计汇总上报。

4. 安全机制。各级团组织要加强对微博舆情的监测和研判，主动发现问题，及时有效处置。要树立全团一盘棋的思想，共同做好有关应急处理工作。

关于加强共青团文化工作的实施意见

2012年2月29日

共青团各省、自治区、直辖市委，解放军总政治部组织部，全国铁道团委，全国民航团委，中直机关团工委，中央国家机关团工委，中央金融团工委，中央企业团工委：

为深入贯彻党的十七届六中全会精神，推动各级团组织更好地运用文化手段开展工作，促进实现“团的基层组织网络覆盖全体青年，团的各项工作和活动影响全体青年”的目标要求，在社会主义文化大发展大繁荣中充分发挥共青团组织的积极作用，现就加强共青团文化工作提出如下实施意见。

一、工作目标

积极运用文化艺术手段开展团的工作，合理适度地把团的组织存在和工作影响融入文化和艺术载体之中，着力推动共青团引导青年工作实现由“内容供应”向“产品供应”的全面转变，推动社会主义核心价值体系在青少年中的有效传播。

二、主要任务

1. 营造正确文化导向

发挥共青团优势，在全社会倡导健康积极的文化导向，为青少年健康成长营造良好的社会文化环境。

——团中央将组织开展“五推一展”活动。每年面向全国发布推荐一批有利于青少年健康成长的优秀图书、影视、歌曲、动漫、游戏等文化产品；以实物展览或网上展览的方式，每年举办一届面向青少年的新媒体和文化展览交流会，展示共青团新媒体和文化工作成果，搭建影响青少年的优秀新媒体产品和图书、影视、歌曲、动漫、游戏等文化产品展示交流平台。通过树立鲜明导向，引导社会各界积极创作生产有利于青少年健康成长的文化产品。

——各地团组织要积极参与和配合全团“五推一展”活动的开展，并参照这一做法设计开展本地区推荐展示活动，积极推荐本地区创作生产的优秀文化产品，推动本地区文化企事业单位积极参与展览交流，形成共同倡导社会主义先进文化、树立正确文化导向的强大声势。

2. 加强与社会文化单位合作

加强与文化领域各种专业力量、市场力量合作，联合推动影响青少年的优秀文化产品不断涌现，在文化、艺术载体中合理适度地体现团的组织存在。

——团中央将积极与在全国青少年中具有广泛影响的影视制作播出机构、出版发行机构、文化娱乐机构、文艺演出团体等开展合作，联合推出一批青少年喜欢的文化产品、文化活动，并在合作作品上显著标明共青团标识，推动全团层面的工作和活动更好地覆盖和影响青少年。

——各地团的领导机关和团组织要加强与在本地青少年中具有广泛影响的电台、电视台、出版社、文艺团体、网络媒体的合作，面向青少年推出一批集思想性、娱乐性为一体的文化产品和活动，并在合作作品或栏目上显著标明共青团标识，扩大共青团组织在青少年中的影响力。

3. 创作推广青少年文化精品

——各级团组织和团属文化单位要着眼于满足青少年日益增长的精神文化需求，力所能及地创作、生产、推广符合青少年特点、有效诠释和传播社会主义核心价值体系的图书、影视、歌曲、动漫、游戏等各类文化精品，在青少年文化产品供应中发挥积极作用。

4. 广泛开展青年文化活动

激发青年的文化创造活力，大力倡导开展各类主题鲜明、特色突出、青年乐于参与的文化活动，让青年在丰富多彩的文化活动中愉悦身心、启迪思想。

——团中央将结合重大契机，推出若干对全团具有示范性、导向性，能够广泛牵动基层团组织参与的主题文化活动，在青少年中大力唱响主旋律。

——各地团的领导机关要结合本地实际，参与开展好全团性文化活动，并积极推出富有本地特色的青年文化活动，营造良好的文化活动氛围。

——广大基层团组织要结合各自所在单位的社会功能，因地制宜地开展形式多样、特色鲜明的校园文化、企业文化、乡村文化、社区文化和军营文化活动，有效吸引和影响青少年。

5. 吸引凝聚青年文化人才

广泛吸引文化领域具有较大影响力的青年人才参与共青团文化建设、支持团的文化工作。

——团中央将邀请一批在文化业界具有较大影响力的中青年骨干人才，组成共青团文化工作咨询委员会，积极为共青团文化工作献计出力。

——各地团的领导机关和团组织要积极联络青年文化人才，汇聚本地文化创作、文艺表演、文化经营等各领域青年人才，使团的文化工作得到有力的人才支持。

三、工作要求

各级团组织要把加强文化工作摆到关系实现共青团“两个全体青年”目标要求的高度予以重视。要适应当代青年的沟通、交流、联络和聚集方式，更加积极主动地运用文化艺术手段和时尚元素开展工作。要转换工作思维，勇于突破“体制内循环”，主动地面向社会、面向市场，找准团组织的优势与社会和市场的结合点，增强调动社会文化资源生产创作优秀青少年文化产品、服务团的工作的能力。要坚持求真务实，不图一时表面热闹，对于具有生命力的工作项目要长期坚持，通过持久的努力形成持续的影响力。

关于开展青少年基本道德规范教育实践活动的通知

2012年5月18日

共青团各省、自治区、直辖市委，解放军总政治部组织部，全国铁道团委，全国民航团委，中直机关团工委，中央国家机关团工委，中央金融团工委，中央企业团工委：

为深入贯彻党的十七届六中全会和胡锦涛总书记五四重要讲话精神，配合开展好中央文明委部署的道德领域突出问题专项教育和治理活动，深入推进青少年思想道德教育，帮助青少年树立良好道德规范，养成正直、善良、诚实、有爱心等基本道德品格，团中央决定近期在青少年中集中开展基本道德规范教育实践活动。有关事项通知如下。

一、目标任务

通过在广大青少年中普遍开展具有针对性、实效性的基本道德规范教育实践活动，引导青少年固守道德底线、坚持高尚品行，在推动解决道德领域突出问题、营造良好社会风气中发挥积极作用，为迎接党的十八大胜利召开营造良好社会氛围。

二、活动安排

活动开展时间为2012年5月中旬至9月底。重点开展以下三方面活动：

（一）加强青少年基本道德规范教育

——“做一个有道德的人”主题团、队日活动。各基层团组织和中小学少先队组织要集中在6月中旬之前普遍开展一次主题团、队日活动，通过举办专题讲座、讨论、演讲、座谈等形式，在青少年中进行生动有效的道德宣传教育，引导青少年认识到只有人人都讲道德和规则，社会才能安定有序，个人才不会受到道德失范带来的伤害。团中央将印发宣讲提纲，供各地开展团、队日活动使用。

——“知荣辱、讲道德”道德评议活动。各基层团、队组织要在7月上旬之前集中组织开展一次道德评议活动，通过对身边不道德、不文明的行为进行分析评议，引导青少年形成正确的价值取向和道德判断，知荣明耻，在日常生活中讲文明礼貌、重诚实守信、倡善良友爱，养成良好行为习惯和健康生活方式。

——“道德榜样面对面”活动。组织道德模范深入学校、社区、企业、农村等基层单位团组织，与青少年开展面对面交流，让青少年受到道德力量的感染，在思想上引起触动。按照中央文明委要求先行开展专项教育治理活动的50个全国文明城市（区）的团组织，要分别在8月中旬之前组织开展10场以上“道德榜样面对面”报告会、座谈会。

（二）开展青少年道德实践活动

——开展基本道德品格实践活动。各基层团、队组织要引导广大青少年践行基本道德规范，从身边做起，从最基本的要求做起，在家孝敬父母、尊敬长辈，在学校尊敬师长、团结同学，在社会上正直做人、友善待人。同时继续深入开展青年志愿者、“手拉手”等活动，引导广大青少年在实践活动中强化道德认知，提升道德品格。

——强化重点领域道德实践。食品行业、窗口行业团组织要在团员青年中加强道德底线教育、职业精神教育、法制宣传教育，组织团员青年深入查找实际工作中诚信缺失行为的具体表现、产生原因并制定有针对性的整改措施，努力达到更高的诚信目标。要在广场、公园、车站、机场、码头、商场、影剧院、体育场馆等公共场所广泛组织开展礼仪宣传、文明引导等内容的教育实践活动，引导青少年注重和养成在公共场所有序排队、讲究卫生、不大声喧哗、在滚梯左行右立等文明礼仪。

——开展青年文明号“诚实守信，从我做起”主题活动。组织全国各级青年文明号集体和争创集体，结合本单位实际开展主题教育活动，引导从业青年强化职业精神，立足本职岗位、践行诚信要求。组织青年文明号服务队深入商场、社区、广场，面向基层群众开展食品质量检验咨询、信用知识宣传等活动。

（三）开展媒体宣传

——开设媒体专栏。各级团属报刊、网站等媒体要开设专栏，充分发挥正面宣传和舆论监督作用，对专项教育治理活动的重要意义、推进成效、基层特色工作等进行积极宣传，对食品行业、窗口行业和公共场所中诚信缺失、公德失范的行为进行批评监督，营造褒善抑恶的社会舆论氛围。

——宣传优秀道德典型。深入挖掘和宣传各行各业特别是食品行业、窗口行业的优秀青年典型，让彰显职业精神、坚守道德底线的行为得到更大褒奖。

——开展微博话题讨论。联合在青少年中具有广泛影响的社会媒体，开展公德话题微博讨论活动，挖掘鲜活事例、加强评论引导，扩大基本道德规范宣传教育活动在青少年中的影响力和覆盖面。

三、工作要求

各级团组织要充分认识专项教育和治理活动对于推进社会主义核心价值体系建设、促进改革发展、维护和谐稳定的重要意义，将活动作为共青团推进分类引导青年工作，加强青少年思想道德建设的重要抓手，摆上重要日程，精心组织实施。要注重上下联动、牵动基层，充分发挥基层团组织的积极性、创造性，吸引青少年广泛参与。

团中央将对各地活动开展情况进行督导。各省级团委要及时掌握本省（系统）的活动进展情况，对活动的开展次数、参与人数等情况进行了解和统计，并分别于7月底、9月底前将活动情况报团中央宣传部。

关于推动形成共青团新媒体和文化工作系统化格局的通知

2012年6月5日

共青团各省、自治区、直辖市委：

面对时代发展和青年变化，积极有效地运用新媒体和文化手段开展团的工作，是共青团更好地融入青年、融入社会，实现胡锦涛总书记提出的“两个全体青年”目标要求的必然选择。为落实团中央书记处要求，推动各省级团委在党的十八大召开前形成新媒体和文化工作较为完整的、系统化的工作格局，进一步促进全团引导青年工作由“内容供应”向“产品供应”全面转变，现将有关工作要求通知如下。

一、工作目标

党的十八大召开前，各省级团委在具有普遍性的新媒体和文化载体运用上形成比较完整的工作格局；地市级团委在运用新媒体和文化手段开展工作的若干方面取得有亮点的工作突破；县级团委形成借助新媒体和文化手段开展工作的若干活动项目。

二、工作安排

1. 网站建设

省级团委要普遍建成面向青年、融入青年的网站。地市级、县级团的领导机关建成团的工作网站或青年网站。

2. 手机媒体

省级团委要普遍建成面向青年或团干部的手机报平台。鼓励和支持地市级、县级团的领导机关根据自身情况建立手机报或手机短信群发平台。

3. 微博

省级、地市级、县级团的领导机关在中国青年网或新浪、腾讯等微博业务影响较大的网站开通官方微博，并且每年依托团组织官方微博组织开展3次以上话题讨论。

4. 新媒体活动

省级团委要在配合开展全团性新媒体活动的同时，围绕组织青年、引导青年、服务青年、维护青少年合法权益的基本职能，每年举办三次以上主题鲜明、在本区域青少年中形成一定影响的新媒体活动(不含第三项中的微博话题讨论)。地市级、县级团的领导机关要每年组织开展一次以上在本区域青少年中形成一定影响的新媒体活动。

5. 推动建设小型化、分散化、社区化的基层新媒体阵地

省级团委要切实推动本区域广大基层团组织建设即时通信群组、社交网站主页、论坛、短信群发平台等小型化、分散化、社区化的新媒体阵地。每年就此进行集中指导、推动、培训的工作或活动项目不少于两次。

6. 电视栏目

省级团委要积极与在本区域青少年中具有广泛影响的电视台开展项目合作，联合主办一档以上面向青少年群体的长期、固定栏目。地市级、县级团的领导机关要积极与本区域电视台合作，争取联合推出面向青少年的电视节目。

7. 文化产品创作

省级团委要积极与有影响力的动漫、影视、音像、游戏制作公司和图书出版社开展合作，联合推出一批符合青少年特点、体现社会主义核心价值体系内涵、合理体现共青团标识的动漫、影视、歌曲、图书、游戏等各类青少年文化产品。有条件的地市级团的领导机关要争取在联合社会力量创作推出文化产品方面取得突破。

8. 文化产品推介

省级团委要借助团组织的社会公信力，在

本区域定期征集、发布并向青少年积极推介一批符合青少年特点、体现社会主义核心价值体系内涵的动漫、影视、歌曲、图书、游戏等类别青少年文化产品。

9. 文化活动

省级、地市级、县级团的领导机关每年要在本区域开展两次以上主题鲜明、具有一定规模的青少年文化活动。

三、工作要求

各省级团委要将本项工作作为贯彻落实胡锦涛总书记在纪念中国共产主义青年团成立90周年大会重要讲话精神,以新的工作推动纪念建团90周年、迎接党的十八大的重要举措予以高度重视。要参照团中央工作要求,对本区域地市级、县级团组织的新媒体和文化工作进行部署推动。

各省级团委要按照工作安排中的任务要求,巩固较强的工作项目,迅速补齐工作薄弱环节,形成新媒体和文化工作的系统化推进格局。团中央将及时了解督导各地工作进展情况。

四、城市

关于在全国非公有制企业团组织中深入开展“创先争优”活动的通知

2012年2月29日

共青团各省、自治区、直辖市委:

团的十六大以来,各级团组织按照团中央总体部署,全力推进非公有制企业团建工作,新建了一大批非公有制企业团组织。为进一步深化非公有制企业团建工作,团中央决定在全国非公有制企业团组织中深入开展以增强组织活力为目标的“创先争优”活动,有关要求通知如下。

一、目标任务

在全国非公有制企业团组织中深入开展“创先争优”活动,旨在充分调动非公有制企业团组织积极性和创造性,不断加强团的自身建设,增强团的内在活力,切实发挥团组织推动企业科学发展、服务青年成长成才的积极作用。以“有班子、有活动、有阵地、有档案”为达标目标,力争绝大多数新建非公有制企业团组织运行基本正常;以“组织建设好、活动开展好、推动发展好、青年反映好”为创优目标,择优选树一批非公有制企业团建先进典型,努力增强广大非公有制企业团组织的活力和生命力。

二、活动内容

1. 以“四有”为目标促进非公有制企业团组织工作普遍达标。主要目标包括:(1)有班子,企业内部基层团组织健全,各级团干部配备齐全。(2)有活动,结合企业实际开展团的活动,活动频率不少于每两月一次。(3)有阵地,采取多种途径建有团的宣传和活动阵地,团组织标识明显。(4)有档案,规范建立团员青年花名册、团的工作记录本等资料档案。

非公有制企业团组织要对照“四有”目标，进行自查整改、完善提高。上级团组织按照“四有”要求加强工作指导，年底认真组织达标验收，并分别建立非公有制企业团组织达标验收档案。2012年底，各地非公有制企业团组织达标率力争达到80%以上。

2.以“四好”为标准选树一批非公有制企业团建示范典型。主要目标：(1)组织建设好。团干部队伍配备齐全，班子凝聚力和战斗力强；基层团组织体系完整，能广泛联系普通青年；团的工作机制健全，基础管理扎实。(2)活动开展好。围绕企业生产经营需要，结合青年成长成才需求，广泛开展思想性、技能培养性、娱乐性活动，活动影响力强，青年参与面广。(3)推动发展好。围绕推动企业科学发展，在提升青年职业素养、推动企业文化建设、提高企业经营效益等方面，取得明显工作成效。(4)青年反映好。经常开展团员思想教育，团员青年组织归属感强；积极为青年办实事、做好事，团员青年对团组织评价好。

非公有制企业团组织要按照“四好”目标，提高工作水平，建立长效机制。各地团组织要坚持“四好”标准，选树一批本地区非公有制企业团建先进典型，择优推荐参评相应层级“五四红旗团委(团支部)”。获得过本级称号的才能参评上一级称号。

三、有关要求

1.强化工作责任。省级团委负责统筹推动本地区非公有制企业团组织创先争优工作，制定活动实施方案，加强督促检查；市级团委要细化活动实施方案，制定包干指导、考核验收等办法；县级团委要切实明确责任、靠前指导、狠抓落实。各级团组织有关工作信息要及时录入非公有制企业团建台账信息系统。

2.强化工作措施。各级团的领导机关要根据非公有制企业规模大小，兼顾团的各组织层级工作力量，将非公有制企业团组织分别纳入到省、市、县、街等层级化组织中进行联系管理。要建立联系指导制度，组织团干部深入非公企业团组织进行包干指导力促达标创优，做到责任到人、任务明确。要严格工作考核，通过经常性督察、现场点评等方式，检查工作进展和干部包干指导情况，增强推动工作的力度和韧劲。

3.坚持靠前指导。团的各级领导机关干部要深入非公有制企业，进行分类指导，对于团建基础较弱的团组织，以达到“四有”为目标，力争团组织能够正常运行；对于团建基础较好的团组织，以达到“四好”为目标，完善长效运行机制，形成较强的工作自转力。要根据企业生产经营特点和青年群体特点，分类指导非公有制企业团组织找准团的工作切入点，针对性地设计团的工作和活动载体。要广泛组织业务培训、学习观摩、经验交流等活动，提高非公有制企业团干部的工作能力和水平。

4.坚持典型引路。要对非公有制企业团组织给予必要的资源支持，发挥团内各类先进集体的工作优势，通过组织共建、阵地共用、活动共办等方式，支持和带动非公有制企业创先争优。大力宣传活动的先进典型和工作经验，为非公有制企业团组织创先争优营造良好氛围。

各省(区、市)团委要将本地区非公有制企业“创先争优”活动的实施方案，于3月20日前上报团中央城市青年工作部企业处。团中央拟于6至7月对各地包干指导等工作进行检查，11至12月份对各地达标验收情况等进行检查。

五、农村

加强农村专业合作组织团建工作的有关意见

2012年3月6日

近年来,农村专业合作组织(主要包括农民专业合作社、供销合作社、各类专业协会等)迅猛发展,日益成为发展现代农业、促进农民增收的重要组织力量,日益成为农村青年重要的聚集、交流平台和联结纽带。加强农村专业合作组织团建工作,是从产业链上对农村青年进行组织化梳理的有效措施,是实现"两个全体青年"目标的必然要求。根据《团章》和有关规定,现就加强农村专业合作组织团建工作提出如下意见。

一、总体要求

坚持"两条主线,三个关键"的工作思路,把农村专业合作组织团建作为农村共青团非层级化组织载体建设的主要方向,与层级化组织载体建设相结合,与促进农村青年就业创业工作相结合,进一步扩大基层团组织对农村青年的有效覆盖。同时,积极争取政策支持,加强服务手段和载体建设,促进农村专业合作组织团组织发挥作用。

二、积极在农村专业合作组织中建立团组织

1. 团的各级领导机关均负有推动农村专业合作组织团建工作的责任,县、乡团委是第一责任主体。对于规模较大或跨乡镇的农村专业合作组织,建团工作由团县委负责推动;对于规模不大的农村专业合作组织,建团工作由乡镇团委负责推动。

2. 凡有3名以上团员的农村专业合作组织,原则上要独立建立团的组织;团员人数在3人以下的,可采取联建、依托建等灵活的方式建立团组织,在单个合作组织内部,建立团小组;有青年但没有团员的,可利用业缘、地缘、兴趣爱好等因素,建立兴趣组织,条件成熟后再建团。选拔思想好、威信高、业务强、有热情的青年党团员担任农村专业合作组织团组织的负责人。

3. 把握社会机理,运用市场、情感等因素,找准农村专业合作组织建团路径。一是借助党建工作格局和工作成果建团。坚持党建带团建,注意与基层党建在工作空间、工作内容、干部力量上的结合。在已建党组织的专业合作组织中,要建立团的组织。积极争取各级党委支持,为专业合作组织团建创造条件。二是依托行政主管部门、行业协会及相关服务机构建团。以专业合作组织行政主管部门为牵动,依托行政管理职能和业务领域建立团组织。联系农村各类行业协会、服务机构,发挥其与当地农业主导产业结合度高、聚集大量农村青年的优势,建立团组织。三是相邻较近、规模较小、产业相同或类似的专业合作组织联合建团。四是农业产业化龙头企业带动建团。加强农业产业化龙头企业团建工作,带动与其相关联的农村专业合作组织建团,促进企业团组织与合作组织团组织联建、共建。五是县乡团组织牵头建立团(工)委(团总支)或实行村社联建。农村专业合作组织较多的县和乡镇,团组织可牵头成立合作组织团(工)委,建立“团(工)委(团总支)——团支部——团小组”体系。村团组织可与专业合作组织团组织联合建设、共同开展活动。六是推动青年能人领创办农村专业合作组织并建团。把农村团的重点工作向青年能人倾斜,鼓励、支持青年能人积极领创办农村专业合作组织,并在其中建团。七是示范社建团。开展农民专业合作社青年示范社创建活动,把建团作为认定青年示范社的重要条件。

4. 农村专业合作组织团组织原则上由批准其成立的团组织进行管理;已建立党组织的农村专业合作组织,其团组织的隶属关系一般与党组织的相对应,团组织受同级党组织领导,同时受团的上级组织领导。各级团组织要把农村专业合作组织团干部纳入培训范围。

三、推动农村专业合作组织团组织发挥作用

农村专业合作组织团组织的首要任务是联系农村青年,要在密切与专业合作组织内部青年成员联系的基础上,增强对同类从业青年的吸引和凝聚,保持对农村青年的合理、适度影响。同时,把握农村专业合作组织合作、互助、平等和专业化、便利性、松散性等特点,研究共青团组织性质、任务与农村专业合作组织功能相融合的切入点,因地制宜开展工作。一是提升技能。辅助开展培训,帮助农村专业合作组织成员提高农业生产经营专业化水平和增收致富能力。二是促进交流。为农村专业合作组织青年成员提供沟通、交流的渠道和机制,增强凝聚力。三是引导观念。帮助农村专业合作组织青年成员树立平等、合作、竞争、风险意识。四是促进管理。帮助青年成员理解和支持农村专业合作组织规则,促进内部规范运行和自我管理。五是培养人才。通过选拔、使用、培训团干部,为农村专业合作组织培养后备经营管理人才。注意把思想好、能力强的优秀青年推荐为党员发展对象。六是传递信息。研究、宣传、协助争取国家强农惠农政策,向基层党政和上级团组织反映农村专业合作组织呼声和合理诉求。

四、加强对农村专业合作组织团建工作的组织领导

1. 明确团的领导机关在农村专业合作组织团建工作中的责任。省、地两级团委要在面上对农村专业合作组织团建工作进行安排,加强与农业、工商、供销、金融等单位协调,争取政策和资源,努力为农村专业合作组织团建工作提供支持;有条件的地方,可成立省级或地市级青年专业合作组织联合组织。团县委要统筹考虑、研究制定区域内农村专业合作组织团建的具体措施,力争成立县域农村专业合作组织团工委,以此推动农村专业合作组织建团,扩大工作覆盖。乡镇团委要将农村专业合作组织团建作为重要工作内容,并做好联系、服务工作。

2. 为农村专业合作组织发展提供力所能及的服务。深化与农业部门合作,培训一批合作社青年骨干,表彰一批合作社理事长,认定一批青年示范社,扶持农村青年领创办农村专业合作组织。加强与小额贷款、技能培训、科技服务、致富带头人培养等工作的融合,以服务促进农村专业合作组织团建工作。加强与农业、供销等部门合作,通过举办农产品展销对接会、承接政府委托涉农项目等手段,服务农村专业合作组织发展。

3. 充分发挥基层的积极性和创造性。尊重基层首创精神,鼓励基层结合实际,大胆尝试,采取灵活多样的方式建团,探索好的做法和经验。注重总结和研究,把握工作规律,探索推进工作的有效模式和路径。总结、挖掘一批农村专业合作组织团建工作典型,为基层提供具体、可操作的工作示范。加强工作宣传,营造促进农村专业合作组织发展、支持农村专业合作组织团建的良好氛围。

关于引导农村青年学用科技创业致富的意见

2012年4月19日

各省、自治区、直辖市团委、农业(农牧)厅(委、局),新疆生产建设兵团团委、农业局:

为认真贯彻落实中共中央、国务院《关于加快农业科技创新持续增强农产品供给保障能力的若干意见》,引导农村青年在同步推进工业化、城镇化和农业现代化过程中作出更大贡献,现就引导农村青年学用科技、创业致富提出如下意见。

一、重要意义

中央农村工作会议提出,要围绕强科技保发展、强生产保供给、强民生保稳定,进一步加大强农惠农富农政策力度,奋力夺取农业好收成,合力促进农民较快增收,努力维护农村社会和谐稳定。农业科技是确保国家粮食安全的基础支撑,是突破资源环境约束的必然选择,是加快现代农业建设的决定力量,具有显著的公共性、基础性、社会性。坚持科教兴农战略,把农业科技摆上更加突出的位置,推动农业科技跨越发展,将为农业增产、农民增收、农村繁荣注入强劲动力。

现阶段,由于我国国情和农村特殊的环境与条件,农村劳动力整体素质与现代农业的发展需求还很不适应。农村青年劳动力数量和质量的不足,导致农业专业化分工难以深入推进、高效率农业设施装备难以推广、高水平农业科技成果难以转化,成为制约当前农业效率提高、未来农业持续发展的突出问题。青年是农村智力和体力最具优势、可塑性最强的群体,更是当前和今后带头学用农业科学技术、示范推广农业科技成果、带领农民群众依靠科技致富增收的生力军。充分发挥科技的支撑作用,不断提升农村青年科技素质,对于促进农村青年就业创业、推动实现农村青年持续稳定增收和服务农村经济又好又快发展具有十分重要的意义。

二、工作内容

1. 大力培养农村青年实用人才。立足培养有文化、懂技术、会经营的新型农村青年人才队伍,着力提高农村青年科学文化素质、生产技能和经营能力。一是深入推进农村青年创业就业行动。围绕促进农村劳动力培训阳光工程项目,规范开展农村青年创业培训。扎实做好青年农技人员知识更新工作,采取异地研修、集中办班、现场观摩等方式,对青年农技人员分区域、分专业进行培训。二是积极开展全国冬春农业科技大培训活动。充分利用城乡各类培训机构、共青团培训阵地和就业创业见习基地、农民专业合作社、农业龙头企业和产业基地等,在每年12月至次年4月底冬春农闲季节,面向基层青年农技人员、农村青年致富带头人、种养大户及普通青年农民有针对性开展农业科技培训。三是引导和帮助农村青年运用新媒体手段及时获取科技信息。动员大学生村官、青年志愿者积极参与"12316信息进农家"活动,帮助农村青年利用12316"三农"综合信息服务平台、农业信息网站、远程教育网等科技信息服务平台,指导农业生产、经营活动,满足农村青年的个性化信息需求。

2. 鼓励和引导农村青年带头示范应用农业科技新成果。发挥基层农业科技推广体系优势和共青团组织化、社会化动员优势，鼓励和引导农村青年带头应用农业科技新成果促进创业致富。一是通过科技手册、技术明白纸、广播电视、科技网络书屋等多种形式，面向广大农村青年推出一批农业主导品种、主推技术和农业科技新成果，引导广大农村青年带头选用优质良种和先进技术实施高效农业生产。重点培养一批种养规模较大、示范带动能力较强、有一定科技水平的农村青年科技示范户，不断提高他们的新技术和新成果接受能力、运用科技自我发展能力和辐射带动青年群众致富增收能力。结合农民专业合作社推广应用农业科技示范行动，引导青年农民专业合作社带头推广应用良种良法、良机良艺，带头推广应用信息科技。积极促进农村青年致富带头人领创办的农业龙头企业参与农业高新技术产业化开发，加快推进农业科技成果转变为现实生产力。二是创新用人机制、服务机制和扶持机制，以基层农技推广机构、农村青年领创办的专业合作社和农业专业服务组织、农村青年致富带头人兴办的农业产业化生产企业等为载体，引导和鼓励高校涉农专业毕业生、有专业特长的大学生村官等担任基层农技人员，带头实施农业技术推广项目、领办农业试验示范基地和开展农业技术服务工作。

3. 支持和帮助农村青年科技创业。整合各方科技支持力量，促进科技要素带动资金、人才、信息、管理等生产要素向农村创业青年集聚，更好发挥科技对农村青年创业的支撑作用，促进更多农民运用科技增收致富。一是鼓励和支持青年领创办农业科技服务组织。通过政策扶持、典型示范、提供服务等手段，引导支持各类青年能人领办、创办以农业生产技术服务、农机作业服务、农产品供求信息咨询、优质种苗繁育推广、农产品加工销售为主要服务形式的各类科技服务组织。二是为农村青年科技创业提供服务。进一步探索适合大中专学生和其他有志青年立足农村创业就业的工作项目和方式，利用小额贷款、创业就业基金、青年创业国际计划等载体，为农村青年科技创业提供多方面帮助。同时，积极争取地方政府支持，制定出台优先注册登记、税收减免、财政扶持等优惠政策，为农村青年科技创业提供有利条件。

4. 调动各方力量开展农业科技服务。进一步整合科技资源，深入乡镇开展多种形式的科技服务活动。一是利用高校科技资源服务基层农业产业发展。各省级团委和农业部门要在了解县域主导产业和农村青年科技需求的基础上，动员涉农院校、大中专院校涉农专业与县（市）形成结对帮扶关系。由青年骨干教师和学生按专业组成农业科技服务团队，对接帮扶县的农业主导产业科技需求，带项目、带技术、带技能、带信息深入乡镇，开展农业科技培训、技术示范推广、科技成果转化应用和科技咨询服务。二是结合全国农技推广示范县项目，积极组织开展“青年农技人员包村包社联户”活动，引导青年农技人员开展全方位科技服务，帮助农民解决生产实际问题。三是充分利用“三下乡”、大中专学生社会实践、大学生志愿服务西部计划等工作载体，积极开展农业科技服务。组织和引导在校大学生利用寒暑假返乡时机或新媒体手段，通过开展培训、座谈交流、直接指导等方式，将所掌握的科技信息、技术等资源带回家乡，参与家乡科技服务工作。

三、有关要求

1. 明确职责，形成工作合力。引导农村青年学用农业科技，加快致富增收是“十二五”期间共青团中央、农业部服务农村青年、服务现代农业发展、服务社会主义新农村建设的一项重要举措。各级团组织、农业部门要高度重视，建立工作机构，加强组织领导和沟通协作，明确各自工作职责，努力形成统一部署、分工负责、合力推动、层层落实的良好局面。

2. 创新形式，注重工作实效。各级团组

织、农业部门要按照国家“十二五”规划和全国农民教育培训“十二五”规划的总体要求，紧密结合全国农业科技促进年、全国冬春农业科技大培训行动等一系列重点工作，联系当地农村经济社会发展实际，选好工作切入点和突破口，创新合作项目和载体，探索新的方式方法，扎实推动各项工作有效落实到基层，使农村青年在学用科技中真受益、得实惠。

3. 强化保障，形成长效机制。各级农业部门要从政策、经费、项目等方面给农村青年学用科技、创业就业予以重点倾斜。各级团组织要争取党政支持，积极整合社会资源，为农村青年科技创业、致富增收创造更多有利条件。省、市、县三级团组织、农业部门要坚持有效的工作沟通、联络机制，定期召开联席会议，推动各项工作顺利对接落实。要建立工作督导机制，定期检查和督导基层工作，及时发现并解决问题，确保各项工作持续有效推进。

乡镇实体化“大团委”建设工作实施方案

2012 年 10 月 10 日

为实现“两个全体青年”目标，适应农村经济社会深刻变革和农村青年分布聚集新特点，深化乡镇团的组织格局创新工作，大力加强农村基层团组织建设，团中央决定在全国推进乡镇实体化“大团委”建设工作。实施方案如下。

一、指导思想

坚持“青年在哪里，团组织就建在哪里；社会使青年怎样聚集，就用怎样的方式建立团组织”的原则，依靠组织格局创新后形成的乡镇团的委员会，建设由镇区（乡镇政府驻地实际建成区）内多个直属团组织构成的实体化的“大团委”，继续着力加强农村专业合作组织团建，继续指导、推动村团组织建设，发挥乡镇作为共青团面向基层的“桥头堡”作用，努力使农村团的建设和工作融入农村青年日常生活之中，融入农村新型生产方式之中，融入农村青年致富追求之中。

二、目标任务

建设乡镇实体化“大团委”，首要任务是建设直属团组织。要以镇区为重点，用社会上已经存在的青年聚集方式和载体建团；按照平均1 名乡镇专兼职团委成员负责新建不少于 2 个直属团组织、1 个乡镇新建不少于 20 个直属团组织的工作标准，力争用半年左右的时间在全国绝大多数乡镇完成。

乡镇实体化“大团委”既要指导、推动村团组织工作，又要直接组织、联系、团结镇区内的农村青年；既要有专兼职相结合、编制内外相结合、体制内外相结合的领导机构，又要有镇区内以区域划分、功能性划分建立的各类直属团组织，如机关、商业、工业、农业、居住社区、文体、社会组织、农村专业合作组织团委（总支、支部）等。

三、工作内容

1. 大力建设乡镇团委直属团组织。在镇区内农村青年聚集较多的区域或功能性组织，运用农村青年生产、工作、生活、学习形成的社会化聚集方式，因地制宜建设团组织，力争实现全覆盖。一是按聚集区域载体（商业街区、工业园区、集贸市场、农业产业化基地、居住社区等）建团。二是按聚集组织载体（机关事业单位、企业、农村专业合作组织、文体兴趣组织、社会组织、大学生村官组织等）建团。

2. 进一步明确组织规则。一是鉴于镇区内不同区域和载体青年聚集程度差异较大，乡镇直属团组织的形式、名称（团委、团总支、团支部）可根据实际情况和工作需要设定。二是直属团组织负责人可由乡镇团委委员兼任，也可选拔思想认识高、热爱团的工作、组织能力强的青年党团员兼任。三是新建的直属团组织由乡镇团委管理，与村团组织是并列关系；已有的团组织按乡镇实体化"大团委"思路进行系统梳理，不改变原有隶属关系，可实行双重管理；对于农村流动团员，可根据其工作或生活的聚集方式参加多个团组织的活动，实行多重覆盖。

3. 灵活开展团的工作和活动。加强直属团组织工作内容设计，结合农村青年的核心诉求，找准农村各类经济社会组织根本功能与共青团组织根本任务相融合的工作切入点。直属团组织要保证一个月开展一次活动，活动要首先体现组织存在，然后体现组织吸引力，再体现组织的引导。要多开展农村青年喜欢的活动，如文体类、技能培训类、公益服务类，有条件的地方还可以开展就业创业类活动等。

同时，要格外关注农村专业合作组织团建工作。农村专业合作组织与从事分散农业生产的农村青年的职业生涯、致富追求、空间聚集密切相关，要认真落实团中央《加强农村专业合作组织团建工作的有关意见》，进一步推进农村专业合作组织建团，力争有新的进展。团组织建立后，规模较大的可隶属于团县委，规模不大的隶属于乡镇团委或村团组织。

四、时间安排

2012 年 10 月起，各级团组织要高度重视，整体推进，集中推进，确保 2013 年 3 月底前绝大多数乡镇形成实体化"大团委"基本组织体系。同时，加强指导，完善工作内容设计和运行机制；注意抓住元旦春节有利契机，开展各种活动，活跃团的工作。3 月底，要认真总结在乡镇建设了多少团组织，覆盖了多少农村团员，联系了多少农村青年。

五、工作要求

1. 明确各层级工作责任。推进乡镇实体化"大团委"建设，乡镇团委是执行主体，要集中组织格局创新后乡镇团委专兼职团干部的力量，按区域、功能聚集载体逐一建团。县级团委是推动主体，要争取县委重视和组织部门支持，及时安排部署，明确工作任务，发挥统筹协调作用。省、地市两级团委要迅速制定方案，进行面上推进，给予支持，加强监督检查。要始终坚持党建带团建的根本原则，积极向同级党组织汇报，特别要争取乡镇党委的支持。

2. 着力解决乡镇团委的工作经费。要充分用好团中央、财政部近期联合下发的《关于进一步支持和推动共青团基层组织建设和基层工作的意见》，努力推动在省级、地市级层面协调落实每个乡镇团委一年 2 万元工作经费。团省（自治区、直辖市）委力争在省级层面整体解决，如暂时不能在全省范围内一揽子解决，则力争通过逐一推动地市级层面加以解决。同时，要通过社会化动员，整合各方面的资源支持乡镇团委。

3. 健全抓落实的工作机制。一是建立统计、核查机制。围绕团支部建在哪里、支部成员有哪些人、联系了哪些青年等关键问题，设立工作台账，建立统一数据库（由团中央负责），实行半月报制度，加强分析核查，确保数据真实准确。二是完善督导机制。通过实行目标责任制、建立联系点、定期工作调度、抽查、通报、约谈等措施，形成大力度推进、狠抓落实的工作态势。三是注意总结推广经验。加强信息和调研工作，及时发现、提炼基层的好做法，推广标准化、可复制的工作流程、措施、案例和菜单，指导和示范带动各地工作。

六、少年

少先队总辅导员设置管理办法(试行)

2012年12月31日

少先队总辅导员是少先队辅导员队伍的重要组成部分。为加强少先队总辅导员队伍建设,制定本规定。

第一章　总则

第一条　少先队总辅导员是党的少年儿童工作者,是共青团选派的从事少先队工作的专业人才,是少先队辅导员队伍的骨干和少先队相关学科建设的带头人。

第二条　建立少先队总辅导员制度,是加强未成年人思想道德建设、落实少先队组织根本任务、完善全团带队体制的重要组织保证,是保持少先队工作专业性、连续性的重要举措,是少先队辅导员队伍专业化、职业化建设的必然要求。

第二章　岗位设置

第三条　省(自治区、直辖市)、市(地、州、盟)、县(市、区、旗)、乡(镇)要设置少先队总辅导员岗位。

第四条　省(自治区、直辖市)、市(地、州、盟)少先队总辅导员设置要求:

(一)在同级团委设立少先队总辅导员岗位,使用行政编制,一般为非领导职务,名称为"少先队总辅导员",专职专用。

(二)按不低于同级团委中层副职的标准配备,不得由同级团委负责人、部门负责人兼任。

(三)市(地、州、盟)团委一时难以找到符合岗位设置要求和任职条件人选的,可在一段时间内选聘行政编制外人员担任少先队总辅导员,同时要积极创造条件尽快在行政编制内选任少先队总辅导员。

第五条　县(市、区、旗)少先队总辅导员设置要求:

(一)岗位设在同级团委。行政编制内外均可。条件不具备的,可采取聘请退休少先队工作者、教育工作者,由优秀大队辅导员轮流挂职,设置社工岗位等方式。应专人专用,不得由同级团委负责人、部门负责人或直属单位负责人兼任。

(二)办公地应设在同级团委机关。

第六条　乡(镇)少先队总辅导员一般由中心学校大队辅导员兼任。符合条件的,应进入乡(镇)团委班子,任副书记或委员。

第七条　有条件的街道、社区,可设置少先队总辅导员。

第八条　根据工作需要,可设置少先队名誉总辅导员。

第九条　少先队总辅导员为退休返聘人员的,有条件的地方应根据其工作情况给予一定的补贴。县(市、区、旗)团委也可在上级团委支持县级团委的工作经费中列支该项补贴。

第三章　任职条件

第十条　少先队总辅导员应具备以下条件:

(一)中共党员或共青团员。

(二)忠诚党的少年儿童事业,真心热爱少

年儿童和少先队工作，竭诚为少年儿童健康成长服务，职业精神较强。

（三）具有较高的职业素质。了解和掌握少年儿童教育规律，有一定的理论研究水平；具有丰富的少先队实践经验、较强的组织协调能力和指导基层少先队工作的能力。

（四）省（自治区、直辖市）少先队总辅导员任职时，一般应具有少先队工作或少年儿童教育工作 5 年以上经验；市（地、州、盟）、县（市、区、旗）少先队总辅导员任职时，一般应具有少先队工作或少年儿童教育工作 3 年以上经验。

第四章　基本职责

第十一条　少先队总辅导员的职责是：

（一）在同级团委、少工委领导下，积极落实少先队组织根本任务，为少先队工作决策提供专业性意见，设计和实施本区域内少先队重要活动，指导基层少先队辅导员设计与实施少先队活动。

（二）带头参与少先队相关学科建设，推广学科建设成果，开展少先队工作研究。

（三）为本区域的少先队辅导员培训、职称评聘等提供专业支持，帮助基层少先队辅导员提升职业精神、提高职业素质、实现职业发展。

（四）了解和反映本区域基层少先队辅导员的工作、学习、生活情况及诉求，参与协商解决。

（五）兼任本区域少先队工作学会的具体工作。

（六）完成同级团委、少工委交办的其他少先队工作任务。

第五章　培养

第十二条　少先队总辅导员培训纳入共青团培训体系和教育部门的师资培训体系，给予必要的培训时间和经费保证。

第十三条　支持少先队总辅导员参加继续教育和攻读少先队相关学科学位。

第十四条　支持少先队总辅导员开展多种形式的教育科研和培训宣讲活动。选派优秀少先队总辅导员参加国内国际交流、考察。

第六章　管理

第十五条　少先队总辅导员由同级团委、少工委领导和管理。

第十六条　属于行政编制的少先队总辅导员，任职、考核、奖惩等按照《中华人民共和国公务员法》和相关组织人事规定、程序执行，在法定退休年龄前不受专职团干部任职、晋升和转岗的最高年龄限制。

第十七条　市（地、州、盟）、县（市、区、旗）少先队总辅导员属于行政编制外的，由同级团委、少工委选聘、考核、奖惩，连续 2 年考核不合格者应予以解聘。

第十八条　乡（镇）少先队总辅导员由县（市、区、旗）团委、少工委会同教育行政部门选聘、考核、奖惩，其岗位工作量可比照同校大队辅导员岗位满工作量的一半计算。

第十九条　少先队总辅导员聘期与同级少工委任期相同，原则上在同级少工委换届的同时聘任。少先队总辅导员应至少聘满一届，鼓励连聘。每届聘期满后，重新履行聘用手续。

第二十条　少先队总辅导员因健康或其他原因长期不在岗，应及时调整，重新选任（聘）。

第二十一条　少先队总辅导员考核每年进行一次，考核结果记入个人档案，与其聘用、奖惩、职务晋升或专业技术职务评聘挂钩。

第七章　职业发展

第二十二条　属于行政编制的少先队总辅导员，根据工作年限、实际表现及岗位设置情况，按照同级团委中层副职、中层正职、领导班子副职对应的职级，逐级晋升非领导职务。

第二十三条　属于专业技术岗位的少先队总辅导员，其从事少先队总辅导员工作的内容、工作量和成果应纳入专业技术职务评聘。

第二十四条　在同等条件下，上一级少先队总辅导员优先从担任过下一级少先队总辅导员的人员中选拔。鼓励和支持少先队总辅导员长期从事这一工作，向少先队教育专家方向发展。将少先队总辅导员队伍作为共青团、教育系统后备干部培养和选拔的来源。根据工作需要，向地方党政部门推荐和输送优秀少先队总辅导员。

第八章　附则

第二十五条　各级团委、少工委应会同教育行政部门，根据本办法，结合当地实际，制定实施细则。

第二十六条　本办法由全国少工委办公室负责解释。

七、志愿者

2012年大学生志愿服务西部计划实施方案

2012年5月7日

一、工作内容

2012年，面向普通高等学校应届毕业生和在读研究生，按照公开招募、自愿报名、组织选拔、集中派遣的方式，由中央财政支持的全国项目计划选派17000名左右西部计划志愿者（包括延期志愿者、新招募志愿者及研究生支教团志愿者）。

2012年西部计划全国项目共实施基础教育、农业科技、医疗卫生、基层青年工作、基层社会管理、服务新疆、服务西藏等7个专项。继续加大支持新疆、西藏等边疆少数民族地区力度，派往民族地区西部计划志愿者实施规模保持在1万人左右。深入推进西部计划基层青年工作专项，加强工作指导和专项培训，引导志愿者参与县乡团组织工作。深化实施研究生支教团工作，逐步扩大实施规模，强化规范指导，加强培训工作，提升支教扶贫实效，做好后续人才培养。

二、实施步骤

（一）服务县和服务单位的申报、确定

1. 服务县（含新增）的审核及申报、确定。服务省项目办按照相对集中原则，根据全国项目办确定的本省（区、市）计划派遣指标及已明确的各专项服务岗位，在充分考虑本省经济社会发展规划、服务县的实际需求、志愿服务成效、日常管理和就业服务、年度考核等因素，审定2012年服务县，确定各县志愿者派遣指标。新增服务县须成立西部计划县级领导小组和项目办，项目办指定专人负责日常管理服务，接收志愿者人数30人左右，并由相关县级人民政府批准申请，所在省级项目办审定，报全国项目办备案。

2. 服务单位、岗位的审核及申报与确定。服务单位的确定采用申报制度，新增服务单位应向县级项目办提交申请，并明确能为志愿者提供免费的住宿和一定的餐费补助。各服务县项目办负责本县服务岗位采集和申报工作，并由省级项目办审核确认。岗位类别需从基础教育、医疗卫生、农业科技、基层青年工作、基层社会管理、服务新疆、服务西藏等专项中选择。巩固基础教育、农业科技、医疗卫生、基层青年工作专项选派力度；在县级机关、企业等岗位严格控制在10%以内；新疆和兵团、西藏围绕经济社会发展的实际需要编制岗位计划。

因管理不力导致志愿者重大安全健康事故和严重违反工作职责、造成恶劣影响的服务县、服务单位，2012年不再派遣志愿者。

（二）招募选拔

1. 报名时间和报名方式。2012年4月17日至5月25日，在大学生志愿服务西部计划官方网站（http://xibu.youth.cn/）填写报名表并下载打印，交所在高校项目办（设在团委）。

2. 选拔方式。各招募省应单独或会同、指导报名学生所在高校组织开展情况审核、笔试、面试、心理测试或集中选拔等工作，做好入选志愿者集中体检及公示等工作，并加强与服务省的沟通协调，保质保量完成招募任务。

各地可按照惯例，按需招募。有条件的还可组织有关高校与对口服务县直接进行岗位对接，也可依据服务省提出的对志愿者专业总体需求招募，由服务省项目办在志愿者集中培训报到时或到达服务地后进行岗位对接。鼓励服务省项目办和服务县项目办参与招募工作。四川、贵州、新疆等服务规模较大省（区、市）试点推行服务县参与面试选拔与人选确定工作，服务新疆专项试点推行面向全国范围高校招募。

服务省可直接接收在外省就读的本省生源毕业生报名，并计入本省招募指标和派遣指标，但需及时与毕业生高校所在省项目办协调沟通，共同做好选拔、体检和高校所在地政策待遇衔接等工作。

（三）集中培训及上岗

1. 集中派遣培训。7月23日至31日，为集中报到培训时间，各地可根据实际情况开展培训派遣工作。志愿者携《确认通知书》、毕业证和本人身份证件，由各招募省项目办集中组织到服务省培训地报到并参加由服务省项目办统一组织的培训，培训不得少于4天。服务省项目办应在7月10日前确定志愿者报到培训具体地点、联系方式，报全国项目办备案并抄送对口招募省项目办。

2. 志愿者补招、信息确认和岗位调换。培训派遣期间，如出现入选志愿者流失，服务省项目办在本省派遣指标内，结合前期招募选拔情况进行补招。补招需严格按照相关选拔条件及体检程序执行，经培训后方可派遣。

志愿者到达服务地后，需在8月15日前登录西部计划信息系统，填写确认服务岗位、服务地联系方式、发放补助个人银行卡号等有关服务信息。

（四）日常管理服务及年度考核

进一步落实"谁用人、谁受益、谁负责"和"培养与使用并重"的原则，坚持以人为本，加强管理服务工作的制度建设和机制建设。各级项目办要将志愿者安全健康作为日常管理重大工作加以完善落实，加强服务县、服务单位和志愿者年度工作考核。

各级项目办要争取党委政府支持，按照有关文件规定，扎实落实各项政策措施，积极提供就业岗位信息，为期满志愿者扎根西部基层，或者自主择业和流动就业提供有效支持和帮助。

三、政策组织保障

1. 政策保障。2012年大学生志愿服务西部计划志愿者按照《关于实施大学生志愿服务西部计划的通知》（中青联发〔2003〕26号）、《关于做好2004年大学生志愿服务西部计划工作的通知》（中青联发〔2004〕16号）、《关于统筹实施引导高校毕业生到农村基层服务项目工作的通知》（人社部发〔2009〕42号〈以下简称人社部发〔2009〕42号〉）等文件有关精神享受相关政策。

有关报考研究生和报考公务员等相关政策以人社部发〔2009〕42 号文件为准。一是参加西部计划的,服务期满 2 年且考核合格的志愿者,3 年内报考研究生,初试总分加 10 分,同等条件下优先录取。二是志愿者服务期满 2 年且考核合格的,报考公务员等享受相关优惠政策。三是出省服务的和在本省服务的志愿者优惠政策必须保持一致,特别是团中央、教育部、财政部、人力资源和社会保障部联合印发《2011 年大学生志愿服务西部计划实施方案》(中青联发〔2011〕12 号)中规定的基层青年工作专项实施范围中包括的河北、山西、吉林、黑龙江、安徽、江西、河南、湖北、湖南等中部9 省。同时,各省级团委及项目办要按照《关于开展从大学生“村官”等服务基层项目人员中考试录用公务员工作的通知》(人社部发〔2010〕52 号)等文件精神,协助省级人力资源和社会保障部门落实相关规定。四是按照国家社会保险和统筹高校毕业生基层服务项目人员参加社会保险相关文件规定,推动西部计划养老保险工作。

2. 组织保障。加强日常服务管理和年度考核工作。省级项目办应完善基层项目办考评机制,强化定期考核与督导工作,原则上每 500 名志愿者配备 1 名管理员,服务县、高校项目办应指定专人负责。各地要定期组织新上岗项目办工作人员培训,认真做好服务县、高校项目办年度考核等工作。

四、经费保障

1. 志愿者补贴。志愿者服务期间,中央财政给予一定生活补贴。生活补贴为每人每月 1000 元(自 2012 年 8 月起执行)。同时,志愿者所在地列入国家艰苦边远地区津贴范围的,执行所在地科员艰苦边远地区津贴标准,按月发放。交通补贴按志愿者家庭所在地和服务地之间的实际里程发放,每年发放两次。

2. 志愿者人身意外伤害、医疗保险费用。相关保险由全国项目办统一投保大学生志愿服务西部计划志愿者综合保障险。保费每人 350 元人民币。人身意外伤害、身故(含疾病身故)保险责任,保额 30 万元,住院医疗保险责任,保额 30 万元,疾病门诊责任,保额 1 万元。

3. 志愿者体检费。由中央财政按照人均 200 元的标准给予支持。全国项目办在志愿者到岗后按照各省实际到岗人数 110% 一次性拨付给招募省项目办,由省项目办根据实际情况分配。

4. 其他经费。各级项目办要积极争取在同级财政安排的专项工作经费中,列支培训、项目管理工作经费。服务县项目办应结合实际争取党委、政府支持,将西部计划纳入当地年度重点工作范围,并将管理经费列入同级地方财政范围。

五、地方项目

各省(区、市)项目办实施的地方项目,应为共青团组织按照地方党委政府的部署牵头承办,并按照西部计划全国项目的运行模式和工作要求组织实施的志愿服务项目。今年,各地要进一步加大实施力度,并加大向民族地区的派遣力度。各地须在 6 月 30 日前将地方项目实施方案报全国项目办备案,以便做好志愿者考研加分统计等工作。

第四部分

重点工作概述

深入学习宣传党的十八大精神

党的十八大召开后，共青团中央迅速召开常委会议，通过了《关于深入学习宣传贯彻党的十八大精神，狠抓团的自身建设，团结动员广大团员青年在全面建成小康社会进程中充分发挥生力军作用的决议》，全团各战线结合实际，对开展党的十八大精神学习宣传进行了具体部署，集中力量开展了一系列重点活动，在广大青年中掀起了学习宣传贯彻的热潮。据不完全统计，年内全团各战线共开展各类学习宣传活动17.92万次，直接参与青少年1.03亿人次，通过新媒体等载体覆盖影响2.78亿人次。

1.开展党的十八大精神学习宣讲活动。部署指导地市级以上团委，结合不同类别青年群体特点和思想实际，邀请十八大代表、领导干部和专家学者，深入基层单位开展宣讲，切实增强针对性和实效性。团中央直接成立由11人组成的宣讲团，开展示范性宣讲活动16场，直接覆盖青年1万余人。各地高校、中学团组织广泛开展“青春共话十八大”主题团日、“与信仰对话——十八大精神宣讲进校园”、“学生理论社团学习十八大精神暨经典研读季”等学习宣传活动，覆盖大、中学生超过2000万人。广大基层团组织依托街道组织格局创新、“两新”团建、驻外团组织等组织建设成果，以及青年就业创业见习基地、青年文明号等组织载体，面向企业青年、农村青年、进城务工青年广泛开展学习宣传活动。各级少先队组织以“红领巾心向党——十八大与我们的未来”为主题开展主题队日活动，4000余万少先队员参与。

2.开展新媒体系列活动。一是联合全国2870余家网站开展“千网联动学习十八大”活动，通过上传学习资料、话题互动交流等形式宣传十八大精神，主网页访问量超过1900万次。二是以共青团系统微博为骨干，广泛开展“感悟十八大·青春正能量”主题微博编创传播活动。在新浪、腾讯两大微博网站累计编创、转发、评论超过600万条（原创微博60万条），覆盖1.5亿人次。超过120万腾讯微博用户在线领取“学习先锋”徽章。三是依托各级团组织2300多个手机报平台，开展“青春共话十八大”手机报主题学习宣传。各级团组织累计编发主题手机报13235期，覆盖2664万人次。四是制作推出《团萱漫话——感悟十八大》等10部面向广大青年和大学生、中学生、中职中专生、企业青年、农村青年、西部计划志愿者、进城务工青年、青联委员、少先队员等不同群体的党的十八大精神青少年网络版宣传片，生动活泼地宣传党的十八大精神。五是在大、中学生中开展“微传递鲧巨能量”十八大精神新媒体传播行动。联合人民网、中国共产党新闻网共同开设“青春新智汇鲧百万学子寄语建言十八大”专栏，300多万人次参与。

3.集中开展新闻宣传。在各级团属报刊开设专栏，积极争取地方主要媒体支持，推出解读文章和重要言论，以消息、特写、通讯等形式反映学习宣传贯彻的措施、进展和成效，营造浓厚舆论氛围。各级团属主要报刊开设专栏100余个;在省市级以上报刊刊发稿件2100余篇、省市级电视台刊发稿件1000余篇、省市级电台刊发稿件2000余条。在中央及省市级网站上发稿3.3万余条,在团属网站(含手机报)上开设专栏1000余个,发稿10.9万余条。

加强团的基层组织建设和基层工作

2012年,全团积极推进党建带团建制度性安排的有效落实,深入开展创先争优活动,继续集中力量推进团的基层组织建设和基层工作,全团在党建带团建制度落实、支持基层工作、层级化和非层级化组织载体建设等方面取得了重要进展,在扩大团的组织覆盖、活跃团的组织活力方面取得了新进展。

1. 继续推进党建带团建制度安排的有效落实。继续推动各地各系统深入贯彻落实全国基层党建带团建暨共青团系统深入开展创先争优活动座谈会和《关于加强新形势下基层党建带团建工作的意见》精神,在巩固省级层面工作成效的基础上,把落实党建带团建制度建设安排重点向地市一级推动。截至2012年底,全国共有29个省份和系统召开了党建带团建会议,32个省份和系统下发了党建带团建文件;298个地市召开了党建带团建会议,306个地市下发了党建带团建文件,分别占地市总数的88.96%和91.34%。各地结合实际,在建立党建带团建工作机制、带团干部队伍建设、带基层组织建设等方面出台了进一步规定。多数地方建立了党建带团建领导责任制度、联席会议制度和联系点制度,把党建带团建工作纳入党建工作考核内容,超过20个省份明确了"团建不合格,党建不评优"的工作原则;进一步明确了带团干部队伍的具体措施,对团干部的任职条件、配备标准、任职年龄、转岗年龄、职数等作出了明确规定,部分省份还明确了村、社区、企业等基层单位团组织书记的待遇。

2. 坚持不懈地支持基层。一是进一步把工作资源向基层倾斜。团中央主要靠募集社会资金,5年来每年为2219个中西部地区和部分东部地区县级团委提供各3万元、累计3.11亿元的经费支持,2012年支持县级团委工作经费6654万元。同时,从团中央实际能力出发,又向工作较好的4910个乡镇、街道团委提供了4910万元经费支持。二是进一步强化了共青团工作经费保障,联合财政部下发了《共青团中央财政部关于进一步支持和推动共青团基层组织建设和基层工作的意见》,积极推动各级财政部门为基层团组织提供长期、稳定的工作经费支持,已有30个省(区、市)出台了落实每个乡镇团委每年2万元经费的具体措施。三是继续开展驻点和选派高校团干部到县级团委挂职工作,持续加大对县级团委的支持力度。2012年2月全团第二轮驻点工作开展以来,共派出2批1407名驻点干部到县级团委驻点工作,选派2389名高校团干部到县级团委挂职。四是狠抓团干部配备工作。2012年以来着力加强团干部配备工作,特别是市、县级团的领导机关干部配备。截至2012年底,市级团委书记、班子和机关干部平均配备率分别为95.8%、98.8%和92.0%,县级团委书记、班子和机关干部平均配备率分别为87.7%、90.4%和89.1%。五是继续加强团干部教育培训工作。全团共举办各类培训班18774期,培训131.4万人次。

3. 继续大力推进非公企业团建和新社会组织团建工作。近3年累计建立非公企业和新社会组织团组织40.7万家,2012年全团新建非公企业和新社会组织团组织15.2万家,联系35岁以下青年537.2万人,其中团员282.4万人。2012年,团中央把握行业机理,借助专业力量,与有关行业组织联合建立6个全国性和150多个省级行业共青团工作指导委员会,帮助不同行业团组织增强活动,努力在不同行业中扩大共青团的组织覆盖。

4. 进一步推进驻外团工委建设。为强化流入地团组织工作职责,促进驻外团组织更好发挥作用,团中央于3月份下发了《关于进一步明确流入地团组织在驻外团组织建设中工作职责的通知》,要求流入地团组织认真落实建立联席会议、开展交叉任职、开放活动阵地、做好干部培训、开展表彰激励、提供支持保障等工作职责。10月中旬,团中央组织部又下发《关于进一步巩固驻外团工委建设有关工作的通知》,要求按照"巩固一批、提升一批、撤销一批、新建一批"的思路,对各级驻外团工委进行集中规范和整改。截至2012年底,全国分别建立省、市、县三级驻外团工委114个、1032个、4218个,派生基层团组织3万余家,覆盖了除西藏外的所有省份。驻外团组织坚持以联系为主、联系与服务相结合,在广泛联系本地外出务工青年的基础上,围绕他们在城市融入、婚恋交友、情感关怀、就业创业、子女成长、文化生活、法律援助等方面的需求开展力所能及的服务,形成了"我们一起回家"服务青年农民工春节返乡、青年农民工"玫瑰节"婚恋交友、"北大100"服务青年农民工圆梦大学、"共青团周末剧场"等品牌活动和项目,联系服务外出青年农民工近千万人次。

5. 全面实施乡镇、街道团的组织格局创新和乡镇实体化"大团委"建设工作。截至2012年底,全国90%以上的乡镇、街道完成了专兼职团干部的配备,通过编制内外相结合、体制内外相结合,乡镇、街道团的组织格局由过去的1名兼职团委书记调整为现在的包括1名兼职书记、3至5名兼职副书记在内的由9至21名委员组成的委员会,全国共有40多万各类优秀青年成为乡镇、街道兼职团干部。从10月开始在全团部署的乡镇实体化"大团委"建设工作,通过空间聚集载体、功能性聚集载体两种方式,在全团绝大多数乡镇完成平均1个乡镇新建不少于20个直属团组织的建设任务。截至12月20日,全国共新建乡镇直属团组织58.8万家。

制度化保障基层经费工作

为进一步加强团的基层组织建设和基层工作,在国家财政部的大力支持下,共青团中央、财政部于2012年8月联合下发《关于进一步支持和推动共青团基层组织建设和基层工作的意见》(中青联发〔2012〕20号),深刻阐述了基层团组织建设和基层工作的重要意义,深入分析了当前基层存在的主要问题,对完善基层团组织基本财力保障机制、强化对基层工作经费支持等作出部署。这是近年来团中央狠抓基层、支持基层一系列工作的延续和拓展,标志着在制度化保障基层共青团工作经费方面,迈出了具有里程碑意义的重要一步。

2012年10月，团中央办公厅在成都组织召开全国省级团委办公室主任会议，就推动《意见》落实确定工作目标、明确工作重点、商议工作方法，进行研讨交流。各省级团委以全力支持基层的极大热情，认真落实"中青联发〔2012〕20号"文件精神，积极争取省级财政的支持，截至2012年底，全国30个省（区、市）团委和新疆生产建设兵团团委，就制度化保障基层经费工作制定出台具体落实的文件。主要在以下三个方面作了安排：

1. 明确基层团组织经费保障标准。全国30个省（区、市）团委和新疆生产建设兵团团委，绝大多数都对基层团组织工作经费每年不少于2万元的标准作出明确规定。北京根据乡镇（街道）常住青少年人口的数量，每年分别核拨共青团日常工作经费不少于2万元、5万元、8万元，高于此标准的不得降低保障水平。天津通过区县财政单独补贴、乡镇财政适当补助的形式，确保每个乡镇（街道）每年可使用的工作经费总额不少于5万元。辽宁要求按照所辖区青年人口总数，以每人每年不少于1元的标准安排基层团组织工作经费，使乡镇、街道团组织经费逐步达到2万元，推动全省所有的地市、县（区）完成了文件会签转发工作。江苏要求将共青团工作经费列入年度财政预算，每个乡镇（街道）每年不低于2万元，每个县（市、区）本级每年不低于10万元。福建2010年曾出台文件明确各县（区、市）每年按户籍人口中6—14周岁在校学生数、14—28周岁青年总数人均1元标准，安排工作经费，纳入同级财政预算。山东要求将共青团工作经费纳入同级财政预算，县（区、市）团组织工作经费每年不少于10万元，乡镇（街道）团组织工作经费每年不少于2万元。广西要求由县（市、区）级财政按照每个乡镇、街道每年不低于2万元共青团工作经费和不低于2万元预防青少年违法犯罪工作经费的标准，统一拨付工作经费。海南除三沙市外，海口、三亚两个地级市和全省所有市辖区、县党委或政府负责同志已书面批示同意将本辖区乡镇、街道团委年度工作经费不少于2万元列入财政预算。四川全省乡镇数占全国的1/8，要求由县（市、区）级财政按照每个乡镇（街道）每年不低于2万元共青团工作经费的标准，列入年度财政预算，统一拨付工作经费。甘肃要求各市（州）、县（市、区）财政在年度预算中安排本级团委工作经费，各县（市、区）财政部门每年安排给各乡镇、街道用于共青团工作的经费要达到2万元。青海要求各州（地、市）、县（市、区）财政在年度预算中安排本级团委工作经费，明确省财政从2012年起每年安排乡镇共青团工作经费3万元。

2. 完善基层团组织经费保障机制。全国30个省（区、市）团委和新疆生产建设兵团团委，普遍研究制定了确保基层团组织工作经费每年不少于2万元的经费保障机制，有的直接由省级财政统一拨付，有的提出省、市、县分级财政保障机制，有的要求列入同级财政预算予以保障，为长期、稳定地支持基层团组织工作经费提供了有力保障。内蒙古要求各盟市财政部门督导所辖旗县（市、区）在年度财政预算中保障同级共青团工作经费，每年要为苏木乡镇、街道团委列支不少于2万元工作经费。吉林要求各级财政将共青团工作经费纳入同级财政预算，并一次性追加2012年度基层团组织奖励及扶持资金375万元。黑龙江要求从2012年开始对乡镇团委给予工作经费补助，每年每个乡镇团委2万元工作经费，其中市县负责解决50%，省级财政补贴50%。上海要求各地区、各单位制定支持基层共青团日常工作经费的最低标准，并根据财力情况和共青团的实际需要在现有额度基础上逐年增加，确保基层经费纳入预算；支持基层共青团组织通过项目招标、合同管理、评估兑现等形式，完善购买社会组织服务青少年项目的机制。安徽要求各级财政将共青团工作经费纳入同级财政预算，基层乡镇、街道团组织工作经费每年不少于2万元。河南要求由县级财政按照每个乡镇(街道)每年不低于2万元的标准，统一拨付工作经费，并推动全省所有地级市完成了发文。湖北由省财政对大别山区、武陵山区等4个连片贫困区县的乡镇(街道)团组织，按照每年各2万元的标准给予补助；对其他乡镇(街道)，由省级财政和市(州)、县(市、区)级财政共同补助。云南根据不同地区的经济社会发展情况，明确从2013年起连续5年，由省、州(市)、县(区、市)三级财政按照不同比例进行补助，确保每个乡镇(街道)团组织每年工作经费不少于2万元。西藏财政2013年起安排专项工作经费1484万元，其中：按照每个乡镇(街道)2万元的标准安排1384万元用于支持全区692个乡镇(街道)，安排100万元用于团区委统筹开展共青团基层组织建设工作。陕西从2013年起，省财政参考全省青年人数和共青团工作实际，加大经费支持力度；市、县(区)参照给予经费支持并列入本级财政预算；乡镇(街道)团委工作经费不足2万元的，各县(市、区)财政按照每年不少于2万元的标准予以补助。新疆提出分批逐步解决基层乡镇(街道)团组织每年2万元工作经费的方案，全区14个地州市中，已有12个地(州、市)从制度层面落实1万—2万元年工作经费。新疆生产建设兵团按照“分级预算、分级管理、分级负担”的预算管理原则，根据团场人数，分别给予不少于2万元、3万元、5万元的工作经费，列入年度财务预算。

3. 加强基层团组织经费使用监管。全国30个省(区、市)团委和新疆生产建设兵团团委，普遍对确保基层团组织工作经费每年不少于2万元的落实，加强对基层团组织工作经费使用情况的监管等，作出具体安排、提出明确要求。河北明确要求各县原则上按照县级每年不少于10万元，乡镇(街道)每年不少于2万元列入预算，推动全省所有地级市完成文件会签转发工作，明确要求每年对基层党建带团建工作进行一次检查，团建不合格，党建不评优。山西要求从2013年起，各级财政部门把基层团组织工作经费列入同级财政年度预算，核拨的共青团工作经费必须精打细算、专款专用，任何单位和个人不得截留、克扣、挪用共青团工作专项经费。浙江要求乡镇(街道)团组织年度工作经费列入财政预算不少于2万元，并“将督导检查结果作为省财政安排相关转移支付资金的因素之一”。江西按照每个乡镇街道5000元的标准为全省乡镇街道下达2012年基层团组织工作经费；团省委、省财政厅将对各地贯彻落实加强党建带团建、支持和推动共青团基层组织建设和基层工作的有关措施和落实情况进行督导检查。湖南省财政从2013年起采取奖补结合方式对部分困难地区基层团组织工作经费予以适当支持，并要求各市州财政部门和共青团组织密切协调配合，建立科学、精细、严格的经费使用和管理机制，确保每一分钱用到实处，发挥实际作用。广东要求各级财政应将共青团工作经费列入本级财政预算，认真做好经费审批、监督、考核等工作，由县级财政按照每个乡镇、街道团组织工作经费原则上每年不少于2万元的标准，统一拨付工作经费，确保及时足额到位，超过本标准的不降低。重庆要求各区县切实加强对团的基层组织建设和工作的财力保障，市、区县两级团组织在安排团的经费时重点向基层团组织倾斜。贵州要求原则上县级财政按照每个乡镇、街道每年不少于2万元的标准，安排工作经费；团省委将会同有关部门对贯彻落实党建带团建、支持和推动共青团基层组织建设和基层工作的有关措施和落实情况进行督导检查。宁夏要求各级财政部门将乡镇、街道团组织工作经费纳入财政预算，每个乡镇、街道团组织工作经费每年2万元，由自治区财政和县(市、区)财政按比例共同承担；各县(市、区)财政部门要加强对资金的监督检查，每年12月初对资金拨付及使用情况进行考核，并将考核结果上报。

“劳动·创造·奋斗——我的青春故事”青少年励志教育活动

为深入贯彻党的十七届六中全会精神，全面落实中央领导同志的重要指示，引导青少年形成健康积极向上的世界观、人生观、价值观，共青团中央、全国青联组织开展了“劳动·创造·奋斗——我的青春故事”励志教育活动。截至2012年12月底，活动已举办53期，中国青年报共采写嘉宾专访文章158篇、活动报道53篇，参与网站达到1300余家，网络媒体总点击量超过4.8亿次，微博听众已经达到197万余人，公共主页的好友数为5.4万余人，全年累计覆盖青年8亿多人次。

1. 紧扣活动主题，突出分类引导。紧紧围绕“劳动·创造·奋斗”的主题，从全国青联委员和各省级团委推荐的优秀青年典型中，重点选择热爱祖国，业务过硬，勇于创新，在本职工作中取得突出成绩，对激励广大青少年成长成才具有示范作用的优秀青年；注重选择长期扎根一线，特别是那些长期在艰苦条件下埋头苦干、无私奉献，创造出不凡业绩的优秀青年；坚持分类引导原则，每期3位嘉宾均来自同一行业或领域，并注重在年龄和事业发展阶段形成合理梯度，集中面向一个群体开展引导工作。

2. 创新活动形式，丰富活动内容。通过定期开展、多形式传播、坚持分类领导，努力探索优秀青年典型宣传的新模式。一是人物专访。每周二在中国青年报、中国青年网和地方青年报刊、青年网站上刊发对优秀青年代表的专访稿，邀请优秀青年代表撰写激励青少年奋斗励志的短文或寄语，并为网络访谈活动做预热宣传。二是在线访谈。每周四邀请优秀青年代表在中青在线进行在线访谈，讲述奋斗经历和成长故事，开展与青少年网友的互动交流。网络访谈还通过中国青年网、新浪网、搜狐网、人人网、国际在线广泛传播。三是报道访谈内容。每周五在中国青年报刊发报道，把本期访谈内容传递给读者，并通过中青在线进行网络首发，吸引了包括人民网、新华网、凤凰网在内的大量主流网站转载。

3. 着力打造全媒体传播平台，实现对青年的广泛覆盖。主动适应青年接受信息渠道的变化，积极采用传统媒体和新媒体互动模式，打造集平面媒体和网站、微博、公共主页等于一体的全媒体传播平台。与此同时，充分运用组织化的动员方式，全国各地团组织动员团员青年关注励志教育访谈，并安排团属媒体及时转载、推广嘉宾专访和励志访谈，协调地方青年报、地市级团组织工作网站和国有企业、高校的网站转载相关活动内容，进一步扩大活动在青年中的传播力、影响力，实现对青年的有效覆盖。

分类引导青年工作

2012 年，分类引导青年工作继续深入推进。全团在 2011 年工作基础上，开展了第二批、第三批基层单位团组织《大纲》转化工作，指导基层单位团组织参照团中央编写的四类青年群体《思想引导大纲》，经过调查研究、释疑解惑、创新载体的步骤，编写出本单位《青年思想引导手册》。三批合计覆盖 81449 个基层单位，其中包括 1912 个高校团委、3554 个国有或国有控股企业团委、73707 个非公企业团委和 2276 个县级团委，全团《大纲》基层转化工作基本完成。以此为标志，分类引导青年工作实现了在基层的全面展开。分类引导工作历经四年多持续大力推进，从思想方法到工作实践，从形成共识到共同行动，从试点探索到逐步推开，不断深入推进，在基层全面展开。总体来看，取得了以下五个方面的成效：

1. 引导青年作为根本任务的意识明显增强。引导青年是党赋予共青团的根本任务、战略任务。经过近几年持续努力，这一思想认识成为全团上下的共识。特别可喜的变化是基层单位以往重工作活动、轻思想引导的态势有明显转变。从到基层调研来看，基层团干部对引导青年工作的内涵、任务要求、方式方法掌握得更加清晰，从引导青年的角度主动设计开展的工作项目明显增多。基层团组织处于共青团和青年的边界上，对引导青年意识的增强，必定促使引导青年的任务更好地落实于广大青年。

2. 开展引导青年工作的本领得到锻炼提升。打铁先要自身硬。分类引导工作直接指向青年思想中的深层次问题，对团干部的综合能力、特别是思想政治理论素质提出很高要求，没有“真功夫”很难接招。经过近年分类引导工作的“牵引式”、“倒逼式”学习锻炼，全团宣传战线干部的意识形态工作本领整体得到提升，具体表现为：经过深入调研和与青年进行思想交流交锋，对各类青年群体的思想状况更加了解；通过努力将党的“大道理”转化为青年易于接受的“小道理”，对党的理论路线方针政策和党史的学习理解更加深刻，结合实际和青年思想逻辑诠释党的理论的水平得到提高；通过创新引导路径载体，更加善于运用感情、信任、友谊等因素和情感、艺术、时尚等元素，以及新媒体和文化手段开展工作。

3. 引导青年工作在服务大局和中心工作中的作用进一步发挥。分类引导青年工作跳出了以往引导工作容易出现的空泛抽象、脱离实际的误区，最大的特点就是突出针对性、直面回应青年关切。各地各单位团组织除了围绕“三统一”、“六个为什么”等重大的根本性问题开展工作之外，还注重围绕本地本单位的发展战略、中心工作、面临的挑战困难，以及青年自身生活、成长、发展中的现实问题，深入了解青年思想，积极化解青年困惑，努力将理论宣传和思想政治工作深入细致地做到青年心里。这不仅对巩固和扩大党执政的青年群众基础具有深远意义，而且有助于青年这一独特的重要社会群体统一思想、凝聚力量、疏导情绪，更好地立足本职奋斗创造、为促进经济社会发展做贡献。从各地党政领导到具体承担工作任务的基层单位，对这项工作都给予高度重视和积极支持。

4. 全团引导青年工作的科学化水平得以较大提高。引导青年工作容易抓“虚”，往往是说起来目标、原则明确，干起来却不知从何入手、怎样推动。近年的实践，一方面，分类引导工作作为一种新的重要思想方法，与全团坚持多年的正面教育引导有机结合、相互补充、相辅相成，有效增强了引导内容的针对性、引导方式的适用性和引导对象的普遍性。另一方面，全团《大纲》、《团萱漫话》教材的推出和各基层单位结合自身实际转化完成的《引导手册》，进一步明确了引导青年的具体目标任务、内容要求和路径载体，使引导青年工作更加规范化，具有重要遵循。这尤其对于基层团组织在干部思想政治理论水平不是很高、又流动快的情况下科学开展引导工作很有价值。

5. 引导青年工作由“内容供应”向“产品供应”转变步伐加快。全团以分类引导青年工作探索新路径新载体为牵引，以新媒体和文化艺术手段运用为重点，结合各类青年群体特点，通过合理有效的策划、设计和组织，与专业力量和市场力量合作推出一大批青少年优秀文化产品，全面推进新媒体阵地建设、微博应用、新媒体活动等各项工作，全团新媒体和文化工作系统化格局初步形成。

青年马克思主义者培养工程

2012 年，青年马克思主义者培养工程在拓展培养群体、完善政策保障等方面进一步取得进展。

1. 不断深化大学生骨干培养工作。一是举办中国大学生骨干培养学校第五期学员暑期实践锻炼活动。8 月 19 日至 28 日，第五期学员在革命老区江西吉安开展了以“向人民学习，在实践中成长”为主题的社会实践活动。活动期间，学员们聆听井冈山革命斗争历史报告，参观革命烈士陵园和黄洋界等革命遗址，重走“挑粮小道”，参加军事训练和素质拓展；分成 12 个小组深入到 12 个村开展民宿活动，与老百姓同吃、同住、同劳动，学习生产劳动技能，增进与普通群众的感情；结合吉安经济社会发展的需要开展有针对性的社会调查；参加学习胡锦涛总书记纪念建团 90 周年重要讲话精神的分组研讨，并接受社会调查方法的专门辅导。12 月 24 日，第五期学员结业式在京举行，中共中央政治局委员李源潮同志出席结业式并发表讲话，275 名学员顺利结业。二是举办第六期学员理论学习活动。12 月 10 日至 16 日，第六期在京开班，283 名在京进行理论学习活动，陆昊同志围绕与学员们就如何学习宣传贯彻党的十八大精神及当代大学生骨干的正确成长路径等问题进行了座谈交流。学员们聆听了“党的十八大精神解读”、“《社会主义从空想到科学》导读”、“中国近当代史解析”、“社会思潮辨析”、“中国外交形势与外交政策”等课程，与党的十八大代表进行互动交流，举办“党的十八大精神学习演讲”、“当代大学生的历史责任和学生干部作风转变”论坛等活动，赴全国政协、国新办、外交部等部委进行政务参访等。三是开展学员对外交流活动。一年来，先后选派了 100 余名大学生骨干赴印度、日本、韩国等进行交流考察。四是建立历届培养的大学生骨干信息库。五是全国、省级、校级三级大学生骨干培养格局持续完善，全年共培养大学生骨干近 20 万人次。

2. 加强高校团干部和青年教师培养。重点推动高校团干部到县级团委挂职工作，2012 年全国 31 个省(自治区、直辖市)共选派 2473 名高校团干部赴县级团委挂职，既帮助县级、乡镇团委开展工作，又促进高校团干部加深对国情的了解、增进与基层群众的感情、在艰苦的环境中磨练意志品质、在基层的工作中锻炼综合素质。2012 年 12 月 3 日至 10 日,团中央在北京举办了 2012 年高校团干部培训班,来自新疆、宁夏、江苏等 9 个省份的 100 名高校团干部参加。培训期间,团中央书记处书记卢雍政出席并为全体学员作报告,邀请了青年工作相关领域的专家学者就当前形势下如何做好高校共青团工作等问题举办专题报告六讲,开设三个学员专题论坛。此外,团中央学校部鼓励和指导各地特别是部分高校探索高校青年联合会、举办青年教师培训班等方式,加强对青年教师的联系和引导。

3. 推动纳入中央马克思主义理论研究和建设工程。团中央实施“青马工程”的经验得到中共中央政治局常委刘云山、中共中央政治局委员刘延东等领导同志的批示,2012 年被正式纳入到中央马克思主义理论研究和建设工程中,并获得 150 万元经费以及专家库、理论教材等方面的支持,为青年马克思主义者培养工程的进一步深化创新提供了良好的保障。

4. 加强理论研究。为进一步加强对“青年马克思主义者培养工程”的理论研究工作,提升专业性和科学性,团中央学校部于 10 月底面向全国高校团委征集、遴选相关理论研究课题,主要包括马克思主义的解读内容和传播路径、“青马工程”实施的深化和创新等方面的内容。截至 12 月底,共有 29 个省级团委申报课题 206 个,最终确定重点课题 10 个,一般课题 70 个。

青少年基本道德规范教育实践活动

按照中央文明委对道德领域突出问题专项教育和治理活动的部署安排,团中央于 2012 年 5 月向全团下发《关于开展青少年基本道德规范教育实践活动的通知》,深入推进青少年思想道德教育,帮助青少年树立良好道德规范,养成正直、善良、诚实、有爱心等基本道德品格。各级团组织积极发动、精心组织、扎实推进,使此项教育实践活动取得参与广泛、引导性强、反响积极的良好效果。

1. 大力加强基本道德规范教育,引导青少年形成鲜明正确的价值取向和道德判断。一是广泛开展“做一个有道德的人”主题团、队日活动。据统计,全国各地团、队组织通过举办专题讲座、演讲、座谈等多种形式,共开展主题团、队日活动 55 万多场,7800 多万人次参加。四川团省委、少工委开办“红领巾心向党、追寻英雄足迹——少先队员红色夏令营”,引导青少年“争当四好少年,争做家乡建设小主人”。全国铁道团委开展“学雷锋、跟党走、立新功”主题团课教育活动,激励团员青年践行雷锋干一行、爱一行、精一行的职业精神。二是集中开展“知荣辱、讲道德”道德评议活动。各地基层团、队组织引导青少年对身边不道德、不文明行为进行分析评议,形成正确的价值取向和道德判断。团北京市委围绕“7. 21 特大暴雨灾害”后社会热议道德的契机,运用官方微博“青年说”深入开展道德话题讨论,鼓励青年以自身的改变共同推动全社会良好道德环境的形成。黑龙江、宁夏等地团组织开展“关注生活细节”道德评议活动,引导青少年辨析美丑、摈弃陋习、完善言行。据统计,各地团组织共开展各种形式的道德评议活动超过 40 万场,

3750多万人次参加。三是积极组织“道德榜样面对面”活动。各地团组织邀请各类道德模范深入学校、社区、企业、农村等基层单位，与青少年开展面对面交流，使青少年充分感受道德的力量。河北团省委联合媒体单位组织实施“善行河北·道德90后”活动，通过网络在线访谈、青少年大讨论等活动形式，面向全省青少年推出一大批90后青春榜样。辽宁、黑龙江团组织邀请以郭明义为代表的一批新时期道德模范典型走进校园，与青年学生共话新时代的雷锋精神。据统计，各级团组织共开展“道德榜样面对面”活动6.3万多场，740多万人次参加。

2. 扎实开展道德实践活动，引导青少年在亲身参与中养成良好道德品格。一是开展基本道德品格实践活动。各基层团、队组织引导广大青少年从身边做起、从最基本要求做起，积极践行基本道德规范，在家孝敬父母、尊敬长辈，在学校尊敬师长、团结同学，在社会上正直做人、友善待人。湖北团省委在机关事业单位倡导“争做党放心，青年满意的团干部”，在农村倡树“村村都有好青年”，在青联委员中开展“讲道德树新风我先行”活动。新疆团区委深入开展青少年融情实践活动，组织10万余名青少年结对互学，共同增进对民族和国家的朴素感情。二是强化重点领域道德实践。各地团组织引导医疗、食品行业和窗口单位等重点领域的团员青年，查找实际工作中存在的诚信缺失等不良行为并加以整改。上海团组织在全市医务系统团员青年中开展“责任·信任——2012上海医务青年‘医患沪助’活动”，促进医患关系的融洽和谐。天津团组织联合市文明办等单位向全市食品企业发出“生产安全食品、加强道德自律”的倡议，在非公经济组织中开展“诚信是经商之本”活动，引导企业走健康持续发展之路。三是开展青年文明号“诚实守信，从我做起”主题活动。各级团组织动员全国各级青年文明号集体和争创集体立足本职岗位、践行诚信要求、强化职业精神。辽宁团省委在青年文明号单位开展争创“郭明义号、岗、队、手”活动，通过亮身份、亮职责、亮承诺，比技能、比服务、比业绩，带动广大青年履职尽责，诚实守信。贵州、青海团省委通过开展“青年文明号诚信行动”、“征集诚信建设金点子”等活动，在团员青年中营造重诚信、守信用的良好氛围。

3. 积极运用媒体和文化艺术手段激浊扬清，在青少年中形成学榜样、讲道德的浓厚氛围。一是运用媒体、特别是新媒体的互动性宣传，树立道德榜样、加强道德引导。各级团组织积极运用团属媒体、社会媒体，特别是微博、论坛、短信等新媒体形式，推树优秀道德典型，评议热点道德事件，积极传播道德建设的正能量。中国青年报、中青网、中青在线等团属媒体挖掘报道了一大批当代“青春善行”。各省级团委在省级报刊开设专栏100多个、开设微博讨论专题3000多个。二是推荐和创作青少年道德题材文化作品，增强道德引导的吸引力感染力。陕西团省委开展“青春留影，感动在心”首届青少年数字影像大赛，征集展示微电影100多部。海南团省委将鹦哥岭自然保护区管理站青年团队的生动事迹排成话剧进行巡演。安徽团省委推出《青少年不可不学的100个雷锋故事》等系列美德图书。

青少年学雷锋活动

为贯彻党的十七届六中全会和《中共中央办公厅关于深入开展学雷锋活动的意见》精神，传承和弘扬雷锋精神，促进社会主义核心价值体系建设，不断提升广大青少年思想道德素质，2012 年，团中央在全团集中开展了学雷锋活动。

1. 全面部署，深入基层。按照中央的有关要求，团中央先后下发了《关于在全国青少年中深入开展学雷锋活动的实施意见》和《关于在 3·5 期间集中开展学雷锋活动的通知》，对学雷锋活动做出了统一部署。以“学雷锋纪念日”为契机，以“传承雷锋精神，参与志愿服务”为主题，广泛动员各级团组织特别是基层组织通过各种行之有效的形式，组织广大青少年集中学习宣传雷锋精神，广泛开展学雷锋实践活动，营造浓厚氛围，兴起活动热潮，形成示范导向。

2. 学习宣传雷锋事迹与雷锋精神。各级团组织积极引导青少年学习了解雷锋和不同历史时期特别是新时期雷锋式模范人物的先进事迹，帮助青少年了解雷锋精神的时代内涵，增强学雷锋的主动性、自觉性。大力创新活动形式、路径和载体，运用文化、艺术手段等青少年喜闻乐见的方式塑造新时期雷锋形象，通过拍摄电影、微电影、微视频、动漫片、漫画书等多种形式，引导青年学习雷锋事迹。联合社会力量编创、推荐了一大批以雷锋精神为主题的歌曲、图书、影视剧。发挥互联网、手机等新媒体的重要作用，通过开设专题网页、组织网上交流讨论以及微博、社交网站推广等形式，使雷锋事迹和雷锋精神在青少年中广为知晓。

3. 开展学雷锋实践活动。紧密结合社会主义核心价值体系教育，大力创新青少年学雷锋活动的路径和载体，体现鲜明时代特色和青少年特点，增强针对性、适用性、普遍性，引导青少年自觉践行雷锋精神。重点开展了以下几项工作：一是学雷锋志愿服务活动。围绕关爱农民工子女、社区志愿服务、关爱帮扶留守儿童和留守老人等内容开展了大量的学雷锋志愿服务行动。各级团组织累计开展志愿者服务活动 67.8 万余场，覆盖青年 4850 万余人次。二是“雷锋榜样进校园”活动。邀请了以郭明义同志为代表的各级各类道德模范和青年典型，到校园内举办雷锋精神学习报告会、座谈会、宣讲会，与青年学生进行面对面的交流，在全国各类大、中学校举办了 4.6 万余场“雷锋榜样进校园”活动，直接覆盖青年 2505 万余人次。三是学雷锋主题团、队日活动。在 3 月 5 日（学雷锋纪念日）和 9 月 20 日（公民道德宣传日），组织全团集中开展了两次团、队日活动，采取升国旗仪式、演讲比赛、读书征文、文艺演出、网上互动等形式，开展各类活动 105 万余场，参与青年 5044 万余人次。四是青年文明号“学雷锋，树新风”统一行动。组织全国各级青年文明号集体和争创集体，设立学雷锋岗，传播践行雷锋精神，深入城市和农村集中开展便民利民惠民服务，各级青年文明号集体和争创集体共计 1374 万余人次累计开展便民服务 6.8 万余次。五是青联委员学雷锋活动。各级青联委员发挥自身优势，积极整合资源，深入农村、社区，定点开展技术培训、送医送药、扶老助残、帮困解难、慰问演出等活动 2.1 万余次，直接参与活动的各级青联委员达 342 万余人次。截至 2012 年 10 月底，各级团组织累计开展学雷锋主题活动 186.3 万余次，累计覆盖青年 1.4 亿余人次。

4. 学雷锋活动机制化、常态化取得成效。

注重用机制促常态，指导各级团组织建立了共青团宣传部门牵头组织、各方面广泛参与的学雷锋活动工作机制，通过加强工作指导和督促检查，形成了措施到位、推进有力的工作格局。把学雷锋活动与共青团的品牌工作和共青团创先争优活动相结合，使学雷锋活动同其他工作相互融合、协调推进。同时把学雷锋活动纳入年底考核重要内容，加大考核力度，更好地发挥了学雷锋活动的引领作用。各省级团委纷纷搭建学雷锋供需对接、学雷锋志愿者与服务项目对接的工作平台，进一步推动了学雷锋活动的机制化、常态化。

“与信仰对话”主题教育活动

2012年，以纪念建团90周年和党的十八大召开为契机，按照全团部署，高校共青团着力打造“与信仰对话”主题教育活动品牌。

1. 大力开展学习宣传贯彻党的十八大精神活动。一是部署全国各大、中（中职）学校开展“青春共话十八大”主题团日活动，力争覆盖所有基层团支部，并在高校团组织微博和未来网“中学（中职）主题团日活动交流平台”上进行展示；二是举办“十八大精神进校园”报告会活动，邀请各级党政领导、团组织负责同志、专家学者与学生面对面交流，全面深入地宣讲党的十八大精神，初步统计全国高校共举办报告会近10000场；三是各地、各高校在各自的省级、校级大学生骨干培养学校、团干部培训班中深入学习宣传贯彻党的十八大精神，并充分发挥大学生骨干、团干部、青年教师的示范带动作用，覆盖影响更多的青年学生；四是开展“学生理论社团十八大精神学习研读”活动，初步统计，全国2000多个学生理论社团开展了近万次十八大精神学习、宣传活动；五是发动“微传递·巨能量”十八大精神新媒体传播行动，利用高校团组织四级微博体系，编发十八大精神解读资讯，仅团中央学校部官方微博在20天内编发相关资讯100多条，阅读量达120万左右；六是及时制作了《在党的指引下健康成长——党的十八大精神宣讲》大学生版、中学生版和中职学生版三部电视片，提供给各级学校团组织和广大青年学生学习、宣传时参考；七是与人民网、中国共产党新闻网合作，举办“青春新智汇鲛青年学子寄语建言十八大”活动，从10月20日—11月底，设立专门的互动网络空间，组织青年学生通过发表网络寄语的方式抒发表达对十八大的美好祝愿和期盼，共有105万学生参与其中。

2. 开展“与信仰对话——‘科学发展新成就’千场校园报告会”活动。在9—10月集中动员各高校结合暑期“三下乡”社会实践活动，组织优秀学生与同学们分享在实践中了解到的各地推动、实现科学发展的具体成就和生动案例，展望国家发展的美好前景，激发学生成才报国的热情，以奋发有为的良好精神状态迎接党的十八大胜利召开。据不完全统计，全国各高校已经举办报告会近8000场，近260万名学生直接参与。

3. 开展道德模范全国高校巡讲活动。团中央与中宣部、中央文明办、教育部联合，从三届全国道德模范中遴选9—12名事迹突出、代表性强的模范，以3—4人为一组，建成3个巡讲团，分3路到9个城市巡讲；每个城市举办2场，每场集中组织5所左右高校师生参加。

4. 开展“与信仰对话——理论名篇名家推荐”活动。在10—12月动员各省级、校级团委在本地、本校遴选马克思主义专家学者，向学生推荐经典理论书籍或理论解读文章，在此基础上组织各种形式的学习、推广活动。初步统计，各地、各高校共遴选专家152名，推荐书籍、文章609部（篇）。团中央学校部在官方微博上打造“微思想”专题，向广大青年学生推荐贴近社会热点、贴近学生实际的正面思想引领的文章、书籍、视频100余篇（个），网上分享近50万次。

共青团新媒体和文化工作

2012年，全团围绕团中央书记处提出的“推动引导青年工作由‘内容供应’向‘产品供应’的全面转变”，“构建共青团新媒体和文化工作系统化格局”的目标要求，适应新媒体和各类文化载体对青年的深刻影响和青年学习方式、生活方式、娱乐方式、阅读方式发生的深刻变化，全面推进新媒体阵地建设、微博应用、新媒体活动、电视栏目合作、文化产品创作和推介、文化活动等各项工作。经过努力，全团新媒体和文化工作系统化格局初步形成。引导青年工作更加注重“产品供应”，更加注重发挥新媒体和文化、艺术、时尚元素的作用，更加注重与专业力量、市场力量合作，已在全团形成广泛共识。

1. 努力形成重视推动新媒体和文化工作的整体态势。2月上旬，全团宣传工作会议提出了要实现引导青年工作由“内容供应”向“产品供应”全面转变的目标。此后，团中央先后下发《关于在全团广泛运用微博开展工作的实施意见》、《关于加强共青团文化工作的实施意见》，加强新媒体和文化工作的工作信号进一步明确。4月19日至22日，团中央宣传部在北京展览馆举办共青团新媒体和文化成果交流展览会。交流展览会既是对全团在运用新媒体和文化手段开展工作取得成效的一次巡礼，也使各地团组织看到了工作差距和努力方向，增强了与专业力量、市场力量开展合作的意识和经验。6月上旬，团中央下发《关于推动形成共青团新媒体和文化工作系统化格局的通知》，进一步作出系统化部署。

2. 着力构建共青团微博体系。各级团组织依托国内主要门户网站和中央重点新闻网站微博服务平台，积极构建共青团微博工作体系，共青团系统微博数量大幅跃升。截至12月上旬，共青团系统在新浪、腾讯两个网站的微博总数达5.3万个（含团组织官方微博、团干部个人实名微博），其中腾讯微博3.77万个，新浪微博1.53万个，均在全国政务系统微博中名列前茅。全团除西藏外已基本实现“县县开博”。一批在青年中颇具影响力的共青团官方微博和团干部“名V”博主应运而生。专职团干部个人认证微博中，有7人在2个网站粉丝总数超过50万。党的十八大召开后，为借助微博在青少年中宣传党的十八大精神，更好发挥微博在引导青年中的积极作用，组织开展了“感悟十八大 · 青春正能量”主题微博编创传播活动，社会反响热烈。

3. 加强团属网站、手机报建设。各级团组织以成效考核、活动拉动、交流互促等方式狠抓自有阵地建设，加强团属网站的互联互动，建立了一大批团属手机报。依托中国青年网，全团实现了2878家省、市、县团属网站的相互链接、共享共通；建立了2339个团属手机报。通过统一行动扩大网站、手机报的影响力，“千网联动学党史”、“千网联动学习十八大”两项活动覆盖人群分别超过1.5亿次、1900万次；“劳动·创造·奋斗——我的青春故事”青少年励志教育活动中国青年网总流量为4.5亿，浏览人数达1.2亿；“青春共话十八大”手机报活动，各地共发送1.3万期，覆盖2600万人次。

4.积极与各地有影响力电视台合办青年电视栏目。各级团组织积极与在本地具有广泛影响的电视台合作，推出了一批集思想性、娱乐性为一体的电视栏目，并在合作栏目中显著标明共青团标识，有效扩大了共青团组织在青年中的影响力。经过各级团组织的集中推动，截至10月底，全国省级、地市级团组织与同级电视台合作，累计共推出固定电视栏目189个、广播电台栏目202个，其中省级电视栏目60个。团中央宣传部与湖南卫视联合推出成长励志类栏目《向上吧！少年》取得广泛社会影响，得到青少年观众的积极参与和青睐。

5.借助市场力量推出文化精品传播社会主流价值观。2012年，各级团组织积极联合社会力量创作推广优秀文化产品，取得良好成效。团中央宣传部与知名文化创作生产单位合作，联合推出电影《青春雷锋》、《西单女孩》、《阿里木的故事》、电视剧《新青年》、民族团结教育动漫片《兄弟姐妹一家亲》，联合《故事会》杂志开设“青春励志故事”专栏，推出《青年文摘》三十年典藏读本等有一定影响力的文化产品。开展优秀文化产品“五推”活动，向青少年重点推介《建党伟业》等9部影视剧、9种图书、10首歌曲、6部动漫片、6款绿色游戏。各省级、地市级团组织也积极与文化领域各种专业力量、市场力量合作，创作推介了一大批青少年欢迎的各类文化产品，组织开展了大量富有时尚和创意色彩的文化活动。

高校共青团组织微博体系建设

为主动探索实现新媒体环境下高校共青团的组织建设和工作路径的重要转型，自2011年11月以来，学校战线启动实施了以思想引领为核心目标的高校团组织微博体系建设。

1.认真做好规划设计。2011年11月，团中央学校部按照“总体设计、分层建设、先试点、后推广”的原则在腾讯微博平台上建设由团中央学校部、省级团委学校部、校级团委和班级团支部四个层级官方微博构成的统一体系；2012年7月，在前期工作实践基础上，研究起草了《高校共青团新媒体运用总体战略规划（试行）》，提出了以全国高校团组织微博体系、高校团组织网站集群、高校“校园微生活”手机报平台、与主流网络媒体合作工程为战略基石，以网络舆情收集报送系统、校园线上品牌活动、大学生骨干培养网络平台、新媒体工作者联谊会为战略支柱，以全国高校信息化联系平台为战略力量的“4+4+1”的“屋宇式”战略结构图，以实现“深化青年学生思想引领、实现高校团组织网络化转型”的总体目标。

2. 初步建成微博体系。高校团组织微博体系建设，既要注重发挥单个微博的新媒体传播特点，更重要的是形成整体的传播规模优势。截至2012年12月底，团中央学校部、32

个省级团委学校部、2174所高校团委、约40万个高校团支部建立了组织官方微博，四级体系建设初步完成。团中央学校部微博拥有听众近100万，32个省级团委学校部微博听众总数约200万，2174所高校团委微博听众总数约350万，40万团支部微博的听众总数约1000万，规模效应逐步显现。同时，各级高校团组织微博按照“边建边用”的思路，注重提升组织微博活跃度，四级微博体系所蕴含的传播规模效应的基础不断改善。

3. 积极开展线上活动。学校共青团注重利用新媒体渗透和强化正面思想引导。一是团中央学校部在官方微博上开设了“微思想”、“一起学习十八大”、“颜老师说”等思想引导栏目，截至12月底，平均每条微博阅读量为1.3万左右。二是团中央学校部重点与腾讯网等合作，结合年度中心工作和校园生活的阶段性特点，开展了“五四——青春正当时”、“学子回家季”、“毕业定格青春”、“开学·大学印象”等系列网络活动，共吸引了近1000万学生参与互动。三是2012年1—6月，团中央学校部与湖南电视台合作，开设大学生《新闻公开课》新闻评论栏目，通过邀请大学生与资深媒体人对话的形式，讨论社会热点问题，节目共录制100期，300名学生直接参与，近100万学生通过电视、网络收看了节目。

“红领巾心向党”主题教育活动

1. 开展党的十八大精神学习宣传活动。按照全团统一部署，区分少先队员、少先队工作者两个群体，迅速开展党的十八大精神学习宣传活动。一是制作《党的十八大少年儿童版动漫宣传片》，用少年儿童听得懂、记得住的语言和具体、直观、生动的方式，向少年儿童宣讲党的十八大。二是组织开展“红领巾心向党——十八大与我们的未来”主题队日活动，并运用新媒体开展微作品交流。三是面向辅导员开展如何向少年儿童宣讲党的十八大精神的辅导培训，全国少工委邀请专家做专题辅导报告，各级少工委按照分级全员培训职责开展培训工作。四是开展“怎样向孩子讲党的十八大”队课教科研活动，发动各级少先队总辅导员和大、中队辅导员，研究向不同年龄段的孩子讲党的十八大的有效路径和载体。

2. 深入开展“红领巾心向党”主题教育活动。围绕迎接党的十八大、纪念建团90周年等重大契机和“六一”、“十·一三”等重要节庆纪念日，深入推进“红领巾心向党”主题教育活动，灌输培养少年儿童对党和社会主义祖国的朴素感情。六一期间开展了“红领巾心向党——学先锋，找榜样，争四好”全国统一主题队日活动，通过看动漫、讲故事，办展览、颁奖章、赠礼物等形式，引导少先队员学习时代先锋和英雄少年赖宁等榜样人物、争当四好少年。组织开展了“红领巾心向党——感受你的爱”少先队员暑期活动，组织少先队员通过寻访、记录、感悟，感受农村老党员彭秀英等身边优秀党员的付出和奉献，理解党对少年儿童的真心关爱。“十·一三”少先队建队纪念日期间，开展了“红领巾心向党——感受你的爱”全国统一主题队日活动，用游戏、歌曲、舞蹈、情景剧等形式，感受伟大成就，学习时代先锋和英雄少年赖宁等身边榜样，表达对党和社会主义祖国的朴素感情。据未来网红领巾集结号“红领巾心向党”专题网站统计，截至11月27日，全国76489个中小学少先队大队注册，上传主题活动83500个，累计参与活动少先队员7218.9584万人次。

3. 积极用好新媒体和文化产品。一是探索运用艺术、时尚、情感元素和少年儿童喜闻乐见的方式向少年儿童讲党，创作《红领巾心向党》动漫片在电视台、儿童网站播出，提供下载。二是与团中央网络影视中心共建未来网“红领巾集结号”，研发集注册、上传、展示、分类统计功能于一体的网上活动平台。开展“寻找最美丽的心灵”原创微文、微图、微视频征集等新媒体活动。三是建设少先队新媒体信息平台。依托未来网建设“中国少先队—红领巾集结号”微博，被央视网评为2012年度“最受欢迎政务微博”。少先队事业发展中心开办《辅导员》手机报，山西、辽宁、广东等通过QQ群、手机短信平台等建成了覆盖基层一线辅导员的信息系统。

纪念建团90周年邮票出版发行

2012年5月4日，共青团中央、中国邮政集团公司联合发行《中国共产主义青年团成立九十周年》纪念邮票。团中央书记处第一书记陆昊与中国邮政集团公司总经理李国华举行会谈。李国华和团中央书记处常务书记王晓出席在北京举办的首发式，共同为纪念邮票揭幕。同日，在江西共青城等地一同举办首发式。

此套纪念邮票共2枚。第一枚邮票以“胸怀理想”为主题，以飘扬的团旗为主体，以团的一大会址为背景，以火炬中火焰的红黄色彩加以渲染，象征中国共青团成立初期的历史画面，寓意广大团员青年牢记使命、不忘历史。第二枚邮票以“朝气蓬勃”为主题，用线条勾勒出积极向上、朝气蓬勃的共青团员形象，以长城图形和鲜艳的团徽为背景，寓意广大团员青年面向未来、开创未来。在两枚邮票中还分别有5只鸽子和4只鸽子，暗寓“五四”青年节之意，合起来的“9”代表共青团走过的90年历程。同时，中国邮政专门批准印制《中国共产主义青年团成立90周年》（版式2），专门设计印制首日纪念封1套2枚，启用纪念戳1枚。

据悉，共青团题材一直是邮票主题的重要资源。历史上，中国邮政曾就纪念五四运动、召开团代会、青年外事交流、希望工程等题材推出邮资票品。这套纪念邮票是迄今为止为纪念建团而发行的唯一一次，也是共青团题材邮资票品中规格最高的一套。

促进青年就业创业工作

1. 青年就业创业见习基地。2012 年,共青团“青年就业创业见习基地”工作充分运用 QQ 群、微博、飞信等新媒体手段,加大对见习理念的宣传,引导广大青年充分认识通过见习提升就业技能的重要性。本着“求精求实、规模适度”的原则,建立见习基地质量评估机制,创建示范见习基地或星级见习基地,筛选成立一批如 FESCO、联想集团、苏宁电器等高质量的见习基地。深入开展“见习助就业 · 牵手毕业生”品牌活动 2400 余场次,近 20000 家企业参与,提供 260000 个见习岗位,参与活动青年近 63 万名,其中 136000 多人最终上岗见习。高度重视见习过程管理,不断规范岗位发布、岗位对接、在岗管理、见习鉴定、见习保障等工作程序,编印《共青团“青年就业创业见习基地”工作案例》两万册并下发各地团组织。截至年底,全团城市战线使用中的“青年就业创业见习基地”35846 个,组织上岗见习青年 213359 人,其中应届大中专毕业生 129968 人,未就业大学毕业生 39703 人,下岗失业青年 15460 人,青年农民工 28048 人,见习后录用 64314 人。

学校战线扎实推进“大学生就业创业见习基地”建设。严格执行基地工作月度考评制度,建设了学校战线共青团“青年就业创业见习基地”工作台账网络管理系统,对学校战线见习基地建设实行跟踪了解和动态管理。截至 2012 年底,共有 1715 所高校参与基地建设,建成见习基地 20179 个,提供见习岗位 205965 个,已上岗见习的学生人数为 440195 人,其中见习结束后被基地正式聘用 122171 人,占参加见习学生人数的 27.7%。

2. 青年创业贷款工作。2012 年,全国城市战线各级团组织继续深化与各类金融机构合作,积极创新担保方式、广泛争取政策支持、整合社会资源、加强与创业青年联系和跟踪服务、健全工作机制、转进工作落实等举措,深入推进城市青年小额贷款工作。2012 年,新增城市青年创业贷款项目 143973 笔,新增贷款金额累计 1349275 万元,扶持创业青年 143967 人,带动就业 562205 人。

农村青年创业小额贷款工作持续推进。一是持续推动工作创新。联合中国农业银行农户金融部下发《关于进一步做好 2012 年农村青年创业小额贷款工作的通知》,明确重点推荐订单农户、社员农户、种养大户中的优秀创业青年。指导各地持续推动担保方式创新,开发专属信贷产品。二是深入推进农村青年信用示范户工作。进一步加强信用档案建设和提高评定结果使用率。全年共评定信用示范户 10.61 万户,发放信用贷款 34.93 亿元。三是推动青海、安徽、陕西、四川、云南等 13 个省份在省级层面出台政策,累计落实贴息资金近 5 亿元。四是强化数据核查机制建设。通过实地访查、抽样调查、电话检查等方式对各地小额贷款数据进行定期核查。全年累计为 38.55 万名农村青年发放创业小额贷款 187.27 亿元。

3. 中国青年创业奖。继续开展“中国青年创业奖”评选表彰活动。2012 年 9 月团中央、人力资源和社会保障部联合下发《关于开展第七届“中国青年创业奖”评选表彰活动的通知》。各地团组织、人力资源和社会保障部门高度重视,认真开展推报及审核工作,31 个省区市共推报第七届“中国青年创业奖”候选人 80 名。经认定评选资格、组委会初评、征询有关部门意见、社会公示等四个步骤,确定 40 名入围候选人。2012 年 12 月 21 日,召开第七届“中国青年创业奖”评审会,25名评审会评委库评委经投票选出第七届“中国青年创业奖”获得者11名、第七届“中国青年创业奖”提名奖16名。

4. 农村青年就业创业培训工作扎实开展。一是引导农村青年学用科技创业致富。联合农业部出台了《关于引导农村青年学用科技创业致富的意见》,围绕提升农村青年科技素质、促进农村青年推广应用农业新科技、新成果等进行部署。全国共收集整理基层农业科技需求688个,与442支大学生“三下乡”社会实践团队实现对接。二是深入推进农村青年创业就业行动。指导和推动河南、河北、内蒙古等省份积极争取农业部门项目、资金,推出一批富有特色的地方项目。三是积极参与扶贫开发工作。联合国务院扶贫办下发《关于动员和支持各级团组织及广大青年积极参与扶贫开发的意见》,在开展青年创业贷款贴息、青年志愿者扶贫工作等项目的同时,重点实施了“扬帆工程助学行动”,为中西部地区农村“两后生”提供2至3年的免费职业教育。四是积极推进农村青年科技特派员创业行动,实施种都、美涂士、中英创业致富行动等示范项目。全年累计培训农村青年317万人。

5. 农村青年致富带头人培养工作不断加强。一是提高农村青年致富带头人素质。实施“青年星火带头人培训工程”。举办专题培训班,全国层面培训农村青年致富带头人300余名,提高各类农村青年致富带头人的创业能力。二是加大对农村青年致富带头人的扶持力度。联合农业部开展第八届“全国农村青年致富带头人”评选表彰工作,树立500名敢闯敢试、创业致富的青年典型。三是探索反映农村青年利益诉求的工作载体。组织开展政府部门与农村青年致富带头人“倾听心声、共促发展”集中活动月,累计联系走访农村青年6.5万人,召开座谈会755场,了解农村青年需求11546个。四是加强各级涉农青年协会建设。19个省份建立健全省级涉农青年协会组织,吸纳会员近5000人。

6. 启动实施了“优秀大学生西部基层建功计划”。为贯彻落实党中央书记处重要指示精神,引导优秀毕业生到西部地区、贫困地区和基层一线去,到祖国和人民最需要、事业发展空间最广阔的地方去发挥聪明才智、展现人生价值,从2012年年初开始,主要面向“985工程”、“211工程”高校首次实施了“优秀大学生西部基层建功计划”。通过前期开展组织动员、人员遴选、联系推荐就业岗位等一系列工作,共有来自全国重点高校的429名学生参与本年度计划,前往西部各省份从事党政机关、事业单位及国有企业等基层岗位工作。

7. 开展以KAB为重点的大学生就业创业教育。进一步扩大了KAB师资队伍规模,优化师资队伍结构。丰富完善课程体系,进一步增加适合不同类型大学生创业的案例式、情景式等教学内容。初步完成了有关教材的编写工作,为KAB课程教学更好地实现本土化打下了良好基础。扩大了学校参与规模与质量。截至2012年底,全国共有1000多所高校已开设KAB项目课程,开设基础课程的高校达850多所(1年新增200余所),师资队伍达到4000余人,150多所高校成立了大学生KAB创业俱乐部(1年新增52所),接受KAB课程教育的学生累计超过30万人。

8. 推动实施“MM百万青年创业计划”。通过开展在线培训和实地培训、树立创业典型、校园PK赛、创业体验区、建立创业孵化基地等工作,更好地应对互联网和移动通信技术发展带来的机遇和挑战,进一步深化促进大学生就业创业工作。截至2012年底,该计划共吸引全国167.8万名大学生参与(1年新增49.8万人),覆盖近2000所高校,累计征集创意创业作品103.8万件(1年新增27.8万件),影响了3000多万大学生。同时,组织开展了以移动互联网创业为主题的大学生KAB创业俱乐部主席夏令营、“挑战杯”竞赛 MM 作品展等活动。在帮助大学生提升就业创业技能、解决就业见习机会、突破创业资金瓶颈等方面发挥了积极作用。

青少年维权工作

2012 年，各级共青团组织围绕团中央参与社会管理创新的任务分工，结合中央综治委预防青少年违法犯罪专项组工作部署，按照“三个结合、一个制度性安排”的基本思路，统筹全团权益战线扎实推进各项重点工作，努力构建青少年维权工作的组织化体系，进一步提升团组织维护青少年合法权益的社会形象。

1. “共青团与人大代表政协委员面对面”活动。一是建立常态化“倾听”工作机制。推动各地团组织结合做好青年群体工作的要求，深入各类青年群体广泛开展倾听活动，了解青少年普遍性利益诉求，同时把倾听诉求、舆情收集、政策宣讲、释疑解惑和思想引导有机结合起来。二是推动活动取得实效。及时跟踪建议提案办理情况，推动解决青少年权益具体问题。全国政协十一届五次会议期间，参加“统筹城乡社会发展，促进农民工融入城市”提案办理协商会。与湖南卫视《天天向上》栏目制作反映新生代农民工精神文化生活专题节目，编辑出版新生代农民工成长引导书籍《来的不是客》。加强与人大政协和建议提案承办单位的联系，举办建议提案工作培训班，对西南、西北片区 13 个省（区市）150 余名权益干部进行培训。省级团委在“两会”期间提出建议提案 89 件，参加活动的代表委员提交建议提案 112 件；地市级团委提出建议提案 646 件。

2. 重点青少年群体服务管理和预防犯罪试点工作。一是加强理论和政策研究。召开“青少年法制教育”研讨会，深入研究重点青少年群体法制教育有效性、普通青少年向有不良行为青少年转化边界等问题，取得一些重要的认识成果。联合司法部等部委对全国专门学校（工读学校）进行专题调研。召开“刑事诉讼法修改与预防青少年违法犯罪”研讨会，深化未成年人司法制度建设，推动完善配套法规和司法解释。对“青少年犯罪学”学科建设进行充分论证并形成工作方案，推动中国青年政治学院自主设立国内首个“青少年犯罪学”二级学科硕士点。二是与中央综治办联合召开试点工作经验交流会，进一步破解难题、推广试点成果。对 23 个全国试点城市和 225 个省级试点城市加强工作督导，认真开展全国试点城市终期考核和省级试点城市工作调研。与中央电视台联合制作 7 集《关爱明天》家庭教育系列节目，拍摄 6 集反映重点青少年群体试点工作的《为了明天》专题纪录片。在总结试点成果基础上，体现中央关于预防工作的重要精神，研究起草《中央综治委关于进一步深化预防青少年违法犯罪工作的意见》。“为了明天工程——关爱帮扶重点青少年群体项目”被评为第七届“中华慈善奖·最有影响力项目”。

3. 12355 青少年服务台建设。一是对全国 254 个服务台运行情况逐个进行调查，研究提出整体发展规划，起草加强公益服务团队管理的指导意见。与中国心理学会合作培训 69 个服务台 180 余名心理专业志愿者，在基础较好的服务台继续开展心理督导工作。二是中高考前夕统一开展以"轻松备考·与你同行"为主题的"12355 阳光行动",动员 6554 名心理咨询师走进学校、社区举办讲座和现场咨询 7812 场,服务考生及家长 384.3 万人次。三是积极利用新媒体拓展联系青少年的渠道。在新浪、腾讯网站开通"共青团 12355"微博,截至年末新浪微博粉丝数量达到 126 万,腾讯微博粉丝数量达到 29 万。四是对带有维权性质的民间组织开展调研,尝试接触部分组织,探索构建社会化维权工作体系。

共青团关爱农民工子女志愿服务行动

"共青团关爱农民工子女志愿服务行动"(简称关爱行动)是团中央、中国青年志愿者协会 2010 年在全国启动实施的关爱农民工子女重点品牌项目。通过广泛动员青年志愿者与农民工子女结对帮扶,为农民工子女健康成长提供学业辅导、亲情陪伴、感受城市、自护教育、爱心捐赠等志愿服务。2012 年各级团组织按照机制、队伍、内容、阵地"四位一体"的工作要求,科学部署,强化措施,进一步推动共青团关爱农民工子女志愿服务行动深入发展。

1. 全方位拓展关爱行动覆盖面。各省、市级团委认真落实党组负责制,全国 2800 多个县市区旗都启动了关爱行动。以乡镇、街道团组织为主,开展了大量的调查、摸底和结对工作。目前,共摸底农民工子女较集中学校 4.8 万所,摸底农民工子女有 1400 万人,其中结对 4.6 万所学校,结对 1140 万农民工子女,结对率分别为 96% 和 81%。北京、内蒙古、辽宁、吉林、黑龙江、上海、江苏、安徽、福建、江西、湖北、湖南、广东、海南、重庆、云南等 16 省已实现了结对全覆盖。参与这项工作的青年志愿者达 460 万人。团中央志愿者工作部开发了网上统计系统,初步实现了关爱行动常态化、动态化管理。

2. 进一步加大组织化动员力度。2012 年 7 月,团中央志工部分别在 3 省 4 市举办了 4 期关爱行动骨干培训班,对全国所有省、市两级团委和志愿者工作机构负责人以及 6 大系统 90 家重点单位、部分高校团委负责人共计 560 人进行了集中培训。通过培训进一步增强了各地贯彻书记处部署要求的自觉性和坚定性,对地市级以上团组织进行了再动员,明晰了推进关爱行动的工作布局、思路举措和目标任务。同时,加强集中性活动开展,在"3·5"中国青年志愿者服务日、"六一"儿童节、"12·5"国际志愿者日等重要时间节点,专门发文指导各地抓好集中性服务活动开展,营造了关爱行动良好氛围。

3. 多举措加强项目专员队伍建设。2012 年,全国 31 个省区市和兵团选拔配备了第二批 4 万余名项目专员。29 个省级团委开展了项目专员培训。江苏、浙江、广东、河南、贵州和国家电网公司等省(系统)团组织,将项目专员及其团队纳入全省志愿服务工作先进评选序列,进一步调动了他们的积极性。通过指导各地抓选拔、抓培训、抓管理等措施,引导项目专员履行职责、发挥作用。同时,通过加强网上培训、身份认证、动态管理,并不断落实各级团委在项目专员管理工作中的主体责任,激发项目专员的内生动力,增强队伍的稳定性。

4. 多渠道推进志愿服务内容规范化、制度化。各地普遍围绕学业辅导、亲情陪伴、感受城市、自护教育和爱心捐赠等五项内容，精心设计本地特色的“七彩课堂”。江苏、广西等地建立“七彩课堂”日常管理台账，实行动态管理。北京、山西、辽宁、吉林、河南5省市通过健全月报制度、效果评估等方式，进一步提升“七彩课堂”基本要求在市、县和基层的达标率。河北、福建、江西、四川4省制定了各具特色的课程安排表。团中央部署在全团范围征集“七彩课堂”示范课程，33个省级团委共上报示范课程方案277件。江苏部署开展了“七彩课堂”公开课展示活动。吉林面向社会开展关爱行动项目征集并择优奖励。浙江推出了“流动少年宫”、“公益夏令营”。福建、山东、广东、四川等省推出“流动少年宫”、“周末剧场”、“暑期公益夏令营”、“国学进校园”、“E网之家”等一大批深受欢迎的精品项目。

5. 多维度整合资源建设“七彩小屋”等活动阵地。2012年，团中央志工部统筹各类社会资金建设“七彩小屋”752个，其中，争取有关单位资金建设“集善之家”92个，累计直接投入资金1780万元。此外，成功申请中央财政支持社会组织专项资金100万元，支持各地建设“七彩小屋”67个，并按照东中西部地区1:3、1:2、1:1的配套比例进行申报，扩大中央财政资金支持建设“七彩小屋”的覆盖面，调动各地积极性，发挥示范导向作用。目前，各地共建设“七彩小屋”等活动阵地近3万个。同时，进一步抓好已建成“七彩小屋”规范化建设和日常管理考核，并指导各地充分借助这个有形阵地，加强品牌宣传和社会筹资，动员社会更多爱心人士参与关爱行动。

6. 充分发挥新媒体积极作用。2012年1月18日，团中央志工部在新浪网开通了中国青年志愿者微博，并就建设青年志愿者微博体系作出专门部署。目前已初步形成包括全国、省级和项目专员的三级体系架构，具体分为1个主微博、4个常务微博、15名志工部干部实名微博、33个省级协会微博和1万名项目专员等5类微博。指导各地通过节日集中推、结合品牌深入推、配合日常工作及时推等方式，开展微访谈、微话题、微直播等活动，促进了微博体系的发展和活跃，当前粉丝数达142多万人，在全团各类微博中排名前列。

大学生志愿服务西部计划

2012年，团中央与教育部、财政部、人力资源和社会保障部继续按照公开招募、自愿报名、组织选拔、集中派遣的方式，每年招募一定数量的普通高等学校应届毕业生，到西部基层开展为期1-3年的教育、卫生、农技、扶贫等志愿服务。大学生志愿服务西部计划认真落实国家重大人才工程高校毕业生基层培养计划和团中央书记处的部署要求，巩固实施规模，强化服务培养，完善政策措施，取得了新的发展。按照西部计划“调规模、调结构、调机制”总体部署，将整体规模保持在17000人左右，共有1000多所高校的61516名应届高校毕业生报名参加；录取10142名，其中本科及以上学历人数达6611多人，占总数的65.2%，中共党员3321人，占总数的32.7%。稳步推进服务新疆、服务西藏专项，继续保持在少数民族地区服务志愿者1万人的实施规模，继续集中实施7个服务专项。继续派遣2600多名志愿者到中西部22个省(区、市)

及新疆生产建设兵团的2100多个县级团委开展基层青年工作。9月1日,中共中央政治局常委、国务院副总理李克强给中国科学技术大学研究生支教团第十三届支教队队员回信,向同学们表示诚挚问候,勉励同学们把支教生活作为加油站,更加勤奋地学习工作,在报效社会中创造美好生活。在财政部的大力支持下,将志愿者生活补贴从每人每月760元提高到每人每月1000元,提高一至三类区西部计划志愿者艰苦边远地区津贴。7月,在北京人民大会堂召开2012年"大学生志愿服务西部计划"、"优秀大学生西部基层建功计划"及"中国青年志愿者研究生支教团"出征座谈会,团中央书记处第一书记陆昊,财政部副部长、党组成员李勇,人力资源和社会保障部副部长、党组副书记杨志明,团中央书记处书记卢雍政、周长奎,教育部高校学生司司长王建国等出席。

1. 集中组织西部计划志愿者学习宣传党的十八大精神。以西部计划全国项目办名义下发《关于组织西部计划、研究生支教团志愿者学习党的十八大精神的通知》、《关于组织西部计划志愿者学习宣传贯彻十八大精神的通知》等文件,在西部计划官网开设了"学习十八大精神活动专区",并邀请十八大代表、优秀西部计划志愿者代表,做客中青网、西部计划官网,举办了西部计划志愿者"网络学习十八大精神交流活动",组织广大志愿者深入学习与中央电视台合作录制十八大精神宣传片——《西部计划志愿者学习十八大精神宣传片》。

2. 开展西部计划志愿者扎根西部基层专项调研工作。调研数据显示,累计扎根总人数16066人,其中扎根少数民族地区的达7200人,占扎根总人数44.8%。扎根在县及县以下单位的达92.1%。2009年前,扎根总人数为9607人,2010年以来扎根人数逐年增长,近三年扎根总人数达6459人。

3. 深化中国青年志愿者研究生支教团工作。完成第十四届研究生支教团846人的培训派遣任务。组建了1514人的第十五届研究生支教团,在教育部支持下,研究生支教团实施规模"翻一番"。印发了《中国青年志愿者研究生支教团增加招募高校和调整招募指标办法(暂行)》,先后召开在京研究生支教团督导员工作会和第十五届研究生支教团新增高校督导员工作会,进一步加强了研究生支教团工作的规范管理。

4. 加大典型宣传,营造良好氛围。进一步加强西部计划信息系统和官方网站建设,大力宣传扎根西部基层的优秀志愿者典型。在第九届中国青年志愿者优秀个人奖、组织奖、项目奖评选表彰活动中,加大对西部计划和研究生支教团表彰力度。联系中央电视台、人民日报、新华社、中国青年报等媒体大力宣传优秀青年志愿者事迹。指导"奋斗的青春最美丽"赴疆西部计划优秀志愿者巡回宣讲团和贵州优秀志愿者宣讲团赴各地相关高校巡回报告。

实践证明,西部计划紧密围绕国家党政大局,以志愿服务的方式,探索了鼓励和引导高校毕业生到农村基层服务创业的新途径,有效促进了区域协调发展;作为国家首个鼓励和引导高校毕业到基层就业创业的项目,培养了一大批"懂国情、讲奉献、高素质"的综合型青年人才;西部计划志愿者以实际行动弘扬了"奉献、友爱、互助、进步"的志愿精神,有效推动青年志愿者事业的持续发展;西部计划作为新时期下共青团品牌工作,加强了基层团组织力量,促进了基层团建,为团组织实现"两个全体青年"的要求作出了积极努力。

青年志愿者海外服务计划

2002年5月，共青团中央、中国青年志愿者协会启动实施了青年志愿者海外服务计划，通过公开招募、自愿报名、集中派遣的方式，派遣中国青年志愿者前往政局稳定、医疗卫生和自然条件较好、对我友好且有接受中国志愿者迫切愿望的发展中国家开展志愿服务工作。截至目前，已向老挝、文莱、巴基斯坦、塞舌尔、乌干达等22个国家派遣了590名青年志愿者，开展为期一年的汉语教学、体育教学、音乐教学、信息技术、农业科技、医疗卫生等多个领域的志愿服务。

海外计划的实施，探索了民间外交和对外援助工作的新途径，有利于树立中国负责任大国的国际形象、促进中外友好与合作，有助于培养具有国际视野的优秀青年人才，是中国青年工作同国际接轨的一个切入点。

2012年，海外计划实现了整体推进。团中央联合商务部先后派遣了71名志愿者前往文莱、巴基斯坦、乌干达、塞舌尔、毛里求斯5个国家服务；进一步健全机制，完善了规划协调制度和地方团组织项目承办机制；启动建设中国青年志愿者人才库，为海外计划的深入实施提供人才储备；引起了国内外的广泛关注，有数千名青年踊跃报名参加海外计划，国内外媒体也刊发文章，将派遣青年志愿者到海外服务作为中国软实力提升的标志之一。

海外计划工作受到了党中央、国务院的高度重视和充分肯定。向东盟国家文莱派遣青年志愿者是落实我领导人在中国与东盟10国（10+1）领导人会议提出了“中国将继续向东盟国家派遣青年志愿者”的指示要求。中国赴巴基斯坦青年志愿服务队抵巴后，得到了巴基斯坦总理吉拉尼的热情接见。中国乌干达青年志愿者项目是在中乌建交50周年派遣的，对于深化两国友谊，进一步扩大两国交流与合作等方面具有重大意义。

深入推进中学中职共青团工作

2012年，为贯彻落实全国中学共青团工作会议和全国中等职业学校德育工作会议精神，按照团中央、教育部《关于加强中学共青团工作的意见》和《关于加强中等职业学校共青团工作的意见》的要求，深入推进中学中职共青团工作。

1. 加强中学中职战线共青团干部培训。学校部3月14日—16日在京举办全国地市级团委学校工作分管书记培训班，来自全国31个省（区、市）的地市级团委350名学校工作分管书记参加了为期三天的学习培训。教育部基础教育一司司长高洪、教育部职业教育与成人教育司司长葛道凯、团中央学校部部长陈光浩、团中央少年部部长王路、中国青少年研究中心副主任孙云晓、上海信息技术学校校长郤宪伟、北京四中校长刘长铭等给全体学员作了报告。培训期间，22位学员代表分别从不同角度交流了各地开展中学、中职共青团的工作经验,10位学员代表在结业式上分享了学习体会,全体学员还就如何深入推进中学、中职共青团工作进行了分组讨论。指导各地广泛开展了中学(中职)团干部的培训工作,省级团委重点开展了中职团干部培训,地市级团委重点开展了中学团干部培训。根据初步统计,2012年全团集中培训中学(中职)团委书记4.25万人次。

2.推进中学中职共青团工作载体创新。为深入探索碎片化、分散化的活动载体,学校部联合中国青少年研究中心出版了《中学生校园游戏100例》一书,并在10月25日在团中央机关举办中学共青团工作载体创新研讨座谈会。团辽宁省委等部分省级团委、地市级团委负责同志和中学生校园游戏实验区域的教育行政部门负责同志、课题实验学校校长、团委书记、中学生代表以及教育领域专家、中学校长参加了研讨座谈会,团中央书记处书记卢雍政出席会议并讲话。座谈会后,为示范推广和引领各地中学共青团工作载体创新,该书免费发放至全国近70个地市所辖区域内的全部中学团委,全国近万所中学团委将以校园游戏为载体探索和创新中学共青团工作的方式。

3.加强中学中职共青团工作的信息化建设。团中央学校部依托未来网建设的中学共青团频道(zxgqt. k618. cn)开通运行。频道设通知公告、工作动态、工作指南、信息交流、品牌活动、团干部培训、团干部风采、团干部论坛等栏目。中学共青团频道是团中央学校部发布中学(中职)共青团信息、指导中学(中职)共青团工作的权威平台,也是各级中学(中职)共青团组织沟通、交流、展示工作的互动平台。12月30日,团中央学校部组织拍摄的"百名优秀中学中职团委书记讲堂"在中国共青团网中学频道全部上线,来自河北衡水中学、江苏淮阴商校等学校的100名优秀团委书记,围绕如何做好新形势下的中学、中职业共青团工作,每人录制了12分钟的视频短片,累计20小时。

青年文明号活动

1. 开展青年文明号"学雷锋,树新风"主题实践活动。2012年2月,配合全团"学雷锋,树新风"活动安排,开展青年文明号"学雷锋,树新风"主题实践活动。窗口单位和服务行业的青年文明号集体和争创集体,开展诚信示范、便民服务、结对帮扶、文艺展演等集中行动。不完全统计,有近10万个青年文明号集体及争创集体的200多万青年参与活动,累计举办便民服务、上门服务、结对帮扶、文艺演出等集中行动7000多场次,社会反响强烈。

2. 开展2011—2012年度全国青年文明号评选表彰活动。联合全国青年文明号活动组委会成员单位开展了2011—2012年度全国青年文明号评选表彰活动,共有1054个集体被评为2011—2012年度全国青年文明号。

第八届“振兴杯”全国青年职业技能大赛

2012年5月,第八届“振兴杯”全国青年职业技能大赛初赛启动。全国共有31个省(区、市)及金融、铁道、民航3个行业系统组织了省级初赛,吸引了近450万名青年职工参与。经层层选拔,254名青年选手挺进决赛。一是完善团体奖评选办法,“振兴杯”牵动面进一步扩大。全国累计组织了省级初赛715场,市级竞赛1799场,19795名青年通过技能竞赛活动晋升了技术等级。二是结合非公企业团组织活力提升,竞赛在非公企业的延伸和拓展显著增强。2012年全国共有18万非公企业青年参加了各地组织的各类技术竞赛,其中,55名非公企业选手挺进全国决赛,占决赛总人数的22%,为历届最高,共有11名非公企业青年选手跻身各工种决赛前20名;农民工选手25名,接近决赛总人数的10%。三是更加注重新媒体宣传手段,努力营造“尊重劳动、尊重技能”的良好氛围,增强活动对青年的吸引力和影响力。更加注重运用新媒体和文化时尚手段宣传青工技能文化,制作了4部微电影反映普通技术青年的日常工作生活,拍摄了大赛决赛短视频和纪录片,并在主要门户网站播出,运用微博与参赛选手和广大青年进行互动。

全国青年安全生产示范岗

全国各级团组织和广大基层一线生产单位以青年安全生产示范岗创建活动为牵动,广泛组织开展各级各类安全生产技能竞赛、安全生产操作法推广等活动,积极引导青年职工增强安全生产意识,提高安全生产技能,参与安全生产管理,加强了企业安全生产监管和安全生产规范,有效防范了企业生产事故的发生。共青团中央、国家安全生产监督管理总局决定认定北京住总集团有限责任公司北京地铁七号线十二标张殿龙青年突击队等253个单位为2011—2012年度全国青年安全生产示范岗。

保护母亲河行动

2012年,将保护母亲河行动的核心内容集中到募集资金和植树造林上,协调资源支持基层,围绕江河流域动员青少年开展植树活动,引导青少年积极投身生态环保实践,保护母亲河行动呈现出良好势头。

1. 争取政策、资金支持基层力度进一步加大。一是加强部委合作。联合全国绿化委员会、国家林业局、农业部、中央文明办等部委，共同部署“保护母亲河－－2012年度青少年植树行动”、“青年万亩示范草场建设”、“关爱自然，义务植树”志愿服务行动等活动，为各级团组织与相关部门的合作提供政策支撑。25个省份及兵团联合林业等部门发文部署，22个省份将青少年植树活动纳入绿化规划或计划。二是加大社会化筹资力度。募集700多万元，用于支持基层植树造林和开展青少年生态环保社团培训、社团项目小额资助。支持黄河流域9省份51个县级团组织，建设37片青年林、总面积7400亩，14片青年示范草场、总面积27万亩。广西、广东、上海、贵州等省份通过捐植纪念林（树）等方式筹资1216.96万元。三是重点支持基层。将募集的资金全部支持县及基层团组织，省级团委支持基层团组织资金2808.58万元，树苗1490.66万株。

2. 动员青少年参与植树活动更加广泛。一是开展示范性活动。以黄河流域为重点，确定统一行动日，黄河流域9省份26个县级团组织同步启动青年林建设。广西、黑龙江等省份开展了全省统一行动日和共青团集中植树月活动。二是依托组织体系动员。北京发动全市322个乡镇街道团委，组建植绿突击队、组织青年环保志愿者参与区县1500多个植树点的劳动；辽宁以城乡团组织结对的方式，在11823个行政村建设青年绿化标准路（林）。三是流域、地域内团组织联合开展活动。广西、广东联合香港、澳门青年组织开展四地青年“走读珠江”生态环保体验活动；内蒙古与北京、天津、河北共同筹建“蒙京津冀青少年生态实践基地”和万亩青少年植树基地。全年共有176万青少年参与“保护母亲河行动”植树活动。

3. 生态环保宣传实践活动扎实有效。一是运用新媒体开展宣传。构建涵盖各省级团委的保护母亲河行动官方微博圈，粉丝总数稳定在80万人；联合人人网推出“保护母亲河，环保绿聚人”活动，6万多网友发表12万余条环保宣言。广东通过举办网络植树节募集资金80万元、树苗100万株。二是借助社会力量扩大影响面。开展社团小额资助项目，共资助70家社团；分片区举办三期全国青少年生态环保社团骨干培训班，培训骨干313名。山东、陕西、重庆、广东等省份通过联合主办、购买服务等方式，借助青少年环保社团和兴趣组织开展宣传实践活动。

博士服务团

博士服务团是团中央配合中组部，贯彻落实西部大开发战略和人才强国战略的一项重要举措。自1999年以来，已先后从中央国家机关、部分企事业单位和东部8省市选派了13批1653名博士服务团成员，服务范围包括西部12个省区市和新疆生产建设兵团，江西、福建两省的革命老区以及吉林延边、湖北恩施、湖南湘西三个少数民族自治州。选派单位扩大到45个中央部委、企事业单位、科研院所和北京、天津、辽宁、上海、江苏、浙江、山东、广东等8省市。

十二年来，博士服务团工作以服务西部、

锻炼人才为目的,创造了一种人才工作服务西部大开发的新模式和促进高层次人才锻炼成长的新途径。先后到西部服务锻炼的一千多名青年博士,立足自身优势,充分运用所学专业知识,以饱满的热情、扎实的作风,在不同的岗位上拼搏奉献,在西部经济社会发展和科技进步中发挥了积极作用。

1. 发挥了科技参谋作用。博士服务团是一支高层次的专业人才队伍,他们紧紧依托各自的专业优势和工作背景,积极为地方政府和部门建言献策,组织科技攻关,解决科技难题。有的同志比较熟悉宏观经济和产业政策,针对当地发展的重点难点问题出谋划策。有的同志掌握科技及产业发展动态,结合挂职地区的实际,制定了具有前瞻性、操作性的发展规划。有的同志帮助当地解决了一批关键技术问题,促进了技术改造和科技成果转化。同时,在应对重大自然灾害和突发事件中,博士服务团成员也发挥了重要作用。

2. 发挥了桥梁纽带作用。博士服务团成员来自中央部委、知名院校、大型国企和沿海发达地区,在派出单位的大力支持下,他们积极牵线搭桥,促进合作,吸引了大量资金、技术和项目向西部地区转移。有的同志争取国家政策的支持,优化了产业发展环境。有的同志协调了一批重点项目落户西部,促进了地方产业结构的调整和经济社会的发展。有的同志多种融资渠道并举,着力解决制约西部发展的资金瓶颈。还有不少同志积极帮助地方与有关方面开展长期的科技合作项目,为地方科技进步注入持续动力。

3. 发挥了培养人才的作用。实际工作中,许多博士服务团成员通过论坛、讲座、培训班等形式,言传身教,帮助当地干部群众学习新知、更新理念。有的同志为当地促成人才培养项目,利用东部教育资源培训西部人才。博士服务团成员在为西部发展做出贡献的同时,自身也在服务基层、投身实践的过程中得到了锻炼。在基层、在第一线、在与人民群众一起摸爬滚打中,特别是在处理解决复杂矛盾和突出问题中,博士服务团成员进一步坚定了理想信念,提高了能力素质,密切了与人民群众的感情,提高了服务和推动科学发展的本领。

2012 年,中央组织部、共青团中央选派了 147 名博士服务团成员赴西部地区和革命老区进行为期一年的服务锻炼。选派的第 12 批博士服务团成员分别来自 47 家中央单位和北京、天津、江苏、山东等 8 省市,平均年龄 39 岁,具有副高以上专业技术职务的有 122 人。

全国大中专学生志愿者暑期“三下乡”社会实践活动

2012 年,团中央、全国学联联合中宣部、中央文明办、教育部继续开展全国大中专学生志愿者暑期“三下乡”社会实践活动。活动主题是“青春九十年,报国永争先”,以引导广大青年学生以实际行动学习贯彻胡锦涛总书记在纪念建团 90 周年大会上的重要讲话精神,以昂扬向上的精神面貌迎接党的十八大的召开。各地、各高校组织了近 500 万大学生、20 万支团队深入全国农村基层,广泛开展了科技支农、文化宣传、教育帮扶、医疗卫生服务、环境保护、法律援助等实践服务,在火热的社会生活中受教育、长才干、做贡献。

1. 完善前期基层需求调研制度。3月，团中央等主办单位要求各级高校团组织利用到县级团委挂职的高校团干部、社会实践基地、校友资源等渠道，部署开展2012年“三下乡”社会实践活动的需求调研工作，真正落实“按需设项、据项组团、双向受益”原则。主办单位还依托中青网建立了全国大学生“三下乡”社会实践活动专题网站，设立“基层需求发布对接专区”，截至活动开始前，全国各地、各高校普遍开展了需求调研，在中青网上发布有效需求10032个，涉及种植养殖、科技帮扶、产业规划、医疗卫生、文化艺术、教育培训、敬老爱幼、政策宣讲、法律援助、社会调查等十大类。

2. 突出科技支农的服务重点。针对我国农业科技水平不高、基础较薄弱、人才较缺乏的现状，为集中发挥高校师生的知识技能优势，2012年全国级重点团队确定为“科技支农”方向。全国重点动员各地涉农高校学生组建了442支“科技支农”重点团队，奔赴442个县特别是中西部地区为农民实地开展生产技术指导、农业科技培训，促进农业科技成果转化应用，探索校地合作的长效机制。据不完全统计，442支重点团队帮助解决农业技术难题近千个，发放农业技术培训资料40多万份，举办的实用技术培训班覆盖近16万人次，签署校地合作协议650多个。

3. 广泛运用新媒体进行有效传播。团中央等主办单位联合腾讯、新浪推出“微说三下乡”行动，建立了官方微博，开展“微历”三下乡PK赛，动员广大学生通过文字、图片、视频等方式，及时将社会实践中的所见所闻、所思所想、所作所为进行展示、分享，新浪、腾讯官方微博互动粉丝和听众分别达到210091人和34169人，共播发微博广播75万余条，平均每天微博被转发数在1000条以上；联合腾讯网建立“启程鲛大学生三下乡报道”专题，点击量超过175万次，举办“启程鲛大学生三下乡微报道大赛”，每天平均有13000人活跃在“微说三下乡”交流平台上。这些新媒体载体的运用，不仅用新颖时尚的方式扩大了“三下乡”活动的传播途径与宣传广度，也为学生相互交流、参与提供了良好平台。

4. 政策保障。2012年2月，教育部、团中央、财政部等七部委于联合下发了《关于进一步加强高校实践育人工作的若干意见》，成为新世纪以来第三个关于高校实践育人的专项文件。文件将高校实践育人分为教学实践、社会实践活动和军事训练三大部分，对于加强工作领导、经费保障、工作合力等都有更加细致、具体、可操作的规定，对于进一步推动高校社会实践活动的深入开展具有重要作用。

5. 构建社会参与平台，拓展活动资源。2012年，在团中央学校部、人民日报政文部指导下，人民网主办了“青春使命”2012全国大学生社会实践评选活动，共有30个省市300多所高校的1000余支实践团队参选，100万网友参与投票，评定一等奖5名、二等奖10名、三等奖15名、优秀奖70名。在团中央学校部、教育部思政司的支持下，2012年开展了第四届远洋地产“探海者”大学生社会实践奖的评选，重点关注教育助学和环境保护两个方向，共评选产生全国优秀奖21名（一等奖2名、二等奖4名、三等奖15名）、校级优秀奖135名。2012年，在团中央学校部、教育部思政司的指导下，开展了第一届“阿克苏诺贝尔中国大学生社会公益奖”评选活动，共设66个奖项，其中金奖5名、银奖20名、铜奖40名，吸引了全国30座城市的58所高校、149个社团的251个项目申报参与。

第八届“挑战杯”中国大学生创业计划竞赛

2012年11月25日至28日，由共青团中央、中国科协、教育部、全国学联和上海市人民政府共同主办的第八届“挑战杯”中国大学生创业计划竞赛决赛在同济大学成功举行。本届竞赛于2011年11月启动，历时一年。为深入贯彻党的十八大提出的“倾听青年心声，鼓励青年成长，支持青年创业”重要部署，组委会在决赛期间提出了“文化创意、高科技元素、新商业模式”的新理念，着力探索新时代大学生创业的“中国模式”，突出了“规范、普遍、实战、多元”办赛特点。

在本届“挑战杯”竞赛中，1051所学校进行了比赛报备，报备项目5万多个。7月份，经过复评，共有内地152所高校的200件作品，港澳地区10所高校的23件作品进入决赛。11月底，经过书面评审、秘密答辩、公开答辩等竞赛环节的激烈角逐，竞赛评委会最终评出65件大陆地区高校作品、4件港澳地区高校作品获得金奖（16件作品已经投入实际运营，占参赛已创业作品的29.1%）；17件作品分获“最佳创意奖”、“最具投资潜力奖”、“最受媒体关注奖”、“最佳展示奖”、“最具人气奖”、“评委推荐特色奖”；20支团队获得竞赛首次设立的“网络虚拟运营”专项竞赛一等奖。此外，21个省级团委获得省级优秀组织奖，126所高校获得校级优秀组织奖。

本届竞赛以“共挑战·创未来”为主题，吸引了社会各界尤其是风险投资界、企业界和地方创业园区的广泛关注，共有94件参赛作品与有关投资方已签订投资协议或达成投资意向，签约及意向投资金额共计2.81亿元。竞赛决赛期间，还举办了参赛项目作品展、创业大讲堂、《共挑战·创未来》新书发布仪式、创业达人挑战赛、大学生创业示范园区和服务大学生就业创业项目推介会、“MM百万青年创业计划”工作推进会、国际大学生创业夏令营成果展等丰富多彩的互动交流活动，直接受众万人次。

第六届寻访“中国大学生自强之星”活动

由共青团中央和全国学联主办，中国青年报社和中国高校传媒联盟承办，新东方科技教育集团协办的2011年度寻访“中国大学生自强之星”活动（第六届）于2011年12月7日在北京大学启动。启动仪式结束后，寻访活动进入网络申报阶段。2012年3月20日，报名阶段结束，来自全国921所高校的5206人参与申报，其中具备被推荐资格的超过2450人，有519729微博用户参与报名者事迹转发。4月初，由相关专家组成的专家委员会，集中召开会议，经过充分酝酿讨论后，从各省级团委推荐的“中国大学生自强之星标兵”名单中，投票确定了艰苦朴素、乐于奉献、践行雷锋精神的杰出代表“马路孝子”刘普林，长期积极投身公益事业的清华大学学生陈朝松，16岁起就挑起一家重担却用微笑和行动面对生活的海口经济学院学生莫金莲，身残志坚、为祖国赢得荣誉的浙江衢州学院学生杨杰等10位“中国大学生自强之星标兵”。5月15日，活动颁奖典礼在清华大学举行。团中央书记处书记卢雍政出席颁奖典礼并讲话。10名“中国大学生自强之星标兵”在现场与中国青年报社社长徐文新、新东方教育科技集团董事长俞敏洪、创新工场董事长兼首席执行官李开复等嘉宾，与近200名北京高校大学生以及来自中国高校传媒联盟的代表分享了他们的故事和对于自立自强精神的理解，围绕当代大学生弘扬自强不息精神的主题进行了互动交流。颁奖活动进行了微博直播，不少同学都用微博表达了自己的感动。

寻访活动在大学生群体中掀起了学习自强之星的热潮。据统计，仅以“中国大学生自强之星”为搜索关键词，即可在腾讯和新浪网上找到15428条微博，保守估计活动信息可覆盖50万人次。

“手拉手”活动

1. 深化各民族少年儿童之间的沟通交流。7月26日至31日，在上海举办了“各族少年手拉手”夏令营，全国各地56个民族的180对“手拉手”小伙伴参加了活动。江苏、新疆、西藏、广东等地少先队组织开展形式多样的“各族少年手拉手”活动。

2. 深化城市和农村少年儿童之间的交流互助，实施“城乡少年手拉手 · 安利阳光成长计划”。从全国遴选出了35对农民工子弟学校（其中改建18所、新建17所），捐赠配送物资，划拨活动经费。组织了“阳光成长放飞梦想”暑期活动和“手拉手安利阳光小社团活动”活动。

3. 继续推进“手拉手红领巾书屋”创建工作。本年度共筹集344万元，面向基层中小学少先队组织创建“手拉手红领巾书屋”，支持基层开展少先队活动。

4. 两岸“和平小天使”20周年纪念活动。2012年7月5日，全国少工委与全国台联、台湾中华企划人协会、台湾创价学会共同主办了两岸“和平小天使”20周年纪念活动，来自两岸的100多名和平小天使与主办单位领导、嘉宾相聚北京大学百年纪念讲堂。两岸和平小天使互访交流活动由全国台联、全国少工委和台湾中华企划人协会、台湾创价学会共同发起，从1992年起，迄今已连续举办了12届，近万名两岸少年儿童参与其中。

少先队学科建设

1. 构建“少年儿童组织与思想意识教育”学科知识体系。在面向基层、联合科研机构，对少年儿童思想意识状况、政治社会化影响规律等大样本调研的基础上，组织国务院学位委员会教育学、心理学、马克思主义理论、政治学、社会学、管理学、传播学等各相关学科评议组成员和相关全国学会会长等200多位专家学者，论证少先队学科名称和基本问题。充分借鉴这些学科的理论框架、相关的理论工具和研究方法，通过边缘交叉和综合，形成了《少年儿童组织与思想意识教育基本理论》书稿和《少年儿童组织与思想意识教育方法》《少年儿童政治社会化及其引导》《少年儿童信仰发展及其引导》《传媒与少年儿童思想意识教育》《家庭、社区与少年儿童思想意识教育》《少年儿童组织研究》等初稿，初步构建了少先队学科知识体系。

2. 设置“少年儿童组织与思想意识教育”研究生二级学科。在教育部门和有关高校的支持下，29个省份的985工程、211工程等39所高校，已经在教育学一级学科下设置“少年儿童组织与思想意识教育”学术学位硕士研究生二级学科，建立科研和人才培养机制，部分学校开始招生。

中小学少先队活动课程建设

1. 将少先队活动纳入义务教育国家课程，明确每周一课时。在中央领导同志直接关心下，教育部大力支持，正式下发《教育部关于加强中小学少先队活动的通知》(教基二[2012]3号)，明确规定“少先队活动要作为国家规定的必修的活动课，小学一年级至初中二年级每周安排一课时”，历史上首次将少先队活动纳入国家课程，给予国家课程地位，确保课时安排。20个省份的教育部门转发或与团委、少工委联合转发了教育部文件，推动少先队活动课程在基层中小学的实施。

2. 研究制定《少先队活动课程指导纲要(试行)》，探索教研机制。多轮次组织老中青少先队工作者、课程专家，运用高校“少年儿童组织与思想意识教育”学科研究成果，从组织意识、信仰萌芽、政治启蒙、成长取向等方面，研究拟订《少先队活动课程指导纲要(试行)》，初步明确少先队活动课的性质、目标、内容、形式、实施和评价等要素，提出分年级活动建议。对基础教育课程管理和教研机制进行研究，结合目前教育部门教研制度的总体安排，探索建立少先队教研制度，推进少先队教研工作。

3. 编写辅导员读本和少先队员动漫版教材。组织编写《少先队组织根本任务基本层面工作读本》初稿。联合凤凰出版传媒集团推进少先队活动课动漫版全媒体复合出版工程，制作少先队员用动漫版教材，第一批包括：围绕向孩子们讲党制作《红领巾心向党》、《党的十八大少年儿童版动漫宣传片》、围绕爱心培养制作《海这边，山那边》（“手拉手”活动）、围绕国家意识培养制作《前进，勇敢的雏鹰》（“少年军校”活动）、围绕榜样教育制作《闪亮的水晶心》（学习“英雄少年”赖宁）。

少先队辅导员专业化职业化建设

1. 正式在共青团系统建立专职总辅导员制度。联合教育部制定、下发《少先队总辅导员设置管理办法（试行）》。逐级推动各级总辅导员配备，截至年末，有 28 个省份按照“专人专岗、能够发挥作用”的基本标准配备省级少先队总辅导员，其中 15 个省份的总辅导员达到了“行政编制、不低于中层副职、有少先队工作或教育工作经历”的要求。

2. 推进少先队辅导员参评中小学教师职称“双线晋升”。按照“单设为主，折算为辅”的“双线晋升”工作思路，推动少先队辅导员职称试点工作。对各省（区、市）教育、人社部门关于中小学教师职称评审的制度性安排进行了全面调研摸底，下发工作指南。争取教育部、人社部支持，指导各省份抓住中小学教师职称制度改革试点和“少先队活动课”确立国家课程地位契机，主动联系协调本省（区、市）教育、人社部门，明确少先队辅导员工作成果折算计入中小学教师职称评聘，大力推进在中小学教师职称中单设“少先队活动”评聘科目。截至 2012 年底，全国有 7 省份实现设立“少先队活动”职称评审科目，31 个省份普遍实现“成果折算”。

3. 大力推动少先队辅导员分级全员培训。2012 年 7 月，综合运用电视电话会议和网络等多种手段，开展全国少先队辅导员大规模远程培训，据专题网站统计，直接培训辅导员 898785 名。深化与教育部合作的“国培计划——骨干大队辅导员”培训班，增设民族地区少先队辅导员培训班，共培训 150 名骨干大队辅导员。积极推动各级少工委将少先队辅导员纳入本级教育部门的教师培训制度。

全国青联活动

1. 青联委员走进青年活动。2012 年，全国青联以文艺演出、考察慰问、关爱帮扶等方式，开展了一系列内容丰富、形式多样的“青联委员走进青年”活动。

4 月 14 日下午，全国青联副主席郎朗在国家大剧院音乐厅举办公益钢琴大师课。河北、河南、安徽等省级驻京团工委组织了 100 余名来自北京 6 个区县、13 所中小学的在京农民工子女参加活动。6 月 2 日，“亲情友情 · 快乐成长”全国青联委员活动日暨青联之友联谊活动在京举办。6 月 27 日至 29 日，“全国青联农业界别赴江西革命老区考察慰问活动”在江西修水县举行。9月13日上午，全国青联农业界别与浙江省金华团市委、市青联在金华市举办更香“七彩幸福小屋”项目建设启动仪式。10月26日至27日，全国青联组织医药卫生界别委员以及北京市朝阳医院医务志愿者一行25人，前往河南省汝州市金庚康复医院开展“走进青少年——关爱脑瘫患儿行动”。12月19日下午，全国青联农业界别北京市昌平区南七家村实验学校举行“青联委员走进打工子弟学校”活动。

自全国青联十一届全委会召开以来，全国青联在开展活动、联系动员青年时，注重尊重青年的主体意识，坚持走进青年、贴近青年，注重运用青年喜爱的沟通、交流、聚集和联络方式，注重运用青年熟悉的语言风格、接受方式和身边榜样，拉近青联委员和普通青年的距离，充分发挥了对普通青年的影响带动作用。

2. 团中央、全国青联志愿者艺术团。2012年，团中央、全国青联志愿者艺术团先后在北京、贵州等地举办两场慰问演出活动。1月17日上午，团中央、全国青联志愿者艺术团在天桥剧场举办“向青年劳动者致敬”新春慰问演出活动。团中央书记处第一书记陆昊，团中央书记处常务书记、全国青联主席王晓与来自河北、安徽、河南、四川、广西、陕西、江苏的1100多名首都青年劳动者共同观看了演出。7月26日，团中央、全国青联志愿者艺术团赴贵州省贵阳市举办“向生态贵州建设者致敬”慰问演出活动。全国政协副主席李金华，贵州省委书记、省长赵克志，贵州省委副书记陈敏尔，团中央书记处常务书记、全国青联主席王晓等出席活动。

团中央、全国青联志愿者艺术团自2000年成立至今，以“回报社会、奉献人民，培养德艺双馨艺术家”为宗旨，每年组织文化艺术界别新老委员及青年文艺工作者开展大型慰问演出活动，迄今为止足迹遍及中西部地区、革命老区、少数民族地区、边疆地区、国家重点工程建设一线、非典一线、震灾、洪灾一线，其演出的公益性、观众的慰问性和参演人员的义务性成为这一工作的鲜明特点，活动得到文艺界委员以及文艺工作者的广泛认可，受到人民群众的热烈欢迎。

3. 全国青联建言献策研讨会。2012年，全国青联紧密围绕关系国家和青年发展的重大战略问题进行深入研究，充分发挥青联组织人才荟萃、智力密集、联系广泛优势，举办了两场建言献策研讨会活动。

8月30日上午，全国青联在北京举办道德建设专题研讨会。团中央书记处第一书记陆昊，团中央书记处常务书记、全国青联主席王晓出席研讨会并与委员们进行了深入交流。全国青联副主席、中国人民大学校长陈雨露以及十届全国青联常委、中华全国律师协会会长王俊峰等全国青联常委（委员），深入分析了我国道德的现状和存在的突出问题，研讨了道德品格形成的思想逻辑，并就增强青少年爱人民的理性基础、树立道德底线意识、开展法制教育等提出对策建议。9月6日上午，全国青联在北京召开“自主创新”专题研讨会。团中央书记处第一书记陆昊，团中央书记处常务书记、全国青联主席王晓出席研讨会并与参会人员进行了交流。全国青联副主席、中国科学院上海微系统与信息技术研究所所长、中国科学院院士王曦，全国青联副主席、中国工程院院士邓中翰，中国青年科技工作者协会副会长、北京协和医学院院长、中国科学院院士曾益新等全国青联委员、中国青年科技工作者协会会员代表，结合学习贯彻全国科技创新大会精神，围绕“自主创新”的主题展开讨论，并就如何提高自主创新水平、建设创新型国家提出对策建议。

自2008年以来，全国青联先后围绕社会主义核心价值体系与青年工作、宗教与社会主义社会相适应、我国经济中长期发展趋势、“十二五”规划、金融与企业发展等主题举办研讨会，增强了青联活动的思想内涵，形成了一些具有实用价值的意见和建议，为有关方面决策提供了参考。

海外学人回国创业周

改革开放以来，随着中国经济社会的快速发展和人才强国战略的深入实施，随着我们国家和世界的关系发生历史性的变化，越来越多的中国青年走出国门、走向世界，同时，越来越多的海外留学人员顺应时代潮流、把握历史机遇，回到国内创业发展。在这样一种新的历史背景下，为了适应时代发展要求，充分发挥共青团、青联组织的广泛联系优势，为海外学人回国创业和为国服务牵线搭桥，从2001年开始，团中央、全国青联联合欧美同学会连续举办了12届以“创新创业、报效祖国”为主题的海外学人回国创业周活动，先后有来自美国、加拿大、日本、英国、法国、德国等26个国家和地区的3700多名海外学人到国内20个省(区、市)的60多个园区开展产品发布、项目洽谈和交流，涉及计算机、通信、网络、医药、生物工程等众多领域。

2012年12月，由共青团中央、全国青联、欧美同学会共同主办的“2012海外学人回国创业周”活动在天津滨海新区举办。来自美、英、法、日等11个国家的79位海外学人参加了本次活动。活动期间召开了天津滨海新区创新创业和人才政策发布说明会，当地相关部门和单位与海外学人开展了项目、投资、人才、技术等方面的洽谈、合作与交流。

“科技之光”青年专家服务团

为全面落实科学发展观，深入贯彻科教兴国战略和人才强国战略，为建设社会主义新农村和构建社会主义和谐社会作贡献，2005年以来，共青团中央、科技部、全国青联联合开展了“科技之光”青年专家服务团活动。活动旨在发挥青年专家尤其是青年农业、教育、医疗专家的优势，发挥共青团、青联组织的网络优势，广泛开展科技服务活动，努力为地方的经济社会发展提供实实在在的人才和智力服务，为推动社会主义新农村建设发挥积极作用。活动主要内容包括：

1. 科技论坛或科技报告会。根据地方政府、科技园区、企业和农村的现实需求，邀请著名科技专家以论坛或报告会的形式进行演讲，传播科学知识、党和国家科技政策以及先进的科技和管理理念。

2. 成果发布和项目洽谈。根据地方政府、科技园区、企业和农村对人才、技术、项目、信息等方面的需求，组织青年专家携带适合当地发展的新技术、新成果，赴地方举行科技成果发布会，开展项目洽谈、合作事宜，促进科技与经济结合。

3. 咨询论证。组织相关专业的青年专家深入地方和企业，围绕地区经济发展战略和科技发展规划进行咨询、论证，提出建议和意见。围绕企业技术改造、技术攻关和改组改制等问题进行咨询、论证，为地方和企业制定发展规划献计献策。受聘担任地方政府和园区、企业的科技顾问，开展多种形式的科技服务工作。

4. 技术指导和合作。组织青年专家深入

企业、高新技术园区考察，就有关生产技术难题进行分析研究，开展技术攻关，通过技术指导和技术改造进行经济合作。用先进技术改造传统产业，促进产业升级、产品升级，推动高新技术产业和新兴产业的发展。深入农村，做好农业科技知识普及，提供农业科技致富信息，参与农业实用技术的推广与应用，促进农业产业结构调整。

2012 年，中国青年科技工作者协会从民政部申请到 150 万元专项经费，从社会募集 150 万元的医疗器械和药品，分别在甘肃和宁夏 10 个贫困县开展送医、送药、送医械活动。来自北京协和医院、北京医院、武警总医院等单位的 105 名全国青联委员、青科协会员、博士团成员参与到此次活动中，共为 200 个乡镇卫生院、街道卫生服务中心送去了心电图机、监护仪等价值 198 万元的医疗器械设备，为 13324 名青少年、青年农民工免费发放了 39.2 万元的药品、11000 册医疗保健读本，培训乡村青年医务人员 654 名。根据项目县区实际需要，活动中还推动 5 家三级甲等医院与项目县区建立结对帮扶关系，设立了 5 个“科技之光”青年医疗专家服务团社会服务试点项目县区。光明日报、人民网、光明网、新华网、中国网、中国青年报、中青网以及甘肃和宁夏两地的新闻媒体对活动进行了广泛的宣传和报道。

青少年民族团结交流万人计划

2012 年青少年民族团结交流万人计划包含 9 个交流项目，共有 2500 余名青少年参加活动。

1. 全国少数民族大学生骨干暑期联合实践锻炼计划。7 月 13 日至 21 日，全国少数民族大学生骨干暑期联合实践锻炼计划成功在江苏举办，活动以“青春建功 90 载，民族团结代代传”为主题，共有来自新疆、西藏等 9 个省区的 230 名少数民族大学生骨干和江苏省 94 所高校的 188 名优秀汉族大学生骨干参加活动。期间，各民族大学生骨干共同聆听了江苏经济社会发展形势报告和民族理论讲座；参观了南京大屠杀纪念馆、雨花台烈士陵园等革命传统教育基地；开展了“青年民族祖国世界”演讲比赛和“青奥志愿服务创意比赛”；奔赴江苏省内的昆山、海门、高邮等 10 个县区进行村官见习、走访慰问等实践活动；开展了素质拓展、学生结对、官方微博互动、“环走风雨明城墙共忆中华民族史”等团队融合活动。不同民族的优秀大学生骨干在相互交流和学习中，进一步强化了对党和国家发展道路的认同，共同立志为中华民族的伟大复兴而努力奋斗。

2. 全国少数民族大学生社会实践与社会观察活动。8 月 8 日至 17 日，全国少数民族大学生社会实践与社会观察活动在广东顺利举行，活动以“青春励志共奋进，民族团结齐发展”为主题，来自全国 15 所民族高校的 195 名优秀大学生和广东省内 53 所高校的 105 名大学生骨干参加了活动。在课堂上，专家学者围绕民族团结理论、党的历史、理想信念、广东经济社会发展形势等进行了专题讲座。在“交融之旅”中，学员们以扑克算数展示智慧，以击掌传递信任，以拼牌体现应变，体验合作，感受交融。在“红色之旅”中，参观了黄埔军校、烈士陵园、团一大旧址。在社会考察中，走进企业、社区、农村,零距离接触社会、了解社会、认识社会。

3. 全国各民族中学生暑期同心营活动(共2期)。7月26日至8月4日,全国各民族中学生暑期同心营(齐鲁行)活动在山东举办,活动以"心向祖国、携手同行"为主题,共有260名各民族中学生参加了活动。期间,营员们一起走进青岛港、海尔集团、海军博物馆、奥帆中心,穿越胶州湾大桥、海底隧道,体会沿海城市建设发展成就和中国传统文化的魅力。8月16日至25日,全国各民族中学生暑期同心营(四川分营)活动在四川举办,来自全国8个省(自治区)、21个民族的118名少数民族中学生代表将和四川省100余名中学生一起参加了活动。期间,营员们参观了都江堰、杜甫草堂、四川博物院、大熊猫基地、汶川县、天府新区等,听取了民族团结教育讲座,少数民族营员到川籍营员家中进行民宿活动,开展了环保主题签名活动,种植了全国各民族中学生同心林。

4. 各族少年手拉手夏令营。7月25日至31日,"各族少年手拉手"夏令营在上海举办,活动以"手拉手心连心一家亲"为主题,来自全国各地56个民族的180对"手拉手"小伙伴相聚黄浦江开展夏令营活动。本次活动由"我为祖国自豪"、"我们心手相连"、"相亲相爱一家人"、"榜样激励我成长"四个板块组成。"手拉手"小伙伴们在黄浦江畔感受东方魅力之城的晨曦,在世博纪念馆里回顾上海世博会的热烈场景,在上海科技馆里感知现代科技的神奇与魔力,在东方明珠电视塔上登高俯瞰申城全貌,在新农村建设示范园里触摸社会主义新农村建设成果。通过友谊的纽带,增进了不同民族少年儿童之间的相互了解,培养树立民族团结意识和国家意识。

5. 青春牵手促和谐——西藏青少年民族团结交流活动。活动于12月份启动,先后组织了西藏民族团结先进青年代表团、西藏青年致富带头人学习考察团、西藏基层优秀少数民族团干部学习考察团赴内地开展学习交流活动。

6. 新疆各族青少年"手拉手"融情实践活动。8月8日至24日,"天山学子心向党——红色·融情"实践团活动在北京、延安、西安和哈密成功举办,来自新疆14个地、州、市以及新疆生产建设兵团的青年学子与内地青少年共同参与了民族融情、革命红色教育、民族传统节日庆祝等丰富多彩的活动。

7. 西藏藏传佛教青年代表人士学习考察活动。11月27日至12月2日,西藏藏传佛教青年代表人士学习考察活动在广东举办,共有28位来自西藏各个地市的青年代表参加活动。活动期间,藏传佛教青年代表听取了《党的十八大精神解读》、《中国宗教政策法规史略讲》等专题报告;召开了"西藏藏传佛教青年代表人士学习党的十八大精神座谈会";参观了海战博物馆、虎门炮台,走进了广汽集团、深圳湾体育中心、东莞市虎门镇大宁社区等。此外,还拜会了广东省佛教协会,参观了光孝寺、弘法寺等宗教活动场所。

8. 新疆伊斯兰教青年代表人士学习考察活动。11月23日至29日,新疆伊斯兰教青年代表人士学习考察活动在福建举办,共有30名来自新疆各个地市的青年代表参加活动。活动期间,代表们听取了《党的十八大精神解读》、《党的民族宗教政策》、《福建省经济社会发展情况》等专题报告;召开了"新疆伊斯兰教青年代表人士学习党的十八大精神座谈会";参观了福州三坊五巷、泉州海外交通史馆、闽台缘博物馆,考察了特步(中国)有限公司、厦门软件园、厦门翔安钟宅村等。此外,还拜会了福建省伊斯兰教协会,参观了泉州清真寺、厦门清真寺等宗教活动场所。

对台青少年交流工作

1. 第七届“两岸青年联欢节”。7 月至 8 月，全国青联举办，以“同根同祖 · 同心同行”为主题，以“一节多点”的方式，分别在河北、福建、河南、陕西等省市举办，近 3000 名两岸青年参加了活动。

2. 第十届“海峡青年论坛”。本届论坛以“同根同祖，同心同行”为主题，举办了海峡青年论坛十周年纪念活动，在“花开十年”、“因为有你”、“同心同行”等 3 个篇章中，曾在不同阶段亲身参与论坛发展的两岸嘉宾一同回顾了不平凡历程，展望了美好未来。国务院台湾事务办公室向海峡青年论坛发来贺信。来自内地、台湾和港澳地区的青年代表 300 多人参加了本届论坛。

3. 第四届“两岸青年社团负责人圆桌会议”。6 月 16 日在厦门举行，来自两岸及港澳地区的 59 家青年社团组织负责人参加了会议，结合两岸关系发展格局和青年交流工作需求，研究确定了年度两岸四地青少年交流项目合作方案，进一步完善圆桌会议的会议安排、议事规则、工作评估、合作机制。

4.“2012 · 两岸青年菁英论坛”。6 月 29 日，全国青联与台湾中华中兴菁英发展协会、台湾青年菁英协会共同在台湾主办本次论坛。全国青联组织科技、经济、金融等领域的大陆杰出青年赴台湾岛内，围绕金融贸易、科技产业、文化创意等议题，与国民党中常委、中委等青年骨干开展深入研讨。同时，进 ·步巩固了与台湾中华中兴菁英发展协会、台湾青年菁英协会的交流合作关系。

5. 第九届“两岸青年中秋联欢活动”。9 月 21 日至 28 日，以台湾青年工作者为主要成员的台湾访问团共 105 人在陕西开展了活动。

7. 第八届“两岸大学校园歌手邀请赛”。7 月 16 日至 20 日，全国青联与台湾中华青年交流协会共同在厦门举办。本届邀请赛以“青春相约，唱响明天”为主题，两岸知名高校近百名校园歌手参赛，两岸近千名青年学生参与配套交流活动，两岸 39 所高校 67 名歌手参加了最后的决赛。

对港澳青少年交流工作

1. 举办 2012 年“香港大学生暑期内地实习计划”。由团中央、全国青联和香港中联办共同举办的 2012 年“香港大学生暑期内地实习计划”于 6 月 11 日至 7 月 31 日在北京、天津、上海、山东、广东、江苏、浙江、福建等省市举行。来自香港各高校的 1029 名大学生，分别到内地 174 家企事业单位开展为期一个月的暑期工作实习。实习期间，还组织香港学生开展了丰富多彩的交流活动。

2. 内地杰出青年赴港交流活动。3 月下旬至 12 月下旬，团中央、全国青联组织了来自科技、教育、经济、金融、文艺、新闻出版、体育、医药和社会中介等界别的全国青联委员，围绕青少年健康成长、报效祖国的主题，以座谈会、分享会等形式，与香港青少年进行面对面的交流。58 位青联委员出席了由香港中联办和青年社团安排举办的 131 场交流分享会，参加交流的香港青年及大中学生总计 31125 人。

3. 举办港澳青少年“红色之旅”系列活动。4 月 5 日至 9 日，香港青商总会国情研习班 43 名青年骨干赴北京交流。研习班拜访了全国政协、中央统战部和特区政府驻京办，与内地杰出青年进行了座谈交流。9 月 27 日至 29 日，香港主要青少年团体负责人一行 36 名团体领袖赴北京交流。访问团拜访了中央统战部、全国青联，与内地青年代表进行了座谈交流。10 月 31 日至 11 月 4 日，第五届澳门青年议政能力训练计划团一行 35 名澳门大学生赴北京、天津交流。访问团拜访了全国政协、外交部、国务院港澳办、全国青联和天津青联，与对外经济贸易大学学生进行了座谈交流，参观了北京航天城、天津滨海新区规划馆和天津码头等。11 月 18 日至 24 日，第十四期香港青年领袖国情研习班赴京拜访了全国政协、中央统战部、国务院港澳办和全国青联，35 位香港青年社团领袖、爱国商界二、三代和青年中产人士与内地杰出青年代表进行了座谈交流。12 月 9 日至 13 日，澳门中华总商会青年委员会一行赴北京、山东交流。访京团拜会了中央统战部和全国青联，与内地青年代表进行了座谈交流。12 月 23 日至 28 日，香港大学生国情研修班一行，110 名香港优秀大学生赴北京学习交流，全体学员在内地期间听取了全国知名学者、专家就“一国两制”、“改革开放”等主题开展的讲座，参加了由团中央、全国青联、全国学联组织的参观、座谈交流活动。

4. 开展内地大学生赴港交流实践项目。由全国青联和香港中联办共同主办的“内地大学生赴港交流实践”活动于 8 月 6 日至 12 日在香港举行。来自内地 31 个省(区、市)的 69 名优秀大学生拜会了香港特区政府民政事务局，参观了驻港部队军营，考察了香港的青年社团、青少年服务机构以及港资企业和在港中资企业，并与香港杰出青年代表及香港优秀大学生交流座谈。

青年对外交流计划

1. 中日青少年大规模互访交流。根据 2011 年中日两国政府签署的《中华人民共和国外交部和日本外务省关于中日青少年交流活动的备忘录》，全国青联与日本外务省分别作为中日两国实施窗口，于 2012 年继续开展中日青少年大规模互访交流活动。原计划实现两批共计 750 人规模中国青年代表团和两批共计 1000 人规模日本青年代表团的互访交流，后因“钓鱼岛问题”，仅派遣了一批次共 391 人规模的中国青年代表团访日。

2. 中韩青少年大规模互访交流。2011 年，李克强副总理访问韩国时，宣布今后我将每年增加邀请 300 名韩国青年访华，根据上述精神，2012 年中韩两国政府签署了《青少年交流协议》，由全国青联与韩国女性家族部分别作为中韩国实施窗口，于 2012 年开展了千人规模的中韩青少年互访交流活动。全年共实现两批共计 383 人(不含外交部派遣的 100 人)规模中国青年代表团和两批共计 500 人规模韩国青年代表团的互访交流。

3. 中国百名青年访问朝鲜。9 月 12 日至 17 日，应朝鲜金日成社会主义青年同盟的邀请，以团中央书记处书记汪鸿雁为团长的中国青年代表团一行 98 人对朝鲜平壤、开城等地进行了友好访问。访朝期间，朝鲜最高人民会议常任委员会副委员长杨亨燮、朝青盟中央委员长全勇男分别会见代表团主要成员，朝青盟中央副委员长吉哲赫宴请代表团全体团员，并先后六次陪同代表团参观。

4. 中国青年代表团访问蒙古。2010 年 6 月，温家宝总理访蒙期间，与蒙古国领导人共同将两国关系提升为战略伙伴关系，明确提出探讨建立两国青少年交流机制。为落实两国领导人达成的共识，9 月 5 日至 11 日，应蒙古青年联合会等三个青年团体的邀请，以团中央书记处书记汪鸿雁为团长的中国青年代表团一行 58 人访问蒙古乌兰巴托市、额尔登特市。此次代表团访蒙是对 2011 年蒙古国 200 人青年代表团访问中国的回访，也是中国青年代表团访蒙规模最大的一次。代表团由蒙古社会民主青年联盟、民主青年联盟及蒙古青年联合会三个青年组织联合接待。在蒙期间，对外关系与贸易部国务秘书巴·巴特赫士格会见了代表团主要团员。

5. 2012 年中日韩领导人会议配套活动之“亚洲校园”项目启动仪式、三国领导人与青年学生互动交流活动。5 月 13 日，第五次中日韩领导人会议在京举办。为配合会议召开，团中央与教育部在人民大会堂共同举办“亚洲校园”启动仪式及中日韩青年学生交流活动。中国国务院总理温家宝、日本首相野田佳彦、韩国总统李明博共同出席了该活动，与三国青年学生进行了中国“京剧脸谱绘制”、“中国结制作”；韩国“民族服装展示”、“风筝制作”；日本“茶道”、“插花”互动交流，并观看了由中日韩三国青年联合演出的“街舞表演”。

6. “中日韩青少年友好会见”活动。3 月 11 日至 17 日，应日本政府邀请，全国青联派遣以黑龙江省青年联合会副主席陈凯云为总团长的中国青年代表团一行 98 人访问了日本东京都、岩手县、京都府、山梨县，参加了以“共同建设可持续发展社会”为主题，以“防灾·节能·绿色能源”为副主题的第五届“中日韩青少年友好会见”活动（该活动为 2011 年延期项目）。

7 月 25 日至 31 日，应韩国政府邀请，以陕西省青年联合会副主席张小平为总团长的中国青年代表团一行 98 人赴韩国首尔，参加了第六届“中日韩青少年友好会见”暨第一届“中日韩青少年未来论坛”（以下简称“未来论坛”）活动。

访韩期间，代表团成员围绕“中日韩三国青少年的交流与三国和谐共处”这一主题，通过专题讲座、分组讨论、问卷调查、街头文化庆典等活动，与日韩两国青年进行了广泛而深入的交流。其中，参加首届“未来论坛”活动的 20 名成员与日韩两国的代表混编成三个组，采用主题演讲、案例发表、循环讨论等方式，对网络、就业、媒体等青年关心的热点话题进行了深入的探讨，并最终形成了书面报告。

7. 王晓同志出访印尼、韩国。10 月 22 日至 31 日，应印尼青年与体育部和韩国青少年联盟邀请，以共青团中央书记处常务书记、全国青联主席王晓为团长的中国青年代表团一行 6 人访问印尼、韩国。在印尼期间，印尼青年与体育部部长安迪·马拉朗恩率青体部各级官员与代表团举行工作会谈并为代表团举行欢迎晚宴，印尼全国青年理事会主席陶凡多次与代表团会面，青体部部长助理阿芒全程陪同代表团访问。中国驻印尼大使刘建超会见并宴请代表团。代表团还考察了印尼独立广场、国家博物馆、国家体育馆和国家美术馆等文化体育设施，访问了日惹特区和巴厘省。

在韩国期间，韩国国会议员、执政党新国家党党首兼韩国青少年联盟总裁黄祐吕，国会议员南景弼、高熙善，女性家族部长官金锦来分别会见代表团。韩国青少年团体协议会会长车光善、韩国青年会议所中央会长李汰键、韩中文化青少年中心代表权丙铉以及中国驻韩国大使张鑫森分别宴请了代表团。代表团还参观了首尔市立劳动青少年福利馆、首尔市立青少年职业体验中心以及SK高新技术馆、三星电子信息馆等。

8. 中巴百名青年互访项目。中巴百名青年互访项目始于2004年。在中巴两国领导人的大力推动下,该项目于2007年被确立为中巴百名青年互访制度。2010年12月,两国发表联合声明,“决定保持并逐步扩大中巴百名青年互访制度”。迄今为止,已有5批中国百名青年代表团成功访巴,7批巴基斯坦百名青年代表团成功访华。5月11日至18日,应巴基斯坦经济事务部邀请,以全国青联主席助理万学军为团长的中国青年代表团一行99人访问巴基斯坦。

9. 中印大规模青年互访项目。2010年12月,温家宝总理访问印度期间,中印双方发表联合公报,表示双方同意今后五年内继续开展两国青年互访活动。2012年是“中印友好合作年”。为落实中印联合公报精神,进一步加强中印两国青年之间的友好往来、相互了解和相互学习,引导两国青年为两国关系健康发展共同努力,我继续与印方合作开展中印大规模青年互访项目。

2月24日至3月4日,应印度青年与体育部邀请,以团中央书记处书记罗梅为团长的中国青年代表团一行485人访问印度。7月12日至21日,应全国青联邀请,以印度青年事务与体育部秘书尼塔·乔杜里女士为团长的印度青年代表团一行102人访华。11月12日至20日,应印度青年事务与体育部邀请,以中国青年科技工作者协会秘书长王立健为团长的中国青年代表团一行97人访问印度。

10. 中越青年友好会见活动。“中越青年友好会见”活动是落实中越两党领导人达成的共识以及中越两国联合声明有关要求的重要举措,旨在“加强青少年之间的友好交往,使中越两国的友好事业全面发展,后继有人。”自2000年以来,在两国党和政府的关怀和支持下,两国共青团组织已成功举办13届“中越青年友好会见”活动,在中越两国青年中产生了广泛影响。

7月25日至8月3日,应共青团中央邀请,以越南胡志明共青团中央书记处书记阮孟勇为团长的越南青年代表团一行99人访华,并参加第十三届中越青年友好会见活动。在京期间,全国政协副主席孙家正会见代表团主要成员并与全体成员合影留念。团中央书记处第一书记陆昊、中联部副部长刘结一分别会见代表团主要成员。

11. 中印尼百名青年互访项目。2011年4月,温家宝总理访问印尼期间,与印尼总统苏希洛就2012年开展两国百名青年互访达成共识。为落实上述共识,进一步增进两国青年的相互了解和友谊,加强两国青年机构的交流与合作,我以全国青联名义与印尼青年与体育部合作开展了中印尼百名青年互访项目。

3月21日至29日,应全国青联邀请,以印尼青年与体育部部长安迪·马拉朗恩为团长、以副部长阿尔菲特拉·沙拉姆为执行团长的印尼青年代表团一行87人访华。12月3日至11日,应印尼青年与体育部邀请,以全国青联副秘书长贾波为团长的中国青年代表团一行99人访问印尼。

12. 中马百名青年互访项目。2011年4月,温家宝总理访问马来西亚期间,与马总理纳吉布就2012年开展两国百名青年互访达成共识。为落实上述共识,进一步增进两国青年的相互了解和友谊,加强两国青年机构的交流与合作,我以全国青联名义与马来西亚青年与体育部合作开展了中马百名青年互访项目。

4月18日至27日,应全国青联邀请,以青年与体育部部长艾哈迈德·沙比里·契克为团长的马来西亚青年代表团一行 100 人访华。9 月 18 日至 27 日，应马来西亚青年与体育部邀请，以全国青联负责人、团中央书记处书记周长奎为团长的中国青年代表团一行 97 人访问马来西亚。

13. 中泰百名青年互访项目。2011 年 12 月，习近平同志访问泰国期间，与泰总理英拉就 2012 年开展两国百名青年互访达成共识。为落实上述共识，我以全国青联名义与泰国社会发展与人类安全部合作开展了中泰百名青年互访项目。

8 月 31 日至 9 月 9 日，应全国青联邀请，以泰国社会发展与人类安全部弱势群体权益保护、促进和能力建设局副局长萨玛猜・崇威亚为团长的泰国青年代表团一行 120 人访华。12 月 11 日至 20 日，应泰国社会发展与人类安全部邀请，以团中央学校部副部长杨松为团长的中国青年代表团一行 99 人访问泰国。

14. 中沙青年友好会见。根据沙特国王阿卜杜拉的提议，全国青联与沙特外交部合作，于 2010 年、2011 年成功举办了两届中沙青年友好会见活动。友好会见活动受到中沙双方的高度重视和两国媒体的广泛关注，业已成为在两国外交、青年领域具有重要影响的品牌活动。2012 年 1 月，温家宝总理在访问沙特期间指出，中沙双方要共同努力，密切青年领域人文交流，并宣布邀请沙特青年于 2012 年来华参加第三届中沙青年友好会见活动。

9 月 18 日至 29 日，应全国青联邀请，以沙特外交部经济与文化事务次大臣助理费萨尔・哈西姆为团长的沙特青年代表团一行 43 人访华，并参加第三届"中沙青年友好会见"活动。本届活动的主题是"医学研究与临床应用"，沙方代表团主要由医学专家和新近毕业的医学专业学生构成。在京期间，全国人大常委会副委员长韩启德出席沙特国庆招待会并与代表团合影。外交部副部长翟隽会见代表团主要成员。

15. 尼泊尔百名青年访华项目。2012 年 1 月，温家宝总理在尼泊尔访问期间，中尼双方发表联合声明，表示自 2009 年建立青年交流机制以来，两国青年代表团已实现互访，双方对此感到满意，宣布中方将于 2012 年邀请 100 名尼泊尔青年访华。5 月 14 日至 20 日，应全国青联邀请，以国会议员、前青年与体育部部长卡玛拉・罗卡为团长的尼泊尔青年代表团一行 99 人访华。

16. 澜沧江—湄公河青年友好交流项目。2001 年，我以全国青联名义与泰国社会发展与人类安全部合作，邀请越南胡志明共青团中央、缅甸联邦巩固与发展协会、老挝人民革命青年团、柬埔寨教育青年体育部共同参与，创意发起澜沧江—湄公河青年友好交流项目。该活动的主要形式是由各国派青年代表轮流访问大湄公河次区域各国，并开展青年论坛、环境保护、志愿服务、文化交流等活动，迄今已成功举办 8 届。

5 月 20 日至 31 日，我与泰国社会发展与人类安全部、柬埔寨教育青年体育部合作举办了第八届澜沧江—湄公河青年友好交流活动。来自大湄公河次区域六国、包括 11 名中国代表在内共 68 名青年代表参加活动，并先后访问了泰国、柬埔寨和中国。本次活动以"推进青年参与大湄公河次区域合作"为主题，旨在鼓励各国青年更积极地参与次区域合作进程，增进彼此间的理解、友谊与合作。

17. 东盟青年干部培训班。为贯彻落实党和政府周边外交政策，培养东盟各国对华友好的青年一代，我自 2002 年 3 月起，依托中国(广西)国际青年交流学院，启动了东盟青年干部培训班项目。项目通过安排东盟各国青年干部来华开展教学、考察和交流活动，帮助他们深入了解中国国情，感受中国人民特别是青年的热情友好，增进中国与东盟各国青年之间的相互了解和传统友谊。参加培训的东盟各国青年绝大多数在其组织内担任一定领导职务，具有良好的发展前景。目前，已有部分学员在回国后担任重要领导职务。截至2012年底，我共举办培训班30期，为东盟10国培训青年干部1295名。其中，2012年度我举办了4期东盟青年干部培训班，为东盟十国培训青年干部172名。2012年恰逢我在广西设立中国（广西）国际青年交流学院并举办东盟青年干部培训班10周年。我在广西举办了10周年纪念活动，邀请东盟十国历届学员代表85人来华参加，并相机成立了校友会，为培训班的未来发展建立了机制化保障。

18. 团中央书记处第一书记访问意大利、匈牙利、土耳其。3月14日至25日，应意大利民主党青年组织、匈牙利国家资源部、土耳其青年与体育部邀请，团中央书记处第一书记陆昊率中国青年代表团一行6人于访问了意大利、匈牙利和土耳其。

访问意大利期间，代表团与意大利前总理、前外长、欧洲意大利人基金会主席达莱马，意外交部副部长玛尔塔·达素，意民主党总书记贝尔萨尼及该党书记处负责组织、财务、妇女事务的多位书记等政要就双方共同关心的问题进行了深入的交流。代表团还会见了意民主党青年组织主席拉奇蒂等青年干部以及意青年企业家协会副主席奥里奥罗等青年企业家代表，就加强双边交流与务实合作达成了初步共识，巩固和丰富了中意青年交流的渠道。

在匈牙利期间，匈国家资源部社会、家庭与青年事务国务秘书首尔德斯·米克洛什会见并宴请了代表团。代表团还与匈朝野各党青年组织负责人、匈青年企业家协会以及匈国家青年服务中心代表等进行了广泛接触，深入了解了匈牙利政治、经济、社会发展现状及面临的挑战，巩固和深化了与匈国家资源部的友好合作关系。

在土耳其期间，代表团与土议会土中友好小组主席埃明·约南、土青体部部长苏阿特等政要就双方共同关心的问题进行了广泛而深入的交流。代表团还与土正发党青年组织主席伊斯马义就加强双边交流与务实合作达成了初步共识，进一步巩固和提升了中土政党青年组织的交流与合作。

19. 法国500名青年代表访华项目。1月6日至13日，应全国青联邀请，以法国参议院副议长、前总理、展望与创新基金会主席让-皮埃尔·拉法兰为团长的法国青年代表团一行36人访问了浙江和上海。该代表团是胡锦涛主席2010年11月访问法国期间宣布的“法国500名青年访华项目”框架内第二批访华青年代表团，主要由法国各地职业学校烹饪和酒店管理专业学生组成。3月24日至30日，应全国青联邀请，以法国公民志愿服务机构主席马丁·易尔希为团长的法国青年代表团一行39人访问了北京和天津。

20. 中德地方交流评估推进会。3月5日至9日，应德国联邦家庭、老人、妇女与青年部邀请，以全国青联副秘书长董霞为团长的全国青联代表团一行15人年访问德国并参加了“中德地方青年交流评估推进会暨第二届中德地方青年组织交流合作洽谈会”。

在全国青联与德青年部共同推动下，截至2012年2月，21对中德地方青年机构和组织建立了交往关系并开展了互访交流，2011年两国青年组织人员往来规模已达571人次。这种统筹全团青年外事部门资源、以地方青年组织为主体开展合作的交流形式适应了中德双方不同层级青年组织对外交流的不同需求，调动和发挥了各级各类地方青年组织的积极性、主动性，激发和增强了地方青年组织在国际交流中的活力，初步形成了项目成果，成为我活跃中欧青年交流的成功尝试。

21. 中德未来之桥。国务院副总理李克强与德国副总理兼外交部长韦斯特维勒在2011年会晤时，共同提出举办“中德未来之桥青年领导者交流营”的倡议。该项目由全国青联和德国墨卡托基金会合作实施，自 2012 年起将连续举办 10 届，为中德青年领导者建立交流互鉴、共同发展的平台。5 月 13 日至 24 日，全国青联与德国墨卡托基金会于在北京和杭州合作举办了首届“中德未来之桥”青年领导者交流营活动。中德 40 名青年专业人士围绕“迈向低碳经济——21 世纪中国和德国的城市可持续发展”主题进行了共同研修和讨论。

22. 中英高级别人文交流机制框架下青年交流活动。2012 年 4 月，刘延东国务委员率团访英，推动建立了中英高级别人文交流机制，强调了青年交流在人文交流中发挥的积极作用。中英青年领导者圆桌会议和志奋领青年领导人培训项目被纳入高级别人文交流机制框架下。

5 月 15 日至 19 日，应英国英中中心邀请，团中央书记处书记、全国青联副主席贺军科率中国青年代表团一行 6 人访问了英国并参加了第三届中英青年领导者圆桌会议，英国国会议员、工党影阁就业与养老金大臣利亚姆·伯恩担任英方代表团团长参加会议并宴请了中英代表。英国外交与联邦事务部国务部长豪威尔勋爵会见了代表团，驻英国大使刘晓明宴请了代表团。7 月 18 日至 9 月 15 日，应英国外交和联邦事务部邀请，以共青团重庆市委副书记张果同志为团长的中国青年代表团一行 15 人赴英参加了第三期志奋领青年领导人培训项目。

23. 匈牙利 50 名青年来访。为落实温家宝总理 2011 年 6 月访问匈牙利期间邀请 50 名匈牙利青年访问中国的指示，7 月 12 日至 19 日，应全国青联邀请，以匈牙利国家经济部国务秘书诺伯特·齐兹马迪亚为团长的匈牙利青年代表团一行 50 人访问了北京和青岛。在京期间，团中央书记处第一书记陆昊会见了代表团主要成员。团中央书记处书记、全国青联副主席卢雍政宴请了代表团全体成员。商务部副部长钟山、工业和信息化部总工程师朱宏任分别会见了代表团主要成员。

24. 上合组织成员国青年领导人代表团访华活动。2011 年 11 月，温家宝总理在俄罗斯出席上合组织成员国总理理事会第十次会议期间，宣布邀请上合组织成员国 100 名青年精英于 2012 年访华。8 月 15 日至 24 日，应全国青联邀请，来自上合组织成员国哈萨克斯坦、吉尔吉斯斯坦、俄罗斯和塔吉克斯坦四国的上合组织成员国青年领导人一行 80 人访问了北京和新疆。中外双方青年代表围绕上合组织发展现状和前景、青年就业创业、青年组织发展和能力建设、新媒体与青年成长等主题进行了分组座谈。

25. 中俄人文合作委员会青年领域有关活动。2012 年 4 月 16 日至 21 日，以国家杜马议员安德烈·斯温特索夫为团长的俄罗斯青年公众院代表团一行 6 人访问了北京和上海。5 月 13 日至 18 日，应俄罗斯青年联盟邀请，中国青年代表团一行 10 人访问俄罗斯并参加了 2012 俄“大学生之春”艺术节活动，并邀请了 3 批次俄罗斯青年来华游学，总人数逾 320 人。我与俄罗斯青年联盟、俄罗斯中国总商会等合作，于 7 月 9 日至 10 日在俄罗斯莫斯科州举办了中俄青年企业家论坛。11 月 19 日至 24 日，应全国青联邀请，以杜马议员施列格尔·罗伯特为团长的俄罗斯国家杜马青年议员代表团一行 6 人访问了北京和广州。12 月 3 日至 5 日，根据外交部与中俄人文合作委员会中方秘书处安排，应俄罗斯教育科学部邀请，团中央书记处书记、全国青联副主席、中俄人文合作委员会青年合作分委会中方主席卢雍政等一行 4 人赴俄罗斯参加了中俄人文合作委员会第十三次会议。卢雍政陪同刘延东国务委员参加了委员会第十三次会议及有关活动，并与委员会青年分委会俄方主席、俄教育和科学部国务秘书、副部长特列琪雅克·娜塔莉亚共同主持分委会第二次会议。12 月 12 日至 18 日，应全国青联邀请，以俄青盟大学生项目部部长阿德里欣·维阿柴斯拉夫为团长的俄罗斯青年联盟(以下简称“俄青盟”)代表团一行6人访问了北京和广西。

全年开展了中俄青年友好伙伴——地方青年组织结对交流活动和俄罗斯青少年中国文化游学活动。两国毗邻地区12个地市开展了16项交流活动,邀请了俄罗斯3000多名青年来华参加活动;邀请了3批次俄罗斯青年来华游学,总人数逾320人。

26. 古共青盟第一书记访华。3月11日至15日,应共青团中央邀请,以古共中央委员、古巴共产主义青年联盟(简称古共青盟)全国局第一书记柳德米拉·阿拉莫为团长的古共青盟代表团一行3人访问了北京和石家庄。在京期间,中共中央政治局委员、中央书记处书记、中宣部部长刘云山会见了代表团,团中央书记处第一书记陆昊会见并宴请了代表团,中联部副部长陈凤翔会见了代表团,团中央书记处书记卢雍政宴请了代表团。此访系阿拉莫就任古共青盟全国局第一书记后首次访华,对进一步推动两国共青团组织之间的交流与合作发挥了重要作用。

27. 中美人文交流高层磋商机制青年领域交流活动。2012年,团中央作为中美人文交流高层磋商机制中方成员单位,开展了以下活动:

参加第三轮中美人文交流高层磋商。5月3日至4日,根据中美人文交流高层磋商机制总体安排,我参加了第三轮中美人文交流高层磋商有关活动。其中,团中央书记处书记、全国青联副主席卢雍政等出席了5月4日举办的全体会议,团中央国际联络部副部长、全国青联副秘书长董霞等参加了5月3日上午举行的工作磋商;5月3日下午,我以全国青联名义与教育部、美国国务院共同主办了作为此次高层磋商配套活动的中美学生交流论坛。

实施中美青年政治家交流项目。2012年,我与美国青年政治领袖理事会完成了新一轮中美青年政治家互访。6月16日至25日,应全国青联邀请,美国青年领导人代表团一行8人访问了北京和宁波。12月1日至11日,以贵州团省委副书记刘锐为团长的中国青年代表团一行8人访问了美国华盛顿和洛杉矶。

开展中美青年职业人士交流项目。10月10日至17日,应全国青联邀请,美国传统基金会亚太媒体华盛顿圆桌会议主任尼克·扎恩访问了北京和昆明。

28. 中澳青年政治家交流项目。2012年,我与澳大利亚政治交流理事会实施了新一轮中澳青年政治家交流项目。7月28日至8月3日,以澳大利亚联邦众议员丹尼尔·托马斯·特汉为团长的澳大利亚政治交流理事会代表团一行7人访问了北京、成都和上海。11月25日至12月1日,以全国青联副秘书长陈光浩为团长的中国青年代表团一行6人访问了澳大利亚。

29. 第三届拉美政党青年干部研修班。5月13日至26日,应中共中央对外联络部和共青团中央邀请,来自阿根廷、巴西、智利、哥伦比亚和秘鲁5国主要政党的青年干部和青年组织负责人一行14人来华参加了主题为“从党团关系角度看新形势下中国共产党的群众工作”的第三届拉美政党青年干部研修班。

30. 中美青年领导人社会建设培训项目。7月14日至27日,应国际美慈组织邀请,以中国青年志愿者协会副会长郭美荐为团长的中国青年代表团一行20人赴美国俄勒冈州波特兰市参加了第四期青年领导人社会建设培训项目。培训采用理论教学和案例研究相结合、课堂教学和实地考察相结合的方式,围绕政府、企业和社会组织在社会创新中的作用,企业社会责任,社区动员,志愿服务和发展援助,可持续伙伴关系的构建等板块的内容进行了学习、研讨和考察。

31. 高校国际交流社团人才培养项目。作为新形势下适应青年外事发展需要、体现青年外事育人导向和功能、回应当代大学生国际化素质培养诉求的有益创新,团中央国际联络部首次将高校国际交流社团整体纳入青年外事工作范畴,举办了首届高校国际交流社团组织负责人和骨干培训班,成立了中国高校国际交流社团联谊会。项目为各高校社团负责人增强国际意识、提高国际交往能力、把握国际规则创造了有利条件,整合了高校国际交流资源,延伸了青年外事工作手臂。

7 月 4 日至 6 日,首届高校国际交流社团负责人和骨干培训班在京举办,本次活动由全国青联主办,中国青年报社、中国高校传媒联盟承办,来自全国 64 所高校、73 家国际交流社团的 97 名负责人、骨干和国际交流志愿者代表参加了培训。12 月 27 日,在团中央国际联络部指导下,中国青年报社、中国高校传媒联盟携手全国 42 所高校及部分语言类特色院校的团委及外事部门,在北京共同发起成立中国高校国际交流社团联谊会,88 家高校国际交流类社团成为首批会员。

32.“与世界对话”国际交流与传播系列活动。2012 年,全国青联与中国青年报社、中国高校传媒联盟继续合作举办“与世界对话”活动,全年共举办 13 场,直接参与的中国大学生人数为 1000 余人,通过各大校园媒体和微博的广泛传播,间接影响近百万中国青年。

第五部分

重 要 表 彰

中国青年五四奖章

第十六届“中国青年五四奖章”

（共25人，按姓氏笔画排序）

王锡章　福建省公安厅刑侦总队副总队长

叶　聪　中国船舶重工集团公司第702研究所水下工程研究开发室总体结构组副组长

旦正草（女，藏族）　甘肃省夏河县桑科乡达久滩卫生室医生

田　梅（女）　浙江大学医学院附属第二医院教授、博士生导师

付文韬　国家海洋局北海分局潜航员管理办公室潜航员

冯艺东　中国证券登记结算有限责任公司北京数据技术分公司数据服务部总监

尼　红（女，蒙古族）　乌鲁木齐铁路局库尔勒电务段安全员

任　军　江西农业大学动物生物技术重点实验室副主任

刘　珪　中国人民解放军75738部队87分队队长

刘　磊　安徽省岳西县毛尖山乡留守儿童服务中心主任、板舍敬老院院长

许　乔　中国工程物理研究院激光聚变研究中心副主任

许登金　新疆维吾尔自治区石河子市石河子乡努尔巴克村农民

孙　影（女）　广东省深圳市关爱行动组委会办公室工作人员

杨　峰　中国航天科技集团公司六院7103厂钳工组组长

李　影（女）　上海闸环灵石环境卫生工程有限公司公厕班班长

李学龙　中国科学院西安光学精密机械研究所国家重点实验室副主任

何方礼　武警广西总队北海市支队政治处主任

何晓莉（女）　中国人民解放军93793部队51分队正连职飞行员

孟佩杰（女）　山西师范大学临汾学院中文系07A1班学生

胡志强　中国石油天然气集团公司大庆油田公司1205钻井队队长

赵仁伟　河南省渑池县文联聘用人员、农民

钟　晶（女，布依族）　贵州省贞丰县龙场镇龙河村卫生室卫生员

热汗古丽·依米尔（女，维吾尔族）　浙江省慈溪市宁波双源纺织厂职工

郭炜靖　广西壮族自治区横县马山乡克安村党总支书记助理、团支部书记

高金磊　湖北省英山县草盘地镇党委委员、副镇长、居委会党支部第一书记

“中国青年五四奖章集体”

（共3个）

沈阳军区某集团军工兵团汽车连（“雷锋连”）

海南省鹦哥岭自然保护区工作站青年团队

中国平煤神马集团平煤股份六矿综采四队大

学生采煤班

加授“中国青年五四奖章”

（共 78 人）

张丽莉（女） 黑龙江省佳木斯市第十九中学教师
李博亚 铁道警官高等专科学校公安技术系信息网络安全监察专业 2011 级学生
易思玲（女） 中国射击运动员
王明娟（女） 中国举重运动员
李雪英（女） 中国举重运动员
林清峰 中国举重运动员
吕小军 中国举重运动员
周璐璐（女） 中国举重运动员
孙　杨 中国游泳运动员
叶诗文（女） 中国游泳运动员
焦刘洋（女） 中国游泳运动员
罗玉通 中国跳水运动员
何　姿 中国跳水运动员
曹　缘 中国跳水运动员
张雁全 中国跳水运动员
汪　皓（女） 中国跳水运动员
冯　喆 中国体操运动员
邓琳琳（女） 中国体操运动员
董　栋 中国蹦床运动员
雷　声 中国击剑运动员
张继科 中国乒乓球运动员
李晓霞（女） 中国乒乓球运动员
张　楠 中国乒乓球运动员
赵芸蕾（女） 中国乒乓球运动员
蔡　赟 中国羽毛球运动员
傅海峰 中国羽毛球运动员
田　卿（女） 中国羽毛球运动员
李雪芮（女） 中国羽毛球运动员
陈　定 中国田径运动员
徐莉佳（女） 中国帆船运动员
刘　烽 中国航天科技集团公司第一研究院北京宇航系统工程研究所长征二号F运载火箭故障检测系统主任设计师
贾世锦 中国航天科技集团公司第五研究院载人航天总体部载人飞船总设计师助理
高松涛 中国航天科技集团公司第八研究院上海宇航系统工程研究载人航天工程行政负责人
唐　磊 中国航天科技集团公司第九研究院西安微电子研究所总工程师
孟　娟（女） 中国科学院空间应用工程与技术中心（筹）有效载荷应用中心分系统副主任设计师
蒋清富 中国航天科工集团公司第二研究院第二十五研究所主任设计师
张　鹏 中国电子科技集团公司第十四研究所产品总设计师
刘　洋（女） 解放军航天员大队四级航天员
贾立德 解放军 63620 部队二室发射设备组组长
王瑞军 解放军 63921 部队二室工程师
洪春辉 解放军 63920 部队二室副主任
严会莲（女） 中国射箭运动员
薛　雷 中国田径运动员
刘辅梁 中国田径运动员
赵　旭 中国田径运动员
刘　萍（女） 中国田径运动员
周国华（女） 中国田径运动员
陈君飞（女） 中国田径运动员
付彦龙 中国田径运动员
王志明 中国田径运动员
王彦章 中国田径运动员
张亮敏（女） 中国田径运动员
杨丽婉（女） 中国田径运动员
刘　明（女） 中国田径运动员
李樟煜 中国自行车运动员
梁贵华 中国自行车运动员
曾思妮（女） 中国自行车运动员

何　茵(女)　中国自行车运动员
冯　奇　中国举重运动员
费天明　中国赛艇运动员
黄　成　中国赛艇运动员
娄小仙(女)　中国赛艇运动员
董　超　中国射击运动员
张翠平(女)　中国射击运动员
杨　洋　中国游泳运动员
王益楠　中国游泳运动员
郑　涛　中国游泳运动员
潘世云　中国游泳运动员
冯雅竹(女)　中国游泳运动员
卢　冬(女)　中国游泳运动员
林　萍(女)　中国游泳运动员
夏江波(女)　中国游泳运动员
赵　帅　中国乒乓球运动员
马　麟　中国乒乓球运动员
茅经典(女)　中国乒乓球运动员
张　变(女)　中国乒乓球运动员
陈依君　中国轮椅击剑运动员
姚　芳(女)　中国轮椅击剑运动员

加授"中国青年五四奖章集体"

(共25个)

中国男子体操队
中国女子重剑队
中国男子乒乓球队
中国女子乒乓球队
中国航天科技集团公司第一研究院北京航天自动控制所火箭控制系统理论与工程设计研究室
中国航天科技集团公司第五研究院北京东方计量测试研究所电学室
中国航天科技集团公司第六研究院上海空间推进研究所阀门研究室
中国航天科技集团公司第八研究院上海宇航系统工程研究所载人航天工程总体室
中国科学院空间科学与应用研究中心空间环境研究预报室
中国航天科工集团公司第三研究院第三十五研究所导航总体技术研究室(二室)
中国电子科技集团公司第十研究所中继卫星地面终端站中低速数传及用户星测距终端设备项目团队
远洋航天测量船船员第4大队测控部门
解放军63788部队气象台
中国女子坐式排球队
中国田径队轮椅竞速T53/T54级男子4×400米接力队
中国游泳队男子4×100米混合泳接力队
中国自行车队男子场地赛C1－5级团体竞速队
中国轮椅击剑队男子团体
中国轮椅击剑队女子团体
中国乒乓球队男子3级团体
中国乒乓球队男子4－5级团体
中国乒乓球队男子9－10级团体
中国乒乓球队女子1－3级团体
中国乒乓球队女子4－5级团体
中国乒乓球队女子6－10级团体

追授"中国青年五四奖章"

(共4人)

孙茂珲　生前系江苏省苏州市公安消防支队特勤大队三中队四班班长,下士警衔
田思嘉　生前系浙江省公安消防总队绍兴支队诸暨大队城东中队代理副政治指导员,武警中尉警衔
沈　星　生前系第二炮兵工程大学士官职业技术教育学院副营职参谋、第二炮兵指挥学院军事装备学专业在读硕士研究生
周江疆　生前系江苏省通州建总集团有限公司第十分公司副经理

全国优秀共青团员、全国优秀共青团干部、全国五四红旗团委(团支部)

2011年度“全国优秀共青团员”名单

(共158名)

刘小鼎　北京建工集团有限责任公司结构工程师

雒梦妍(女)　北京市顺义区杨镇第一中学高一4班学生

赵伯譞(满族)　北京大学化学与分子工程学院化学生物学系2008级学生

贺　帅　天津大唐国际盘山发电有限责任公司发电部运行主值

甄　琪(女)　天津市8890家庭服务网络中心话务员

杨　萌(女,回族)　河北省沧州市第八中学九年级5班学生

芦　冬　河北省承德兴隆矿业有限责任公司恒力公司生产科副科长

王　量　河北省衡水市公安局巡警特警支队民警

王　祥　河北省山海关造船重工有限责任公司机装车间钳工工段长

贺倩筠(女)　国家电网河北省电力公司石家庄供电公司用电客户受理员

马　静(女)　河北省张家口市商业银行房地产金融部科员

龙　醒(女)　唐山师范学院社会科学系思想政治教育专业2008级学生

杨　华(女)　中国北车集团大同电力机车有限责任公司车体车间电焊工

宁杨慧(女)　山西大学商务学院电子商务系物流管理专业2008级学生

赵哲轩　山西省长治市第二中学高372班学生

陈永利　国家电网内蒙古东部电力有限公司赤峰电业局营销部职员

王宇辉　内蒙古自治区包头稀土高新技术产业开发区党工委管委会办公室干部

董海燕(女)　内蒙古伊利实业集团股份有限公司冷饮事业部行政专员

曹余翔　中国电信辽宁省电信分公司沈阳分公司职员

屈盈函(女)　辽宁省鞍山市第八中学高三18班学生

杨经宇　辽宁省抚顺市第二中学高二4班学生

石　方(女)　吉林省通化市公共汽车公司IC卡中心主任

李雨虹(女,朝鲜族)　吉林省延边第二中学2010级10班学生

高　亮　中国第一汽车集团公司一汽轿车股份有限公司一工厂焊装车间工人

宋　涛(女)　黑龙江省大兴安岭高级技工学校教师

张　凯　黑龙江省伊春市交警支队桃山交警大队民警

魏有臣　黑龙江省七台河市人民医院普外科医生

宋晓庆　上海市崇明县庙镇政府规划建设和环境保护办公室工作人员

王殿月　中国船舶工业集团公司沪东中华造船(集团)有限公司船用管件厂工人

张寅炜　上海农村商业银行张堰支行职员

王少军　复旦大学学生职业发展教育服务中心教师

王景光　南京晓庄学院经济与管理学院2008级政教班学生

王　栋　江苏省无锡市南长区人民检察院反贪局科员
马　超　江苏省徐州矿务集团公司旗山煤矿救护中队工人
薛馥华(女)　江苏省常熟市珍门中学初二4班学生
宋宪磊　江苏省南通中远船务工程有限公司焊接工程师
徐海林　江苏省连云港市广播电视台电视调频发射台信号传输组组长
周尚飞　江苏大学机械工程学院2009级硕士研究生
王　莹(女)　南京师范大学社会发展学院社会保障专业2010级硕士研究生
吴方恬(女)　南京医科大学基础医学院七年制临床医学专业2010级学生
吴　琨(女)　江苏省盐城市盐城中学高二10班学生
李　昕　国家电网国网电力科学研究院信息通信技术分公司技术主管
徐　毅　浙江省浙江宣逸网络科技有限公司首席执行官
周选慈　浙江省温州市鹿城区慈善总会仰义分会秘书长
黄　力　浙江省湖州市公安局开发区分局凤凰派出所民警
骆　玲(女)　浙江省义乌市稠城街道清塘村村主任助理
胡昌敏　衢州学院教师教育学院数学教育专业2009级学生
王玉刚　中国远洋运输(集团)公司舟山中远船务工程有限公司船务设计部助理设计师
莫嵘管振(壮族)　浙江工商大学信息与电子工程学院电子信息工程专业0901班学生
郑　潇(女)　上海铁路局杭州站客运员
李景馨(女)　安徽省宣城市郎溪经济开发区党政办公室副主任
曾　锐(女)　合肥工业大学建筑与艺术学院2011级硕士研究生
张　迪(女)　安徽省阜阳市界首中学高三4班学生
刘　浩　中国联通池州市分公司综合部秘书
邵　彬　安徽省铜陵邵氏兔业养殖有限公司总经理
程东林　安徽省亳州市第一中学高二11班学生
徐　宾　徽商银行淮北开发区支行综合柜员
曹阳飞宇　三明学院外语系2008级英语B班学生
方　斌　福建省杂技团有限责任公司演员
陈珍珍(女)　福建省福州成就人力资源服务有限公司职员
黄铮铮(女)　福建省厦门火炬集团有限公司人力资源部职员
郑恒崇　福建省南平铝业有限公司工业材开发及销售部副经理
骆　峰　江西省南昌市公安消防支队特警二中队班长
黄华剑　江西师范大学商学院2008级国际经济贸易1班学生
彭　杰　江西省赣县中学高二B402班学生
卢宝阳　江西科技师范学院药学院教师
秦善磊　山东省青岛城建集团有限公司聊城分公司项目副经理
孙鹏科　山东省淄博市公安局技术侦察支队民警
张洋洋(女)　山东省枣庄市山东汉诺集团汉诺庄园酿酒有限公司总经理助理兼营销部经理
汪　凯　山东省东营市金洲环保水务有限公司职工
王　英(女)　山东省潍坊市帛方纺织有限公司纺纱三车间值车工
刘近斌　山东能源集团肥城矿业集团公司曹

庄煤矿准备二队工人
张欢欢(女) 山东省荣成市第二中学高二2班学生
曹全利 山东省莱芜市第一中学教师
尹林霞(女) 德州学院音乐系音乐学专业2008级学生
李晓晗(女) 山东省聊城市第二中学高三1班学生
闫 阳 山东省惠民县淄角镇兴荣养猪专业合作社农民
于海舒(女) 山东省菏泽第一中学高一宏志1班学生
王 霞(女) 济南铁路局青岛站售票值班员
李宗超 山东建筑大学法政学院社工091班学生
封一帆 山东省日照市第一中学高一3部5班学生
李 培(女) 河南省平顶山市郏县供电有限责任公司95598呼叫中心主任
袁 航(女) 河南省长葛市和尚桥镇南韩庄村村主任助理
刘超超 河南煤业化工集团焦作煤业(集团)冯营电力有限责任公司锅炉车间运行一班班长
张 璐(女) 中国移动河南有限公司郑州分公司安全后勤服务中心主管
冯永鹏 河南大学艺术学院视觉传达设计专业2009级学生
倪振坤 深圳市比亚迪股份有限公司第三事业部工程师
赵 浩 河南省宜阳县公路管理局后勤股股长
王 娟(女,回族) 河南省漯河市源汇区马路街道办事处干部
刘 进(女) 河南省濮阳市第一高级中学高二1班学生
汪 迪(女) 河南省新县图书馆图书管理员
霍晓英(女) 河南省鹤壁市公安局交警支队民警
廖春风 中国石化江汉油田分公司第四机械厂铆焊分厂电焊工
陆居权(侗族) 中南民族大学公共管理学院行政管理专业2011级硕士研究生
洪 伟 湖北省公安消防总队黄冈支队特勤中队战士
邬理凡 中国兵器工业集团湖北新华光信息材料有限公司制造一部技术员
刘东民 湖北省武昌监狱第八监区科员
李 伦(女) 湖北省仙桃职业学院教师
熊唱日 湖南省长沙市南雅中学高101班学生
赵丹妮(女) 湖南省衡阳市第八中学高三343班学生
王卫明 中国恒天集团公司邵阳纺织机械有限责任公司准备分厂激光工部部长
唐 洁(女) 国家电网湖南省电力公司湘西电业局调度管理所电力调度员
邓 榕 湘潭大学材料与光电物理学院材料科学与工程专业2009级学生
张晓琳(女) 中国移动广东有限公司江门分公司人力资源部职员
廖 兵 广东省河源农村商业银行股份有限公司新东支行营业部主任
王 杰 广东省造纸研究所生产部电器维修员
郑汉忠 广东工业大学物理与光电工程学院电子科学与技术专业2008级学生
许建培 华南师范大学经济管理学院人力资源管理专业2008级学生
李虹洁(女) 广东省食品行业协会办公室干部
纪顺程 广东省汕头市公安局交警支队机动大队三中队民警
黄 翔 广东省东莞市人民医院放射科医师
吴晓妍(女) 广东省德庆县香山中学高三级

D4 班学生
李清怡(女) 广东省清新县第一中学高三 7 班学生
谢炜煌 广东省潮州市金山中学高三 4 班学生
劳 义 广西壮族自治区体育局田径运动发展中心运动员
韦圣彬 广西壮族自治区梧州市第一中学初三 8 班学生
周 龙 广西壮族自治区博白县西部计划志愿者
王雅娟(女) 广西师范大学美术学院艺术设计专业 2009 级学生
卢小红(女) 广西三环企业集团股份有限公司东南分公司人事行政业务员
冼 惟 海南省国兴中学高三 1 班学生
雷渌瑨(女) 重庆市巴蜀中学高二 1 班学生
张树强 重庆机床(集团)有限责任公司齿轮分厂数控车工
王沁如(女) 重庆杂技艺术团演员
程 跃 重庆三峡学院经济与管理学院市场营销专业 2008 级 2 班学生
赵兴海 中国工程物理研究院电子工程研究所助理研究员
王 典 西华师范大学新闻传播学院 2009 级学生
郑少雄 四川省乐山市实验中学 2012 级 6 班学生
郑姣宏(羌族) 四川省汶川县汶川中学教师
龙 渊(苗族) 四川省巴中市巴州区恩阳镇政府干部
田茂星(藏族) 四川省康定县吉居乡政府干部
何 亭(女) 四川省岳池县人民医院急诊科专科护士
路 遥(土家族) 国家电网四川省电力公司安岳供电有限责任公司工程师
陈 吉(女) 四川省隆昌县胡家镇石龙村村主任助理
黄冬梅(女) 四川省泸州市现代运业有限公司职员
张刘萍(女) 四川省万源市官渡镇西部计划志愿者
李蕊君(女) 四川省绵阳市南山中学高三 6 班学生
高文斌(女) 贵阳中医学院骨伤学院 2008 级骨伤班学生
梁龙方(布依族) 贵州省安龙县新安镇党政办三支一扶计划志愿者
兰 芝(女,彝族) 云南民族大学管理学院会计学专业 2008 级学生
胡盛美(女,普米族) 云南省怒江傈僳族自治州民族歌舞团演员
杨仲林 云南省威信县第一中学教师
张 晰(女) 云南省陆良县政府办公室信息科干部
曲措卓玛(女,藏族) 西藏农牧学院食品科学学院食品科学与工程专业 2009 级学生
李晟泽 西安交通大学航天航空学院飞行器设计与工程专业 2008 级学生
张馨月(女,回族) 陕西省商洛市商州区中学九年级 8 班学生
张 凯 国家电网陕西省电力公司铜川供电局送电工区带电二班技术安全员
高建宁 甘肃省正宁县山河镇政府党政综合办公室干部
张云霞(女) 甘肃省武山县城关镇石岭村农民
刘 勇(土家族) 中国水电集团玉树灾后重建现场指挥部第二工区技术员
郝 凯 新疆机场集团公司安全检查总站行李检查室检查员
杜 丽(女) 新疆兵团农六师 103 团工交建

商科科员

丁建勋　中国人民解放军71643部队73分队班长

范倩雅(女)　中央军委办公厅军委办公楼管理处女兵分队分队长

梁　针　中国人民解放军66459部队72分队班长

郑志和　武警江苏总队连云港市支队连云港市中队战士

张延涛　郑州铁路局洛阳工务段高铁巩义南维修组线路班班长

吴君城　中国海洋石油总公司中海油田服务股份有限公司钻井事业部南海二号平台高级队长

邓　晶(女)　河北省开滦(集团)有限责任公司唐山中润煤化工有限公司甲醇分厂中控操作工

加授"全国优秀共青团员"

彭伟平(女)　安徽省灵璧县高楼镇张杨村农民

程　威　湖北文理学院机械与汽车工程学院车辆工程专业2011级本科生

麦热达尼·如孜(维吾尔族)　荆州职业技术学院中专部1219班护理专业学生

追授"全国优秀共青团员"

曹　鹏　生前系长安大学建筑学院城市规划专业2011级1班学生

洪志文　生前系长安大学建筑学院城市规划专业2011级1班学生

2011年度"全国优秀共青团干部"名单

(共124人)

刘　哲(女)　北京京城机电控股有限责任公司团委书记

申宏艳(女)　中关村科技园区海淀园团工委副书记

张留根　河南驻北京团工委书记

付　莉(女)　北京物资学院团委副书记

魏　伟(女)　北京第六十六中学团委书记

康　蕾(女)　天津市武清区下朱庄街道办事处团工委书记

梁春早(女)　天津大学团委书记

李续赏(女)　河北省衡水中学团委书记

张　鹏　团河北省秦皇岛市海港区委书记

王　梦(女,满族)　河北省容城县平王乡团委书记

王　全　团山西省新绛县委书记

刘素林　团山西省太原市小店区委书记

胡秋萍(女)　内蒙古自治区呼伦贝尔市海拉尔区奋斗镇团委书记

那森巴雅尔(蒙古族)　内蒙古农业大学团委书记

姜懿真(女,满族)　团辽宁省丹东市振安区委书记

金　妮(女)　辽宁省岫岩县岫岩镇团委书记

胡卫国　辽宁省实验中学团委书记

丁　林　团辽宁省大连市委组织部部长

祝溪白(女)　吉林省长春市绿园区正阳街道办事处团工委书记

吴立睿(回族)　吉林国贸商业流通集团团委书记

胡冰洁(女,满族)　团吉林省伊通满族自治县委书记

魏　玮(女,满族)　吉林省长春幼儿师范学校团委书记

刘　颖(女)　团黑龙江省哈尔滨市道外区委书记

王洪波　中国石油大庆油田有限责任公司团委书记

石　全　团黑龙江省大庆市委统战部部长

毛　佳(女)　黑龙江省哈尔滨市虹桥学校团委书记

杨　昕　文汇新民联合报业集团团委书记

方　曦　上海交通大学学生工作指导委员会

综合办公室副主任
何　剑　团江苏省张家港市委书记
李　萍(女)　苏州科技学院团委书记
张晓虎　江苏省南通电视台团总支书记
宋晓红(女)　江苏省赣榆县沙河镇团委书记
徐剑波　南京师范大学泰州学院团委书记
尹荷蓉(女)　江苏省南京外国语学校团委书记
俞　建　国家电网浙江省电力公司绍兴电力局团委书记
甘小华(女)　团浙江省衢州市衢江区委副书记
周　安(女)　浙江省台州市椒江区下陈街道团工委书记
邓君妙(女)　团浙江省丽水市委组宣部副部长
董首恒　浙江工业大学团委书记助理
韩　涛(女,回族)　安徽省芜湖市少年宫主任
胡冰靖　安徽省宁国市梅林镇团委书记
严　飞　安徽驻浙江团工委书记
沈　妤(女)　安徽省芜湖市职业教育中心团委书记
章欢芳(女)　福建省福州市鼓楼区鼓西街道团工委书记
赖　婧(女)　江西驻福建团工委书记
蔡进伟　团福建省长汀县委书记
洪清华　福建省泉州市第五中学团委书记
方　璐(女)　团江西省鹰潭市委办公室主任
邓　岚(女)　团江西省抚州市临川区委书记
胡雪光　江西省吉安市白鹭洲中学团委书记
王　亮　山东省济南市市直机关团工委干部
王秋环(女)　山东省青岛市卫生局团委副书记
刘　夏(女)　团山东省淄博市张店区委书记
曹守波　团山东省荣成市委书记
贾安强　山东能源临沂矿业集团有限责任公司团委副书记
林旭升　中国海洋大学团委书记
陈　思　山东省青岛实验初级中学团委副书记
刘虎贞　河南驻深圳团工委书记
张丽祥(女)　团河南省新密市委书记
刘晓庆　河南省安阳县伦掌镇团委书记
宋俊昌　团河南省平顶山市委组织部部长
鄢绍翔　河南羚锐制药股份有限公司团委书记
李　芳(女)　团湖北省竹溪县委书记
吴奇凌　武汉大学新闻与传播学院团委书记
石　萍(女)　湖北省农业厅机关团委书记
郭　赟(女)　湖北省武汉市江汉区民族街办事处团工委书记
李绪杰　团湖北省武汉市洪山区委书记
李　姝(女)　中国南车股份有限公司株洲电力机车有限公司团委书记
胡兰芳(女)　华自科技股份有限公司团委书记
张　斌　湖南驻广东团工委副书记
詹惠军　团广东省深圳市宝安区委书记
王晓杰(女)　团广东省广州市委宣传部部长
谢燕妹(女)　团广东省社会组织工作委员会副书记
房俊东　华南理工大学团委书记
杨文俊　广东省兴宁市罗岗镇团委书记
李勇战　广东省东莞市东城职业技术学校团委书记
容浒熙(瑶族)　广西民族大学预科教育学院团委书记
杨柳霖　广西驻北京团工委书记
钟剑锋(瑶族)　广西壮族自治区富川瑶族自治县白沙镇团委副书记
蓝耀斌(壮族)　广西壮族自治区忻城县城关镇团委书记
彭　卉(女)　广西壮族自治区柳州市第二职业技术学校团委书记
孙贻良　团海南省乐东黎族自治县委书记
刘　倩(女)　海南拾味馆餐饮连锁管理有限

公司团委书记
吴亚莉(女) 团重庆市江北区委书记
周璟璐(女) 重庆医科大学附属儿童医院团委书记
张 艺(女) 重庆市渝北区悦来街道团工委书记
刘兆容(女) 团四川省成都市委区县部部长
曾 勇 中国石油西南油气田公司团委副书记
李青松 四川省达县赵家镇团委书记
苏 斌 四川大学锦城学院团委书记
赵 欢(女) 四川金路集团股份有限公司团委书记
周 淼(女) 四川驻北京团工委副书记
邹建勤 四川省仁寿县锌强中学团委书记
汪江峰 华南师范大学体育科学学院团委书记
段红霞(女) 中国贵州茅台酒厂有限责任公司团委副书记
杨 林(土家族) 团贵州省江口县委副书记、双江镇团委副书记
何春莲(女) 云南省西双版纳大兴有限责任公司勐腊大兴量贩超市团总支书记
朱 芳(女) 云南省昆明市西山区金碧街道办事处团工委专职副书记
王树乾(壮族) 团云南省丘北县委书记
张 翔 云南省昭通卫生学校团委书记
李 浩 中国农业银行昌都分行人力资源部团委书记
张骞文 长安大学团委书记
安 辉(女) 西北大学外国语学院团委书记
党宇博 陕西驻北京团工委书记
余 山 陕西省洋县华阳镇团委书记
邓 涛 陕西省渭南市瑞泉中学团委书记
雷 鸣 西北师范大学团委书记
严晓玲(女) 青海卫生职业技术学院团委书记
肖 博 团宁夏回族自治区中卫市委综合部部长
刘 宁(女) 新疆维吾尔自治区劳教管理局团委书记
袁新超 团新疆维吾尔自治区吉木萨尔县委书记
牙合甫·吐哈西(维吾尔族) 新疆生产建设兵团农十三师黄田农场团委书记
尹军杰 中国人民解放军海军南海舰队政治部组织处青年办主任
李 军 中国人民解放军第二炮兵司令部直工部组织处青年干事
王 涛 中国人民解放军兰州军区政治部组织部青年处干事
王雅楠(女) 中国人民解放军 73051 部队 52 分队排长、团支部书记
彭国彬 解放军 77200 部队政治部组织处干事
牛艳丽(女) 呼和浩特铁路局集宁车站团委书记
阎 红(女) 中国民用航空局空中交通管理局团委负责人
李 健 中国科学技术协会机关团支部书记
魏 东 中国北车集团公司团委书记
杜 伟 中国银行业监督管理委员会团委办公室副主任
季为民 中国社科院团委书记
周文泽 神华集团有限责任公司团委书记

2011 年度“全国五四红旗团委(团支部)”名单

(共 323 个)

北京苏宁电器有限公司团委
安徽驻北京团工委
北京师范大学团委
北京市陈经纶中学团委
北京市商业学校团委
北京公共交通控股(集团)有限公司保修分公司六厂团总支

北京市公安局昌平分局刑侦支队团总支
北京宏伟建筑工程有限公司团支部
北京市朝阳区香河园街道西坝河东里社区团总支
中国建筑第六工程局有限公司团委
天津市宝坻区周良庄镇团委
天津市经济贸易学校团委
天津海事局航测科技中心团支部
天津市蓟县穿芳峪镇毛家峪村团支部
国家开发银行股份有限公司天津市分行客户一处团支部
南开大学哲学院2008级学生团支部
天津师范大学历史文化学院08级旅游管理团支部
中国石化石家庄炼化公司团委
冀中能源集团有限责任公司团委
河北省鹿泉市获鹿镇团委
开滦(集团)有限责任公司团委
河北联合大学团委
保定天威集团特变电气有限公司油箱车间团支部
河北省廊坊市公路管理处团支部
河北省任丘市电力局出岸供电所团支部
中国石油华北油田公司水电厂修试工区团支部
河北省冀中能源峰峰集团有限公司小屯矿掘进区团支部
河北省高速公路石黄管理处藁城东收费站团支部
河北省藁城市九门回族乡只照村团支部
河北省阜城县人民医院团支部
秦皇岛福电实业集团有限公司变电安装分公司团支部
河北省张家口市财政局团支部
中国联通承德市分公司客服呼叫中心团支部
山西祥达家居装饰有限公司团委
山西潞安集团司马煤业有限公司团委
山西六建集团有限公司十一分公司团支部
山西省朔州农业学校2011级机电一体化技术(1)班团支部
山西省忻州市国家税务局机关团支部
山西省柳林县柳林镇锄沟村团支部
山西交通职业技术学院09信息311班团支部
内蒙古自治区杭锦后旗二道桥镇团委
内蒙古自治区宁城高级中学团委
内蒙古自治区呼伦贝尔电视台团支部
内蒙古自治区锡林郭勒盟医院内科系统第一团支部
内蒙古电力(集团)有限责任公司鄂尔多斯电业局客户服务中心团支部
内蒙古自治区兴安盟乌兰浩特市和平街办事处红通社区团总支
内蒙古自治区乌海市乌达区新达街道办事处新达佳苑社区团支部
大连理工大学团委
辽宁省大洼县清水镇团委
辽宁盼盼集团有限公司团委
东北大学团委
辽宁省辽阳市第四人民医院团总支
中国石油辽河油田分公司沈阳采油厂采油作业二区204队团支部
辽宁华锦通达化工股份有限公司辽河化肥分公司团支部
中国移动辽宁有限公司朝阳分公司市区营销部朝阳大街营业厅团支部
东北师范大学团委
中国石油吉林化建工程有限公司团委
吉林省安图县永庆乡团委
吉林农业科技学院2009级植物科学与技术班团支部
中国石油吉林通化销售分公司梅河口经营处百里花加油站团支部
吉林森工集团露水河林业局汽运处团支部
吉林省电力有限公司辽源供电公司调度试验所团支部
吉林省长白山管委会第一高级中学团总支

黑龙江省讷河市龙河镇团委
黑龙江省大庆市吉祥凯悦餐饮服务有限公司团委
东北农业大学团委
黑龙江省牡丹江市东安区人民法院团支部
黑龙江省哈尔滨市呼兰区双井街道护路村团支部
黑龙江省鹤岗市宏益家电商贸有限公司团总支
中国通用技术集团齐齐哈尔二机床(集团)有限责任公司中件事业部团总支
黑龙江省佳木斯市前进区永安街道怡安社区团支部
鸡西大学师范学院团总支
上海市闵行区莘庄镇团委
宝山钢铁股份有限公司团委
四川驻上海团工委
上海市信息管理学校团委
上海市宝山区淞南镇经济发展有限公司团支部
上海杜氏实业有限公司团支部
华东政法大学事是学社团支部
上海国际港务(集团)股份有限公司军工路分公司工程技术部团支部
江苏省宜兴市杨巷镇团委
江苏省苏州地方税务局团工委
江苏省教育厅团委
南京航空航天大学团委
江苏省南京红星美凯龙中央路商场团支部
江苏省无锡市滨湖区荣巷街道梁溪社区团总支
江苏省常州市溧阳地方税务局团支部
江苏连云港港口集团有限公司新苏港矿石码头分公司团总支
江苏省盐城市烟草专卖局机关团总支
扬州环境资源职业技术学院经济贸易系团总支
中国人民武装警察部队镇江市消防支队京口区公安消防大队谏壁中队团支部
江苏省电力公司宿迁供电公司电力调度控制中心团支部
南京大学商学院本科08级团总支
南京森林警察学院侦查系团总支
南通大学莫文隋青年志愿者协会团支部
南京农业大学人文社会科学学院农村发展研究会团支部
盐城师范学院教育科学学院团总支
浙江省杭州市西湖区西溪街道团工委
浙江省温州市龙湾区永中街道团工委
浙江省平湖市当湖街道团委
浙江省杭州市开元商贸职业学校团委
浙江省杭州市公共交通集团有限公司石桥修理(运营)分公司团总支
杭州师范大学外国语学院英语088班团支部
浙江省宁波市江北区甬江街道北郊片团总支
宁波工程学院建筑工程学院团总支
浙江正泰电器控制电器制造部团支部
浙江省瑞安市塘下镇陈宅村团支部
浙江省安吉县农村信用合作联社市场发展中心团支部
浙江省嘉兴市区社区服务求助中心团支部
浙江省绍兴市公安局交通警察支队团总支
浙江省舟山市定海区解放街道虎山社区团支部
浙江泰隆商业银行路桥城北支行团支部
杭州钢铁股份有限公司焦化厂炼焦团支部
浙江海洋学院人文学院2008级中文团支部
浙江师范大学学生科技创新协会团支部
安徽省合肥市蜀山区五里墩街道团工委
安徽驻浙江团工委
安徽省滁州市第二人民医院脑外科团支部
安徽省电力公司蚌埠供电公司客服中心团支部
中国移动安徽有限公司和县分公司团支部
安徽省安庆市烟草专卖局(公司)机关团支部
安徽省金寨县人民医院团总支

安徽省铜陵市人力资源和社会保障局公共就业服务局团支部
福建省长乐市鹤上镇团委
福建省晋江市安踏(中国)有限公司团委
国家电网福建省电力有限公司三明电业局团委
福建省交通运输厅直属机关团委
福建省高级人民法院机关团总支
福建省莆田市秀屿区东峤镇上塘村团支部
福建省武夷山旅游发展股份有限公司竹筏分公司团支部
福建中国闽台缘博物馆团支部
福建省宁德市寿宁县寿宁在线团总支
厦门大学海洋与地球学院 2008 级海洋生物班团支部
福建师范大学马克思主义学院 2009 级思想政治教育 1 班团支部
江西财经职业学院团委
江西省遂川县黄坑乡团委
江西省地质矿产勘查开发局赣西北大队团委
江西科技学院自强者之家团支部
江西洪都航空工业股份有限责任公司飞机部装二厂团总支
江西环境工程职业学院园林与建筑学院团总支
江西省电力公司南昌供电公司客服中心东湖团支部
山东省宁阳县东疏镇团委
山东省聊城市公路管理局团委
山东省邹平县韩店镇西王集团有限公司团委
山东能源临沂矿业集团有限责任公司王楼煤矿团委
山东省济南市公交总公司恒生公司汽车四队团支部
青岛港(集团)有限公司轮驳分公司第一团支部
山东省淄博市地方税务局高新技术产业开发区分局团支部
山东省枣庄汽车运输有限公司枣庄汽车总站团支部
山东省东营市公安局交通警察支队直属一大队团支部
山东省烟台第一中学高二团总支
山东省高密市农业局、畜牧局、泰华食品、李村蔬菜专业合作社联合团总支
山东省济宁市公共汽车公司八路线团支部
山东省五莲县人民法院团支部
山东电力集团公司莱芜供电公司变电运行工区团支部
山东省临沂市兰山区人民检察院团支部
山东省禹城市国家税务局团总支
山东省菏泽市国家税务局团总支
山东机场有限公司安检站团支部
中国石化胜利油田分公司河口采油厂采油五矿采油二队团支部
莱芜钢铁集团有限公司莱芜钢铁股份有限公司炼钢厂行车车间团支部
山东大学电气工程学院 2009 级卓越工程师 1 班团支部
山东师范大学化学化工与材料科学学院 2008 级化学 4 班团支部
河南省通许县四所楼镇团委
河南师范大学附属中学团委
郑州铁路局郑州站团委
许昌学院团委
河南驻上海团工委
河南省封丘县公安局交通警察大队团支部
中国移动河南有限公司平顶山市市区分公司团支部
河南省商丘市梁园区白云街道机关团支部
河南省郑州市卫生学校高级护理 5183 班团支部
河南省周口饭店前厅总服务台团支部
安阳钢铁集团有限责任公司安阳钢铁股份有限公司第二炼轧厂电气车间团支部
许继集团有限公司许继电气股份有限公司继

电器公司团支部
河南省开封市第二十五中学篮球二队团支部
中国联通济源市分公司运维团支部
河南省地质矿产勘查开发局测绘队地质测绘团支部
河南省电力公司濮阳供电公司团支部
河南省驻马店市财政局财政支付局团支部
中国石油河南郑州销售分公司郑州第十五加油站团支部
华中农业大学团委
湖北省黄梅县第一中学团委
湖北省远安县茅坪场镇团委
武汉铁路局武昌客车车辆段武昌运用车间团总支
湖北省阳新县白沙镇平原村团支部
湖北省宜城市玉保养鸭专业合作社团支部
湖北省武汉市青山区红钢城十九街社区团支部
湖北安良百货集团有限公司团总支
湖北省荆门市审计局团支部
湖北省鹤峰县走马镇升子村团支部
湖北银行股份有限公司孝感分行阳光女子支行团支部
湘潭职业技术学院团委
湖南省郴州市北湖街道办事处团工委
湖南驻深圳团工委
中南大学湘雅三医院团总支
湖南省长沙市岳麓区咸嘉湖街道咸嘉新村社区团支部
湖南省衡阳市公安局交通警察支队团总支
湖南省汉寿县地方税务局团支部
湖南省益阳市民政局团总支
湖南省电力公司永州东安电力局团支部
广东省广州市地下铁道总公司团委
中山大学团委
广东省佛山市南海区大沥镇团委
广东省珠海汉胜股份有限公司艺术团支部
广东省惠州市惠阳区住房和城乡规划建设局团支部
广东省中山市特殊教育学校团支部
广东省湛江师范学院商学院2009级酒店管理团支部
中国移动广东有限公司高州分公司团支部
广东省高要市国家税务局团支部
暨南大学艺术学院团总支
广东省汕头市澄海区广益街道龙田社区团总支
广东省佛山市禅城区祖庙街道永安社区团支部
广东省英德市工商行政管理局团支部
中国华西企业有限公司第十二建筑工程公司团支部
广西壮族自治区百色市驻广州团工委
广西堂汉锌铟股份有限公司团委
广西壮族自治区平南县平南镇团委
中国人民武装警察部队百色市消防支队特勤中队团支部
广西壮族自治区凤山县砦牙乡板隆村团支部
广西壮族自治区崇左市公安局交通警察支队团支部
上汽通用五菱汽车股份有限公司西部涂装团总支
广西壮族自治区岑溪市岑城镇孝坊社区团支部
海南省三亚市亚龙湾开发有限公司团委
海南省屯昌县紫京皇冠酒店团支部
重庆市渝中区房管局团委
重庆市文化广播电视局团委
西南政法大学团委
重庆市大渡口区建胜镇团委
重庆市行知职业技术学校团委
重庆市黔江区财政局团总支
重庆望江工业有限公司工艺技术中心团支部
西南大学女子国旗班团支部
重庆市綦江区青年镇堡堂村团支部
东方汽轮机有限公司团委

西南财经大学团委
攀枝花学院团委
四川省雅安市雨城区碧峰峡镇团委
四川广元信息职业技术学院团委
四川省宜宾市驻中山团工委
中国航天科技集团公司四川航天技术研究院长征机械厂铆焊车间团支部
中国第二重型机械集团公司铸锻钢事业部铸钢车间团总支
四川省资阳市雁江区保和镇晏家坝村团支部
四川省内江市东兴区川中丘区长江现代农业园管理委员会团总支
四川省自贡市大安区龙井街龙井社区团支部
四川省德阳市旌阳区城北街道秦宓社区团支部
四川省会理县第二中学教工团支部
四川省攀枝花市看守所团支部
四川省甘孜藏族自治州公安局机关团总支
中国移动四川有限公司遂宁市分公司安居营业部团支部
四川省南江县南江煤电有限责任公司机修队团支部
四川驻浙江团工委杭州福布斯建筑装饰工程有限公司团总支
遵义医学院团委
贵州省息烽县小寨坝镇团委
贵州省务川民族寄宿制中学团委
贵州省赫章县平山乡中寨村团支部
贵州赤天化股份有限公司水汽车间团支部
贵州省天柱县凤城镇个私协团支部
云南师范大学团委
云南省梁河县囊宋阿昌族乡团委
云南省普洱市烟草专卖局团委
云南广播电视大学化学工程学院 10 级应用化工技术 1 班团支部
云南省龙陵县龙新乡勐冒村团总支
云南省迪庆州维西傈僳族自治县康普乡机关联合团支部
云南省宣威市双龙街道黉街社区团支部
西藏自治区日喀则市江当乡团委
西藏自治区恒远商贸有限公司团支部
中国东方航空股份有限公司西北分公司团委
陕西省西安市碑林区张家村街道团工委
陕西驻北京团工委
陕西省紫阳县蒿坪镇团委
西安三泽电子有限公司团支部
陕西省榆林市汇鑫投资担保有限公司团支部
陕西省宝鸡市渭滨区金陵街道新开路社区团支部
陕西有色金属控股集团有限责任公司宝钛集团有限公司板带厂团总支
中联西北工程设计研究院华伟建筑设计事务所团支部
华能平凉发电有限责任公司团委
兰州交通大学机电工程学院团委
甘肃省瓜州县西湖乡北沟村团支部
甘肃省临泽县平川镇芦湾村团支部
中国石油青海油田团委
青海省高等级公路建设管理局互助主线收费站团支部
宁夏回族自治区银川市公安局交警支队团委
宁夏回族自治区石嘴山市星瀚市政产业(集团)有限公司供排水公司团总支
中国石油乌鲁木齐石化公司团委
新疆维吾尔自治区喀什师范学院物理系团总支
新疆天业(集团)有限公司团委
新疆生产建设兵团农四师七十五团一连团支部
中国人民解放军装甲兵工程学院轮训大队团委
中国人民解放军海军石家庄舰团委
中国人民解放军 95118 部队团委
中国人民解放军 65583 部队团委
中国人民解放军 68016 部队团委
中国人民解放军 61825 部队 64 分队团支部

中国人民解放军八一体育工作大队男子篮球队团支部
中国人民解放军62111部队63分队团支部
中国人民解放军95944部队59分队团支部
中国人民解放军第二炮兵指挥学院三系第十学员队团支部
中国人民解放军军事科学院第二干休所团支部
中国人民解放军国防大学汽车队团支部
中国人民解放军国防科学技术大学指挥军官基础教育学院学员五大队学员四队团支部
中国人民解放军66417部队67分队团支部
中国人民解放军71315部队62分队团支部
中国人民解放军73181部队82分队团支部
中国人民解放军75560部队21分队团支部
中国人民解放军78086部队51分队团支部
中国人民武装警察部队上海市总队第一支队十中队团支部
武汉铁路局团委
西安铁路局新丰镇机务段新丰运用车间团总支
昆明铁路局昆明车辆段库检车间团支部
深圳航空有限责任公司客舱服务部团总支
中共中央办公厅团委
中共中央党校后勤服务部综合服务中心团支部
交通银行股份有限公司机关团委
教育部师范教育司团支部
中国商用飞机有限责任公司团委
中国通用技术(集团)控股有限公司中国机械进出口(集团)有限公司能源工程事业部团支部
中国铁道建筑总公司中铁十四局集团第三工程有限公司青临高速公路第十标项目部团支部
中国建设银行股份有限公司北京市分行团委
中国银联股份有限公司国际业务总部团支部
中国工商银行信用卡电话服务中心(成都)团总支
兖矿集团有限公司团委
山西焦煤集团有限责任公司西山煤电屯兰矿二采区综采一队团支部

全国青年岗位能手标兵和全国青年岗位能手

全国青年岗位能手标兵名单

(30人,按姓氏笔画排序)

王　崴　沈阳造币有限公司造币一部生产保障班班长
王忠才　淮北矿业集团朱庄煤矿综采预备区机采队队长
王和杰　上海市电力公司超高压输变电公司站长
王香瑞　河南平煤神马集团平煤股份六矿综采四队大学生采煤班班长
王振宇　中国航天科技集团公司第一研究院702所工程副组长
王展勤　76162部队84分队分队长
尹　倪(女)　中南大学湘雅二医院心胸外科医生
白芝勇　中国中铁一局集团第五工程有限公司测量队分队长
冯　丹(女)　广州市殡仪馆礼仪部副部长
刑慧堂　中铁十四局集团南京长江隧道项目部盾构机机长
刘　刚　沈阳机床中捷立式加工中心事业部

工人
刘　铭　北京市地铁有限公司运营三分公司太平湖维修中心电器钳工
许海峰　浙江省电力公司绍兴电力局修试工区副组长
李东亮　青海省投资集团有限公司青海桥头铝电股份有限公司焊工班长
杨震琼(女,回族)　江苏常熟发电有限公司全能值班员
吴秋红(女)　中国移动通信福建公司客户服务中心话务员
张　钊　重庆清华实业公司厨师长
张　林　成都飞机工业(集团)有限责任公司数控加工厂助理工程师
张志富　西北工业集团有限公司零件加工四分厂机修钳工
张静海　齐齐哈尔二机床(集团)有限责任公司重加事业部班长
明　强　武汉铁路局武汉动车基地职工
周　君　中国东方航空股份有限公司西北分公司飞行部飞行二部副经理
周益斌　西安铁路局安康车务段车站值班员
贾元友　66157 部队 86 分队四级军士长
顾仲辉　吐哈油田公司吐鲁番采油厂果采油工区采油工
唐侨良　贵州林荣汽车贸易股份有限公司机修组长
唱春占　唐山钢铁集团有限责任公司作业长
崔建辰　天津奥的斯电梯有限公司职工
董国平(女)　南阳市鸭河口灌区管理局渠道维护工
谢宇宁　方大特钢科技股份有限公司炼钢厂冶炼车间炉前作业长

全国青年岗位能手名单

(445 人)

北　京

刘小东　首钢矿业公司水厂铁矿磁选车间大作业长
王　磊　北京铁路局天津车务段沧州站调车长
韩亚东　安利(中国)日用品有限公司北京分公司职员
魏颖爽(女)　北京金象复星医药股份有限公司白塔寺药店执业药师
马　翀　首都农业集团有限公司三元种业科技股份有限公司绿荷奶牛养殖中心兽医师
李一秀(朝鲜族)　北京现代汽车有限公司销售本部销售一线销售人员
高　杰　北京大学人民医院肝胆外科医生

天　津

吴培培(女)　天津市交通集团滨海(塘沽)客运值班站长
张　红(女)　中国联合网络通信有限公司天津市分公司津南区分公司运行维护
阚亚静(女)　天津市河西区邮电局土城邮电支局储蓄理财经理
陈　丰　天津市地质工程勘察院勘察四队工程师
刘伟凯　乐金电子(天津)电器有限公司维修电工
罗丽曼(女)　天津市名媛职业技能培训学校化妆培训师

河　北

苏克文(满族)　河北钢铁集团承钢公司提钒一厂炉长
任　俊　华北电网有限公司张家口供电公司地区调度所高级技师
刘　勇　河北大学附属医院首席医师
陈继峰　中国农业银行股份有限公司沧州分行内控合规部仲裁员
王　倩(女)　河北泛美服装有限公司服装技术员
黑保军(回族)　邢台市冀中能源股份有限公

司邢台矿采综一队班长

韩斌杰　中国移动集团河北有限公司网络优化技术人员

山　西

乔显斌　太钢自动化公司公辅作业区主管

王朝勇　太原重型机械集团有限公司齿轮传动分公司钳工

庞学士　太原铁路局大同站西二场车间调车长

谷　波　山西榆次华益型钢实业有限公司热轧车间主任

杨　润　山西中医学院附属学院推拿科医师

张晓鹏　山西丽华大酒店餐饮技师

宋青红　山西省阳泉煤业集团一矿采煤工区综采四队一线采煤机司机机组维护工

陈　颖(女)　山西省肿瘤医院生物治疗科护士长

内蒙古

王　飞　北方联合电力有限责任公司达拉特发电厂运行一部值长

邢　岗　内蒙古包钢钢联股份有限公司焦化厂自动化部备煤电工班班长

马　强　内蒙古国电能源投资有限责任公司锡林热电厂值长

张瑞峰　内蒙古北方重工业集团有限公司液压机械厂401车间装试工

郑　璐　内蒙古电力(集团)有限责任公司乌海电业局输电处技师

邢爱华(女)　呼和浩特铁路局集宁车站货运车间货运员

吕海波　内蒙古自治区乌尔旗汉林业局贮木场装载机司机

辽　宁

杨志远　中国石化辽宁石油分公司信息管理处网络安全管理

刘　胜　鞍钢股份有限公司热轧带钢厂1700精轧换辊岗位点检员

周福斌　辽宁省本溪市山城金店导购员

孙尔硕　沈阳铁路局沈阳机务段动车组司机

王　斌　中国石油辽河油田公司总机械厂筛管制造厂钳工

李明松　东北石油管道公司太平庄输油站站长

王　莹(女)　盘锦兴隆大厦二百导购员

吉　林

张忠锋　吉林省电力有限公司辽源供电公司送变检修工区职工

陈晓玉　吉林省白山市江源区农电有限公司湾沟配电工区主任

潘晓敏(女,满族)　通化金马药业集团股份有限公司职员

李天娇(女)　吉林省前郭县阳光村镇银行大堂经理

徐　炯　吉林省白城市中心医院医师

柳秀兰(女)　中国联合网络通信有限公司珲春市分公司营业班长

付　涛　中国联合网络通信有限公司吉林省分公司电子渠道中心职工

黑龙江

屈永振　哈电集团哈尔滨电机厂有限责任公司水电分厂重型工段12.5米立车机台长

张馨予(女)　中国银行股份有限公司鸡西分行柜员

秦世俊　中航工业哈飞15车间工人

蒋德山　大庆油田井下作业分公司修井一大队修107队队长

王　馨(女)　黑龙江省医院医生

张红亮　黑龙江省红星农场第四作业区第十四作业站站长

上　海

浦永平　上海大众出租汽车市北公司司机

陈红财　上海华日服装有限公司整烫、检验车间主任

王程伟　上海铁路局上海站上海南客运车间

客运值班员
周　婷(女)　上海银行浦东分行慧通理财中心客户经理
虞一冬(女)　上海新世界股份有限公司柜长
申晓军　第二军医大学第一附属医院主治医师
陈志毅　中国东方航空股份有限公司上海保障部浦东客运部离港三部高级客运员

江　苏

虞新芳(女)　晨风(金坛)服饰有限公司技术员
任　松　徐工集团基础工程机械有限公司钳工
赵孔标　江苏熔盛重工有限公司技师
何维祥　江苏省连云港供电公司电力调度控制中心地调班长
唐凤英(女)　南京医科大学附属淮安市第一人民医院肾内科科室副主任
王星华　中国移动通信集团公司江苏有限公司盐城分公司市场部品牌综合管理职工
聂玉海　江苏扬力集团有限公司装配钳工
李佳瑾(女,回族)　中国工商银行宿迁分行财富管理中心理财经理
陈海华　中国石化华东石油局井下作业公司油建安装队焊工

浙　江

张龙江　温州香滨左岸食品连锁有限公司烘焙技师
钱煜明　绍兴市稽山中学教师
胡宪清　金华市中心医院心血管科医生
李　伟　中达联合控股集团股份有限公司自动化设备管理科科长
吴　亮　浙江巨化股份有限公司氟聚合物事业部二车间副主任
邓　斌　杭州市水业集团有限公司供水管理部供水技术员
王存波　金海重工股份有限公司门座式起重机驾驶员组长
潘晓辉　浙江浙能乐清发电有限责任公司发电部见习值长
胡芳铁　杭钢集团公司维检中心中轧作业区班长

安　徽

周　艳(女)　蚌埠市供电公司修试工区技师
李　博　安徽省黄山国际大酒店餐饮部调酒师
陈　琛(女)　安徽省宿州市宿州二中教师
刘雪风　中国移动亳州分公司网络优化职工
许　鑫　安徽军工集团神剑科技股份有限公司数控副班长
马　捷　中国人民解放军第五七二〇工厂网络技术员
马金辉　安徽省电力公司调度通讯中心调度员

福　建

江　南　福建省电力有限公司福州电业局调度所调控中心调控长
庞一帆　福建兵工装备有限公司工具车间职工
蔡俊宇　福建省电力有限公司厦门电业局不停电作业中心带电作业技术员
郑天佑　中国移动通信集团福建有限公司莆田分公司职工
邹建峰　福建网龙计算机网络信息技术有限公司产品总监
吴中耀　网讯信息技术(福建)有限公司产品经理
张爱新　福建联合石油化工有限公司工程一联合团队协调员
刘行通　福州市烟草公司平潭分公司专卖员

江　西

熊　瑛(女)　中航工业洪都机械加工厂数控铣工
徐春霞(女)　江西贵溪火力发电厂生产准备

部职工

钟振华　景德镇手工制瓷技艺半刀泥刻花装饰代表性传承人

汤江波　南昌铁路局南昌车辆段南昌乘务车间工长

彭炳锋　江西保太有色金属集团有限公司江西金果铜业有限公司苏州门市部销售经理

山　东

郑　林　日照港股份有限公司二公司机械一队装载机司机

张　勇　山东重工潍柴动力股份有限公司工人

上官德安　胜利油田临盘采油厂采油二矿工人

李明涛　华电莱州发电有限公司电器专工

王广义　上海通用东岳汽车有限公司汽车装配高级技师

杨贵玲(女)　山钢济钢热轧作业长

索延波　滨化集团股份有限公司氯碱车间技术员

代晓静(女)　山东鲁抗医药股份有限公司质监中心技术员

张翠翠(女)　三阳纺织有限公司精纺车间细纱操作主任

孙士峰　临沂交通运输有限责任公司轿车维修中心高级技师

河　南

李建华　郑州铁路局郑州客车车辆段动车组运用所质检员

苏　沛(女)　河南省电力公司郑州供电公司客户服务中心 95598 客户信息班班长

翟志清　中国石油化工股份有限公司洛阳分公司焦化车间副主任

张国辉　多氟多化工股份有限公司生产部副部长

朱　超　河南神火铝业公司永城铝厂车间副主任

王志强　河南新华建国饭店有限责任公司总厨

侯学攀　大唐信阳华豫发电有限责任公司职工

湖　北

夏勇军　湖北省电力公司电力试验研究院继电保护及自动化所所长

夏　磊　武钢股份有限公司冷轧薄板总厂轧辊车间丙班班长

韦理仁　中铁大桥局四公司渝利项目铁路工程项目部项目经理

陈旭利　湖北三环汽车电器有限公司模具车间钳工班班长

张　琴(女)　武汉市妇女儿童医疗保健中心汉阳门诊副护士长

王拥华(女)　湖北利美纺织有限公司织布挡车工

汪明涵　孝感市武装押运护卫有限公司押运车组车长

湖　南

王　凯　湖南中烟工业有限责任公司常德卷烟厂质量监督检测站香料组长

王　毅　湖南省郴州电业局变电管理所维操队副队长

杨　帆　湖南省长沙市第一中学校办公室副主任

余　艳(女)　湘潭钢铁集团宽厚板厂一线轧制电气作业区点检工

刘　珏(女)　长沙通程控股有限公司会员主管

顾海军　湖南省电力公司湘西电业局龙山县电力公司筹备组主要负责人

邹　颖　大有期货有限公司经济师

广　东

陈鸿辉　中国移动通信集团广东有限公司江门分公司业务支持中心系统优化员

许立国　中国石油广东销售公司佛山平洲油

库主任
张淑华（女） 广佛高速公路有限公司收费员
梁瑞芳（女） 广东省肇庆市第十六小学音乐教师
陈　成 中国电信汕尾分公司电信网运部核心网兼承载网维护管理员
陈敏利（女） 广州白云国际机场股份有限公司航空运输服务分公司部门综合办主任
周　清（女） 广东省人民医院肿瘤中心肺三科医生
林　琪 中国石化集团茂名石化化工分部裂解车间技术员
唐　浩 广东风华高新科技股份有限公司电子工程开发分公司经理

广　西

唐佳誉 南宁供电局变电管理二所继电二班工程师
韦瑞宝（壮族） 广西柳州钢铁股份有限公司转炉厂炉长
谭冠轮（壮族） 中国铝业广西分公司碳素厂阳极制备车间操作工
何世文（壮族） 南宁铁路局南宁电务段职工
葛建春 广西机场管理集团有限责任公司南宁吴圩国际机场安全检查站业务骨干
韦　文（壮族） 广西中烟工业有限责任公司南宁卷烟厂电气组长
马志建 燕京啤酒（桂林漓泉）股份有限公司电气维修工

海　南

唐文宁（女） 海南省邮政运输局邮件处理中心信函班班长
陈　兵 海南省农垦科学院保亭试验站副站长
翁克发 三亚通宝实业发展有限责任公司驾驶员

重　庆

曹　林 重庆市电力公司江北供电局变电检修工
史贵山 西南铝业（集团）有限责任公司熔铸厂车间副主任
郝杰勇 华能重庆珞璜发电有限责任公司运行部副值长
韩　平 重庆望江工业有限公司职工
冉龙飞 重庆市公路工程质量检测中心工程师
平轶芳（女） 第三军医大学西南医院副主任医师

四　川

张　勇 中铁二局集团有限公司二公司项目总工
艾云跃 成都铁路局内江车务段车站值班员
霍松涛 四川省机场集团有限公司安全检查站班组长
肖　萍（女） 成都美容美发协会尊尚柏丽美容美发有限公司技术总监
魏亚菲（女） 四川移动通信公司业务支撑中心客服系统管理
张文选 中国水电七局溪洛渡施工局一工区测量队队长
王正军 四川波鸿绵阳倍尔轿车服务有限公司行业运管处技师

贵　州

胡贵君（苗族） 贵州茅台酒股份有限公司制酒四车间酿造酒师
夏贵荣 贵州省六盘水市盛鸿达机械设备制造有限公司电焊班长
胡　庆（女） 中航工业贵州黎阳航空动力有限公司工装制造分厂铣工
张锦鹏（苗族） 061 基地贵州航天天马机电科技有限公司焊工
蒋　波 成都铁路局贵阳南车辆段车辆钳工

云　南

王　黎 昆明铁路局昆明车辆段检修车间车辆电工
李晓松 中国南方电网有限责任公司云南电

网公司昆明供电局职工
孙显国　云南昆钢煤焦化有限公司安宁分公司炼焦车间主任助理
周春梅(女)　云天化集团云南盐化股份有限公司财务
张志刚　昆明市自来水集团工程有限公司管道工程技术员
施学江　云南中烟工业有限责任公司红云红河集团昆明卷烟厂物流信息部系统维护员
董学友　云南省第二建筑工程公司工程师

西　藏

边巴卓玛(女,藏族)　中国移动通信集团西藏有限公司阿里分公司塔尔钦营业厅营业员
尼玛卓嘎(女,藏族)　中国电信集团公司拉萨分公司营业部值班经理
吴建川　西藏高争建材股份有限公司技术员

陕　西

张红法　西北有色金属研究院西部钛业有限责任公司管材厂科长
张学良　世纪金花钟楼购物中心保安员
卜　苹(女)　招商银行股份有限公司咸阳支行职员
徐晓英(女)　西安铁路局新丰镇车站电算室主任
赵艳娜(女)　陕西省延安洛杉矶保育院小教高级教师
翟亚青(女)　陕西建工集团第五建筑工程有限公司合同预算部副部长

甘　肃

陈淼桃(女)　甘肃省武威师范附属小学教师
王小成　白银有色集团股份有限公司小铁山矿班长
魏霖静(女)　甘肃农业大学信息科学技术学院教师
石全宁　华亭煤业集团山寨煤矿综采队职工
毛小斌　甘肃烟草工业有限责任公司天水卷烟厂企管员

青　海

汪建民　中国铝业青海分公司第二电解厂工区长
姜　兰(女)　青海电力公司海东供电公司运维站站长
冷宏兴　青海制药集团宝鉴堂国药有限公司班组长

宁　夏

任　涛　神华宁夏煤业集团清水营煤矿机电队电工班维修电工
秦　力　宁夏电力公司吴忠供电局送电工区副主任
陈　虹(女,回族)　宁夏中医医院药剂科药剂师
马　永(回族)　中国电信银川分公司行业应用业务支撑中心主任

新　疆

安　娜(女)　新疆机场(集团)公司贵宾服务部要客服务室分队长
杨晓辉　中国南方航空股份有限公司新疆分公司飞行部飞行员
刘功旺　独山子石化公司乙烯厂聚烯烃联合车间装置长
张凤城　新疆华电电力工程有限公司检修工
孔新军　乌鲁木齐石化分公司炼油厂加氢裂化车间车间副主任

新疆兵团

王献伟　新疆生产建设兵团农一师电力公司塔里木热电厂值长

解放军

王世杰　62111 部队 82 分队上士
刘隆武　海军深圳舰电子战技师
龚晓斌　96514 部队 80 分队技术员
潘　鑫　65037 部队司令部参谋
张茂春　71496 部队 72 分队班长
朱峻峰　军委办公厅办公楼管理处中控班班长

陈　勇　武警8661部队50分队分队长

铁　道

马海龙　呼和浩特铁路局包头西车辆段工长

杨　超　广州铁路(集团)公司广州动车基地广州东动车运用所副工长

张海波　兰州铁路局兰州电务段技师

毛　强　武汉铁路局武昌南机务段动车指导司机

李剑峰　青藏铁路公司西宁供电段哈尔盖供电车间哈尔盖电力工区电力工长

民　航

孙　铁　民航华东空管局上海区域管制中心管制员

吴志梁　中国航空油料有限责任公司河北分公司航空加油站储运员

缪明霞(女)　上海国际机场股份有限公司安检护卫保障部副分队长

中直机关

刘志勇　中国外文局印厂装订部胶订线三面刀领机

徐　林　光明日报印刷厂胶印车间机长

董　帅　中央人民广播电台技术管理办公室“中央台综合业务安全通信系统”项目执行人

吴　晶(女)　新华社国内部中央新闻采访中心记者

国家机关

邢冠华(女,蒙古族)　环境保护部中国环境监测总站环境监测分析师

谢　燕(女,高山族)　交通运输部规划研究院研究员

严登华　中国水利水电科学研究院水资源所研究员

王秀杰(女)　中国科学院遗传与发育生物学研究所研究员

秦晓雨　首都大酒店客房部副主管

刘京津(女)　中国邮政集团公司邮票印制局钳工

中央金融

卢秀娅(女)　中国人民财产保险股份有限公司重庆市分公司客户服务管理部95518客户服务中心回访组组长

柯文玮(女)　中国工商银行私人银行部上海分部高级财富顾问

齐　啸(蒙古族)　国家开发银行内蒙古自治区分行三级经理助理

贾静超(女)　中国建设银行股份有限公司北京市分行科南路储蓄所柜员

郎　英　中国农业发展银行内蒙古自治区阿拉善盟分行高级副主管

范静波(女)　中国农业银行股份有限公司绍兴县支行会计主管

袁卫华(女)　中国银行股份有限公司江苏省南通海门支行副主任

朱　璐(女)　交通银行湖北省分行营业部副科长

中央企业

王少铁　中国航天科工集团第九研究院国营红峰机械厂十九车间副主任

李　玉　国家电网公司山西省电力公司送变电工程公司项目经理

王福晶(女)　中国华能集团公司华能淄博白杨河发电有限公司职工

李桐坡　神华神东煤炭集团有限责任公司主管

郭大干　中国移动通信集团江苏有限公司盐城分公司工程维护部副经理

杜利峰　中国一汽铸造有限公司铸造一厂工艺员

孙文斌　哈电集团哈尔滨锅炉厂有限责任公司水冷壁分厂焊工

武鹏飞(女)　中化集团昊华总公司黑化集团尿素厂职工

邓立强　中国北车集团大同电力机车有限责任公司机械一车间组长

付彦丽(女)　长庆油田公司第一采油厂职工
周　宇(苗族)　中建一局集团建设发展有限公司深圳平安金融大厦项目经理部项目执行经理
刘冰洋　中国商用飞机有限责任公司上海飞机制造有限公司制造管理部综合管理室主管
刘　沐　中国水利水电第十一工程局有限公司海外事业部项目总工
鲍克坚　南车成都机车车辆有限公司电机公司机加工车间职工

全国钢铁行业青年工作年会理事会

吕　涛　山西太钢不锈钢股份有限公司第二炼钢厂炼钢工
刘太东　鞍钢股份有限公司炼铁总厂调度室副值班长
严　洁　重庆钢铁股份有限公司炼铁厂点检站机修钳工
李东明　包钢(集团)公司炼钢厂转炉炼钢工
李发富　福建三钢炼钢厂调度科调度长
李　军　河北钢铁集团邯钢公司工程师
李英利　首钢迁安钢铁有限责任公司轧钢工
李海峰　山东钢铁济钢集团炼钢厂炼钢工
杨　华　河北钢铁集团舞钢公司第一轧钢厂电工
杨　博　天津天铁集团炼钢厂轧钢车间铸钢轧钢工艺员
胡惊雷　武汉钢铁股份有限公司硅钢事业部热处理五车间助理工程师
钟新建　湖南华菱涟钢一炼轧厂电气车间副主任
原森彪　首钢长钢炼钢厂冶炼二车间连铸机作业长
钱良丰　宝钢股份炼铁厂工程师
高胜刚　武钢集团鄂钢公司转炉炼钢厂炼钢工
蒋学健　山东省莱钢集团银山型钢公司炼铁厂工程师
覃小峰(壮族)　广东省韶关钢铁集团有限公司第三炼钢厂炼钢工段技术员
蒲晓庆　安徽省马鞍山市马钢股份设备检修公司工程师

全国煤炭行业共青团工作指导和推进委员会

张兴国　山西同煤集团塔山煤矿公司综采二队副队长

国家级一类职业技能竞赛

张念利　山东五征集团汽车二厂涂装工
李雪松　沈阳金杯有限公司涂装工
王业嵩　柳州五菱汽车有限责任公司涂装工
曹建中　临沂冠华汽车销售服务有限公司涂装工
张　伟　上海通用(沈阳)北盛汽车涂装工
丁佳金　上海通用(沈阳)北盛汽车汽车修理工
王　宁　山东济南技术学院汽车修理工
刘　军　天津公交集团汽车修理工
杨国成　北京市汽车修理公司汽车修理工
李荣喜　沈阳华通丰田汽车服务有限公司汽车修理工
张海英　沈阳双联盛世科贸有限公司多媒体作品制作员
张　电　沈阳金杯教育中心多媒体作品制作员
周振刚　三江航天工业集团红阳机械厂多媒体作品制作员
郝金亭　北京市实用高级技术学校多媒体作品制作员
范勇华　盐城技师学院多媒体作品制作员
方文墨　中航工业沈飞民品总公司机修钳工
蒋　炜　徐工集团机修钳工
赵连城　中航工业沈飞机械设备厂机修钳工
陈　晨　中航工业沈飞机械设备厂机修钳工
孙　俊　江苏省常州技师学院机修钳工
刘　刚　沈阳机床集团机械设备安装工
董　爽　沈阳机床集团机械设备安装工
李　峰　东风汽车有限公司设备制造厂机械

设备安装工
黄启明　沈阳机床集团机械设备安装工
王玉生　江苏省盐城技师学院机械设备安装工
陈立淮　广州市工贸技师学院计算机网络管理员
李廷鸿　广州市工贸技师学院计算机网络管理员
陈加春　江苏省盐城技师学院计算机网络管理员
高建国　广州市工贸技师学院计算机网络管理员
吴廷焰　湖南铁路科技职业技术学院计算机网络管理员
曹余翔　中国电信辽宁省公司计算机程序设计员
吕成军　马钢自动化工程公司计算机程序设计员
张　磊　沈阳鼓风机集团有限公司计算机程序设计员
刘华正　广州市工贸技师学院计算机程序设计员
罗冬阳　广州千骐动画有限公司计算机程序设计员
洪家光　沈阳黎明发动机集团有限责任公司车工
潘　海　沈阳飞机制造(集团)有限公司车工
张言乐　徐工集团车工
刘凤博　沈阳飞机制造(集团)有限公司车工
王成领　徐工集团车工
李小龙　太原钢铁集团公司工业自动化仪器仪表与装置装配工
陈奇福　湖南涟钢工业自动化仪器仪表与装置装配工
崔　博　扬子石化工业自动化仪器仪表与装置装配工
张　浩　包钢(集团)公司工业自动化仪器仪表与装置装配工
夏　飞　扬子石化工业自动化仪器仪表与装置装配工
田国锐　中国铁道建筑总公司十二局集团第二工程公司员工
游泽勤　中国铁道建筑总公司十一局集团公司员工
潘文忠　中国铁道建筑总公司十三局集团第二工程有限公司员工
智　慧　中国铁道建筑总公司十七局集团第二工程有限公司员工
任绍刚　中国铁路工程总公司二局集团第五工程有限公司员工
徐海涛　中国联合网络通信集团有限公司山东省临沂市分公司高级技术主管
郑维通　中国联合网络通信集团有限公司山东省临沂市分公司员工
陈　晨　中国联合网络通信集团有限公司辽宁省沈阳市分公司员工
张希军　中国电信集团公司河北公司员工
方小云　中国电信集团公司广东公司员工
宋　贺　中国联合网络通信集团有限公司天津分公司投诉处理人员
林惠君　中国电信集团公司广东公司员工
徐　扬　中国电信集团公司上海公司员工
陈　佳　中国电信集团公司上海公司员工
何　祺　北京天宇朗通通信设备股份有限公司职工
杨文雅　南京丽塔电子有限公司职工
林大力　深圳慧通商务有限公司职工
余　乐　深圳慧通商务有限公司职工
赵成昌　合肥佳元电子通讯产品技术服务有限公司职工

国家级二类职业技能竞赛及行业职业技能竞赛

常海竹　河南省中平能化集团救护大队
童文生　国投新集能源股份有限公司救援中心
杨伟猛　河南省中平能化集团救护大队
符树林　黑龙江省龙煤集团鸡西分公司救护大队
王焕杰　山东省枣矿集团矿山救护大队

郭　杰　安徽省皖北煤电集团公司矿山救护大队
林嗣柱　国投新集能源股份有限公司救援中心
张　永　贵州省永贵能源公司矿山救护大队
彭金河　安徽省皖北煤电集团公司矿山救护大队
郝文俊　山西焦煤汾西矿业集团矿山救护大队
陈　亮　重庆市松藻煤电有限公司救护大队
李　宝　山东省泰安市康辉旅行社导游
张薇薇（女）　四川成都导游服务公司导游
杨　凯（侗族）　湖南湖湘天下国际旅行社经理
王　渊　江苏苏州中国国际旅行社有限责任公司导游
李　静（女）　陕西西安中国国际旅行社导游
吴娜佳（女）　中国国旅（浙江）国际旅行社有限公司导游
樊有成　安徽省中国旅行社导游
李德煜　浙江省杭州国际旅行社有限公司导游
姜文强　东方合创管理集团总经理
史文勇　北京便宜坊烤鸭集团有限公司冷荤人员
王　杰　北京新世纪青年饮食有限公司厨师
严国文　东方合创管理集团面点主管
解小虎　聚德华天控股有限公司北京聚德烤肉宛饭庄面点师
云　远　海南龙泉集团厨师长
郑　涛　聚德华天控股有限公司北京聚德烤肉宛饭庄厨师
王连印　北京便宜坊烤鸭集团有限公司厨师
李　可　鲍鱼王品鲜堂总厨师长
赵　梦（女）　北京东来顺集团有限责任公司副招待长
何维维（女）　聚德华天控股有限公司北京聚德烤肉宛饭庄服务员
刘　勋（女）　石家庄市渔人码头大酒店有限公司服务员
张　彬　北京便宜坊烤鸭集团有限公司冷荤人员
彭丽娜（女）　北京市天使食府餐饮有限责任公司服务员
高　剑　北京淮扬村餐饮有限责任公司切配厨师长
柴卫国　山西焦煤西山煤电（集团）有限责任公司支护工
许卫峰　山西晋城无烟煤矿业集团有限责任公司支护工
刘飞飞　山西晋城无烟煤矿业集团有限责任公司支护工
王强强　山西焦煤汾西矿业集团有限责任公司综采维修电工
连文军　山西晋城无烟煤矿业集团有限责任公司综采维修电工
宋晋文　山西焦煤西山煤电（集团）有限责任公司综采维修电工
范康康（女）　山西晋城无烟煤矿业集团有限责任公司安全仪器监测工
王　超（女）　山西晋城无烟煤矿业集团有限责任公司安全仪器监测工
王转琴（女）　山西焦煤汾西矿业集团有限责任公司安全仪器监测工
罗淑方（女）　国家测绘局第一航测遥感院职工
郑伟安　山东省国土测绘院职工
郑跃骏　重庆勘测院职工
秦庆祚　湖南省第一测绘院职工
张荣广　博西华家用电器服务江苏有限公司技术经理
张　伟　青岛海尔洗衣机有限公司一线服务人员
姚依婷（女）　广东美的制冷设备有限公司中国事业本部售后管理部呼叫中心质检专员
张　璇（女）　苏宁电器股份有限公司客户服务中心受理员
王培军　广东美的制冷设备有限公司中国事

业本部售后管理部呼叫中心信息处理主管
孙宏义　中国中铁九局一公司电工
周艳伟　中国中铁山桥集团动力供应有限公司电工
王建伟　中国中铁山桥集团动力供应有限公司电工
李　鹏　中国中铁一局集团城市轨道交通公司盾构司机
李　宁　中国中铁一局集团城市轨道交通公司项目副经理
郭向青　中国中铁一局集团城市轨道交通公司盾构队长
崔嵩岭　中国中铁大桥局集团一公司工程师
藕长洪　中国中铁大桥局集团七公司工程师
方苏波　中国中铁大桥局集团二公司助理工程师
刘　洋　中航工业空空导弹研究院数控车操作工
余　飞　中航工业江西洪都航空工业(集团)有限责任公司飞机部装一厂技师
马　滔　中航工业南方航空动力机械有限公司420车间数控车床工
王恩谊(土家族)　中航工业南方航空工业(集团)有限公司飞机发动机试车工
吴昌生　中航工业南方航空工业(集团)有限公司飞机发动机试车工
张晨光　中航工业西安飞机工业(集团)有限责任公司飞机铆装钳工
陈　亮　内蒙古北方重工集团有限公司维修电工
蒋　晓　重庆铁马工业集团有限公司维修电工
线　伟　甘肃银光化学工业集团有限公司化工总控工
张春霞　甘肃银光化学工业集团有限公司化工总控工
王　巍　辽沈工业集团有限公司加工中心操作工
忽东风　晋西工业集团有限公司加工中心操作工
翟兴刚　内蒙古第一机械集团有限公司焊工

国家重点工程

川气东送工程

陈　刚　中国石油化工集团公司中原油田普光分公司采气厂副经理
金培发　中国石油化工集团公司河南油田油建工程建设有限责任公司第三安装分公司工程师
刘正文　中国石油化工集团宁波工程公司工程师
温　涛　江苏石油勘探局油田建设处工程管理部副科长
赵红忠　中国石油化工集团公司第五建设公司南京分公司副科长

“海上大庆油田”建设工程

李卫团　中海石油(中国)有限公司湛江分公司涠洲终端总监
白文柱　中海石油(中国)有限公司天津分公司绥中36－1作业区旅大10－1油田总监
刘海林　海洋石油工程股份有限公司建造公司容器车间电焊工
青　俊　中海油田服务股份有限公司钻井事业部SEEKER钻井平台钻井队长
曹砚锋　中海油研究总院完井工程师

海外油气合作建设工程

田　苗(女)　中国石油技术开发公司古巴办事处总代表
吕　菁(女)　中国石油天然气勘探开发公司法律事务部副主任
盖俊才　中国石油国际事业有限公司(乌兹别克斯坦)办事处负责人
敖日其楞(蒙古族)　中国石油工程建设公司派驻伊拉克分公司HSE

督察

赵晓旭　长城钻探公司哥伦比亚项目部GW265队平台经理

上海世博会

聂　亮　上海市质量技术监督局特种设备安全监察员

董兆辉　上海市第二市政工程有限公司项目经理

詹　芸(女)　上海地铁第四运营有限公司站长

蔡振宇　上海市建设工程安全质量监督总站工程监管

俞　杰　上海新世界丽笙大酒店宾馆服务

李　佳　上海市建筑装饰工程有限公司项目经理

张　杰　上海市公安局交通警察总队机动支队公安民警

谢　隽(女)　上海汽车集团股份有限公司乘用车公司项目经理

姚　莹(女)　沪东中华造船(集团)有限公司技术员

胡晓东　宝钢集团宝钢发展有限公司组织管理

邱　艳(女)　上海丰收日(集团)有限公司世博云餐厅店长

佘志鹏　上海世博会事务协调局工程建设指挥部办公室主管

赵全泽　上海世博会法国参展局主管

顾春华(女)　上海世博会事务协调局参观者服务中心助理主任

蔡　黎(女)　上海世博会事务协调局DE片区部主管

陈沅恺　上海世博会事务协调局活动部助理部长

胡秋英(女)　上海世博会事务协调局国际参展部主管

吴成飞　上海世博会事务协调局办公室(三等)高级主管

丁利民　上海世博会事务协调局新闻中心危机应对组副组长

张　雄　上海世博会事务协调局票务中心助理主任、综合协调组组长

“天宫一号”与“神舟八号”交会对接任务

王　征　中国航天科工三院三十五所导航总体技术研究室主任设计师

郑德全　中国航天科工集团第四研究院南京晨光集团有限责任公司研发中心膜盒项目组设计员

张　勇　中国航天科工集团061基地林泉航天电机有限公司产品制造部数控一组组长

苏　彬　中国电子科技集团公司第十八研究所一室组合班班长

中国青年志愿者优秀个人奖、组织奖、项目奖

第九届中国青年志愿者优秀个人奖名单

(共261人)

北　京

谢海山　张　哲(女)　张振东(满族)

李　凌　陈朝松　占月华(女)

张　静(女)　李　楠(女)

自　蓉(女)　庞　宇

天　津

满都呼(蒙古族)　史学军(女)　汪泽波

朱东剑　史晓晨(女)　张迎龙

河　北

桑海勇　郭启民　卢英洪　许利娜(女)
唐明宇(满族)　吴景珲(满族)

山　西

刘素林　李登春　王　亮(女)　吕晓勇
车炳君

内蒙古

王金清　高山包　洪　斌(蒙古族)
马凯华(女,回族)王　蒙(女,蒙古族)
姚　瑞(女)

辽　宁

伊成略(满族)　卢　闯(满族)　孙　哲
吴小凡(女)　于少乾　张　丹(女)
张　贺　温　泉

吉　林

张晓敏(女)　张　爽(女,满族)
胡艳苹(女)　张立光　孙艳凤(女)
北　辰(王成罡)　贾　宁(女,满族)

黑龙江

孙慧熙　王国华(女)　杨云峰(彝族)
张　皓　张连明　王　岩(女)

上　海

王少军　沈慧云　李王超(满族)　沈　祺
张瑾瑜　周厚蓉(女)　施　琰(女)
顾红军　顾　霖

江　苏

崔　勇　谈文艺　李佳兴(女)　曹　扬
吴　迪(女)　温子进(马来西亚籍)
陈　军　吴华芳(女)　陈　晟

浙　江

马　琴(女)　陈晓鹏　钟秀根　赵云峰
王承超　李慧忠　凌王女(女)　周连海

安　徽

单　群(女)　孙燕飞(女)　李　剑
汪育红(女)　闻广林(女)

福　建

陈振全　吴耀环　陈　帅　钱德祥
柯文惠(女)

江　西

蔡海生　林祖盟　吴招福　赵　晖　陈云金
杜月辛(女)　李　冰

山　东

臧　雷　刘传华　武　强　赵　娜(女)
谭述霞(女)　汲春锋　赵　巍　杨支华
贾晓慧(女)

河　南

张　楠　张　凯　林潇逸　王向利
刘　乾(女)　李英世　刘红敏(女)
王　珂(女)　王厚杰

湖　北

亢　茜(女)　齐怀远　张瑜彬(女)
胡旺洲　葛上卿　李　婷(女)
阿达姆(尼日利亚籍)

湖　南

王鸿福　李小龙　李　磊　余文芳　徐　剑
王　青　刘志祥　刘映先(女)

广　东

谭晓睿(女)　宁　静(女)
吴　怡(女)　康　洁(女)　刘　锴
陈　鹰　梁淑鸣(女)　李金海(满族)
林鸿章

广　西

江　盼(女)　黄加荣
刘陈男(蒙古族)黄忠智(壮族)
黄湘婷(女,壮族)茅丛明(女)
韦俊辰(壮族)

海　南

林　琳(女)　胡诗泽　唐　菲(女)
杨智伟　苏子涵(女)
于晓洋(女,朝鲜族)

重　庆

周　婉(女)　曾　红　刘飞鸿　刘　颖
乐　梅(女)　张高奎　罗虞川　黄国权
穆龙豆　红　波(苗族)

四　川

罗兴美(女)　　蓝艳红(女)
王昊霓(女)　　张鹏飞(女)
王　畅(女)　　谢　缘(土家族)　甘　球
于孝春
贵　州
程　杰　张　彦(女)　　孙方红(女)
傅　振　刘习聪　任广园　陈碧清
瞿光爱(女,苗族)
云　南
任治森　张洪美(女)　　惠安达　方　骏
李春亭　王子龙
西　藏
李博洋　顾大局　郝廷东
晋美朗杰(藏族)　扎西南木加(藏族)
贡嘎江才(藏族)
陕　西
宋小乐　何　沛(女)　　张　敏
高丽梅(女)　　刘　炜　朱小强　徐　杰
甘　肃
赵军生　何晓亮　赵　硕　于成学　李荣光
罗　旭
青　海
王　宇(蒙古族)　郑云云(女)
王　栋(土族)　　侯成军　李明吉(土族)
宁　夏
万志远　韩　笑(女)
虎　蕊(女,回族)唐振山　孙志伟
张静涛(回族)
新　疆
许晓艳(女)　　王欣昀(女)
刘　倩(女)　　杨伊涵(女)　　李延兵
蒋春娟(女)
德力夏提·赛塔尔(维吾尔族)
铁　道
李海成　黄吉莉(女)　　刘晓芸(女)
赵鸿杰　袁高平　银一婷(女)
民　航
于然旗(女)　　金　剑　张　韬
王　敏(女)　　刘彦辰(女)
中直机关
许国鹏　刘云凯　彭　煊　王　铮　王洪鹏
国家机关
陈俊豪　李　峰　李　治　闫洪丰
韩　红(女)
中央金融
张凯龙　沈芬芬(女)　　李香雨(女)
祁海涛　周发盛　王　超　兰福利(回族)
中央企业
王　妘(女)　　夏　晨　刘　江　谷　松
王秀军(女)　　马　心(女)
赵立红(女)
新疆生产建设兵团
张焕军　姜珊珊(女)　　李庆昌
马　琴(女)　　王晓良

第九届中国青年志愿者优秀组织奖名单
(共86个)

北　京
北京红星志愿救援队
清华大学紫荆志愿者服务总队
北京地铁志愿服务队
天　津
共青团天津外国语大学委员会
河　北
冀中能源集团青年志愿者服务总队
滦南县"爱心小院"青年志愿者群体
山　西
太原市助残帮扶协会
山西省晋城市青少年活动中心关爱农民工子女服务队
内蒙古
内蒙古包头市义工联合会
内蒙古大学蒲公英青年志愿者协会
辽　宁
沈阳铁路局青年志愿者协会
共青团东北大学委员会

吉　林

东北师范大学红烛志愿者协会

辽源市爱心传递志愿者协会

黑龙江

共青团哈尔滨医科大学附属第三医院委员会

上　海

长宁区青年志愿者协会

上海外国语大学青年志愿者协会

上海静安区青年预防艾滋病服务中心

江　苏

共青团镇江市委员会

共青团常州市地税局委员会

南京海关学雷锋志愿服务队

南京理工大学青年志愿者协会

浙　江

衢州市心理健康志愿者协会

湖州网络公益联盟

浙江省志愿者协会

安　徽

安徽工业大学大学生志愿者协会

“八百里皖江一帆风顺”青年志愿者协会

福　建

泉州市青年志愿者协会

福州大学青年志愿者协会

江　西

江西师范大学初等教育学院“牵手”青年志愿者服务队

九江市青年志愿者协会

山　东

共青团泰山区委员会

淄博供电公司“善小”青年志愿者协会

山东大学研究生支教团

河　南

中原爱心联盟

信阳供电公司“春风”青年志愿者服务队

安阳师范学院青年志愿者服务总队

湖　北

华中农业大学“本禹”志愿服务队

共青团武汉理工大学委员会

华中师范大学心心火义教之家

湖　南

长沙市青年志愿者联合会

中南大学湘雅医院青年志愿者协会

广　东

广州市海珠区青年志愿者协会

江门市青年志愿者协会

南方医科大学青年志愿者协会

广　西

大学生志愿服务西部计划融水苗族自治县服务队

共青团广西师范大学委员会

南宁市青年志愿者协会

海　南

三亚市志愿者协会

志愿陵水乡怀社

重　庆

重庆市青年志愿者协会

西南政法大学法律诊所

荣昌县志愿者协会

四　川

共青团成都市委员会

石渠县太阳部落青年志愿者服务队

贵　州

贵州阳光952爱心车志愿者服务总队

贵阳青年志愿者协会

遵义师范学院青年志愿者协会

云　南

共青团昆明市委员会

馨香儿童之家

丽江普力爱心公益联盟

西　藏

共青团西藏民族学院委员会青年志愿者协会

日喀则地区青年志愿者协会

陕　西

陕西省青年志愿者协会

西北农林科技大学青年志愿者协会

长安大学青年志愿者服务总队

甘　肃

兰州交通大学青年志愿者协会

张掖市青年志愿者协会

青　海

青海师范大学青年志愿者协会

贵德县青年志愿者协会

宁　夏

宁夏大学青年志愿者协会

共青团同心县委员会

新　疆

博乐公路管理局桔红志愿者服务队

乌市星火志愿服务大队

铁　道

共青团成都铁路局委员会

民　航

共青团民航中南空管局委员会

共青团上海机场(集团)有限公司委员会

中直机关

中共中央办公厅机关团委

中共中央党校研究生志愿者服务队

国家机关

文化部直属机关团委

国家知识产权局青年志愿者协会

中央金融

中国银行业监督管理委员会青岛监管局团委

中央企业

中国电子信息产业集团有限公司团委

国家电网公司团委

新疆生产建设兵团

新疆生产建设兵团农八师天业集团水泥产业阳光青年志愿者服务队

第九届中国青年志愿者优秀项目奖名单

(共67个)

毛主席纪念堂志愿服务项目(北京、中直机关)

北京市与联合国合作项目(北京)

“志愿北京,公园之友”志愿服务项目(北京)

“新心希望”关爱农民工子女项目(天津)

河北省青年志愿服务系列行动(河北)

国家电网河北电力“大手拉小手,爱心暖空巢”青年志愿服务项目(河北)

山西长治“爱之翼”书屋捐建项目(山西)

内蒙古工业大学机械学院“金锁链”志愿服务项目(内蒙古)

内蒙古自治区人民医院志愿服务行动(内蒙古)

“千语千寻”圆梦行动(辽宁)

“请和我一起排队”鞍山青年志愿服务专项行动(辽宁)

“承担社会责任,关爱农民工子女”志愿服务项目(吉林)

吉林师范大学“心手相牵,关爱成长”支教项目(吉林)

“心手相牵,共享蓝天”大学生志愿者关爱农村留守儿童项目(黑龙江)

朝阳爱心志愿服务队西南贫困山区志愿服务项目(黑龙江)

梦想教练计划(上海)

上海青年公益人才学院专项(上海)

农民健康百村工程(江苏)

南通地税关爱“蒲公英”志愿服务行动(江苏)

新风志愿者服务总队“春风计划”关爱务工子女项目(江苏)

浙医二院“广济之舟”志愿服务联盟(浙江)

丽水职业技术学院爱心乐园(浙江)

志愿助残阳光行动(安徽)

南平市青年服务中心12355青年志愿者“心灵驿站”(福建)

厦门大学共青团关爱农民工子女志愿服务行动“爱心课堂”项目(福建)

江西高速公路“映山红”全程无忧志愿服务项目(江西)

九江“供电小红帽关爱洒鄱湖”志愿服务项目(江西)

青岛市四方区“新市民子女梦想学堂”(山东)

聊城大学大学生志愿者“西部建功行动”(山东)
第七届全国农运会志愿服务项目(河南)
郑州大学筑梦基金(河南)
河南省关爱行动重点行业推进项目(河南)
“党团先锋”志愿服务项目(湖北)
“以小见大”献关爱、“五字连心”伴成长关爱农民工子女志愿服务项目(湖北)
湖南省雷锋号志愿者工作站创建活动(湖南)
“稻草人”广东青年志愿者社区少年儿童守护计划(广东)
“幸福广东,健康同行”广东青年医疗卫生志愿者扶贫济困健康直通车行动(广东)
“志愿时”综合管理系统(广东)
广西医科大学青年志愿者协会宁养义工志愿服务项目(广西)
海南师范大学“阳光海口”志愿服务行动(海南)
重庆社区共青团市民学校(重庆)
重庆市合川区共青团关爱农民工子女“七彩童心”项目(重庆)
四点半社区学校农民工子女教育救助项目(重庆)
“幸福凉山”青年志愿服务项目(四川)
罗江县金山镇家和社区“幸福驿站”项目(四川)
“快乐学校”四川团省委关爱农民工子女志愿服务行动(四川)
贵州省志愿者阳光公益平台(贵州)
贵州大学青年志愿者协会“寒暑假支教服务”项目(贵州)
爱心接力计划(云南)
拉萨市青年志愿者协会“文明出行”志愿服务活动(西藏)
“迎高考、促成长”高三学生考前心理辅导志愿行活动(西藏)
西安工程大学文博志愿服务项目(陕西)
长庆油田公司泾渭苑社区“亲情家园”项目(陕西)
“用心牵手,温暖孤独”玉门油田团委关爱空巢和孤寡老人行动(甘肃)
笑暖童心捐资助学项目(青海)
关爱慧灵智障人士项目(青海)
“小博士”志愿服务项目(宁夏)
阿勒泰地区农民工子女北洋童声合唱团项目(新疆)
哈密地区儿童福利院“手拉手帮扶共建”项目(新疆)
“阳光爱心”青年志愿服务项目(铁道)
“爱在东航”大型公益志愿活动(民航)
首都机场红马甲志愿服务项目(民航)
“关爱女孩”青年志愿服务项目(国家机关)
中国青年农民工研究与信息交流平台(国家机关)
“金融知识进社区”活动(中央金融)
“映山红”爱心助学志愿者公益行动(中央企业)
建工师“关爱留守儿童”志愿服务项目(新疆生产建设兵团)

第六部分

省级团委工作简介

北京团的工作

北京共青团按照团中央和市委工作部署，以完善基层工作网络为基础，以思想引领和服务青年为两翼，以扩大青年国际交流为特色，努力形成在党政中心工作中有身影、在业已形成的共青团优势工作中有深化、在社会热点青年工作上有创新、在团青基础性工作上有突破的工作新局面。

一、切实履行团的基本职能，全面推进北京共青团的各项工作

（一）深入研究首都青年特点，团的组织建设取得新发展。

1. 把握北京青年的群体特征。以“北京作为特大型城市的青年群体状况调研”为统揽，开展“青年在哪里——青少年群体分布调研”，全面掌握每一个乡镇、街道常住青少年及流动青少年人口的分布及数量；开展北京市新生代农民工社会融入情况调研，联合区县、街道乡镇团组织，抽样1761家基层单位，发放调查问卷1万份，访谈100人，形成新生代农民工的生活状况、思想动态、利益诉求、社会融入等10份调查报告，为有针对性做好重点青年群体的服务工作提供支撑。

2. 强化团的基层组织建设。以“六有”为标准，巩固企业、学校、社区、农村、机关等传统领域团的基层组织，继续推进“创先争优”、“达标创优”、“团建十佳中学”、“千优带队”创建等工程，基层组织活力不断增强。推进乡镇实体化“大团委”建设，新建直属团组织5249个，超额完成团中央下达任务，覆盖和联系团员5.3万人、青年16.2万人。推进“两新”组织团建，非公经济组织建团4184家，社会组织建团159家，拨付100万元支持新建团组织开展工作。推进行业建团、园区团建和驻京团组织建设，成立宣传文化团工委，筹建中关村科技园区团工委；在20家省级驻京团工委推出服务驻京团组织建设“10项”举措，服务流动青年数十万人次。

3. 加强社区青年汇建设。立足服务首都社会管理创新，加强对青年的组织覆盖和有效联系，努力把社区青年汇建成青年身边的地域性活动平台和团组织主导的区域性基层青年组织。一是深入探索社区青年汇运行的新模式，在全市已建成挂牌的500家社区青年汇中遴选50家重点建在基层社区的进行示范单位创建，探索落实活动场地、配备专职人员、加强基础保障、开展统一活动和创新项目等方面的经验。全年支持社区青年汇创新项目258个，支持经费53.85万元。二是初步组建专业的青少年社会工作队伍，通过政府购买服务方式，为每个示范社区青年汇创建单位各配备了1名专职青年社工，充实工作力量。三是在示范社区青年汇定期组织开展新青年城市体验营、交友联谊、电影放映、志愿服务等统一活动，有效联系了1万多名青年。四是推动市、区县两级加大对青年汇的支持保障，逐渐营造了各级党委、政府关注青年汇工作的氛围。

4. 深化青少年社会组织建设。深化“枢纽型”社会组织格局体系建设，分类试点建立国学社会组织联盟、户外社会组织联盟、青年社工组织联盟等二级枢纽组织;成立团市委社会组织党建、团建工委,建设北京青少年社团发展促进中心。支持社会组织申报政府购买服务项目,全年累计推报58个社会组织、64个工作项目参加市社会建设专项资金购买服务,完成专业社工岗位购买等工作。以"3510行动"为主题,动员300多个骨干社会组织,举办大型示范活动40余场。

5. 加强志愿者组织建设。推动志愿服务管理规范化建设,实名注册志愿者达到170多万名,注册志愿者组织4597个,发布志愿项目3620个。推进志愿服务项目常态化运行,在城市公共空间和公益机构建设示范站77个;加强应急志愿者服务总队建设,建立全市应急指挥体系。全年累计动员志愿者121万余人参与志愿服务,服务时间超过1.8亿小时。

(二)抓住重大时点及事件,思想引导工作紧跟新步伐。

1. 以学习宣传贯彻党的十八大精神和市十一次党代会精神为契机,不断加强青少年理想信念教育。举办"感悟十八大·青春正能量"主题活动,在《北京青年报》开设"凝聚党旗下青春新篇章"专栏,指导全市各级团组织开设"千网联动学习十八大"专题网页,以学习会、报告会、交流会等各种形式,引导广大团员青年深入学习宣传十八大精神。与中国青少年发展研究中心联合举办"中国青少年发展论坛暨学习贯彻党的十八大精神研讨会"。推进"学党史、知党情、跟党走"主题教育,加强北京市红领巾学校、少年先锋团校、中学生业余党校、大学生英才学校建设,组织开展"首都少年先锋岗"等活动,深化青年马克思主义者培养工程。

2. 以庆祝建团九十周年为契机,深入开展各类青少年主题教育活动。组织全市广大青少年认真学习胡锦涛总书记五四重要讲话精神,学习党史、团史、青运史,进一步坚定跟党走中国特色社会主义道路的理想信念。开展"建团九十周年与北京青年工作"座谈会、"理论专家与中小学生面对面"等17项市级活动。推动分类引导青年工作,指导全市262个企业、高校、"两新"团组织及10个郊区县,开展《分类引导大纲》转化工作,有效提升青少年思想教育的实效性。开展"北京精神与青年责任"宣传、"北京精神青年行我是雷锋作表率"活动、"2012北京青年艺术节"等主题活动。首都大学生暑期社会实践活动组建团队3000余支8万余人,赴全国31个省市自治区开展社会实践,形成优秀实践成果700余件。

3. 创新全媒体引导方式,不断强化青少年文化引领。参加全国共青团新媒体和文化建设成果展览,提出省级共青团新媒体工作建设格局,推动建设涵盖报纸、杂志、广播、电视、微博、手机报、广告等各类媒体的全媒体网络。与北京电视台联合打造全国第一家"青年频道",制作专题节目10余期。探索与北京人民广播电台合作开设"青年广播"。团市委政务微博"青年说"粉丝数达20万,被新浪微博评为全国共青团十大机构微博。开展"青春的纪录"——2012年首都大学生纪录片创意实践年,点播量达到45万次。加强红领巾通讯社平台建设。全年北京共青团网站页面浏览量143万次,位居省级团委第一。

(三)着力加强政策及机制建设,服务青年工作取得新成果。

1. 健全党委政府青少年事务协调机制。进一步建立和完善与市公检法司等部门的未委会与预防组联席会议机制、与市人力社保局等部门的青年创业联席会议机制,推进与市教委等部门的团教联席会议机制等。努力探索公益理念传播的新方式,开展"蓝天行动"关爱农民工子女志愿服务项目、"善薪计划"等;北京青少年发展基金会全年募集资金4297万元,接收棉衣近10万件,以各种形式为青少年健康成长提供切实帮助。

2. 不断深化青年创业就业等重点工作。坚持“扶持青年创业,创业带动就业”工作主线和“组织、政策、资金、培训、人才、中介、宣传、维权、孵化、加速”十个平台建设。大力推进青年创新创效活动,深入开展“百万青工岗位建功”行动,覆盖全市92家企业、5567个基层团组织115.8万人次青年参与,举办各类技能培训1.2万场次,开展技能比武练兵活动2.3万场次,创新创效项目近万项,产生经济效益超2亿元。有效服务青年创新创业,举办第七届“挑战杯”首都大学生创业计划竞赛、北京青年创新创业沙龙(阳光沙龙)、“电子商务与青年创业”论坛暨电子商务青年创业者需求发布会;新成立怀柔园、房山园和北京青年移动互联创新孵化园,青年创业园总数达到11家,累计孵化企业近900家,带动就业1万余人,孵化企业总资产达到50多亿元;“贷动青春”累计为600多家青年创业企业贷款4261万元,带动就业2161人。

3. 切实维护青少年合法权益。加强首都综治委预防青少年违法犯罪专项组、北京市未成年人保护委员会机构建设,健全工作制度、完善工作机制,深化预防青少年违法犯罪与未成年人保护工作,多渠道服务重点青少年群体。以涉诉未成年人保护为重点,出台《北京市关于进一步建立和完善办理未成年人刑事案件配套工作体系的若干意见》主文件和系列配套文件,努力形成1+X文件体系和加强涉诉未成年人6+3保护工作体系。推进预防青少年违法犯罪4+N工作队伍建设,完成海淀区全国闲散青少年服务管理和预防犯罪试点工作。

(四)瞄准服务世界城市建设,青年国际交流开拓新局面。

1. 开展各类青少年国际交流活动。实施“走出去”战略,多个友城青年项目均取得新突破,全年出访项目33个,累计选派各界青年代表437名到国外参加各类交流活动。深化“请进来”项目,全年接待国外团组26个,累计接待620名青年来华交流访问。拓展青年外事交流渠道,推动筹备国际青年组织,举办“我在北京过大年”、京交会电子商务青年创业论坛、北京国际长走大会等,积极向国际友人宣传展示北京国际化形象。

2. 举办“2012北京友好城市青年交流营”。以“魅力北京”为主线,共设计了“人文北京、科技北京、绿色北京、青春北京、时尚北京”五个主题的19个单元活动,让各国青年充分感受北京的古老文明和发展成就,共邀请到来自20个国家、24个北京友好城市的100名中外青年参与了为期一周的交流营。

3. 推动青联组织、志愿服务组织国际交流活动。发挥青联组织代表优秀青年对外交往作用,组派代表团赴香港、澳门和台湾参加香港青联、澳门中华总商会青年委员会、“京澳小学生交流营”、“龙愿”两岸四地青少年主题交流活动;接待香港青年代表团来访,完善与港澳台青年社团交往的长效机制。以2012年伦敦奥运会为契机,深化与联合国合作,传播志愿服务“北京模式”。市志联全年接待来访和举办交流活动117次6759人次,另接待国际组织共计19批260人次,累计选派31名志愿者前往不同国家和地区学习交流,扩大了志愿服务的国际影响力。

二、成功召开市第十三次团代会,全面贯彻落实团代会精神

1. 科学规划了未来一段时期北京共青团的工作。贯彻落实市第十一次党代会精神,在深入调研和充分研讨的基础上,在总结过去和分析现在基础上,提出了“以一流的工作标准,建设一个与中国特色世界城市相适应的、带有明显城市特征的共青团”的奋斗目标,明确了未来五年“构建复合型组织体系、创新全媒体引导方式、拓展社会化服务职能、加强多领域国际交流”的工作布局。

2. 选举产生了新一届团的领导集体。学

习参照市党代会的经验，创新做好代表选举产生、代表团集中调研活动、委员会构成、大会选举等工作；充分发扬团内民主，代表构成更加丰富；成功选举产生了结构合理、素质优良的新一届委员会、常委会和团市委领导班子，为今后五年北京共青团工作发展提供了组织保障和思想保障。

3. 全面落实团代会的各项工作部署。团代会后，各级团组织迅速落实团代会精神，团市委组织召开十四次常委（扩大）会，围绕团代会确定的中学共青团工作、青少年社会组织工作、重点领域青年组织建设、乡镇团组织建设、企业共青团工作、高校共青团工作、社区青年汇建设、首都志愿服务组织建设、全媒体渠道建设、青少年网络建设等十四个方面的重点工作深入研讨，制定了三年行动计划。

三、带领团员青年在全市重点工作中切实发挥生力军作用

1. 全面参与平原地区造林工程。立足服务中心与实践育人的有效结合，实施了“青年先锋造林行动”、“百万青年植绿行动”、“爱我家园护绿行动”三大行动，坚持“组织动员 + 社会动员”的组织模式，坚持“挥洒汗水 + 真干实干”的工作标准，共计 508 个单位的 3 万多名青年参与，种植树木 32 万余棵，养护绿植 38 万余盆，建成 17 片青年林（总面积 7618 亩），既拓展了青少年活动阵地，又使广大青少年在挥汗如雨的劳动中切实感受到了服务首都、服务社会、服务人民带来的快乐。

2. 积极参与 7 · 21 特大自然灾害应急志愿服务和灾后重建工作。一是紧急启动应急响应机制，“7 · 21”当天在市应急办的统一指挥下，市应急志愿者服务总队调集多支应急志愿救援队奔赴受灾严重地区实施救援任务。救灾期间，应急志愿者累计出动 500 余人次，解救转移被困群众 1100 余人。二是积极参与灾后重建，组织 10 多家志愿者组织和青少年社会组织，发动 3000 余人次志愿者参与道路及房屋清淤整理、发放救灾物资、公共卫生专业防疫、防灾减灾知识普及等灾后志愿服务，清理运送淤泥超过 48 吨。三是通过专项基金及媒体资源号召社会各界爱心人士支持灾区学校建设，资助受灾学生。北京青少年发展基金会就受灾严重的周口店地区娄子水完全小学援建项目投入资金 229.6 万元，并组织专业设计、施工、监理队伍进行修缮，确保该学校 9 月 1 日正常开学。发起“希望之星 · 北京市 7 · 21 受灾家庭经济困难学生特别援助行动”，资助 300 名受灾学生。四是开发专门“星光自护”课件，深入受灾严重地区广泛开展应对自然灾害专题青少年自护教育活动。7 · 21 救灾推动了应急志愿者工作，按照市应急委《关于进一步加强本市应急能力的意见》（草案）要求，团市委、市志愿者联合会正依托志愿者工作体系，完善全市应急志愿者队伍体系。

3. 认真做好青年群体的维稳工作。按照市委要求，团市委全力做好青少年群体涉日维稳工作。市青联、市学联等青年组织及时发表声明，正确引导广大青年理性爱国、传递正能量。针对重点青年群体——高校学生，全面启动应急机制，成立了团市委——学校团组织——院系团组织——班级团支部四级应急组织体系，组建了骨干工作队伍、维稳信息员队伍、舆情收集队伍等 3 支工作队伍。及时收集、研判学生动态，上报各类信息 2500 多条，为市领导及时掌握学生动态、有效处置不良苗头发挥了重要作用。

4. 切实服务大型活动的组织服务。做好国庆 63 周年向人民英雄纪念碑敬献花篮仪式群众组织工作，按照中办和市委办公厅的相关要求，“零起点、零失误、零缺位”，圆满完成各项工作任务。全面参与 2012 中国网球公开赛赛事组织、宣传推广、领导接待、志愿服务等各项工作，吸引 295 名球员进行 314 场比赛，赛事组织运行顺畅高效、票务销售增长明显、观众上座率创历史新高。以“奥运标准”保障京交会等大型活动的志愿服务顺利开展，让世人再次感受志愿者的微笑是北京城市的“名片”！

四、以改革创新的精神大力加强团的自身建设

1. 开展基层实践锻炼“10 + 10”工程。全年在机关开展团干部基层实践锻炼“10 + 10”工程，即每名机关干部结交10名不同领域、不同层次的良师益友，参与10项社会实践。全年共结交近845名普通青年或青年工作者，与74所大学、152所中小学和76个青少年社会组织建立对接关系。深入开展“帮村扶户”，陈家峪村栗树蘑生产8000余斤，柴鸡蛋种养殖约15000只；在不老屯镇举办民俗旅游文化节等系列不老旅游文化活动，帮助提升民俗旅游。

2. 加强青年人才队伍建设。抓住发现、培养、输送等关键环节，积极培养敢创新、能创业、会创造的优秀青年人才，实施青年人才导师计划，组建导师队伍112支，聘请导师790名，培养青年人才1403名。积极为党举荐青年人才，推荐第十二届北京市政协委员6名（含常委1名），市十四届人大代表1名。深化青年人才培养，加大青年社会工作者（含社会组织）培养力度，指导基层单位开展各类青年人才培训，举办北京青年社团领袖训练营，全年培训团青骨干10000余人次。

3. 加强团干部队伍建设。按照分层分类培训、下跨一级培训的原则，举办区县局级单位团委书记培训班等针对团青骨干的各类培训班次，培训团青骨干近700人。开展团青骨干实践锻炼，全年共选派2名机关干部到乡镇、企业挂职锻炼，8名机关干部到团区县委、基层党政机关驻点锻炼，选调38名基层团青骨干到团市委机关挂职，选派85名高校团干部到新疆和北京的县级团委挂职锻炼，选派4名团青骨干到密云县不老屯镇陈家峪村挂职。全团带队，加强少先队学科建设和总辅导员配备。

4. 推动团属事业单位发展。加强青少年发展基金会、志愿服务基金会、创业就业基金会以及共青团十大支撑服务平台建设，搭建服务青少年的载体和平台。推进事业单位分类改革，希望工程北京捐助中心和志愿服务指导中心纳入市级规范管理，北京青少年服务中心完成改制，北京市禁毒教育基地管理中心挂牌，组建北京青少年网络文化发展中心，成立北京青少年艺术服务中心，有序推进北京青年宫改扩建工作。

天津团的工作

2012年，在市委和团中央的正确领导下，全市各级团组织认真学习宣传贯彻党的十八大和市第十次党代会精神，高举中国特色社会主义伟大旗帜，以邓小平理论、“三个代表”重要思想、科学发展观为指导，围绕履行根本职责，充分发挥基本职能，强化思想政治引领，坚持服务大局、服务社会、服务青年，努力提高团的建设科学化水平，开创了天津共青团工作的新局面。

一、紧紧围绕思想引领这一首要任务，夯实青年思想基础

1. 深入学习宣传贯彻党的十八大和市十次党代会精神。组织各战线、各行业的百万团员青年通过电视、广播、网络等方式收听收看了党的十八大和市十次党代会盛况。集中开展多种形式的学习宣讲活动，邀请党的十八大代表、党政领导和专家学者深入青年、深入基层，举办了报告会、宣讲会1097场。以主题团日、征文大赛、座谈会等形式，引导广大团员青年深刻学习领会党的十八大和市十次党代会精神实质。广泛开展“红领巾心向党——学习十八大，争当‘四好少年’”活动，运用少年儿童听得懂的方式，组织全市少年儿童学习党的十八大精神。

2. 大力加强青少年思想道德建设。深入开展革命传统教育和爱国主义教育，举办300余场“与信仰对话”活动，组织“我与天津精神”主题演讲比赛，开展“红领巾心向党”、“缅怀革命先辈·争做时代先锋”等主题教育活动，广大青少年跟党走中国特色社会主义的信念不断增强。深入实施青年马克思主义者培养工程，举办第六期天津市大学生骨干培训学校。广泛开展青春励志教育，举办了“我与祖国共奋进·我与滨海同成长”十八岁成人主题教育活动。强化形势政策教育，广泛开展“同在一方热土·共建美好家园”、“感受改革开放·滨海新区行”、“青春寄语新天津”、“体验本土文化，争当红领巾小导游”等系列体验教育活动。深入推进未成年人思想道德教育，开展了“雷锋就在我身边”微博校园寻访活动、“踏寻雷锋足迹”大型展览，在少年儿童中深入开展“学习雷锋好榜样”活动。深入推进职业道德教育，开展“劳动·创造·奋斗——我的青春故事”推荐活动。

3. 积极创新分类引导青年工作的载体建设。探索运用新媒体，深入推进青少年分类引导工作。制订下发《关于推动形成共青团新媒体和文化工作系统化格局的通知》，以加强团属官方网站、手机媒体、微博、基层新媒体阵地建设为重点，进一步丰富新媒体思想引导活动和青年文化活动，着力构建新媒体和文化工作新格局。下发《关于组织全市各级共青团组织、团干部和青少年工作者开设微博的通知》，引导各级团组织和团干部用好用足新媒体。建立“津彩青春”官方微博和天津共青团微博群，开设了“天津精神为青春引航”、“文化津沽·华彩青年”、“寄语团代会”等热点专栏，引起了广泛关注和强烈反响，并带动各级团组织建立微博2000余个。继续探索实施学校系统共青团“红网工程”，建立了覆盖全市各高校、院系和团支部的学校系统共青团微博工作体系。以“天津城市青年手机周报”为突破，着力构建城区共青团组织社会动员扁平化体系，累计发送手机周报150期，覆盖城市青年20万余人。

二、牢牢把握服务大局这一永恒主题，促进天津科学发展

1. 全力推进共青团促进科技型中小企业发展工作。专门成立天津共青团促进科技型中小企业发展工作领导小组，召开了全市共青团系统工作推动会，通过签订目标责任书、把工作纳入考核等方式，发动全团深入开展促进科技型中小企业发展工作。坚持“走出去，请进来”战略，组建招商团队先后赴北京、南京、长沙、成都、港澳等地开展科技招商活动，同时，发挥15名“天津共青团招商大使”的作用和团组织的联结优势，促成23批次考察团来津洽谈合作。依托各区县的科技企业孵化器，加强共青团科技示范基地建设，提高科技型中小企业的孵化能力。编印了《青年科技型中小企业培训手册》、《天津共青团服务科技型中小企业发展政策汇编》，建立了“天津共青团科技型中小企业台账管理系统”，实现了工作信息化动态管理。发挥榜样的示范作用，广泛开展第五届“天津市杰出青年民营企业经营者”和首届“天津市杰出科技创业新锐”评选活动，引导广大青年走科技创业之路。截止2012年底，共引进和转化升级了1354家科技型中小企业，与20多家大型企业达成战略合作意向，协议资金额达58亿元。

2. 广泛开展青年经贸合作交流活动。举办以“创新创业·报效祖国”为主题的“2012年海外学人回国创业周”活动，吸引了来自美、英、日、德、法等11个留学国家的近百名海外留学人员参加。活动促成了双方的交流与合作，现场促成合作项目2个，达成合作意向4项。加强与华人华侨的交流与合作，以“龙汇100”华人青年领袖论坛为载体，与来自13个国家的116名青年团体的杰出青年领袖和优秀大学生开展交流。不断拓展交流工作领域，先后接待了沙特青年访问团、台湾中华微创企业访问团等，促成与天津天士力集团等企业达成多项合作意向。

3. 扎实推进青年创新创效活动。全面推进青工技能振兴计划，举行了天津市青工职业技能大赛暨“振兴杯”全国青年职业技能大赛天津赛区选拔赛，吸引近万名青年技术工人参加了比赛，并取得了天津市参加全国大赛第二名的历史最好成绩。开展创建“青年安全生产示范岗”活动，评选表彰了一批市级“青年安全生产示范岗”，并与市安监局联合开展“送安全到一线”主题活动，强化安全生产意识、提高青工生产技能。广泛开展大学生科技创新活动，举办了第七届“挑战杯”天津市大学生创新创业计划竞赛，选拔了14所高校的19件作品参加第八届“挑战杯”全国大学生创业计划竞赛，取得了1金2银16铜的优异成绩，天津团市委获评省级优秀组织单位。

4. 充分发挥青年文明号的服务作用。广泛开展“青春促和谐·满意在津城”青年文明号及服务行业青年职工集中服务日活动，引导企业团员青年在生产、工作中体现高度职业文明，全面提升城市青年服务水平。广泛开展“青年文明号故事会”活动，展示青年文明号工作业绩。广泛开展“迎接‘十二五’新挑战·青年突击队建新功”青年突击队竞赛活动，激励广大青年职工在企业改革发展中贡献力量。深入实施“天津市服务行业青年职工百千万工程”活动，推动全市服务业健康持续发展。

5. 进一步深化统筹城乡发展活动。引导农村青年创业致富，联合市农委制定下发《关于引导农村青年学用科技创业致富的意见》，着力培养农村青年实用人才，支持帮助农村青年科技创业。大力开展生态文明建设，以“绿色家园，你我共建”、“保护母亲河”等主题实践活动为载体，联合有关部门，积极开展植树造林、保持水土、树木认养、水资源保护等实践活动，建设青少年绿色家园。加强生态文明意识教育，广泛开展天津市纪念世界水日、中国水周等主题教育活动，组织青年骨干积极参加第六期全国青少年生态环保社团骨干培训班，引导广大青年树立低碳环保绿色的生活方式。

三、充分发挥服务社会这一基本功能，全力促进社会和谐

1. 深入实施青年志愿服务行动。集中开展了“传承雷锋精神、参与志愿服务”、“心手相牵”社区志愿服务等多项志愿服务主题活动3500余场，参与青年志愿者20余万人次，为空巢老人、残疾人、农民工子女等困难群体提供爱心陪护、医疗保健、信息咨询、文体娱乐等多项志愿服务。主动服务全市各项重大赛会，圆满完成国际行动理事会第三十届年会、第六届中国企业国际融资洽谈会、2012天津·台湾名品博览会、2012天津国际少年儿童艺术节、发展中国家科学院第二十三届院士大会等一系列大型赛会的志愿服务工作。组织来自全市50余所高校的6000名志愿者，出色地完成第九届全国大学生运动会和2012天津夏季达沃斯论坛志愿服务工作。

2. 积极参与社会管理创新和维护社会稳定工作。进一步丰富“面对面”活动载体和内容，指导全市各级团组织建立联系青少年事务工作中心（站）和“青少年事务联络站”共1357个，形成了市、区（县）、街（乡镇）、社区（村）四级工作网络。通过举办新媒体倾听活动、“圆梦行动”、“爱心行动”，畅通了反映青少年普遍性利益诉求的渠道。积极开展《天津市预防未成年人犯罪条例》立法调研活动，形成了《天津市预防未成年人犯罪条例》草案。加强重点青少年动态信息系统建设,向500名特殊和困难青少年免费发放手机,与“12355”平台实现互联,尝试建立运用新手段实现常态即时帮教的新模式。创新预防青少年违法犯罪工作模式,利用新媒体开展青少年思想道德和法制教育工作,拍摄《建立“三防合一”模式,构筑天津预防青少年违法犯罪工作体系》的专题电视片和首部预青微电影《坠网》。

3.进一步深化扶贫助困工作。加大“爱心助学、助困”工作力度,募集资助款项286万元,建立“孝亲爱心基金”、“爱心祝福基金”等资助基金,帮助贫困青少年群体解决经济困难、改善生活状况。深入实施“希望工程”,援建希望小学2所,在静海、宁河、蓟县援建25个体育园地。组织开展“红领巾手拉手送温暖”活动,以“送上一份温暖”、“送上一句祝福”、“送上一份关爱”为帮扶内容,募集慰问款物达108余万元。扎实推进共青团关爱农民工子女志愿服务行动,指导各级团组织、青年志愿者组织与全市475所农民工子女较集中的学校进行结对,覆盖农民工子女82928余人,在全市建立10所关爱行动“七彩小屋”,广泛开展“七彩课堂”活动,选拔近800名项目专员,长期开展针对农民工子女的关爱和帮扶工作。启动了“公益天津——关爱系列行动”,组织SOS儿童村青少年、特困家庭青少年参加了免费观影、“爱心牵手”公益夏令营等活动。主动帮助西部地区困难青少年群体,深化大学生志愿服务西部计划,从全市高校选拔了95名优秀大学生,赴新疆、甘肃开展志愿服务工作。不断提升12355服务平台的公益效应,开展了“轻松备考12355与你同行”、“12355关爱成长大学堂”等多项活动。

四、坚决贯彻服务青年这一根本要求,引导青年茁壮成长

1.强力推进青年创业就业工作。深入15个区县和高校,召开座谈会18场,撰写了《服务青年创业就业工作调研报告》,为进一步做好全市青年创业就业工作理清了思路、明确了方向。进一步优化青年创业就业基金会贷款流程,缩短了贷款审批的时限,提高了小额贷款放款速率,帮助企业实现大额融资。成功举办了“天津新媒体融资平台签约仪式”主题路演,为全市16个区县30余名创业者提供了免费的创业融资对接洽谈桌。与天津电视台滨海频道联手打造“梦想向前冲”创业季专场融资节目,帮助50余家青年创业企业与风投公司对接,达成融资意向1亿多元。2012年发放各类创业贷款共计8.4亿元,扶持青年创业项目1300个,创业带动就业人数1.1万人。拓宽青年创业就业教育培训范围,与市农委联合下发《天津市农村青年创业就业行动有关实施方案》,依托农科院、农学院年培训青年农民500名。深入推进高校团组织服务青年创业就业工作,制定了《2012年高校团委服务青年创业就业工作绩效考核方案》,以优秀中职毕业生报告会和“创业大讲堂”专题讲座为抓手,在全市学校系统推进学生就业创业教育,开辟服务青年大中专学生创业就业的新途径。2012年,全市共有541家企业提供2931个见习岗位,5000余名青年成功上岗见习。

2.不断加大青年典型培养选树力度。大力开展“天津青年五四奖章”、“天津市优秀共青团员”、“天津市优秀共青团干部”、“天津市五四红旗团委(团支部)”评选表彰活动,2人荣获“全国优秀共青团员”称号,2人荣获“全国优秀共青团干部”称号,8个基层团组织获“全国五四红旗团委(团支部)”称号。围绕新农村建设,培养选树了市青年致富带头人、农村文明好青年。围绕加快发展全市服务行业,评选表彰了100个青年文明示范岗、1000名青年文明服务之星。围绕建设和谐天津,培养选树了孙可忻等21名第六届天津杰出青年卫士和刘彦君等71名第六届天津优秀青年卫士。围绕推进青年创业,开展了第三届“天津青年创业奖”评选活动,共评出10名“天津青年创业奖”和10名“天津青年创业奖”提名奖。

3. 积极拓展青年对外交流工作领域。进一步规范外事接待标准流程，完善修订了外事工作报批程序、出访外事纪律及注意事项等文件。一年来，共派出11个团组近百人分赴韩国、印度、泰国、蒙古、巴基斯坦、日本等国家交流与合作，接待了6个来访团组近200人，拓展了本市青年的国际视野。加强与港澳地区青年组织的交流合作，组团参加“香港青年联会第20届会庆及会董会就职典礼”、“香港菁英会五周年暨第五届执委会就职典礼”、“澳门中华总商会青年委员会三十五周年典礼”、中葡青年论坛、第四届两岸青年社团负责人圆桌会议等活动。接待了第五届澳门青年议政能力训练计划交流考察团、中国国民党青工总会参访团，使来访青年切身感受祖国发展成就。圆满完成“2012年香港大学生暑期（天津）实习计划”，扎实推进青海、新疆、宁夏团干部来津挂职工作。

五、全面加强自身建设这一组织保障，提高工作科学化水平

1. 全力推进团的组织建设。联合市委组织部下发了《关于坚持党建带团建在共青团组织中实施“强基创先”工程的意见》等5个长效机制文件。积极推进驻津团组织建设，协助团江西省委、团四川省委成立了省级驻津团工委，将5家省级驻津团工委纳入团市委工作体系，协调资金36万元支持各级驻津团组织建设。认真完成驻点工作，选派了8名机关干部到区县团委指导工作。大力推进非公有制企业和社会组织团建，全年共新建非公有制企业团组织2619家，社会团组织68家，国有企业团组织46家，覆盖35岁以下青年10.3万余人，重新找回团员青年4.9万余人。全面推动乡镇街道团的组织格局创新工作，共选配团委副书记258名、委员539名，平均年龄29.21岁，完成了对市内六区、滨海新区80个街道团（工）委的调整充实。切实做好乡镇实体化“大团委”建设工作，已完成3700余家团组织建设。圆满完成全市3800余个村级团组织换届选举工作。继续推进农村专业合作组织团建工作，完成320家专业合作组织团建工作。创新开展“高校对口中学团建促进行动”，选取天津市6所高校的30个基层院系团委与8个区县的30个中学团委进行“一对一”团建共建。胜利召开市第十三次团代会，选举产生了共青团天津市第十三届委员会，并在第十三届一次全会上选举产生了新一届团市委常委和书记、副书记。

2. 大力加强团干部和团员队伍建设。全面深化保持党的纯洁性教育，结合实际开展“讲学习、当助手、创先进”主题教育实践活动。切实加强对区县团干部教育培训工作的指导，全年共组织各类培训班156期，培训各领域专兼职团干部6310名。完成了年度辅导员分级全员培训，全市辅导员参与培训率达98%。继续联合南开大学举办了公共管理硕士（MPA）专业学位研究生班。加大干部交流力度，推荐了1名团干部到团中央机关挂职，选拔了3名基层团干部到团市委机关挂职锻炼，选派了50名高校团干部赴甘肃、新疆及本市各区县团委挂职锻炼。选树团干部和团员典型，贺帅、甄琪同志荣获“全国优秀共青团员”称号，康蕾、梁春早同志荣获“全国优秀共青团干部”称号。

3. 进一步完善青少年工作体系。市青联充分发挥自身优势，组织青联委员代表参加了“市政协领导走访联系界别委员座谈会”，召开了十二届一次主席办公会和十二届二次常委会，顺利调整了市青联主席的组织人事安排。市学联召开了第十三届二次全委会，选举产生市学联第十三届委员第二任主席。市少工委与天津师范大学合作，在天津师范大学教育学一级学科下增设“少年儿童组织与思想意识教育”二级学科，落实了在初等教育学院开设“少先队理论与实践”选修课程，出版了《把有意义的事做得有意思——天津市少先队理论与实践》一书，13个课题被确立为全国少先队重点课题。青企协着力做好第十一次会员大会筹备工作，吸引更多优秀青年企业家入会。青乡企协积极组织青年企业家考察学习、培训交流，为服务促进科技型中小企业发展打基础作贡献。

4. 切实强化团属企事业单位的职能作用。青年宫坚持公益性原则，突出教育功能，全年累计开展"流动青年宫"、"玫瑰沐爱河"等公益活动592场次，服务青少年51.6万人次。积极推进青年职业学院海河教育园校区建设，青年职业学院被评为天津市高水平示范型高职教育学院。进一步完善青少年绿色文明基地教学培训条件。少年宫深入开展"自强之星"、"创新思维大赛"等品牌活动，少年宫艺术团作为全国唯一一支少儿代表队参加了越南顺化国际艺术节。青年联合实业公司抓管理、促增长，全年收益213.85万元，超额完成全年任务。青少年报刊总社不断提高"两刊一报"的质量和水平，积极探索机制体制创新，进一步提高了影响力。红领巾凤凰山营地充分发挥校外教育阵地作用，共接待青少年9万余人次，成人教育培训4100人次，被评为"天津市未成年人思想道德建设先进单位"。青少年活动中心以贴近和服务未成年人为宗旨，全年培训2.8万人次，组织各类活动100余项，参加青少年达3.5万人次，被评为"全国未成年人思想道德建设工作先进单位"。天津青旅完成了企业改制和资产重组，成立了天津中国青年旅行社有限公司。青年友好使者艺术团先后参与承办了大运会开幕式、2012天津国际少儿艺术节等活动，参与演出并组织策划50余场文艺活动。未来集团下力量破解改制难题，聘请了专业会计师事务所和律师事务所，加强与相关部门的沟通联系，深入推进集团改制工作。青少年绿色文明基地积极整合教育培训资源，探索合作办学道路，全年累计接待学农、军训、成人培训44000人次。市青基会资助公益事业286万元，援建了2所希望小学，为28所希望小学配备完善了教学设备。天津青年就业创业服务中心全年共接待咨询人员1200余人次，举办创业培训班9期，300余名创业者参加培训。

河北团的工作

2012年，在省委的正确领导和团中央的正确指导下，河北团组织深入学习宣传贯彻党的十八大精神，紧扣党政中心，结合自身实际，以"青春直通车建功新河北"整体工作品牌为统揽，大力实施"青春建功工程"、"青年民生工程"和"团干部能力成长工程"，共青团事业保持了蓬勃发展的良好的势头。

一、以学习宣传贯彻党的十八大精神、纪念建团90周年为契机，着力增强教育引导青少年的针对性和实效性

一是围绕深入学习贯彻十八大精神，组建共青团宣讲团深入基层开展宣讲活动，召开各界青年学习党的十八大报告座谈会，建立"学习贯彻十八大、高举团旗跟党走"专题网站。二是围绕学习贯彻胡锦涛同志在纪念中国共青团成立90周年大会上的重要讲话精神，召开学习胡锦涛同志讲话精神座谈会和河北省纪念建团90周年暨五四运动93周年大会，省委书记张庆黎同志、省委副书记赵勇同志分别出席会议并讲话。三是围绕中国特色社会主义宣传教育，开展"善行河北道德90后"宣传、"我就是雷锋"志愿服务等各类主题教育实践

活动。四是探索运用新媒体教育引导青少年，省、市、县三级团组织全部开通官方微博，开设了五大类数十个微博专题，专职团干部个人微博达4475个，全省各级团组织粉丝总量达107万。

二、大力实施“青春建功工程”，服务经济强省建设

一是围绕省委“两个着力”的决策部署，开展“青春风采、靓丽河北——全省青少年助力改善两个环境‘绿丝带’行动”，明确了14项重点活动，组织动员全省广大团员青年为改善发展环境和生态环境贡献青春力量。二是围绕“环首都扶贫攻坚示范区”建设，开展“1+1+N”共青团助力扶贫开发工作。筹资1600万元重点用于贫困地区的农村青年就业创业培训工作。搭建农村青年科技信息创业服务平台，每年重点推广50项农业实用技术，培养蔬菜种植等各类农技人员1000余人。组织了21支国家级“三下乡科技支农服务重点团队”，260支省级重点团队和1000支校级团队，在示范区农村开展了政策宣讲、科技支农、企业帮扶、法律援助、医疗服务等活动。组织省内11所重点高校与北京10所重点高校联合完成了与示范区各县的“1+1”结对。协调北京成龙慈善基金会捐款200万元用于“贫困儿童大病救治项目”。协调社会资金150万元，对在“7·21”特大水灾中受灾严重的涞水、涞源、易县的贫困高中生给予救助。三是围绕“百家央企进河北”，成功举办了中央企业青年企业家“河北行”活动，承办了海外学人回国创业周活动。四是围绕“涉日维稳工作”，开展“千名团干进校园”活动，及时掌握疏导学生情绪，维护校园稳定。

三、大力实施“青年民生工程”，服务和谐河北建设

一是围绕促进青年就业创业，深化“河北青年就业创业行动”。累计建立青年就业创业见习基地3108家，实现小额贷款工作对所有县(市、区)100%覆盖，发放小额贷款12.3亿元，惠及青年22495人。落实“青春致富大讲堂”培训经费1388万元，培训农村青年19万人。“订单式”培训青年农民工25125人，帮助17574人上岗。二是围绕关爱青年农民工及其子女，开展“志愿青春和谐河北”——共青团关爱农民工子女志愿服务行动。建立七彩课堂1600余个，新发展1500余名关爱行动项目专员，与1733所学校的28万余名农民工子女结对帮扶。三是围绕探索反映和维护青少年合法权益的组织化渠道和制度性安排，扎实开展专职团干部直接联系青年“四转四促”工作，建立了团干部“1+5”联系制度，各级团组织与近3000家非公企业建立了直接联系的交流机制，并重点针对5000个扶贫村开展了资助贫困家庭子女完成学业活动，全省22161名专职团干部直接联系普通青年186174人，联系866921人次，收集意见11459件，办理促发展、保稳定、促民生等实事12614件。积极推动“共青团与人大代表、政协委员面对面”活动常态化，召开“社会教育与青少年全面发展”主题座谈会，形成相关议案和提案，提交省两会。四是围绕创新青年社会管理工作，探索建立“河北青年社会公益服务购买基金”，加强重点青少年群体服务管理和预防犯罪工作，推动对五类青少年群体试点的建设。不断健全12355青少年服务平台功能，承办了全国共青团12355华北片区心理培训班。深化“青少年维权岗”建设，全省创建维权岗4500余个。

四、大力实施“团干部能力成长工程”，加强共青团自身建设

一是加强基层团组织载体建设。全面推进县、乡、村三级团组织规范化建设。开展乡镇实体化“大团委”建设，新建乡镇直属团组织42158个。结合全省村“两委”换届工作，同步完成了全省47180个农村团支部集中换届选举和村团干部选配工作。建立驻京、津团工委45家，新建非公企业团组织9443家，农民专业合作组织团委2509个。二是继续加大支持基层力度。联合省委组织部、省财政厅,开展党建带团建工作落实情况调研督导,推动各地落实全省党建带团建会议精神。从省市团委和高校团委累计选派192名团干部到县级团委指导工作。三是打造“青春直通车”网络基础平台,覆盖各级团组织和团属组织45214个、各级团干部12.9万人、各级团员青年39.6万人,为实现共青团对基层团组织以及广大青年的工作直通、联系直通、资源直通、服务直通提供了技术支撑。四是加强团干部的学习培训。举办青年马克思主义者培训班,全省各级团干部400余人参加了培训。五是加强团干部党性锻炼和作风建设。围绕迎接党的十八大、学习宣传贯彻党的十八大精神,引导团干部深入基层、走进青年,开展了“万名团干下基层”、“千名团干演讲会”、“百名团干非公企业行”活动。教育引导各级团干部讲政治、顾大局、守纪律,确保换届期间思想不散、秩序不乱、工作不断。认真学习传达中央“八项规定”和省委关于反腐倡廉的各项制度规定,加强团干部廉洁自律教育。

此外,召开了河北省青联十届三次常委(扩大)会议、河北省学联十届二次主席团会议、中国少年先锋队河北省第六次代表大会,切实做好青少年对外交流、中学共青团和少先队建设、希望工程、青年志愿者行动、青年文明号、“挑战杯”、“调研河北”等各项工作。

山西团的工作

山西共青团紧紧围绕省委和团中央的决策部署,深入贯彻落实科学发展观,认真履行团的职能,扎实推进组织青年、引导青年、服务青年、代表和维护青少年合法权益、团的自身建设等各项工作,团的工作和建设取得明显进步,呈现出整体推进、稳步发展的可喜局面。

一、加强教育引导,广大青少年跟党走中国特色社会主义道路的理想信念更加坚定

1. 理想信念教育扎实深入。一是广泛开展“喜迎十八大、学习十八大”系列活动,深入推进“学党史、知党情、跟党走”主题教育活动,广大青少年更加坚定了跟党走中国特色社会主义道路的理想信念。二是以纪念建团90周年为契机,800万团员青年紧密结合社会主义核心价值体系建设,积极参加报告会、大讲堂、专题座谈、主题团日等多种形式的活动,全面回顾和总结了共青团90年来团结带领青年跟着党奋斗的光荣历程和经验规律,深入思考和探索了共青团教育引导青少年跟党走的方法与路径。三是围绕红色教育、红色足迹、红色记忆、红色竞赛等专题,分期组织22569名大学生骨干、青年科技工作者、青年社会工作者、青年志愿者、大学生村(社区)干部参加青年马克思主义者培训班。四是深入挖掘刘胡兰精神新的时代内涵,团省委、省少工委、省青联、省学联向全省青少年发出学习和弘扬胡兰精神的倡议书,广泛开展“学习胡兰精神,争做时代先锋”主题系列活动,组织120名团干部、青年代表实地举行宣誓、座谈等活动,动员青联委员以实际行动建设烈士家乡。

2. 思想道德建设进一步强化。一是推动学雷锋活动在青少年中常态化开展。各级各战线充分发挥组织优势,将学雷锋活动与创先

争优活动、团的品牌工作、选树青年典型等紧密结合。学校战线组织 300 万青少年参加了“雷锋榜样进校园”主题团、队日活动。农村战线组织 180 万青年参加了以关爱留守儿童和孤寡老人为重点的帮扶活动。城市战线组织 260 万青年以志愿服务为重点,参加了促进社区和谐和社会管理创新活动。广大青少年在“知雷锋、学雷锋、做雷锋”中,踊跃争当学习雷锋的倡导者、示范者、推动者。二是开展基本道德规范教育实践活动,培养青少年良好道德品质。邀请“全国孝老爱亲道德模范”、“2011 年度感动中国十大人物”、“全国青年五四奖章”获得者孟佩杰巡回演讲,教育引导广大青少年。三是选树“劳动·创造·奋斗——我的青春故事”励志教育活动优秀青年典型 89 名,其中大学生村干部高旭彬被团中央选树为全国优秀青年典型。

3. 分类引导工作深入推进。按照《思想引导大纲》,运用党课、团课等推动分类引导青年工作在基层不断深化,切实提高团组织引导青年工作的针对性、适用性和普遍性。特别是注重运用新媒体手段,在新浪、腾讯网上开通“山西共青团”、“山西青年”微博,各级各条战线团组织也都开通了微博,实现了微博全覆盖。团山西省委新浪、腾讯网上的官方粉丝数分别达到 99812、78406 人次。

二、坚持狠抓基层,基层组织建设和基层工作活力明显增强

1. 层级化组织载体建设不断巩固。一是扎实推动《关于加强中学共青团工作的意见》的贯彻落实,开展中学共青团工作大调研,形成全省中学共青团工作调研报告。二是按照“组织建设好、活动开展好、机制运行好、青年反映好”的标准,进一步规范全省乡镇、街道团的建设。完善工作机制上,通过工作实践,形成了“项目领办制”、“公开承诺制”、“工作轮值制”、“双向考核制”、“信贷员与团委书记交叉互兼制”等好的机制。创新工作项目上,乡镇团组织结合当地实际情况,建立了“关爱帮扶农村留守儿童”、“我们村的好青年”等一系列工作项目,进一步丰富了工作载体。街道团组织结合兼职团干部的工作性质、专业特长等,以“定岗 + 承诺”的方式制定工作任务、主要职责、工作内容和考核办法,切实做到了“两不误,两促进”。

2. 非层级化组织载体建设逐步加强。一是启动了非公企业团建“百日攻坚”系列活动,确立了“抓大带小、培育骨干,条块结合、形成合力,包干负责、靠前指导”的团建原则,配备了专门团建指导员。全年新建非公企业团组织 5266 个。二是印发《关于加强农村专业合作组织团建工作的通知》,成立党组织的农村专业合作组织全部建立团组织。三是继驻京团工委成立后,先后成立长治驻并团工委、离石驻并团工委和大同驻北京孚隆尔科技有限公司团工委。并指导已成立的驻外团工委积极开展“晋籍青年相亲会”、“迎中秋、庆国庆”等活动。

3. 对基层的支持力度持续加大。继续在人员、经费、培训等方面向县、乡两级倾斜。一是继续为县级团委配备 1 名大学生志愿者,选派 64 名省、市团委机关干部到县级团委驻点,选派 53 名高校团干部到县级团委挂职;二是为基层团委支持工作经费、物资等共计 300 余万元;三是省市县团委分层分级开展团干部培训工作,重点对乡镇、街道、驻外、非公、新社会组织等领域的团干部进行培训。

4. 认真履行全团带队职责。各级团组织加强对少先队工作的指导与支持。一是下发《关于开展师范类院校开设少先队课程专业、中小学校教师职称评聘中设立少先队教育专业科目等试点工作的通知》,与太原师范学院等高校协调,进行少先队教育必修课试点探索。二是积极与教育、人社等部门协调,推动在中小学校教师职称评聘中设立少先队辅导员专业职称评聘科目。三是下发《关于进一步规范配备市、县、乡三级少先队总辅导员的通知》,从岗位设置、任职条件、基本职责等方面,进一步规范市县乡三级少先队总辅导员配备和管理工作。

三、全力促进青年就业创业,服务青年成长发展取得成效

1. 青年创业小额贷款工作日益深化。不断完善青年创业贷款服务,继续加强与金融机构的合作,多渠道搭建融资平台,探索贷款风险担保方式,优化贷款申报审核程序,努力扩大青年创业贷款的覆盖面。全年为55214名青年提供小额贷款58.87亿元,带动就业11.15万人。其中,为47405名农村青年发放小额贷款34.89亿元,带动就业78465人;为7809名城市青年发放小额贷款7.2亿元,带动就业24954人;青创投资担保、青创投资咨询和青创小额贷款三个融资平台发放小额贷款15.69亿元,带动就业8060人。

2. 青年就业创业培训形式多样。整合各类培训资源,拓展培训渠道,启动实施农村千名应用人才助学行动。以雨露计划等为工作平台,动员和组织1000名贫困家庭"两后生"接受2—3年职业教育,毕业后颁发职业技能证书。全年组织43542名青年参加SIYB等各类就业创业技能培训,13768人实现就业。组织"共青团劳务输出大篷车"劳务洽谈会325场,实现转移就业34603人。

3. 青年就业创业见习基地建设日趋规范。严格准入资格,完善择优汰劣机制,建了一批"运转有序、管理规范"的优秀见习基地。加强见习过程管理,规范岗位发布等工作流程。严格《见习证书》发放,强化档案管理和信息台账录入。开展"见习助就业、牵手毕业生"活动,与省人社厅、民生银行联合主办山西省高校毕业生见习现场对接活动。截至目前,4773名青年通过就业创业见习基地上岗见习,3425名青年通过见习实现就业。实施"MM百万青年创业计划",18000余名学生参与网络创业。

四、以加强和创新社会管理为切入,维护青少年合法权益工作扎实推进

1. 青少年维权机制日趋完善。一是开展"面对面"活动。与人大、政协建立常态化联系制度,由以往的单向联系转变为双向联系。全省各级开展"面对面"活动30余次,形成提案建议26份,有效畅通和拓宽了青少年利益诉求表达渠道。二是推进青少年维权关爱行动。组织优秀"青少年维权岗"单位、专家团队深入社区、农村、务工青年聚集地,为青少年提供安全自护、法律心理咨询与援助服务8.1万人次。三是拓展12355青少年服务平台的功能和渠道。依托新媒体,将12355建设为集热线、短信、网站、QQ、微博为一体的综合服务平台,尝试开展了青少年网络"面对面"、"微访谈"活动。不断创新服务领域,丰富服务内容,在部分高校、大型国企建立工作站,进一步完善专家和志愿者队伍管理机制,举办了"12355公益大讲堂"、"12355心理督导沙龙"、"轻松备考12355与你同行"、"百名专家进社区"系列活动,为广大青少年提供了切实有效的服务。

2. 预防青少年犯罪工作力度进一步加大。一是加强工作机构建设。牵头召开了省综治委预防青少年违法犯罪专项组工作会议,明确了各成员单位职责任务和分工,形成有效的联动机制。推动市县"两办"、共青团权益工作机构和12355青少年公共服务台(站)建设。全省11个市及98%的县(市、区)成立了"两办"工作机构,配备了相应的专兼职工作人员。二是开展青少年法制教育。举办了第二届山西省大学生模拟法庭大赛,通过以案说法、知识竞赛、演讲比赛、警示教育等多种形式的宣教活动,增强了广大青少年的法制意识。三是引深重点青少年群体教育帮扶试点工作。组织专项督导检查,进行阶段性总结,逐步完善了重点青少年群体信息监测管理系统,理清了重点青少年群体服务管理和预防犯罪工作的理念思路、体制机制和方法手段,增强了工作的针对性和实效性。

3. 关爱农民工子女志愿服务工作持续推进。全省各级团组织按照机制、队伍、内容、阵地“四位一体”的工作布局，积极开展“大手拉小手”、“志愿者进社区”、“送书籍到农村”等各类关爱农民工子女志愿服务活动16万余次，爱心捐赠192.41万元。全省共结对农民工子女学校980所，覆盖面达96.4%。

4. 希望工程对贫困青少年群体帮扶面不断扩大。筹资1023万余元，资助贫困学生1644名。“希望工程——心希望”项目资助身患先天性心脏病的儿童32名。“壮苗行动”项目资助贫困青少年13890人次。援建希望小学、图书室、音乐教室等13个。

五、以“建设学习型组织、培养研究型干部”为抓手，团干部队伍整体素质得到提升

1. 注重党性锻炼，强化政治素养。团省委班子成员带领机关干部先后赴清华大学、山西党史纪念馆、刘胡兰纪念馆、太原解放纪念馆等地进行实地学习35次，学习党史，锤炼党性，坚定信念。团省委班子认真贯彻执行民主集中制，在重点工作的决策上，决策前积极协商，决策中集思广益，决策后各负其责。分别召开以“密切党同人民群众的血肉联系，保持风清气正”和“保持党的纯洁性”为主题的民主生活会，开展批评与自我批评，加强沟通、交流感情、增进团结。定期开展班子成员之间、班子成员与部门负责同志之间的谈心活动，及时发现和相互指出存在问题和不足，不断增强班子的感召力、凝聚力和战斗力。

2. 加强学习调研，提升能力素质。围绕学习型机关建设，出台了周一例会、周二集中学习、班子成员领办研究课题等一系列学习调研制度。按照团中央、省委要求，班子成员分别确定了以扶贫驻点为重点的农村联系点，以掌握思想动态、维护稳定为重点的高校联系点和以加强两新组织团的建设、乡镇街道组织格局创新为重点的企业、乡镇联系点，带着问题、带着感情、带着责任深入联系点调查研究，发现问题，解决困难。先后5次邀请有关方面的专家学者专题辅导机关干部，班子成员每月参加省委和省委宣传部、省直工委组织的专题讲座，带头开展在线学习，人均年学习课时数在80学时以上。先后组织深入学习党中央、团中央、省委领导讲话及有关会议文件，理解把握中央、省委的大政方针，摸清吃透团中央的工作铺排。

3. 坚持真抓实干，致力开拓创新。班子成员坚持求真务实的山西团风，以求实的态度谋划，以务实的方式推进，以扎实的行动落实，脚踏实地、埋头苦干，推动重点工作出成效、整体工作上水平。团省委把团中央对全团工作的部署与省委转型跨越的总体部署相结合，与山西青年的思想和工作实际相结合，大力开拓创新，在青少年教育上以“学习胡兰精神”推动广大青少年坚定理想信念，在基层组织建设上以省市两级换届带动层级化组织载体建设，在就业创业上突出“一个网络、五个平台”服务青年，取得了实实在在的成效。

4. 不断转变作风，注重廉洁自律。结合保持党的纯洁性教育活动，按照“六查六看”的要求，开展经常性的廉洁自律教育，班子成员严格按照党章、党员干部“五不准”和团中央《严格管理团的专职干部的几项规定》的要求规范自己的行为。班子成员在保持自身廉洁自律的前提下，按照团要管团、从严治团的要求，严格履行党风廉政建设责任制，经常与所分管单位和部门同志开展廉政谈心活动，对发现的苗头性问题早提醒、早纠正，防微杜渐，引导团干部洁身自好、健康成长。

与此同时，团属事业协调发展，青联组织围绕党政外交和统战大局，积极开展青年外事统战工作，进一步拓展青少年交流合作，为服务全省对外开放发挥了积极作用。学联积极引导广大青年学生在实践中锻炼成长。青年职业学院、青少年报刊社等团属事业持续发展，和谐稳定。

内蒙古团的工作

2012年，团内蒙古区委按照团中央和自治区党委的总体部署，紧密结合实际，扎实推进各项工作，团结带领各族团员青年为建设更加繁荣富裕、和谐美好的内蒙古作出了积极的贡献。

一、积极组织青年

1. 狠抓政策性文件落实。2011年以来，在自治区党委的支持下，自治区团委联合自治区创先争优活动领导小组办公室、自治区党委组织部、高校工委和自治区教育厅等有关部门，围绕加强党建带团建、支持和活跃基层工作、加强学校共青团工作等方面，制定出台了《关于以党建带团建深入开展共青团创先争优活动的指导意见》、《关于贯彻落实 < 关于加强新形势下基层党建带团建工作的意见 > 的通知》、《关于进一步加强全区高等学校共青团工作的意见》、《关于进一步加强全区中学共青团工作的意见》和《关于进一步加强全区中等职业学校共青团工作的意见》等一系列抓根本、打基础、管长远的政策文件，并狠抓落实，各盟市召开党建带团建和学校共青团工作会议，结合实际出台相关意见，为基层工作提供了有力的政策依据，团的建设和工作迈上一个新台阶。今年，团区委协调自治区党委组织部、财政厅，联合发出《关于进一步支持和推动共青团基层组织建设和基层工作的通知》，明确要求为苏木乡镇、街道团委每年安排不少于2万元工作经费，加强基层团干部培训，支持基层团的工作。

2. 加强团干部队伍建设。全面开展新一轮团干部驻点工作，选拔48名高校团干部到旗县挂职。全面启动了为期三年的"下基层办实事转作风，做党放心青年满意的团干部"活动，调动各级团组织力量开展大规模培训、轮训，举办培训班185期、培训团干部3997人，团干部队伍整体素质进一步提高。争取自治区党委支持，推动自治区团委机关7名中层干部到旗县任职，协调落实各级团干部转岗使用，推动团干部有序流转。坚持全团带队，推动盟市、旗县全部配备了少先队总辅导员，少先队整体工作水平有了新提升。

3. 积极推进非公企业和新社会组织团建工作。按照团中央要求，下发《关于做好2012年度非公有制企业和新社会组织团建工作的通知》，明确团建要求和目标任务，创新团建模式，全年非公有制企业、新社会组织建团3036家，覆盖35岁以下青年10.5万名。农村牧区专业合作组织建团727家，占符合建团条件的82%。新建驻外团工委20家，联系覆盖外出务工青年2.3万人。全面推进苏木乡镇实体化"大团委"建设，新建直属团组织2.4万个，覆盖团员47.3万人，联系35岁以下青年150多万人。

4. 成功召开共青团内蒙古自治区第十三次代表大会。8月23日，共青团内蒙古自治区第十三次代表大会在呼和浩特市召开。共青团中央书记处书记汪鸿雁，自治区党委书记、人大常委会主任胡春华，自治区党委副书记、政府主席巴特尔，自治区党委副书记李佳，及其他党政军领导出席会议。汪鸿雁、李佳同志分别代表团中央、自治区党委发表讲话，充分肯定了内蒙古自治区十二次团代会以来共青团工作取得的成绩，并对全区广大青年寄予了殷切希望，对全区各级团组织和团干部提出了深入要求，对各级党委支持共青团工作提出了明确意见，为全区共青团事业的蓬勃发展和当代青年的健康成长指明了方向。大会总结了内蒙古共青团过去五年的工作，明确今后五年全区共青团工作的指导思想、奋斗目标和具体要求。并强调全区各级团组织和广大团干部一定要认真学习领会、坚决贯彻落实中央和自治区纪念建团90周年大会精神，深刻领会党对共青团、对团干部提出的要求，始终坚持正确的政治方向，始终毫不懈怠、求真务实、奋发进取、认真履行团的基本职能，朝着“两个全体青年”的目标迈出更加坚定扎实的步伐。大会选举产生第十三届委员会委员、第十三届候补委员；并审定通过关于工作报告的决议。

5. 深入推进“保护母亲河”行动。积极参与生态文明建设，集中开展了“保护母亲河—2012年黄河流域青少年植树行动”等活动，全区各级团组织筹集资金280万元，用于青少年林开发建设。围绕自治区党委建设锡盟南部区域中心城市战略部署，联合北京市、天津市、河北省团委和中直机关团工委、中央国家机关团工委，全面启动“蒙京津冀青少年生态实践基地”项目，与京津冀团委和中直机关、中央国家机关团工委签署共建协议，全力实施“5551”工程，即，500亩集青少年素质拓展、生态实践教育、青少年交流、植物多样化成果展示多功能于一体的综合性基地；5000亩城区沙漠重点治理区；50000亩重点造林区；用10年时间，高标准、高质量建设团属青少年绿色生态基地。

6. 进一步加强团的阵地和外围组织建设。推动实现了内蒙古团校行政级别提升为副厅级，为巩固团属教育培训阵地、培养青年人才、推动今后更好地发展奠定了坚实的基础。自治区青联、学联、青企协相继完成换届，增强了组织凝聚力，发挥了精英青年对广大青少年的示范带动作用。成立了蒙港青年交流促进会，在促进两地经贸、旅游、文化、科教等各方面合作，配合内蒙古香港经贸合作活动中发挥了重要作用。

二、旗帜鲜明地引导青年

1. 大力开展主题活动。旗帜鲜明地用社会主义核心价值体系教育引导青少年，广泛开展“学党史、知党情、跟党走”、“我与祖国共奋进，我与草原同发展”、“与信仰对话”、“美丽的草原我的家”、学雷锋、“红领巾心向党”等主题教育实践活动。全区各级团组织广泛开展了“创先争优，青春榜样”各界优秀青年表彰活动，“我的青春，我的团”—新老团干部座谈会，开办了“劳动·创造·奋斗—献礼建团九十载”青少年励志教育活动，组织开展青春电影进社区、进企业、进农村牧区活动，受到了基层广大青少年的欢迎。深入实施青年马克思主义者培养工程，累计培训大学生骨干5513人次。

2. 认真学习贯彻胡锦涛总书记五四重要讲话精神。5月5日，自治区党委召开了“内蒙古自治区纪念中国共产主义青年团成立90周年大会”，自治区党政军领导出席大会，各盟市委分管领导和团委书记、自治区有关部门的负责同志，自治区高等院校、直属企业党委书记和团委书记，部队和武警有关负责同志和团委书记，受表彰的优秀青年集体和个人代表，首府各族各界青年代表参加大会。自治区党委书记、人大常委会主任胡春华发表讲话，要求全区各级党组织、共青团组织和广大青年要把学习贯彻总书记讲话精神作为重要政治任务，用讲话精神统一思想和行动，高度重视、全面加强共青团建设，不断开创青年运动的新局面。5月3日，自治区团委举办了纪念建团90周年“草原儿女心向党”大型主题晚会，在青少年中引起了强烈的反响。

3. 深入学习宣传贯彻党的十八大精神。自治区团委坚持学习先行、宣传先行、贯彻先行，深入基层青年广泛开展党的十八大精神宣讲活动，在基层青年掀起学习宣传贯彻党的十八大精神热潮。全区各地团组织认真开展党的十八大精神学习讲座、报告会8600场次，参与青年达270余万人次。在“草原儿女献礼十八大·青春力量建功内蒙古”主题微博征集活动中，青年网上原创及转发微博条数超过16万。

4. 切实加强青少年民族团结进步教育。全区各级团组织开展了“民族团结代代传”、“加强民族团结、建设美好家园”、“民族团结大讲堂、大家谈”活动，推动“三个离不开”观念在青少年中入脑入心。完成“青少年民族团结进步教育”专题调研。积极协调自治区财政每年预算安排1179万元，免费赠阅《花蕾》和《内蒙古青年》杂志，惠及全区26.6万名蒙语授课大中小学生，为加强青少年思想引导、开展民族团结进步教育、传承和发展民族文化拓展了载体。

5. 深入推进分类引导工作。紧紧抓住指导、督察两个环节，年初通过召开全区引导工作网络讨论会，广泛交流，寻找差距，分享经验，达成共识。召开盟市级团委宣传部长座谈会，将《分类引导大纲》转化工作纳入全年目标责任状。全年22所高校、370家各类企业、101个旗县（市、区）完成《青年思想引导大纲》转化，形成典型案例120个。

6. 逐步深化青年志愿服务工作。共青团关爱农牧民工子女志愿服务行动结对8.3万人，募集爱心款物280余万元，发展项目专员1100名，参与志愿者7.6万人次、志愿者组织907个。新招募西部计划志愿者416名，协调自治区将志愿者补贴提高到每月1500元。积极参与生态文明建设，进一步深化“保护母亲河”行动。组织19.6万名大中专学生开展“三下乡”活动，引导大学生在服务基层过程中做贡献、长才干。

7. 积极探索青年文化建设和新媒体的运用。以参加团中央共青团新媒体和文化成果交流展览会为契机，全面推进青年文化作品创作与推广，在“草原儿女心向党”纪念建团90周年主题晚会上，推出了《绿时光》等9个原创作品。内蒙古科技大学团委创作的微电影《那一年，我们十八岁》入选湖南卫视成人礼活动。与内蒙古草原豆思动漫公司合作，在内蒙古卫视蒙古语台播出了反映生态环保教育题材的《草原豆思》动漫连续剧，在蒙古语少儿刊物《花蕾》中连载《巴拉根仓的故事》，完成了法制教育宣传片《喜羊羊和灰太狼》蒙语版制作和播出工作，为广大青少年提供了有趣味、有意义的动漫作品。目前，全区团属网站已建立97个，QQ群168个，通过官方认证的微博达438个。其中，内蒙古团委共有网站9个，日访问量达16646人。内蒙古团委手机报、短信平台在推动团青工作开展、指导基层工作、加强组织文化建设方面发挥着重要作用。

三、竭诚服务青年

1. 完善青年就业创业见习基地运行机制。实行“星级”评选制，对见习基地工作开展以来的运行情况进行系统梳理，进一步规范见习基地信息发布、岗位对接、见习管理、评估考核等制度，推进见习基地进一步规范化、标准化。全区新建青年就业创业见习基地660家，提供见习岗位2.6万个，3.2万名青年上岗见习，7502名青年通过见习被企业正式聘用。

2. 继续抓好青年创业小额贷款工作。积极应对经济形势影响，协调金融机构，确保团组织推荐的青年创业小额贷款人数不减、款额不减。全年共向3.5万名青年发放创业小额贷款13.2亿元，带动就业4.7万人。举办金融知识培训班177期，培训青年9000多人次。

3. 扎实做实青年就业创业培训工作。全区各级团组织落实培训机构175家、资金200万元，培训青年农牧民16.8万人次。成功举办第六届“挑战杯”全区大学生创业计划竞赛。经自治区政府批准，积极筹备内蒙古青年就业创业服务中心。

4. 扎实推进青年就业创业“东西互助”行动。一年来，通过“东西互助”行动，推动1万多名东部盟市青年转移到西部就业。今年，团区委把帮助贫困家庭大学生就业创业工作作为深化“东西互助”行动的重要内容，协调乌海市、兴安盟、鄂尔多斯市、包头市政府制定并落实优惠政策，联合举办招聘会，动员各类企事业单位提供10395个就业岗位，供毕业生特别是贫困家庭毕业生选择。自治区团委正在积极协调联系其他盟市和有关行业，以不同形式，努力为大学生提供更多的工作岗位。

5. 实施"草原新秀"青年人才工程。配合自治区"草原英才"工程，制定下发《内蒙古"草原新秀"青年人才工程实施方案》，确定呼和浩特经济技术开发区、包头稀土高新技术产业开发区为"全区青年创业人才示范基地"，共同合作，为青年创业孵化、吸引和培养高层次人才提供服务。联合举办了"百名博士走进鄂尔多斯"大型高层次人才项目对接洽谈会，16名博士达成落户意向，与北京市团委就青年人才工作建立了合作机制。

6. 进一步发展壮大希望工程。希望工程募集资金1441万元，建成希望小学48所，为79所农牧区希望小学配备教学生活设施，通过黄如论爱心基金、圆梦大学、"爱心365"等活动，资助大中小学生1万多名。争取中国光华科技基金会"神华爱心"书屋项目，为全区1387所中小学捐赠价值1亿元的图书，惠及110万学生。

四、认真维护青少年合法权益

1. 积极参与社会管理创新工作。把维权工作作为共青团参与社会建设和管理创新的重要切入点，成立领导小组，派员到北京、河南、上海等地考察学习，召开全区共青团社会建设与管理工作会议，出台了《全区共青团参与社会建设与管理创新工作的实施意见》。主动探索参与社会建设与管理的新途径，成立全区首家青少年社会工作服务中心，试点建立4个社区服务站，面向特殊青少年群体提供社会工作服务。

2. 全面开展"共青团与人大代表、政协委员面对面"活动。自治区"两会"期间，全区各级团组织集中组织"面对面"座谈会19场，提交提案、议案19份。"新生代农民工的社会融入"、"丰富新生代农民工的精神文化生活"、"促进大学生就业创业"等主题，被内蒙古日报和腾讯网列入了草原"民生十问"调查中。

3. 不断强化12355青少年服务台建设。推动建立集呼入一体、案件分流为一体的全新12355青少年公共服务平台，选拔一线心理专业志愿者参加了团中央培训。广泛开展了轻松备考、保护未成年人等多个主题的12355阳光行动。

4. 进一步完善预防办和未保办工作职能。自治区团委今年被列为全区"三项工程"中重点青少年群体服务管理执行单位，完成了全区重点青少年群体的基本统计工作，正在建立全区重点青少年群体信息管理网络。确立了3个不同服务类别的试点盟市，试点单位结对闲散青少年933名，帮助618名闲散青少年实现就业，协助365名闲散青少年重返校园，救助孤残未成年人400名，与务工人员子女结对537对。向全区中小学免费赠送动漫版《未保条例》。完成全区重点青少年群体的基本统计工作。

五、加强领导班子建设

1. 思想建设方面。注重班子成员的党性锻炼，教育班子成员始终忠诚党的事业、热爱团的岗位、竭诚服务青年，坚决贯彻落实团中央、自治区党委的重要决策部署，狠抓团的各项工作不放松。始终把理论武装作为首要任务，把学习贯彻党的十八大精神、学习实践科学发展观、学习中央和自治区重大决策部署与学习团的业务理论结合起来，坚持不懈地用马克思主义中国化的最新成果武装班子成员头脑，提高工作能力和水平。

2. 工作研究方面。围绕团中央、自治区党委的重大决策部署，深入开展全区团情调研，多次召开工作研讨会，把团中央的要求与自治区的实际紧密结合起来，强化政策制定和落实，有效整合资源，着力推动工作创新，加强对不同地区和战线共青团工作的分类指导，实现了各项重点工作的新突破。

3. 作风建设方面。制定《内蒙古团委关于转变工作作风、密切联系青年的规定》，切实转变工作作风，坚持眼睛向下，重心下移，把服务青年、支持基层作为工作的一贯要求。邀请基层同志参与，召开工作务虚会、盟市共青团工作交流会，增强了工作决策的针对性。班子成员带头深入基层，深入青年，开展调研，与基层同志共同推动工作落实，帮助青年解决实际问题，进一步密切了同青年的联系。

4. 廉政建设方面。认真贯彻落实党风廉政建设责任制，将党风廉政建设和反腐败工作列入重要议事日程，切实加强领导班子廉政建设。坚持民主集中制，科学决策、民主决策，自觉做到选人用人公开、公平、公正，涉及人事、重大财务开支等事项都严格做到集体研究决策。切实加强廉洁自律教育，经常性开展警示教育，进一步筑牢领导班子成员和干部职工拒腐防变的思想防线。

辽宁团的工作

辽宁各级团组织按照团中央和省委的统一部署，以省委十一届二次全会和团中央十六届五中全会精神为指导，全面贯彻落实全省工青妇会议精神，紧紧围绕辽宁省委、省政府中心工作，坚持把“创先争优”活动作为促进共青团各项工作的重要平台，大力实施青春建功、思想引导、就业创业、维护权益和组织建设等“五大工程”，引领广大团员青年学先进、争优秀、作表率、比奉献，促进共青团在服务大局上有新作为、在服务青年上有新成效、在自身建设上有新突破，团的各项工作得到了普遍加强，凝聚力、战斗力和号召力得到进一步提高。

一、强化团的自身建设，共青团组织不断焕发新的生机与活力

1. 团的基层组织建设取得新成效。全省新经济组织、新社会组织建团9207家，继续保持全团第一的位次。采取编制内外、专兼职相结合的方式全面增强全省乡镇（街道）团的工作委员会的力量。建立乡镇直属团组织的实体化“大团委”工作覆盖全省，全省14个市、76个涉农县区、908个乡镇全部完成了对团中央书记处第一书记陆昊关于全国乡镇实体化“大团委”建设工作的讲话学习两次以上的工作要求，并全部以乡镇为单位召开了座谈会，统一思想、明确目标。全省录入工作全面展开，共录入新建直属团组织976个，覆盖团员56560人，联系35岁以下青年246239人，提前并超额完成团中央确定的目标任务。进行9次专题沟通争取到财政支持，省市两级团组织均与同级财政联合发文，将乡镇（街道）团的工作经费按每年2万元标准纳入同级财政预算，在财政、林业等厅局争取230万资金，下拨给工作经费相对匮乏的200个乡镇。建立青年农民工驻外团组织256个、青年农民工服务阵地437家，联系青年农民工20.6万人。选派58名团干部到基层开展驻点工作，116名高校团干部到县（区）团委挂职。

2. 团干部队伍建设呈现新气象。强化“通过工作锤炼作风，通过作风推动工作”的“双轮驱动”工作理念。推动工作注重工作项目的可持续性、可重复性和普遍适用性，形成了“设计项目、分析机理、优化要素、明确定位、设定目标、科学管理”的六步工作法，工作的项目化建设有效提高了团的工作科学化水平。

锤炼作风注重长效性、实践性和思想性，在实践中进一步形成了团干部“狠抓落实，深入青年、深入基层，勤于学习、善于思考，敢碰难题、善解难题，勇争一流”的五种作风。“狠抓落实”的作风，体现于坚持每季度召开团省委系统工作会议和市级团委工作会议，每月下发支持基层和工作成果两个通报，采取量化考核方式每月通报各项重点工作推进落实情况，有效将工作信号传至基层；“深入青年、深入基层”的作风，体现于团的各项工作中，突出表现为“走进青少年”实践活动取得实效，联系青少年28万人次，为基层争取政策支持139项，资金支持1.4亿元，物资支持价值170.2万元；“勤于学习、善于思考”的作风，体现于广泛开展各级团干部培训，省市县三级共培训团干部3.7万人次，在县级以上团组织开展“学习型机关”创建活动，团干部个人学习年平均563学时，班子集体学习年平均43天；“敢碰难题、善解难题”的作风，体现于各级团组织对矛盾的普遍性和对立统一性有了深入认识，在正确对待矛盾、勇于解决矛盾的过程中，工作能力不断提升；“勇争一流”的作风，体现于全省各级团组织始终保持靠前指挥、奋勇争先的工作状态。

二、围绕中心服务大局，充分发挥青年的生力军作用

1. 服务青年科技创新。围绕创新型辽宁建设，举办第二届“中国（辽宁）青年科技创新创业大赛”，以中国（辽宁）青年科技创新创业服务中心为运作平台，以中国（辽宁）青年科技创新基金为资金保障，以关注科技创新、关注成果转化为宗旨，通过整合科技资源、展示科技成果、提供科技服务、搭建融资平台、实现交流转化“五措并举”，引领广大青年投身科技创新创业事业，在提高自主创新能力，加速科技成果转化，提高科技创新贡献率，加快创新型辽宁建设中发挥生力军和先锋队的作用。大赛瞄准服务辽宁省产业集群，选拔项目集中在新能源、电子信息、生物医药、农业科技等领域。共组织30多场次对接洽谈会及项目签约会，累计收到有效报名项目3017个，入库项目2839个，落地项目投资额近6亿元。“挑战杯”辽宁省大学生系列科技学术竞赛遴选作品1100余件，参与青年达2万余名，参赛学校及申报作品数量实现历史之最。

2. 服务区域产业协调发展。扎实开展“辽宁青年服务区域发展行动”，围绕“沈阳经济区、辽宁沿海经济带、突破辽西北”三大区域发展战略，整合青联、青企协等资源重点向产业集群聚集，促成89个市级以上项目对接落地，实际到位资金238.98亿元。

围绕全省服务业发展，在全国率先开展面向从事现代服务业青年的“幸福杯”辽宁青年现代服务业职业技能大赛，围绕商贸服务、温泉旅游、装饰装修和金融服务等四大领域，确定了14个服务业工种，参与企业和行业协会达百余家，影响覆盖青年52万人。

围绕县域经济发展，以“一县一业”为依托，在全国率先开展农村青年技能比武大赛，围绕花生、牛业、寒富苹果、草莓等产业，细化成17个竞赛子项目，采用村、乡、县、市四级选拔模式，历经92场预选和复选，共有68名选手在省级总决赛中胜出，荣获“辽宁省青年农业技术能手”称号，全省107家农村专业合作组织参与了比赛，近千名选手在市级赛和县级赛中获得了相应奖励，影响覆盖39万农村青年。

3. 服务生态环境建设。围绕省委省政府“大干四年绿化辽宁”的要求，从参与村屯绿化入手，开展“百团大战绿辽宁，创建绿化模范村”义务植树活动；启动“爱护辽河凌河”行动，为改善辽河凌河流域生态环境作出积极贡献。争取省环保厅、省林业厅、省财政厅、省辽河局、省凌河局等单位支持，共筹集资金1972.2万元，物资约折合人民币1022.1万元，合计2994.3万元。全省共63万青少年参与到绿化活动中，共栽植树木456万株，绿化面积4.3万亩。与全球500强企业英国BP公司中国总部合作，开展“百万青少年手拉手减碳行动”，165.8万名少年儿童在实践中传承绿色文明。开展青少年“铲除外来入侵植物护我家园”行动，4.2万名青少年志愿者及中小学生共铲除外来入侵植物共计95车次，累计13吨。全省29800余名青少年参加了辽宁省青少年“爱护辽河”、“爱护凌河”生态实践行动统一行动日，共捡拾白色垃圾49车，浇灌树木16万余株，有效地改善了辽河、凌河流域的生态环境。

4. 倡树和谐文明新风。开展“创先争优——青年文明号在行动”主题实践活动。组织近1.3万个国家、省、市三级青年文明号和近52万名青年，开展青年岗位建功、创新创效、文化展示、结对助困等活动，争创群众满意窗口、优质服务品牌、优秀服务标兵，充分发挥了百个省级、千个市级、万个县级青年集体和个人典型示范带头作用。

组织150余万名青年志愿者以“迎全运”为契机，广泛开展社会志愿服务，初步形成由803个社会志愿服务项目、537个社会志愿服务站构成的社会志愿服务公众参与平台。与省委创先争优活动领导小组在青年群体中联合开展具有示范性的创先争优争创“郭明义文明号、郭明义示范岗、郭明义突击队、郭明义岗位能手”活动，省、市、县三级5.11万个“号、岗、队、手”踊跃参加“三亮三比两争当”活动，通过亮身份、亮职责、亮承诺，比技能、比服务、比业绩，争当学郭明义先进集体，争当学郭明义标兵活动，带动广大青年履职尽责，诚实守信。中组部以简报形式介绍经验。

三、加强青年思想引导，青少年思想教育工作再上新台阶

1. 丰富引导内容，巩固青年思想基础。广泛深入学习宣传党的十八大精神和建设富庶文明幸福新辽宁的宏伟目标。针对青年学生群体，充分利用“与信仰对话”校园报告会、“青年马克思主义者培养工程”、“青春共话十八大”主题团日、高校微博群等载体和形式，广泛开展“我与祖国共奋进”、“学党史、知党情、跟党走”等教育实践活动，全省设立专题网页141个，举办学习交流会1580场，帮助他们深入领会党的十八大精神，不断巩固全省青年建设富庶文明幸福新辽宁的思想基础。举办“辽宁青年讲堂”371场，覆盖青年8万余名。针对青年职工和进城务工青年，重点将国情教育、形势政策教育与企业文化建设、职业道德培养紧密结合，激发他们爱岗敬业、开拓进取的奋斗精神。针对农村青年，充分借助农村党员干部现代远程教育网、乡镇实体化“大团委”等形式和工作载体，发挥农村青年致富带头人的作用，帮助他们了解党的强农惠农富农政策，激发他们敢闯敢试、创业致富的意识。

2. 创新引导途径。运用新媒体和文化手段引导青年。加强共青团微博、网站、手机报等新媒体资源的有效整合，加大对青少年文化产品的创作和推广，努力实现引导青年工作由“内容供应”向“产品供应”全面转变。成立全国首家青年新媒体应用中心，全省建立共青团系统微博36310个，粉丝量突破1000万。（团省委书记田野的新浪微博粉丝87万，腾讯微博听众55万，在省级团委书记中排名第一）。弘扬现代网络文化，启动共建“温情、包容、互助、尊重、和谐”现代网络文化活动，网民发表和转发相关评论100余万条，与拍摄《建国大业》的影视集团合作拍摄制作网络电影《微博》，得到省委书记王珉和团中央书记陆昊的高度认可和重要批示，新华社《动态清样》予以报道。与辽宁少年儿童出版社等专业力量合作推出《雷锋画传》、《当代雷锋郭明义画传》等图书。运用微博组织青年续写“雷锋微日记”11万余篇，促进学雷锋活动常态化。

3. 注重引导实效。针对不同青年群体，设定不同目标、运用不同方法开展分类引导，覆盖了全省高校、规模以上国企和涉农县区的青年群体，培养青年典型2077人。深化青年马克思主义者培养工程，扎实开展“劳动·创造·奋斗——我的青春故事”励志教育、“红领巾心向党”、“党的知识进校园”等活动，在广大青少年中倡导社会主义核心价值观，引导广大青少年坚定中国特色社会主义的道路自信、理论自信和制度自信。“劳动·创造·奋斗——我的青春故事”励志教育活动在《辽宁青年·青年团员读本》、《新少年》、《辽宁共青团》等杂志及辽宁共青团网站、“未来炫辽宁”官方微博，开设“我的青春故事”专栏，报道优秀青年典型。“红领巾心向党”主题教育活动参与1653万人次，全国动态继续排名第一。开展“红色青春文化”活动4801场，引导广大青年传承红色文化、颂扬红色精神，新华社《内部参考》予以报道。“党的知识进校园”活动，以中小学生为主体，结合纪念建党91周年和迎接党的十八大，在全省中小学中广泛开展党的历史教育、党章教育、党的优良传统作风教育、党的路线方针政策教育和形势任务教育等五个方面的教育。寓党史、党情教育于形式多样的活动之中，主要开展“一次报告会、一次班队会、一次参观、一次展览、一次征文、一次竞赛和观看一次影片”等“七个一”活动，引导学生在思想上认同党、情感上亲近党、行动上靠拢党，切实增强实现中华民族伟大复兴的责任感和使命感。全省中小学校开展各项活动29.3万余场次，参加活动的中小学生达638万余人次，进一步提升了全省中小学生对党的认识，增进了对党的感情。

四、贴近青年发展需求，服务青年成长成才的工作力度不断加大

1. 青年就业创业工作成效显著。构建培训、导师、金融、信用、孵化为支撑的立体化青年就业创业帮扶体系，青年就业创业培训15.7万人，扶持青年创业2.05万人，带动就业15.9万人，发放青年创业扶持资金14亿元。承办第八届“振兴杯”全国青年职业技能大赛并第八次夺冠，全省各级团组织共举办各级各类大赛500余场，有150余名选手参与到省级以上决赛中来，覆盖了100多万青年职工。“振兴杯”全国青年职业技能大赛在青工中覆盖面不断扩大，影响力逐步增强，成为团组织服务企业科学发展，服务职业青年成长的有效举措，发现和培养了一大批青年高技能人才，在青年技能人才队伍建设方面发挥了积极作用。在全国率先实现农村青年信用示范户工作县域全覆盖。全年共评定信用示范户9397户，发放信用贷款37975万元；其中信用贷款发放量占全部小贷发放量的66%。农村青年创业小额贷款增长迅速。全省38家农行县域网点重点针对农村创业青年群体，特别是后进村有创业意愿的农村青年提供资金扶持。全年各级团组织与农信社、农行等涉农金融机构共发放小额贷款5.611亿元；通过财政和人社等各级部门共争取贴息资金1340万元，支持12363人创业，带动54590人就业。

2. 特殊青少年群体帮扶注重覆盖。扎实开展“共青团关爱农民工子女志愿服务行动”，形成长期有效的结对帮扶机制。聘请郭明义同志为共青团关爱农民工子女圆梦行动公益大使，举办郭明义事迹报告会，40余万青少年广泛参与学习郭明义活动。开展“佩戴团徽送温暖、争做明义献爱心”帮扶活动，8万余名青年从中受益。加强希望工程品牌建设，做好青少年公益慈善事业。扎实推进“千语千寻”圆梦行动，深入实施快乐成长计划，大力开展“手拉手”活动。全省对农民工子女较集中学校摸底并结对1025所，参与行动的志愿者人数达16.9万人，已结对农民工子女18万人，全省青年志愿者组织与农民工子女较集中学校、志愿者(组织)与农民工子女个体100%结对，为全省18万名农民工子提供志愿服务达370余万小时。希望工程筹集资金4012.4万元，资助贫困大中小学生3.77万人次，援建希望小学11所，援建总量全国第一，省青少年发展基金会荣获省级5A级基金会。

3. 青少年维权工作规范发展。参与制定并推动施行《辽宁省实施<未成年人保护法>规定》。开展重点青少年群体教育管理和预防犯罪试点工作，对接帮教对象6462人。在中央综治委对辽宁预防青少年违法犯罪工作的考核中，共青团组织负责的工作获得满分，全国排名第一。全国重点青少年群体服务管理和预防犯罪试点工作经验交流会在辽宁举行，团中央书记处第一书记陆昊到会并在沈阳、大连两地进行了调研。在全国率先实现县级以上团组织全部开展“共青团与人大代表、政协委员面对面”活动，提交提案、议案、建议120件。关注青少年普遍性利益诉求，开展青少年维权实事工作，完成52件维权实事。

吉林团的工作

团吉林省委团结带领全省各级团组织和广大团员青年紧紧围绕“科学发展、加快振兴，让城乡居民生活得更加美好”，真抓实干、开拓进取，重点工作有突破、特色工作有亮点、整体工作有提升，圆满完成了既定的各项目标任务，吉林共青团事业实现了新的发展。

一、深入学习宣传贯彻党的十八大和省十次党代会精神，进一步把广大青年的思想和行动统一起来

团省委第一时间对全省团组织和团干部、团员青年学习贯彻会议精神作出安排部署。省青联、省学联、省青企协、省农村青年致富带头人协会、省少工委、省青年志愿者协会及全省各级共青团、青年组织分别以座谈会、报告会、研讨会等形式，深入学习宣传贯彻党的十八大和省十次党代会精神。全省组织较大规模报告会700余场，编发主题微博1.6万余条、主题手机报51期，累计覆盖青年1000万人次。深入学习贯彻纪念共青团成立90周年大会精神。吉林省召开纪念中国共产主义青年团成立90周年大会。引导广大青年按照党的希望，进一步明确自身成长的正确方向，为祖国发展、家乡振兴建功立业。要求全省各级团干部按照“四个着力”的要求，进一步明确工作的努力方向，做“让党放心、让青年满意”的团干部。制作播放反映吉林共青团87年发展历程专题片——《青春足迹》。全省各级共青团、青年组织也分别以不同形式贯彻会议精神，庆祝建团90周年。

二、以“吉林共青团组织提升年”为主要载体，坚持狠抓基层、支持基层、活跃基层

以“吉林共青团组织建设年”为重要抓手，推动基层组织建设和基层工作广泛覆盖、全面活跃。推进党建带团建制度性安排的落实，全省54个县级团委召开了党建带团建工作会议。深入开展党团共建创先争优工作，建立工作联系点39个，挖掘各类创先争优典型案例96个。率先在全国完成乡镇实体化“大团委”建设任务，新建直属团组织12461个，覆盖团员8.4万人、联系40岁以下青年22万人。全年新建非公企业团组织1917个、新社会组织团组织242个、驻外团组织233个、农村专业合作社团组织4085个。选派30名市级以上团的领导机关干部、50名高校团干部到县级团委驻点挂职；省本级为全省每个乡镇（街道）下拨工作经费1万元，累计下拨各类经费超过1000万元；各地团组织积极出台文件、配套资金，切实加大对基层的支持力度。

三、竭诚服务青年成长成才的根本需求、就业创业的紧迫需求、特殊群体的个性需求

在青少年中深入开展"学党史、知党情、跟党走"、"青年马克思主义者培养工程"、"红领巾心向党"、"劳动·创造·奋斗"等主题教育实践活动。广泛开展以"创新、公正、包容、守法、诚信"为主要内容的青少年道德教育实践活动。不断深化分类引导青年工作。实施"双百工程",组织报告会312场、座谈会210场,影响覆盖青年10万人。吉林共青团新浪官方微博粉丝数全国排名第二、获政务微博东北区域十佳应用奖,《吉林手机报—青年版》编发700期、1.1万条,"听听·青春之声"网络电台累计独立IP收听数超过45万个。

"吉林青年人才培养计划"全年培养各类青年人才15432人。"吉青时贷"、"青创时贷"发放贷款21876笔、累计7.9亿元,带动青年创业就业4万余人。"青年金融助业贷款工程"发放贷款1.29亿元,扶持青年创业企业251户。建设各级青年创业园20个,实现产值10.52亿元。建立青年就业创业见习基地700个、农村青年创业创富示范基地309个,提供见习岗位1.5万个。青年就业创业培训10.4万人次。成立吉林省大学生创业俱乐部、"吉青时贷"创业青年俱乐部。在第八届"挑战杯"中国大学生创业计划竞赛中,吉林省荣获金奖2项、银奖5项、铜奖14项。在首届中国创新创业大赛中,吉林省推荐青年以第2、第4名的成绩进入总决赛。有2人分别荣获第七届中国青年创业奖、第八届中国农村青年致富带头人标兵。建立"共青团周末文化驿站"100家,惠及青少年5万人次。开展"圆梦七彩·美好吉林"大型社会公益活动,帮助4276名农民工子女和贫困青少年实现新年愿望。希望工程全年募集捐款1070万元,援建希望小学11所,资助贫困大学生1071人。

四、积极参与加强和创新社会管理有关工作,有效代表和反映青少年普遍利益诉求

成功举办第五届东北亚青年企业家发展论坛、第四届中国多元化采购峰会、中韩青年企业家发展论坛,签订投资合同6个、总额54.3亿元。进一步深化青年文明号、青年安全生产示范岗、"三下乡"等品牌活动。圆满完成东北亚博览会、中国企业500强发布暨大企业高峰会的志愿服务工作。全省"保护母亲河"活动植树127.97万株。争取中日青年生态示范林项目资金440万元。成立"吉林省青年志愿服务基金",募集捐款140万元。实施"吉林省志愿服务社区发展计划",全省1382个社区与青年志愿服务组织完成对接。

全省组织开展面对面交流7847人次,召开座谈会976场,解决诉求12986条。在全省建立"绿色家园"试点60个。发放未成年人保护基金63.2万元,救助服刑人员困难未成年子女等特殊青少年316人。开展"轻松备考12355与你同行"阳光行动,为全省17万名中高考学生及家长提供服务。召开全省预防青少年违法犯罪专项组全体会议。聘请461人为吉林省首批青少年权益代言人士。

五、改进工作作风、密切联系青年,进一步加强团的自身建设

大力加强机关建设,进一步完善和落实了理论中心组学习制度、常委会议制度、书记办公会议制度。开展"人人论坛"、"文化沙龙"、"知名人士进机关"以及"四进四提高"等活动。切实加强各级团委班子建设,认真执行《关于严格管理团的专职干部的几项规定》。

成功召开中国少年先锋队吉林省第六次代表大会。全面加强青联、学联、青企协、青年致富带头人协会、青年志愿者协会等青年组织建设。省青少年报刊总社顺利完成转企改制。省团校、省少先队事业发展中心、省青少年宣教中心等直属单位工作和建设不断深入。

黑龙江团的工作

团黑龙江省委在团中央和省委的正确领导下，深入贯彻落实党的十八大、省第十一次党代会、共青团十六届五中全会及省委十一届二次全会精神，紧紧围绕黑龙江“八大经济区”和“十大工程”的发展战略，以“创业当先锋、创新做表率、创优争一流”主题活动为统领，集中力量推进“共青团助力产业项目建设年活动”、“青少年思想铸魂工程”、“团建创新工程”、“青少年权益保护工程”、“农村青年致富成才行动”、“青年创业就业行动”、“青少年美好家园建设行动”七项重点工作，全省团的各项工作和建设稳步发展。

一、共青团助力产业项目建设年活动深入开展

围绕省委、省政府“产业项目三年攻坚战”决策部署，按照“积极参与、广泛联络、搭建平台、市场推动”的工作思路，在服务产业项目发展中发挥了团组织的自身优势和青年的生力军作用。

1. 开展招商引资活动。团省委带队到浙江、福建、香港、台湾等地开展洽谈推介活动，举办了“黑龙江省与忠清北道青年企业家经贸交流恳谈会暨北大荒青联项目推介会”、“香港青年企业家龙江产业园区行”、“黑龙江省青年企业家共青农场行经贸考察活动”、“台湾中华两岸企业发展协进会赴黑龙江洽谈对接活动”、“浙商龙江行——现代服务业经贸考察活动”等经贸考察洽谈活动。全省各级共青团组织“走出去”宣传推介，“请进来”考察洽谈，共招商引资项目57个，合同金额273亿人民币。

2. 提升青年职工岗位技能。团省委举办了全省青年职工岗位技能大赛，各地开展了各种形式的岗位技能培训、岗位技术练兵、青工技能鉴定活动。进一步完善了省、市、企业“三级联赛制度”，联合有关厅局、企业和行业协会举办青工岗位技能大赛180余场，全省参与各级各类技能培训、技术练兵和大赛的青工总人数超过30万人次。

3. 加强青年突击队建设。联合省发改委、省工信委等8个厅局，组建了安全保障、节能降耗、技能提升、提质增效等7个类型的青年突击队382支，参与青年1万余名。

二、青少年思想铸魂工程不断深化

以促进社会主义核心价值体系建设为目标，不断创新工作方式、改进工作手段，增强青少年思想引导工作的针对性和实效性。

1. 抓住有利契机开展思想引导工作。围绕纪念建团90周年，召开了黑龙江省纪念中国共青团成立90周年大会，举行了“向党汇报”大型主题团会。通过报告会、座谈会、专题讲座、网络知识竞赛等多种形式学习宣传省第十一次党代会和党的十八大精神，共举办各级各类活动450余次。“青年马克思主义者培养工程”共轮训大学生、专职团干部、青年教师等青年骨干1.3万余人。少先队开展“红领巾心向党——十八大与我们的未来”主题教育活动3000余场，参与人数达57万。

2. 积极探索运用媒体开展思想引导工作。与省电视台、省网络电视台共同开展了“爱心传递·书香龙江”——黑龙江省少年儿童公益图书援助计划。与龙广高校台联合创办了《共青团快讯》、《赢在未来》青年创业访谈周末版、《阅读小贴士》励志图书推荐栏目。与龙视文艺频道联合开办青少年公益栏目《光荣梦想》，专题报道黑龙江省优秀寒门学子，成功播出27期。与省电视台《K歌一下》栏目组合作，播出关于关爱农民工子女和少先队员、少先队辅导员风采展示特别节目3期。在新浪网、腾讯网开通“黑龙江共青团”官方认证微博，组建“青春龙江”微博群，开通“黑龙江共青团微博发布厅”。省、市、县三级团组织及专职团干部开通微博1780个、博客147个。“为最美女教师祈福”微博话题参与网友达300余万人次。共青团系统在全省腾讯政务微博前10名中占据4席。团黑龙江省委学校部官方微博在“全国高校系统微博排行榜”上综合排名第一。

3. 依托教育文化资源开展思想引导工作。利用共青农场等红色教育资源开展体验教育活动200余次。联合省委宣传部、省教育厅、省新闻出版局出版了歌颂“最美女教师”张丽莉的《爱铸师魂》一书，并专门创作了《最美的你》、《最美茉莉》等歌曲。出版了《黑龙江优秀精神青少年读本》。省青少年科技文化事业发展中心运用新技术，创作出版了7部少儿立体电影版动画片。

三、团建创新工程扎实推进

持之以恒地加强团的基层组织建设和基层工作，开展了基层团建“百日会战”，以集中时间、集中精力、设定目标、责任到人的方式强力推进基层团建重点任务落实。

1. 推进党建带团建工作。与省委组织部联合下发了《关于加强新形势下基层党建带团建工作的实施意见》，争取省财政厅支持，为全省每个乡镇每年提供共青团工作经费2万元。推动团委干部配备工作，进一步配齐配强市县两级团委书记、班子、机关干部，充实了团的工作力量。

2. 推动非公团建工作。先后在省饭店餐饮协会、省商务合作促进会、省金属材料流通协会、省眼镜协会、省反射疗法协会等5个省级行业协会中成立了行业团工委，并在其会员企业中建立团组织。与省总工会联合发文开展工团共建工作。全省全年新增农村专业合作组织建团2657个、非公企业团组织3045个，完成团中央下达任务的152%。

3. 推进乡镇、街道团的组织格局创新工作。在市县层面开展交流展示和观摩互评，健全了乡镇、街道团的组织信息上报、工作纪实、工作述职、工作考核等制度，制定了工作菜单。全省乡镇团委委员总数达10011人，平均每个乡镇团委委员11.3人，乡镇团委“五有”（有固定办公场所、有工作看板、有基本工作制度、有团务必备用品、有团委工作手册）达标率100%。

4. 开展乡镇实体化“大团委”建设工作。按照团中央部署，下发了工作方案和指导手册，整体、集中地推进乡镇范围内按区域和功能聚集的直属团组织建设及隶属工作。全省新建乡镇直属团组织19103个，占完成工作目标任务比例的108%。覆盖团员13.4万名，联系35周岁以下青年42.2万名。五是开展驻外团建工作。坚持“建活并举，重在凝聚”的方针，新建市、县两级驻外团工委95个。全省驻外团工委总数达到128个，联系外出务工青年10万余人，各级驻外团组织开展各类活动200余次，影响覆盖务工青年6万余人。

四、青少年权益保护工程深入实施

把共青团的维权职能作为团组织参与社会管理的重要载体，着力推进青少年维权工作的制度性安排和品牌化发展，不断优化青少年成长环境。

1. 开展“共青团与人大代表、政协委员面对面”活动。与人大、政协有关工作机构联合下发了《关于开展共青团与人大代表、政协委员面对面活动的意见》，省、市（地）、县（市、区）团委在“两会”召开前开展集中的“面对面”活动147次，共形成高质量的提案建议63个，围绕团中央确定的活动主题开展“面对面”活动95场、倾听活动200余场。

2. 实施重点青少年群体的教育帮助和预防犯罪工作。以哈尔滨市开展国家级流浪乞讨青少年群体教育帮助和预防犯罪试点工作为牵动，开展重点青少年群体教育帮助和预防犯罪工作专项行动。组建省、市（地）级重点青少年群体教育帮助和预防犯罪工作专家队，广泛发动社会力量开展“随手拍照帮助流浪乞讨青少年”、心理辅导和亲情慰藉等活动，为49个区救助站、流浪儿童日间庇救所、社区救助点捐建了共青团爱心驿站，得到中央综治委督导组充分肯定。

3. 加强12355青少年服务台品牌建设。开通“12355青少年成长导航网”，动态发布权益维护和就业创业信息。团省委与省电台合作开办了《12355青少年成长导航》专题节目，每周一在龙广97频道播出，已连续播出62期。依托未成年人保护委员会成员单位和青少年事务专家组建了64人的志愿服务队，完成了省内首家“12355心理咨询站、法律服务站”的授牌工作。

4. 开展法制宣传教育工作。加大“两法一例”宣传力度，组织开展“青春与法同行”宣传教育、法制宣传周等活动。把“远离毒品、远离邪教、远离赌博、绿色上网”主题教育活动引向深入，组织志愿服务队走进学校、农村开展法制宣传活动382场、进行知识讲座近400课时，深入企业、社区开展法制宣传活动170场，进学校387个，共有609个社区、210多所中高等学校设立了法制宣传专栏，直接参与活动的青少年达2.96万人。

5. 深入实施希望工程。召开了纪念希望工程黑龙江省实施20年座谈会，表彰了希望工程黑龙江省20年“杰出公益人物”和“杰出建设者”。希望工程全年共接受捐款2458万元，援建希望小学14所，竣工5所，为57所农村小学捐建希望厨房，解决了近4万名农村小学生吃饭难和营养改善问题。全年共实施专项奖学金16项，筹集资助款达1068万元，资助学生4765名。黑龙江省青少年发展基金会透明指数位列全国第一。

五、农村青年致富成才行动持续推进

紧紧围绕黑龙江发展现代化大农业的战略部署，针对制约农村青年致富成才的瓶颈性问题，加大服务扶持力度，促进农村青年致富成才。

1. 开展农村青年致富实用技能大培训活动。全年共组织农村青年培训500多场次，培训农村青年10万余人次。利用省委组织部远程教育中心“龙江先锋网”和东北农业大学“农业专家在线”平台开展网络培训，与各级农业、供销等部门合作培训农村青年1万余人次。

2. 动员农村青年投身棚室经济发展。在大庆市肇州县建立了省级农村青年棚室经济示范基地，成立了青年经纪人、农村青年致富带头人等6支服务队。向47名农村青年棚室种植户典型和1个农村专业合作社发放贷款470万元，累计扶持建成棚室163栋。全省共发展农村青年科技特派员500名，培养农村青年发展棚室经济示范户350户，发展青年示范棚室1000栋，培育农村青年发展棚室经济合作组织100个。

3. 推进农村青年信用示范户工作。与中国人民银行哈尔滨中心支行联合开展农村青年信用示范户工作，在农村青年中倡导诚实守信意识，促进农村地区信用环境建设。全省共评定信用示范户6000多户，信用贷款发放1.5亿元，5万余名农村青年获得小额贷款12亿元。

4. 深化“万名大学生进万村”社会实践服务行动。9所涉农学校的5000余名大学生深入到全省128个县(市、区)乡村开展各类社会实践服务行动。共组织培训784场，培训村远程教育管理员5000人，农村青年3.5万人次，收集整理各类农业科技信息853条，帮助农民解决农业适用技术问题4600多个。中央电视台《新闻联播》报道了东北农业大学科技支农服务团的实践活动。

5. 加强农村青年致富带头人培养。召开黑龙江省农村青年致富带头人协会第一届会员代表大会，成立了黑龙江省农村青年致富带头人协会，表彰了第一届黑龙江省农村青年致富带头人和致富带头人标兵。组织召开黑龙

江省农村青年致富带头人协会2012年“倾听心声·共促发展”集中活动，进一步畅通了农村青年诉求反映渠道。

六、青年就业创业行动全面深化

准确把握全省“十二五”时期青年就业形势，坚持把促进青年就业创业作为服务青年民生的品牌工作。

1. 开展就业创业示范引导。培养和选树省级优秀青年职工典型110人、省级农村青年致富带头人典型119人，为广大青年树立可敬可学的榜样。组建省级报告团，举办了以“劳动创造奋斗·创业创新创优——我的青春故事”为主题的报告会68场。

2. 举办就业创业技能培训。着眼于提高青年就业创业本领，在学校领域重点做好社会化技能培训和社会实践活动；在城市领域重点开展针对进城务工青年和城市失业青年的就业再就业技能培训；在农村领域以实用技能提升、农业科技普及、农技人员知识更新为重点广泛开展培训活动，全省各级团组织共培训青年20余万人次。

3. 加强就业创业基地建设。在全省推广“西城汇”青年创业园模式，为青年创业搭建平台。依托12355青少年成长导航网的“岗位实习”专栏，提高基地的知晓度和岗位的利用率。新建青年就业创业见习基地335家，开展见习对接活动35场，参与青年6900多人，1850余人对接成功，共组织4828名青年上岗见习。

4. 提供就业创业资金扶持。加强与金融部门合作，加大青年创业就业基金会的资金募集和拨付力度，全省各级团组织帮助城市青年获得创业小额贷款3224笔，金额1.52亿元；帮助农村青年获得创业小额贷款17886笔，金额6.81亿元，带动农村青年就业30554人。

七、青少年美好家园建设行动广泛开展

以“党政关注、社会所需、青年能为”为工作原则，以青年志愿者行动为主要社会化动员手段，不断丰富青少年参与和谐龙江、大美龙江建设的有效载体。

1. 举办首届青年志愿者文化节。举办了“我的志愿”黑龙江省青年志愿者文化节，推广黑龙江青年志愿者主题曲、标识，宣传志愿者精神和志愿服务理念，加强了“爱动龙江”共青团关爱农民工子女志愿服务行动、“爱心助力夕阳红”共青团敬老爱老志愿服务行动、“弘扬雷锋精神共建美好家园”共青团绿色环保志愿服务行动、“平安龙江”志愿服务行动、“志愿服务在医院”共青团医疗志愿服务行动等10项志愿服务行动的项目化建设。

2. 深化共青团关爱农民工子女志愿服务行动。把青年农民工及其子女作为全团重点关注群体，形成了以“结对+接力”为长效机制、以“七彩课堂”为服务载体、以“项目专员”为骨干队伍、以“七彩小屋”为活动阵地的“四位一体”工作格局。全省参与服务的志愿者达17.9万人，结对农民工子女较集中学校860所，实现结对率100%，结对农民子女12.5万人，实现结对率99.6%。

3. 实施“保护母亲河”行动。以“保护林地，保护湿地，保护草地——共建绿色龙江”为主题，在全省广大团员青年中开展以弘扬绿色文明理念、开展生态环保实践活动、建设青少年绿色家园、加强绿色志愿者队伍建设为重点的植绿护绿行动。全省共组织青少年90万人次，植树900万株，面积4.3万亩，成立1500余支植绿护绿小分队，护绿面积5万多亩。

4. 开展共青团送温暖“青春暖流行动”。在元旦、春节等传统节假日前后，广泛组织动员全省青年志愿者和社会爱心人士，深入下岗失业青年、贫困大学生、农村贫困青年、农民工子女、空巢老人、残疾青年当中，开展系列关爱帮扶活动。2012年元旦和春节期间，全省各级团组织共为农民工子女、贫困大学生、残疾青年等捐款捐物合计79.53万元。

上海团的工作

2012 年,上海共青团按照市委和团中央的要求,以“进一步密切团青关系”为主方向,突出教育引导这一核心,抓住团的建设这一主线,把握服务这一重点,积极探索、勇于创新,各项工作取得了新的进展和成效。

一、切实加强青少年教育引导工作,创新形式演绎新风尚

1. 深入开展青少年理想信念教育。围绕学习宣传贯彻党的十八大、市第十次党代会精神和纪念建团 90 周年,全市各级团组织举办各类宣讲报告会 1229 场,参与和覆盖青年百万人次;12135 家基层团支部开展了主题团日活动,深入开展“学党史、知党情、跟党走”、“我与祖国共奋进”、“劳动・创造・奋斗”、“红领巾心向党”等主题教育活动,筑牢广大青少年的思想基础和精神支柱;开展以“青春九十年,报国勇争先”为主题的“三下乡”社会实践活动和“知行杯”社会实践大赛,组织全市近 18 万名大中学生组建各类实践团队 7524 支,引导青年学生在火热实践中受教育、长才干、作贡献。

2. 生动演绎青少年创意文化。创新青年文化工作载体,初步建成上海共青团新媒体工作体系,青春上海、12355 和上海青年志愿者三个官方微博均位列全团微博前 15 名,粉丝总数近百万;探索利用新媒体平台发布“青春上海”团刊团讯、电子杂志、手机彩信报;举办上海青年网络文化节,通过微讲坛、微讨论、微摄影、微视频大赛等活动,吸引百万青年参与,引领青年弘扬时代主旋律;组织开展上海共青团新媒体工作交流展,努力打造“触手可及的上海共青团”;举办“创意城市,创意未来——2012 上海青年创意汇”系列活动,推出上海青年优秀创意大展,吸引 4 万余人参与;打造“唱响青春”上海青年文化风尚季,评选第八届“上海文化新人”,举办 10 台青年原创舞台演出、8 场青年文化论坛、31 场文艺巡演、多场书法美术展和青年人文经典读书系列讲座和“我们的年轻范”2012 年上海青年风尚节等,10 万余名青年踊跃参与。

3. 引领推广青少年公益文化。“3・5”期间,全市集中开展“今天,我们这样学雷锋”上海青少年大行动,开展 4000 余场志愿服务,近 50 万人参加;举办“孩子・梦想・力量”大型志愿公益晚会,聚焦展现青春志愿公益的温情和力量;深入推进“联合国上海志愿服务发展项目”,促进青年志愿者工作体系强化与能力升级;发动全市千余支青少年志愿服务队,结对开展“百团进千居”志愿公益活动;选派青年志愿者参加韩国丽水世博会等志愿服务工作,为第一届市民运动会、世博纪念展等赛会提供服务保障;招募派遣 300 余名青年志愿者赴新疆、西藏、云南、重庆等地开展西部计划、援滇、援疆、研究生支教团等长期志愿服务项目;组织青联委员前往新疆、河北等地,捐款捐物近 200 万元。

二、团结带领青年投身城市建设,服务中心工作体现新作为

1. 引领广大青年投身经济建设主战场。组织青联委员和青企协会员积极参与创新转型,先后与政府、行业联手举办“金融资本对话实体经济”、“财经政策减负对话小微企业成长”等 8 场“对话・同行”活动;赴浦东、黄浦、杨浦等地举办 8 场“走进区县”活动,对接区县发展、促进项目落地;主动了解金融需求,积极促成 32 家各类中小微企业与金融机构结对,实现一对一融资服务;全面启动“岗位创佳绩?青春炫风采”职业青年建功行动,发动 1954 家青年文明号参与示范街(城)共建活动,组建

960个技能登高团队提升职工技能，组建4195支青年突击队推进立功竞赛活动，组建青工志愿服务队1050支，凸显青年作为；深化保护母亲河行动，各级团组织共义务植树5.8万余株，募集专项资金近100万元，促进生态文明建设。

2. 促进各行各业青年人才脱颖而出。研究制定“上海市青年英才培养计划”，举办第2期共青团干部党性教育专题培训班、新上岗团委书记培训班、第7期上海青年高技能人才学习班等，全年直接培训各级各类团干部、优秀青年4600余人次；举办上海青少年科技创新市长奖、上海IT青年十大新锐、十佳“理财之星”、优秀（十佳）农业农村青年人才、青年高端创意人才、青年公益先锋等评选活动，表彰和激励科技、经济、农业、文化、社会建设等领域的优秀青年人才；选派500名“选苗育苗”优秀大学生赴各区县进行暑期社会实践和实习锻炼；落实优秀大学生西部基层建功计划，从本市211高校中遴选34名优秀应届毕业生到西部地区基层一线建功立业。

三、大力推进团的基层组织建设，有效联系青年实现新突破

1. 狠抓党建带团建制度落实。与市委组织部联合开展基层党建带团建工作调研，推动257家市属单位党、团组织完成自查工作；加强党建带团建工作督导，举办“基层团建创新论坛”，梳理优秀党团联动工作项目，总结推广基层先进经验，加强宣传引导，形成工作示范。

2. 大力推进团的基层组织建设。全年新建非公企业团组织4333家、新社会组织团组织121家。截至目前，全市累计建立非公企业团组织17141家、新社会组织团组织1046家，2010年以来重新找到了19.7万团员，新增联系了51.4万青年；在全市209个街镇完成团的组织格局创新工作，农村专业合作组织独立建团新增20家，累计已达104家；全力推动乡镇实体化“大团委”建设工作，新建2474家乡镇直属团组织；推动驻沪团工委建设，目前已协同11个省区市建立各级驻沪团工委145家；大力推进少先队学科建设，率先在全国实现辅导员高级职称评聘“三个单列”，率先建立辅导员带头人工作室，为本市少先队辅导员专业化职业化发展提供重要保障。

3. 积极探索建设青年社会组织枢纽。依托青年家园民间组织服务中心，承接社区志愿服务中心项目；探索承接40家市级行业协会评估工作；建立“项目链”公益项目平台，提供“公益定制”服务，有效联系青年社会组织已近700家；成立全国首家青年公益人才学院，开办上海社会组织领袖培训班、大学生公益训练营、公益事业高级研修营等，培养“当下的公益先锋，未来的社团领袖”。

四、多管齐下服务青年现实需求，维护权益工作取得新成效

1. 促进青年就业创业。承办第八届“挑战杯”中国大学生创业计划竞赛，上海揽9金创历史最佳成绩，大赛签约及意向投资金额共计2.81亿元；举办2012青年创新创业大赛和第七届大学生创业计划大赛，扶持优秀创新创业项目，形成创新创业的浓厚氛围；与市人保局联合实施“起航”计划，举办各类讲座论坛300余场，吸引4万多名青年参与；推进青年就业创业见习基地建设，推荐4000余名青年学生走上见习岗位，其中1200余人见习结束后被正式聘用；继续深化青年创业服务平台和青年创业就业基金会建设，联合金融企业累计发放青年创业小额贷款2.8亿元，扶持青年677人创业，带动5300余名青年成功就业。

2. 帮扶特殊青少年群体发展。开展“冬日阳光”青春温暖行动，统筹发放资金1101万元，8万余名青少年受益；组织实施“牵手光明行动”，为1.5万名来沪人员随迁子女提供眼科筛查服务，为1000余名近视贫困青少年提供免费配镜服务；实施共青团关爱农民工子女志愿服务行动，发动455个志愿者组织结对

401 所农民工子女学校的 16 万名农民工子女；广泛开展少先队员“手拉手”活动，在来沪务工人员子女较为集中的学校和社区援建红领巾书屋和标准化鼓号队。

3. 维护青少年合法权益。在个案维权方面，依托青少年事务社工和 12355 上海青春在线青少年公共服务中心，开展青少年个案服务超过 14 万人次。在群体维权方面，实施“牵手行动”，编发《新上海人生活手册》，服务来沪青少年；不断完善上海市预防青少年违法犯罪工作体系和政策支撑，成立市综治委预防青少年违法犯罪专项组，实施重点青少年群体教育帮助和预防犯罪试点工作，社区青少年犯罪率持续下降。在政策维权方面，深入开展“共青团与人大代表、政协委员面对面”活动，各级团组织提交有关青少年成长发展书面意见和提案超过 120 件；发布《上海市青少年发展“十二五”规划》，实施上海市青少年发展指标监测；加强市区两级青年工作联席会议制度建设，已有 12 个区县建立相关制度。

江苏团的工作

2012 年，全省新发展团员 282882 人。截至 2012 年底，全省累计有团员 507 万人，占 14—28 周岁青年总数的 27.2%。共有 90197 名团员入党，其中经“推优”入党的团员 83506 人，占团员入党总数的 92.6%。全省现有基层团(工)委 15220 个，团总支 15253 个，团支部 218587 个。

一、组织全省团员青年学习宣传贯彻党的十八大精神

党的十八大召开以后，全省各级团组织把学习宣传贯彻党的十八大精神作为首要政治任务，广泛开展了丰富多样的学习活动。召开团组织、青联、学联、少工委、各界青年代表等系列座谈会、研讨会，举行“青春向党”十八大精神宣讲会。以“双百双千”(实施百网联动、成立百个宣讲团、开展千博互动、举办千场报告会)活动为统揽，指导省辖市团委成立宣讲团，深入高校、企业、农村、社区开展“面对面”学习宣讲。策划“青春寄语十八大”微博好声音有奖征集活动，在会前、会中、会后分别设置“青春十年·难忘一件事”、“青春向党·铭记一句话”、“青春畅想·秀出一个梦”等微话题，征集原创微博 45 万余条，网友转播、评论近 300 万人次；开展“青春共话十八大”手机报学习宣传活动等，广大团员青年积极参与。在乡镇实体化“大团委”建设中，组织乡镇直属团组织广泛开展“学习十八大，青春作贡献”主题活动。各级团组织积极创新形式，采取演讲比赛、知识竞赛、文艺演出、志愿服务等多种方式，引导广大团员青年深入学习领会党的十八大精神，切实把学习党的十八大精神转化为创造青春业绩的实际行动。

二、组织团员青年在推进“两个率先”进程中建功立业

1. 积极开展“三创三先”青春励志教育。一是围绕纪念中国共青团成立 90 周年认真组织各类青少年主题教育活动。举行“三创三先”铸青春——江苏省纪念中国共青团成立 90 周年主题团日活动；举办“永远跟党走”江苏省纪念中国共青团成立 90 周年图片展。贯彻省第十二次党代会精神，广泛开展“红领巾寻访江苏精神”、“红领巾心向党，我与党代表手拉

手”等活动。二是广泛选树优秀青少年典型。坚持“多数人选多数人”、“多数人学多数人”和“不求高大全但求真善美”的原则，继续开展百网联动推荐“我们身边的好青年”活动。三是扎实推进分类引导青年工作。认真分析总结第一批分类引导青年任务的工作经验，选取共计2222家基层团组织完成第二、第三批《青年思想引导大纲》的转化任务，并遴选四类共32家基层团组织的《引导手册》和8个优秀引导青年案例上报团中央。

2. 着力加强青年人才培养。一是着力加强青年人才工作体系建设。开展青年科技创新创业人才专题调研，起草青年科技创新创业人才工作调研报告及百人访谈录；引入社会资源建立省青联科技创新基金、科技创业园、生物医药科创企业孵化器，为青年创新创业提供支持和服务；开展第二届“十大”生物医药产业领军人物、优秀项目评选活动；与省委组织部共同做好第13批博士服务团成员的选拔派遣工作，有效推进青年人才工作制度和体系建设。二是深入开展青年人才科技创新活动。筹备第十三届“挑战杯”全国大学生课外学术科技作品竞赛，在全省大中学校广泛深入地开展青年学生科技创新实践活动。成功举办21世纪江苏青年创业挑战赛，为青年人才的创新创业注入了新的活力。三是广泛服务和凝聚各类青年社团。召开省青年书法家协会二届三次理事会，筹备成立省青年美术家协会，成立全省“青春关爱夕阳红”、“青春关爱蒲公英”青年志愿服务总队，推进全省青年社团之家建设，撰写2012年江苏青年社会组织发展报告，做好香港大学生内地实习计划安排工作，召开苏台（淮安）青年菁英圆桌会议，举办苏港澳青年精英论坛，广泛服务各类青年社团。

3. 大力建设团学队实践育人体系。一是加强大学生青年马克思主义者培养工程实践锻炼。下发《关于实施江苏省团学骨干作风和能力培养“先锋计划”的通知》，对于加强制度建设、完善培训体系、突出作用发挥、注重工作展示做出明确要求。省级层面举办第六期菁英人才学校培训班，确定188名培养对象为培训学员，全省高校共举办378期校级培训班，新增校级学员近77252人，举办5643期院级培训班，新增院系学员250467人。承办2012年全国“少数民族大学生骨干暑期联合实践锻炼计划”，江苏省菁英人才学校学员与来自新疆、西藏等西部9个省区的230名少数民族大学生骨干共同参加理论培训和农村实践调研。二是开展“与信仰对话——‘科学发展新成就’”系列活动。以“实践归来话成就，青春喜迎十八大”为主题，举办重点报告会253场，以“信仰指引人生路，青春共话十八大”为主题邀请团省委、团市委书记室成员举办报告会79场，以“正确看国情，解读十八大”为主题，邀请省、市党政领导举办报告会51场，以“解读十八大精神，青春与祖国同行”邀请专家学者举办报告会462场，开展“我的青春故事”江苏省大学生成长故事会705场，203484名大一新生参加了报告会。三是加强中学共青团工作制度化建设。联合省教育厅出台了《关于进一步加强中学共青团工作的意见》和《关于构建中学共青团实践育人工作体系的意见》，在构建工作体系、明确队伍保障、规范活动要求、保障工作经费、加强工作考核等五个方面取得了有效突破。四是加强省学联、少先队学科建设和辅导员队伍建设。以省第九次学代会和省第六次少代会召开为契机，进一步加强省学联、少工委的自身建设和作用发挥；推动省教育厅下发《江苏省教育厅关于加强中小学少先队活动的通知》，将少先队活动纳入义务教育国家课程；编写《少先队活动课程指导纲要》（试行）、《少先队活动课程辅导员用书》等少先队活动课基础教材；在配齐配强市专职总辅导员和县（市、区）级总辅导员的基础上，完善分层级培训机制，推进市、县（市、区）级辅导员培训纳入当地师资培训和继续教育系列；在南京师范大学教育学一级学科下自主设置“少年儿童组织与思想意识教育”二级学科,2013 年开始按研究方向招生;在淮阴师范学院、徐州高等师范专科学校开设了“少先队组织与少先队教育”的辅修课程。

4. 积极推动青少年环保实践。一是开展青少年生态环保宣传活动。以“生态江苏在行动”为主题,开展全省性生态环保宣传活动,组织 1500 多个环保社团参与江苏青少年环保体验季活动;开展首届江苏省“母亲河奖”评选活动,通过典型的选树和宣传,不断扩大保护母亲河行动的社会影响力和品牌知名度。二是推进青少年生态环保实践活动。以“乐活青年·生态江苏”为主题举办 2012 年江苏省暨扬州市保护母亲河行动启动仪式;开展“保护母亲河——2012 年度植树行动”,全省各级团组织共植树造林 7 万多亩,活动覆盖青少年 30 多万人次;联合省林业局开展红色纪念林建设工作,全年新建红色纪念林 2830 亩,活动覆盖青少年 20 多万人次。三是加强青少年环保社团建设。成立全省青少年生态环保社团联盟;举办全省青少年生态环保社团骨干培训班,不断增强青少年环保社团发展能力,进一步推动青少年环保社团建设。

三、服务青少年成长成才

1. 大力促进青年就业创业。一是深化青年就业创业见习工作。通过实施“万名总经理助理见习计划”、开展“青年就业创业见习基地”暑期人岗对接活动、推进示范性见习基地建设等措施,提升青年就业创业见习工作的层次和水平,全省共组织 9923 名青年上岗见习。二是拓展青年创业小额贷款工作。按照“全面合作、创新模式、扩大覆盖、全程帮扶”的工作思路,尝试建立城乡青年创业贷款贴息担保基金,探索设立集中受理窗口,扎实推进城市青年创业小额贷款工作。2012 年全省各级团组织主导发放城市青年创业小额贷款 11575 笔,发放贷款 14.06 亿元。同时,以优化贷款程序、延长贷款年限、降低贷款利率为重点,联合相关涉农金融机构,大力推进农村青年创业小额贷款和农村青年信用示范户创建活动。2012 年全省共有 20712 名农村创业青年争取到各类金融机构发放的小额贷款 11.48 亿元。三是推进青年创业就业培训。通过开展团属阵地培训、订单定向培训、联合职教中心培训等形式多样的集中培训,2012 年共培训农村青年 242246 人次,切实提升了农村青年就业创业能力。通过科技特派员创业示范、与农村青年联合创业及指导农村青年创业等多种形式,切实帮助创业青年解决技术难题。举办江苏省青年企业家延安研修班。四是广泛开展服务青年就业创业专项活动。举办第七届江苏省大学生创业计划竞赛,并选送 40 件作品参加全国决赛,12 件作品获金奖,8 所高校获校级优秀组织奖,团省委获省级优秀组织奖,获金奖总数全国第一。组织开展第二届江苏青年创业奖评选工作,推荐 4 人参评第七届“中国青年创业奖”,2 人进入全国 40 名候选人名单。联合举办 10 种类型的全省青年职业技能大赛活动,参加第八届“振兴杯”全国青年职业技能大赛决赛并取得优异成绩。组织动员 200 名大学生赴新疆、陕西和贵州开展志愿服务,700 名大学生到苏北基层开展志愿服务。

2. 加强重点青少年群体服务管理。一是完善重点青少年群体工作体制机制。联合省综治办、省公安厅、省司法厅、省民政厅对全省 17 个试点县(市、区)进行了试点工作推进情况专项督察。加强对全国试点城市无锡市的工作指导,完成中央考评组对无锡市闲散青少年群体服务管理和预防犯罪试点工作的终期考核评估。二是深化“共青团与人大代表、政协委员面对面”活动。联合省人大、省政协下发《关于深入开展“共青团与人大代表、政协委员面对面”活动的意见》,建立健全常态化收集和反映青少年普遍性利益诉求机制。围绕“丰富新生代农民工精神文化生活”主题,开展形式多样的“面对面”集中活动170多场,1100多名人大代表和政协委员、2800多名新生代农民工直接参与活动,提交议案、建议、提案86个,形成《江苏省新生代农民工精神文化生活调研报告》获全团“面对面”调研报告评选二等奖。三是加强青少年维权载体建设。集中开展“轻松备考12355与你同行”——2012年12355阳光行动,317名心理咨询师开展心理咨询、讲座93场次,服务22000多名学生和家长,开通微博“江苏12355在线”。举办首届江苏省中等职业学校在校生模拟法庭大赛和第二届中小学生自护情景剧大赛,联合下发《关于进一步加强全省青少年法制宣传教育工作的意见》,健全完善了青少年法制宣传教育的长效机制。四是努力推动未成年人司法制度建设。联合下发《关于进一步建立健全办理未成年人刑事案件配套工作体系的工作意见》,总结推广未成年人司法保护的先进经验,着力解决办理未成年人刑事案件各阶段存在的衔接配合问题,保护涉案未成年人的合法权益。

3. 逐步完善青少年公益项目体系。一是推动实施关爱农民工子女行动。全省分三批建成标准化“希望来吧”279个,覆盖了13个省辖市、80余个县(市、区)。全省“七彩小屋”、“希望来吧”等关爱阵地开展关爱活动近万次,直接服务农民工子女27万人次,全省参与结对的各类青年志愿者组织达到2445个,江苏项目专员总数达2300人,参与志愿者人数达到20.8万人。二是精心策划“暖冬行动”。紧紧围绕“民生幸福工程”,开展以“情系青少年,温暖冬日行”为主题的2012年全省共青团“暖冬行动”,各地通过走访、慰问、志愿服务、共青团周末剧场、心理健康大讲堂等关爱活动,共发放送温暖物资503余万元,惠及青少年190681人。三是凝心聚力“圆梦行动”。以“微爱传递·助Ta圆梦”为主题,先后开展了“汇聚微力量——千名爱心人士结对助学行动”等专项行动,共募集圆梦行动助学资金1736万元,按照每人不少于3000元的标准,资助5435名贫困新生入学深造。

四、加强团的组织建设

1. 全面开展全省团组织集中换届工作。一是做好集中换届部署。联合省委组织部下发《关于认真做好全省共青团组织集中换届工作的通知》(苏组通〔2012〕68号),并召开动员会议,在全省各级团组织中部署集中换届工作。对各市级团代会的召开时间、代表名额、委员构成、选举办法等严格把关。分别召开科研院所、省部属企业、在宁高校、宁外高校等6个换届工作座谈会,全面了解各市级团组织集中换届情况,在换届过程中加强工作指导,帮助解决换届工作中存在的问题。截至2012年底,全省有9个省辖市和89.7%的应换届的县(市、区)团委完成换届工作。二是做好省第十四次团代会前期筹备工作。成立了省第十四次团代会的筹备工作机构,下发了《关于省第十四次团代会代表名额分配和选举工作的通知》和《关于共青团江苏省第十四届委员会委员、候补委员候选人名额分配和候选人预备人选酝酿推荐工作的通知》,省第十四次团代会各项准备工作稳步推进。

2. 切实加强基层团的组织建设。一是扎实推进乡镇实体化“大团委”建设“百日集中行动”。召开全省乡镇实体化“大团委”建设“百日集中行动”推进会,下发实施意见和工作手册,明确“2345”工作目标,制定半月报制度、双层挂钩制度及考核评价制度,全面推进“百日集中行动”。二是着力推进党建带团建制度落实。制定出台了《关于印发〈市级团委工作年度考核纲要〉及相关考核评分细则的通知》,对全省各地进一步深化党建带团建工作提出要求。全省13个省辖市均已联合党委组织部召开党建带团建会议并下发文件。同时,联合省财政厅下发《关于贯彻落实〈共青团中央、财政部关于进一步支持和推动共青团基层组织建设和基层工作的意见〉的通知》(团苏委联

〔2012〕57号),明确规定县级团委工作经费不少于10万元,乡镇团委不少于2万元,南京、无锡、徐州、常州等11个省辖市也与当地财政部门联合发文,并结合当地实际情况,以更高的标准、更有力的措施为基层团组织提供资金保障。三是持续推进层级化组织载体建设。出台《全省乡镇(街道)编制外团干部管理办法》,从制度化层面规范乡镇(街道)团的工作开展以及团干部管理,并结合乡镇实体化"大团委"建设,进一步梳理组织格局创新工作成果,理顺基层团组织层级关系。四是积极推进非层级化组织载体建设。继续推动外来务工青年、非公企业、农民专业合作社、青年自组织等各领域非层级化团建创新,全年新建规模以下非公企业团组织11987家。出台《关于加强外省驻江苏团工委建设的意见》,推行驻外团工委大学生书记助理制度,为6家外省驻苏团工委配备12名书记助理,推动外省驻江苏各级团工委常态化、富有成效地开展工作。在非层级化团组织中开展定点挂钩联系、团组织结对共建工作,帮助开展工作、提升工作水平。建立会计师、保安、餐饮、保险等全省性行业团组织。开展"百强千优基层团组织"争创活动,对100个"百强乡镇(街道)"基层团组织分别给予5000元的资金奖励。

3. 加强团员、团干部队伍建设。一是全面实施"四支"万名团干部培养工程。以万名大学生村官团干部、万名乡镇(街道)专兼职团干部、万名规模以上非公企业团组织负责人、万名小型分散新兴领域团组织负责人为主要工作对象,通过分级分类培训、推广团建工作"十法"、实施"一团干一项目"等方法,共实施各类项目44606个,筹集资金364.97万元,培训团干部17683人。二是深入开展高校团干部挂职和地市以上团委干部驻点工作。从全省范围内选派142名高校团干部赴县级团委挂职,其中赴河南挂职的18名,赴省内各县(市、区)挂职的124名。工作开展以来,高校挂职团干部共走访基层单位2616个,访谈团员青年13591名,召开座谈会1129场,撰写调研报告232篇,协调资金、物资支持基层598.7万元。开展第二轮抽调地市以上团委干部到县级团委驻点工作,加强对驻点干部日常管理。工作开展以来,到县级团委驻点团干部共协调党委组织部门为县级团委配备工作人员56人,指导帮助乡镇、街道设计工作项目298个,参与帮助青年实施贷款项目434个,协调资源支持基层901.8万元,访谈团员青年4282人次。三是认真做好团员、团干部管理培训工作。认真做好全省团干部协管工作,建立市县两级团的领导机关干部配备情况通报制度,加强市县团干部配备。目前,全省省辖市团委书记配备率为92.3%,班子配备率为94%,机关干部配备率为91.7%;县级团委书记配备率为91.2%,班子配备率为102.4%,机关干部配备率为92.5%。按照"分级分类培训"和"下跨一级培训"的原则开展团干部培训工作。联合省委组织部、省委党校举办了2期团委书记进修班,开展全省街道团(工)委书记和263名第十四批"五四"红旗团委创建单位团委书记培训。各级团组织广泛开展各类培训工作,进一步增强了团干部的素质和能力。

五、加强共青团新媒体和文化载体建设

开展"织出青春、博出精彩"江苏共青团微博大赛,全省新浪共青团机构和团干微博总数达1337个,腾讯共青团机构和团干微博总数达922个,开通微博数均位列全国各省级团委之首,推进全省高校四级微博体系"红网工程"建设;联合广电、凤凰等省内六大文化产业集团和公益性文化机构创作、开发、推荐、发布图书260部,歌曲20首,动漫15个,影视30个,游戏3个;征集全省共青团主导、参与的原创微电影、MV、公益广告宣传片等作品127部,以"激扬青春、传递文明"为主题举办全省青年文明号微电影大赛,牵头策划拍摄反映新时代江苏青年形象的青春励志微电影《幸福,就在

下一站》、全国首部希望工程微电影《圆梦》和全省首部关爱行动微电影《涓流》；组建江苏共青团腾讯微博发布厅和新浪微博发布厅，全省团组织的官方机构微博粉丝总数超过 700 万人；与省广电总台共同打造一档长期固定的“都来爱梦”电视栏目；通过公益广告的形式，将希望工程“圆梦行动”及“未成年人保护法”的公益广告等团的各项品牌项目，在电视、车站及公交、地铁上的动视上面播放；定期编发“活力共青团”手机报；面向全省征集 100 个“2012 年度江苏共青团运用新媒体和文化载体引导青年创新案例”，征集近 1000 个微志愿微公益志愿服务案例，并编印了《微志愿微公益给力美丽江苏》项目集；利用新媒体展示基层团组织，自 4 月 1 日起，在“我的青春故事网”上开展全省大中专学校“魅力团支书、活力团支部”风采展示活动，共有 1188 个团支部、1066 名团支书参与评比，涉及 84 所高校、37 所高中、51 所初中、35 所中专。经过学生代表评审、活力（魅力）值和票数加权计分、复评公示投票、专家评审等环节，确定了 100 名团支书，100 支团支部获奖。活动开展期间，网站总浏览量达 13789700 人次。

六、推进乡镇“实体化”大团委建设

自 10 月中旬始，在全省开展了乡镇实体化“大团委”建设，主要目标是对乡镇团委进行组织格局创新，由村外乡镇内多个直属团组织构成实体化“大团委”，直接联系镇区内青年，直接组织开展团的各项活动。截至 2012 年底，全省共新建乡镇直属团组织 26132 家，改建 8168 家。一是强化工作督察指导。建立双层挂钩联系制度，通过团省、市委全体人员挂钩联系与团县（市、区）委分片包干相结合的督导方式，对全省所有乡镇实现全覆盖。团省委机关 56 名同志划分为 13 个督导组，分别负责一个市，定期召开督导组长工作会议。团省委班子成员与督导组在集中督导期间，共到达 60 多个县（市、区），70 多个乡镇，召开座谈会 60 场，直接与 1000 多名乡镇团干部和直属团组织负责人交流。二是建立健全各项制度。建立半月报制度，各市每半月报送一次工作推进情况及相关工作信息，团省委通过工作简报和“大团委”建设网络专栏及时发布各地工作推进情况及工作经验。建立通报制度，每半月对各市工作进展情况进行通报，对未及时完成阶段性工作任务的市，对团市委主要负责人进行约谈，责令其立即拿出整改措施，并将作为下一阶段的重点督察对象。建立考核评价制度，制定了《乡镇实体化“大团委”建设工作考核办法》，围绕“拓展、理顺、规范、巩固”八字方针，定量考核与定性考核相结合，对未按时完成工作任务、数据核查等工作受省级以上通报的，年终考核实行一票否决。三是狠抓乡镇直属团组织数据核查。下发数据核查工作通知，明确“双查双百”工作要求，即省、市、县三级团委随机抽查与乡镇自查自纠相结合，对全省所有新建直属团组织数据核查实现百分百覆盖，信息数据力争百分百准确。团省委电话抽查全省 300 个样本，及时将抽查结果反馈至各市，并针对各市工作情况进行点评，全省抽查准确率达 92.5%。四是大力开展争先创优活动。开展争创“百强千优基层团组织”活动，分别授予 66 个乡镇团委“全省百强乡镇团委”称号和 166 个农民专业合作社团组织“全省千优基层团组织”称号，并给予“全省百强乡镇团委”5000 元的工作经费奖励。在“大团委”建设中开展示范乡镇和示范项目创建活动，建立省级示范乡镇和示范项目库，评选 50 个示范乡镇和 100 个示范项目，通过先进典型的示范带动作用，推动基层团的组织和团的全面活跃。

七、百网联动推荐“我们身边的好青年”

坚持“多数人选多数人”、“多数人学多数人”和“不求高大全但求真善美”的原则，充分运用新媒体手段动员社会各界推荐具有新时期江苏精神的普通青年。在为期 3 个月的活动时间内，全省 150 多家网站积极联动，专题网页访问量达560.4万人次,7579名身边的好青年被亲朋好友、同学同事、领导老师等熟悉的人推荐上来。经网络推荐、社会投票、专家评审、审核公示等环节,最终产生100名涵盖各行各业的2012江苏好青年百人榜。9月6日上午,“青春榜样风——2012江苏好青年百人榜揭榜典礼”在南京隆重举行,省委常委、组织部部长杨新力出席典礼并为2012江苏好青年百人榜揭榜。活动在全省青年特别是广大普通青年中产生了强烈的“正回应”,在引导青年对典型和榜样正确诠释的同时,有效激发了大家为努力践行“三创三先”精神燃烧青春、为奋力实现“两个率先”目标争先进位的凝聚力和战斗力。

浙江团的工作

全省各级团组织深入学习贯彻党的十八大精神,紧紧围绕团中央的部署要求,以“抓引导强凝聚、抓队伍强作为、抓基层强活力”为工作主线,深入开展“基层组织建设年”和“作风建设年”活动,全面建设共青团“六大工作体系”,进一步探索“两个全体青年”的实现路径,全省团的各项事业取得新的发展。

一、广泛开展“高举旗帜跟党走、青春建功十二五”主题教育活动,青少年教育引导体系建设扎实推进

青少年理想信念教育进一步加强。全省各级团组织紧紧抓住中国共青团成立90周年暨五四运动93周年契机,结合各自实际,开展了主题鲜明、形式多样、内容丰富的纪念活动,有力强化团员意识教育,扩大了共青团组织的社会影响。省本级隆重召开纪念中国共产主义青年团成立90周年大会。深入学习宣传贯彻省第十三次党代会精神,部署开展以“组建100支形势政策宣讲队、100支文艺服务队赴基层开展宣传活动”和“举办1000场形势政策报告会、开展1000场主题团日活动”为主要内容的“双百双千”活动,引导广大青年切实把思想和行动统一到省委的各项决策部署上来。扎实推进青年马克思主义者培养工程,以大学生为重点,逐步向中学、青年知识分子延伸,引导广大青年坚定跟党走中国特色社会主义道路的理想信念。青少年道德实践活动广泛开展。深入开展“我们的价值观”大讨论活动,共举办以“我们的价值观”为主题的辩论赛700余场、演讲赛500余场,进一步推动了社会主义核心价值体系在广大团员青年中的传播。广泛开展青少年群众性精神文明创建活动,抓住元旦、春节、“3·5”、“3·12”等时间节点,广泛开展志愿者新春送温暖、“保护母亲河、我们在行动”青少年植绿护绿等活动,重点部署开展了以“学雷锋、树新风”为主题的志愿服务活动。全省8700余个志愿服务组织(服务站)、249万余人次志愿者参加各类志愿服务活动。广泛开展大中学生暑期社会实践活动,组织发动3.5万支实践团队、40余万名大中专学生奔赴基层开展各类政策宣讲、教育帮扶、科技支农、文化惠民、医疗卫生等服务活动,让广大学生在实践中受教育、长才干。青少年教育引导工作的方式方法不断改进。继续推进分类引导工作,认真做好《思想引导大纲》的宣传转化工作,积极挖掘和推广基层团组织开展分类引导工作的典型案例。不断深化青少年校外活动场所建设与管理,省本级共下拨彩票公益金

5286.47万元、青教费600万元、重点工程项目资金5475万元。全年累计开展“流动少年宫”活动640余场，服务青少年43万人次。扎实推进新媒体的开发和运用。加大团属网站建设，建有各类工作网站212个，开发共青团和青年工作手机报138个，开通官方微博4200余个，专职团干部中有97.8%开通个人微博。举办首届中国（浙江）青年微电影大赛，共收到参赛作品500余部，影响覆盖青年15余万人次。广泛挖掘和树立各类青少年先进典型，通过精心组织开展“浙江青年五四奖章”、“新锐浙商”、“大学生自强之星”等评比活动，以身边的先进人物为榜样，有效激励广大青少年奋发成才。

二、围绕省委省政府重大决策部署，青少年建功动员体系建设扎实推进

大力开展服务“四大国家战略举措”系列行动。组织开展“服务国家战略携手合作发展”中国青年企业家浙江行活动，吸引来自中央企业、全国知名民企的青年企业家和在外创业浙商等100余人参加活动，积极宣传浙江“四大国家战略举措”，为全国青年企业家参与浙江“四大国家战略举措”建设搭建桥梁。组织开展“网聚青年力量服务国家战略”浙江青年网商创业行动，大力推进以“选树十个青年网商创业示范基地、组建百名青年网商创业导师团、实施千家青年创业企业网络广告服务计划、培养万名青年网商创业人才”为主要内容的浙江青年网商创业行动“十百千万”工程，助推义乌国际贸易综合改革试点。组织开展青春助推转型升级系列行动，继续推进浙江青年服务海洋经济发展系列行动、青年山海协作行动、青春建功新农村行动，引导青年企业家大力投资实体经济、山区经济，积极促进区域统筹发展，推动浙江省不断加快转型升级步伐。切实加强青年人才队伍建设。以大学生提升创业创新本领为重点，实施大学生创业创新行动，举办浙江省第八届“挑战杯”大学生创业计划竞赛，70所高校5万余名大学生参加，申报省级竞赛作品682件。浙江省大学生科技创新活动计划暨新苗人才计划稳步推进，共择优资助78所高校的1976个学生科研项目，省级财政资助1000万元。以加强组织凝聚、搭建交流平台、培育选树典型、服务助推发展为重点，积极推进新生代浙商队伍建设，发挥各级青企协的作用，通过融资扶持、知识培训、导师带徒、拓宽交流等途径，加强新生代浙商队伍建设。以服务农村青年创业致富为重点，全面实施“万名农村青年致富带头人培养工程”，通过加大分级培训力度、推进农产品品牌建设、强化科技成果支撑、帮助产品策划营销等途径，支持农村青年创业发展。全省8个市、27个县（市、区）成立农村青年行业性合作组织。联合省委组织部、省农办召开全省“村村都有好青年”人才发展计划研讨会，全省累计选拔“好青年”27072名，树立了一批农村青年典型。扎实推进浙江青年文化行动，建立省青年文化工作咨询委员会，推动基层青年文化工作的全面提升。广泛开展丰富多彩的青年文化活动，坚持深化“中国青年时尚周”、“大学生社团文化节”、“进城务工青年文化发展工程”等青年文化品牌活动，重点在高校部署开展“我的寝室我的家”文明寝室创建活动，主要包括以“讲卫生、讲文明、讲学习、讲道德、讲理想、洁化、美化、文化”为主题的“五讲三化”文明行动和“爱我家”文明意识培养行动，不断激发青年学生参与文明寝室创建活动的内在积极性和自觉性。组织发动各级团组织开展八一建军节慰问活动，推进服务海岛官兵婚恋行动，组织省青联文化艺术界委员和各界别组长赴基层部队开展文艺表演，进一步促进军地共建。全年共组织品牌类青年文化活动3200余场。

三、针对青少年最关心、最迫切的现实问题，青少年民生服务体系建设扎实推进

认真做好促进青年就业创业工作，积极推

进青年就业创业见习基地建设，全年共组织青年上岗见习1.5万人次。深入推进青年创业小额贷款工作，城市青年小额贷款发放1.8万笔，农村青年创业小额贷款新增30亿元。不断强化农村青年就业创业培训，共落实培训资金1700余万元，累计培训19.6万人次。青少年平安行动扎实推进，青年舆情监测系统建设作用发挥日益明显。在涉日游行期间，积极收集青年舆情动态，提前排摸处置，通过网络宣传、现场疏导、正面教育等多种途径，引导广大青年理性表达爱国热情，始终与党中央保持高度一致。扎实推进浙江志愿服务行动，深入实施大学生志愿服务"两项计划"，广泛开展文博场馆、大型赛会、应急抢险等各类志愿服务活动，大力开展网络文明志愿服务行动，联合省委外宣办举行省网络文明志愿者总队成立大会暨"共建文明e家园"活动启动仪式。在全省范围内部署推进共青团关爱农民工子女志愿服务行动，累计开展"暑期公益夏令营"活动1800余期次，直接服务农民工子女10.1万余人。不断深化"希望工程"等传统品牌项目，省本级累计接受各类捐款3407.75万元，新建希望学校14所、幼儿园3所，奖励和资助大、中、小学生9388人次。

四、着眼于畅通青少年的利益诉求表达渠道，青少年权益维护体系建设扎实推进

扎实做好预防青少年违法犯罪工作，切实履行预防专项组组长单位职责，稳步推进预防专项组各项工作。认真指导舟山开展闲散青少年服务管理和预防犯罪全国试点，联合省综治办召开了全省重点青少年群体服务管理和预防犯罪工作推进会暨舟山全国试点总结交流会。指导宁波、湖州开展留守儿童、不良行为青少年服务管理和预防犯罪省级试点。《浙江省预防未成年人犯罪条例》纳入2013年省人大立法计划二类项目。稳步推进"共青团与人大代表、政协委员面对面"活动，在各地"两会"期间，发出集中呼声，累计提出提案、建议和大会发言267件。团省委关于"丰富新生代农民工精神文化生活"的提案被省政协列为重点提案。不断深化12355青少年服务台建设，全年共受理咨询案例4.66万件，办结4.59万件，办结率达98.4%。

五、以创新团建模式、增强基层活力为重点，青少年组织体系建设扎实推进

"双网互动"团建工作扎实开展。借鉴"网格化管理、组团式服务"和区域化党建工作经验，着力开展以"网络+网格"、"网上+网下"为主要内容的"双网互动"团建工作试点，努力探索实现"两个全体青年"的路径和方法，确保青年"流动不脱网、思想不离网"。通过"网络+网格"多重覆盖青年，努力"使团的基层组织网络覆盖全体青年"，在科学合理的网格范围内，建设以共青团为核心的"网格团组织+网格青年组织+网格流动青年"的青少年组织架构，把有条件的青年组织、青年网络组织发展为团组织；对尚未具备建团条件的青年组织、青年网络组织，通过建立由共青团管理的"枢纽型"青年组织、吸纳青年骨干、确定团干部担任联系人等方式，把各类青年组织凝聚在团组织周围；对网格内的流动青年，通过依托网格信息平台，建立流动青少年数据库，有条件的组建起以兴趣爱好、利益需求为纽带的青年社团组织等途径，把团的组织和工作有效渗透到流动青年中。通过"网上"与"网下"全方位影响青年，努力"使团的各项工作和活动影响全体青年"，构建"网上"与"网下"相结合的互动机制。在"网下"，依靠健全的组织网络对青年进行逐级联系发动，充分发挥组织化动员的基础性作用；在"网上"，对团的活动通过互联网、微博、QQ群等方式进行发布和动员，不断提高团工作的社会影响力和对青年群体的有效覆盖。通过"组织引导、自主管理、组团服务"，不断提升基层团组织的吸引力和凝聚力，通过"组织化引导"，把党和团的政治主张迅速传递给青年，加强对青年的思想引领。通过"自主式管理”，培养和凝聚一批网格内青年骨干，充分激发广大青年参与的热情，同时也有效解决了基层工作力量薄弱的问题。通过“组团式服务”，以网格为单位组建志愿者服务团队，进一步提升基层团组织的服务能力。“基层组织建设年”活动深入开展。进一步加强层级化组织载体建设，联合省委组织部出台《关于加强新形势下全省基层党建带团建工作的意见》，在乡镇街道团的工作经费保障、团干部任职年龄、团干部队伍作风建设、党建带团建考核保障机制等方面取得突破。联合省财政厅下发《关于进一步支持和推动全省共青团基层组织建设和基层工作的通知》，进一步保障“乡镇（街道）团组织年度工作经费列入财政预算不少于2万元”。非层级化组织载体建设稳步推进，着力深化流动青年驻外团组织建设和“两新”组织团建。共建立省、市、县驻外团工委131家，非公有制企业建团新增8000余家，新社会组织建团新增1400余家。扎实开展“基层活力团组织”创建活动，部署开展“活力团组织创建百日集中行动”，30%以上基层团组织达到活力团组织标准，90%以上基层团组织达到合格团组织标准。成功召开了省第六次少代会、省青联十届一次全会和省第八次学生代表大会。团干部队伍建设有效加强。深入开展以“进农村（社区）、进企业、进学校，服务中心、服务基层、服务青年”为主要内容的“三进三服务”大走访活动，各级团组织累计走访了11201个村（社区）、6892家企业、3211所学校，联系青年10.8万余人，总结梳理问题1.5万个，其中已解决1.2万个。不断加强团干部培训力度，举办全省团干部读书会，重点抓好县级团委班子成员培训，已累计依托省团校免费培训基层团干部6880人。全省团委书记培训班首次纳入省委组织部主体班次。共分2批选派42名省市两级团委干部赴基层团委驻点，选派104名高校团干部赴县级团委挂职。切实抓好团干部选配工作，市级团的领导机关干部配备率中书记配备率为90.9%，班子配备率为100%；县级团的领导机关干部配备率中书记配备率为88.9%，班子配备率为100.4%。

六、加强对共青团工作重点课题、前沿问题的探索，青少年工作研究体系建设扎实推进

狠抓团的研究基础工程，《浙江共青团“六大工作体系”建设纲要》编制出台，浙江省共青团事业科学发展的格局和路径进一步明晰。创作出版《俞秀松传》及《浙江青春励志典型人物》系列书籍，省级重点课题立项72项，申报“调研奖”项目173项，《共青团“双网互动”团建模式创新研究》等20个课题被列入团中央2012—2013年度青少年和青少年工作研究课题，青少年研究工作呈现出良好的发展态势。

此外，高度重视作风建设，制定出台《关于加强全省团干部作风建设的意见》，认真传达学习中央“八项规定”和团中央、省委的具体要求，研究贯彻落实的具体实施细则，切实强化对团干部的严格管理。围绕服务党政外交和统战大局，积极做好青年统战和青年外事工作，接待了以法国前总理拉法兰为团长的法国青年代表团，承办了团中央“中德未来之桥青年领导者交流营”活动，积极参与2012年香港大学生暑期内地实习工作，不断深化与日本静冈的青年交流项目，大力加强与美国、英国、法国、日本、阿根廷等国家青年组织的交流。省团校不断强化团队干部培训和共青团（青少年）工作理论研究职能，拓展学历教育、社会培训、青少年校外教育等社会功能。青年时报积极探索“全媒体运作、跨媒体经营”的发展路径，“跨界”展开二次创业。省青少年事务所不断增强工作实效和社会影响，扎实推进青少年公益事业和青少年事务工作可持续发展。中国钢笔书法杂志社稳中求进。中青旅继续保持良好增长势头。

安徽团的工作

2012年,安徽共青团组织紧紧围绕"两个全体青年"目标,全面履行四项基本职能,深入推进团建五项工程,围绕中心求作为,服务青年促发展,立足基层抓建设,各项工作在继承中发展,在创新中前进,谱写了共青团事业发展的新篇章。

一、切实履行引导青年职能,坚持分层分类与创新载体并重,努力做好青少年思想引领工作

1. 全面部署学习宣传贯彻党的十八大精神。把握团干部带头学习、面向广大青年普遍宣传分类引导、结合工作实践贯彻落实这三个环节,积极运用新媒体和网络平台等多种形式,系统开展学习宣传贯彻工作。组织各级团干部原原本本学习党的十八大报告、新修改的党章和习近平总书记的一系列重要讲话,结合工作深入思考。针对大学生、中学生、中职生、农村青年、进城务工青年、西部计划志愿者、企业青年、青联委员、少年儿童等九类青少年群体,采用不同宣讲材料进行宣传。全省各级团组织以"从身边变化说发展"、"学习十八大,青年勇当先"、"青春建功美好乡村"等为主题,集中开展了"学习党的十八大,美好安徽我建功"主题团日活动。邀请党的十八大代表、党政领导、专家学者和专职团干部,开展了"与信仰对话——科学发展新成就"党的十八大精神主题宣讲活动608场次,覆盖团员青年22.8万名。组织团员青年参与了"千网联动学习宣传党的十八大"活动,出版了《青春正能量——青少年学习"十八大"精神读本》。发挥微博、手机报等新媒体作用,开展了"感悟十八大,青春正能量"主题微博编创传播活动,开设了"青春共话十八大"、"聚焦十八大"等话题和专题,全省广大团员青年踊跃参加,编发原创微博31540条,覆盖影响119万人。

2. 抓住重要节点开展主题教育实践活动。以纪念建团90周年为契机,召开了安徽省纪念中国共产主义青年团成立90周年大会,全省各界青年学习贯彻中央、省委纪念建团90周年会议精神座谈会。五四期间掀起青年月活动热潮,以"凝聚青年跟党走、兴皖富民献青春"为主题,开展"学党史、知党情、跟党走"、"学规划、明省情、比贡献"、"百万少年看安徽"等主题教育活动1万多场次,覆盖青年864万人次。六一期间,全省少先队组织围绕"红领巾心向党"主题开展学雷锋、"学先锋,找榜样,争四好"、阳光体育健身等主题队日活动,累计1059个少先大队,60.5万少先队员参与。

3. 坚持对青年进行分层分类引导。全面开展全省第二批和第三批共2129家单位的《分类引导青年大纲》转化工作。开通"青春安徽"移动频道。创新推进青年马克思主义者培养工程,联合省委组织部成立"大学生骨干新媒体培训中心",建成了能满足1万名大学生同时在线学习的网络学习平台,上传47个专题751个课件,来自全省102所高校的10008名学生骨干成为首期在线学员。联合省演艺集团赴北京、浙江、山东等安徽外出务工青年集中的省份慰问演出,取得积极社会影响。

4. 积极运用新媒体和文化艺术手段引导青年。省、市、县三级团组织建立各类网站、手机报、官方认证微博3129个。高校各级团组织建立微博1.4万余个。安徽共青团腾讯、新浪微博吸引粉丝超过64万。2012年3月,省委书记张宝顺在《省网宣办关于政务微博的调研报告》上作出重要批示,指示要推广团省委等单位、地区办微博的经验。省共青团腾讯微博获得“2012 政务微博最佳新锐奖”。参加团中央举办的共青团新媒体和文化成果交流展览会，参展实物总量居全团前列。全面加强与文化产业各企业集团合作，开展了青少年喜爱的图书评选、纪念建团 90 周年共青团新闻大赛等活动。联合制作了全团首部反映党团队知识题材的动漫片《旗帜》，编辑出版了《青少年不可不知》系列图书等，共青团新媒体和文化工作系统化格局逐步形成，继续走在全团前列。

二、切实履行组织青年职能，坚持组织覆盖与资源下移并重，努力推进基层组织建设和基层工作

1. 继续加强层级化组织载体建设。推进《关于加强新形势下基层党建带团建工作的实施意见》在基层的贯彻执行。目前，全省 16 个市、104 个县(市、区)，32 所大学和 25 家省属企业分别召开工作会议，印发或转发了相关文件，形成了党建带团建的良好氛围。制定了乡镇、街道团组织“十个一”工作标准，提升乡镇、街道团的工作规范化水平。加强少先队学科建设。协调安徽师范大学报经教育部批准开设了“少年儿童组织与思想意识教育”研究生专业，并开展了 2013 年研究生招生工作。与合肥师范学院合作开设了“少年儿童组织与思想意识教育”本科专业选修课程，首批招收了 60 名学生。联合省教育厅、省人社厅下发了《关于做好中小学少先队辅导员和心理健康教育教师专业技术资格评审工作的通知》，在中小学教师职称评定中单设“少先队活动”专业科目，少先队辅导员兼任其他学科的工作量及业绩一并纳入“少先队活动”科目专业技术资格范围。配备了省级专职少先队总辅导员，实现了省、市、县三级配备率 100%，部分乡镇也配备了总辅导员，提升了少先队工作科学化水平。

2. 推进非层级化组织载体建设。坚持青年聚集在哪里，团组织就建在哪里；社会使青年怎样聚集，就用怎样的方式建立团组织。新建非公企业团组织、新社会组织团组织 4299 家，累计建立 1.2 万家，覆盖 35 岁以下团员青年 98 万人；积极依托党建带团建和行业主管部门或行业性组织进行团的组织载体设计，推动成立了省注协、律协、旅游、黄金、烹饪等 5 家行业团工委。指导推进农村专业合作组织建团 1838 个，覆盖团员 18998 人，联系青年 49824 人。推进驻外团建“百千万工程”，新建省、市、县三级驻外团工委 1 个、10 个、83 个，派生基层团组织 261 个；总计达到 8 个、64 个、173 个，派生基层团组织 575 个，联系团员青年近 180 万人。推进乡镇实体化“大团委”建设，在巩固县级团组织、创新乡镇街道团组织格局基础上，建成并录入团中央数据库的乡镇直属团组织 2.71 万个，吸纳团员 40.02 万名，联系 35 岁以下青年 115.2 万名。乡镇实体化“大团委”在凝聚团员青年、宣传党的思想主张、服务青年就业创业等方面越来越发挥出基层工作“桥头堡”作用。

3. 继续大力支持基层开展工作。联合省财政厅下发了《关于加强基层团组织工作经费保障的通知》，建立了基层团组织工作经费保障机制，力争按照团中央的要求，实现每个乡镇团的经费不少于 2 万元的目标。全省已有 79 个县(市、区)把该项经费纳入预算。联合省扶贫开发领导小组办公室共同发起了“百企助百镇”——青年徽商携手基层促发展公益行动，青联、青企协、青创协共联系参与捐赠结对的单位(个人)147 个，结对乡镇(街道)519 个，到账款额 414 万元。活动被评为“2012 年安徽社会组织十件大事”。争取团中央支持资金 480 万元，拨付省级财政首批支持乡镇团委工作专项经费 210 万元，引导市级、县级财政配套，真正让基层团组织安心谋事、有钱办事、能办成事。

三、切实履行服务青年职能，坚持围绕中心与服务青年并重，促进青少年成长成才

1. 推进青年就业创业行动。以技能培训、资金扶持、信息提供、观念引导等为抓手，全力促进青年就业创业。建立国家、省、市三级“青年就业创业见习基地”1411家，为青年提供见习岗位1万多个，累计上岗见习青年1.3万多人次。深化青年就业创业培训，培训农村青年5.9万人，实现就业近1.7万人。开展“万名农村青年创业信贷扶持计划”，协调金融机构发放小额贷款11.5亿元，扶持创业青年近2万人。联合省发改委、省财政厅为1531个皖北地区青年创业项目贴息1000万元。联合人民银行开展农村青年信用示范户创建工作，累计评定信用示范户2301户，发放贷款9042.6万元。连续9年举办共青团服务大学生、青年农民工就业专场公益招聘会，累计提供就业岗位信息10.5万个。加强青少年创新创业意识教育，开展了安徽青年职业技能大赛、大学生创新创业活动周、“青年创业导师团”走进高校、“挑战杯”全省大学生创业计划竞赛等活动，营造了投身崛起、创业光荣的良好氛围。

2. 推进志愿服务工作常态化。结合学雷锋活动、学习道德模范和时代楷模等活动，扎实推进青年志愿服务。选拔177名大学生志愿者赴陕西、云南和基层开展志愿服务。组织省卫生、科技、文艺、法律行业的青年志愿者开展“三下乡”志愿服务活动，联合省卫生厅开展第十五期青年卫生志愿者在岗督察和第十六期志愿者招募工作。联合铁路、安徽广播电视台等部门开展“春运爱心”、“爱心送考”等服务。联合省环保厅持续开展“生态安徽青少年活动月”统一行动，联合省绿化委、林业厅开展了百万青少年“种养纪念树，见证我成长”志愿行动，全省各级团组织直接或参与组织植树行动90.98万人，种植各类苗木221.26万株，建立林地面积4.42万余亩。

3. 加强区域青年交流和对口支援民族地区工作。组织开展青联委员“江淮行”经贸考察，服务和促进县域经济社会发展。加强与境外青年组织的交流与合作，选派31名优秀青年代表出访考察交流。开展对口支援民族地区工作。连续两年开展皖疆青少年“手拉手”夏令营活动。组织了省青联科学技术、企业管理等界别委员赴西藏考察交流。

四、切实履行维护青少年合法权益职能，坚持制度维权与重点帮扶并重，努力参与加强和创新社会管理工作

1. 关注青年普遍性利益诉求。以《丰富新生代农民工精神文化生活，帮助他们融入城市社会》等为主题，集中举办“共青团与人大代表、政协委员面对面”活动。全省16个省辖市集中开展“面对面”活动，省市两级人大代表、政协委员300余人参加活动，提出涉及新生代农民工精神文化生活的提案、议案、建议95件。发挥各级未成年人保护委员会办公室和综治委预防青少年违法犯罪专项组办公室作用，建立青少年权益维护的制度性安排。推广重点青少年群体教育管理和预防犯罪试点工作经验。

2. 重点关注弱势困难青少年群体。开展“阳光关爱行动”，累计募集资金220多万元，救助服刑在教人员未成年子女2000余名。推进关爱农民工子女志愿服务行动。全省共结对农民工子女较集中的学校2902所、结对帮扶农民工子女90多万人，捐款捐物总价值500多万元。希望工程省本级筹资2570万元，新建希望小学20所，救助各类困难学生9000多名。

五、切实加强自身建设，坚持能力提升与作风养成并重，团干部队伍建设迈上新台阶

1. 学习型团组织建设取得新成效。组织团省委机关干部参加全省干部网络教育平台学习，团省委连续3年学习通过率和人均学时均名列省直机关第1名。举办22期“每周讲堂”，41名机关干部围绕不同专题进行研讨交流。党的十八大结束后，开设了“我谈学习党的十八大精神心得体会”专题。举办了全省新任职县级团委负责人培训班，培训县级团委班子成员239人。2012年,各级团组织共培训乡镇(街道)团(工)委书记,村级团组织、驻外团组织、"两新"组织、国有大型企业团组织、大中专学校团组织负责人,大学生村官新任团干等1.55万人。

2. 坚持狠抓团干部作风建设。严格执行中央"八项规定"、省委、省政府《关于改进工作作风、密切联系群众的规定》和团中央《贯彻中央政治局改进工作作风、密切联系群众八项规定实施办法》等相关规定,制订完善了团省委《关于改进工作作风、密切联系青年的实施办法》。深入推进创先争优、"保持党的纯洁性、迎接党的十八大"主题教育实践活动和廉政风险防控活动。加强团的各级机关效能建设。扎实推进"强基础、增活力、促发展"基层集中走访活动,建立完善团的各级机关干部基层联系点1522个。选派2批52名省市两级团的机关干部和114名高校团干部驻县级团委指导工作或挂职帮助工作,不断增强各级团干部的党性修养、群众观念和青年群众工作能力。

3. 团的事业稳步发展。成功召开了省第十三次团代会。青联、学联、少先队工作蓬勃开展。省团校办学条件不断改善。按照省非时政类报刊出版单位体制改革工作的要求,本着"保证工作平稳过渡、严格按照规程推进、尊重职工主体意愿"的原则,少年博览杂志社平稳顺利完成转企改制,企业活力进一步增强。省希望办筹资额创历史新高,社会信誉和影响力不断提升。团省委各直属单位稳步发展,保持稳定。

福建团的工作

一年来,在省委和团中央的正确领导下,福建共青团紧紧围绕"两个全体青年"目标和党政工作大局,全面履行四项基本职能,发挥优势,拓展作为,推动团的各项事业迈上新台阶。

一、着力增强教育引导实效,大力加强青少年思想教育

1. 认真学习贯彻胡锦涛总书记五四重要讲话精神。先后召开团省委常委会、团省委常委(扩大)会议、理论中心组学习会和全省各界青年座谈会等,原原本本地学习讲话精神。召开福建省纪念中国共青团成立90周年暨青联学联换届大会,专门下发通知对全省各级团组织的学习贯彻进行动员部署。在福建共青团网站、福建共青团手机报、海西新青年微博等团属媒体上开辟学习专栏。各地团组织通过党课团课、辅导报告、座谈交流、理论研讨、主题团日活动等形式,在广大团员青年中掀起学习热潮。

2. 深入开展丰富多彩的主题活动。广泛开展"学党史、知党情、跟党走"、"与信仰对话"党史国情报告会、"红领巾心向党"主题队会等活动。学习党史交流会共举办413场,参与人数34700多人。"与信仰对话——'科学发展新成就'校园报告会"共举办337场,参与学生数达110524人次。"红领巾心向党——学先锋,找榜样,争四好"主题队日活动在全省5539个少先大队组织、62378个少先中队中开展,约320万名少先队员参加。启动"走进青年学生教育活动",组织300多名省、市、县三级团委机关科级以上干部走进高校或中学开展"面对面"思想引导工作。开展2012年大中专学生志愿者暑期“三下乡”社会实践活动，全省参加人数达20万人。

3. 深入开展青少年学雷锋活动。举行了向雷锋雕像敬献花篮活动，开展了“传承雷锋精神参与志愿服务”青年志愿服务成果展示和便民服务活动，召开了“雷锋精神与福建青年”新老志愿者座谈会，成立了福建省少先队学雷锋辅导员联盟，组织了全省少先队“学习雷锋好榜样”主题队日活动，推动青少年学雷锋活动的深入开展。

4. 扎实推进分类引导工作。认真部署开展第二批分类引导青年思想大纲转化工作，精心编写大纲转化手册。积极借助艺术、时尚、情感等元素加强对青少年的引导，编写了图书《古田小红军》、漫画《小屁孩撒欢记》，制作了《弟子寻规记》、《古田小红军》动画片和“绘画小当家”IPAD游戏。

5. 深入实施“青年马克思主义者培养工程”。联合省委教育工委、省教育厅举办“福建省大学生骨干培养学校”第四期学员结业暨第五期学员集中培训班活动。组织省大学生骨干培养学校实践队赴北京开展为期十天的锻炼实践活动。组织青年学生骨干进乡镇(街道)、村(社区)、非公企业团组织，开展“五个一”活动，让大学生在社会实践中锻炼成长。

6. 全力加强新媒体建设。加强团属网站、手机报、微博等新媒体平台建设，与社会力量合作，建设海西青少年成长服务平台，筹划开通IPTV共青团频道。全省各级团组织已开通各种手机报20多种，其中福建共青团手机报覆盖专兼职团干部8000多名，已编发221期。建设福建共青团微博广场，开设团属微博1458个，累计发布信息15万多条。开展了“青春接力、绿动家园”、“咱们都是活雷锋”等微话题、微活动以及网络投票。制定《共青团福建省委网络与信息安全事件应急处置预案》，成立网络与信息安全应急处置工作小组，建立有效的网络与信息安全保障体系。

二、着力围绕福建发展大局，引导青年推动科学发展跨越发展

1. 服务“五大战役”。组织1000多支青年突击队奋战在重点工程建设、抢险救灾一线。1万多家青年文明号集体在服务行业、服务窗口开展优质服务示范活动。招募2万多名青年志愿者为海峡论坛、“5·18”、“6·18”、“9·8”、闽商大会、福铁春运等重大项目活动提供志愿服务。

2. 推动“三维”项目对接。组织开展中央国家机关青联委员海西行、港澳全国青联委员福建行、华夏青商聚海西等活动，促进青年人才、项目、资本的对接。承办第六届中国青年科技创新馆，展示青年科技创新项目成果130余项，促进有关项目的对接。

3. 促进生态省建设。在全省团组织中深入开展保护母亲河、青少年绿色环保和家园清洁青年行动，引导青少年积极参与植绿护绿、内河整治、绿色环保等活动。在全省22个水土流失重点治理县中开展青春接力活动，种植树苗1万多棵，开展特色环保活动5000多人次。出动青年志愿者、少先队员47.9万多人次，义务植树185.3万株，植树面积达11739.98亩。

三、着力服务重点青少年群体，促进青少年健康成长

1. 大力推动青年就业创业。举办专场公益招聘会、校园招聘会27场，提供就业岗位13775个。依托中国青年创业国际计划(YBC)项目，累计扶持创业青年1243名，发放免息免担保贷款1562万元。培训各类创业青年26219人。新建青年就业创业见习基地268个，新增见习岗位1373个，全省见习基地总数达到1065个。开展见习岗位进校园、进社区、进人才市场等活动，组织5079名青年上岗见习，1635人见习后被录用。联合省人力资源和社会保障厅等20个厅局单位开展“海西金蓝领”杯等职业技能大赛，启动19个专业领域全

省性职业技能竞赛，涉及36个职业（工种）。成功举办第七届“挑战杯”福建省大学生创业计划竞赛。与人行福州中心支行联合下发了《福建省农村青年信用示范户工作方案》，在全省推行农村青年信用示范户评选工作，共评定农村青年信用示范户2012户，发放信用贷款3497.8万元。联合相关金融机构发放农村青年创业小额贷款8650笔、金额4.38亿元，发放城市青年创业小额贷款3838笔、金额2.2亿元。协调省财政支持，与金融机构合作设立总计5000万元的青年创业项目贴息贷款。成立福建省青年创业服务中心，为入驻企业提供经营场地、办公设施、小额信贷等服务。福建海西青年创业基金会、大学生自主创业担保基金累计筹资2800万元，为青年创业提供有力支持。

2.关爱进城务工青年和农民工子女。成立志愿服务队1652支，招募志愿者183890人、项目专员1900名，截至目前，共结对农民工子弟学校1475所，占农民工子弟学校总数的100%，结对农民工子女362272人，占在校农民工子女总数的95.7%，超额完成团中央要求年底前农民工子弟学校结对率90%的要求。筹集资金284.5万元，成立了70个省级关爱农民工子女志愿服务行动示范基地。出版《幸福小候鸟——福建省共青团关爱农民工子女志愿服务行动优秀案例集》。开通“快乐学习热线”，建设“七彩课堂服务平台”，让农民工子女能够及时获得专家、老师的辅导。深入开展“我们在一起”主题实践活动，联系和服务进城务工青年3万多人。开展“共青团周末（流动）剧场”58场，惠及外来务工人员及其子女23520多人。

3.推进青少年公益事业。举办2012福建各界青年新春暨希望工程20年公益酒会，募集社会各界爱心款项人民币2995.1万元、港币20万元。积极开展“2012年希望工程圆梦行动”，筹集善款1170.8万元，资助3536名家庭经济困难的大一新生圆梦大学。在福建省灾区、边远地区及革命老区援建希望小学15所。联合省文化厅在省少儿图书馆启动“红领巾讲坛”，每周末举办至少1场免费讲座，为家长和孩子提供亲子辅导。

四、着力健全机制平台，维护青少年合法权益

1.积极推进预防青少年违法犯罪工作。召开了全省预防青少年违法犯罪工作会议，省、市、县三级都建立了预防工作机构，并将工作经费纳入财政预算，建立成员单位定点挂钩帮扶社区（村）预防青少年违法犯罪工作制度。联合省综治办等单位开展第二届“关爱明天、普法先行”——青少年普法教育活动。联合教育厅等开展创建“毒品预防教育示范学校”活动。举办《福建省青少年自护手册》卡通形象设计大赛。加强与公检法司等部门的沟通联系，推动落实《关于进一步建立和完善办理未成年人刑事案件配套工作体系的若干意见》的配套实施细则。

2.深入开展“共青团与人大代表、政协委员面对面”活动。联合省人大内司委、省政协社法委下发了《关于深化福建省“共青团与人大代表、政协委员面对面”活动的意见》，建立了省市县三级人大、政协、团委有关“面对面”活动的长效机制。加强前期调研工作，有3篇调研报告入选团中央主编的《2012年“面对面”活动调研成果选编》。举办全省青少年事务通气会，向省人大、省政协提出了《关于丰富新生代农民工精神文化生活的建议》等2份建议、提案。出版了《福建省新生代农民工精神文化生活服务研究》。组成调研组深入福州、泉州、三明等地开展调查研究工作，形成《福建省社区文化建设服务青少年发展状况调研报告》。

3.加强维权工作载体平台建设。深化12355青少年服务平台建设，目前全省9个设区市均开通了12355青少年服务热线。“反目母子冰释前嫌”等6个案例入选团中央《服务青少年健康成长案例选编》。积极开展“轻松备考·12355与你同行——阳光行动”,各地累计开展了377场讲座,吸引了110316人次的青少年和家长参加,12355热线累计接听3471人次的考前咨询热线。积极推广青少年事务社工试点工作,目前全省有6个市挂牌成立了青少年事务中心。

五、着力发挥优势,深化闽港澳台和对外青少年交流

1. 对台青少年交流有新提升。成功承办第十届海峡青年论坛,吸引了大陆、台湾和港澳地区的300多名青年社团负责人和青年代表参加。成功承办第七届“两岸青年联欢节·海峡西岸行”活动,来自台湾岛内的963名青年学生与福建各界青年及学生开展交流活动。厦门等5个设区市青联分别与台中、嘉义、新北、高雄、彰化青创会缔结为友好协会。在台北承办省政府苏树林省长与台湾青年企业家见面会,组织台湾青创总会经贸考察团赴平潭考察交流。先后接待了台湾中国青年创业协会总会等8个参访团95人次来闽参访,组织福建省青年企业家代表团等6个交流团组45人次赴台湾交流。成功承办第四届两岸青年社团负责人圆桌会议,来自两岸四地的59家青年社团负责人签署了8个合作项目。

2. 闽港澳青少年交流有新拓展。积极举办“2012香港大学生暑期内地实习”活动,福建省共有5家企业接收70名香港大学生。组织福建青年代表团赴香港开展以“成长·创业·成才”为主题的内地优秀青年代表与香港青年学生面对面交流活动,举办座谈会、分享会、兴趣互动会等活动16场,与近1600名香港大中学生进行面对面交流。接待了香港澳门全国青联委员访问团等来访团组共96人次;选派内地大学生赴港实习团等8个团共组共24人赴港澳参访。组织港澳青联委员参加漳州市产业发展和投资推介会等活动。

3. 青年外事工作有新突破。先后接待了新加坡代表团、朝鲜青年友好代表团、越南青年代表团等3个外事团组共117人来闽参访,派出11批次共36人出访印度、加拿大、朝鲜、韩国、日本、印尼等13个国家。

六、着力夯实基层基础,不断提高团的建设科学化水平

1. 加大团建力度。联合省总工会部署开展“工会与共青团组织联建”工作,深入开展“非公团建推进月”活动,组织全省专职团干部担任非公企业团建工作顾问和团建指导员,集中力量推进非公企业团建工作。2012年全省新建非公企业团组织4188家,完成团中央任务数的139.6%。目前,全省实现了已建立党组织、规模以上且符合条件的非公企业和符合建团条件的中职中专学校团组织全覆盖。福建省注册会计师行业协会、省汽车服务及用品行业协会等5家省级行业协会成立团组织。加强流动青年群体团建工作,重庆等11省市区在福建省建立了52家驻闽团组织,福建省在北京、广东等地建立了44家驻外团组织。

2. 扎实推进乡镇实体化“大团委”建设。出台了福建省乡镇实体化“大团委”建设工作方案,编印了《福建省乡镇实体化“大团委”建设工作指南》,指导推进乡镇实体化“大团委”建设。全省共新建乡镇直属团组织24674个,完成团中央任务数的132.8%,覆盖团员185112人,联系青年485262人。先后开展了三次数据核查工作,特别是对数据失真率较高的县级团委进行重点核查,提高数据的准确率。

3. 全面完成乡镇(街道)组织格局创新工作。联合省委组织部出台设区市团委换届等政策性文件,指导有换届任务的设区市、高校团委和全省村团支部开展换届工作。全面完成乡镇街道团的组织格局创新工作,新增团委第一书记96人、体制外副书记1581人、委员11427人。

4. 深入开展创先争优活动。认真开展非公企业团组织"达标创优"工作,2011 年至 2012 年 5 月新建的 4555 家团组织中,达到合格以上标准的有 3701 家,达标率为 81.25%,达到优秀标准的有 184 家。省、市、县三级团的领导机关干部挂钩联系规模较大的非公企业 10000 多家,建团率达到 100%、达标率达到 90% 以上。深入开展青年文明号"为民服务创先争优"等活动,全年各级青年文明号累计开展各类创优活动 500 多场。

5. 集中力量大力支持基层。采取干部下派、经费下沉、资源下放、项目下移、山海协作等五项措施,全力支持基层,促进基层工作。选派第二轮 75 名高校团干部到县(市、区)团委挂职一年。选派第二轮首批 20 名设区市以上团委机关干部到县级团委驻点半年。对高校挂职团干部和驻点团干部每人配套 1 万元工作经费。选派第二轮 41 名银行业机构年轻干部到 31 个县(市、区)团委开展为期半年的挂职工作,并累计给予 38.38 万元活动经费支持。督察落实县(市、区)团委人均 1 元团队工作经费和村团支部书记每月 100 元津贴政策。筹措 140 万元,通过项目配套、以奖代补等形式奖励工作成绩突出的县、乡团委。

6. 大力加强中学中职团组织和少先队组织建设。以完善发展团员工作、增强团员意识教育为重点,深入开展"中学生挑战杯"活动,提升中学共青团工作水平。以优秀中职毕业生报告会和职业技能大赛等活动为载体,推进中职团的各项工作。以少先队先锋行动为抓手,以少先队学科建设为突破口,大力加强少先队组织建设。福建师范大学成为全国第一所将"少年儿童组织与思想意识教育"正式纳入研究生招生目录的高校。联合省教育厅在福建师范大学设立"福建省少先队工作理论研究中心"和"福建省少先队辅导员培训基地",启动福建少先队活动课程建设试点工作。配强配齐少先队总辅导员,目前全省县级以上少工委全部配备了兼职少先队副总辅导员。

7. 大力加强团干部队伍建设。深入开展"下基层、进青年、办实事、促发展"活动,推动机关干部深入基层,走进青年,转变作风。截至目前,团省委机关干部共下基层 1110 人次,其中厅级干部 211 人次,处级以下干部 899 人次,召开座谈会 401 场,走访基层群众和青年 4410 多名。举办各类团干部培训班 37 期,培训新任县乡、村(社区)、大中专学校、国有大中型企业、非公企业、驻外团组织负责人和少先队辅导员 6300 多名。有 57334 名大中队少先队辅导员参加了网络培训,参训率达到 90% 以上,其中 57169 名辅导员通过了培训考试,合格率达到 99.71%。

江西团的工作

2012 年,在省委和团中央的领导下,江西各级团组织始终围绕中心、服务大局,全面履行职能,按照团省委十四届五次全会确定的"实施三大工程,突出六项重点,抓好一个建设"的工作思路,狠抓工作落实,团结带领团员青年在推动江西科学发展、进位赶超、绿色崛起中发挥生力军和突击队作用。

一、深入学习贯彻党的十八大精神

1. 带头示范学。坚持领导带头、机关示范,推动十八大精神深入基层、深入青年。团省委班子成员带头深入省属高校,为师生作"信仰指引人生路,青春共话十八大"的专题报告。团省委机关干部利用年轻干部讲坛、晨会讲堂开展十八大专题学习35期。全省各级团干部积极参与"千名团委书记进基层宣讲十八大"活动,开展宣讲1200余场。

2. 创新形式学。坚持团内与团外相结合、网络与现实相结合、传统媒体与新兴媒体相结合,抓好十八大精神的学习宣传。在《江西团讯》、江西共青团网、江西共青团手机报等开设学习专栏,刊登十八大学习心得体会文章70余篇、信息800余条。各级团组织、团干部微博、博客群发布信息5000余条。"我的青春故事"江西青年对话十八大代表网络访谈活动,吸引了240余万名网友在线收看。联合省委组织部依托党员干部现代远程教育网举办了"党员教育大讲堂——青春路上党旗扬"专题报告会,各级各类专兼职团干部及部分省青联委员近10万人聆听报告。

3. 推动工作学。一方面,通过学习进一步明确共青团工作的努力方向。结合团省委换届,认真思考谋划今后五年全省共青团工作。组成调研组深入各地就"提升团的工作科学化水平"开展两轮专题调研,形成了一批调研成果。进一步巩固乡镇实体化"大团委"建设成效,抓好市县团委机关干部配备、少先队辅导员队伍建设、新媒体运用等工作。另一方面,加强学习培训和实践锻炼,提升团干部队伍素质。举办了江西省学校战线团干培训班,对全省各高校、中职、中学以及设区市团委的111名团干部进行了集中培训。利用团中央2012年全国县级团委书记电视电话培训契机,对全省、市、县三级共160余名团干部进行了集中培训。

二、全面履行共青团基本职能

1. 紧紧抓住两条主线,深入推进团的基层组织建设和基层工作。一是以提升活力为目标,抓好层级化组织体系建设。对220名新任县、乡两级团委班子成员进行了培训。开展了全省乡镇街道团建和工作竞赛活动,为全省1398个乡镇团委配发工作手册,在141个街道团委开展定岗定责工作,巩固和提升了组织格局创新工作成效。深入推进中职、中学共青团工作,"无职团员设岗定责"工作覆盖全省100个县(市、区)。深入推进四部委文件的贯彻落实,推动少先队工作纳入中小学教师职称评定成果计算,在南昌大学自主设立"少年儿童组织与思想意识教育"二级学科。省、市两级总辅导员配备率达100%,县级总辅导员配备率达90%。二是以扩大覆盖面为目标,抓好非层级化组织体系建设。全省新建非公团组织2602个、新社会团组织144个,农村专业合作社团组织864个、网络团组织44个。扎实推进乡镇实体化"大团委"建设,新建乡镇直属团组织32220个。新建省级驻外团工委2个,省级驻外团工委总数达7个,新建驻外基层团组织57个。非层级化组织体系覆盖青年600余万人。三是继续大力支持基层。联合省委组织部下发了《关于做好团县(市、区)委机关干部选拔配备工作的通知》,对县级团委干部配备作出制度性安排。争取到省财政下拨乡镇(街道)共青团工作经费769.5万元,要求市县逐级配套,受到团中央主要领导的多次表扬。争取江西专项彩票公益金2000万元支持全省团属青少年活动场所建设。建立了全省团的系统副处级以上干部对口帮扶一个乡镇街道团组织的工作机制。选派了25名团的机关干部、83名高校团干部、131名西部计划志愿者赴县级团委工作,充实基层工作力量。四是青年组织和团属事业得到发展。完成了省青联、省学联、省少工委、省青企协、省青商会的换届工作。江西青年职业学院(团校)建校60年来实现新发展,江西青少年报刊社转企改制顺利完成。

2. 牢牢把握团的根本属性,不断加强青少年思想引导。一是深入开展理想信念教育。通过举行纪念大会、座谈会、集中宣誓、开通网上团史馆等方式，隆重纪念建团90周年，深入推进党史团史教育，引导青年深刻认识党团关系，增强责任意识。“青年马克思主义者培养工程”培养各级“井冈之星”大学生骨干37000余人。少先队“红领巾心向党”主题活动覆盖21万个基层少先队组织，1000万人次少先队员参与其中。深入推进青少年分类引导工作，全省2776个基层单位完成了《青年思想引导大纲》的转化工作。二是深化青少年形势政策和励志教育。开展“与信仰对话”系列报告会906场，覆盖青年学生18万人。举办优秀中职毕业生报告会119场，实现每名中职学生每学期聆听报告一次以上。开展了“劳动·创造·奋斗”青少年励志教育，评选出116位青少年励志典型人物，在各地网站开设专栏进行宣传展示。三是着力推进共青团新媒体和文化工作。通过建体系、搞活动、促活跃，在运用新媒体上迈出坚实步伐。各级团组织和团干部开设微博5797个、博客3318个、建立即时通信群3552个，团省委官方微博先后被评为2012年度“新浪微博华东地区十大影响力政府机构微博”、“腾讯微博江西省十大政务微博”，探索加强了网络舆情监测；通过建队伍、抓产品、求创新，全面推进文化工作。开展了首届青年原创歌曲及拍客作品大赛，网上吸引了100余万青少年关注、参与。拍摄的微电影《生命的回音》获得全团一等奖。联合推广了《中华经典诵读》和青少年自护教育读本《我的安全我知道》等书籍，联合摄制播出了雷锋哥(姐)人物专题片、青年创新创业人物专题片，开发推广了红色动漫《脐橙寻宝记》、励志动漫《星梦园》、自护教育动漫《七彩寻亲路》等少年儿童喜闻乐见的文艺产品。

3. 紧密结合青少年需求，切实服务青少年成长成才。一是服务青年就业创业。规范保留青年就业创业见习基地541个，到岗见习人员4132人，见习后录用1761人；发放农村青年创业信用卡15300余张，带动、帮扶24000余名城乡青年实现就业创业，培训青年31000人，转移农村青年富余劳动力27000人。二是服务大学生成长。“挑战杯”江西省大学生创业计划竞赛覆盖54所高校。大学生就业创业典型巡回报告吸引2万名大学生参与。省学联八大代表向全省大学生发出到基层去的倡议书，引导更多的大学生报名大学生村官、三支一扶、西部计划志愿者等项目。三是服务青年多元化需求。希望工程全年筹集款物2560万元，组织爱心车队为100所希望小学、13000名贫困学生送去了字典，捐建希望厨房100所。关爱农民工子女志愿服务行动结对学校1800余所，结对农民工子女77万余人，募集资金370万余元，建成“关爱行动”阵地1023个。“青果援”关爱服刑在教人员子女行动结对帮扶2930对，帮扶款物近500万元。举办了“爱的约定”江西百县千场青年交友活动，服务青年婚恋交友的紧迫需求。

4. 不断完善制度化安排，有效维护青少年合法权益。一是全面深化“面对面”活动。深入推进“面对面”活动在省、市、县三级实现全覆盖，围绕“丰富新生代农民工的精神文化需求”主题，1340名人大代表、政协委员积极参与，提交相关建议、提案356份。二是深入开展重点群体试点。积极推进全国试点和省级试点工作，探索具有普遍性推广价值的工作模式。协调指导全国试点城市吉安以市委名义出台政策文件，建立了留守儿童信息数据库，建设关爱农村留守儿童阳光家园230个。三是规范12355青少年服务台建设。开展12355阳光行动，举办“阳光行动公益讲堂”215场，接听减压咨询电话1431人次，为6万余名考生及家长提供了减压辅导。

5. 以作风建设为重点，锤炼过硬团干部队伍。一是下发决定促推动。在年初全委会上讨论通过了《关于加强新形势下团干部作风建设的决定》，在全省开展以“进取、务实、坚韧、自律”为主要内容的作风建设，《决定》被《全团要讯》摘要刊发，受到省委苏荣书记等领导的肯定。二是细化要求促转变。下发了全省团干部作风建设工作方案，召开了推进会，进一步明确目标、细化措施、严格要求。开展了“三进四同一带头”活动，推动团干部深入青年、深入基层，转变作风。三是强化学习促提升。团省委机关坚持示范开展“四个一”学习活动，全年共开展20期年轻干部讲坛、47期晨会讲堂，带动全省各级团的机关开展各种形式的学习活动，在团内形成了良好的学风。

三、全力服务富裕和谐秀美江西建设

1. 积极服务区域经济发展格局。把服务区域经济发展格局作为锻炼团干部经济工作能力的重要平台。继续大力支持共青城发展，加大宣传推介、项目引进力度，履行好支持共青城发展领导小组办公室职责，协助抓好第八次领导小组会议确定的各项支持事项的落实。启动了共青团展览馆规划设计，抓好“江西希望工程阳光成长中心”建设管理，做好中央团校共青城培训基地特色课程开发。利用江西青年创业就业基金，为青年提供贴息小额贷款、举办创业大赛等。出台了《共青团支持赣南等原中央苏区振兴发展的决定》。深化了“保护母亲河行动”、“绿鄱环保志愿服务行动”等品牌活动，组织动员团员青年积极投身鄱阳湖生态经济区建设。

2. 全力配合好全国青少年井冈山革命传统教育基地建设及运营相关工作。按照实用、节俭、安全、有弹性的要求，配合有关方面抓好了工程建设等相关工作。抽调机关及高校团干部11人组成工作组，积极配合基地管理中心做好基地筹备及试运营相关工作。选派20名西部计划志愿者赴基地工作一年，并组织了5个培训班共计800余名基层团干部及大学生赴基地参加培训。

3. 探索建立青少年学雷锋的长效机制。在全省开展了“学雷锋做先锋”江西青少年“十百千万”学雷锋活动，向社会集中推出了王冬新、周海萍等10位省级雷锋哥(姐)，创建100个雷锋班，组建1000支青年雷锋队，创建10000个青年雷锋岗。开办广播栏目《身边的雷锋》，开通学雷锋活动官方微博，在新闻媒体开设学雷锋专题，集中宣传展示学雷锋青年典型事迹。组建了全省首支“学雷锋做先锋”青年宣讲报告团赴各地宣讲。一年来，全省选树优秀青年典型123个，开展学雷锋活动26000场次，直接参与青少年220万人次。

4. 创新推进“江西希望之星成长计划”。为了让好人得好报，在全社会倡导积极向上、扶危济困、见义勇为的良好风气，实施了“江西希望之星成长计划”，对优秀的青少年典型和优秀典型的未成年人子女进行扶持。在资金帮扶上，给予一次性奖励和长期的贫困资助。在非资金帮扶上，从服务学习、生活、成长三个方面，通过组织志愿者结对、建立“希望之星”假日培训基地、协助申请社会救助和援助、优先作为党团组织培养对象培养、提供就业创业指导等进行全方面帮扶。7月份组织了首批23名“希望之星”赴港澳学习交流，促进他们开阔视野、健康成长。

山东团的工作

全省各级共青团组织认真学习贯彻党的十八大、省第十次党代会和共青团十六届五中全会精神，朝着“建设有强大凝聚力的山东共青团”组织发展目标，按照稳中求进的工作基调，围绕中心求作为，服务青年促发展，立足基层抓建设，团的工作和建设稳中求进，实现了新的发展。

一、不断深化青少年思想教育工作

1. 抓好重大学习宣传贯彻活动。一是迅速兴起学习宣传贯彻党的十八大精神的热潮。组建学习贯彻党的十八大精神宣讲团，全省举办宣讲报告会722场次，直接参与人数达14万余人。集中开展学习党的十八大精神主题团日活动16.5万场次，直接参与团员青年380万余人次。组织各级青联、学联、少先队、青企协组织和青年文明号集体开展学习宣传贯彻活动。二是深入学习贯彻省第十次党代会精神。广泛组织宣讲会，积极开展“奉献经济文化强省建设”活动，把广大团员青年和团干部的思想认识统一到省委决策部署上来。三是认真学习贯彻胡锦涛同志五四重要讲话精神，全面做好纪念建团90周年各项工作。深入学习领会讲话对共青团“四个着力”的基本要求，教育引导青年积极践行以“五个坚持”为核心的青年发展观。举行纪念大会、文艺晚会、青春歌会等活动，集中展示共青团90年来的发展历程和奋斗足迹。组织编撰《山东共青团九十年》，征集提炼“忠诚、担当、务实、奋进”的新时期山东共青团精神，帮助团员青年深入了解团史团情。

2. 深化青少年思想引导工作。广泛开展“永远跟党走”、“争做青年先锋”、“红领巾心向党”等主题教育活动，用社会主义核心价值体系教育引导青少年。在全省高校举办“与信仰对话”报告会565场，青年学生参与30.9万人次。深化分类引导，全省2.94万家基层团组织完成《青年思想引导大纲》转化工作。深化青年马克思主义者培养工程，成立山东省大学生骨干培养学校，全年培养大学生骨干、高校团干部和青年教师14.8万人。在全团率先形成高校青年教师队伍思想建设的制度性安排。开展青年涉日维稳工作，积极引导青年理性爱国。

3. 强化青少年道德规范教育。创新开展“道德榜样面对面”、“学习雷锋，爱在齐鲁，做山东好青年”等道德实践活动，深入开展向沈星、周江疆同志学习活动，“山东青年五四奖章”、“山东美德少年”、“雷锋好榜样”等评选带动越来越多的青年寻找和学习身边榜样。组建学雷锋先进集体和先进个人“双百”报告团，深入弘扬雷锋精神，全年共组织学雷锋活动13.8万场次，覆盖青少年796.2万人。感恩教育、中华诗文诵读、才艺培养“三项活动”覆盖面不断扩大。

4. 运用新媒体教育引导青年。开展“团”字号微博体系建设工作，各级团组织、团干部开通腾讯实名认证微博8723个，团省委新浪官方微博粉丝量突破134万。广泛组织各类微话题讨论，开展“感悟十八大·青春正能量”、“八年后的我”、“青春共话十八大”等新媒体宣传活动，影响覆盖青少年800余万人次。在大众网、齐鲁网、腾讯网、新华网开设专栏，开展“劳动·创造·奋斗——我的青春故事”励志教育活动。广泛建立市县共青团工作飞信群、QQ群，增强了团组织的吸引力和影响力。

二、组织动员广大青年服务经济文化强省建设

1. 组织青年服务经济强省建设。组织大

批青年突击队投身重点工程、重大项目建设，对70支优秀团队进行命名表彰。深化青工技能振兴计划和青年岗位能手活动，全省共举办青年职业技能大赛469场次，参赛人数达11万余人。开展示范性青年农民专业合作社创建工作，为11家青年农民专业合作社提供175万元的财政资金专项扶持。开展第四届“调研山东”大学生社会调查活动，62所高校1万余名大学生组建889支团队奔赴社会实践一线，形成调研报告700余篇。组织青联委员、青年专家学者深入市县、企业、经济园区进行专题调研，就“蓝黄”重点区域带动战略实施、推进产业结构优化升级和地方经济社会发展建言献策。在港举办鲁港澳青年企业家交流会，搭建三地青年企业家交流平台。

2. 发挥优势服务文化强省建设。推出“花YOUNG年华欢乐送”青少年公益文化行动，5.3万名青少年免费享受到公益文化服务。举办乡村青年文化节、大学生创意文化节、“共青团周末剧场”等活动233场次，活跃了青少年文化生活。借助市场、专业优势，创作并推介动漫、影视、歌曲、游戏等优秀文化产品300余件，发行图书100余万册，为青少年提供了丰富精神食粮。团属青少年宫组织公益讲座、电影、演出391场，有效丰富了进城务工青年及其子女的精神文化生活。不断深化青年文明号创建活动，品牌知名度和社会影响力进一步扩大。

3. 整合资源参与社会管理创新。发动省市县三级团干部走进1363家青年社会组织开展沟通交流，有效探索了联系、服务、引导青年社会组织的新渠道。整合社工组织力量成立“山青社工服务发展联盟”，举办“山东社工节”，促进了全省社会工作服务的交流合作与资源共享。圆满完成海阳亚沙会志愿服务任务。组建齐鲁志愿者服务团，组织省直机关青年公务员开展志愿服务，团省委机关干部周末志愿服务形成常态。实施“青年志愿服务有形化阵地建设年”行动，扎实推进“青年志愿服务岗”有形化阵地建设。

4. 动员青年投身生态文明建设。深化“保护母亲河”行动，在黄河三角洲等重点湿地保护区实施万亩槐树林恢复工程，开展“百万青年绿林汇”活动和“黄河流域青少年植树行动”，筹集资金2566万元，动员109万人次青少年在重点流域、水系、城市社区植树927.3万棵，造林10.2万亩。加强青少年环保社团培育，积极打造全省青少年生态环保联盟。开展青少年节水环保公益行动，持续深化青少年生态文明教育。

三、竭诚服务青年

1. 促进青年就业创业。一是加大资金扶持力度。深化城市、农村青年小额贷款项目，争取并发放各类小额贷款15.63亿元，带动8.5万名青年创业就业。继续发挥每年300万元青春创业贴息专项资金的撬动作用，为青年创业融资进行担保。二是为青年送技能送岗位。提高青年就业创业见习基地规范化水平，全省新增见习基地747个，新组织青年上岗见习2.72万人次。“百校千企送岗”活动直接为应届毕业大学生提供就业岗位4.1万个。三是加大支持和培训力度。选派130名金融系统优秀年轻干部到县级团委挂职，拓宽了金融支持农村青年就业创业的渠道。将农村青年信用示范户创建工作覆盖到全部县域。组织农村青年春季培训，深化农村青年科技特派员行动，全省共落实培训经费853.62万元，培训农村青年19.57万人，帮助4万余人实现就业。开展以KAB为重点的就业创业教育，为大学生提供全面有效的就业创业服务。四是提高青年创业服务平台的承载能力。“联通未来青春创业社”覆盖110所高校，培育大学生创业团队710个。开展第二届山东省青年创业大赛，吸引1.6万名青年参与。举办第八届“挑战杯”山东省大学生创业计划竞赛，参与规模、涉及领域和办赛水平均创历史新高。

2. 服务青少年成长成才。一是服务青少年民生需求。实施“心愿直通车”少年儿童关爱行动，帮助农村留守儿童、进城务工人员子女和贫困家庭儿童实现心愿16万人次，累计筹集款物530万元。稳步推进“青春助力”山东共青团关爱农民工子女志愿服务行动，全省结成帮扶对子50.6万对，惠及51.1万农民工子女。希望工程年内筹资7392万元，资助贫困学生3.24万人。二是服务青少年健康成长。深化大学生“三下乡”社会实践活动，组织近20万大学生深入基层接受实践锻炼。策划开展首届“山东儿童周”系列活动，实施少年儿童才艺展示，“快乐嘉年华”畅游星期8小镇，“好书传递万里行”等活动项目，扩大少年儿童的参与度。承办全国各民族中学生暑期同心营（齐鲁行）活动，促进了各民族中学生的沟通交流。

3. 维护青少年合法权益。完成重点青少年群体服务管理和预防犯罪试点工作。加强重点青少年群体动态摸排、分类服务、帮教管理，推进摸排集中行动，20万青少年纳入动态管理。推出“走进青年”人大代表、政协委员调研日活动，建立共青团与人大代表、政协委员常态化、普遍性联系机制。推动“共青团与人大代表、政协委员面对面”活动向县一级延伸，全省各级“两会”期间共举行座谈和集中见面会144场，提出建议、提案153份。发送暑期自护提示短信4000万条，开展“彩虹伞”青少年自护教育季主题活动，推出全省未成年人安全守护行动和帮扶关爱行动，营造了全社会关爱未成年人的浓厚氛围。建成以12355热线人工呼叫中心、网站和有形化场地三大载体为依托的省级12355公共服务平台。

4. 服务青年对外交流。青年外事工作有序推进，全年共选派青年代表出访79人次，接待来访255人次。承办香港大学生暑期内地实习计划，深化了鲁港两地大学生交流合作。通过交流互访等形式，持续巩固与台、澳交流成果。首次接待来自法国及13个非洲法语国家政党青年领导人来鲁访问，进一步拓宽与国外青年组织的交流渠道。积极开展与美国、德国、巴西等36个国家的交流访问活动。

四、扎实推进团的自身建设和各项事业

1. 团的基层组织建设深入推进。一是党建带团建工作向更深层次推进。全省12市、88县（市、区）将团建纳入了党建工作评价体系。依托选派“第一书记”到村任职，大力推进万家村居党团组织共建工作。二是基层组织建设向更广领域延伸。继续巩固基层组织格局创新成果，全面推进乡镇实体化“大团委”建设，全省新建乡镇团委直属团组织2.8万个。新推动1.3万家非公企业建立团组织。以“协会建团”为突破，巩固和扩大非公团建组织覆盖，在个体私营协会、家电协会、运输物流以及律师、建筑、卫生等10个行业、系统建立团工委和共青团工作指导委员会。深入开展示范性基层团组织创建工作和全省县域共青团组织规范化建设。成立山东驻上海团工委，积极支持河南、安徽等驻山东团工委开展工作。三是支持基层力度不断加大。联合省财政厅下发《关于加强基层团组织工作经费保障的通知》，进一步健全县乡两级团组织工作经费保障机制，同时督导10个团市委联合市财政局下发相应通知。选派147名高校团干部到县（市、区）团委挂职，组织68名团省、市委干部到县（市、区）团委驻点。

2. 团干部队伍建设不断加强。一是推动团干部配备工作。联合省委组织部下发《关于做好市县团委机关干部配备工作的通知》，全年新推动选配团市委书记4名、副书记12名，团县（市、区）委书记、副书记98名，得到团中央书记处第一书记陆昊批示肯定。二是转变团干部作风。深入开展团干部成长观大讨论活动，促进各级团干部健康成长。建立团省委书记同县级团委书记、团市委书记同乡镇（街道）团组织书记谈心制度，团省委书记同69名县级团委书记进行了面对面谈心。推动团干部大范围融入青年，以走进青年社会组织、大中学生、新入职青年、弱势青少年群体为主题，开展了四季“走进青年”团干部恳谈日活动。落实中央政治局关于改进工作作风、密切联系群众的八项规定，省、市两级团委开展作风自查，着力改进学风、文风、会风。三是加强团干部学习。开办“山青学堂”，每周四晚邀请专家通过视频会议系统为团省、市、县委干部授课，全年共举办32期，2.6万余人次参加学习。加强党性锻炼，分期组织省市团干部及大学生骨干、高校青年教师等，共34批2373人次到临沂党员干部党性教育培训基地接受党性教育。加强团干部培训，全年共举办培训班673期，培训基层团干部2.7万人次。首次将少先队辅导员培训纳入教育系统教师培训工程，争取财政专项经费100万元，举办5期农村少先队辅导员培训班，培训600人，组织11.58万人次参加全国少先队辅导员大规模远程培训。

3. 团的外围组织和团属事业蓬勃发展。成立省青年社会组织团工委，青联组织团结、服务和凝聚青年的能力不断提升。深入推进“活力学联”工程，学联的凝聚力和向心力不断增强。全面履行“全团带队”职责，推动少先队辅导员队伍专业化、职业化建设，推动山东师范大学、曲阜师范大学在教育学一级学科下设置“少年儿童组织与思想意识教育”二级学科。各项团属事业社会效益、经济效益全面提升，团的物质依托和工作依托更加巩固。山东青年杂志、山东青年报和齐鲁少年报不断提高办刊质量，覆盖面和影响力进一步扩大。省青少年活动中心、省青少年素质教育中心全年服务青少年分别达29万人、5万人，社会影响不断扩大。机关后勤服务保障能力持续提升。省中国青年旅行社多元化、集团化经营稳步推进。

河南团的工作

2012年以来，在省委和团中央的正确领导下，河南各级团组织紧紧围绕团省委十三届七次全会提出的工作目标，深入学习宣传贯彻党的十八大和省九次党代会精神，以“中原经济区青春建功行动”为主体，不换频道，力求深化，持续求效，加大“思想凝聚、项目作为、组织建设、能力先行”的驱动力和生命力，持续提升共青团工作科学化水平，扎实推动团的各项事业取得新发展。

一、加强青少年思想引导，思想凝聚认同感持续增强

以党的十八大召开和纪念建团90周年为契机，把握青少年思维方式和思想逻辑，充分运用新媒体，融合时尚情感元素，不断增强青少年对社会主义核心价值体系的认同感。

1. 深入开展“学习宣传十八大，建功中原经济区”主题活动。相继开展“百团千支万场”系列宣讲、“金牌志愿者与务工人员子女共话十八大故事会”、“红领巾心向党——十八大与我们的未来”主题队日等活动，邀请党的十八大代表、党政领导、专家学者等组成宣讲团，进企业、进学校、进社区、进乡村。全省各级团组织举办座谈会、培训会、故事会等宣传活动4.3万次，覆盖青年1896万余人次。加强青少年理想信念教育，开展“与信仰对话——党的十八大精神走进青年面对面”，启动“信仰团

递”——河南青少年微视频大赛，创作“信仰的力量”河南青少年系列青年文化产品。充分发挥新媒体作用，举办“千网联动学习十八大”活动，开通“青春共话十八大”手机报专题、“我学十八大”话题网页，吸引 36 万人次参与讨论，在全省广大青年中掀起了学习宣传贯彻十八大精神热潮。

2. 广泛开展纪念建团 90 周年系列活动。举办纪念大会、座谈会、研讨会、“劳动·创造·奋斗”青春励志故事会、专题文化活动等纪念建团 90 周年系列活动 2.3 万场次。开展“学党史、知党情、跟党走”等主题教育活动。开通河南“网上团史展览馆”。健全培养体系，培养青年马克思主义者 1 万余名。以“红领巾心向党——学先锋，找榜样，争四好”为主题，组织近 1000 万名少先队员，通过动漫、访谈、情景剧、“四好少年”歌曲联唱等形式开展队日活动，积极推动党团队组织意识衔接教育。

3. 全面加强青少年思想道德建设。以“今天我们这样学雷锋”为主题，开展“雷锋超市”、“雷锋榜样进校园”、学雷锋主题团（队）日、青年文明号“学雷锋、树新风”集中行动等道德实践活动，影响带动青少年 1400 万余名。加强河南“三平”精神青年激励榜建设，新增上榜人数 2072 人，上榜人数超过 3500 人。开展“我与祖国共奋进，中原崛起献青春”形势政策教育活动，在高校、普通中学和中等职业学校、各类企业、农村等共举办 1000 余场。

4. 注重运用新媒体探索创新思想凝聚方式方法。积极探索河南特色的分类引导青年工作，确定第二批、第三批试点单位 1569 家。开展河南共青团微博建设月活动，组织开设各级各类团属微博 76969 个。完善《河南青年手机报》运行机制及内容设置，加强“豫青 e 网”建设和管理，日均访问量超过 6800 人次。联合省委宣传部招募首批青年网络文明建设志愿者 600 名。实施县域共青团“透明力”工程，全省 158 个县（市、区）团委均开通工作微博，发布工作日志。实施“红网工程”，在全省开通 117 所高校团委校级微博和 33783 个班级团支部微博。搭建“弘扬中原大文化、增辉中原经济区”家乡文化大寻访微博话题平台，收集话题 897 万条。举办河南共青团新媒体和文化成果交流展览会，展出图片 100 余幅、文化产品 4000 余件。开展第九届“河南省五四文艺奖”和第四届“河南青年文化新人”评选及表彰活动，广大青年文化创作的热情与活力得到激发和展示。

二、服务中原经济区建设，项目作为贡献率持续提升

紧紧围绕中原经济区建设，整合各种有效资源，以项目实施推动团组织服务中原经济区建设规范化、持久化。全省团组织共实施青年人才培育、青年就业创业等 10 个重点类别 207 个工作项目，募集社会资金 31.22 亿元、受益青少年达 1708 万。

1. 围绕“三化”协调拓展项目。围绕新型城镇化，实施青年服务新型农村社区建设专项行动，募集资金 1000 万元。围绕新型工业化，以青企协、青商会为平台，召开百名来豫创业杰出青年建功中原经济区座谈会，开展河南省青年企业家服务产业集聚区县区行系列活动，组织青年企业家参与第七届中博会、中国·商丘国际华商节，达成合作项目 20 多个。围绕新型农业现代化，成立省农村青年致富带头人协会，举办“新农民、新生活、新生产”青春论坛，开展河南青年科技支农专项服务系列活动，组织青年农民专业合作社大展评，整合涉农资源对接服务区域性农业主导产业，对接 100 个乡镇。

2. 围绕青年人才深化项目。联合省委组织部举办 3 期 600 名大学生村干部创业培训班，开展“阳光工程”等培训项目，培训农村青年 16 万名。实施“河南省百万青工技能振兴计划”，培训技术工人 22.5 万名，培养高级工以上高技能人才 9230 人。面向全省应届大学生公开招募473名西部计划志愿者,200名“贫困县计划”志愿者。举办“河南省第十三届大学生科技文化艺术节”、第十届“挑战杯”河南省大学生创业计划竞赛,全省66所高校近2万名大学生组成的3000多支创业团队参加比赛。开展河南省大中学生暑期“三下乡”和“四个一”社会实践教育活动,共组建1万余支实践小分队,实施“青联育才助业计划”,17个省直单位提供120个见习岗位,不断拓宽广大青年成长成才平台。

3. 围绕就业创业运作项目。加强见习基地市场化对接,实现见习青年上岗9771人。建立大学生就业见习基地1258个、设立见习岗位9860个。组织开展“青年企业家高校行”和“见习基地进校园”等对接活动16场,800余家企业提供见习岗位1.2万余个,6500名青年上岗见习。开展“首届河南省大学生志愿者专场招聘会”,表彰“百名来豫创业杰出青年”,举办河南省大学毕业生基层创业典型青春励志会、全省高校KAB创业教育项目示范性师资培训班,引导青年创业就业。与省金融办签署《关于共同支持青年企业家创业发展的框架协议》,发布项目30个。开展“河南省青年助业贷款工程”,累计向1257家企业发放贷款42.52亿元,带动就业21.8万人。支持青年就业创业,发放小额贷款14.04亿元,5.48万名青年受益。评定青年信用示范户3154户,发放信用贷款1.47亿元。通过人社、扶贫等部门及大学生村干部发展基金、青年创业基金等渠道争取贴息资金6000万元。争取省农业厅、省扶贫办政策支持,为农村青年创业就业提供技能、政策、产业、项目等扶持。

4. 围绕社会管理创新项目。开辟网站、微博“面对面”活动专栏,深化“共青团与人大代表、政协委员面对面”活动。加快青少年服务台建设,15个省辖市建成开通12355青少年服务台或维权服务热线,启动“轻松备考12355阳光行动”,累计开展讲座342场,走进学校、社区434场次,共接听考前咨询电话10559个,21万人次青少年和家长参加活动。开展“一校一法官”活动,1200名法官与学校结对。表彰青年卫士140名、青少年维权岗119个。做好郑开马拉松、农运会、黄帝故里拜祖大典等重大社会活动志愿服务工作,持续开展文明交通志愿者、雨雾志愿者等专项行动。

5. 围绕美丽中原推进项目。组织开展“弘扬志愿精神,建设美丽中原”国际志愿者日主题宣传活动、“‘地球一小时,低碳我先行’——河南青少年生态环保实践活动”,开展“保护母亲河行动青少年义务植树”活动,共植树215万株约3.6万亩,参与青少年达33万人次。强力推进关爱行动,创新“重点行业+志愿者组织+务工人员子女学校”接力模式,全省共结对务工人员子女学校2816所,结对进城务工人员子女75.3万余名,结对率达到100%。募集资金2515万元,建设“七彩小屋”、“微笑吧”310个,各类关爱阵地3955个,累计开展“微笑成长营”、“七彩课堂”近3万次。河南省青少年发展基金会募集资金3500万元,深入开展“温暖冬天”希望工程爱心大动员活动,共资助18万余名进城务工人员子女,深化“希望工程圆梦行动”,资助贫困大学生7497人。开展“共青团周末剧场”132场,直接覆盖务工青年及其子女8万余人。

三、着力夯实基层基础,组织建设覆盖面持续扩大

牢牢把握“两个全体青年”政治目标,以扩大基层组织网络覆盖为基础,以提升组织活力为重点,持续深化创先争优“百千万”集中行动,扎实开展“基层团建提升年”活动,不断提升团的基层组织建设水平。

1. 大力推进乡镇实体化“大团委”建设。迅速动员部署,分别召开4个片区工作会,2次工作调度会议,4期乡镇团委书记培训会,形成持续抓、务实抓的工作态势。加强工作指导,结合乡镇直属团组织团建载体特点,分领域、分系统设计河南省乡镇直属团组织“4×4”工作内容。制作下发河南省乡镇实体化“大团委”建设工作指导手册、工作流程、工作机制、工作菜单，坚持直属团组织建设“五条原则”和“八个依托”，标准化、规范化推进工作。争取政策支持，联合省委组织部出台《关于进一步加强乡镇、街道共青团工作的意见》，联合省公安厅、省工商局、省国税局等单位出台《关于共同推进乡镇共青团工作的意见》，各省辖市均对乡镇（街道）团组织每年不低于2万元的资金支持做出制度性安排，全省建立乡镇直属团组织5.79万个。整合社会资源，探索建立共青团智能工作平台，免费发放共青团智能终端1863个，实现全省乡镇全覆盖。

2. 持续深化“三网合一”团工委覆盖模式。扩大驻外团工委覆盖网，开展“驻外团工委集中整建月”活动，逐步清理、重建、规范、派生基层组织，新建省级驻外团工委4个。开展驻外团工委集中换届，各级驻外团工委92%完成换届，健全和完善驻外团工委共联共建工作机制，制定《驻外团干部管理办法》，驻外团工委的凝聚力和影响力不断增强。扩大产业集聚区和非公企业团组织覆盖网，联合省委组织部出台制度性安排，全省新建非公企业团组织6434个，“标准化团室”2000多个，在全省180个产业集聚区中已建团工委172家，建立流动团员青年数据库340个，直接联系覆盖青年215万名。扩大青年农民专业合作社团工委覆盖网，积极探索以省市县三级“青农联+团工委”为基本架构、以“市场机制+规模效应”为内在驱动、“源头建设+综合服务”为切入点的农民专业合作社团建模式，全省成立市级青年农民专业合作社联合会17个，建立农民专业合作社团组织7967个，覆盖团员45825名，联系青年近30万。

3. 加强对青年外围组织的引导与覆盖。发挥青联纽带作用，相继开展第七届“两岸青年联欢节·河南行”、“青联育才助业计划”、“2012中原骄子·民族行”等活动，搭建平台促进各界青年交流学习。发挥青企协资源优势，开展青年企业家走进资本市场辅导计划、河南省青年企业家服务产业集聚区县区行系列活动等，引领青年企业家在经济主战场做出贡献。不断完善“基层团组织+辖区志愿者组织”的新型覆盖青年的志愿服务组织框架，全省建立各类志愿服务组织6452个。不断增强学联、青年新闻工作者协会等组织活力，探索成立河南省青年时尚促进会、青年致富带头人协会等新兴青年组织，扩大共青团对青年网络和自组织的凝聚。

四、不断加强自身建设，能力先行新面貌持续显现

以作风转变推动共青团工作持续发展，团干部作风建设进一步强化，共青团干部对青年负责、善于推动工作、作风清正廉洁的形象更加深入人心。

1. 巩固建设成效。推进实施团干部培训计划，省市县三级团组织共培训县（区）、乡、村、企业、大中专学校及驻外团干部901期79959人。不断提升团干部研究重大问题的能力，在全省开展“青少年与青少年工作研究课题”领办活动，共组织领办青少年相关课题215项。机关每月举办两次干部读书学习交流会，开办每周3个学时的“共青夜校”，累计已达114个学时。做好团干部挂职工作，从全省高校选派130名团干部、接收江苏高校对口外派18名团干部，到148个县级团委挂职工作一年。推进少先队辅导员队伍专业化职业化建设，11个省辖市、147个县（市、区）设立少先队总辅导员。在河南大学、河南师范大学成功设立少先队二级学科，启动2013年硕士研究生招生工作。

2. 促进作风转变。持续树立团干部对青年负责的形象，积极开展“一融三同”党性实践锻炼活动，省市两级团的350名机关干部共深入基层1600余次，帮助基层团组织解决实际问题4100余件，与18000余名青年建立了长期联系。持续树立团干部善于推动工作的形象，以中原经济区青春建功行动为统揽，围绕党政大局积极开展工作，省委书记卢展工、省委副书记邓凯等领导同志先后对全省共青团工作作出重要批示13次。持续树立团干部清正廉洁的形象，通过加强团干部成长观、廉洁从政教育，规范权力运行，筑牢拒腐防变思想防线。

3. 增强协管职能。督促市县团委班子配备，目前市级团委书记配备率达94.4%，县级团委书记配备率达89.24%。严格落实与省委组织部联合下发的《关于进一步加强团干部队伍建设的意见》，主动协助地方党委组织部门做好省辖市团委和直属单位团委领导班子的选拔配备工作。2012年以来，6名同志晋升省辖市团委书记，高标准选拔配备10名同志进入市级团的领导班子，3名同志进入直属单位团委领导班子，17名同志进入省管高校团委领导班子。同时，推动7名省辖市团委班子成员顺利转岗。

与此同时，团校、团报、团刊坚持正确的办校办报办刊方向，围绕全省团的工作大局，积极开展服务；河南青年创业就业基金会积极整合社会资源，持续推进重点项目，运行机制不断完善；青旅、图书发行社、营地等团办实业积极开拓市场，取得了新的发展。

湖北团的工作

一年来，全省共青团组织坚持以邓小平理论、“三个代表”重要思想、科学发展观为指导，按照“两个全体青年”的总要求，围绕“战略支点建设”的总目标，把握稳中求进、好中求快的总基调，坚持以做好新形势下党的青年群众工作为主题，以“传承、创新、跨越”为主线，以两加大、两提高为重点，以能力建设为保障，全面融入湖北“一元多层次”发展战略体系，全面激发团的基层组织和广大团干部活力，全面履行团的四项基本职能，全面创新团的各项工作，各项工作取得了新成绩。

一、强化思想引领，青少年思想教育工作再创新绩

1. 坚持用党的路线方针政策教育引导青年。深入学习贯彻党的十八大、省第十次党代会精神和胡锦涛同志在纪念中国共青团成立90周年大会上的讲话精神以及李鸿忠同志在湖北省纪念大会上的讲话精神。党的十八大召开之后，迅速组织一系列学习贯彻活动：成立6个宣讲组，分赴各地开展宣讲215场，累计参与7万多人次；开展“千网联动”学习十八大、“感悟十八大·青春正能量”主题微博编创传播活动，原创微博26178条；开展“青春共话十八大”手机报主题学习宣传活动，编发手机报362期。

2. 抓住重要契机开展主题实践教育活动。围绕纪念中国共青团成立90周年，精心策划组织了青年文化展演、大型图片（邮票）展、理论研讨会、大学生社团文化节等系列活动。抓住各类重要节会、纪念日，先后开展“学党史、知党情、跟党走”、“我与祖国共奋进”、“劳动·创造·奋斗”、“红领巾心向党——学先锋找榜样争四好”主题队会等教育活动。实施青马工程，举办“荆楚英才学校”大学生骨干培训班，形成了思想教育的持久声势。发挥湖北“青年群星”的示范带动作用，广泛选树各类青

年道德典型，全国优秀青年志愿者、武汉理工大学管理学院青年教师郎坤，作为全国青年唯一代表在全国纪念建团90周年大会上作了发言，展示了湖北青年的时代风采。

3. 着力打造青年文化教育品牌。实施“青春湖北”青年文化建设年项目，开展湖北青年相亲文化节、青年书香号、大学生志愿者文化艺术节、“六进农家”、“爱心手拉手·书香伴成长”等系列文化活动，营造了浓厚的文化教育氛围。大力开发青年文化产品，创作动漫作品90部、影视作品116部、歌曲125首、图书3505本；向社会重点推介优秀青少年图书、影视、歌曲、动漫、游戏等共计100余件；推出《天生我才》、《高校达人秀》等20个青少年专题栏目，累计影响覆盖青年超过1858.5万人次；与湖北日报传媒集团合作推出《炫酷青春》专刊16期、《朝阳冉冉》专版23期。完成《思想引导大纲》转化工作，全省各级团组织共编写思想引导手册2115册、案例263个，进一步增强了分类引导工作的针对性、指导性和普遍性。与武汉大学、华中师范大学联合探索在教育学一级学科下开设少年儿童组织与思想意识教育二级学科，推动了少先队学科建设。

4. 广泛运用新媒体开展青少年思想教育工作。开通省市县三级共青团官方微博8926个，累计发布相关信息15万余条，收听收看人数达1500万人次；编发“青春湖北”手机报30余期，每周定期向3000余名专职团干发送；开通“青春湖北”官方微信平台；推进学校共青团“红网工程”。积极参加团中央新媒体和文化成果交流展览会，展出的《岸边的记忆》等微电影作品，受到团中央肯定和广大青年的好评。发挥网络宣传引导功能，全年上报团中央网站信息650条，核发湖北共青团网站信息15812条。加强重大敏感时期的舆情搜集和引导，编辑《青年舆情动态》6期，积极反映青年动态，做好化解青年情绪工作，为促进社会稳定作出了贡献。

二、着眼发展大局，青春建功行动不断深化

1. 服务重大决策部署。全面融入“一元多层次”发展战略，推进与5个地方政府战略合作框架协议的落实，深化在8个地区的试点工作。做好第一批“博士服务团”工作，遴选第二批100名博士赴基层开展服务。组织青联委员、青年企业家赴市州开展经贸考察，促进交流合作和项目对接。组织近50万名大中专学生志愿者深入基层开展“三下乡”实践活动，为基层干部群众提供政策宣讲、教育帮扶、科技咨询等服务。开展“湖北跨越发展青年先锋”、优秀青年企业家评选表彰活动，营造重商兴业的浓厚氛围。按照省委“三万”活动的安排，开展“三进三联三助”、“三进三送三创”活动，全省各级团组织共成立青年突击队1369支，组织26万名青年参与塘堰整治，共整合投入资金1414万元，整治塘堰1550口；组建志愿者服务13795人次。加强青年对外交流合作，推动全省对外开放战略。共接待国（境）外访问团组7个、来访人员506人次；选派出境访问团组15个，共计80人。大力实施保护母亲河行动，共动员60余万青少年，植树443万株、造林面积达9万余亩，改善了农村生态环境。

2. 推动青年建功成才。以“四创建功”活动为载体，广泛开展青工技能振兴计划、青年文明号、青年岗位能手、青年安全生产示范岗等建功实践活动，为广大青年职工搭建了岗位成才的广阔舞台。联合省文明办评选表彰20个省级杰出青年文明号、510个省级青年文明号集体。深化“双带双新”活动，实施“双带双新·科技兴农”计划，创建16个省级农村青年“双带双新”工程示范基地，新建市级农民专业合作组织联合会11个、县级农民专业合作组织团工委92个。新增“扬帆计划”项目79个、“田园小康”项目82个，投入资金188万元，培养农村创业致富带头人6931名。

3. 主动参与社会管理创新。倡导志愿服务理念，加强志愿者队伍建设，深入开展“学雷锋百万青年大行动”活动，全省组织活动近8万场次，参与青少年达850余万人，提供志愿服务近1000多万小时。实施第三批“情系湖北”志愿服务扶持项目110个。推广宜昌经验，探索青年事务综合岗与社区网格管理员设置的结合方式，参与社会管理创新。支持宜昌开展阳光家园建设，搭建服务青年、服务社会的平台，协助化解青少年关注的突出问题，促进社会和谐发展。

三、突出民生导向，服务青年的水平不断提高

1. 大力促进青年创业就业。推动以省市县三级青年创业就业服务中心为骨干的网络化服务主体建设，开展“湖北青春创业季”、百企万岗大学生公益招聘会等活动，不断完善创业培训、见习实践、成长孵化、融资扶持、信用评定等服务。建成省级青年企业孵化器12个，市、县青创中心43个，青年创业园22个，总孵化面积达2万余平方米，青年（大学生村官）创新创业园面积达2万余亩；累计筹集青年创业就业基金2011万元，发放项目资金1353.6万元，扶持344家青创服务中心和青年创业企业发展；新建见习基地227个；举办校园、新春送万岗系列招聘会24场，累计提供就业岗位20万余个、见习岗位12万个；争取省政府安排就业资金1000万元，联合省人社厅、省财政厅共同举办湖北青年创业先锋（高校毕业生创业扶持）计划，扶持项目217个。湖北青年企业孵化器被科技部认定为“中小企业创新服务平台”。评选农村青年信用示范户14654户，发放城乡青年创业小额贷款11.1亿元，带动就业人数达8.1万人。

2. 深化共青团关爱行动。以困难大学生、留守儿童、农民工子女等青少年群体为重点，组织开展“青年文明号真情助困进万家”、“走进七彩小屋、体验七彩课堂”志愿者体验日、2+1天使之翼计划、“城乡少年手拉手、红领巾送温暖”、“雨露计划·扬帆工程——中西部地区万名应用人才助学行动”等活动，全省团组织结对农民工子弟学校1450所，惠及农民工子女48.6446万人，大、小结对率均达到100%。

3. 不断提升希望工程品牌。希望工程累计筹资6523余万元，援建希望小学25所，资助贫困学生9949余人次。其中“希望厨房走进试验区”大型公益活动筹资3600万元，1000个希望厨房在大别山和武陵山地区全覆盖，惠及70万名山区孩子。5月份，在“台湾·湖北周”期间，筹资60万元向台湾阿里山中小学捐赠了希望电脑教室和图书室。

四、关注青年诉求，青少年维权工作不断增强

1. 深化维权经常性工作。加强“两法一办法”的宣传，开展以《宪法》、《刑事诉讼法》、《预防未成年人犯罪法》、《未成年人保护法》和《湖北省实施<未成年人保护法>办法》等为重点内容的法制讲座86场，参与青少年达97500余人；联合省广电局播出“喜羊羊与灰太狼——青少年法制宣传系列动画短片”，举办全省“百场万人青少年法制讲座”报告会。积极贯彻落实“六五”普法规划，推动法制教育与思想道德教育有机结合起来，着力探索了针对闲散、有不良行为青少年开展法制宣传教育的有效路径。

2. 加强维权平台建设。指导武汉12355青少年服务台加强全团心理督导基地建设，举办“轻松备考12355与你同行”，全省各级12355青少年服务台开展中高考减压讲座216余场，服务学生及家长17万人次。依托250家青少年维权岗，为基层青少年开展了法律维权、心理咨询等服务。深入开展了重点青少年群体服务管理和预防犯罪示范社区（村）创建工作。

3. 加强维权机制建设。认真履行团省委牵头单位职责，推动各地成立未成年人保护委

员会,并逐步规范各级未成年人保护委员会办公室工作。不断完善“面对面”活动的长效机制,实现了“面对面”活动在全省市级团委的全覆盖和向县级团委的延伸。建立常态化倾听机制,围绕“青少年网瘾矫治与网络素养教育”、“如何做好社区闲散青少年群体服务管理工作”、“不良行为青少年的行为矫治”和“新媒体与青少年全面发展”等主题分别开展调研和倾听活动,推动了各成员单位对相关问题的解决。发挥政协青年界别组织的作用,在省政协相关会议上就“加强青少年社会主义核心价值体系建设”和“新生代农民工城市融入的对策建议”提出意见和建议,受到了各方的高度重视。指导各地推进重点青少年群体管理和预防犯罪的试点工作,逐步健全了对重点青少年群体的动态跟踪管理机制。

五、狠抓基层基础,基层团组织工作日趋活跃

1. 不断扩大团组织覆盖面。坚持“两条主线、三个关键”的总体思路,抓住“基层组织建设年”的契机,深入开展乡镇实体化“大团委”建设和街道、学校团建创新工作。截至目前,共新建非公有制企业和新社会组织团组织5547家;新建乡镇直属团组织23871个,覆盖35岁以下青年125万人;新建农民专业合作组织团组织4744家;94.2%的村建立健全了团的组织,由村“两委”班子成员兼任团支部书记的达98.7%;累计建立省市县三级驻外团组织392个、驻外基层团组织983个,联系在外务工青年农民工45万人。开通城市社区共青团网络工作平台,实现互联网络和现实团务工作内容的有效结合。

2. 不断加大对基层的支持力度。积极争取省委、省政府加强对乡镇共青团工作的支持。联合省财政厅下发了《关于进一步加强全省基层共青团工作经费保障的意见》。争取并落实省级乡镇(街道)共青团工作经费1083万元,已有9个市州落实了工作经费补贴。招募103名大中专毕业生到“三支一扶”青年事务综合岗开展2年的服务;选派两批省市团委机关55名团干部和125名高校团干部驻县级团委指导工作;选派322名西部计划志愿者派驻各地开展志愿服务工作。

3. 进一步加强团干部和青少年工作队伍建设。全面深化“三抓一促”治庸问责工作,组织开展“能力建设年”、党群共建创先争优等活动,打造“共青求是大讲堂”学习品牌,开展团情大调研,全方位培养锻炼干部。全省各级团组织共培训基层团干部2万余人(次)。加大机关干部的培养交流。全年共转岗输送7名同志,提拔任用4名正处级干部、6名副处级干部,选派5名干部到基层挂职驻点锻炼、3名干部参加省年轻干部成长工程培训班学习。加强少先队工作队伍建设。全省市级少先队总辅导员配备率达92.3%,县(市、区)少先队总辅导员配备率达96.1%。

4. 召开省第十三次团代会。12月17日至20日,中国共产主义青年团湖北省第十三次代表大会在武昌胜利召开。大会全面总结过去五年全省共青团的工作,研究部署今后五年全省共青团工作任务,选举产生共青团湖北省第十三届委员会和新一届团省委常委会和书记、副书记,实现了各项预期目标。指导各市州顺利完成了领导班子换届。

湖南团的工作

2012年，在省委、团中央的正确领导下，全省各级团组织贯彻落实省第十次党代会、团十六届五中全会、省第十四次团代会精神，以迎接十八大、深入学习宣传贯彻十八大精神和胡锦涛同志在纪念建团90周年大会上的重要讲话为主线，紧紧围绕推进“四化两型”、“四个湖南”建设，务实奋进，争创一流，扎实推进团的各项工作。

一、着力把牢正确政治方向，强化青少年思想引领工作

1. 在各级团组织全面部署学习宣传贯彻党的十八大精神。各级团组织把学习宣传贯彻党的十八大精神作为首要政治任务。一方面，通过多种形式组织团干部认真学习。广大团干部既原原本本研读党的十八大报告、新修改的党章和习近平总书记的一系列重要讲话，又结合工作深入思考，注重交流、研讨和培训。围绕党的十八大对青年工作的重要要求和殷切希望，找准切入点、着力点，进一步明确工作的努力方向。另一方面，加强对广大青少年的宣传引导。各级团组织、青联、学联、少先队组织迅速行动，注重基层、注重普遍性，充分运用微博、手机报等新媒体手段，使学习宣传工作影响到广大青年；注重贴近青年，针对重点青少年群体，突出宣传引导工作的针对性和实效性。

2. 认真学习宣传贯彻胡锦涛同志在建团90周年纪念大会上的重要讲话。全省各级团干部按照胡锦涛同志关于增强政治意识、提高业务本领、转变工作作风、坚持严格自律的要求，结合实际、寻找差距、触动思想，着力把牢正确政治方向，着力提高服务青年能力，着力创新活动方式，着力夯实基层基础。通过多种方式，组织团员青年认真学习胡锦涛同志对青年提出的五点希望，按照党的要求健康成长发展。

3. 注重抓品牌活动、面上拓展、新媒体运用以及效果提升，不断深化引导青年工作。在广大青少年中深入开展各类主题教育活动，共开展“学党史、知党情、跟党走”、“我与湖南同发展、我为‘四化两型’作贡献”、“雷锋家乡学雷锋”、“红领巾心向党”、“劳动·创造·奋斗”等主题教育活动5000余场次，覆盖影响青少年130万人次。培训青年马克思主义者9500名。推进分类引导青年工作在基层不断深化。积极运用新媒体和文化艺术手段开展引导青年工作。探索总结的“把有意义的事情做得有意思，把有意思的事情做得有意义”的引导青年工作理念得到了李源潮同志和团中央的认可。

二、着力创新活动方式，团结动员青年在“四化两型”、“四个湖南”建设中发挥生力军作用

1. 扎实深化团的品牌工作和活动。紧贴新型工业化、农业现代化、新型城镇化和信息化建设，深入开展青年文明号、保护母亲河行动、青年岗位能手、青工技能振兴计划、青年科技创新行动、青春建功新农村行动等活动，引导青年立足岗位建功立业。充分发挥青联、学联、青企协、青科协、农村青年致富带头人协会等组织的作用，引导青年在加快转变经济发展方式中发挥积极作用。全年共培训各类青年15.3万人次，联系帮扶农村青年专业合作组织9200个，扶持1260名青年创业者创办小微企业。深入推进“保护母亲河行动”，共筹集资金578万元，植树绿化1.6万多亩，动员19.2万名青少年参与，培育一大批青少年环保志愿者和环保社团。开展“争当两型小先锋”少儿主

题社会实践活动,引导少年儿童从小树立两型理念,养成两型习惯。

2. 积极促进社会和谐。配合有关部门做好青年社团、青年流动人口、青年经济组织和社会组织的服务。推进雷锋号志愿者工作站创建活动,推动学雷锋活动常态化、长效化,共建志愿者工作站1003家,命名省市级雷锋号258家。深入开展"希望工程"、"青年志愿者行动"、"挑战杯"、"三下乡"、"手拉手"等活动。希望工程筹资4331.94万元,直接资助困难大中小学生7407人。

3. 加强青年人才培养。积极创新共青团人才培养方式,培养2.2万青年技能人才、7900名农村青年致富带头人和青年农业科技人才。积极选树和表彰青年典型,与多家主流媒体合作,成功推出"最美小伙"付辽宇、"最美护士"何遥、"向日葵女孩"何平等一批从平凡岗位涌现出来的青年典型,在社会上产生了良好反响。

三、着力提高服务青年能力,竭诚服务青年成长发展

1. 扎实做好促进青年就业创业工作。已建立各级各类见习基地1330家,提供见习岗位5.69万个,参加见习青年3.99万名。2012年新增见习青年6351名,其中1399人见习后被录用。筹集1571万元创业就业基金,支持青年创业就业项目1118个。与相关金融机构合作,协调发放青年创业小额贷款8.97亿元,获得贷款人数1.03万人,带动5.32万名青年就业。

2. 重点服务青年农民工及其子女。发动3万余支志愿者团队、100余万名志愿者参与,结对农民工子女相对集中的学校2745所,结对农民工子女95.45万人;建立"关爱行动"服务阵地3198个。培训新生代农民工11万人次,开展维权服务1.2万人次;深入开展务工青年文化节、"湘音嘹亮"、共青团"周末剧场"、"青春有约,缘来是你"等活动。积极筹建青年农民工博物馆。

3. 围绕青少年成长成才,深化和拓展服务载体。扎实推进"大中学生素质拓展计划"、"雏鹰争章"、争当"四好少年"等活动,提高青少年综合素质。省青少年活动中心坚持"重公益、聚人气",共举办1520场公益活动,服务青少年40万余人次。

4. 切实维护青少年合法权益。从"知情、牵头、协调、监督"入手,着力加强重点青少年群体服务管理和预防犯罪工作,深入开展"共青团与人大代表、政协委员面对面"活动。开展了"丰富新生代农民工精神文化生活"、"社会教育与青少年全面发展"、"未就业高校毕业生思想状况"等专题调研。切实发挥"两办"作用,推动省市两级人大开展"两法两办法"执法检查。牵头联合相关部门开展"爱心家园"禁毒主题宣传教育等主题活动,共影响和服务青少年125万人次。

四、着力夯实基层基础,全面加强团的自身建设

1. 建组织,扩大组织覆盖。新建非公有制企业团组织4600个。新建乡镇直属团组织5.2万个,覆盖农村青年253万人,每个乡镇、街道每年2万元团的工作经费列入县级财政年度预算。新建农村专业合作组织团组织3332个。累计在湘籍外出务工青年中建立驻外基层团组织1187个。在全团率先与工商部门合作,依托省市县三级工商部门组建个体私营经济组织团工委。

2. 抓规范,提高团的建设科学化水平。深入开展调研,研究县、乡镇(街道)、村(社区)团组织基础工作、重点工作的规范标准,探索建立"分类定级、定期督导、综合考核、结果运用"的工作机制,推进团的各级组织规范化建设。

3. 强活力,增强对青年的吸引和凝聚。要求每个支部每个月至少开展一次有意义的活动,既考核活动频率,又考核活动影响的人数。

扎实开展“十八大精神进支部”、“达标创优”、“活力在支部”等活动，狠抓基层团组织的活跃。坚持以工作项目促活跃，推动形成社会功能，激发组织活力。

五、加强团干部队伍建设，树立良好形象

在全省团干部中开展“树立正确的成长观”教育活动，教育引导团干部心无旁骛干事业，一心一意抓工作。注重加强团干部的党性锻炼，选派团干部下基层推动乡镇实体化“大团委”等重点工作，普遍建立联系点。深入开展“争创学习型团组织、争当学习型团干部”主题教育活动，扎实开展团干部业务培训，共培训各级专兼职团干部近2万人，广大团干部的政治意识、责任意识和业务能力有了新的提高。扎实开展创先争优活动，切实改进工作作风，努力营造简单、朴素、和谐的工作氛围和人际环境，引导团干部求真务实、吃苦耐劳、勇挑重担，树立良好社会形象。

在省委的高度重视和相关部门的大力支持下，全省共青团工作环境从制度条件上得到明显改善。《关于进一步加强新形势下基层党建带团建工作的意见》（湘办发〔2012〕41号）、《关于进一步加强共青团干部队伍建设的意见》（湘组〔2013〕20号）等文件相继出台，省有关部门在专项经费和工作项目上给予重点支持。这些，从根本上改善了全省各级团组织的工作环境，提高了各级团组织服务青年的能力。

广东团的工作

2012年，在团中央和省委的正确领导下，团省委围绕全团重点工作和全省工作大局，着力把牢正确政治方向，着力提高服务青年能力，着力创新活动方式，着力夯实基层基础，较好地履行了团组织基本职能，推动工作更上了新的台阶。

一、致力于创新思想教育的路径和载体，用社会主义核心价值观引导青年

在团中央和省委省政府的支持下推动在东园旧址修建“团一大”纪念广场，建立展示广东近现代革命光辉历史的窗口和加强青少年爱国主义、革命传统教育的基地，被团中央授予“全国青少年教育基地”称号。在重要纪念日开展“永远跟党走·与信仰对话”等主题教育实践，在中山大学等高校开展十八大代表与广东大学生面对面活动，举行100场“广东青工学堂百场十八大精神宣讲”活动。依托新媒体在大学生、新生代产业工人、青年企业家、农村青年、青年公务员5个重点青年群体中扎实开展“青年马克思主义者培养工程”，形成标准化工作模式。主动适应“微时代”青年民意的聚集和表达特点，成立全团首个省级团委新媒体工作室，建立全团首个共青团微博群、微信群，2012年实现省市县三级团组织官方微博100%开通，31476个班级团支部开通了共青团工作微博，开设320个微信讨论组，凝聚3500万青年粉丝。“@广东共青团”粉丝超过170多万，位居全团之首，长期稳居新浪全国政务微博影响力排名前十。策划开展了“聚合正能量·青年齐发声”活动，发放了58条专题微信，提供了232条信息链接。实施“掌上共青团工程”，延伸工作触角。探索研发出广东共青团手机WAP网页及APP客户端——“我正年青”。在团中央主办的共青团新媒体和文化成果交流展览会上,“青春体”等新媒体成果被刘云山、王兆国等中央领导同志称赞为“广东有好多个第一”。

二、致力于打造青少年建功立业舞台,服务经济社会发展

全省累计建立“共青团青年就业创业见习基地”1890家,为1.2万名青年提供上岗就业“练兵场”;举办粤商大讲堂、厅长面对面等活动,组织各界青年触摸当代经济最前沿,投身经济建设主战场。组织“百万农民学电脑”,引导全省农村青年走信息化创业致富之路。设立500万元广东大学生创业基金,推动1个全国首批大学生创业示范园落户广州大学城,开展“U势界”、“起航杯”、“MM百万青年创业计划”、“百镇千村万名农村青年就业创业培训计划”、首届广东大学生“梦想沃之星”等活动,“挑战杯”全国赛参赛成绩实现历史性突破,6件作品斩获全国金奖。推荐青年企业家参评中国青年创业奖,2名企业家分获创业奖和提名奖。在第八届“振兴杯”全国青年职业技能竞赛中,广东省9位参赛选手中有6位获得3个项目的前20名,其中1位摘得全国总冠军;推动省政府将农村青年创业小额贷款财政贴息工作纳入全省农村金融工作督察考评范围,联合省邮政储蓄银行等金融机构累计帮助5073名青年解决了创业资金2.4亿元,带动1.5万余名青年实现就业,共落实培训机构157个,培训农村青年72794人,实现就业人数18550人。实施“青春时‘贷’青年创业小额担保贷款”项目,撬动人社系统2000万担保基金,让青年创业创富更有保障。

三、致力于形成服务青少年的项目体系,为他们成长成才创造良好环境

1. 面向产业工人群体:在全国率先实施“圆梦计划”,资助第二批万名产业工人上大学,打通其向上发展通道;举办产业工人“玫瑰节”,成立全国首个省级青年产业工人作家协会,评选“全国青年产业工人文学大奖”;成立广东青工教育研究院,启动建设广东青工网络培训学习平台,为全省青工提供学习、娱乐、求职、交友、休闲、答疑等综合服务,在全省建立3600家站点,覆盖青工学员21多万人,信息发布接收量达到2.1亿条。

2. 面向大学生群体:开展校园文化艺术节、科技学术节、挑战杯等素质提升活动,以及“U势界”创业竞赛、MM百万青年创业计划等创业实践活动,设立5000万元广东大学生创业基金;组织广东大学生参加第八届“挑战杯”中国大学生创业计划竞赛,全省有26件作品进入本届“挑战杯”全国评审环节,最终6件作品斩获全国金奖,10件作品获银奖,10件作品获铜奖,取得自1999年开赛以来的最好成绩。

3. 面向困难青少年群体:募集红领巾基金782.73万元用于各地的困难青少年扶贫项目;通过“南粤会亲”活动搭建爱心桥梁,6710名贫困小学生获得结对资助,筹措资助捐款800万元。截至2012年底,全省共建立343所“希望家园”、64间“幸福厨房”、256所“希望小学”,全省团组织累计送出慰问金和物资1300多万元,开展慰问活动500余次,服务困难青少年50多万人次。

4. 大力开展志愿服务活动,打造了志愿服务广交会、公益志愿大讲堂等新的品牌项目,开展大学生信访志愿者活动,实施推广朝阳行动项目,新成立430个七彩小屋,发展3000名项目专员,建立朝阳行动队伍1904支,开展“七彩课堂”活动17705次,整合社会资金共700万元,为全省1945所异地务工人员子女学校和957154名异地务工人员子女提供服务;实施“稻草人”项目,指导全省19个示范点总结推广成功经验,为超过5万名社区少年儿童提供守护服务;实施健康直通车进藏进疆行动,整合147万资金代表广东人民为藏疆同胞送关爱送温暖;实施健康同行活动,为3409条扶贫村、66万贫困户提供送医送药送健康服务;实施西部计划和山区计划,招募派遣167

名志愿者赴西部省份和100名志愿者赴山区开展为期一年的志愿服务。

四、致力于加强团的组织建设，提升共青团工作科学化水平

推出“好社会·亲青汇”广东青年社会组织培育发展计划，打造枢纽型社会组织体系。经过半年的实践，212家“亲青家园”青少年服务阵地遍布南粤大地，147家青年社会组织在各级团组织建立的孵化基地上破茧而出，2500多名青年社会组织骨干享有团省委“亲青训练营”提供的培训大餐，各级政府用于购买服务的6000万元大单下给青年社会组织，与4838个青年社会组织建立了良好伙伴关系。“好社会·亲青汇”项目获得2012年“广东省社会管理创新奖”，广东共青团构建枢纽型组织综合改革示范区在中山市的实践成果获得由中央编译局、北京大学联合评选的“中国社会管理创新奖”优胜奖，成为唯一获奖的团属工作项目。深入推进“两新”组织团建工作，全省2012年度新建立非公企业团组织12793家、新社会组织团组织749家，促成了22家省级行业协会成立团组织，超额完成团中央目标任务。开展乡镇实体化“大团委”建设，新建直属团组织2.7544万个，覆盖团员34.4270万人，联系青年106.1273万人，联合财政厅推动乡镇团委每年不少于2万元工作经费纳入财政预算，整合3374.3万资金和3046万物资下基层。联合湖南、四川等主要务工输出省份建立15个省级、59个市级、546个县级驻粤团工委，截至2012年底，共召开省级联席会议5次，开放省、市、县级活动阵地391家，支持经费187.15万元，开展干部培训达1168人次。少先队学科建设工作取得突破进展，积极推动中山大学、华南师范大学、广州大学三所高校成为少先队学科建设全国试点高校，并在教育学一级学科下开设“少年儿童组织与思想意识教育”二级学科或方向；推动地市17所有师范专业的高校开设少先队学科的必修或选修课程，全面推动广东少先队学科建设整体发展。

五、致力于强化团干部队伍建设，历练过硬工作团队

推动一批团干部转岗到全省各级党政机关、企事业单位工作，并通过公开选调等方式吸收14名干部。组织全省专职团干部，每季度5个工作日走进基层、走进青年，同劳动、同学习、同生活。每天向全省团干部和青联委员发送“粤团早读”、“粤青早读”，内容涵盖党政最新的新闻报纸摘要、党建理论。举行“午餐论坛”231期，鼓励中层及以上干部积极带头参与午餐论坛的演讲点评。举办“青年夜校”23期，邀请省内外各领域的知名专家学者开办讲座，内容涵盖经济、政治、热会热点等问题，并通过广东共青团视频会议系统向全省各级共青团直播，实现对全省、市、县三级团干部的大规模经常性培训。创建“青年领袖基金”支持机关干部和地市团委班子成员读书深造。开展驻点挂职工作，共派驻51名驻点干部到基层，其中，向乡镇一级团委选派了24名驻点干部；在全省高校中选派303名团干部到县级团委进行为期一年的挂职锻炼；招募派遣100名山区志愿者赴担任乡镇团委副书记，充实基层力量。

六、致力于加强机关建设，并取得了新的突破

在之前历任班子努力的基础上，推动团省委办公用房的历史问题得到突破性解决，成功和省基督教协会签订购买寺贝通津1号大院13号楼及其周边土地的协议，明确了由广州市越秀区政府征收寺贝通津省外办综合楼裙楼和地下车位后划拨给省青年志愿者行动指导中心作办公用房，并落实了购买、征收的资金1.1亿元。

广西团的工作

广西各级团组织以迎接和学习宣传贯彻党的十八大精神为引领，抓住建团90周年的重大契机深入贯彻落实科学发展观，围绕中心、服务大局，认真履行组织青年、引导青年、服务青年、维护青少年合法权益四项基本职能，开拓创新、奋发有为，广西共青团各项工作和建设取得新突破或明显成效，多项工作在全团排名前列。

一、认真组织学习宣传贯彻党的十八大精神

党的十八大是在我国进入全面建成小康社会决定性阶段召开的一次十分重要的大会。大会召开前，全区各级团组织积极营造氛围，喜迎十八大；大会召开期间，及时组织团干部和各界青年收听收看大会盛况；大会闭幕后，通过座谈会、培训班等多种形式和远程网络、微博等多种渠道，在团员青年中掀起学习宣传贯彻热潮。团广西区委书记班子率队带头宣讲，深入全区14个市为企业、高校、城乡青年和团干部宣讲党的十八大精神160多场次。特别是利用新成立的2.4万多个乡镇直属团组织开展学习宣传贯彻活动，直接覆盖青年超过81万人。

二、学习贯彻胡锦涛同志五四重要讲话情况

2012年是中国共产主义青年团成立90周年。5月4日下午，组织全区各级团组织和广大团员青年通过电视、广播、互联网等，集中收听收看了纪念中国共产主义青年团成立90周年大会盛况。5月6日下午，召开广西纪念中国共产主义青年团成立90周年暨青年群英大会。自治区党委高度重视，时任自治区党委书记郭声琨、自治区主席马飚等在邕的自治区党委常委全部出席大会。郭声琨同志发表了重要讲话，对学习贯彻胡锦涛同志重要讲话精神提出具体要求。为确保学习活动取得实效，团广西区委充分运用新媒体，创新学习方式，丰富学习载体，拓展学习阵地，多措并举，不断把学习重要讲话精神活动引向深入。通过微博、QQ群、青年网络论坛等青年易于接受的方式，开设“牢记教诲奋斗青春”、“我的青春我的团”等话题，激发广大团员青年的学习热情，增强学习效果，在广大团员青年中形成浓厚的学习氛围。全区各级团组织官方微博和团干部微博发布相关信息7000多条，在线参与收听、讨论的网友达30多万人次。

三、召开自治区第十三次团代会

举办共青团广西壮族自治区第十三次代表大会，会议规格高、规模大，效果显著。时任自治区党委书记郭声琨、共青团中央书记处书记罗梅出席开幕式并分别作重要讲话。自治区党政军领导、自治区党委有关部门、各人民团体负责人出席大会开幕式，590名团员代表出席开幕式，1000多名各界青年代表列席开幕式。会议通过了共青团广西区第十二届委员会所作的《勇担光荣使命书写青春华章为加快实现富民强桂新跨越而努力奋斗》工作报告，顺利圆满选举产生了团广西区委第十三届委员会，确定了今后5年广西共青团的工作任务。会后，全区各级团组织以各种形式组织广大团干部和团员青年深入学习贯彻自治区第十三次团代会精神，号召广大团员青年积极投身“五区”建设，为加快实现富民强桂新跨越贡献青春、智慧和力量。

四、青少年思想引领工作取得新成效

始终把引导青年作为共青团工作的根本任务，通过分类引导，加强青少年思想引领工作。一是加强理想信念教育，抓住党的十八大

召开的重要契机,开展“学党史、知党情、跟党走”千场报告会、“与信仰对话”、青年学生形势政策思想教育百场报告会、“全国道德模范高校巡讲活动”、百万青少年寻访千名榜样体验教育活动,深化“红领巾心向党”、百万青少年“重走小平路”红色体验教育活动,引导青少年坚定跟党走中国特色社会主义道路的理想信念。全区共举办报告会800多场,开展主题团、队日活动6000多场次,560多万青少年参加活动。二是选树青少年榜样,创立了广西青少年榜样基金,树立、宣传了何玥、伍思东、周军等一批新时期广西青少年榜样,用榜样的力量激励引导青少年。三是深入开展学雷锋活动,广泛开展爱心全覆盖——青少年结对服务社会福利机构、万场“周六志愿服务广场”、百万青年员工争当富民强桂“螺丝钉”、百万青少年“学习雷锋好榜样”大传颂等活动,引导青少年自觉践行广西精神和雷锋精神。四是传播社会主义先进文化,注重用感恩奋进文化、时尚文化、网络文化教育青少年。五是充分运用新媒体引导青少年,全区各市、县(市、区)团委已全部开通官方微博。

五、党建带团建——团建基础工程取得新进展

按照“两个全体青年”的要求,深入推进团的基层组织建设。一是全力推进乡镇实体化“大团委”建设,在全团率先完成乡镇实体化“大团委”建设,自治区党委危朝安副书记作出重要批示。二是加大对基层支持力度,联合自治区财政厅下发了《关于进一步支持和推动共青团基层组织建设和基层工作的意见》,明确由县(市、区)财政按照每个乡镇、街道每年不低于2万元共青团工作经费和2万元预防青少年违法犯罪工作经费纳入年度财政预算。团中央书记处第一书记陆昊同志作出批示。三是深入推进非层级化组织载体建设,新建市一级驻外团组织12个,县一级驻外团组织56个,基层团组织152个,农村专业合作组织团组织1207个,非公企业团组织1082个,新社会组织团组织161个。四是加强团干部队伍建设,推动各级党委及时配齐配强团干部,市级团委书记班子配备率达97.72%,县级团委书记班子配备率达97.54%,综合配备率98.4%。选派30名市以上团干部赴县级团委驻点指导工作;选派91名高校团干部到县级团委挂职;以接力挂职形式,选派了1126名优秀大学生骨干到乡镇挂任团委书记助理。五是进一步加强中学共青团、少先队的工作和建设,积极推进辅导员职称评定、少先队学科建设、总辅导员配备和《关于加强中学共青团工作的意见》贯彻落实等工作。

六、青年就业创业行动实现新突破

积极整合资源、寻求各方支持,为青年就业创业搭建平台。一是服务青年创业创新,筹备创立广西青年创业创新协会,引导和扶持青年围绕自治区重大产业布局开展创业创新。二是完善青年就业创业服务体系,全区共新建298个就业创业见习基地,组织4617人上岗见习。依托人才市场、金融网点在全区所有市、县(市、区)建立青年就业创业服务中心,为青年提供就业信息、技能培训、金融扶持等多位一体的服务,全区共开展青年就业创业技能培训11.8万人次。三是拓展大学生就业创业服务工作,举办了第五届“挑战杯”广西大学生创业计划竞赛,并促进成果的转化,已建立3个大学生创业园,有31件比赛作品进入孵化阶段。四是继续深入实施广西青年创业信贷扶持计划,联合人民银行、银监局、财政、农信社等部门深入推进青年信用示范户、小额贴息贷款等工作,全区发放小额贷款3.52亿元,扶持1.08万名青年创业。五是选树表彰青年创业典型,卢义贞荣获全国农村青年致富带头人标兵称号,黄大雄等20人荣获全国农村青年致富带头人称号,梁承荣获第七届中国青年创业奖提名。团区委表彰了广西青年创业明星(榜样)50人,广西杰出(优秀)青年民营企业家46

人。六是加大对青年企业家服务力度，圆满完成广西青年企业家协会换届工作，吸引、凝聚、表彰了一批优秀青年企业家。

七、维护青少年合法权益工作迈上新台阶

积极主动牵头抓好青少年维权工作。一是召开全区预防青少年违法犯罪工作现场会，自治区党委常委、政法委书记温卡华等领导出席会议，有力推动了全区预防青少年违法犯罪工作。二是夯实工作基础，联合自治区综治办下发了《全区乡镇（街道）预防青少年违法犯罪工作实施意见》，明确各乡镇、街道1名工作人员专职负责预防工作和落实不低于2万元预防工作经费。三是完善工作机制，建立健全重点青少年群体信息统计工作机制，提升预防青少年违法犯罪工作针对性和实效性。四是全面铺开"共青团与人大代表、政协委员面对面"活动，联合自治区人大、政协办公厅下发文件在全区所有市、县全面开展，在各级"两会"上提出议案、提案130多份。五是全面开展青少年恳谈日活动，共开展恳谈活动500多次，与8000多名青少年进行面对面交流。

八、青年对外交流工作开创新局面

作为广西共青团工作的一张名片，共青团广西区委继续下大力气抓好青年对外交流工作。一是加快推进中国—东盟青少年交流活动中心建设，积极推动项目选址、征地和资金落实。二是加强中国（广西）国际青年交流学院建设，年内举办了4期东盟青年干部高级研修班，培训了172名东盟青年干部。成功举办了东盟青年干部高级研修班开办10周年暨中国（广西）国际青年交流学院10年发展座谈会。三是积极深化与东盟青年友好交流，成功举办第六届中国—东盟青年艺术品创作大赛，第八届中国—东盟礼仪形象大使大赛；开展中越少先队主题交流，越南在桂留学生奖学金评选等活动；承办2012中国—东盟青年营，第十三届中越青年友好会见活动。四是深化与港澳台青少年的交流与合作，组织广西青少年5批次86人次赴港澳台开展青少年主题交流活动，邀请了9批次350多名港澳台青少年到广西开展考察交流活动。

九、青年志愿者工作引领新风尚

一是实施共青团关爱农民工子女志愿服务行动，建设关爱农民工子女志愿服务基地3378个，志愿者结对农民工子女人数超过83万人。二是深化青年志愿者工作，新招募培训503名西部计划和西部文化建设志愿者到109个县（市、区）服务。组织1350名志愿者为第九届中国—东盟博览会、中国—东盟商务与投资峰会等大型赛会提供优质服务。三是加强对志愿者的管理和服务，联合自治区党委组织部举办服务期满大学生村官、西部计划志愿者和"三支一扶"大学生就业专场招聘会。

十、团的自身建设进一步加强

一是深入开展建设学习型团组织活动。以"六个一"活动为依托，深入开展学习型团组织建设。即要求每天学习一小时、每月举办一次专题讲座、每月读一本好书、每月写一篇学习心得体会、每月开一次学习交流会、每年组织一次团的知识竞赛。不断提高团干部的理论水平和实践能力，进一步增强团组织的战斗力、凝聚力和创造力。二是加强团的作风建设。开展"走进基层、解放思想、融入青年"大调研活动，各级团干部深入基层与广大青年"三进三同"，加强与普通青年的联系。三是加强对团干部的教育培训。落实"青春引擎"培训经费688万元，通过远程教育网络，对全区专、兼职团干部进行全员培训，全年共培训2万人。四是加大团干部的交流推荐力度。年内培养输送25名处级干部到党政领导岗位，为历年来最多。

此外，还做好以下几个方面工作。一是深入推进创先争优活动，开展"解放思想青年争先"主题教育活动、百万青年岗位创先争优促发展行动，选树和宣传伍思东等一大批创先争优青年先进典型。二是深入实施希望工程，共筹集资金2841.18万元,援建希望小学13所,实施希望图书室、快乐体育园地、希望午餐等项目;资助贫困学生2513人;筹资1000多万元支持希望高中建设,希望高中已成为全国规模最大的公益高中。在全国率先创立青年英才基金,资助品学兼优的贫困硕士研究生、博士研究生等完成学业,实现希望工程资助体系从小学到博士研究生全程化。三是深入实施广西百万青少年造林绿化行动,共发动青少年植树1031万株,筹集保护母亲河基金372万元,参与青少年超过110万人次。团区委作为唯一区直单位在全区“绿满八桂”造林绿化工程现场会上作典型发言。四是扎实开展关爱外出务工青年活动。2012年春节前为1万名以上的广西在京、在粤和区内优秀或困难外出务工青年赠送一张返乡车票、一套孩子的运动服和一本《新华词典》;开行一趟专列免费送1000名广西在粤务工青年返乡;包一架飞机送100名留守儿童赴广东与父母团聚,受到各大媒体的广泛关注。

海南团的工作

2012年,在省委和团中央的正确领导下,全省各级团组织深入贯彻党的十八大和省第六次党代会精神,隆重纪念建团90周年,始终保持推进“一工程三行动”的韧劲和力度,全面提升团的组织覆盖面和工作活力度,团结带领广大青少年为实现绿色崛起,加快海南国际旅游岛建设作出积极贡献。

一、抓住关键,重点突破,扎实完成“强活力工程”三年期阶段任务

以乡镇(街道)和旅游行业为团建覆盖突破口,以优化制度条件、靠前指导工作和强化队伍建设为支持基层着力点,加大党建带团建力度,推进组织载体建设,减少层级化和非层级化组织领域团建空白点和工作薄弱点。

1. 加大党建带团建工作力度。督察《关于进一步加强新形势下党建带团建工作的实施意见》落实情况,指导17个市县、2所高校制定本级党建带团建工作文件,推动18个市县、3所高校制定党团共建创先争优活动文件,推进市县团委班子配备、听取团的工作汇报、落实专职团干待遇等具体工作,结合基层团组织“达标创优”活动,推动团建在同级党组织的制度、思想、基层团组织、团干部队伍、团员队伍建设和团工作发展等带动下,逐步跟上党建步伐。

2. 推进乡镇实体化“大团委”建设。团省委支持22.1万元,各市县党政部门积极配套,为每个乡镇拨付2000元专项经费。推动建立并督导落实乡镇、街道团委年度财政预算工作经费不少于2万元的财政制度,建立联系点、调研督导和目标责任等6个专项工作制度,坚持“摸底、建团、规范、活团”同步推进。自10月启动至12月27日,全省新建乡镇直属团组织5039,覆盖团员青年7.11万人。

3. 做好团省委换届筹备工作。成立筹备组,将筹备工作列入每两周举办的部长办公例会议题,集体研究和统筹推进。召开片区座谈会和专题讨论会,开展专题调研,撰写工作报告和会议材料;开展团代会代表和六届团省委委员、候补委员酝酿、推选工作,完成278名代表和77名委员、候补委员推报、初审工作。

4. 扩大两新组织团建覆盖。以实现旅游

行业团建基本覆盖为突破口，扩大两新和农村专业合作组织团建覆盖。发挥10个省直部门、省旅游协会、4个市县旅游团工委等省旅游团工委组织机构成员的统管作用，指导其他10个市县旅游团工委强化属地管理，新建行业团组织449家，累计1011家，实现规模以上涉旅企业团建基本覆盖。全省新建非公和新社会组织团组织965家，累计2372家；农村专业合作社团组织300家，累计432家，建团率达100%。指导北京驻外团工委成立海南情网团委，联系在京琼籍青年1500人。

二、围绕中心，服务大局，充分发挥青少年加快国际旅游岛建设积极作用

以提升广大青少年绿色生活理念和环境保护意识为重点内容，以“青春绿化宝岛”行动、青少年文明大行动和青年人才工作为主要载体，引领青少年为实现绿色崛起，加快海南国际旅游岛建设贡献力量。

1. 深化“青春绿化宝岛”行动。制定、实施四年行动规划，开展青春植绿、青春知绿、青春护绿和绿色希望工程四项10多类活动。全省共挂牌建设“共青林”34片，“百镇万户”绿化家园活动覆盖重点乡镇20个，植树总面积约2.05万亩；开展“青春绿化宝岛”入校园、进课堂、宣典型等主题活动近500场次，直接参与青年达7.35万人次，覆盖18个市县221个乡镇、18所高校和主要中小学校。设立“海南希望工程绿化宝岛基金”，募集物资500余万元。5所高校与18个市县结成绿化宝岛校地帮扶对子，11个市县1044所中小学完成校绿化生态环保志愿辅导员聘任工作。

2. 提升青少年文明大行动实效。重点开展泛珠大会志愿服务活动从1000多名报名者中选拔231名志愿者在泛珠大会筹备办8个工作组提供政务接待、礼仪、场馆服务、文案等志愿服务。继续推进文明礼仪导航行动，开展文明礼仪知识讲座、“文明礼仪进社区”、首届班级文化节和高校“文明双十佳”推选等活动。深化青年文明号品牌，开展青年文明号服务周、“文明礼仪进千号”、“诚信青年文明使者”微博互动等文明实践活动。

3. 加大青年人才工作力度。依托海南青年创业平台，以中西部计划、高层次人才引进、农村青年致富带头人培养等工作为重点，落实青年人才项目推进、队伍建设、机制健全等工作。平台共有入驻企业18家，募集评估创业项目120多个，实现营业额798.5万元、利税227万元，直接带动217名青年实现就业；共为7家入驻企业解决贷款250万元、廉租公寓30余套。2012年中西部计划新招志愿者185名，在岗志愿者累计达428人，覆盖全省18个市县130个乡镇345个单位。分两批引进“博士服务团”17位博士到市县挂职服务。培养农村青年致富带头人4629名，累计7887名。

三、夯实基础，扩大影响，切实服务广大青少年就业创业和成长成才

以服务广大青少年最关心、最直接、最现实的困难和问题为落脚点，以提升行动影响力、服务面、实效性和常态化为着力点，扎实推进促进青年就业创业和关爱农民工子女志愿服务行动，为青少年提供更好服务和更多帮助。

1. 持续推进促进青年就业创业行动。搭建联系农信社、农业银行、邮储银行等多家金融机构的长期合作平台，形成覆盖全省18个市县、203个乡镇的小额贷款通道。在资金扶持方面，筹资5000万元注册成立海南青年创业投资担保股份有限公司，共为创业青年提供担保资金5400万元。全省累计发放小额贷款2.44亿元，受益青年9582人。在技能培训方面，举办大学生创业培训，参加人员共53个班1653人；组织农村青年创业致富带头人优秀代表10人参加“种都项目”培训，引进蔬果种植先进技术。全省落实培训资金320.5万元，累计培训青年1.84万人，促成2105名青年就业。在见习基地建设方面，开展“见习基地进校园”、“见习促就业牵手毕业生”活动。全省见习青年上岗共1088人。

2. 深入推进关爱农民工子女志愿服务行动。走访社区街道，发放调查问卷，摸准分布情况，建立管理档案；开展七彩小屋建设、七彩课堂案例征集、关爱专员培训、六一关爱等活动，动员志愿者组织、青年文明号集体、五四红旗团委等，按照就近就便原则开展结对关爱。全省农民工子女较集中学校摸底数共268所，结对率达100%；组建项目专员队伍，共有专员600人；共建专项活动阵地256个，覆盖全省18个市县；建成“爱心图书室”204家，覆盖16个市县52个乡镇，捐赠图书47万册，受益农民工子女达3.2万余人。

四、紧抓契机，突出主题，巩固提升青少年教育引导和权益维护工作成效

以党的十八胜利召开和纪念建团90周年为重大契机，广泛应用新媒体手段，积极探索教育引导青少年的有效方法，关注和解决青少年普遍性利益诉求，巩固提升思想引领、权益维护和成长服务工作成效。

1. 广泛开展学习宣传贯彻党的十八精神系列活动。组织青联、学联、少工委、青年企业家协会、青年志愿者组织等工作力量，邀请十八大代表、党政领导和专家学者，采取宣讲团、报告会、座谈会、学习讨论会、专题沙龙、主题团日、#青春共话十八大#微话题、“感悟十八大·青春正能量”主题微博编创传播和专题少儿宣传片等形式，依托团组织、团干部、团工作、青年典型等团系微博骨干力量，在网络、企业、农村、机关、校园和社区，迅速掀起学习宣传贯彻党的十八精神热潮。目前，全省共举办巡讲、主题团日等活动962场，参与青少年10.2万余人次；#青春共话十八大#微话题等相关微博被转载和评论64.6万条、参与原创微博71.1万余条；团系认证微博发布专题博文11.44万条。

2. 切实抓好青少年思想道德教育常项工作。抓住建团90周年重大契机，深入学习贯彻胡锦涛总书记五四重要讲话精神，切实抓好鹦哥岭青年团队典型宣传教育工作，广泛开展学雷锋、“与信仰对话——社会主义核心价值体系学习教育”、“红领巾心向党”、重温入团誓词、民族团结进步宣传月、“我是文明有礼的国际旅游岛小主人”等系列主题教育实践活动，不断深化“青年马克思主义者培养工程”。全省共1万多名大学生听取了10场鹦哥岭青年团队先进事迹报告会；共1300多个少先队大队、90多万名少先队员参加主题教育活动；80余万大中专、中职和中学学生重温入团誓词。

3. 扎实抓好分类引导青年工作。继续抓好基层团组织《思想引导大纲》转化工作，通过现场调研、电话、邮件、QQ等形式进行工作指导和督促，重点指导好18个市县团委及团省委联系单位，按照活动创意、理论依据、活动背景、基本做法、操作流程、引导内容、引导目标，设计、整理、归纳本单位分类引导青年案例。确定40家第二批基层转化单位，其中，由团中央和团省委直接联系各8家，由地级市团委直接联系7家。目前，完成《大纲》转化工作的单位共109家。

4. 大力加强新兴媒体运用工作。广泛应用微博、QQ群、论坛等新兴媒体宣传推广团的工作和活动，增强团组织对青少年网民的影响力。目前，全省共有省级专题网站6个，市县团委网站5个，团系认证微博1014个、QQ群19个、论坛3个，博客、社区、短信平台、手机报各1个；18所高校校级团委、3730个班级团支部全部开通微博；各级团组织官博粉丝数达103.32万人，累计发帖17.88万条。

5. 做深做实青少年权益维护工作。结合2013年面对面新主题“社会教育与青少年全面发展”开展专题调研，形成《社会教育：青少年全面发展亟须解决的问题》调研报告，共撰写省、市县级调研报告6篇。推进“五类”青少年群体试点工作，督导海口落实全国试点城市任务,在4个市县开展全省试点。推进12355服务台建设,共有专家志愿者320名,开设101.8校园广播,设立QQ和Email在线咨询服务,建立了粉丝达25万人的海南12355微博,创建农民工子弟学校、福利院心灵花园、海口市未成年人法制教育中心、新康监狱4个服务站;共接待来电来访3617人次,共举行团体咨询、沙龙研讨33次。开通"海青缘"交友网站,共有注册会员1400多人,开展大型现场交友活动2场。

6. 深化希望工程品牌。全年共筹集捐款3092万元,资助贫困大学生4100名,中职生86名,中小学生350名;为2所希望小学捐建篮球场2个、饮水改造项目3个、快乐体育园地3个、课桌椅1000套、图书300册。启动新农村建设资助项目计划,筹款20万元援建"乡村希望文化室"1所,将继续援建"希望敬老院"、"希望幼儿园"、"乡村希望图书室(文化室)"、"乡村希望运动场"和"乡村希望剧场"等。

五、紧抓根本,加大力度,全力加强团干部队伍作风建设

把作风建设摆在更加突出的重要位置,研究制定《加强团干部作风建设的意见》,加大教育培训、调研实践、督导考核力度,促进学习、调研和实干之风养成,努力建设一支政治上过硬、作风上扎实、自律上严格的团干部队伍。

1. 加强教育培训,促进学习之风养成。继续实施团干部321培训计划,研究制定《共青团海南省委关于机关干部职工学习培训支持制度》,引导广大团干部自觉加强学习、在工作中学习、在实践中学习;采取送教材、送师资到基层的方式对全省基层团组织进行培训,全面提升团干部队伍综合素质。全省共组织直属团组织新任职领导班子成员、高校挂职团干部培训班和乡镇(街道)团组织书记等培训班132期,培训各级各类团干部和少先队辅导员9785人次。

2. 深入基层联系,促进调研之风养成。健全调查研究工作机制,围绕党建带团建建设、分类引导青年、旅游行业团建、促进青年就业创业等推进共青团建设和工作实现长远发展的重点问题,深入实际、深入基层、深入青年群众,加强专题研究和蹲点调查,认真撰写专题调研报告。全年共完成全省性专项工作调研报告5篇。建立健全和严格落实各项工作联系点制度,团省委书记班子成员及机关处级干部多次深入联系点实地指导基层联系点工作,帮助协调解决困难和问题。

3. 强化工作责任,促进实干之风养成。与36个市县和高校团委签订年度工作责任书,指导市县与乡镇团组织签订责任书,继续推进年中交流、年终述职、重大工作月报和"约谈、督办、通报"制度,跟踪督察2012年工作责任书考核事项,通过狠抓工作落实,检验和促进实干作风养成。深入开展换届纪律、廉洁自律等专题教育和"庸懒散贪"专项治理活动,切实履行对下一级团委领导班子成员的职务任免和教育培养等协管职责,建立市县、乡镇团干部配备情况通报制度,杜绝工作注意力不集中、重点工作推动不力、作风涣散、精神懈怠等现象。

重庆团的工作

2012年,在团中央和市委的坚强领导下,重庆共青团深入学习宣传贯彻党的十八大精神,牢记"不断巩固和扩大党执政的青年群众基础"根本职责,认真履行团的四项基本职能,紧紧围绕"共青团靠什么赢得青年,青年又靠什么赢得未来"这一重要命题,切实增强信仰意识、忧患意识、创新意识、大局意识、实干意识,大力实施青春导航行动,教育引导青少年坚定理想信念;实施青春建功行动,奋力助推重庆科学发展与社会和谐;实施青春圆梦行动,切实服务青少年成长成才;实施青春聚力行动,扎实推进团的自身建设,团结带领广大青年投身"科学发展、富民兴渝"伟大实践,为重庆在西部率先全面建成小康社会做出了积极贡献。团中央年度考核位居全团前列。

一、实施青春导航行动,坚定青少年跟党走中国特色社会主义道路的理想信念

1. 全面学习宣传贯彻党的十八大精神。分类组织引导全市各级团组织和广大团员青年认真学习党的十八大报告、修改后的党章,学习习近平同志在十八届一中全会上的重要讲话精神,使全市团员青年进一步增强中国特色社会主义道路自信、理论自信、制度自信。发挥团属舆论阵地作用,在《重庆青年报》、《少年先锋报》开辟学习十八大精神专栏。创新宣传方式,切实发挥全市各级团组织网站、手机报、微博等新媒体宣传作用。扩大受众范围,坚持沉入基层,在全市城乡社区共青团市民学校开展十八大精神宣讲活动。同时,把学习宣传贯彻党的十八大精神同贯彻落实市第四次党代会精神紧密结合起来,将十八大精神落实到团中央和市委确定的重点工作当中,努力在推动"科学发展、富民兴渝"新征程中展示团员青年风采。

2. 全面加强青少年思想引导。一是认真开展纪念建团90周年系列活动。市委召开重庆市纪念建团90周年大会,张德江同志出席并作重要讲话。组织全市团员青年深入学习宣传贯彻胡锦涛、张德江同志纪念建团90周年重要讲话精神,以实际行动争当科学发展的奋力推动者、和谐社会的积极构建者。二是广泛开展各类主题实践教育活动。深入开展青少年"学党史、知党情、跟党走"、"我与祖国共奋进"、"与信仰对话"等主题教育活动1300场次。135万名少先队员参与"红领巾心向党"主题队会,26万名少先队员参与"学习雷锋好榜样"主题队日活动。继续开展大中专学生暑期"三下乡"主题实践活动,40万青年学生走进农村、社区、企业。深化青少年基本道德规范教育实践活动,组织全国道德模范到高校巡讲50场。与市纪委联合启动"步入社会·廉留心中"青春倡廉行动,让即将成为公职人员的大学毕业生到廉政教育基地上好步入社会的第一课。保护母亲河行动植树7.86万株。与市环保局联合开展百万青少年创模志愿大行动,为创建国家环保模范城市做出了积极贡献。三是大力探索分类引导路径。高质量完成三批基层团组织《思想引导大纲》转化工作手册245个,提交经典案例490个,形成《引导青年创意秀——重庆共青团分类引导青年经典案例选编》。积极探索在青年知识分子集中的重庆文理学院、四川美术学院等单位建立团结在爱国主义旗帜下的青年联合会,进一步团结和凝聚青年知识分子。团市委主要负责人带头走进青年知识分子和大学生,在全团率先与高校青年教师、大学生进行思想交流甚至交锋,陆昊同志批示肯定。

3. 大力加强新媒体和青少年文化工作。

区县、高校共青团官方微博全面开通,“重庆共青团——青年近卫军”官方微博影响力位居全团、全市前列,“共青团重庆12355”、重庆市少年宫微博入选重庆十大影响力官方微博。青少年推荐读物《忠诚与背叛》获全国“五个一”工程奖。首次与重庆电视台合作推出《团旗飘飘》等固定电视栏目。

二、实施青春建功行动,团结带领广大团员青年参与党政中心做贡献

1. 大力促进青年创新创业,引导青年争做科学发展的奋力推动者。一是培养青年创新创业意识。组织开展“中国青年创新创业精英重庆行”、青年创新创业先锋报告团巡讲、“挑战杯”科技竞赛等活动,在青年中广泛宣传“创新无所不在”、“创业不仅仅是创办企业,更是创事业的劲头”、“青年应努力成为自主创新和自主创业的主力方面军”等创新创业意识,激发了全市青年创新创业热情。二是提高青年创新创业能力。编发《重庆青年创新创业攻略》,为青年提供创新创业详细指南。坚持以赛促训,举办重庆市首届青年职业技能大赛,吸引31个行业、200余所职业院校的10万余名青年积极参与,在全国率先建立起青年职工与职教学生同台竞技和获奖在校学生职业资格等级晋升的“绿色通道”,张德江同志亲自出席开幕式并给予悉心指导。组织开展了首届重庆青年农业科技创新创业大赛。三是营造青年创新创业环境。搭建创新创业平台,新建青年创新创业基地47个,市级青年创新创业基地四川美术学院成功创建成为全国首批6个“全国大学生创业示范园”之一。联合市科委设立首期1亿元“天使基金”帮助青年创办科技型微企。帮助高新区和中科院重庆绿色智能技术研究院引资引智,引进掌握全球领先的移动互联网与物联网关键技术的嘉联科技公司、中科院云计算创新与育成中心等高新企业。“青锋计划”、“阳光行动”、“金穗行动”、“好借好还”、“青春小康”等项目累计为9983名创业青年提供小额贷款10.1亿元。四是选树青年创新创业典型。开展“重庆市IT十大青年英才”、“重庆市IT十大杰出青年群体”等评选活动,选树了一批科技成果转化的青年典型,让科技创新人才像明星一样闪耀,引导青年创新创业新风尚。

2. 以城乡社区共青团市民学校建设为重点,引导青年争做和谐社会的积极构建者。致力于打造重庆共青团参与社会管理创新、以社区和谐促进社会和谐的有效载体,在全市城乡社区全面推进共青团市民学校建设,以志愿服务为主要形式,动员志愿者深入社区为青少年做好事,同时动员社区青少年为社会做好事,营造“志愿者到社区去,志愿者从社区来”的良好氛围。社区共青团市民学校被团中央授予第九届中国青年志愿者优秀项目奖,被国家行政学院列为社会管理创新教学案例,被市政府写入《关于进一步加强公租房管理的意见》,被市综治委确定为重庆市社会管理创新重点项目。团重庆市委的创新做法被《新华社国内动态清样》、《人民日报内参》等刊发,张德江、孙政才、张轩等领导批示肯定。一是以志愿服务的方式开办共青团市民学校。以专兼职团干部为创办主力,以社区或小区现有场地为依托,探索在全市1974个城乡社区和119个有条件的小区开办共青团市民学校,重点打造了150个市、区县级示范点。二是围绕社区居民实际需求设计志愿服务内容。创新推出“四点半学堂”、“孝心佳节”、“漂书角”等爱心公益项目,开展各类志愿服务活动9700余场次,服务社区青少年和居民25万人次,创新举办“爱在厨房”重庆首届青年家庭电视厨艺大赛,广受市民好评。三是引导社区青少年以志愿服务的形式参与社区建设。引导社区青少年注册成为志愿者,组建各类专项性志愿者队伍、各类文体兴趣性自组织。专门开发“爱心储蓄银行”信息管理系统,吸引67万人注册成为志愿者,志愿服务时长达146万小时,形成“志愿者到社区去，志愿者从社区来”的良好局面。四是带动活跃团的基层组织。发动596个机关企业、青年文明号单位，269个市级及以上五四红旗团委，586个高校、中职、中学、小学、幼儿园，18个NGO组织深入社区共青团市民学校开展结对共建。各基层团组织以社区共青团市民学校为依托，积极探索在居民自组织、社区志愿者服务队、居民兴趣小组中成立团支部。

三、实施青春圆梦行动，切实服务青少年成长成才

1. 助力青少年圆求学成才梦。创新开展“希望工程·圆梦行动”，首创“爱心车票”等“微公益”模式，为3000多名大学贫困新生提供帮助，张德江同志批示表扬。深化共青团关爱农民工子女活动，2012年底实现全市结对农民工子女集中学校2395所，结对农民工子女68万多人。

2. 助力青年圆就业自强梦。继续推进青年就业创业见习基地建设，新增见习基地733个，接纳见习青年1.7万名。新型农民免费培训“新芽计划”带动4.1万人就业。

3. 助力青少年圆爱心奉献梦。创新开展“冬日阳光·温暖你我”行动，个性化征集并动员社会“点对点”满足22056个留守儿童新年心愿，孙政才同志批示肯定。继续深化共青团关爱农民工子女活动，结对农民工子女集中学校2395所、结对农民工子女68万多人，建成并投入使用“七彩小屋”243个、“手拉手红领巾书屋”90个，“流动少年宫”免费培训农民工子女1.5万余名，“共青团周末剧场”服务农民工及其子女20万人次。

4. 助力青少年圆权益保护梦。长寿区重庆行知学校在不良行为青少年转化方面的经验做法受到团中央和中央综治委调研组高度评价，渝北区“1+N”的未成年人司法保护工作模式在全国交流，渝中区“五道关口”强化闲散青少年服务管理工作获中央综治委好评。深化“共青团与人大代表、政协委员面对面”活动，联合市政协办公厅出台《关于充分发挥共青团、青联界别作用的意见》。重庆共青团12355服务台在全团首创24小时人工在线服务。积极介入“六指孤儿”万晨晨、梁平女孩小燕、大学生讨薪等维权个案55件，受到社会广泛好评。

四、实施青春聚力行动，深入推进团的自身建设

1. 深化党团共建创先争优活动。推动出台了一批管长远、管根本的制度性文件，全市38个区县有36个建立了团委书记固定列席党委常委会制度，所有乡镇（街道）团委落实了每年不低于2万元的实际工作经费。

2. 加强团的基层组织建设。巩固乡镇团的组织格局创新成果，扎实推进乡镇实体化“大团委”建设，分别联合市委组织部、市财政局出台文件，从人员、经费上给予充分保障。选派1006名团干部作为乡镇（街道）团建工作指导员，实现团建指导员乡镇（街道）全覆盖。推动大学生“村官”中的党团员100%兼任所在村团组织负责人。

3. 积极推进非层级化团建。加强“两新”团建，新建“两新”团组织3547个、“两新”组织行业团工委3个，督促落实“两新”组织共青团活动经费。新增农民专业合作团组织828个，在市内外新建各类驻外团总支、团支部887个，在各类青年自组织、兴趣组织建团97个。

4. 加强团干部队伍建设。举办市级团干部培训班23期、区县级团干部培训班256期，1.5万余名团干部参加了各级培训。区县团委书记配备率、班子配备率、机关团干部配备率显著提升。抽调45名高校团干部到区县团委挂职，选派20名团市委机关干部到区县驻点工作。

5. 推进港澳台交流和青年外事工作。加强对台交流，推动渝台两地职教院校开展“两岸同心——巴渝文化参访周”等活动，接待来渝台胞133人次。推动渝港澳交流，邀请澳门青年代表团来渝开展“关心农民工子女及留守儿童慈善行”活动,接待港澳同胞55人次,组织13人次赴港澳交流。拓展与国际青年组织交往,选派15批青年代表出访12个国家,成功接待外国青年136人。

6. 加强少先队工作。连续举办全市少先队辅导员职业技能大赛,被全国少工委誉为“辅导员的星光大道”。深化少先队组织建设,设立1名市级总辅导员,全市38个区县全部配齐总辅导员。分级分类培训辅导员6.5万名。联合重庆第二师范学院共同开设“少先队教育与实践”选修课程,联合西南大学设立“少年儿童组织与思想意识教育”硕士研究生专业,推进少先队辅导员职称评聘工作。联合渝中、江津区委共建少先队综合创新试验区。全市新建学校少工委30个。

7. 推动团属产业发展。注册成立重庆青春实业有限公司,以之为投资主体从事资产经营和投资,做强团属产业。与嘉联科技合资成立重庆佳青科技有限公司,打造重庆本土首家集移动支付研发、生产、运营总部为一体的团办高新企业。与北京青年报社合作成立重庆青春传媒有限公司,打造新版《重庆青年报》。与重庆平安艺术团合资成立重庆青年艺术团,打造全团唯一的团属专业艺术院团,促进青年文化产业发展。

四川团的工作

2012年,四川各级团组织认真学习宣传贯彻党的十八大、省第十次党代会精神,按照团十六届五中全会的安排部署,认真履行四项职能,积极服务中心工作,各项工作进展良好,自身建设不断加强。

一、以扎实的举措深入学习宣传贯彻了党的十八大精神

1. 广泛组织学习。按照全团的统一部署,全省各级团组织通过举办学习交流会和培训班,邀请党代表、党政领导、专家学者深入解读党的十八大精神,动员所有专兼职团干部、少先队辅导员、西部计划志愿者、青联委员、学生骨干、青企协会员、青民企协会员等积极开展学习交流活动,在广大团员青年中带头学习宣传贯彻党的十八大精神。

2. 创新宣讲形式。组建由党的十八大代表、青年典型组成的宣讲团,面向广大青年举办宣讲会、报告会累计738场,现场参与人数8万余人,运用新媒体覆盖397万余人。制作“怎样向孩子讲党的十八大”精品课程供各级团组织学习。开展“百网联动学习宣传党的十八大”活动,链接中青网等专题网页网站479个,原创“感悟十八大青春正能量”主题微博3125条,转发、评论6.9万次,累计覆盖485万人(次),编发“青春共话十八大”主题手机报156期,累计覆盖248万人(次)。

3. 深化主题活动。在全省企业、农村、机关、学校、社区等领域集中开展“从身边变化说发展”“十八大与我们的未来”“生态环保青年先锋”等主题活动,迅速在基层掀起学习热潮,促进全省广大青少年广泛知晓、理解认同、自觉践行党的十八大精神。

二、以务实的工作迎接了建团90周年

1. 围绕党政中心,服务经济社会发展。一是全力服务民生工程。超额完成省委、省政府2012年民生工程任务,全年新建留守学生之家

411 个、希望小学 13 所，资助贫困学生 2 万余名，建成共青水池 408 口。二是有力发挥青年人才作用。深入开展“青春献枢纽，争做筑路人”主题活动。组织第 13 批“博士服务团”来川挂职锻炼，联合川渝两地“博士服务团”开展“川渝合作共谋发展”活动。加强青年外事和青年统战工作，全年接访 13 个国家与地区参访团组共计 1500 余人。新招募 1594 名西部计划志愿者参与地方经济建设。三是深入开展民族地区青少年工作。实施藏区“百千万”工程，组织 3000 余名团干部走访慰问 1.5 万余名藏区青少年，组织近 500 家企事业单位为藏区“9 + 3”学生提供 6630 个定向招聘就业岗位，整合各界资源共计 1688 万元帮扶藏区青少年工作，建设藏区青少年活动中心 84 个。整合资金 1000 万元关爱凉山特殊困难儿童。

2. 强化组织建设，不断夯实基层基础。一是有力深化党建带团建。落实党建带团建成果，与省财政厅联合出台《关于进一步支持和推动共青团基层组织建设和基层工作的意见》，明确规定县（市、区）级财政按照每个乡镇（街道）每年不低于 2 万元共青团工作经费纳入预算。二是不断加强基层组织建设。实施“百日攻坚”行动推进乡镇实体化“大团委”建设，新建乡镇直属团支部 10 万余个，覆盖团员 123 万余人，联系青年 320 万余人。在云南、天津、西藏新建省级驻外团组织 3 个，全年新建各级驻外团组织 1092 个，非公企业团组织 5860 个，农村专业合作社团组织 8069 个。三是切实加强团干部队伍建设。加强了对市（州）、县（市、区）两级团干部配备工作的协调督导，健全充实各级团的领导班子。联合省委组织部、省委党校举办青年群众工作培训班，省团校举办新任职专兼职团干部、少先队辅导员等培训班 16 期，培训团干部 1132 余名。组织 400 余名各级团干部参加全国新任职县级团委书记电视电话培训，承办四川藏区团干部培训示范班。从四川、湖北两地选派 125 名高校团干部到县级团委挂职锻炼，选派两批共 93 名市（州）以上机关团干部赴县级团委驻点指导工作。

3. 突出思想引导，牢牢把握根本任务。一是扎实开展青少年思想引导。结合党的十八大、省第十次党代会、建团 90 周年重要契机，深入开展“学雷锋”“与信仰对话”“劳动·创造·奋斗——我的青春故事”“四川青年文化周”“红领巾心向党”等形式多样、丰富多彩的主题活动。圆满完成第二、三批《青年思想引导大纲》转化工作，形成《青年思想引导手册》。二是大力推动青年文化建设和新媒体运用。与四川电视台推出“重点关注”访谈节目，联合四川出版社推荐一批青少年阅读书目。组织参加全团新媒体和文化成果交流展览会，研发制作的“雷锋棋”、四川共青团卡通扑克等文化产品受到中央领导的肯定和好评。探索建立“1 + N”模式微博群，建成全国第一家共青团政务微博发布厅，推动实现“县县开微博”，全省累计开通共青团官方网站 403 个，官方微博 370 个，粉丝达到 144 万。三是广泛开展青少年典型选树。开展第十五届“四川青年五四奖章”、第五届四川省杰出（优秀）青年志愿服务集体和个人、四川省优秀少先队集体和个人、青年文明号等评选表彰活动，培养选树了一批典型。积极协调中央、省级主流新闻媒体对团的重点工作及先进典型进行深度宣传报道。

4. 积极促进就业创业，有力服务青年需求。一是努力提升就业帮扶能力。开展“青春创业大讲堂”“青春榜样伴成长”等活动，举办青年就业创业培训，累计培训青年 14 万人（次），带动 15000 名青年实现就业。建设就业创业见习基地 2989 个，帮助 8326 名青年见习实践。二是切实加大就业帮扶力度。加强银团合作，累计为 2 万余名青年发放各类小额贷款 8.5 亿元。争取社会资金 900 万元，扩大青年创业小额贴息贷款实施规模。联合金融机构评定青年信用示范户3000余名。举办大学生村干部创业训练营，帮助大学生村干部扎根基层、创业发展。三是积极拓展就业创业平台。举办全省高校毕业生“挑战杯”创业大赛和全省青工职业技能大赛，着力提升青年创新创业能力。开展“爱心圆梦”服务大学生创业暨家庭困难大学生就业援助行动，为大学毕业生提供7.5万个就业岗位。

5. 参与加强和创新社会管理，切实维护青少年合法权益。一是主动参与社会管理创新。贯彻新修订的《四川省未成年人保护条例》，圆满完成重点青少年群体服务管理和预防犯罪全国、省级试点工作，着手建立“重点青少年群体信息库”、“社区青少年工作队伍信息库”和“社区青少年工作平台”三个基础台账，实现对社区重点青少年群体基本情况和特征信息的掌握。二是深入开展留守学生关爱行动。争取省委办公厅、省政府办公厅出台《关于深入开展关爱留守学生（儿童）工作的意见》，召开全省关爱留守学生电视电话会，选树一批工作先进集体、先进个人和优秀阵地。广泛开展“快乐学校”“快乐暑期·快乐留守”等专项关爱志愿行动。三是有效畅通利益诉求渠道。深化“共青团与人大代表、政协委员面对面”活动，调研形成《关于丰富新生代农民工精神文化生活的建议》提交省“两会”。依托12355青少年服务平台，为广大青少年提供法律、心理咨询与援助、就业创业服务5万余人（次）。协同推进未成年人保护“三项任务”，不断净化青少年成长环境。

6. 提高自身素质，加强团干部能力作风建设。一是大力深化创先争优活动。坚持“四抓五结合”，推动党团共建创先争优在基层的落实。联合省委创先争优领导小组办公室集中表彰一批优秀共青团员、团干部和团组织，引导广大青年立足岗位创先争优。二是深入开展“两深入、四同、一带头”活动。组织广大团干部深入基层接地气、深入青年摸实情，与团员青年结对子、交朋友。省、市、县三级团干部累计深入基层2.3万余次，开展志愿服务近10万小时，结对联系青年1万余人。三是着力提升青年群众工作能力。集中力量开展万名新生代农民工、万名留守学生、当代四川青年梦想调查、大学生村干部基本状况调研等一系列调查研究，为开展工作奠定科学基础。切实加强团干部能力建设，引导团干部成为青少年事务的行家里手。

三、以求实的精神召开了省第十三次团代会

1. 凝心聚力，统一思想行动。省委、团中央高度重视四川省团代会，省委书记王东明出席开幕式并作重要讲话，充分肯定了四川省共青团过去五年的工作，对今后工作提出了明确要求，对广大团员青年寄予了殷切希望。团中央发来贺信，对近年来四川共青团工作给予充分肯定，特别肯定四川攻坚克难，落实占全国八分之一的乡镇（街道）团委每年2万元工作经费。来自各条战线、各个系统的与会代表本着对共青团事业高度负责的态度，以饱满的精神，良好的作风，严明的纪律，切实履行了团代表的职责。大会审议并通过了共青团四川省十二届委员会工作报告，选举产生了共青团四川省十三届委员会，顺利完成了各项会议议程，取得了圆满成功。

2. 总结成效，科学谋划发展。组织开展团情大调研，总结基层好的经验，赴省外借鉴兄弟省市好的做法，开展“我为四川共青团献计献策”等活动，广泛征求全省各级团干部、广大团员青年和社会各界对共青团工作和青少年事业发展的意见建议，科学规划今后五年全省共青团“三个一”工作思路：即突出青春建功新四川这一主题活动、提高工作科学化水平这一重要要求、构建开放式工作格局这一方法路径，为各级团组织努力再创佳绩明确了路径和载体，对全省共青团事业新发展具有重要指导意义。

3. 高效办会，带头倡树新风。按照中央关于改进工作作风，密切联系群众的要求，本着“热烈隆重、简朴大方、厉行节约”的原则，在“保障基本会议功能”的基础上，精心组织了一场充满爱心的青春盛会。首次在团代会期间举办关爱留守学生“圆梦”公益活动，与会代表积极踊跃参与，拉开了全省各级团组织关爱留守学生“圆梦”大行动的序幕，体现了崭新会风，展示了当代青年的时代风尚，得到了各级领导和社会各界的一致好评。

贵州团的工作

2012年，在省委和团中央的指导下，共青团贵州省委认真履行团的各项职能和基本任务，实施建设跨越性团组织主战略，学习宣传贯彻党的十八大和省第十一次党代会及省委十一届二次全会等重要会议精神，以“青春向心力、青春争先力、青春攻坚力、青春感染力”四大聚力工程为主线，努力提升团的建设科学化水平，致力于服务社会发展、服务青年创业、引导青年成长。一年来，共青团各项事业和工作呈现出良好的发展态势。

一、在省委领导下，成功召开团省十三大，凝聚青年力量开启助推同步小康新征程

在省委的关怀和团中央的关心下，成功召开了团省十三大，以“零差错”圆满完成各项议程，集中顺利地选举产生了新一届团的委员会和团省委书记班子。围绕团省委换届，在省委组织部直接推动下，一批处级干部提拔交流和转岗。同时，紧紧围绕省第十一次党代会精神，明确了未来五年全省共青团的工作思路：以“青春聚力、赶超跨越”为主题，以“三创新、三夯实、三突破”为目标，以四大“聚力工程”为载体，以建设跨越型团组织为保障，带领广大团员青年在构筑“精神高地”、冲出“经济洼地”、总攻“绝对贫困”、建设“和谐贵州”的实践中发挥生力军和突击队作用。

二、组织广大团员青年学习宣传贯彻党的十八大、省第十一次党代会和省委十一届二次全会精神，以实施“青春向心力”工程为载体，分类引导青年，奋力构筑“精神高地”

1. 在广大青年中掀起学习宣传贯彻党的十八大、省第十一次党代会和省委十一届二次全会精神热潮。紧紧抓住重要会议、重大活动等关键时间节点，认真学习宣传贯彻党的十八大、省第十一次党代会和省委十一届二次全会精神。组建12支共青团学习贯彻党的十八大精神宣讲分团，发动全省92236名专兼职团干部、80804个基层团组织行动起来，深入到青年工人、青年农民、大学生、进城务工青年中去，坚持准确性、普遍性和贴近青年的原则，以“青春跟党走，聚力促跨越”为主题，开展大宣传、大宣讲、大讨论、大调研，培养青年的认同感、责任感和奋斗精神，努力让全省1200万团员青年至少每人一次受到影响。其中，开展主题宣讲350场，举办“青春贵州”电台访谈、“青春迎盛会，寄语十八大”微话题、微讨论、微沙龙活动236场，影响团员青年385万人次。

2. 充分运用微博等新媒体，丰富引导青少年跟党走的工作手段。在团省十三届一次全会上通过了《关于推动形成贵州共青团运用新媒体和文化产品系统化格局的意见》，推动形成省、市、县三级团组织和团干部微博矩阵，开通新浪、腾讯微博12977个,实名认证微博3096个,粉丝总数已达395万。如在钓鱼岛事件和“9.18”维稳期间,用微博、QQ群、BBS累计发布、转发理性评论1550条,引导合理表达爱国热情,累计吸引40万人次转播、评论,在青年中引起良好反响。2012年底,规章4名团干部进入全国团干部腾讯微博影响力排名前十,1名团干部进入全国团干部新浪微博影响力排名前十,贵州共青团腾讯官博综合影响力全团排名第一,新浪全团排名第五。省委书记赵克志同志对新媒体工作作出重要批示:网络问政、微博引导舆论都非常重要。可以做些调研,会同有关部门开个座谈会,发挥好政府微博和党员干部微博的引领作用。团中央第一书记陆昊同志在新华社《国内动态清样》刊载的“贵州共青团探索运用新媒体引导青少年思想”上批示:贵州团省委运用新媒体引导青少年取得了很好的成效。

3. 实施“千校万师”培训工程,培养抓未成年人思想道德建设的人,得到中央文明委的充分肯定。与省文明办、省教育厅联合实施“千校万师”工程,省团校承办,累计培训中小学德育教师和少先队辅导员达1.1万人,覆盖全省9350所中小学,成为加强和改进未成年人思想道德建设工作的有效载体。中央文明办专职副主任王世明同志指出,“千校万师”工程就是培养抓未成年人思想道德建设的人。中央文明办把“千校万师”培训工程作为“贵州经验”列入《2012年全国未成年人思想建设测评体系》。《中国精神文明建设年鉴》将“千校万师”作为贵州探索创新未成年人思想道德建设的培训工程。

三、充分发挥助手和后备军作用,投身经济建设主战场,以实施“青春争先力”工程为主战略,努力在冲出“经济洼地”中建功立业

1. 抢抓国发2号文件机遇,主动争取团中央出台支持贵州发展的政策性文件。根据省委要求,梳理对照国发2号文件与共青团工作的结合点,主动与团中央相关部门对接,在团中央第一书记陆昊的亲自关心下,团中央出台了支持贵州共青团贯彻落实国发2号文件的具体措施,就团属阵地建设、人才培训交流、工作资源倾斜等方面向贵州加大支持力度。

2. 围绕“工业强省战略”和基层产业园区建设,继续推进“千支突击队·立功献青春”活动。围绕点燃每个人的激情与自信,深度挖掘青年突击队的精神内涵,激发青年的责任感和奋斗精神,全年在生产企业、科研院所、建设工地等领域组建各类青年突击队3332支,突击队员159314人,覆盖青年102.79万人,创造直接经济效益55.22亿元,招商资金608.07亿元,实现落地资金199.1亿元。通过千支突击队活动,充分体现团组织的有形存在,提高工作效率,创造价值,激发团员青年干事创业的激情,得到了各级党政和企业领导的高度评价。

3. 深入推进“百万青年创业就业行动”,点燃青年人的激情和自信。全年为创业青年累计提供资助425万元,通过“优才加盟计划”、“创业起跑线”、银企“面对面”等活动,帮助整合资源为创业青年提供项目。联合下发了《关于共同促进贵州省青年创办微型企业的意见》,推进青年创办微型企业,开展各类微型企业培训1260人,直接推动417家微型企业注册登记,带动1050人就业。全年累计举办技能培训35000人次,覆盖1513个行政村。累计提供见习岗位1465人,完成团中央下达任务指标数146%。联合中国美院、浙江大学和贵阳市人民政府在高新区建立贵州省首个“青年文化创意产业园”,引入入园企业110家。

四、大力拓展“山区希望工程——幸福校园计划、春晖家园行动”品牌工程,以实施“青春攻坚力”工程为保障,竭诚维护青少年普遍性利益诉求,为同步小康营造和谐环境

1. 大力实施山区希望工程——幸福校园计划。在省委的关心重视下,经过一年的探索，山区希望工程基金走出了一条"充分运用新媒体，无门槛捐赠，零提留管理、全透明运行"的公益模式。全年山区希望工程基金接受社会捐款捐物 8940 万元，建成或在建希望宿舍和食堂 188 个。加强与民间草根公益组织合作，自建"微基金"网络公益项目，项目启动一年，引起 240 万网友关注，23 万网友通过网络累计捐款 290 万元。全年希望工程累计筹资 2.186 亿元人民币（含资助贫困大学生、温暖留守儿童、困难儿童大病医疗救助等），到位资金 1.79 亿元，援建了 14 所希望学校。另外还向威宁地震灾区捐赠 34 万余元救灾物资，捐赠了 250 万元用于学校灾后恢复重建。

2. "春晖行动"的品牌影响力进一步扩大，社会各界给予充分肯定。广泛动员社会力量和黔藉人士支持贵州发展，全年实施"春晖家园计划"项目 40 个，整合资金 830 万元，涉及村民组 295 个，直接受益人数达 64057 人，辐射带动 115626 人。实施"春晖行动——致公学生培养计划"，签约资金 5280 万元，从 2012 年起，每年资助 100 名贫困学生到北京北大附属实验学校完成初高中学业。争取北大为明教育集团捐赠 3200 万元，从今年起，每年资助 30 名贫困学生到北大附中贵阳为明实验学校完成初高中学业。中央电视台教育频道《中国教育报道》对"春晖行动——致公学生培养计划"进行了专题报道。

五、通过开展青年花季护航、志愿者行动等活动，以"青春感染力"工程为指引，切实加强青少年维权工作

以"青春感染力"工程为统揽，认真履行预防青少年犯罪专项组组长单位职责，切实做好预防青少年违法犯罪和维护青少年权益工作。

2. 深入探索分类教育、引导不同类别青少年，多渠道服务青少年成长。针对社会闲散青少年，启动"动态检查 + 正面引导"行动；针对有不良行为或严重不良行为的青少年群体，启动"教育、转化、挽救"行动。针对农村留守儿童，启动"自强自立"行动，在务川县大坪中学试点建立"留守儿童自立自强中心"。针对服刑在教人员未成年子女，启动"送温暖"活动。开展"面对面"、"醉美贵州行 · 爱心助成才"、"花季护航——百场万人家庭教育公益大讲堂"，建设 12355 青少年服务台，帮助解决困难青少年生活、学习、心理等实际问题，服务困难青少年的成长发展。

3. 深入开展共青团关爱农民工子女志愿服务行动。以"让农民工子女拥有蔚蓝的天空"为主题，主动争取中央项目和社会支持物资总价值近 1200 万元，广泛开展多种形式结对帮扶和关爱活动。截至目前，全省农民工子女较集中学校摸底数 5034 所，结对 4878 所，摸底农民工子女数 1325009 人，结对 1299626 人，建成关爱农民工子女"微笑小屋"、"七彩小屋"、"集善之家"50 所。组织派遣 4483 名"西部计划"、"三支一扶"志愿者到基层开展志愿服务，圆满完成志愿者海外服务乌干达项目计划。引入社会资金和获得捐赠承诺 1500 万元，搭建全国首家志愿者公益平台。

六、大力提高团的建设科学化水平，为充分发挥生力军作用提供组织保障

1. 推动形成夯实基层团组织建设的制度性安排。联合省委组织部、省编委办下发了《关于加强新形势下基层党建带团建工作的实施意见》（黔组发〔2012〕25 号），在机构改革中保留团组织、超龄团干指令性转业、基层工作经费等三个方面实现突破。在省委组织部的关心下，团省委不断加强与市州党委沟通协调，到 2012 年底，市县两级团委班子配备率分别增长 43.4%、24.4%，综合配备指数达 94.2，排名全团第 10 位。联合省财政厅出台了《关于贯彻〈共青团中央、财政部关于进一步支持和推动共青团基层组织建设和基层工作的意见〉的通知》（黔青联［2012］39 号），明确财政每年预算安排不少于 2 万元的乡镇团委经费。

2. 破解农村团员青年流动性团建难题，集中工作力量,全力推进乡镇实体化“大团委”建设。乡镇“大团委”建设是团十七大召开之前全团最重要的一项工作,是全团贯彻党的十八大精神的首项重大行动,是团中央书记处向党中央报告的首件具体工作。省长陈敏尔同志对乡镇“大团委”建设工作批示:我省开展“大团委”建设工作,要积极探索、稳健推进。通过全省各级团组织的共同努力,贵州乡镇“大团委”建设工作在团中央第一批核查中,进度第一,准确率第一。团中央乡镇实体化“大团委”片区调度会在贵州召开,充分肯定贵州工作做得快、做得好、做得实。

3. 扎实开展帮联驻工作。把帮联驻工作作为锻炼干部作风、下基层接地气的重要抓手,抽调了4个工作队29人真心实意挂帮务川县,党组主要负责同志、党组成员分别带队前往务川县帮扶,深入到务川县大坪镇和红丝乡所属的11个行政村,与村民结对子、认亲戚,真心实意与村民一起话发展、解难题、调产业、提收入。2012年,先后筹集180万元资金支持务川县建设人畜饮水工程、发展青少年教育事业,帮助务川县积极争取项目资金500万元,打造养殖示范小区。礼聘创业导师20余人,开办农村适用技术培训班,培训青年320人。

4. 大力推进非公、驻外团工委和两新组织等团建工作。坚持党建带团建,把握社会机理,探索建团路径,2012年,已新建非公团组织1626个,新建新社会组织团组织102个,新建国有企业团组织82个,共覆盖35岁以下青年28514人,团员数13038人。在推进产业园区、项目工地和突击队团建的同时,在外出务工青年集中聚集的省份,共建市、县两级驻外团工委127个。

5. 探索竞争性选拔机制,推动团干部队伍建设。根据省委有关精神,从团省十三大召开以来,探索推进开放式、竞争性选拔机制建设,机关新提拔的6名处级干部全部实现100%竞争性产生,新进5名干部100%面向基层遴选。公开遴选青工部副部长、学校部副部长两个职位,分别扩大到省内国有企业团干部和省属高校、省地共建高校团干部;省青少年发展基金会副秘书长这一职位还扩大到省内党政机关、事业单位及国有企业工作人员,报考人数94人,可谓百里挑一。同时,加大系统间、行业间的团干部交流和培训,推荐3名干部到县挂职,选派41名高校团干部赴县级挂职,选派22名专职团干部联系9个市州的22个县开展驻点工作,选派了3名少数民族团干部分赴宁波、青岛、深圳挂职锻炼,选派了2名优秀青年参加“全国少数民族团干部赴港澳培训班”学习。

云南团的工作

云南共青团始终高举中国特色社会主义伟大旗帜,以邓小平理论、“三个代表”重要思想、科学发展观为指导,坚持围绕党政中心工作,充分发挥职能作用,切实做到思想引领不放松、助推发展有载体、服务青年有突破、组织建设显活力,各项工作取得明显成效。

一、加强思想引领,坚定理想信念,引导广大青少年紧跟党走中国特色社会主义道路

1. 不断加强理想信念教育。认真学习宣传贯彻党的十八大和省第九次党代会精神。

深入开展“青春给力桥头堡，跨越发展建功业”解放思想大讨论活动，共收到500余条建议和意见，调研文章近200篇。在青联委员、大中专学生、小学生、农村青年、企业青年和进城务工青年等群体中广泛开展不同主题的学习践行“云南精神”系列活动。抓住建团90周年、省第五次少代会、省第十三次团代会等重大契机，广泛开展“我与祖国共奋进”、“学党史、知党情、跟党走”、“与信仰对话”、“永远跟党走争做新一代”、“红领巾心向党”、“祖国发展我成长”、“学雷锋”、“深入推进创先争优，志愿服务人民群众”等一系列主题教育实践活动。开展各类青少年基本道德规范教育活动11.4万余次，累计1440万人次参与活动。以第三届新知读书节为契机，广泛开展读书活动。深入实施“青年马克思主义者培养工程”，分级分类培训青年骨干。

2. 深化分类引导工作。全面完成对大学生、企业青年、进城务工青年和农村青年的分类引导大纲转化工作。正抓紧编纂《引导·创新·共享——共青团云南省委分类引导青年工作典型案例汇编》电子书，以便总结推广全省分类引导青年的工作经验。

3. 加强新媒体应用。全面升级改版“青春彩云南”网站，数字云青工作平台实现从省级到村级的多层级网络运用，用户达200余万。实现“县县开博”，集成云南共青团微博大合影整体上线，目前，全省团属微博共11000个，粉丝总数超过1000多万，通过微博积极开展了学习宣传十八大，认真践行“云南精神”、共话团代会，青春耀云岭、“紧扣时代脉搏，践行云南精神”、“五年后的我”、“五年后的家乡”等一系列微小说、微视频、微话题和微访谈。进一步优化改版《青春彩云南·手机报》，积极探索推进电视栏目、文化产品创作和推介、文化活动等工作，努力推动形成全省共青团新媒体和文化工作系统化格局。

4. 深入开展理论研究。全省各级团组织共上报12个课题申请立项，其中《民族地区青少年国家认同研究——以云南省民族地区青少年“四个认同”教育工作为例》等6个课题被列为省级研究课题。成立云南青运史工作指导委员会，整理编撰了《云南青年运动暨团的工作专辑(一)》，收录了1905年至1995年以来云南青年运动史中的重大事件和重要人物。目前，1996年至2011年的云南青年运动史初稿已基本完成。

二、紧扣发展大局，丰富项目载体，引领广大青年在助推云南“三个发展”中发挥生力军作用

1. 积极参与新农村建设。与移民开发局联合开展以“服务青年成长成才·助力移民和谐发展”为主题的移民青年帮扶行动。推报27名优秀农村青年参加第八届“全国农村青年致富带头人”评选。组织实施“雨露计划·扬帆工程——中西部地区万名应用人才助学行动”，参与做好扶贫工作。以重大节庆日、民族传统节日为契机，积极引导农村青年和农民群众参与乡村青年文化活动。创建全国青少年科普示范基地3个。组织青联委员到普洱、怒江、曲靖等地，开展招商引资工作。

2. 积极参与“七彩云南保护行动”。广泛发动青少年参与植树活动。积极参与云南九大高原湖泊的保护工作。在九湖流域范围内全面开展“河道保洁、有你有我”主题实践和“河道保洁周”活动，广泛开展宣传实践，探索青少年九湖生态监护的长效机制。扶持和凝聚云南大学唤青社、云南师大同创社等一批在青少年群体中影响较大的环保社团，支持举办“拒绝野生动物非法贸易”、“保护海鸥保护昆明精灵”等一系列宣传实践活动。

3. 广泛开展青年对外交流。组织云南青年代表团访问印度；组织人员参与团中央代表团出访印度、老挝、日本、韩国、马来西亚、泰国、朝鲜和香港、澳门等多个国家和地区，加强与各国青年的友好交流。鼓励支持周边地区积极开展边境青年友好交流活动。进一步巩固扩大与老挝青年友好交流活动成果，挖掘和发挥中国（云南）——老挝青年友好交流中心的功能。认真做好老挝、柬埔寨、印度等南亚、东南亚及其他国家来华赴滇交流青年代表团的接待服务工作。依托云港台青年交流促进会，通过定期邀请港澳台地区青年企业家到云南考察，推动达成一批合作项目，推动了两岸三地经济文化交流与合作。按照国内关于境外非政府组织管理相关要求，与香港苗圃行动合作，组织开展助学筹款活动。

4. 深入开展志愿服务活动。大力实施大学生志愿服务西部计划，2012 年，共有来自北京大学、南京大学等 8 所院校的研究生支教团共 37 名成员在全省中学进行基础教育志愿服务。继续开展关爱行动，初步形成“结对 + 接力”机制、项目专员骨干队伍、“七彩课堂”服务内容、“七彩小屋”活动阵地“四位一体”的工作格局。以“青春彩云南禁毒防艾动起来”为主题，常态化进工地、进社区、进校园开展禁毒防艾宣传教育活动。进一步弘扬雷锋精神，持续开展共产党员共青团员进社区志愿为民服务活动。深入实施扶贫接力计划，选派 18 名志愿者赴独龙江乡开展志愿服务。积极开展应急志愿服务行动，组建多支应急志愿者队伍投身彝良抗震救灾工作。圆满完成春运、昆明长水国际机场转场运营、昆交会、昆旅会等志愿服务工作。全年共有 1 万余支志愿者队伍 30 余万人，开展活动 3 万余次，受惠群众近百万。

三、把握青年需求，拓宽工作渠道，有效服务青少年成长成才

1. 不断推进青年创业就业工作。全面落实“贷免扶补”政策，帮助 11322 名青年获得“贷免扶补”创业小额贷款 70205 万元，帮助 5254 名青年获得创业小额担保贷款 29508.5 万元，帮助 54 户企业获得 10310 万元劳动密集型小企业贷款，在帮助创业青年解决启动资金困难的同时，带动 5 万多名青年实现就业。组织和动员全省广大律师为创业青年提供法制教育、法律培训、法律咨询、志愿帮扶等服务。评定农村青年信用示范户 1208 户，帮助示范户获得贷款 2117 万元。开展各类各层级农村青年技能技术培训 20 余万人次。稳步推进 KAB 大学生创业教育工作，组织开展第五届云南大学生创业计划竞赛，积极推进共青团“青年就业创业见习基地”建设，建立 30 余个“MM 创业就业基地”。

2. 积极服务青年增长才干。开展第四届“云南青年创业省长奖”评选活动。评选出 2011 年“云南青年五四奖章”获得者 10 人、提名奖 20 人，评选出 2011 年度云南省优秀共青团员 148 名、优秀共青团干部 150 名、90 个五四红旗团委和 109 个五四红旗团支部，用先进典型带动示范。组织“中央博士团”成员走进州市、企业、校园，举办讲座，带动青年成长进步。充分发挥“青”字号品牌作用，评定省级“青年文明号”125 个，大力开展青年安全生产示范岗创建活动和青年岗位能手评选推荐工作，引导广大青年职工立足本职练技能、创先争优作贡献。以“欢乐校园行”为品牌，组织全省各高校开展丰富多彩的校园文化活动，成功举办云南省第二届高校文化节。精心组织近 3 万名学生 600 余支团队参与暑期三下乡社会实践活动。积极组织参与“各族少年手拉手”夏令营活动。开展“好习惯伴我快乐成长”活动，促进少年儿童全面发展。

3. 着力服务重点青少年群体。重点加强试点建设，持续打造云南省未管所警示教育基地、昆明市金殿中学等一批模范作用突出的示范项目。以“丰富新生代农民工的精神文化生活”为主题，组织开展“共青团与人大代表、政协委员面对面”和“共青团倾听日”等活动。省“两会”期间，提出关于青少年的提案、建议 14 件，其中 2 件被确定为重点提案。大力开展提升 12355 品牌功能，依托云南昆明 12355 青少年服务台等载体,抓住综治维稳宣传月、青少年法制宣传周等节点积极开展青少年法制教育宣传活动,成功建立全国12355心理督导基地,并积极开展督导,累计直接服务青少年88647人次。

4. 深入实施希望行动。全年共筹款6887.7万余元,立项和援建希望小学37所,资助家庭经济困难大中小学生3848名,分23批在北京、上海、昆明和会泽等地培训山区一线教师1163名,援建"希望厨房"、"希望图书室"等一批项目。援建"共青团希望水窖"490个、希望水池5个、希望水渠1条,援建希望卫生院2所。"希望'心'(先天性心脏病)生命救助计划"为19批201名先心病患儿提供帮助,为6名患其他各类疾病患儿提供了帮助,共计减免手术费用近千万元,极大地减轻了患儿家庭经济负担。

四、扩大组织覆盖,强化自身建设,不断提高团的建设科学化水平

1. 不断推进党建带团建和创先争优活动。全面落实《关于印发〈关于切实做好新形势下基层党建带团建工作的意见〉的通知》(云组通〔2011〕168号)文件精神,以全省各级党组织开展的"基层组织建设年"活动为契机,认真落实党建带团建的制度安排。围绕"强组织、增活力,创先争优迎十八大"的主题,深入开展以"求突破、重学习、强作风、树形象、促发展"为主线的"青春彩云南·创先争优促发展"系列活动。不断深化"边疆团建长廊"工作,对相关的29个县级团委开展经费落实情况的专项督察。

2. 狠抓"四群"教育各项工作。强化实施"四联户"(领导蹲点联户、部门挂钩联户、干部结对联户和建卡经常联户),推动干部下基层。贯彻落实"三深入",实施"双联双挂",全力推进"火炬燎原行动",帮助挂钩点保山昌宁县大田坝乡协调项目7项,资金55.4万元。选派32名州市级以上团的领导机关干部开展为期半年的驻县级团委指导工作,选派85名高校团干部到县级团委挂职。

3. 扩大基层团组织覆盖,激发基层工作活力。大力推进乡镇(街道)实体化"大团委"建设工作,共建成直属团组织28115个,完成团中央规定任务的109%,覆盖团员近36万人,青年121.2万余人。不断深化乡镇(街道)团的组织格局创新工作,健全班子、建立机制、展现特色。努力扩大新兴领域组织覆盖,新建农村专业合作组织团组织1976个,非公有制经济组织建团1641个,新社会组织建团227个。强化驻外团工委建设工作,加强对深圳、广州、北京和天津省级驻外团工委的管理联系,建立州市级驻外团工委29个,县级驻外团工委49个。12月在团中央的指导下和省财政厅联合下发了《共青团云南省委云南省财政厅关于进一步支持和推动共青团基层组织建设和基层工作的意见》,为每个乡镇团委每年解决了2万元的工作经费。基层反响强烈,极大地激发了团干部的工作热情。

4. 切实加强青联、学联、少先队建设和中学团建工作。制定和出台《云南省青年联合会组织和工作实施细则(试行)》,进一步完善和落实一系列规章制度。成功召开省青年联合会第十届委员会第一次全体会议,优化委员结构、提升整体素质。切实加强云南省学生联合会建设,完善学生干部培养、选拔、任用机制。加强少先队辅导员队伍建设,全省16个州(市)已配齐兼职总辅导员,县(市、区)配备了120名县级总辅导员。全面推动开展中小学教师职称制度改革试点工作。积极协调落实在高校开设少年儿童组织与思想意识教育课程和专业的有关工作。成功召开省第五次少代会,加强少工委建设。整合社会资源,为贫困地区配备少先队鼓号队700多支。召开全省中学共青团工作会议,举办中职中学团组织负责人示范培训班,大力加强中学中职团建工作。

5. 切实加强团干部队伍建设。成功召开省第十三次团代会，选举产生了共青团云南省第十三届委员会。认真开展团干部培训教育工作，实施分级分类培训计划，举行团县（市、区）委班子成员、规模以上非公有制经济组织、新社会组织和驻外团工委书记培训班，培训各级团干部近300人。组织近300名各级团干部参加全国县级团委书记电视电话培训会。选派3名少数民族干部到上海、广州沿海发达地区挂职锻炼，选派3名同志担任新农村建设总队长和指导员，从基层选调2批共34名优秀基层团干到团省委机关开展为期半年的挂职锻炼。选派3名正处级干部参加省委党校干部培训班，选派6名优秀年轻干部到浙江大学、井冈山干部学院等地外出学习。探索开展云南青年人才库建设，遴选出822人进入青年人才库。按照省委和团中央的要求，在全省各级团组织中认真贯彻落实《中央关于改进工作作风、密切联系群众的八项规定》，深入开展作风自查工作，切实加强思想认识，改进工作作风。

6. 不断强化团属宣传舆论阵地建设。重点抓好《中国青年报》、《青年与社会》杂志等团属媒体的订阅工作，充分发挥团属媒体在理论武装、展示工作、沟通信息等方面的重要作用。

西藏团的工作

2012年，在区党委和团中央的领导和关怀下，全区各级团组织以迎接和学习宣传贯彻党的十八大为主线，以纪念中国共青团建团90周年和西藏共青团成立60周年为契机，团结奋进，开拓进取，在加强青少年思想政治教育、扩大团的基层组织覆盖、服务青年成长成才、维护青少年权益等方面做了大量富有成效的工作，为促进全区发展稳定发挥了积极作用。

一、青少年思想引导普遍深入

围绕迎接学习宣传贯彻党的十八大、纪念中国共青团成立90周年、西藏共青团建团60周年，广泛开展“爱党、爱国、爱社会主义”，“同在一片蓝天下、共育民族团结花”，“学雷锋、见行动”，“红领巾心向党”，“百名青联委员牵手千名青少年”等主题教育实践活动350余场次，覆盖青少年60余万人次。举办40场“与信仰对话——科学发展新成就千场校园报告会”，覆盖青年师生19000余人。编辑出版《西藏自治区志·共青团志》，开通“西藏青年移动阅读平台”，开设“青春牵手新西藏”电视报纸广播专栏，加强全区共青团官方和专项微博建设，制作播出“高原青春的旗帜”专题片，举办“喜迎十八大青春传成长”青少年微博大赛。推动227个基层团组织编写使用《青年思想引导手册》。深入实施青年马克思主义者培养工程，共培训大学生骨干、高校团学干部3000余人次。以“各族青少年民族团结进步”为主题，组织青年农牧民致富带头人、优秀青年学生、藏传佛教青年代表200余人赴内地发达省（市）和港澳地区学习考察。以项目化和专家学者和团的专职干部的形式，创建西藏自治区青少年研究中心，开展“西藏反分裂斗争中青少年思想行为及共青团工作对策思考”课题研究。

二、团的基层组织和基层工作夯实活跃

与区党委组织部联合制定《关于加强新形

势下基层党建带团建实施意见》，为基层团建在工作领导、组织建设、干部配备、干部培训、资金保障等方面作出了制度性安排。巩固692个乡镇(街道)团委和5453个村(居)级团组织建设。积极推进乡镇实体化“大团委”建设，新建1111个直属团组织和133个农村专业合作组织团组织。新增非公有制企业建团110家。指导建立四川团省委驻藏团工委和江苏西藏商会团委。采取各种形式培训基层团干部3244人、少先队辅导员3100人。下发《关于贯彻落实〈共青团中央财政部关于进一步支持和推动共青团基层组织建设和基层工作的意见〉的通知》，指导督促各级团组织全口径强化基层组织建设工作经费财力保障，以自治区财政直补形式为692个乡镇(街道)团委各解决2万元工作经费并纳入自治区预算。落实团中央167万元专项经费，支持乡镇(街道)共青团工作。成功召开西藏自治区第五次少先队代表大会。制定《关于进一步加强西藏自治区少先队辅导员队伍建设的实施意见》，加强少先队辅导员专业化、职业化建设，配备自治区和部分地(市)少先队总辅导员。推动西藏大学、西藏民族学院在教育学、民族学下设置“少年儿童组织与思想意识教育”二级学科并纳入研究生招生计划。狠抓团干部队伍建设，组织动员3000余名专兼职团干部积极参与创先争优强基惠民、基层组织建设年、维护社会稳定等各项工作，进一步锤炼团干部求真务实、真抓实干作风。在驻村工作中，团区委和三个驻村工作组协调争取资金435万元，为改善当地群众生产生活条件作出了积极贡献，当然，团干部也通过一年的基层一线工作，得到了很好的锻炼和提高。

三、服务青年成长成才扎实有效

首次编制《西藏自治区“十二五”时期共青团和青少年事业发展规划》，为全面履行服务青年职能提供有力政策支撑。协调落实287万元培训2967名农牧区青年，转移就业率21.3%。新建35家“青年就业创业见习基地”，417人留用就业。联合金融机构发放贷款246万元，带动就业127人。创新开展全区“成才杯”大学生创业计划大赛。募集资金774万元，援建希望小学、奖励资助优秀贫困学生圆梦大学。深化实施大学生志愿服务西部计划。为赴藏博士服务团提供有效服务。结对3125名农民工子女，建设131个关爱基地，深化“青春热流·心手相牵——共青团关爱农民工子女志愿服务行动”。总投资4750万元的自治区实践教育基地项目建设已通过终验，今年将正式启用，各地市青少年活动阵地功能作用日益凸显。

四、青少年维权工作持续深入

制定实施《西藏团区委参与加强和创新社会管理工作意见》。广泛开展“共青团与人大代表、政协委员面对面活动”。认真履行预防专项组组长单位职责，制定工作细则，强化联动机制，深化重点青少年群体帮教工作。编发20万册《西藏自治区青少年法律知识读本》和《西藏自治区未成年人自护知识读本》，组织8万余名青少年参与“青春与法同行”——青少年法律大课堂活动。建设区、地两级青少年警示教育基地。积极推进平安志愿者队伍建设。

五、传统品牌全面推进

青年文明号、保护母亲河、青年志愿者、青年安全生产示范岗、共青团系统对口扶贫等工作规范开展。《西藏青年报》汉文版成功改扩版，宣传格局焕然一新。西藏青旅积极融入全区旅游产业大发展格局，为服务全团中心工作作出新贡献。各级青学联和少先队组织规模逐年壮大，结构不断优化，作用进一步发挥。青企协、青书协、青科协等青年社会组织党建工作进一步加强。

陕西团的工作

陕西共青团在陕西省委、团中央的正确领导下，围绕“两个全体青年”的目标要求，忠实履行团的四项基本职能，团结带领全省各级团组织和广大团员青年，认真学习宣传贯彻党的十八大和陕西省第十二次党代会精神，狠抓落实，积极作为，圆满完成各项工作任务。

一、创新工作载体，教育引导青少年工作获得新成效

把握青少年思想特点，紧跟时代步伐，突出重点人群，广泛运用新媒体开展工作，坚定青少年跟党走中国特色社会主义道路的理想信念。

1. 思想教育实践活动丰富多彩。隆重举行纪念建团90周年暨第11届五四青年奖章颁奖晚会，组织召开了“延安时期青年工作研讨会”，深入挖掘、总结延安时期青年工作的光荣传统和先进经验，理论研究成果刊发于中国青年报、陕西日报等中、省媒体。以“学党史、知党情、跟党走”为主题，全省普遍开展了“与信仰对话”、“红领巾心向党”等活动，影响青少年达200余万人次，加深了广大青少年对祖国发展的认同和热爱。开展“红领巾大讲堂”活动1686场次，参与65.26万人次，有效地将党的“大道理”转化为青少年易于接受的“小道理”。

2. 分类引导青少年工作有力推进。深入开展“手拉手”、“三秦雏鹰展翅、争当四好少年”等活动，引导少年儿童坚定理想信念。深入开展“学雷锋”纪念活动，“劳动·创造·奋斗”青年励志教育等活动，引导青少年深刻理解和大力弘扬雷锋精神。采取末位淘汰和回访交流制度，创新“青年马克思主义者培养工程”的培养方式，全年培养大学生骨干1.3万名。在陕西省60所高校、257家国有及国有控股企业、1742家非公企业和94个县级团委完成第二批、第三批《陕西青年思想引导大纲》转化工作。争取资金1095万元，支持团属未成年人活动场所建设，全省团属青少年校外活动场增所加至16家，新增省级青少年教育基地2家。

3. 青少年榜样作用充分发挥。创新评选方法，综合利用网络、电话、短信、微博等媒体手段，投票评选出第11届“陕西青年五四奖章”获得者，追授沈星同志“陕西青年五四奖章”；开展“陕西省第七届杰出(优秀)青年创业奖”、陕西省首届保护“母亲河”奖、“陕西省优秀少先队员”评选活动；推荐10名个人、推报追授2名同志荣获全团表彰，推荐陕西省2名优秀青年获得“中国青年五四奖章”、推报全国农村青年致富带头人候选人22名，中国青年创业奖候选人1名，通过对先进典型的宣传报道，在全省广大青少年中掀起学习先进、争当先进的热潮。

4. 运用新媒体引导青年渠道拓宽。联合中国青年政治学院出版《陕西新媒体与青年发展蓝皮书》，共青团新媒体理论研究工作走在了全国前列。全省各级团组织与团干部开通微博2.3万个，拥有粉丝86万余人，直接影响青少年150多万人，间接影响青年260万人，实现了对青年的广泛联系和普遍覆盖。团省委官方微博累计发布信息7967条，粉丝达到20.18万人，分别荣获2012年新浪“陕西省机构微博TOP10”和腾讯“陕西政务微博新锐奖”；陕西省希望办官方微博位列2012年新浪政府微博共青团系统第1名，“微公益·暖三秦”微博公益项目荣获全国希望工程创新奖。共青团陕西省委官方手机报、官方微信先后开通，以新颖的方式增强了团组织的吸引力。成功举办“陕西省首届青少年数字影像大赛”，组织参与“寻找最美丽的心灵”、“为了明天——彩虹行动”等全国级新媒体大赛活动，与西安电影制片厂联合拍摄纪录片——《沈星》，运用新媒体吸引凝聚能力青年能力不断提升。

二、把握工作重心，服务党政工作大局做出新贡献

围绕陕西省十二次党代会确定的奋斗目标，发挥团的优势，整合团的资源，引导广大青年立足岗位创先争优，为全面建设西部强省贡献智慧和力量。

1. 深入学习宣传贯彻党的十八大精神。召开专题会议研究部署全省各级团组织、广大团干部和团员青年的学习宣传贯彻工作，分别组织开展全省各界青年、团省委委员、候补委员、青联委员、城市青年、农村青年、少先队员和少先队工作者、青年志愿者等各类青年群体的学习活动。开展“万名团干部宣讲十八大”进学校、进企业、进农村、进社区活动，通过举办集体学习辅导交流、集中宣讲、主题团日和新媒体与文化艺术载体等四条路径，先后开展党的十八大精神宣讲 4602 场(次)，现场参与 59. 36 万人，联系覆盖青年 445. 11 万人。

2. 扎实开展创先争优活动。深入开展以“进企业、进学校、进农村、进社区，问计于基层、问需于青年、问知于实践，解青年忧、解青年怨、解青年困”为主要内容的“四进三问三解”活动，建立了下基层、“倾听日”、考核激励和档案跟踪等制度，为全省 10142 名团干部发放《联系青年记录本》，向社会公开各级专职团干部的工作地点、实名微博、联系方式和邮箱，密切与普通青年的联系。落实团的领导机关干部联系点制度。在青年文明号、非公企业、大学生村官、农村专业合作社等行业和群体中，深入推进创先争优活动，陕西省委创先争优活动简报 4 次刊发团省委工作情况。

3. 全面服务经济社会发展。联合陕西省委办公厅、陕西省政府办公厅举办以“文以载道青春飞扬”为主题的全省首届青年公文写作大赛，激发了团员青年立足本职、学习成才的热情。组织中央博士服务团走进高校和农村，提供智力和技术支持。不断深化青年志愿者行动，在全省广泛开展“学雷锋志愿服务”活动，圆满完成铁路春运、黄陵祭祖、农高会等大型赛会的志愿服务工作，为全省 28 个项目县招募西部计划志愿者 1300 名、组织 20 余万名大中学生开展“三下乡”社会实践。针对“黄岩岛”、“钓鱼岛”问题等可能引发的不稳定因素，及时开展大学生思想调研与分析研判，为各级领导科学决策提供了可靠依据。大力开展“保护母亲河”行动，26. 8 万人次参与各类植树活动，植树 33. 22 万株；面向社会公开 49 个保护母亲河植树基地，募集各类资金近 180 万元；解放军青年林延安项目顺利竣工；启动“2012 秦岭 72 峪环保志愿行动”，参与人数超过 1 万人次，在社会上形成了较为广泛的影响；“保护母亲河”行动官方网站“绿色联盟行动”点击率突破 1400 万次，参与团队 157 个；资助环保社团 55 个，成功举办大学生环保创意大赛等活动，促进了青少年环保事业发展。

4. 青年统战及外事工作不断活跃。面向青联委员每月举办一次“青春讲堂”，定期召开座谈会、报告会，加强思想引领。整合青联委员资源，广泛开展扶贫济困。制定出台《关于青年外事和港澳台工作的管理规定》，开展两岸三地青年组织未来合作会谈，探索陕港澳青年交流长效机制。接待来自韩国、加拿大、印度等多个国家的 300 名青年及港澳台地区的 200 多名青少年来陕西访问交流，选派近 300 名青少年出访学习。承办的团中央“两岸青年中秋节”陕西行活动取得了圆满成功。首次开展农村青年致富带头人赴日本、台湾考察学习现代农业和新农村建设活动。

三、搭建服务平台，促进青少年成长成才取得新成绩

围绕倾听青年心声，鼓励青年成长，支持

青年创业，不断丰富服务内容，拓展服务渠道，延伸服务手臂，形成常态化的工作机制，促进了青少年全面发展。

1. 大力开展就业创业工作。加大对青年就业创业政策扶持力度，联合有关部门下发支持青年就业创业相关政策文件。举办 2012 年陕西省青年职业技能大赛，吸引数百家企业十万多名青工参赛，激励了广大青工技术创新。命名省级青年文明号标兵 20 个、青年文明号集体 77 个，积极促进企业青年岗位成才。大力加强青年就业创业见习基地建设，建立各级见习基地 1227 个，提供见习岗位 25159 个，在全国率先实施见习证认证制度。成功举办第六届西安高新“挑战杯”陕西省大学生创业计划大赛和第七届“知识产权杯”工业设计竞赛等活动，激发大学生创业热情。拓宽青年创业贷款渠道，全年为 1. 77 万名青年发放小额贷款 12. 09 亿元支持创业。加大青年培训力度，培训未就业青年 10. 45 万人。

2. 服务重点青少年群体。深入开展关爱农民工子女行动，围绕学业辅导、亲情陪伴、感受城市、自护教育、爱心捐赠等内容，招募“关爱行动项目专员”志愿者 1000 余名，募资 100 余万元，新建省级“七彩小屋”50 余个。深化农民工子女与志愿者结对活动，全省 1582 所农民工子女学校、45. 8 万农民工子女，已结对 1542 所 41. 5 万人，结对率分别达到 97. 5%、90. 8%，全面超额完成年度目标任务。加大希望工程筹资力度，全省全年累计接受各类捐款、捐物近 2000 万元，捐建希望小学 7 所、希望卫生室 10 所以及希望音乐教室、电脑教室等 43 个。开展“圆梦 · 牵手”行动，筹资 2753 万元，资助贫困家庭学生 7713 名，提供爱心助学岗位 1000 余个。广泛开展“红围脖 · 暖三秦”“新年新衣”系列帮扶活动，为 2000 名困难青少年送去生活、学习用品。

3. 切实维护青少年合法权益。深化“共青团与人大代表、政协委员面对面”活动，建立健全常态化倾听机制，形成相关议案、提案或建议 126 个，畅通青少年普遍性利益诉求反映渠道，推动青少年权益问题的解决。切实加强预防青少年违法犯罪工作，开发应用“陕西省重点青少年信息管理系统”，实现对全省重点青少年群体数量和有关信息的动态掌握。切实加强青少年法制宣传教育，运用微博、动漫、视频等载体，创新开展青少年法制教育和自护教育，累计开展活动 4500 多场次，发放法制读本 3. 1 万本(册)，依法解决事关青少年生存、保护和发展的重点难点焦点问题。履行预防青少年违法犯罪专项组长单位职责，组织召开全省预防青少年违法犯罪专项组第一次全体会议，研究部署全省预防工作，明确相关单位职责任务，促进工作落实。持续开展“青少年维权岗在行动”，创建优秀“青少年维权岗”554 个，提升青少年维权的整体水平。拓展 12355 青少年服务台功能，开展“轻松备考 12355 与你同行”阳光行动，累计开展减压讲座、心理辅导 120 场次，为青少年维权工作提供综合性、便捷性的服务平台。

四、夯实工作基础，团的基层组织建设迈出新步伐

围绕实现“两个全体青年”的目标，贯彻落实党的十八大对青年工作的新要求，坚持眼睛向下、重心下移，做到资源向基层倾斜、力量向基层转移、工作在基层落实。

1. 换届工作圆满完成。根据有关章程的规定并报请陕西省委批准，分别于 9 月、10 月、12 月召开了陕西省第十二次团代会、省第六次少代会和省第九次学代会，圆满完成团省委、省少工委和省学联的换届工作。督促指导全省 9 个市级团委按期完成本级换届工作。组织完成省书法家协会、省青少年宫协会换届工作，加强了团属外围青年组织的建设。

2. 党建带团建工作全面深化。督促指导各市团委召开党建带团建会议、出台有关工作文件，完善了党建带团建工作制度。对全省基

层党建带团建工作进行了专项督导检查，确保各项政策落实到位。制定下发了关于少先队辅导员队伍建设、高校团干部队伍建设、中学共青团工作、乡镇实体化“大团委”建设等4个省级层面的党建带团建政策性文件。对市、县两级团干部配备情况进行督促通报，团干部配备率显著提升，团的工作力量得到加强。

3. 基层团组织建设逐步推进。全力推进乡镇实体化“大团委”建设工作，新建乡镇直属团组织25310个，团的组织网络体系建设得到加强。切实加强在产业园区、特色街区、农村专业合作组织等青年聚集区域建团，新建非公企业团组织3747个，行业团组织3个。建立各级驻外团工委208个，加大对外来和外出务工青年群体的联系覆盖。积极探索创新公寓、互联网、社团组织等建团新模式，在学校实现了对全体青年学生的多重覆盖。

4. 扶持基层力度不断加大。选拔高校团干部112名、抽调省市两级团委机关干部51名，赴全省县级团委挂职、驻点指导工作；为每个乡镇（街道）争取年工作经费不低于2万元，向全省107个县（市、区）团委提供资金支持488万元，有效缓解了基层人员短缺和工作经费紧张的现状。大力开展团干部培训，举办各级各类团干部培训340多期，培训3.85万人次。解决全省市、县两级少先队总辅导员的职数和待遇问题；设立“少年儿童组织与思想意识教育”专业，纳入全国研究生统一招生计划，提升了少先队辅导员队伍建设和少先队工作科学化水平。

5. 团属事业稳步发展。陕西青年职业学院在全面完成转制后，启动了新校区建设工作，改革发展走在了全国团属院校的前沿。坚持正确的舆论导向，积极推动《少年月刊》、《当代青年》等团属刊物转企改制工作，突出办刊特色，全年发行344.7万册，居全国同类期刊前列。国际交流中心全年接待来访交流4批次、937人；组织出访交流13批次、473人，实现了跨越式发展。

五、践行科学发展，推进和谐机关建设激发新活力

围绕进一步加强团陕西省委班子和机关干部队伍思想作风建设，实现树立新形象，创造新业绩的目标，着力提升工作能力、提高个人素质、促进各项工作实现全面协调可持续发展。

1. 更加注重领导班子建设。坚持民主集中制，全年召开团省委党组会21次，研究议题76个；书记办公会20次，研究议题108个，实现了对重大问题的集体协商，科学决策。召开“深入学习贯彻党的十八大精神，坚持讲政治，顾大局，守纪律”主题民主生活会，广泛听取党员干部意见和建议。大力弘扬求真务实和调查研究之风，班子成员多次带队深入基层开展调研，形成高质量调研报告，有效指导了工作开展。制定出台《加强团省委班子和机关干部思想作风建设的意见》，通过强化学习、服务、务实、创新、自律“五种意识”，打造纪律严明、务实清廉的团省委领导班子和团干部队伍。班子成员先后与机关干部谈话150人次，沟通了思想，交换了意见，促进了工作。

2. 不断加强干部队伍建设。扩大干部的培训和挂职交流力度，先后选派13名干部参加各类培训、70名干部参加自主选学，有效提升了干部队伍的整体素质。坚持正确的用人导向，严格按照《干部任用条例》和严肃换届纪律的“5个严禁、17个不准和5个一律”有关要求选拔任用干部。今年以来，6名干部晋升或转任领导职务，3名同志竞争上岗选拔为部长助理，新接收军转干部2名，调入干部1名，转岗2名，激发了干部队伍活力。

3. 认真抓好党风廉政建设。以反腐倡廉制度深化提升为重点，不断推进惩治和预防腐败体系建设。认真落实党风廉政建设责任制，做到有安排、有检查，有考核，落实奖惩措施。深化廉洁从政教育，提高党员干部拒腐防变意识和能力。认真落实中央关于改进工作作风、密切联系群众八项规定有关要求，开展清理规范整治活动，切实改进会风文风。认真抓好团省委反腐倡廉“八项制度”的执行，充分发挥制度对反腐倡廉建设的提升和带动作用。

4. 大力加强机关文化建设。召开机关党委三届三次委员扩大会，加强机关党建工作。积极创建学习型机关，制定下发《关于加强全省团干部学习的若干规定》，建立学习量化指标，定期检查、考核学习情况。开设“青年微讲堂”，机关每名干部轮流上台讲课，已进行43期，提升了干部学习效果和水平。每月邀请专家为团干部授课，组织干部学习考察，先后赴广东、山东等地学习先进经验，不断推动工作创新。编印《共青团陕西省委规章制度汇编》，进一步加强机关制度建设。依托机关业余活动协会开展各类文体活动，丰富党员干部职工文化生活。加强办公区及家属区的日常维护，开展亮化美化机关环境活动，妥善解决机关历史遗留问题，化解矛盾、理顺情绪，初步提炼了“实事求是、朝气蓬勃、保持本色、埋头苦干”的机关文化，形成了团结一心干事业、齐心协力谋发展的良好局面。

甘肃团的工作

2012年，在省委、省政府和团中央的正确领导下，各级团组织深入学习宣传贯彻党的十八大和省第十二次党代会精神，按照年初团十六届五中全会总体部署，深刻理解“五个深入思考”的具体要求，深入推进全团重点工作，不断提高团建科学化水平，团结带领广大团员青年为建设幸福美好新甘肃做贡献，各项工作得到了进一步深化和加强。

一、在引领青年上有新进展

通过举办理论研讨班、辅导讲座、演讲赛、辩论会等形式，开辟网站专栏、在线编创传播等手段，着力抓了党的十八大精神和胡锦涛同志五四讲话精神的学习宣传贯彻工作；开展了“学党史、知党情、跟党走”、“我与祖国共奋进”、“党史报告进校园”、学雷锋等各类主题教育和实践活动，覆盖青少年400多万人次；举办“青马”培训班60余期，培训大学生骨干5000人次，10余万人次“三下乡”社会实践活动，探索并初步形成依托、运用新媒体开展思想政治教育的工作格局，甘肃共青团新浪官方微博获评2012年甘肃省十大影响力政府机构微博。

二、在推动发展上有新行动

扎实开展联村联户、为民富民行动，帮扶困难学生7800多名，输转劳动力14272名，协调帮扶资金近1000万元，邀请郭明义及其爱心团队到团省委帮扶点开展了献爱心、送温暖活动。通过“携手河西、共谋发展”青年企业家河西行活动，签订协议项目9项，签约资金15.59亿元。组织36.6万人次青少年植树250万株，争取“中日青年生态绿化示范林”项目资金3520万日元。全省99446人次参与“关爱行动”，结对农民工子女21.5万人。组织400余名青年志愿者参与春运、兰洽会志愿服务和岷县暴洪灾害抢险救灾工作。希望工程筹集资金1984.5万元，建设希望小学12所，资助学生4715人。

三、在服务青年上有新举措

就业创业见习基地上岗见习青年3638人，见习后录用1021人。实施高级家政服务师培训项目，160名学员参加免费培训。开展金融知识培训81期,5255人参训。发放青年创业小额贷款19090.8万元,扶持创业青年4972人,带动10453人就业。评定农村青年信用示范户194户,发放贷款689万元。培训农村青年25434人,实现就业3612人。招募并分派334名西部计划志愿者到76个县开展工作,选派100名大学生志愿者开展援疆志愿服务。实施甘肃贫困儿童住院大病救治项目,7名重症患儿得到救治。在甘肃电视台制作并播出《青少年与法》栏目52期。甘肃省青年农民工维权工作站受理维权案件295件,追讨欠薪672万元。

四、在自身建设上有新成效

完成全省1228个乡镇、113个街道的组织格局创新工作,新建非公团组织1375个,新社会团组织371个,省、市、县三级团组织共建立驻外团组织141个。选派94名高校、机关团干到县区团委驻点、挂职。乡镇实体化"大团委"建设工作,积极争取与省财政厅出台相关政策,明确规定每个乡镇、街道2万元的财政保障,截至去年年底共建立26404个直属团组织,覆盖团员373722人,35岁以下青年1340012人。举办各级团干培训班431期,累计培训团干部38653名。经过积极协调争取,在西北师范大学开设"少年儿童组织与思想意识教育"本科专业和研究生二级学科,落实辅导员配备及待遇,省、市、县三级总辅导员配备率达100%。

青海团的工作

青海各级团组织深入学习贯彻党的十八大精神和省十二次党代会精神,以庆祝建团90周年为契机,紧紧围绕"两个全体青年"的目标,切实履行四项基本职能,锐意进取,真抓实干,努力提高团的建设科学化水平,圆满完成了各项工作任务,取得了显著成效。

一、围绕中心,狠抓落实,服务新青海建设再上新台阶

1. 坚持不懈地用社会主义核心价值体系教育引导青少年。一是用党的十八大和省十二次党代会精神统一思想和行动。召开团省委全委会全面部署学习贯彻十八大精神活动。充分运用网络、微博、手机报等新媒体手段开展学习宣传活动;举办各类宣讲会、报告会86场次,参与青年21万余人次;通过新媒体发布宣传信息100余条,参与互动青年10万余人次。二是深入开展青少年思想引导工作。组织广大团员青年认真学习胡锦涛同志在纪念建团90周年大会上的重要讲话精神,开展纪念"五四"运动93周年暨建团90周年大会、优秀青年先进事迹报告会、团史知识竞赛、编写发行《青春飞扬》图文集等活动,教育引导青少年进一步坚定理想信念。三是切实加强对青年的分类引导。以四类青年群体《思想引导大纲》成果转化为抓手,先后遴选72家基层单位开展分类引导工作,通过问卷调查、座谈交流等形式,梳理青年思想意识关键点,探索新的引导路径和载体。

2. 大力促进青年就业创业工作。一是深入实施青年创业小额贷款项目。联合有关金融机构,面向农牧区青年发放创业贷款2315万元,支持创业青年534名,带动青年就业762名,举办培训班15期,培训团干部94名、团员青年265名;面向城市青年发放创业贷款140笔、1261万元，超额完成团中央下达的120笔目标任务。二是强化青年就业创业见习基地建设。新建青年就业创业见习基地84个，组织见习青年上岗919名（188名青年被企业聘用），超额完成800名目标任务。以高校和初、高中毕业生为重点，开展“见习助就业·牵手毕业生”对接活动11场次，联系见习基地76家、提供见习岗位812个，组织对接青年533名，70余名见习青年实现就业。三是继续举办大学生创业设计大赛。举办第二届大学生创业设计大赛，收到参赛作品60余件，参与大学生400余名，对具有科技创新的项目和创意团队进行了表彰，共设立奖项6个、发放奖金8万元。四是认真开展帮扶青年创业计划。召开促进青年就业创业工作座谈会，实施“帮扶千名青年创业计划”，完成了对400名青年的帮扶，超额完成任务100名。五是推进农牧区青年就业创业行动。积极推进农牧区青年信用户工作，评定青年信用户258户，发放贷款309万元。积极开展东风帮扶大学生村官项目，共培训大学生村官265名；德令哈市、玛沁县被团中央评选为全国优秀项目实施县，各获得奖励资金1万元。

3. 组织广大青年在投身经济建设中建功成才。一是深化青工技能振兴计划。联合省总工会、省人社厅等六部门开展了岗位练兵和技术比武活动，历时7个月，参与职工达20万名，涉及14个行业42个工种（项目），评选“全省青年岗位能手”199名。二是深入推进“青春建功新农村新牧区行动”。启动实施第十四届“乡村青年文化节”活动，共开展各类专题活动50余场次，参与青年数万人。三是大力实施“保护母亲河行动”。启动“爱我三江源、保护母亲河”全省青少年义务植树活动，组织22万余名团员青年植树45万余株，开展专题宣传活动100余场次。努力争取团中央、农业部项目，在贵德县举办“保护母亲河——青年万亩示范草场”活动启动仪式，签署了建设协议书，计划投资810万元，重点在黄河流域的玛多等13个县，集中连片建设人工草场27万亩。四是积极配合政府做好招商引资工作。根据省政府统一安排，邀请中国青年企业家协会、兄弟省市青年企业家协会的45位青年企业家，组织参加了2012年“青洽会”。五是全面吹响青海高原青年文明号。组织全省各大型企事业单位启动“青海高原青年文明号”创建活动。联合中央企业团工委举办中央企业参与玉树灾后重建工作表彰大会，激发广大企业青年投身灾后重建的热情。青海省3个集体、4名个人获得全国青年文明号和青年岗位能手荣誉称号。

4. 积极探索维护青少年合法权益的组织化渠道和制度性安排。一是认真履行“两办”职责。从健全体系、完善制度、发挥作用入手，健全了省、州（地、市）、县（市、区）三级工作体系，形成了成员单位各负其责、协调联系、齐抓共管的预防青少年违法犯罪和未成年人保护工作格局。二是依法维护青少年权益。围绕“进城务工青年精神文化生活和婚恋”等主题，深入开展“共青团与人大代表、政协委员面对面”、“倾听日”及专题调研活动，形成上报专题调研报告7篇。开展了“红丝带健康包百校进千企”、“12.1”世界防艾日宣传、“12.4”法制宣传日等活动，共发放“红丝带健康包”5000余件、法制宣传资料5000余份。广泛开展“共青团周末剧场”免费观影活动，为广大青少年播放影片241场次、观影人数10万余人。三是积极开展12355减压活动。为面临中、高考的青年学生和家长提供专业的减压和心理咨询服务，开展各类讲座16场，受益人群达1万余人。

5. 切实加强青年统战工作。一是认真开展民族宗教专题调研。开展民族团结示范区建设相关问题调研，形成了《青少年参与民族团结进步示范区创建活动调查报告》、《青海省藏传佛教寺院青年僧侣思想状况调查》等报告，省委领导对《青海省藏传佛教寺院青年僧侣思想状况调查》作了重要批示。二是深化青年民族团结进步创建活动。开展民族团结进步创建“金点子”征集活动，开展“青春建功90载、民族团结代代传”主题实践活动，组织大中小学生骨干深入江西、江苏、香港等地开展革命传统教育、民族理论研讨等活动；组织动员青联委员向贫困地区学校、学生捐赠物资100余万元。三是深入开展青年统战工作。积极推动调研成果转化，建立了团的领导干部与宗教界青年代表人士联系制度，56名团的领导干部与115名宗教界青年人士结成联系对子。

6. 全力推动其他各项工作。一是积极参与社会管理创新。启动实施《共青团参与社会管理创新青年人才专项培养工程(2011—2015年)总体规划》，分级分类实施大学生骨干、民族地区团干部、企业团干部、青年志愿者等不同层次、不同类型的青年人才培训活动。共开展各类培训20期，培训大学生骨干330名、民族地区团干部100名、企业团干部200余名、青年志愿者700余名。二是大力开展农牧民实用技术培训。组织开展农牧民青年实用技术培训116期，培训青年农牧民6522人，超额完成任务16期。积极协调省扶贫局解决资金10万元，联合西宁圣雪影视文化传播公司在民和等地举办文化经纪人培训4期，培训青年80名，38名青年达成就业意向。三是不断拓展希望工程。全年共筹资3004.6万元，资助贫困学生2703名，援建希望小学30所，实施希望小学配套项目建设66个，完成微公益项目19个。四是支持和带动少先队工作发展。向农牧区捐赠价值280万元的“油海助学希望书架”400个、图书8万册。组织开展“红领巾心向党，爱国感恩化真情”全省少年儿童庆祝少先队建队纪念日主题活动，对全省36个优秀集体、68名优秀个人进行表彰，命名10所省级“红领巾示范校”。

二、突出特色，打造亮点，各项重点工作取得新发展

1. 抓住“育人”和“打基础”的根本任务，举全团之力，一抓到底，实现工作新突破。一是狠抓省委30号文件贯彻落实，全省中小学团队工作焕发整体活力。把落实省委《关于进一步加强和改进中小学党的建设和思想政治工作的意见》作为全年工作重中之重，先后深入各州(地、市)、县(市、区)及98所中小学校开展了5轮督导检查，形成了《关于进一步加强和改进中学共青团工作的意见》、《青海省少先队辅导员管理办法》等配套性文件。二是广泛开展青少年成长教育主题活动。启动“迈入青春门、走好成人路”成长教育、“青海高原好少年”争章活动，将“爱国、感恩、法制”理念融入青少年成长教育活动，引导青少年牢固树立正确的“三观”。在省内16所中小学校开展成长教育和争章活动试点工作。三是策划启动未成年人思想道德建设万名骨干教师培训计划。将中小学团干部、少先队辅导员、青年教师培训纳入“青海青年英才培养工程”，计划利用5年时间开展“未成年人思想道德建设万名骨干教师培训”，今年共向基层划拨中小学团队培训专项经费29.5万元。团省委关于贯彻落实省委30号文件的汇报通过团中央《全团要讯》专题刊发，并向中央有关部门和各省通报了青海的做法。四是狠抓团的基层组织建设，坚定有力地将面向基层的“桥头堡”推向乡镇一级。全力推进乡镇实体化“大团委”建设。坚持把打牢基层基础作为维护藏区稳定、推动全团工作的重要任务，在全省启动实施以乡镇直属团组织建设为主要内容的乡镇实体化“大团委”建设，通过社会化筹资拨付专项资金85.5万元，新建乡镇直属团组织8059个，新覆盖团员青年14万余人。积极协调争取乡镇团委经费保障政策。针对当前全省乡镇团组织工作经费严重不足的现状，联合财政厅等部门出台了《关于进一步推动共青团基层组织建设和基层工作的意见》，为全省369个乡镇团委争取到每年由省财政安排的工作经费3万元，取得历史性突破，经费政策力度、保障措施及操作实施在全国位列第一，得到团中央书记处的充分肯定。加大资源向基层倾斜力度。全年累计向基层选派团干部驻点40人次，联系团员青

年500余名,筹措支持基层工作经费553.2万元,开展基层团干部培训15期、参加人数1100余人。四是切实加强非层级化团建工作。全年新建"两新"团组织407个,覆盖团员青年9000余名;驻外团组织67个,覆盖团员青年4987名;农牧区专业合作团组织187个,覆盖团员青年5100余名。

2. 抓住"创新"和"突破"的内在驱动,积极探索,延伸手臂,呈现工作新亮点。一是积极探索运用新媒体和文化产品,思想引导工作更加贴近青年。全面实现了覆盖网站、QQ群、微博、手机报、飞信、办公自动化等网络及新媒体平台的搭建和运用。"青海共青团"新浪官方微博全年发布微博830余条,关注粉丝达8.1万余人,抓住党的十八大、建团90周年、省十二次党代会等契机,开设"学习总书记五四讲话"、"学习十八大、传递正能量"等青年关注的话题,转发互动人数达120万人次。在青海省政府机构官方微博中位列第4位,在全国省级团委官方微博中排第13位,全省95%以上的专职团干部开通个人实名认证微博,其中团省委干部个人实名微博在全省政府官员微博中排列居前。"微公益"成果显著,2012年2月,团省委官方微博发起的"奉献爱心、情暖果洛"微公益活动,为果洛雪灾筹集捐款捐物共计300余万元,得到2012年中国慈善基金工作会议的好评。开通青海省首个青海共青团手机报,发布信息16期,订阅人数15000余人。建立"青海共青团管理服务综合应用平台",实现了直通省、州、县、乡四级团组织的无纸化办公协作平台。大胆尝试并推出青年文化产品,推动社会主义核心价值体系在青少年中的有效传播,通过开展"我的青春我的歌"原创歌曲大赛,"我的青春我的团"微故事、微电影征集和创作比赛、青海青年文化发展论坛等共青团文化活动,鼓励青少年大胆创作文化作品,积极支持相关企业将文化产品推向市场,歌曲《燃烧吧青春》、《金色的五月》,微电影《为青春喝彩》、《幸运者》,动漫《未成年人保护条例——义务宣传员》等一批青年原创文化产品相继推出,进一步提高了引导青年工作的实效性和时代感。二是创新工作手段,广辟宣传途径,《青海省未成年人保护条例》引起社会广泛关注。注重在充分利用传统方法的基础上,运用好新的形式和手段推动工作发展。历经三年的努力,2012年11月1日《青海省未成年人保护条例》(简称《条例》)顺利颁布实施。运用社会化运作方式,争取专项宣传资金20万元,召开《条例》颁布实施新闻发布会,对法条进行深度解读。针对宣传媒体的多元化现状,在充分利用广播、电视、报刊、网络等传统媒体的同时,还注重发挥广场LED大屏、出租车顶宣传屏、公交车站宣传栏等新型传媒的作用,广泛开展宣传活动;针对宣传手段的不断创新和发展,将《条例》相关知识通过制作宣传册、动漫口袋书、编印藏汉双语法条、开展有奖知识竞赛等同时,还注重考虑未成年人的接受能力,制作推出了5集《条例》动漫宣传片,通过各种传媒进行集中宣传,营造了关心爱护未成年人的良好社会氛围。共印发宣传资料14.3万份、知识竞赛试题5万套,播放宣传片90.7万次、发布信息1440万条次、宣传栏展示259.2万次。

3. 抓住"需求"和"服务"的宗旨意识,务实举措,注重实效,凸显团字号品牌。一是深化青年志愿者行动,大力开展共青团关爱农民工子女志愿服务活动。在深化专项志愿服务行动的基础上,推动各种形式的志愿服务活动蓬勃开展。2012年,招募西部计划志愿者213名、青南计划志愿者400名、扶贫接力计划志愿者40名,超额完成任务13名;筹措资金200万元,完成青年志愿者服务站示范点建设25个。以社会化运作和项目化管理方式,不断满足各级团组织和社会力量的服务需求,首次通过项目招标方式实施志愿服务项目41个,发放项目资金20万元,重点开展了共青团关爱农民工子女志愿服务、"学习弘扬雷锋精神、积极参与志愿服务"等活动,建成关爱之家"七彩小屋"10个,新增结对农民工子女13400余人;开展敬老助残、扶贫济困、亲情关怀、义诊义拍等各类志愿服务活动1100余场次,参与青年志愿者队伍100余支、红领巾志愿服务队伍535支,参与青少年35万余人。推动学习雷锋活动常态化,举办了“青海雷锋好少年”评选活动,表彰了全省各地184名“雷锋式”好少年,激励广大青少年用实际行动使雷锋精神引领时代潮流。二是不断满足青年创业需求,扎实推进青海青年创业园建设。认真做好园区企业的孵化服务、管理入驻等工作。截至2012年底,青海青年创业园入孵企业达到80家,吸引就业创业青年587人;园外孵化企业达到91家,带动自主创业160人、就业2600余人,产值高达1亿元。加强创业园拓展建设,在省委、省政府的高度重视下,对青海青年创业园二期项目建设从场地、政策和资金方面给予了实质性的支持,2012年底,园区建设场地、企业入驻等方面的问题已与相关部门达成协议,初步确定二期首批入孵企业56家,并以创业园二期为新的起点,全面建成青海青年就业创业综合服务体系,进一步帮助和带动更多青年实现就业创业。

三、精诚团结,务实奋进,青年机关自身建设不断强化

1. 积极创建学习型组织。组织集中学习22次,专题讲座7次、务虚研讨1次、影视展播3次、专题党课3次、书目推荐24册、微博讨论231条。

2. 打造团干部“绿色成长”理念。通过不断实践探索,形成了包含思想上成熟、政治上坚定、修养上高尚、能力上超越、作风上扎实、文化上引领、业绩上卓越的团干部绿色成长理念,健全了团干部自身不断提升、组织上时刻培养、实践中不断历练的绿色成长机制。

3. 切实改进团的作风。认真贯彻落实中央和省委关于改进工作作风、密切联系群众的各项规定,深入开展“下基层、接地气、办实事——我做基层团支书”活动。

4. 狠抓党风廉政建设。深入开展党风廉政教育,严格落实党员干部廉洁自律各项规定,督促班子成员和中层干部切实履行“一岗双责”。公开党务、团务、事务70余项。

5. 是认真落实服务基层行动。为联点村尖扎县南当村解决春耕、党团活动室建设等物资价值9万元,筹资80万元解决了该村的人畜安全用水工程;为“党政军企共建示范村”贵南县森多乡斗龙村幼儿园添置了价值10万元的教学和活动器材;团省委机关干部以“青年龙卡”方式持续三年为希望工程捐款2.01万元。

宁夏团的工作

宁夏各级团组织以迎接党的十八大和自治区第十一次党代会胜利召开为契机,认真学习贯彻自治区党委和团中央一系列重大决策部署,切实履行工作职能,突出工作重点,狠抓任务落实,各项工作取得明显成效,以优异成绩纪念建团90周年。

一、青少年思想引导工作取得新提升

一是开展学习宣传贯彻党的十八大和自治区第十一次党代会精神系列工作。通过举办各个层次的座谈会、报告会、主题团队日等活动,在广大青少年中不断掀起学习宣传贯彻党的十八大和自治区第十一次党代会精神新热潮。举办“与信仰对话”形势政策报告会、第五期大学生骨干培训班、“红领巾心向党”、“感悟十八大、青春正能量”微活动等798场次，参与青少年72万人次，坚定了青少年跟党走中国特色社会主义道路的理想信念。二是开展纪念建团90周年系列工作。自治区党委专门召开学习贯彻五四重要讲话精神座谈会。举办“永远跟党走”全区纪念建团90周年青春颂。团中央书记处第一书记陆昊来宁专题调研胡锦涛同志五四重要讲话精神学习宣传贯彻情况，充分肯定了团区委的工作。三是加强青少年思想道德建设。以“劳动·创造·奋斗”为主题，邀请俞敏洪、于丹等知名人士举办青春励志教育专场讲座，开展青年典型事迹网络展播活动，引导青年树立劳动创造财富、奋斗成就人生的生活态度和价值观念。开展“传承雷锋精神、参与志愿服务”等活动3085场次，参与青年57万人次。以“民族团结代代传”为主题，开展了民族政策专题讲座、“手拉手”夏令营、“少数民族大学生骨干暑期实践锻炼计划”等主题教育活动。四是探索运用新媒体开展引导青年工作。开通宁夏共青团、宁夏青联官方微博、手机报，开展微访谈、微讨论等活动40余次，覆盖青年2万多人次。市、县（区）团委开通官方微博实现全覆盖，在全国率先实现高校团支部开通微博全覆盖的目标要求。

二、服务大局及服务青少年工作实现新突破

一是围绕自治区“两大战略”作贡献。深化“青春建功生态移民行动”，实施“万套课桌助学计划”，筹资275.68万元，为117所农村中小学校配置课桌凳1.11万套。投入41万，在移民区建设“青年中心”11个。实现2012年移民区大学新生资助工作全覆盖。募集资金，为生态移民区和贫困地区学校建设“红领巾乐园”20个。实施“保护母亲河”惠农区、太阳山二期项目等，植树145.2万株。招募1080名志愿者为2012宁洽会暨第三届中阿经贸论坛等五个大型展会提供志愿服务。二是围绕“黄河善谷”作贡献。希望工程全年募集各类款物3457万元，资助学生6183名，援建希望小学（幼儿园）25所，海原县被列为中国青基会重点资助县，希望工程圆梦行动在“黄河善谷”慈善博览会上荣获“最具影响力慈善项目奖”。建成宁夏第一所全免费纯公益职业学校——银川百年职校。三是围绕自治区全民创业部署作贡献。开展农村青年致富带头人、青年创业奖评选表彰活动。新建就业创业见习基地65个，见习648人次。累计发放小额贷款7685.9万元，扶持创业青年2455人，带动就业4314人。实施“青年就业创业培训计划”及“新型青年农民培训计划”，举办培训班80多期，培训1.1万人。举办“挑战杯”全区大学生创业计划竞赛，择优推选参加全国决赛并荣获金奖，实现了宁夏该奖项零的突破。四是切实服务农民工及其子女。共青团关爱农民工子女志愿服务行动结对学校439所、结对农民工子女47941人，爱心捐赠85万余元。开展“七彩课堂”活动1100多场次，参与志愿者2万多人次，覆盖农民工子女5万多人次。募集资金106万元，建设“七彩小屋”等志愿服务阵地670个。实施“共青团关爱农民工行动”，为兴庆区月牙湖乡滨河家园新村1016户移民群众赠送了价值10万元的电饭煲等生活物品。开展了共青团与人大代表、政协委员面对面活动。五是积极服务社会闲散青少年。开展了以教育帮扶社会闲散青少年为主要内容的“青春护航行动”试点工作，设立社区志愿服务工作站25个，排查闲散青少年796人，通过帮扶，281名青少年摆脱了闲散状态，实现复学、就业或参军。六是大力推动青年人才工作。开展“宁夏青年五四奖章”、全区“优秀共青团员”等评选表彰活动。打造青年人才工作品牌项目，举办“青春宁夏大讲堂”6期，受益青年2.5万人次，被评为自治区2012年人才工作创新项目。

三、团的基层组织建设和基层工作注入新活力

一是加强基层团组织建设。新建乡镇实体化“大团委”直属团组织3857个、驻外团工委6个。新建非公企业团组织576家,创优非公企业团组织772家,创优率89%。二是加大对基层的支持力度。争取资金380万元,支持基层工作经费和建设项目,开展“科技之光”青年医疗专家服务团宁夏行活动。开展驻点、高校团干部挂职等工作,充实基层力量。三是形成制度性安排。推动19个市、县(区)出台党建带团建意见。建立市县级团干部配备情况通报制度,推动了领导机关干部配备率稳中有升。修改完善了《全区共青团工作考核办法(试行)》及考核细则,下发《关于进一步规范有关工作制度建设的通知》,提升了全区共青团工作科学化水平。

四、机关党建工作

1. 着力加强学习型党组织建设。通过集体学习、交流研讨、周例会、知识竞赛等形式,组织党员干部认真学习党的十八大、自治区第十一次党代会等重要会议精神,准确领会中央路线方针政策和自治区重大战略部署。不断创新工作方法,打造“学习点亮青春”学习型机关建设品牌,组织全体干部职工不拘形式、轮流登台,讲党课、谈工作、论思想,推动形成爱学习、勤学习、真学习、比学习的良好氛围,增强了党组织的凝聚力,提升了党员干部的能力素质。开展“阅读·诚信·责任”主题读书活动,筹措3.2万元,订购各类书籍和学习报刊30余种,组织干部职工重点学习党的理论和政策,广泛涉猎各领域知识,认真撰写读书笔记和心得,提升了政治素质和业务水平。全年举办和组织参加各类讲座15场,撰写调研报告8篇。

2. 着力加强基层党支部建设。贯彻《中国共产党党和国家机关基层组织工作条例》和自治区《实施办法》,切实解决机关党组织的工作机构设置、人员编制、经费保障等实际问题,为机关党的建设提供保障。以“强组织、增活力,创先争优迎十八大和自治区十一次党代会”基层组织建设年活动为统揽,开展党支部分类定级工作,从完善组织、强化班子、建立健全制度、规范工作台账等方面入手,采取支部整改、公开承诺、领导点评等措施,经过党支部自评、党员群众测评、机关党委测评、综合评定和公示,有3个党支部评定为“好”、2个党支部评定为“较好”,提升了机关党建规范化水平。做好党员信息库维护和党费收缴使用工作。按时上报党内统计季报和年报表。支持机关工会、团委、女工委开展工作。抓好典型选树,在“七一”期间表彰3个先进党支部、5名优秀共产党员。推荐的1名党员被区直机关工委评为优秀共产党员。

3. 着力加强精神文明建设。开展“我的青春我的团”机关文化建设活动,组织干部职工亮身份、表决心、秀风采,营造了“青春·奋斗·和谐”的机关文化氛围,深化了文明单位和文明处室创建活动。成立了“团之声”女子合唱团、体育运动兴趣小组等,定期开展活动,丰富业余生活。积极参加第七届区直机关职工运动会,荣获体育道德风尚奖。认真贯彻执行计划生育政策,无违规生育和超生现象。开展“六五”普法宣传教育活动,引导党员干部职工学习法律知识,增强遵纪守法意识,培养讲原则、严程序、重规范的良好从政习惯。

4. 着力加强党风廉政建设。召开党风廉政建设工作会,层层签订《党风廉政建设责任书》。开展“爱岗敬业、勤政为民”勤政警示教育月、“三服务一推进”、“廉政文化建设月”、保持党的纯洁性廉政党课教育活动等,组织机关干部职工参加廉政报告会、廉政讲座,观看自治区纠风暗访事例专题片、严肃换届纪律专题片、《廉政中国》警示教育案例,切实增强机关干部的危机意识、服务意识、勤政意识和廉洁意识。坚持“一岗双责”制度，落实双向述职和双重组织生活。结合干部提拔、轮岗和竞争上岗等工作，书记、分管书记、纪检组长开展廉政谈话，引导、提醒干部职工筑牢防线、防微杜渐。

五、领导班子建设情况

1. 抓学习教育。严格落实理论学习中心组制度，认真学习领会中央、自治区党委和团中央书记处关于全团工作一系列重要思考和部署，结合实际找准切入点和结合点。带头推动学习型党组织建设，以普通干部身份参加机关“学习点亮青春”活动，碰撞思想、交流认识、探讨工作。在组织的关心下，全年班子成员有3人先后参加了中央党校、自治区党校和出国学习。通过不同形式的学习，切实将学习成果转化为谋划工作的思路、领导工作的本领和推动事业发展的能力，在思想上、政治上、行动上始终与党中央、自治区党委保持一致。

2. 抓制度保障。积极争取自治区编办新增全额预算事业编制1个、聘用编制1个，从根本上增加了共青团的基本工作力量。联合自治区财政厅出台《关于加强基层乡镇、街道团组织工作经费保障的通知》，将全区234个乡镇（街道）团组织工作经费列入财政预算，每个乡镇（街道）每年2万元，共计468万元，为基层开展工作提供了有力保障，走在了全团前列。推动落实全区2713个村（社区）团支部书记每人每月100元岗位津贴补助，并列入财政预算。联合自治区教育厅、财政厅、人社厅出台《关于实行宁夏学联主席团部分成员驻会制度有关问题的通知》，首次实现了宁夏学联驻会主席的制度化设计，大力加强了学联建设。探索推进少先队工作专业化、职业化发展，已协调落实在宁夏大学教育学一级学科下建设“少年儿童组织与思想意识教育”二级学科，并按照“先研究生，后本科生”、“研究生学术学位先行，专业学科跟进”的推进顺序，确立了少先队学科建设方向，并建立了相关工作机制；同时，大力推进全区少先队辅导员职称评聘工作，联合人社厅、教育厅出台《关于做好中小学少先队辅导员职称评审工作的通知》，自治区团委机关把新增的一个副处级领导职数专门用于聘任全区少先队总辅导员，从制度层面保证少先队工作的专业性、连续性。联合自治区教育厅出台《关于进一步加强全区中学共青团工作的意见》，为推动中学共青团工作发展提供了制度保障。建立新闻通气会制度，不定期向新闻媒体通报共青团重点工作推进情况，中国青年报以“宁夏团组织多渠道加强与青年对话”为题在头版作了专题报道。

3. 抓队伍建设。认真学习贯彻中央“关于改进工作作风、密切联系群众”的八项规定，坚持从严要求、从严教育、从严管理和从严监督的原则，加强考察考核，严格执行各市团委班子向自治区团委述职、自治区团委机关全体干部职工年中、年底两次“人人述职”制度。制定出台机关志愿者管理办法，提升了机关志愿者管理工作水平。重视机关干部教育培训，先后选派18名干部到自治区党校或外地参加各类专题培训班，抓好机关干部网络培训。鼓励干部职工积极参加各类继续教育，机关本科以上学历达97%。积极为干部职工创造机会、提供平台，压担子、给任务，干部队伍的整体素质大幅提升。

4. 抓作风养成。坚持从自身做起，凡中央、自治区党委和团中央要求干部做到的，书记子班子成员带头模范遵守，身体力行，率先垂范。深入基层调查研究，切实为基层和基层群众解难事、办实事。积极开展“下基层、解民忧、帮发展、促和谐”活动，通过走访调查、力所能及地帮助基层等，进一步认识区情、联系青年、锤炼作风，机关25名干部深入联系点开展工作，为6所学校配置价值17.4万元的课桌凳620套，筹资2万元帮助维修道路。做好对口扶贫工作，筹资8.8万元，为盐池县王乐井乡刘四渠村办实事。开展“进一步营造风清气正发展环境”活动，公开承诺事项全部完成。在书记班子一名成员近一年在中央党校学习期间，班子成员主动克服人手少、任务重的困难，团结协作，密切配合，书记班子领导力不断提升。

5. 抓党性锻炼。坚持民主集中制，落实党内生活、议事规则等制度，按照集体领导、民主集中、个别酝酿、会议决定的原则，对推荐提拔使用干部、评先评优、项目安排、资金拨付等重大事项均通过会议集体研究决定，并邀请派驻纪检组长列席指导监督，形成了民主决策、科学决策的良好机制。认真落实中央《建立健全惩治和预防腐败体系2008—2012年工作规划》，及时传达学习中央及自治区有关党风廉政建设的重要精神，带头严格执行《党员领导干部廉洁从政若干准则》和领导干部个人重大事项报告等制度。带头落实党风廉政建设责任制，加强反腐倡廉教育，按要求组织开展党风廉政教育和警示教育，筑牢拒腐防变的思想道德防线。

新疆团的工作

2012年，新疆团区委团结带领各族青年，认真学习宣传贯彻党的十八大、自治区第八次党代会和中央、自治区纪念建团90周年会议精神，深刻把握新形势下党和青年群众对共青团工作提出的新要求，以新的理念、新的作风创造性开展工作，各项事业取得新发展。

一、组织广大团员青年兴起学习宣传贯彻十八大精神热潮

党的十八大召开以来，新疆团区委迅速组织全区各级团组织认真做好十八大精神的学习宣传工作。针对农村团员青年、企事业单位团员青年和进城务工团员青年、青年学生、少年儿童、各类青年组织的不同实际，下发《关于全区共青团组织认真学习宣传贯彻党的十八大精神的通知》，有针对性地制订了学习方案和措施。要求各级团组织在自身学好学深的基础上，以《新疆青少年思想引导大纲》为指导，广泛开展“走进青年”活动，把组织化动员方式与社会化动员方式结合起来，切实把党的十八大精神准确、广泛、有效地传播到广大青年中去。新疆团区委成立4个巡回宣讲团，各地州市团委均成立宣讲团，通过举办报告会、宣讲会和“面对面”走进青年，宣传青年群众1.2万人次。下一步，各级团组织将学习宣传贯彻党的十八大精神作为长期坚持的重要政治任务，继续在各类青年中开展好十八大精神的学习宣传工作，不断增强政治意识、责任意识，丰富形式、贴近青年，把学习十八大精神作为启迪思路、谋划工作的过程，落实到共青团各项工作之中。

二、优化和完善顶层设计，推进团的建设科学化水平

按照自治区党委对共青团工作的指示精神，自治区第八次党代会、共青团十六届四中、五中全会对共青团和青年工作的新要求、新部署。新疆团区委提出并全力构建“一扬一进双推进”工作格局，即以弘扬“新疆青年时代精神”（感恩、自信、坚韧，担当、拼搏、奉献）为主线，以“走进青年”工作为载体，以夯实基层组织建设为保障，以服务青年“成才、立业、建功”推进新疆跨越式发展，以引导青少年“感恩、塑形、融情”推进新疆长治久安；提炼划分“青年引领、青年民心、青年民生、青年融情、青年基础”五大板块，努力在顶层设计上贴近党政中心、服务各族青年，不断推进团的建设科学化水平。围绕构建这个工作格局，新疆团区委先后研究出台了《新疆共青团基层组织建设规划(2012—2014)》、《新疆青少年融情工作规划(2012 年—2014 年)》、《新疆志愿服务事业发展规划(2012 年—2014 年)》、《新疆青年社会组织工作意见(2012 年—2014 年)》等规划、意见，重点在加强基础建设和中长期规划，为共青团工作长远发展奠定基础。

三、青少年思想教育引领不断深化，筑牢青少年推进新疆跨越式发展和长治久安的思想基础

一是组建 2600 多支“重点工程建设青年突击队”、“农牧业现代化建设青年突击队”、“新机关建设青年示范岗”、“大爱援疆青年突击队”、“新疆跨越式发展和长治久安预备队”，团结、教育和凝聚新疆各族青年贡献青春、智慧和力量。出台《自治区青年突击队管理办法(试行)》，明确了青年突击队职能和定位，重点发挥青年突击队“建功”和“育人”两项基本功能。以推进效能建设、提高工作水平、构建单位和谐为目标，在全区机关系统首次开展了“新机关建设青年示范岗”创建活动。二是开展预防宗教极端思想和非法宗教活动在青少年中传播工作，实施“十百千万”宣讲骨干培养计划，在区、地、县、乡建立宣讲队伍 21590 名，共开展抵御非法宗教活动集中宣讲 15199 场次，开展面对面个别宣讲 107872 场次，受教育青少年 95.5 万人次。三是深入推进“学党史、知党情、跟党走”主题教育活动，在 12 所高校开展“与信仰对话——我的青春我的团”，举办党史讲座 135 场次，覆盖学生 4 万余人次；以青年学生、团干部和青年知识分子三大群体为重点，推进“青年马克思主义者培养工程”，培训学生骨干 410 人；组织 1 万余名大中学生开展“喜迎十八大、我看家乡新变化”主题暑期社会实践活动。四是组织开展了“传承雷锋精神”志愿服务周、关爱农民工子女、少先队“学雷锋、手拉手”、青年文明号“学雷锋、树新风”等志愿服务活动。五是积极响应自治区党委“主题实践周”部署，开展了企业成才建功典型专访、践行新疆青年时代精神典型宣传等十项“现代文化促进周”系列活动。六是开展了“奋斗的青春最美丽”系列主题宣传活动，选树以“草根”青年为主体的 14 位先进青年典型，深入社区、企业、高校巡回宣讲，面对面宣传青年 3.5 万人；授予湖北荆州职业技术学院寒江救人好少年麦热达尼·如孜为自治区“优秀共青团员”荣誉称号，并联合湖北省团委首次成立了 2 支“好巴郎”青年志愿者服务队，在疆内外媒体和各族群众中引起强烈反响，展示了新疆青年的良好形象，促进了内地新疆籍青年学生的社会融合；开展了优秀务工青年评选活动，选树务工青年典型 68 个；开展了学习申纪兰先进事迹活动，开展了“新时期我们向申纪兰同志学习什么”大讨论，号召各族团员青年立足本职建功立业。七是利用新媒体助推共青团工作，拓宽“平面媒体—网络媒体—手机媒体”三位一体传媒体系，实现了“县县开博”的目标，新浪、腾讯“新疆”微群和“掌观天下”手机报继续发挥“网聚”青年的重要作用。参加了团中央举办的“共青团新媒体和文化成果交流展览会”，新疆展区受到团中央陆昊书记的好评。八是根据自治区党委和团中央关于做好“九一八”敏感期涉日维稳工作的有关要求，在全区各级团组织中部署了敏感节点值班值守、动态信息零报告、舆情监测等工作，第一时间发现、收集和分析青年舆情，及时有针对性地做好思想引导工作。

四、积极开展“走进青年”，搭建党和青年之间交流沟通的桥梁和纽带

以“走进青年”为全区共青团工作的基本路径，贴近青年、融入青年。以党的十八大召开和纪念建团 90 周年为契机，结合“学党史、知党情、跟党走”、“我与祖国共奋进”、“民族精神代代传”等主题教育活动,深化拓展了“做一次访谈活动,撰写一本‘青年民情日记’,现场指导基层团支部开展一次团日活动,给基层团员青年做一场宣讲,为青少年办一件实事好事,挖掘选树一批青年典型”为内容的“六个一”主题活动,通过面对面、心贴心的各种活动形式,推动了基层组织活跃、工作制度创新和青年工作发展。2012 年,新疆各地基层团组织开展宣讲 7700 余场次,宣传青年 125.38 万余人次,访谈各族青年 14 万人;各地团干部撰写青年民情日记 47.4 万篇,收集、反映青年诉求 16143 条;现场指导基层团支部开展团日活动 5272 场次,办实事好事 7723 多件。同时,组成调研组利用 3 个月的时间,分赴 5 地(州)的 14 个县(市),形成新疆青年思想情况调研报告,为制定《新疆青年思想引导大纲》奠定基础。

五、以服务青年就业创业为重点,引导各族青年在推进新疆跨越式发展中贡献力量

一是在促进青年成才方面,开展了青春建功新农村培训、“科技播火专家行”、农村青年实用技术培训、职业技能和创业培训,培训、服务各族青年 19.2 万人。二是促进青年立业方面,紧紧围绕就业创业这一当前党政最关切、青年最关心的问题设计工作。深化青年择业观念引导,开展了“到基层就业光荣、到企业就业光荣、自主创业光荣、转移就业光荣”宣讲教育,组织 10 名创业大学生、西部计划大学生志愿者典型举办巡回报告会,覆盖各族青年 2.5 万余人。不断拓展青年创业载体,成立新疆青少年服务中心(青年人才市场),为各族青年做好人事代理、就业指导和推荐、创业、进城务工青年、青少年维权、志愿服务等工作。开展首届“青年创业奖”评选表彰,积极筹建成立新疆青年创业培训学校。成立新疆 YBC 办公室,进一步扩大新疆创业就业基金在项目、资金方面的劝募规模。分别在塔城、吐鲁番开展以大学生村官为主体的青年创业扶持项目试点工作。深化共青团助就业品牌,全面实施“金桥行动”,重点做好项目与青年、驻疆央企与高校的对接;继续深化创业就业小额贷款工作。2012 年,举办综合性大型人才招聘会 7 场,高校专场人才招聘会 17 场,社区小型招聘会 6 场及勤工俭学等不同种类的招聘会 34 场次。组织用人单位 6991 家,提供岗位 7.2 万个(其中:勤工俭学岗位 6800 多个)。通过定期回访统计,达成就业意向 1.97 万人;为 2215 名农村青年发放小额贷款 6730 万元。三是维护青少年合法权益方面,重点实施了重点青少年群体教育帮助和预防犯罪“牵手行动”,在全疆 14 个地州市各选取一个试点县市,对闲散青少年、有不良行为或严重不良行为的青少年、流浪乞讨青少年等八个重点青少年群体开展结对帮扶工作。经过试点县市一年来的探索,全区各地初步建立了协调联动的工作机制,基本摸清了工作对象的底数,积累了对重点青少年群体实施关怀、救助和心理辅导的宝贵经验,为全面开展“牵手行动”工作奠定良好基础。截至目前,14 个试点县市区完成重点青少年群体摸排 4500 余人次,招募各类帮教辅导员 3000 余人,与重点青少年牵手结对 1312 个。四是继续推进青年志愿服务工作。组织动员广大志愿者在扶贫助困、抢险救灾、大型赛会、环境保护等各个领域发挥作用,招募 800 名志愿者参与第二届中国—亚欧博览会志愿服务,招募 4 名志愿者赴巴基斯坦开展海外志愿服务。目前,全区已有各类志愿者组织 1382 个,注册志愿者 65.7 万人,形成了“西部计划”、亚博志愿者、“牵手行动”、“关爱行动”等一批志愿服务工作品牌,得到了疆内社会各界的广泛赞誉。深入开展关爱农民工子女志愿服务行动,举办“明月出天山”进城务工青年中秋联谊主题活动,与 150 余名务工青年代表以及在乌鲁木齐市务工的青年共庆中秋佳节。五是继续深化“青”字号品牌工程。推动了青年文明号、青年岗位能手、青工技能振兴计划、保护母亲河行动、挑战杯科技竞赛、大中专学生社会实践、博士服务团等工作机制化。

六、构建青少年融情文化,促进民族团结的生活化、常态化、社会化

经过近年来全区共青团组织“感恩·塑形·融情”教育工作的实践,逐步形成了“融情结对—融情实践—融情文化”的工作体系,按照感恩融情、学习融情、交流融情、娱乐融情,成长融情的具体要求,把民族团结教育融入青少年生产生活的各个领域,一是广泛、深入、持久地开展各种类型的城乡互动、南北疆互动、兵地互动、疆外互动的手拉手融情实践活动,组织15.4万名少年儿童开展各种形式的手拉手结对子活动,搭建了各族青少年共同学习、认识、接触、交流、融情的平台。二是结合“重大节点”,9万余名少年儿童开展了“我到你家吃馓子,你来我家吃粽子”等主题实践活动;9.4万名少年儿童参与了“一起学习、一起游戏、一起实践”为内容的社区暑期融情实践活动,增进了各族青少年之间的相互了解、相互欣赏。三是为进一步促进各族青少年交流、沟通、了解,设计制作了1.7万套《民族团结棋》,发放到各地少先队组织中使用。四是组织百名中学生赴北京、延安等地开展“天山学子心向党——红色融情实践团”活动。五是承办了上海合作组织成员国青年交流活动,推进了青少年国际“融情”交流,新疆青年的自豪感得到增强,体现了对国家的高度认同,产生了良好的社会影响。

七、以最大决心和韧劲抓好基层基础工作,激发和提升基层团组织“活力”

确定2012年为“基层活力建设年”,坚持党建带团建,继续有力度、有韧劲地狠抓基层、支持基层,为基层提供更多的政策、资源、力量和保障,强力推进“三三三工程”,每年抓促三分之一的基层团组织,力争三年实现基层基础工作全面活跃。一是抓乡镇、街道共青团组织格局创新。把企业负责人、致富带头人等优秀人才纳入乡镇团委班子,全区平均每个乡镇团委班子有11人、副书记4人、编制外成员7人;8546个行政村全面完成团支部换届任务,乡、村团组织班子结构得到优化充实。二是抓组织覆盖。大力推进乡镇实体化“大团委”建设,通过整体推、集中推,建立乡镇团委直属团组织7715个,努力把乡镇团委建设成为由众多直属团组织构成的实体化“大团委”。加大以非公有制经济组织为重点的驻外团组织、社会组织、农民专业合作组织、青年自组织等领域团建工作。全区累计建立非公有制企业团组织6055家、社会组织团组织903家、建立各级驻外团工委32个、青年工作联络站11个。三是抓工作保障。与自治区党委组织部、财政厅联合下发《关于加强新形势下基层党建带团建工作的意见》。召开全区基层党建带团建工作会议,为争取各级党组织对共青团工作的物质、政策、制度等方面的支持,营造了良好的环境。在经费保障方面,新疆团区委将70%工作经费下拨基层,为每个县(市、区)团组织划拨了4.5万至6万元“基层活力建设年”专项经费,基层经费紧张问题得到一定缓解。在基层活动阵地建设方面,积极打造好农村“青年之家”、社区“青年志愿者工作站”和“七彩小屋”三个基层团组织的“窗口”,建立村级团组织“青年之家”1949家,建立“七彩小屋”1262个。四是抓好工作指导。针对农村、“两新”组织团干部“不会干”的问题,为农村团组织编发汉、维、哈三种文字《做游戏、讲政策、谈感悟——新疆农村团支部青年引导工作范例》9400余册,为“两新”团组织编印了《自治区“两新”基层团组织实务手册》和《自治区“两新”基层团组织活力建设案例汇编》,召开了全区“两新”组织案例分享会,指导工作、交流经验、活跃基层。开发了基层活力建设年信息管理系统,对基层团组织工作进行动态通报。五是抓工作落实。新疆团区委书记班子把夯实基础、活跃基层作为一项重要任务牢牢扭住不放，全年5次召开全区基层组织建设视频会和南、北疆基层组织建设现场推进会，2次由书记班子带队深入各地州市团委进行全覆盖督导检查，全区各级团组织抓活力、抓落实、抓成效的积极性得到增强。截至目前，全区基层团组织累计录入活动信息5964条。六是青企协第五次会员大会、第五次少代会如期召开，成立新疆青年社会组织促进会，选举产生新一届领导班子。

八、加强团的自身建设，提升引领和服务青年的工作能力

一是加强团队干部培训工作。探索、创新培训模式，深入基层调研，开设特色课程，保证培训成效。共举办主体培训班18期培训1920人，赴基层培训班28期培训4600余人次。各地州、县市共举办各类培训班350期，培训团队干部19443人，其中新任乡镇(街道)团委书记培训班53期，培训2318人。开展了第15批干部挂职工作，13名基层团干部到团委机关挂职锻炼，接收67名高校团干部到县级团委挂职锻炼。开展团委机关处级干部公选和干部遴选工作，公选副处级干部4名，遴选基层公务员3名。三是加强团干部队伍作风建设。结合全区团组织创先争优和“热爱伟大祖国、建设美好家园”活动的开展，要求各级团干部“勤学善思、激情务实、坚韧纯洁”，全力营造想干事、能干事、干成事的工作氛围。新疆团区委书记班子率先垂范，带头“走进青年”，采取“驻点调研与长期联系指导”相结合的办法，确定书记班子成员联系点37个，分别带队深入各地进行调研，覆盖了全区所有地(州、市)和50%以上的县(市、区)，加强了对基层工作的指导。全区各地、县团委建立联系点1140多个，抽调56名团干部驻点调研指导工作。四是注重加强制度建设，新疆团区委机关修订完善了《自治区团委党组议事规则》，建立健全了8项财务管理、工作运行制度。

新疆生产建设兵团团的工作

一、引导青年，全面深化青少年思想教育工作

一是认真学习宣传党的十八大精神。下发了《关于组织兵团广大团员青年深入学习宣传贯彻党的十八大精神的通知》，举办了各界青年学习贯彻十八大精神座谈会、十八大精神专题读书班，组织宣讲团到高校和团场宣讲、开设“学习十八大、青春正能量”微博专栏，各级团组织通过集体学习、观看宣传片、交流体会、新媒体互动等形式，迅速掀起了学习宣传十八大精神的热潮。二是开展纪念建团90周年活动。召开了兵团纪念建团90周年纪念大会和专场文艺晚会，开展了“我的青春·我的团”短信征集大赛、团史知识竞赛和十八岁成人仪式。三是开展青少年理想信念教育。深化“学党史、知党情、跟党走”主题教育活动和“与信仰对话”校园报告会，开展宣讲教育活动700多场次。举办了“青年马克思主义者培养工程”大学生骨干培训班和兵团大学生骨干论坛，培训高校团干部300多名。开展争当“四好少年”、“红领巾心向党——感受你的爱”系列主题队会等活动。四是开展唱响“兵团精神”教育活动。举办了“兵团精神伴我成长”少先队主题队会展评，联合兵团军事部、兵团教育局举办首届少年军校军事技能大赛，开展“永远不能忘记”青少年缅怀革命先烈活动。五是开展民族团结和反分裂教育。开展了青少年“热爱伟大祖国，建设美好家园”主题教育活动，以“感恩·塑形·融情”为主题的民族团结、反分裂教育和新疆“四史”教育活动，民汉青年、兵地青年“手拉手”结对活动。举办民族团结先进人物报告会和融情体验教育100多场次。

二、服务大局，团结带领广大青年为兵团经济社会发展贡献力量

一是认真落实兵团党委六届十次全委(扩大)会议精神。制定了《兵团团委贯彻落实兵团党委六届十次全委(扩大)会议精神的任务责任分解方案》，采取了22项具体措施，各项指标均已超额完成任务。二是服务城镇化建设。服务青年创业，为1449名青年发放创业小额贷款5231.5万元，带动3845人就业。开展家庭服务业培训1046人，落实培训资金11.8万元；SYB培训1921人，落实培训资金23.7万余元；开展就业创业培训9817人次。建立了120个城镇社区团组织。开展青少年植树行动，发动53.92万人次植树17.7万亩、1003万株。三是服务新型工业化建设。开展青年安全生产示范岗争创活动，表彰了一批兵团级青年安全生产示范岗。新建青年就业创业见习基地76家，引导6207名青年见习，落实就业2840人。命名了20家兵团级"青年文明号"。新建52家非公企业团组织，组织135家非公企业团组织开展达标创优活动。举办企业团干部培训班，培训企业团干部120名。四是服务农业现代化建设。组织一批青年赴广东开展肉鸽养殖项目专题培训和上海花卉港鲜切花项目培训。联合兵团农业局表彰青年致富带头人30名、标兵5名。联合高校和科研院所，组织219名青年科技特派员下基层服务2.85万人次。五是服务人才强兵团战略。新招募西部计划志愿者801人，"三支一扶"大学生72人，西部文化建设志愿者15人，志愿者总数达到1394人，其中西部计划志愿者1263人。举办第三届"创业杯"兵团大学生创业计划竞赛，推荐3件作品参加全国决赛，2件获银奖，1件获铜奖，1件获评委推荐特色奖，1个单位获优秀组织奖。开展了25场"我的青春故事"优秀中职毕业生报告会。六是积极推进兵地共青团合作发展。与自治区团委联合召开了兵地共青团工作交流座谈会，共同起草了《关于加强兵地共青团工作融合发展的意见》，提出了八个方面的合作内容。

三、服务青年，积极促进青少年成长成才。

一是广泛开展学雷锋和志愿服务活动。发动基层志愿者组织1890个，组织开展志愿服务3.98万人次。开展共青团关爱农民工子女活动，结对农民工子女学校184所、农民工子女2.94万人，为农民工子女累计服务9641人次，服务时间2.03万小时。积极开展大学生志愿服务专项行动。与兵团卫生局联合下发《关于开展"青春红丝带"预防艾滋病宣传教育活动的通知》，并启动了以"青春红丝带，共御艾滋病，健康促和谐"为主题的防艾宣传活动。启动了大学生科普志愿服务行动，组建了10支防艾志愿者队伍。石河子大学和塔里木大学分别举行了防艾志愿者专题培训，共有123名大学生志愿者参加，防艾志愿者在广场、社区、街道向市民讲解和宣传防艾知识，并举办了多场预防艾滋病公益晚会，得到了广大市民的好评。与兵团科协联合实施了兵团科普志愿者专项行动。二是积极维护青少年合法权益。积极履行综治委预防青少年违法犯罪专项组组长单位职责，深入开展青少年法制教育、心理健康教育和青少年自护教育，建立了兵团青少年心理健康辅导站和青少年维权服务站。确定43个单位为第二批兵团"青少年维权岗"创建单位。在5个市深入开展"共青团与人大代表、政协委员面对面"活动。三是深入开展"希望工程"捐资助学行动。全年募集希望工程资金1370万元，建设希望小学6所，电脑、体育、音乐教室10个，素质教育活动中心7个，资助学生7726人。

四、组织青年，努力加强共青团自身建设

一是加强基层组织建设和基层工作。推进团场实体化"大团委"建设，新建1926个基层团支部，新增团员2.24万人。与财务局联合出台《关于进一步支持和推动兵团共青团基层组织建设和基层工作的意见》，明确了师、团场共青团工作经费最低额度，并要求列入同级财务预算。联合教育局出台了《关于加强中学共青团工作的意见》，加强了学校基层团组织的建设。举办了2期基层团干部专题培训班，培训学员118人。评选表彰了15名"兵团青年五四奖章”获得者，5 名“兵团青年五四奖章”提名奖，93 个五四红旗团组织和 97 名优秀共青团员、团干部。二是支持困难团场和少数民族聚居团场。帮助 3731 名少数民族青年转移就业，落实资金 243 万元用于少数民族聚居团场基层组织建设和基层工作。为北塔山牧场学校等 7 所学校配备了鼓号队设备，为皮山农场学校配备了 230 套军训服装。三是履行好全团带队职责。召开了少工委二届七次全委会暨少先队工作经验交流会，表彰了一批少先队工作先进集体和个人。举办少先队辅导员专题培训班，组建了少先队讲师团。出台了《关于规范少先队基层基础工作的意见》，联合石河子大学在全国率先设立了少先队教育专业硕士点。四是认真开展绩效管理。年初制定了《兵团共青团组织绩效管理实施方案》，将绩效管理工作延伸到 27 个师级团委和机关所有部（室）。年底召开了师级团委和机关部门绩效考核集中汇报会，按照年初制定的绩效考核目标进行了考核和表彰。

军队青年工作

2012 年，全军青年工作认真贯彻党中央、中央军委的决策指示，按照全军政治工作部署要求和团中央有关安排，紧紧围绕迎接十八大召开、贯彻十八大精神的特殊政治要求，紧贴部队实际和青年官兵特点，在抓团建打基础、抓活动促活跃、抓典型树标杆上持续用力，取得了新的成绩和进步。

一、扎实搞好青年官兵教育引导

着眼发挥共青团党的助手和后备军作用，在青年官兵中广泛开展“科学发展观引领我成长”“在党旗下奋勇前进”等一系列形式内容丰富、青年特色浓郁的主题活动，动员引导团员青年把思想、意志和力量凝聚到党的旗帜下。总参安排学习成才标兵参加十八大精神宣讲团，用兵语兵话介绍学习体会，用成长经历启迪思想，帮助团员青年深化对中国特色社会主义理论体系的学习理解。总政直属单位开展“红心永向党，铁心跟党走”群众性读书演讲活动，500 多名青年官兵登台演讲，表达对中国特色社会主义的信念和信心。总后部队以“迎接十八大，永远跟党走”为主题，自下而上开展党史团史知识竞赛，8 万多名官兵和非现役人员参加，形成了人人都参与、个个受教育的生动局面。南京军区部队开展“军魂永驻”读书学习活动、“军旗飞扬”系列文体活动、“军心向党”青春践行活动，奏响听党指挥、爱军精武、献身使命的青春旋律，激励引导青年官兵在日常工作、训练和完成各项任务中当先锋、打头阵，充分发挥生力军作用。

二、持续加强部队共青团建设

各级把学习贯彻胡主席在纪念建团 90 周年大会上讲话作为重要政治任务，持续兴起学讲话、用讲话的热潮。总政及时下发通知对全军部队学习贯彻胡主席五四重要讲话做出部署；在共青团一大会址广州举办全军青工干部学习胡主席五四重要讲话培训研讨班，从历史与现实、理论与实践的结合上深化对讲话丰富内涵和精神实质的理解把握；深入部队调研学习贯彻胡主席五四重要讲话、推进党建带团建工作创新发展问题，总结梳理《党的十六大以来全军和武警部队共青团建设综述》，形成了《努力提高军队青年工作科学化水平》等研究成果。海军依托中央团校对81名师以上单位青工干部和新任团委书记进行集中培训，深入学习讲话精神，系统掌握共青团工作基本理论、基本知识、基本方法；军事科学院、国防大学、国防科大安排名师专家为青年官兵做专题辅导；北京军区等所属部队将讲话的新思想新论断印制成“口袋书”、“识记卡”，帮助官兵熟记深悟，切实使讲话精神进入官兵思想、进入工作实践。总政编发《让青春在履行使命中闪光》新编军队团课教材，深受部队和团员青年欢迎，获全军政治研究成果特别奖。各部队围绕学好用好《团课教材》开展优质团课评比活动，有效提升了团员青年思想教育质量水平。

三、进一步兴起学雷锋活动热潮

全军坚持把学雷锋活动作为培育当代革命军人核心价值观和弘扬先进军事文化的重要载体，下大力推动学雷锋活动常态化长效化。3月初总政专门下发通知对部队开展学雷锋实践活动作出安排；召开全军学雷锋活动先进典型座谈会，军委、总政领导出席并作重要讲话，32名不同时期的学雷锋重大典型参加会议，19个单位和个人介绍了事迹经验。还以总政文件形式制定印发深入开展学雷锋活动《意见》，精心组织编写《永恒的丰碑——雷锋日记和雷锋故事集》，为部队开展学雷锋活动、深化雷锋精神学习教育提供了重要遵循和教材。第二炮兵部队发挥技术优势组建特色服务队，深入驻地群众开展教育、科技、文化服务。沈阳军区隆重举行学雷锋活动先进典型事迹报告会，并协调雷锋团与北京大学团委建立共建共育机制、开展互动交流活动，广州军区在长沙望城召开“雷锋家乡话雷锋”座谈会，促进雷锋精神薪火永续、血脉相传。兰州、成都军区部队着眼维护少数民族地区社会和谐稳定，深入寺庙、街道、社区宣传党的路线方针政策，为驻地群众做好事、送温暖、献爱心，全军上下学雷锋、见行动蔚然成风。

四、深入开展学习成才活动

各部队着眼有效履行使命任务，广泛开展以爱军精武为基本内容的学习成才活动，深入推进“勤奋学习，岗位成才”读书活动，学习成才活动的含“军”量、含“新”量不断提高。总装部队承担“天宫一号”与“神州九号”载人交会对接任务部队，叫响“岗位练兵我成才、青春砺剑为打赢”口号，引导青年官兵刻苦学习新知识、掌握新技能、熟悉新装备，在重大任务实践中磨砺提高、勇挑重担。空军部队持续开展“我的思想高度警惕、我的工作无懈可击、我的岗位严阵以待、我的战机随时升空”实践活动，把学习成才活动向打赢聚焦、向实战延伸，催生了一批空战能手、岗位尖兵。济南军区部队着眼推进训练转型，广泛开展铁拳杯、战神杯、雄鹰杯等群众性岗位练兵活动，激发青年官兵爱军精武、履行使命高昂热情。南京军区为旅团单位制作下发《梦想从这里起航》电子书库，开展网上主题征文、读书心得展评等活动，形成多读书读好书、求新知长才干的生动局面。

五、积极表彰和宣扬军队青年典型

各级把培树和宣扬先进典型作为创先争优活动的重要载体，努力形成崇尚先进、学习先进、争当先进的鲜明导向。总政继续采取网上公示、群众评议、投票推选等形式，扩大全军学习成才先进个人和单位评选表彰的影响力公信力；五四前夕，通报表彰一批全军先进团组织、优秀团员、团干部和党建带团建工作先进单位。28个单位和个人被表彰为全国五四红旗团组织和优秀团员、团干部，1个集体和6名个人获“中国青年五四奖章”；3名优秀青年官兵典型参加了中青在线“我的青春故事”励志教育活动，6名先进典型被评为“中华儿女年度人物”。还有22名军队系统全国青联委员参加团中央十八大精神专题培训班和慰问演出等社会公益活动，29名军队青年赴外访问交流，展示军队青年的良好素质和风貌。海军组织十杰青年评选,空军实施“青年学习成才奖”,一批立足岗位成才建功的优秀青年受到表彰,为青年官兵树立了榜样;武警部队表彰第15届“中国武警十大忠诚卫士”,举行《我们忠诚》史诗报告,以深刻的思想、丰富的内容、新颖的形式,展示争做党和人民忠诚卫士活动15年来涌现出的英雄人物事迹,有效传承和发扬了忠诚卫士的革命英雄主义。

铁道系统团的工作

2012年,全路各级团组织深入贯彻落实共青团中央和铁道部党组的工作部署,坚持以科学发展观指导工作实践,紧密围绕铁路安全、稳定、经营中心工作,团结带领团员青年为加快推进铁路现代化建设开展了丰富有效的工作和活动。

一、围绕中心,深化团员青年思想意识教育

全国铁道团委深入调研,多角度了解青年思想现状,带领各级团组织围绕铁路中心任务,采取灵活多样的方式,加强对团员青年的思想疏导,把团员青年的思想和行动统一到共青团中央和部党组的各项决策上来。

1. 契合时机开展传承教育。2月,全国铁道团委在全路各级团组织和广大团员青年中,开展“学雷锋跟党走铁路青年立新功”主题活动,引导团员青年传承雷锋精神,立足本职岗位推进铁路科学发展、安全发展。沈阳铁路局团委开展了“沈铁青年讲堂”系列活动;广铁集团团委开展了“岗位学雷锋,争做好职工”系列活动,其中以“志愿日、诚信日、孝亲日、生态日、关爱日、邻里日、感恩日”为主题的“学雷锋七彩奉献”活动得到广泛赞誉。5月,全国铁道团委在北京召开全路纪念建团90周年暨五四表彰大会,表彰了99名“全路优秀共青团干部”、221名“全路优秀共青团员”、83个“全路五四红旗团委”和111个“全路五四红旗团支部”;铁道部党组书记、部长盛光祖同志出席大会并讲话,部党组成员出席会议。全路各级团组织顺势组织学习盛部长重要讲话精神,引导团员青年以跟党走、立新功的实际行动在铁路改革发展的新征程中展示青年风采。铁道部直属机关团委采取“先分散学习、后集中讨论”的形式,积极组织青年深入思考实践盛部长讲话精神;南昌铁路局团委以“抓学习、抓服务、抓实践”为措施,深入学习贯彻盛部长“五四”讲话精神。7月,全国铁道团委根据实际情况,下发《关于加强新入路青年群体共青团工作的指导意见》,提出了准确把握对新入路青年进行思想引导的四个切入点;组织路局团委实施了“加速融入”及“加速学习”行动,帮助青年快速适应新环境,提升业务学习效果;要求各级团组织主动关心新入路青年的日常生活和情感问题,尊重青年个性,引导青年合理进行意见表达,努力帮助青年快速融入集体,完成角色转换,树立更加积极的心态、尽快成长为工作骨干。太原局团委立足工作实际,开展了“成长·共享”系列交流活动,激励青年岗位展示新作为;编印“加速融入”系列指引手册,引导青年尽快适应新环境;实施“加速学习”系列提素行动,帮助青年业务实现新突破。

2. 突出重点进行主题教育。一年来,全国铁道团委围绕全路重点工作,要求各级团组织通过征文演讲、知识竞赛、文艺表演、大讲堂等多种形式,加强对青年的思想引导,突出主题,强化形势任务教育,深入学习宣传贯彻党的十八大精神。上海铁路局团委联合路局关工委在全局范围举办演讲比赛,顺导团员青年形成“时刻保持昂扬向上的精神风貌,以优异的工作成绩为铁路事业的发展贡献力量”的共识。南宁铁路局团委扎实开展安全生产月活动,组建宣传小分队,深入车间、班组,发放安全生产月活动资料;并适时召开青工安全分析会,组织团员青年梳理本岗位风险项点、预防措施、应急预案,全力推进了青工安全风险管理。昆明铁路局团委开展与十八大代表面对面活动,学习党的十八大精神。

3. 有的放矢组织心理辅导。3 月,全国铁道团委联合中国科学院心理研究所在深度调研和访谈的基础上,精心编辑出版了《怎样看懂自己——铁路青年心理知识读本》,帮助铁路青年看清自己、了解自己;帮助基层团组织更准确把握青年脉搏,深入细致开展工作,既对青年进行了有针对性的心理辅导,又提高了基层团组织的工作水平。

4. 把握节奏选树青年典型。全国铁道团委在各项工作中坚持典型引路的有效手段,带领各级团组织培养和选树不同层次、不同类别的青年典型,用典型的先进事迹,激发青年投身铁路事业的热情。五四前夕,全国铁道团委深入挖掘乌鲁木齐铁路局库尔勒电务段安全员、第十六届中国青年五四奖章获得者尼红同志的先进事迹,引导团员青年深入学习“二十年苦心练技,千万次标准如一”的尼红精神;7 月份,全国铁道团委转发共青团中央、全国青联关于对铁道警官高等专科学校公安技术系信息网络安全监察专业 2011 级学生李博亚同志先进事迹的通报,号召全路各级团组织要以学习李博亚同志先进事迹为契机,查找在典型选树工作上的差距,增强挖掘典型事迹的敏感性和责任意识,把握青年先进事迹的宣传契机,提升选树先进典型的能力水平,力争推出一批社会认可度高、影响力强的铁路青年先进典型和团内优质服务品牌;8 月份,全国铁道团委下发《关于追授朱彦超同志“铁路青年五四奖章”的决定》,通报原成都铁路公安局重庆铁路公安处刑警支队二级警员朱彦超同志的英勇事迹,号召全路各级团组织学习朱彦超同志英雄事迹,积极践行“三个代表”重要思想、深入落实科学发展观,为铁路改革发展、建设中国特色社会主义做出应有的贡献。

全路各单位团委广泛开展评优活动,青年先进典型层出不穷。北京铁路局团委以公推票评的方式评选出了首届北京铁路局“十大杰出青年”,并先后在天津、北京东、北京西、丰台、唐山、石家庄等片区举办了 6 场“十大杰出青年”事迹报告会,激励广大青年学习先进、争当先进;呼和浩特铁路局团委以基层团支部为单位,扎实开展“学孙奇、跟党走、立新功”主题团课活动,引导团员青年以孙奇为榜样,践行孙奇同志“五种精神”,为企业发展贡献青春。

二、立足本岗,发挥团员青年生力军和突击队作用

一年来,全国铁道团委带领全路各级团组织紧紧围绕中心任务,带领广大团员青年突击奉献、攻坚克难,展示了铁路共青团良好的精神风貌,发挥出团员青年的生力军和突击队作用。

1. 常态化推进青年志愿者活动。春运期间,全国铁道团委组织开展铁路青年春运立功竞赛活动,广大团员青年立足岗位积极投身春运服务工作,用实际行动为社会青年志愿者做出表率。成都铁路局团委开行青春创业号快车 L258 次(成都至上海)满载着 500 余名川籍务工青年驶出成都站,为务工青年返岗创业提供“直达车”服务;北京局团委组织团干部担当了多趟共青团号临客乘务;青藏公司团委组织青年志愿者为重点旅客精心制作了代表“绿色通行证”的《志愿爱心服务卡》。春运结束后,部党组书记、部长盛光祖同志在全国铁道团委

呈报的《关于2012年暑运期间青年志愿者服务旅客工作的请示》作出批示："很好。要认真组织，不断提高，形成机制，促进铁路客运服务水平的进一步提升"。

暑运期间，全路18个铁路局团组织招募1962名社会青年志愿者，在51个重点火车站为旅客乘车出行提供志愿服务；同时开展了"'最美瞬间'主题微博评选"和"网络评议铁路乘车不文明行为"活动。暑运62天中，青年志愿者累计服务旅客54.7万人次，解答问询16.4万人次，收到旅客表扬信、锦旗、留言好评近千条，被省部级以上媒体报道200余次，产生了良好的社会反响。

黄金周期间，全路各级团组织适时招募铁路团员青年和社会志愿者，服务在全路100多个重点车站，积极开展志愿服务活动，有针对性地增加了爱心接力、预约服务、重点旅客服务卡等特色服务，有效提升了服务质量，受到了社会各界的广泛认同。

2. 夯实青年学技练功基础。3月，全国铁道团委授予18名青年"全国岗位能手标兵和全国青年岗位能手"称号，号召全路广大青年职工要以受到表彰的典型为榜样，在全面推行安全风险管理、进一步提升服务质量、大力实施多元化经营战略、全面实行以运输企业为市场主体的中心工作中创造新业绩，做出新贡献。郑州铁路局团委开展"学技能、练硬功、提素质"活动，在各级团组织中推行以新设备、新技术的学习和指导为内容的技术团课，由专兼职团干部主讲，现场教学、增长技能，分享经验、教学相长，引导团员青年不断提高自身素质，练就过硬本领；济南铁路局团委带领青年安全监督岗成员参观安全警示室，通过观摩进一步强化青监岗员的安全责任意识，增强做好青年安全监督工作的使命感。8月，铁道部、共青团中央联合开展2011—2012年度铁路系统全国青年文明号评选活动，进一步规范了评选条件、评选方式等标准，掀起了青年班组争先创优的热潮。

3. 青年突击队作用明显。全路各级团组织积极投身各类应急任务，组织团员青年发挥突击队作用。成都铁路局团委组织130余名青年志愿者，开展北粮入川卸车突击行动，首日完成6辆重车(棚车)的卸车作业；沈山线遭受强降雨袭击后，沈阳铁路局团委迅速组织山海关工务段成立青年突击队赶赴水害现场，冒雨抢修线路；昆明铁路局广通工电段团委主动融入，号召全段团员青年们积极投身全段防洪工作，组建突击队投入清理危石、排除汛期隐患工作，确保汛期安全畅通；南昌铁路局在台风"海葵"突袭之际，立即成立青年突击队，在恶劣而危险的环境中抢救被困人员和受灾物资。

4. 蓬勃开展"双创"活动。全国铁道团委为进一步发挥好先进典型的示范带头作用，引领广大团员青年在铁路科学发展、安全发展中做出更大贡献、展示更大作为，在全路共青团组织中开展"学技对标'双创'立功"活动，首先在全路68个电务段(通信段)开展了主题活动。各级团组织按照全国铁道团委文件要求，第一阶段围绕铁路中心工作，深入开展了安全生产先进团支部、青年安全生产示范岗创建、评选系列宣贯活动，掀起了团员青年标准化作业、立足本岗建功立业的热潮。

9月28日，铁道部党组成员、副部长王志国同志在铁道团委呈送的《铁路共青团"学技对标、'双创'立功"活动阶段汇报》上做出重要批示：在铁道团委的精心组织下，共青团"学技对标、'双创'立功"活动已全面展开，并有了良好开端。希望在此基础上，强化调查研究，动态把握活动进展情况，及时进行指导，适当时候应通过电话会议等方式对各单位的做法进行交流。

全国铁道团委按照王副部长的批示要求，进一步行文细化了工作推进方案，在前一段工作基础上加强调查研究，探索建立了青年安全工作数据采集分析系统;成立三个“学技对标‘双创’立功”活动小组,各小组实行项目化运作;同时在内网主页上新开通了“双创”活动专题页面,深入推进“学技对标‘双创’立功”活动,营造浓厚的活动氛围,加强活动项目小组之间的交流,展示工作的动态和成果。

2012年12月20日,全国铁道团委在南京召开“双创”立功活动阶段推进会。部政治部副主任、部安监司副司长、部运输局电务部副主任、全路关心下一代工作委员会秘书长、上海局党委副书记等领导出席会议,全国铁道八届委员、部属各单位团委负责人、来自基层的青年代表共计100余人参会。会议交流了11个基层单位和个人的“双创”活动先进经验,现场观摩了南京电务段的“双创”工作。齐文超副主任对“双创”活动取得的阶段性成效表示肯定,并强调,全路各级团组织要以党的十八大精神为统领,深入贯彻落实部党组、团中央的指示精神,立足服务铁路中心工作,服务青年成长成才,团结带领全路团员青年在铁路改革发展实践中再作新贡献。

5. 承担企业责任提升铁路行业形象。全国铁道团委发动各级团组织对各自辖区内铁路沿线2.5公里范围内农民工子女较多的中小学校基本情况进行详细调查摸底和情况汇总,并将中小学校按片、分线配给附近基层单位团组织,实行分工包保负责。目前已累计摸底学校数12138个、结对数7959个。兰州铁路局团委在夏官营齐家坪小学表彰了一批“铁路安全小卫士”;太原铁路局团委制定下发《关于印发太原铁路局团组织路外安全宣传教育活动方案的通知》对工作进行了认真谋划,并组织“青年文明号”号长、“青年安全生产示范岗”成员、优秀团干部、优秀共青团员担任校外辅导员与1721所学校对应包保;上海局铁路团委制定道口安全团干包保制度,明确管内宁芜线、合九线等86个重点道口由团干部实行“一对一”包保;南昌铁路局团委与沿线团市委签订了协作框架,吸收南昌大学等8个高校志愿者团体参与活动,有力保障了工作的长期开展;昆明局团委与中国麦田计划组织建立日常联系,积极参与为管内贫困学校筹建图书室,捐赠图书活动,同时得到了开远市教育局、巡检司镇政府的认可,并给予了相关的帮助。

铁路青少年发展捐助中心充分统筹各方资源,深入推进“圆梦行动”和“助飞铁路骄子”帮困助学活动,对已进行资助且不在“三不让”覆盖范围内的铁路贫困学子跟进走访,动态掌握情况。同时继续提供专项资金用于在高校铁路运输相关专业学生中设立“茅以升铁道教育希望之星”奖学金,进一步提升铁路事业在校大学生心中的影响力,为铁路吸引更多的青年才俊贡献力量。2012年9月16日,铁路青少年发展捐助中心联合全国铁道团委、全国铁路关心下一代工作委员会、北京交通大学等单位在北京京张铁路青龙桥站举行2012年铁路“圆梦希望”助学活动助学金发放仪式。铁路青少年发展捐助中心希望工程事业在各级领导帮助和支持下稳步发展,今年荣获2011年度“希望工程影响力奖”和“一致行动奖”。

三、结合实际,加强共青团组织自身建设

全国铁道团委结合新形势下团员青年特点,不断加强共青团自身建设,切实发挥党的助手和党联系青年的纽带作用。

1. 创新工作载体。全国铁道团委紧紧依托网络时代新媒体的新应用,不断创新工作载体,打造了“青春畅想”、“团青之家”、“心灵家园”等一批青年网站,深化了QQ群、短信平台和手机报平台的利用广度与深度,为进一步强化青年思想动态掌握、工作成果展示、先进典型宣传和信息交流互动工作奠定了基础。在新华网、新浪网等网站开设了铁路共青团微博群,及时宣传铁路青年事迹、展示铁路团组织风采,为广大团员青年搭建覆盖广、纵向深、定位精准、吸引力强的交流和沟通平台。

2. 提升团干部素质。全国铁道团委始终将提高团干部素质作为一项重要工作，采取多种形式对团干部进行培训。2012 年 9 月 10 日，在铁道部党校举办全路共青团干部培训班。邀请铁道部有关司局领导、团中央领导、中央团校和铁道部党校等知名教授分别从政治理论、铁路形势任务、青年工作理论、团的工作业务及综合素质方面进行专题讲座，历时 9 天，来自基层的 97 名团干部参加培训。

为提高团干部的自我认知能力，增强团干部运用心理学了解和服务团员青年的能力，全国铁道团委联合中国科学院心理研究所出版了《怎样看懂他人——铁路团干部心理知识读本》，受到了广大团干部的好评。

3. 大力繁荣青年文化。全国铁道团委按照部党组提出的繁荣铁路和谐文化，实现对内“凝心聚力”、对外“优化环境”工作目标，紧密围绕铁路工作特色，开展了“安全金点子”、“技能小妙招”征集，“我的安全秘笈”、“让标准成为习惯”、“青春与安全有约”征文等活动，活动在青年中的认可度和参与度不断提升。全路各级团组织也通过丰富多彩的文艺活动进一步繁荣铁路青年文化创作。上海局青年原创歌曲《师傅》听得无数铁路老职工潸然泪下；南宁局团组织创作拍摄的微电影《火车司机的爱情故事》一经推出便获得铁路青年热捧；北京局团委启动了“送文化到班组”工作；太原铁路局团委开展了“第一届青年文化艺术节”系列活动，举办了“太铁青年达人秀”选拔赛；上海局团委在一线基层团支部和青年文明号班组创建“青年书屋”示范点 68 个，赠送团务知识类、风险管理类、文化类、科技类图书 900 余套；呼铁局团委开展青年文艺小分队下基层活动；上海、南宁、济南、沈阳、呼和浩特、哈尔滨等多个路局团委组织大型相亲交友、集体婚礼等活动，进一步为青年职工解决情感问题，做青年人的知心人。

4. 加强作风建设。全国铁道团委为推动铁路团干部联系基层创先争优活动联系点制度的进一步落实，增强团干部加强作风建设的主动性和自觉性，下发了《关于铁路团干部联系基层创先争优活动的实施意见》，在内网公布了铁道团委常委和本级工作人员定点联系单位，督促各路局团委对团干部联系基层工作进行部署，全路 1418 名团干部选择了 2836 个基层单位作为联系对象。通过《意见》的实施，各级团干部既传承了共青团的优秀传统，也增强了应对挑战的能力。

中央直属机关团的工作

中直机关各级团组织按照中直机关 2012 年党的工作会议和共青团十六届五中全会部署，以迎接服务、学习贯彻党的十八大为主线，认真谋划、精心组织，突出重点、狠抓落实，在总结经验的基础上开拓创新，认真履行组织青年、引导青年、服务青年、维护青年合法权益等职责，中直机关共青团工作取得新的进展。

一、以迎接服务、学习贯彻党的十八大为主线，以引导青年坚定跟党走为根本目标，深化青年思想引导工作

以庆祝建团 90 周年为契机，推进“学党史、知党情、跟党走”主题教育活动。团工委及时组织中直机关广大团员青年学习胡锦涛同志“五四”重要讲话精神，中直各单位团组织通过各种

形式，广泛组织团员青年学习党的理论、党的知识、党的历史，进一步坚定跟党走中国特色社会主义道路的信念。中央办公厅机关团委开展“从一大到十七大”主题宣传活动，精选历次党的全国代表大会相关资料在内网论坛上转发，对青年加强党史党情教育，营造喜迎十八大的良好氛围。全国政协机关团委组织开展学习征文活动，编印《青春之歌》专题纪念册，举办“青春之歌”经典诗文诵读会。中组部机关团委在青年干部中开展“做党性最强的组工干部”主题演讲比赛，激励青年同志立足岗位创先争优。广电总局团委举办“为青春引航”——总局领导与广电青年共话成长主题活动以及“光影青春·魅力成长”——全国广电青年微视频创意影像大赛。新华社团委在国家大剧院举办“青春的旋律”新华社五四青年音乐会，打造青年文化精品。中国外文局团委按照内知国情、外晓世界的要求，开展“电影的文化解读”系列活动，举办“外宣有我”演讲会。中国出版集团团委召开纪念“五四”青年节座谈会等。

党的十八大召开后，按照中直工委和团中央工作部署，迅速在中直机关各级团组织和广大团员青年中掀起学习宣传贯彻十八大精神的热潮。印发了《关于组织中直机关团员青年深入学习宣传贯彻党的十八大精神的通知》，召开了中直机关青年学习党的十八大精神座谈会，邀请当选十八大代表的青年文明号负责人杨彩霞、中直青联副主席张立军与机关青年代表进行座谈。及时了解各单位团组织学习宣传贯彻十八大精神情况，以简报、手机短信、微信等形式交流和推动工作。中央纪委机关团委在机关网站“青年园”栏目开设“学习十八大专题”，组织3期“团支部书记畅谈十八大”学习交流会。中央对外联络部机关团委邀请十八大代表沈蓓莉为青年作辅导报告，开展“学习党的十八大精神知识问卷”活动。中央党校团委举办了团干部学习党的十八大精神学习班，邀请有关专家讲解十八大报告。团中央直属机关团委邀请了团中央机关参与针对不同青少年重点群体十八大精神新媒体版本编写工作的同志，和机关年轻干部交流分享学习十八大精神的思考和体会。中国日报社机关团委通过组织集体学习及团支部学习研讨等形式，在全社团员青年中掀起学习热潮。

以开展青年志愿服务活动为载体，深入开展社会主义核心价值观教育，加强青年思想道德建设。按照团中央统一部署，以“传承雷锋精神，参与志愿服务”为主题，在“3·5”期间集中开展学雷锋活动。团工委负责同志先后就开展学雷锋青年志愿服务活动到中国大百科全书出版社和中国外文局进行调研，并组织中直机关青年280多人到密云开展义务植树活动，引导团员青年积极参与生态文明建设。中直各单位团组织积极行动，结合本单位实际，广泛开展形式多样、内容丰富的学雷锋活动。全国政协机关团委组织“弘扬雷锋精神”征文，组建机关青年志愿者协会，为青年搭建参与社会志愿服务平台，并结合实际开展了“《雷锋日记》读书交流会”和“岗位学雷锋”活动。中组部机关团委、全国总工会机关团委邀请“当代雷锋”郭明义与机关青年面对面座谈，激励大家传承雷锋精神、树立文明风尚。中央宣传部机关团委组织青年干部赴辽宁抚顺雷锋纪念馆参观学习，与“雷锋班”官兵、雷锋同志生前战友乔安山座谈交流，深入学习领会雷锋精神。中央对外联络部机关团委开展慰问孤残儿童活动，为北京春苗儿童成长中心捐赠图书、玩具、食品等。

据不完全统计，“3·5”期间，中直机关各级团组织共开展敬老助老、公益环保、关爱农民工子女等主题志愿服务活动30多次，直接参与人数近万人，有力推动了中直机关群众性精神文明建设活动。

二、以创建青年文明号、争当青年岗位能手活动为载体，广泛开展为党的十八大作贡献主题实践活动

多年来，中直团工委坚持在中直机关团员

青年中广泛深入开展创建青年文明号、争当青年岗位能手活动，培养和涌现出一批优秀青年和优秀青年集体。其中中直青年文明号负责人、中国儿童中心幼儿园园长杨彩霞光荣当选为十八大代表。

2012年2月，团工委印发通知，要求在中直机关各级团组织和广大团员青年中广泛开展创建青年文明号、争当青年岗位能手活动，把中直机关团员青年迎接、服务十八大的热情凝聚起来，作用能够发挥出来。7月12日，团工委召开年中工作交流会，对进一步开展好“创争活动”进行部署。十八大闭幕后，团工委及时评选了2011－2012年度中直机关青年文明号36个和第八届中直机关青年岗位能手90名并给予通报表彰。中央纪委、中央组织部、中央统战部、中央对外联络部、人民日报社、全国总工会、全国妇联、广电总局、中国出版集团等单位团组织评选表彰了本单位青年文明号和青年岗位能手。

三、总结经验，打造过硬工作品牌，深入做好青年干部下基层锻炼工作

认真学习贯彻习近平等中央领导同志对机关年轻干部下基层锻炼的指示精神以及工委的安排部署，以开展支教扶贫和“共建同行”活动为主要抓手，推动青年干部基层实践锻炼工作。

1. 做好中直机关青年干部赴西柏坡支教扶贫工作。一是组织开展“重回革命圣地、追寻支教足迹”主题实践暨征文活动。组织往届支教扶贫队员共50多人再回西柏坡，进行座谈交流、家访调研等。在西柏坡召开座谈会听取当地学校和支教队员对支教扶贫工作的意见和建议。参加“重回革命圣地·追寻支教足迹”主题实践活动的支教扶贫队员回顾支教经历，踊跃参加征文活动。经评审，中央纪委宣教室副处长冷葆青等16名同志撰写的文章分别获一、二等奖，西柏坡中学校长霍新华撰写的文章获特别奖。二是召开中直机关青年干部支教扶贫工作报告会。总结了14年来选派青年干部开展支教扶贫挂职工作的做法和经验，总结了“五个一”工作机制，即选好一个利于成长成才的基层锻炼舞台，配强一套政治过硬、团结有力的支部班子，形成一套贴近实际、有效管用的管理制度，锻造一支弘扬西柏坡精神和志愿者精神的接力棒，搭起一个信息交流、成果共享的综合平台。历届支教扶贫队员代表在报告会上发言，从不同角度讲述了在支教扶贫工作中的感悟和收获。此次报告会注重创新，邀请中央电视台著名主持人康辉、紫凝主持，运用PPT演示，加配背景音乐，并现场采访西柏坡受资助学生，使与会同志深受感动。报告会全程微博直播，引发不少青年网民“围观”。监测数据显示，报告会召开后的两天里，互联网上有关中直机关青年干部支教扶贫工作报告会的新闻报道共有87篇；《光明日报》作了长篇报道，新华网等63家网站在首页显著位置进行报道，人民网在首页重要位置开辟了专栏。三是组建中直机关第十五批青年干部志愿服务队并于8月底赴西柏坡开展为期1年的支教扶贫工作。行前邀请北京师范大学实验中学老师对新队员进行培训辅导，建立了临时党团组织。几个月来，第十五批队员继承支教队的好传统、好作风，在完成代课任务的同时发挥自身优势，加强校园文化建设，开展中小学生励志教育；到乡镇政府及民政所、司法所挂职，开展“访村入户，青年干部在行动”等活动，为群众办实事办好事，得到了当地干部群众的好评，队员们也受到了生动的群众观念和群众路线教育。经联系协调，全国总工会拨款20万元，帮助西柏坡中小学基本解决了两年的取暖烧煤费用。

中直机关的支教扶贫工作得到了中直工委书记栗战书同志的肯定。10月12日，新华社《国内动态清样》编发了《中直机关开展青年干部支教扶贫的实践与启示》，充分肯定中直机关青年干部14年支教扶贫的实践，不仅为党和国家培养了高素质人才，也为新时期青年干部培养工作带来有益启示。

2. 深化中直机关团组织与地方基层单位“共建同行”活动。把开展“共建同行”活动和中直各单位团组织开展创先争优服务群众活动相结合，和中央新闻单位开展的“走基层、转作风、改文风”活动相结合，进一步组织引导团员青年深入基层，加深对国情、社情、民情的了解，增进同人民群众的感情，在向实践学习、向人民群众学习中转变作风，在帮助基层解决困难中提高工作能力。7 月份召开了中直机关团组织与地方基层单位“共建同行”活动推进会，邀请团河北省委、团北京市委及河北环首都九县的有关负责同志出席会议并作发言，介绍情况，围绕助力环首都扶贫攻坚、深化青年人才培养、生态环境保护等方面内容搭建合作平台，推动“共建同行”活动制度化、长效化开展。会后，应团河北省委要求，组织人民网、新华网、中国青年报等新闻单位青年记者参加“京冀记者环首都行”大型采风活动。中央纪委机关团委组织委部机关及部分派驻机构的 35 名青年干部前往胜利油田开展以“深入企业、锤炼作风”为主题的社会实践活动。中央办公厅机关团委组织开展青年干部农村实践活动，与北京、河北的 4 个村结对共建，组织 32 名同志深入农村，与当地群众同吃同住同劳动。全国政协机关团委开展“走进基层政协”学习实践活动，组织 14 名青年干部分赴 11 个省（自治区）的 13 个县级政协学习调研。中央统战部机关团委与贵州省赫章县团县委结成共建单位，组织基层社会管理、民族团结新村建设、农业产业化建设、乡村循环经济发展、文化工业园区建设 5 个调研小组，前往当地 5 个乡镇的 21 个自然村进行实地调研。广电总局各级团组织开展广电青年下基层活动 70 余次，直接参加活动青年近千人。

四、选树优秀青年和先进青年群体典型，巩固深化创先争优活动成果

经团工委推报，中央纪委许国鹏等 5 人被团中央授予第九届中国青年志愿者优秀个人奖；中央办公厅团委、中央党校研究生志愿者服务队被授予优秀组织奖；毛主席纪念堂志愿服务项目被授予优秀项目奖。中办团委、中央党校后勤服务部综合服务中心团支部被评为全国五四红旗团组织，中国科协机关团支部书记李健被评为全国优秀团干部。中央警卫团中南海新华门哨位等 4 个单位被评为全国青年文明号。中国图书国际会展中心被评为全国青年安全生产示范岗单位。团工委评选表彰了 2011—2012 年度中直机关优秀共青团员 71 名、优秀共青团干部 62 名、五四红旗团组织 51 个。

对支教扶贫青年志愿者的先进事迹进行整理，通过工作简报、网络媒体、传统媒体以及报告会等多种形式，讲述“感动中直青春故事”，在中直机关团员青年中引起较大反响，取得良好效果。

中央组织部、中央统战部、中央对外联络部、团中央、广电总局、经济日报社、中国出版集团等单位团组织评选表彰了本单位优秀共青团员、团干部和五四红旗团组织。新华社团委联合《新闻业务》周刊推出“新华社 2011 年度新锐青年”评选，打造举荐青年人才的新通道，在青年中营造锐意创新、见贤思齐的浓厚氛围。

五、积极探索和运用新媒体开展工作，把新媒体建设成为面向广大青年的重要组织动员平台

1. 开展新媒体培训工作。举办了中直机关团干部微博培训班，邀请专业人士为中直机关团干部讲解微博发展趋势、使用特点及注意事项。要求中直机关各级团组织提高运用新媒体的能力，紧密结合团的重点工作，努力贴近青年网络话语体系，打造微博特色内容，吸引青年关注，加强思想舆论引导。

2. 广泛建设中直机关共青团新媒体平台。鼓励和支持以团组织名义开微博、以团干部个人名义开微博、以团的工作项目和品牌活动开微博,鼓励和引导青年典型开微博。目前,各级团组织、团干部共开通微博314个。中直机关二级团委以上团组织大都已建立手机短信发送平台,许多单位基层团组织开通了QQ群、飞信群。广电总局等单位团委创办了手机报。新华社团委微博"新华新青年"在新浪全国共青团微博影响力排行榜上长期位居前列,赢得社内外青年的广泛关注和支持。中国日报社机关团委在新浪微博开设了"ChinaDaily青年沙龙"微群,积极利用内部腾讯通讯平台开展工作。中央编译局机关团委利用OA信息系统,开展"好书相伴"活动,每月向青年推荐一本好书。

3. 抓好重点品牌微博建设。开通"中直青年"和"支教西柏坡"微博,设立了"中直支教情"QQ群,创建"青春飞扬支教情"新浪微群。在组织动员团员青年学雷锋、开展西柏坡支教扶贫等工作中,通过品牌微博与中直党建网、新华网、人民网、光明网等网络平台联动,中直各单位团组织利用新媒体积极转载,形成了一定的宣传声势,在社会上引起积极反响。

六、重视对青联工作的指导,青联工作取得新进展

1. 加强思想教育和理论武装,增进共同理想信念。胡锦涛同志在纪念建团90周年大会重要讲话发表后,通过集体学习、座谈交流、与青年学生面对面等形式,组织青联委员认真学习贯彻讲话精神。

2. 发挥人才优势,在服务中心工作中彰显青联作为。9月,为进一步贯彻中央对台工作部署,推动两党青年交流,应国民党中华中兴菁英发展协会邀请,中直青联首次组织文化交流参访团赴台参访,取得积极成效。

3. 不断拓展服务青年领域,扩大服务青年的覆盖面。与欧美同学会定期举办"时代大讲堂",邀请专家学者为青年解析青年普遍关注的时代课题。

4. 切实加强对青联委员的联系和服务,充分发挥团体会员和各界别作用。推动有条件的单位成立青联组织,中央编译局和中国文联机关相继成立青联,中直青联团体会员增至4家。注重思想性和联谊性结合,开展"走近委员"学习交流活动,构建积极向上的组织文化。

七、加强中直机关团组织建设,不断提高工作科学化水平

一是加强团工委班子建设,调整、增补了6名团工委委员。二是加大支持基层团组织力度。继制定出台《关于提高中直机关团组织活动经费额度的意见》后,向部分基层团组织补助活动经费。三是推广基层团组织在实践中探索的好经验、好做法,通过简报、网络等载体,介绍一些单位团委在加强基层团青组织建设、扩大工作覆盖面、运用新媒体开展工作等方面的成功经验和有效做法,基层团组织的积极性和创造性得到进一步发挥。如人民日报社团委组织开展"一团(组)一品"创建工作,涌现出总编室团总支"金台读书会"、人民搜索团总支"即刻,响应青年"系列讲座、人民数字团支部"感动心灵慈爱行动"、新闻协调部青年小组"微青年"等优秀活动项目。中央统战部机关团委编写《部机关团委工作手册》,不断提高基层团组织工作规范化水平;全国总工会机关团委积极探索、推动建立青年小组,研究制订指导意见,从组织设置、职责分工、干部产生、推进措施等方面提出19条规范操作意见,创新了青年工作体制。

中央国家机关团的工作

2012年，在中央国家机关工委和团中央的领导下，团工委按照“一条主线，两个平台，三大重点，四项支撑”的“1234”工作思路，即以迎接十八大和学习贯彻十八大精神为主线统揽全年工作，打造开放的网络学习平台和“阳光行动”公益平台两个平台，做好“走进一线”“青春使命”“青年智库”三项重点工作，加强评优学优、思想引导、培训交流、自身建设四项支撑，坚持抓固有工作格局和抓重点活动并重，坚持以发挥部门积极性为主和统筹协调资源并重，坚持良好工作传统和不断创新工作方法并重，通过一年的努力，部门机关团委的活力有所提高，重点活动的影响力和感染力有所提高，对机关青年的凝聚力和号召力有所提高。

一、深入学习宣传贯彻党的十八大精神，夯实机关青年跟党走的思想基础

坚持以理想信念教育为核心，切实抓好思想引导工作，抓住迎接十八大召开和学习宣传贯彻十八大精神、纪念中国共青团成立90周年重要契机，广泛开展学习培训、座谈交流、专题报告、理论研讨、形势政策宣讲等活动，引导广大机关青年真心实意紧跟党走中国特色社会主义道路。

1. 抓好学习宣传贯彻党的十八大精神这个首要政治任务。一是组织团干部带头学习、深入学习，原原本本研读十八大报告、新修改的党章，学习习近平总书记一系列重要讲话，深刻领会党的十八大报告对做好青年工作提出的新要求，进一步把思想认识统一到十八大精神上来。二是注重贴近青年，增强学习宣传的针对性和实效性，激发广大青年的学习积极性，广泛开展多种形式的学习宣传活动。以团组织联络片为单位，分片开展座谈交流和研讨培训，引导青年结合工作深入思考，努力使十八大精神入脑入心，并不断转化为完成十八大所提出目标任务的实际行动。三是着力引导青年通过学习，自觉把爱国主义、社会主义与坚持党的领导统一起来，进一步坚定对中国特色社会主义的道路自信、理论自信、制度自信，增强忧患意识、创新意识、宗旨意识、使命意识。

2. 认真学习贯彻胡锦涛同志在纪念中国共青团成立90周年大会上的重要讲话精神。组织广大机关青年认真学习胡锦涛同志提出的“五点希望”，引导青年干部进一步明确自身成长的正确方向，自觉把个人理想与共同理想紧密结合起来，把个人奋斗融入到党和人民的事业中去，用奋发有为的青春激情和脚踏实地的实干精神，为推进中国特色社会主义伟大事业而奋斗。

3. 开展青年沙龙活动和舆情分析。选取具有时代性、青年普遍关注的社会热点问题，定期组织开展青年沙龙活动，鼓励青年围绕时事热点问题敞开心扉交流，在观点碰撞中正确认识自己，实现自我教育和相互教育。通过开展青年沙龙活动，搭建了青年拓宽视野、提升思维、展示自我、沟通交流的平台，同时也及时了解和掌握了青年的思想动态，有针对性地开展了青年舆情分析和引导。

二、开展“走进一线”基层调研实践活动，引导青年到基层去、向实践学习

团工委从2008年开始开展以“根在基层”为主题的青年干部基层调研实践活动，规模逐步扩大，形式不断创新，对青年的影响力号召力不断增强。2012年的“走进一线”活动，共有中央国家机关72个部门的1197名青年干部深入到工厂、农村、企事业单位等111个一线调研点开展调研。参加这次调研实践活动的青年干部，平均年龄31岁，85%以上是中共党员，70%

具有硕士以上学位。活动期间共走访基层单位652家,召开座谈会412次,访谈一线员工2203人,拜708位老师,形成访谈笔录、蹲点日记、调研报告、心得体会等共2312篇。

"走进一线"活动聚焦于行业一线,力求实现从政策制定端到政策执行端的全链条贯穿。主要有以下特点:一是坚持同工同勤、同吃同住,参与和体验基层一线常态化的日常工作。二是坚持学习先进、发现感动。三是坚持分享交流、营造气氛,活动期间在团工委官方博客累计发表博文1200多篇、微博4800多条,博客访问量达10万多人次。团工委编发活动专刊40期、《精粹汇编》5期,选编文章100多篇。北京人民广播电台在"故事恳谈会"栏目讲述活动中的感人故事,共播出40期。四是坚持形式多样、务求实效,采取导师辅导等多种方式帮助青年了解情况、分析问题,打破部门界限,采取插花编队的形式,促进了青年干部之间的互相交流、互相学习。通过深入基层、走进一线,推动青年干部实现了三个拓展:视野拓展、能力拓展、胸怀拓展;帮助青年干部学会了三个换位:政策换位、行业换位、角色换位;方法上形成了青年干部基层锻炼的三个共识:理论共识、路径共识、感情共识。

马凯同志对这次活动非常重视,亲自出席活动启动仪式,并对活动开展作出重要批示:"实践证明,组织中央国家机关青年干部下基层,'走进一线',开展调研实践活动,一举数得,是培养和锻炼干部的好途径。希望长期坚持下去,成为中央国家机关加强干部队伍建设的一个'品牌',讲求实效,越办越好。可作适当宣传和交流。"

各部门机关团委在团工委集中安排外,以"根在基层"为主题广泛开展了形式多样的青年干部下基层活动,同时积极搭建实践锻炼平台,鼓励青年利用出差、开会、休假、回乡机会,主动深入基层开展调研,多方面、多渠道了解基层情况,为引导机关青年了解国情民情、增进对群众的思想感情、培养艰苦奋斗的作风起到了较好的推动作用,受到了各级领导肯定和广大青年欢迎。

三、开展"青春·使命"活动,激发青春责任和历史使命

"青春·使命"活动着眼于用部门长期以来形成的优良传统作风教育青年,用先进模范的典型事迹带动青年,用身边人、身边事激励青年,激发广大青年干部的集体荣誉感和历史使命感,以优异成绩迎接党的十八大胜利召开。各部门结合本部门实际,以基层团支部为单位,组织青年干部广泛开展"访谈一位老领导、整理一位先进人物的典型事迹、挖掘一个身边的感动故事"系列活动,通过专题采访、资料整理、座谈交流等方式,发掘部门优良传统作风和代表人物,发现身边优秀人物和先进事迹。同时开展多层次、多方位的学习宣传和交流互动,组织青年干部积极撰写感悟思考文章,营造了向前辈学、向先进学、向身边学的浓厚氛围。2012年,共有40多个部门先后开展了报告会、故事会、征文活动、演讲比赛等学习交流活动,在青年干部中取得了广泛的影响,激发广大机关青年的历史使命感和奋斗精神。

四、打造网络学习和公益服务平台,服务青年成长发展

针对机关青年成长需求多样化、差异化、分散化的特点,以建设资源整合共享平台为切入点,积极整合各类资源,综合运用各种手段,进一步增强服务青年的整体水平。

1. 建成并开通中央国家机关青年网络学习平台。部委的优质学习资源向其他部门的青年开放,青年也可打破部门界限各取所需地选择学习项目,形成学习资源多点提供、多中心的格局,以多元学习中心应对多层次多样化的学习需求。受到部委青年的广泛好评。

2. 打造"阳光行动·我们在一起"青年公益平台。结合"学雷锋"活动,积极开展"三个关爱、一个牵手"系列公益活动。面向青年农民工、孤残和留守儿童、残疾人等弱势群体，开展专题讲座、心理咨询、健康辅导服务、捐赠图书、爱心礼包、慰问演出等志愿服务。一年来，30多个部门的1200余人次青年积极投身各类志愿服务，服务时间累计4800多小时，服务基层群众近12万人次。

3. 不断深化"读书·实践·成才"品牌活动。举办中央国家机关青年系列知识名家讲座第13个系列——"名家谈文化"，清华大学国学研究院院长陈来等知名专家学者先后登上讲坛开讲，共计1200余人次参加，青年反响热烈。

4. 扩大新媒体和文化载体的运用。大力推动各级团组织博客、微博、短信平台、手机报、QQ群等新媒体建设，以增强与青年互动、提升对青年吸引力为重点，以青年关注话题为切入点，提高新媒体平台的活跃度和影响力。目前，团工委博客访问量达20多万人次，微博粉丝近7万人，通过在重大活动中编制主题曲、彩铃，与广播电台、主流网站联合推出栏目等方式，增强青年的参与热情和关注度。组团参加全团新媒体和文化成果交流展览会，集中呈现了中央国家机关共青团近年来运用网站、博客、微博、手机报、即时通讯软件等新媒体和文化手段凝聚青年、服务青年的新成果。

5. 广泛开展丰富多彩、适合青年特点的各类活动。各部门机关团委通过成立青年读书会、读书班、举办读书论坛等多种方式，深入开展丰富多彩的青年读书活动，引导青年把读书学习作为最紧迫的任务。组织开展技能竞赛、业务评比、岗位建功等多种形式，提高青年的学习能力、组织协调能力、文字表达能力和调查研究的基本功。成立青年兴趣小组和联谊组织，积极开展贴近青年、健康向上的各类活动，最大限度地帮助青年在思想上解惑、工作上解难、生活上解困、情绪上解压、文化上解渴。

五、抓好评优学优工作，带动青年立足岗位创先争优

组织开展第二届"中央国家机关青年五四奖章"评选表彰活动，10名同志被评为第二届"中央国家机关青年五四奖章标兵"，103名同志被评为第二届"中央国家机关青年五四奖章"。2012年五四前夕召开中央国家机关青年五四奖章表彰会，马凯同志出席会议为受到表彰的五四奖章标兵获得者颁奖并合影留念。开展"2011—2012年度中央国家机关青年文明号"评选表彰活动，119个青年集体被评为"2011—2012年度中央国家机关青年文明号"。由团工委推报的最高人民检察院国家赔偿工作办公室等5个青年集体荣获"2011—2012年度全国青年文明号"，推报的5名青年、2个单位和2个项目分别荣获第九届中国青年志愿者优秀个人奖、组织奖、项目奖。注重发挥先进典型的榜样力量，通过深入开展形式多样的学习宣传活动，营造了比学赶超的浓厚氛围，激发了青年积极进取、奋发有为的精神。

六、加强团的基层组织建设，不断增强基层活力

紧紧抓住团干部队伍这个关键因素，坚持党建带团建，不断提高团组织在青年中的影响力、号召力。

1. 建立与部门机关党委定期联系制度，就机关团建重点问题及时沟通，促进部门机关党委更加重视机关团的工作。

2. 加强团组织带头人建设。2012年，有16个部门机关团委换届，新任部门团委书记14名。对团工委委员和联络片片长进行了集中调整，充实了骨干力量。注意发挥团工委委员和联络片片长在研究部署全局工作、讨论决定重大事项、推进重点任务落实等方面的作用。

3. 加强团干部学习培训。以形成高度的学习自觉、鲜明的政治导向和较强的学习能力为重点，进一步加强团干部的学习。推动召开和承办了全国机关团干部培训班，这是团中央27年来首次举办全国性的机关团建研讨会，对于推动深入交流合作、加强新时期机关共青团工作具有重要意义。举办新任职部门机关团委书记培训班，通过总结会、工作会等形式广泛开展团干部培训工作。进一步扩大团干部挂职交流和基层实践锻炼渠道，在有关部门支持下，协调3名部门团委书记到北京市挂职。

4. 不断激发基层活力。继续评选2012年度中央国家机关“共青团工作奖”、“最具活力团支部奖”。开展机关共青团工作品牌案例征集和宣传推广活动。支持各部门广泛开展有益青年的各类活动，促进青年身心健康发展，有效增强了基层团组织的凝聚力和吸引力。

七、以加强规范化建设为重点，提高机关团的工作科学化水平

1. 加强团工委自身建设。一手抓制度建设，一手抓青年干部培养成长，逐步实现了工作的扁平化、规范化和民主化。倡导实事求是的工作作风，坚持密切联系基层、联系实际，倡导不断创新的工作理念，不安于守成、不满于现状，在内容形式、方法载体上寻求突破，努力建设学习型、进取型、创新型、和谐型队伍。

2. 加强青年工作理论研究。中央国家机关青年工作人员职业角色塑造机制课题研究进展顺利，被列入团中央重点课题。

3. 做好青年外事、团内统计和团费收缴等工作，先后选派21个部门的23名青年分赴巴基斯坦、印度、韩国、英国等国家交流访问。

八、做好中央国家机关青联工作

主动适应形势发展，充分发挥人才智力优势，在增强思想引领、凝聚青年才智、促进社会公益、加强自身建设等方面取得了新成效。

1. 突出思想引领。深入学习贯彻党的十八大精神和中央其他重要精神，通过报告会、座谈会、研讨会等方式，引导青联委员把思想和行动统一到中央的决策部署上来。

2. 推进“青年智库”品牌建设。按照“走进一个地区，聚焦一个领域，破解一个政策难题，形成一份高质量调研报告，举办一次高水平论坛”的思路，继续开展青年智库调研，组织青联委员与广东揭阳民营企业家座谈交流，共话民营企业转型升级，形成了一些富有建设性的意见和建议。

3. 引领青年健康成长。支持青联委员参与和融入机关青年工作，用自身的成长历程、精神追求和模范行动影响带动青年，为广大青年在业务上引路、在成长上示范、在活动中助力。

4. 丰富活动内容。引导青联委员把个人成就与履行社会责任紧密结合起来，积极投身社会公益活动，关注和帮扶弱势群体，为促进社会和谐多做贡献。各界别活动丰富多彩，全年开展各类活动35次，参与人数1800多人次。加强与全国青联、各省市青联组织的交流互动。

5. 加强自身建设。强化青联秘书处的服务、协调、组织功能，依托学习平台、短信平台、青联通讯等载体做好信息交流。制定《中央国家机关青联主席班子日常工作制度》，增补了界别秘书长。继续推动部委青联组织建设，吸纳中国建设银行青联、农业部青联作为团体会员。

中央金融系统团的工作

2012年，中央金融团工委（以下简称“金融团工委”）按照团中央、一行三会党委和中央各金融机构党委部署要求，深入学习落实党中央、团中央有关重要指示精神，围绕金融改革发展大局和全团重点工作任务，坚持党建带团建，认真履行团的四项基本职能，服务大局、服务青年、服务基层，进一步加强团的组织建设和干部队伍建设；以纪念建团90周年和迎接党的十八大召开以及学习宣传贯彻党的十八大精神为契机，组织开展了丰富多彩的主题活动，推动中央金融系统青年工作取得了新成效。

一、抓住契机加强教育，引导金融系统团员青年不断提升思想道德素质

1. 加强组织引导，全面部署金融系统各级团组织和团员青年深入学习宣传贯彻十八大精神，切实将思想和行动统一到十八大精神上来。金融团工委迅速行动，组织中央金融系统各级团组织收看十八大开幕和闭幕盛况，及时收集把握金融系统青年思想动态向团中央汇总上报；召开金融团工委委员（扩大）会议，组织金融团工委委员集中学习十八大精神，研究讨论今后一个时期中央金融系统团员青年学习宣传贯彻十八精神的具体措施，对组织中央金融系统团员青年深入学习宣传贯彻党的十八大精神做出全面部署；编发十八大精神学习专刊，及时宣传各中央金融单位团委经验做法和工作成果；在中国金融青年网开辟"感悟十八大·青春正能量"专栏，及时宣传金融系统各级团组织学习动态，努力覆盖和影响广大金融青年。中央金融系统各级团组织积极配合本单位党委开展了形式多样的学习宣传活动，如中信集团团委学习宣传活动行动迅速、措施得力，得到了本单位党委和团中央有关部门的表扬。

2. 以建团90周年为契机，组织开展形式多样主题教育活动，进一步展现和调动金融青年积极进取、昂扬向上的精神风貌。按照团中央统一部署，金融团工委组织中央金融系统各级团组织和广大团干部采取多种形式认真学习领会胡锦涛同志在纪念共青团成立90周年大会上的讲话，持续深入开展"我与祖国共奋进"、"学党史、知党情、跟党走"主题教育活动和"劳动·创造·奋斗"为主题的励志教育活动；组织中央金融系统各单位团组织参加全团"纪念建团90周年——共青团新媒体和文化成果交流展览会"，设计金融特色展台，全面展现中央金融系统特别是基层金融单位近年来的优秀新媒体和文化工作成果；召开"纪念建团90周年——中央金融系统青年创先争优活动表彰会"，对荣获2011年度全国金融青年五四奖章、全国金融优秀共青团员（团干部）、全国金融五四红旗团委（团支部）的先进集体和个人进行表彰，并举办团史和青年成长主题讲座，邀请中央团校刘卫兵教授作为主讲嘉宾，引导青年继承发扬党、团优良传统；举办金融系统"青春飞扬，勇当先锋——纪念建团九十周年"青年工作图片展，银监会尚福林主席、郭利根副主席参观图片展并与青年代表亲切交流。中央各金融机构团委均以建团90周年为契机，在五四前后举办了大型主题活动。如工行举办"风华五四喝彩青春"纪念表彰活动，董事长姜建清出席活动并作重要讲话；农行召开庆祝共青团建立90周年暨纪念五四运动93周年表彰大会，党委副书记、监事长车迎新出席并讲话；中行以百年行庆、建团90周年为契机，开展了中国银行青春风采展示大赛和"新起点·新青年·新贡献"行领导与全球青年员工畅谈会，肖钢董事长和李礼辉行长出席并点评活动；建行开展"十大杰出青年"评选活动，召开五四表彰大会，董事长王洪章出席会议并讲话；中信集团举办"光荣啊，中国共青团"纪念晚会和知识竞赛，引导团员青年学团史、知团情，增强共青团员意识等，这些活动在金融系统青年中都取得热烈反响。

3. 以纪念雷锋同志逝世50周年为契机，组织引导青年参加各种形式的学雷锋志愿公益活动，在社会实践中增强奉献意识、责任意识。按照中央指示精神，金融团工委迅速下发通知，在金融系统各级团组织和团员青年中广泛掀起"弘扬雷锋精神、提升价值追求"的热潮，组织部分优秀团员青年深入基层开展学雷锋活动，召开交流座谈会，引导青年结合工作畅谈奉献精神，中青网做视频专访。发出《"金

融青年志愿文化行”倡议书》，鼓励、支持各级团组织开展“关爱农民工子女”等多种形式的学雷锋志愿活动，让青年在奉献爱心过程中了解社会，体现自我价值。中央金融机构各级团组织积极响应，开展了多种形式的志愿公益活动。如人行团委开展了“青春共建和谐社区行动·金融知识进社区”活动，青年志愿者立足岗位开展便民志愿服务；银监会、证监会团委组织青年业务骨干，向基层金融机构宣讲监管政策，帮助基层金融机构管理人员提高对监管政策的贯彻、执行水平；开行团委开展“学雷锋——关爱农民工子女七彩课堂活动”，传播志愿服务理念，回馈社会；进出口行团委组织开展了“根在基层—中国进出口银行走进岷县青年志愿者活动”；农发行团委组织优秀青年代表到甘肃兰州“中国农业发展银行青年林”开展了植树活动；中行团委青年志愿者协会开展“爱心一加一”、“圆梦儿童节”等各类公益活动，提升青年公益意识，宣传企业形象；交行团委牵头组织开展了公益性青年文化社交圈“上海一圈”青年文化主题活动，形成了良好的社会反响。据不完全统计，中央各金融机构团组织开展学雷锋活动12000多次。在第九届中国青年志愿者评选活动中，人行、银监会、证监会、保监会、开行、农发行团委获奖。

4. 深入推进中央金融系统青年思想引导大纲的转化工作，着力增强青年思想引导工作的针对性和有效性。按照团中央青年思想分类引导大纲转化工作要求，有序推进并完成青年思想引导大纲转化工作。中央各金融机构结合本系统实际，从思想引导内容、引导路径与载体两个方面，对本系统青年工作的好经验、好做法进行系统性梳理，挖掘出一批贴近时代、贴近青年、富有思想内涵的引导青年工作典型案例，为金融系统团干部开展青年思想引导工作提供理论与典型案例支持，部分金融机构还以多种方式向系统内团员青年推广，促进成果落地。如银监会、农发行率先编制下发本系统《青年思想引导手册》，实现整体转化；开行团委开展以“实践助成长，青春献开行”为主题的岗位实践活动，提高青年员工业务能力，增强他们对国情、民情、社情、行情的了解；农行团委通过开展“根在基层、走进一线”、“百村调研”等活动，在青年中树立“知荣辱、明使命、共奋进”的理念，增强团组织凝聚力和号召力；建行团委围绕党委中心工作目标推出了员工成长帮助计划（EAP），编制项目推进手册和员工减压手册，切实迎合青年需求，提升团委工作平台；中信集团团委在做好试点工作的基础上，面向金融类子公司稳步推进《青年思想引导大纲》转换工作，取得了较好成效；人保集团团委组织青联委员赴浙江、江苏开展国情考察和司情调研活动，深入了解当地经济社会情况和分支机构经营管理、业务发展状况，全面促进和提升青年对国情、司情的认识和理解，为集团改革发展建言献策。人寿集团团委通过开展争当“十杰青年”活动，引导青年立足岗位，攻坚克难，奋力拓展，不断提高业务能力和执行能力，实现自身素质和公司业绩的双提升；出口信保公司团委结合公司任务目标调整，组织开展青年突击队建设活动，激发青年员工的热情与活力，鼓舞青年员工士气，形成了良好工作氛围；太平集团团委积极开展“创先争优、青春点将”专题活动，紧紧围绕公司业务发展需要，搭设青春舞台，选树青年榜样，引导广大团员青年在本职岗位和公司发展中建功立业、成长成才。

二、深入开展“送金融知识下乡”、“中国金融青年论坛”、“为民服务创先争优”等重点品牌工作，服务金融改革发展大局、服务青年成长成才

1. 深化推进“送金融知识下乡”活动，切实为服务“三农”作贡献。按照团中央、银监会《关于合力推进“送金融知识下乡”活动的指导意见》要求，继续推进“送金融知识下乡”活动和青年创业小额贷款工作。鼓励支持金融系统各级团组织与地方团委联合，广泛开展“送金融知识下乡”活动，加大“三农”金融、小微企业金融、理财知识、防范非法集资和金融诈骗、防范高利贷风险等方面的宣传力度，普及推广农村青年创业小额贷款等惠农创新产品，为各项涉农产业和农民群众提供优质金融服务。联合中国银行业协会，开展2011年度全国级“送金融知识下乡宣传服务站”评选活动，对部分全国级服务站网点进行了抽查和督导，积极构建“送金融知识下乡”活动长效机制。截止2012年底，全国已建“送金融知识下乡宣传服务站”2957家，其中2012年新建服务站1342家。据不完全统计，2012年度全国开展“送金融知识下乡”活动19339场次，受众1946万余人次，发放宣传材料1350余万份，取得了良好的社会效应。

2，持续开展“中国金融青年论坛”征文、讲坛、调研等活动，为党委建言献策，引导青年加强学习研究。一是以“金融服务实体经济发展”为主题，开展2012年金融系统青年论坛征文活动，发动中央金融系统广大团员青年紧紧把握科学发展这个主题，牢牢抓住加快转变发展方式这条主线，紧密结合本单位工作实际，研究新情况、分析新问题、提出新举措，经过层层遴选，形成一批调查深入、分析科学、建议可行的理论成果，本次论坛的优秀论文集已委托中国金融出版社出版。二是联合全国青联金融界别委员会举办中国金融青年论坛——“宏观经济政策解读”主题活动，邀请中财办副主任、中农办主任陈锡文、一行三会党委领导以及团中央统战部领导出席活动并讲话；三是联合全国青联金融界别委员会、上海市青联，举办“把握历史机遇，加快推进国际金融中心建设”——中国金融青年论坛活动，上海市委常委、副市长屠光绍，全国青联副主席王曦以及部分青年委员出席论坛并讲话；四是举办了金融青年学习讲坛，邀请国防大学战略教研部教授朱成虎少将作“国家安全形势”主题讲座，引导青年理性看待南海和钓鱼岛问题，全面了解国家安全形势，增强危机意识、国防意识、大局意识。各单位也都开展了类似的活动，如保监会团委围绕青年关心问题和保险业监管与改革发展中心工作开展了青年讲堂和青年课题研究等活动；出口信保公司聘请百家讲坛著名主讲人纪连海老师作了题为《世纪如虹缅怀中国共产党光辉历程》的党史知识讲座。

3. 深入开展“为民服务创先争优”活动，大力宣传先进典型，全面提升金融服务水平。一是广泛动员、深入开展“为民服务创先争优”活动。金融系统各级团组织广大团员青年紧密结合金融行业“窗口”特点，把为民服务与各项荣誉评选以及创先争优活动结合起来，着力打造一支政治素质强、业务技能精、服务水平优的金融青年队伍，全面提升金融服务水平。二是扎实推进青年文明号创建管理工作。在完成全国级青年文明号推荐、申报工作的基础上，组织2000多家青年文明号集体完成了网络报备。此外，召开金融系统青年文明号工作培训暨经验交流会，全国青年文明号创建领导小组办公室主任徐晓、中央各金融机构团委负责同志，金融系统部分青年文明号集体、创建集体负责人共140人参加会议，中央金融系统青年文明号代表进行大会交流发言，会议对下一阶段的青年文明号创建工作全面部署。三是加大宣传力度，发挥模范带头作用。以“劳动·创造·奋斗”为主题，向团中央推荐、上报52名金融系统先进青年励志典型宣传材料以及青年文化建设和新媒体运用的典型案例，并利用中国金融青年网、微博等大力宣传优秀青年先进事迹。四是组织开展了金融系统青年岗位能手评选活动。经过层层推荐、评选，共评出116名金融系统青年岗位能手。此外，人行团委代表中央金融系统参加了第八届“振兴”杯全国青年职业技能大赛，获得了三等奖；中央金融团工委、证监会团委推荐的中登公司优秀青年冯艺东获得了“中国青年五四奖章”荣誉称号。

4. 持续加强青年就业创业见习基地建设，提升服务青年创业的水平。积极推动服务青年就业创业工作，督促各级团组织加强青年就业创业见习基地管理。根据全国青联要求，积极联系协商有关金融机构接收香港大学生见习锻炼，提供近百个见习岗位。从反馈情况看，参加见习的香港大学生一致认同内地金融行业的经营管理方式和企业文化，高度认可内地的经济发展和社会进步，增强了香港大学生的祖国荣誉感。

5. 举办多种形式的联谊活动，帮助解决青年婚恋、就业等实际问题。各单位团委积极谋划，搭建平台，丰富青年员工业余文化生活。金融团工委联合有关单位组织开展多场单身青年联谊活动，约500名单身青年报名参加。3月联合中科院、北京银监局、华夏银行等单位，组织部分单身青年开展联谊活动；5月与中科院、中关村中学、协和医院等单位联合开展单身青年联谊活动；8月与北京市金融团工委协调参加大型单身青年联谊活动；开行、工行、农行等机构团委也组织多种形式的单身青年联谊活动，搭建青年交流平台；出口信保公司团委11月在天津举办了青年联谊活动，该公司与来自人行、银监会、保监会、人寿集团等单位的青年员工共计80余人参加了本次活动。

三、坚持党建带团建，进一步加强团组织和团干部队伍建设，努力实现"两个全体青年"战略目标

1. 不断完善中央金融团工委工作制度。先后召开三次金融团工委委员会议，传达学习党中央、团中央一系列重要指示精神，研究部署金融系统共青团重点工作，不断健全完善议事决策等工作机制。同时，注重发挥专委会作用，调动工作积极性，相互协同、各有侧重地开展工作。

2. 不断加强团的基层组织建设。截至2012年底，中央金融系统共有4704个基层团委，1831个团总支，14679个团支部，34016名团干部，292111名团员。按照中组部、团中央《关于加强新形势下基层党建带团建工作的意见》要求，一行三会和中央各金融机构团委紧密围绕党委中心工作，坚持党建带团建，团建服务党建，进一步加强团的基层组织建设。通过不断完善制度建设，坚持不懈地抓基层、打基础，为青年工作的全面开展奠定坚实的组织基础。如保监会、农发行、人保集团等机构团委以打造团组织凝聚力为重点，在健全组织机构的基础上切实加强制度建设，不断完善团的各项工作机制，增强团工作的规范性和有效性；光大集团团委通过调研青年思想状况和共青团工作情况，拟定下发加强团建工作意见，加强基层团组织建设，扩大组织覆盖。

3. 不断加强团干部队伍建设。一是金融团工委联合团中央国际青年交流中心，成功组织两期金融系统团干部赴美国、加拿大参加国际培训，取得良好的效果。二是加强金融系统基层团干部培训，各金融机构团委结合工作需要，组织多期基层团干部培训班，邀请党委领导、团中央及相关领域的专家为基层团干部讲座，努力提升系统基层团干部的政治素质和业务水平。三是各单位认真贯彻落实团干部协管制度，做好团干部选拔配备工作。如银监会系统坚持实行团委负责人公推直选制度，把一批思想政治素质好，科学文化水平高，工作扎实，群众基础好的优秀青年选拔到各级团的岗位上来；进出口行、工行、农行、建行、交行团委狠抓基础管理，加大培训力度，持续加大对下级团组织新班子的辅导及指导力度；人保集团和人寿集团团委积极推动青年工作在各子公司之间的均衡发展，并依托团校举办团干部培训班。此外，各单位还大力支持基层团组织做好推优入党工作，一大批优秀团员成为党的发展对象。

4. 不断完善团的工作平台建设。金融团工委组织引导各金融单位团委借力新媒体，运用青年喜闻乐见的方式，加强沟通、交流和联络，实现对普通青年的多渠道覆盖。一是完成"中国金融青年网"动态升级，下放信息发布管理权限，有效提升了信息发布的时效性、灵活性和安全性。自2012年8月试运行以来，网站访问量突破12万人次。二是2012年初创建了中央金融团工委微博，通过微博平台大力宣传先进青年事迹并组织网上讨论，开展“感悟十八大·青春正能量”等主题微博编创活动，积极展示金融系统团组织各项品牌工作动态，利用新媒体优势与青年交流，用正面价值取向引导青年。截至当年年底，微博粉丝达5万多人。三是召开共青团金融系统新媒体工作推进培训会，邀请团中央宣传部领导授课，辅导金融系统团干部利用新媒体开展青年工作。四是编发25期《金融青年工作要情》，及时向一行三会和中央各金融机构党委以及团中央书记处汇报重大工作动态。中央金融系统各级团组织广泛利用新媒体平台宣传青年活动，取得良好成效。

中央金融团工委在做好本职工作的同时，还积极配合团中央、全国青联认真履行全国金融青联职能，努力推动金融系统青联组织建设，不断拓宽服务青年的平台。2012年5月，在建行党委的大力支持下，指导建行团委成立了青联联合会，成为全国金融青联的会员单位。

中央企业系统团的工作

2012年，中央企业团工委在国资委党委、团中央的领导下，认真落实中央企业负责人会议、中央企业青年工作会议和共青团十六届五中全会精神，深入探索实践“聚心”、“提能”、“创效”、“塑形”、“强基”五位一体、具有中央企业特色的青年工作模式，圆满完成了各项任务，推动中央企业共青团和青年工作实现了新发展，为促进中央企业“做强做优，世界一流”作出了积极贡献。

一、抓住良好契机，加强青年思想引导

认真组织央企广大团干部、青联委员和团员青年认真收听收看党的十八大开幕式，起草下发了央企共青团深入学习宣传贯彻党的十八大精神的通知。组织召开了中央企业共青团学习贯彻党的十八大精神会议，姜志刚同志和团中央书记处第一书记陆昊同志出席并作重要讲话。央企青联、央企青科协、央企青志协分别围绕学习贯彻党的十八大精神召开了专题报告会和学习座谈会。组织召开了2012年中央企业共青团工作会议暨纪念建团90周年五四表彰大会，姜志刚同志和团中央书记处书记周长奎同志出席并作重要讲话。组织央企各级团组织广泛开展了主题突出、内容丰富、形式多样的纪念建团90周年系列活动。组织央企青年英模代表在人民大会堂出席了纪念建团90周年大会，姜志刚同志应邀出席。组织召开了中央企业共青团学习胡总书记五四重要讲话精神座谈会，姜志刚同志出席会议、接见参会代表并作重要讲话。指导完成了三批中央企业青年思想引导大纲转化工作。完成了团中央组织的共青团新媒体和文化成果展览会的设计和参展工作。

二、围绕中心任务，服务企业做强做优

根据国资委关于中央企业开展“管理提升”活动的总体要求，结合央企共青团实际，团工委部署开展了中央企业“管理提升，青年先行”主题实践活动，在中国石油大庆油田召开了中央企业“管理提升，青年先行”主题实践活动现场推进会暨央企青联委员“行动学习”——“管理提升·青年先行”活动，姜志刚同志专门作出重要批示。为加强活动的组织领导，团工委成立了活动领导小组和办公室。联合团中央开展了

中央企业系统2011—2012年度全国青年文明号评选表彰工作,完成了125个全国青年文明号的评选推荐和网络申报工作。推荐了中央企业的21个相关单位为全国青年安全生产示范岗创建单位。进行了"天宫一号"和"神舟九号"载人交会对接、"蛟龙号"研制及海试任务等青年工作专项表彰。指导央企青科协积极开展"科技讲堂"等相关活动。

三、突出工作重点,服务青年素质提升

按照"四个一流"目标,把2012年作为央企青年素质提升年并按照"一四四"思路推进:"一项计划"即中央企业青年登高计划,"四项素质"即着力提升青年的政治素质、业务素质、创新素质、身心素质,"四个平台"即积极拓宽青年的学习平台、实践平台、展示平台、举荐平台。根据团中央安排,全年先后共推荐40名央企青年作为中国青年代表团成员赴日本、朝鲜、韩国、印度、泰国、印尼等国进行访问交流。组织25名央企青年干部赴英国进行了专业培训。组织开展了4部委机关与4户中央企业青年英才拓展联谊活动。推荐1名中央企业青年(中国石油大庆油田1205钻井队队长胡志强)荣获中国青年五四奖章。评选表彰了2011年度央企青年岗位能手。

四、发挥特色优势,塑造企业良好形象

指导央企青年志愿者广泛开展志愿服务活动,根据国资委党委安排,积极配合国资委宣传局参与完成了中央企业郭明义爱心团队授旗仪式,积极推动中央企业团组织成立郭明义爱心团队并组织开展各类爱心活动。组织开展了首届央企青年志愿者工作评选表彰,完成了"神华杯"央企青年志愿者工作DV大赛,推荐参评第九届中国青年志愿者评选表彰,组织央企团干部参加了团中央"关爱行动"培训班。联合《中国青年报》继续开展"来自央企共青团和青年工作的报道",完成了第三批10户中央企业的宣传报道,对央企共青团7次重要活动在中青报进行了宣传报道。与河北团省委在石家庄举行了合作签字仪式,组织14户央企团组织与河北环首县团委开展对口合作,姜志刚同志和河北省省长张庆伟同志、省委副书记赵勇同志、团中央书记处书记贺军科同志出席活动。与河北团省委在易县召开央企团组织与河北团组织合作中期推进会,新组织4户央企团组织实现与河北扶贫攻坚示范区团组织合作全覆盖。联合青海团省委进行了玉树地震灾后重建中央企业青年工作专项表彰,开展了央企青联"大美青海·大爱央企"爱心捐助活动。联合四川团省委对"扬起希望"基金使用情况进行了实地考察。根据团中央统战部部署,配合香港青年联会主办了香港大学生北京暑期实习团活动,举办了"香港大学生对话央企CEO"活动。

五、狠抓基础关键,加强团的自身建设

团工委推动6户中央企业新成立系统团委,截至2012年底,共有95户中央企业成立了系统团委。指导16户中央企业团委进行了换届选举。在南京召开了中央企业青年工作服务"走出去"战略座谈会。在河北石家庄召开了中央企业青联三届二次常委(扩大)会议,姜志刚同志和团中央书记处书记贺军科同志出席会议并作重要讲话。筹备成立了央企青科协、央企青志协,指导中国电科、长江三峡、中航工业3户中央企业成立了青联组织。举办了央企青联2012年新春联谊会,姜志刚同志出席活动。组织开展了三次团工委委员(扩大)集体学习,举办了第三期中央企业基层优秀团干部培训班,协助企业党委(党组)调整任命团干部61人次,调研跟踪团委负责人待遇落实情况。深入开展共青团创先争优活动,进行了中央企业2011年度五四表彰,召开了共青团创先争优活动经验交流会,对党群共建创先争优和共青团创先争优活动进行了全面总结。进行了团组织和团员状况统计工作培训,完成了团统和团费收缴工作。编发了24期《中央企业青年通讯》。做好央企青年网和团工委、青联、青科协、青志协官方微博的管理维护。

附　　录

2012 年工作大事记

2012 年工作大事记

1 月 1 日 陆昊、王晓同志在北京出席全国政协举办的 2012 年新年茶话会。

1 月 4 日 卢雍政同志在北京参加中央外宣办组织召开的全国对外宣传工作会议第一次全体会议。

1 月 4 日至 5 日 卢雍政同志在北京出席中央组织部、中央宣传部、教育部党组联合召开的第二十次全国高等学校党的建设工作会议。

1 月 4 日、5 日 周长奎同志在北京参加全国宣传部长会议全体会议。

1 月 5 日 陆昊同志主持召开共青团第十六届中央书记处 2012 年第 1 次会议，研究讨论团十六届五中全会有关事宜。

1 月 6 日 周长奎同志在北京出席 2012 年中央国家机关共青团工作会议并讲话。

1 月 8 日 贺军科同志在北京出席中国石油天然气集团公司召开的海外油气合作总结表彰大会并宣读有关表彰决定。

1 月 9 日 陆昊同志在北京参加十七届中央纪委七次全会第二次大会。8 日至 9 日，罗梅同志全程参加会议。

1 月 9 日 陆昊同志主持召开团中央常委（扩大）会议，传达学习党中央书记处的重要指示，研究共青团十六届五中全会有关事宜。团中央常委，团中央机关各部门、各省级团委主要负责同志参加会议。

1 月 9 日 贺军科同志在北京出席国务院安全生产委员会全体会议。

1 月 9 日 团中央主办、团中央网络影视中心承办的共青团面向广大团干部的移动信息服务平台——“共青团移动频道”正式开通。

1 月 10 日至 11 日 共青团十六届五中全会在北京召开。会议传达学习了党中央书记处的重要指示，总结了 2011 年全团重点工作推进情况，对 2012 年的工作进行了研究部署。会议审议通过了《关于撤销张开军团十六届中央委员会委员职务的决定》，确认徐斌等同志递补为团中央委员。10 日上午，中共中央政治局委员、全国人大常委会副委员长王兆国出席第一次全体会议并发表重要讲话。会前，王兆国同志会见卸职的团中央常委、委员和候补委员并合影留念。陆昊同志主持会议，王晓、贺军科、卢雍政、罗梅、汪鸿雁、周长奎同志，团中央委员、候补委员，团中央机关各部门、各直属单位、各省级团委主要负责同志出席会议。

1 月 11 日至 12 日 罗梅同志在北京出席中直机关工委召开的中直机关 2012 年党的工作会议。

1 月 11 日 周长奎同志在北京出席中国思想政治工作研究会第九届常务理事会第五次会议。

1 月 12 日 陆昊同志主持召开共青团第十六届中央书记处 2012 年第 2 次会议，研究部署贯彻落实团十六届五中全会精神有关工作。

1 月 12 日 陆昊同志召集会议，专题研究社会主义核心价值体系专题调研有关工作。

周长奎同志、宣传部负责同志参加。

1月13日 陆昊同志在北京出席中央精神文明建设指导委员会第五次全体会议。

1月13日 团中央与韩国现代汽车集团在北京举行“现代汽车青年公益资助行动”战略合作签字仪式。陆昊同志向现代汽车集团颁授“中国青年创业就业基金会公益合作伙伴”纪念牌,王晓同志出席并讲话。

1月13日 陆昊、汪鸿雁同志在团中央机关与中央综治办一室负责同志就预防青少年违法犯罪工作进行交流。

1月13日 贺军科同志在北京出席国务院召开的全国安全生产电视电话会议。

1月13日 罗梅同志在北京出席全国双拥工作领导小组第二十四次全体会议。

1月13日 团中央学校部在北京举办如何向青年学生有效解读和传播马克思主义工作研讨会。

1月14日 中华全国供销合作总社、农业部、全国总工会、团中央、全国妇联共同主办的“2012·国际合作社年在中国”活动在北京举行启动仪式。全国人大常委会副委员长司马义·铁力瓦尔地出席并宣布活动启动,全国政协副主席白立忱出席启动仪式。中华全国供销合作总社党组书记、理事会主任杨传堂出席并讲话。全国人大农业与农村委员会副主任委员刘振伟、农业部副部长陈晓华、国家工商总局副局长甘霖、国务院法制办副主任郜风涛,汪鸿雁同志出席启动仪式。

1月14日 汪鸿雁同志在北京出席全国双拥工作领导小组、民政部、国家广电总局、解放军总政治部联合举办的2012年军民迎新春文艺晚会。

1月16日 团中央、全国学联、团北京市委在中国农业大学共同主办“情暖学子”2012年首都高校寒假留京学生新春联欢会。卢雍政同志出席并讲话。来自首都16所高校350余名留在北京过年的大学生代表参加。

1月16日 周长奎同志在北京出席新华社主办的“中国网事·感动2011”年度网络人物颁奖典礼。

1月17日 团中央、全国青联志愿者艺术团在北京天桥剧场举办“向青年劳动者致敬”新春慰问演出活动。陆昊、王晓同志出席。

1月17日 王晓同志在北京出席中国科学院、中国工程院共同举办的“科学之夜”两院院士评选中国十大科技进展发布活动。

1月17日 卢雍政同志会见日本丸红公司中国总代表鹿间千寻一行。

1月18日 陆昊、王晓、贺军科、汪鸿雁同志到解放军总政治部走访,与中央军委委员、总政治部主任李继耐等同志进行工作交流。

1月18日 贺军科同志在北京出席团四川省委主办的四川省慰问川籍在京务工青年新春联欢会。

1月18日 罗梅同志主持召开团中央民族地区工作领导小组会议,研究2012年民族地区青少年工作。

1月18日 周长奎同志在北京出席国家体育总局组织召开的中央部委贯彻实施《全民健身计划》工作座谈会。

1月19日 汪鸿雁同志在北京出席河北钢铁集团金鼎重工有限公司支持重点青少年群体帮扶工作捐赠仪式。

1月20日 罗梅同志在北京出席中央电视台主办的《春暖2012》公益晚会录制活动。

1月21日 陆昊、王晓、罗梅同志在北京参加中共中央、国务院举行的2012年春节团拜会。

1月22日 陆昊、贺军科同志到北京国际大厦看望慰问北京怀保保安服务公司的留京务工青年。随后,陆昊、卢雍政同志到北京语言大学看望寒假留校学生,并共进年夜饭。

1月22日晚至23日凌晨 王晓同志到中国青年报社看望慰问值班干部职工。

1月29日 陆昊同志召集会议,研究社会主义核心价值体系专题调研问卷有关工作。周长奎同志、宣传部负责同志参加。

1月30日 汪鸿雁同志出席首都绿化委员会第31次全体(扩大)会议。

2月1日 陆昊同志召集会议,研究社会主义核心价值体系专题调研问卷有关工作。周长奎同志、宣传部负责同志参加。

2月1日 卢雍政同志会见应全国青联邀请来访的以青少年发展政策综合推进室室长伊奈川秀和为团长的日本内阁府先遣团一行。

2月3日 2012 年全国城市战线共青团工作会议在北京召开。贺军科同志出席并讲话。各省级团委负责同志、城市青年工作部(青工部、社区部)负责同志,副省级城市、省会城市、部分中心城市、部分行业协会团委负责同志参加会议。

2月3日 汪鸿雁同志在北京出席庆祝中国银行成立100周年大会。

2月3日 汪鸿雁同志在北京出席违法行为教育矫治委员会试点工作领导小组第二次会议。

2月6日 陆昊同志主持召开共青团第十六届中央书记处2012 年第3 次会议,学习讨论中央有关文件征求意见稿,研究部署近期工作。

2月7日至8日 陆昊同志在北京出席中央综治委组织召开的全国社会管理创新综合试点工作座谈会。7 日上午、8 日下午,汪鸿雁同志参加座谈会有关活动。

2月7日 汪鸿雁同志在北京出席全国创建幸福家庭活动指导委员会第一次全体会议。

2月8日 卢雍政同志在团中央机关会见即将赴任的驻印尼大使刘建超。

2月8日 罗梅同志在北京出席中央文明办组织召开的全国未成年人思想道德建设工作视讯会议。

2月9日 2012 年共青团宣传工作会议在北京召开。陆昊、周长奎同志出席并讲话。各省级团委负责同志、宣传部长,副省级城市团委负责同志参加会议。

2月9日 陆昊同志在团中央机关与人民银行行长助理、党委委员金琦一行就有关工作座谈。

2月9日 全国少工委六届三次全委会在北京召开。罗梅同志、教育部有关负责同志出席并讲话。全国少工委委员、副省级城市团委负责同志、省级少先队总辅导员参加会议。

2月10日 陆昊同志主持召开书记处专题会议,研究社会主义核心价值体系专题调研有关工作。周长奎同志,机关有关部门和直属单位负责同志参加。

2月10日 陆昊同志召集会议,专题研究团"一大"纪念广场有关方案。周长奎同志,办公厅、宣传部负责同志参加。

2月10日 贺军科同志在北京出席发展家庭服务业促进就业部际联席会议第四次全体会议。

2月10日 贺军科同志会见莫桑比克解放阵线党中央委员会委员、青年组织总书记巴希利奥·穆哈特一行。

2月10日 全国共青团学校工作会议在山东济南市召开。卢雍政同志出席并讲话,山东省委常委、副省长孙伟致辞。各省级团委负责同志、学校部部长,副省级城市团委负责同志,部分高校团委书记参加会议。

2月10日至11日 全国共青团农村工作会议在河南新乡市召开。汪鸿雁同志出席并讲话,河南省委副书记邓凯致辞。各省级团委负责同志、农村青年工作部部长,部分团地(市)委、团县委负责同志参加会议。

2月10日 周长奎同志在团中央机关与中央纪委青年群体中党的建设工作调研组座谈。

2月11日 卢雍政同志在山东济南市与部分高校分管共青团工作的党委负责同志和团委负责同志座谈。下午,在山东青岛市与部分中学、中职学校负责同志和团委负责同志座谈。

2月13日 2012年全团组织工作会议在北京召开。陆昊、贺军科同志出席并讲话。各省级团委负责同志、组织部长出席会议。

2月13日至16日 根据中央综治委安排,陆昊同志参加社会管理创新典型培育蹲点调研指导组赴浙江宁波市调研有关工作。

2月13日 王晓同志在朝鲜驻华大使馆出席纪念金正日诞辰70周年招待会。

2月13日 汪鸿雁同志出席2012年北京市共青团工作会议并讲话。

2月15日 王晓同志在团中央机关会见澳门中联办副主任陈启明。

2月15日 贺军科同志在北京出席国务院农民工工作联席会议第十次全体会议。

2月15日 中央综治委预防青少年违法犯罪专项组在北京召开联络员会议,汪鸿雁同志出席并讲话。

2月16日 卢雍政同志在北京陪同中共中央政治局委员、国务委员刘延东会见日本首相特使直屿正行并出席"中日国民交流友好年"开幕式。

2月17日 陆昊同志在北京参加中共中央政治局常委、全国政协主席贾庆林会见日本日中友好七团体负责人活动。

2月17日 王晓同志在北京出席全国友协、中日友协以及日中友协主办的中日民间团体领导人会议并致辞。

2月17日 罗梅同志在北京出席中直机关文明委第十六次全体会议。

2月17日 汪鸿雁同志在北京出席全国政协十一届五次会议大会发言汇稿会。

2月20日 陆昊同志主持召开共青团第十六届中央书记处2012年第4次会议,研究部署在全国青少年中深入开展学雷锋活动、团中央直属机关保密等工作。

2月20日 陆昊同志在北京参加中央政治局第32次集体学习。

2月20日 贺军科同志在北京出席中央创先争优活动领导小组办公室召集的工青妇系统深入开展党群共建创先争优活动座谈会。

2月21日至24日 根据中央综治委安排,陆昊同志参加社会管理创新典型培育蹲点调研指导组赴广东深圳市调研有关工作。

2月21日 贺军科同志在北京参加国务院就业工作部际联席会议全体会议。

2月21日 卢雍政同志在天津出席第九届全国大学生运动会组委会成立暨第一次全体会议并讲话。

2月21日 汪鸿雁同志在团中央机关与国务院扶贫办国际合作和社会扶贫司负责同志就共青团参与国家新一轮扶贫开发工作座谈。

2月22日 卢雍政同志在北京出席中国红十字会总会与比尔和梅琳达·盖茨基金会合作开展控烟项目启动仪式。

2月22日 汪鸿雁同志在北京出席2012年科技特派员农村科技创业行动协调指导小组会议并发言。

2月22日 周长奎同志在北京出席中央文明办召集的开展道德领域突出问题专项教育和治理工作会议。

2月23日 团中央印发《关于在全国青少年中深入开展学雷锋活动的实施意见》,要求通过学习宣传雷锋精神、开展主题实践活动、扎实推进志愿服务、选树宣传先进典型等方式,引导广大青少年普遍参与学雷锋活动,推动学雷锋活动机制化、常态化。

2月24日 王晓同志在北京出席中央统战部召开的全国学习贯彻《中共中央关于加强新形势下党外代表人士队伍建设的意见》电视电话会议。

2月24日 卢雍政同志会见以常务理事川手正一郎为团长的日本友爱协会访华团一行。

2 月 24 日至 3 月 4 日 应印度青年与体育部邀请，罗梅同志率中国青年代表团访问印度。期间，印度总统帕蒂尔会见代表团，青体部国务部长迈肯会见代表团主要成员。

2 月 24 日 全团 2012 年青年志愿者工作会议暨共青团关爱农民工子女志愿服务行动经验交流会在广西南宁市召开。周长奎同志出席并讲话，广西壮族自治区党委副书记危朝安致辞。各省级团委负责同志、志愿者工作机构负责人参加会议。

2 月 25 日 周长奎同志在北京出席《雷锋，我们的榜样》中央电视台"心连心"艺术团慰问全国青年志愿者大型文艺演出活动。

2 月 27 日 团中央在北京举行 2012 年"共青团与全国人大代表、全国政协委员面对面"活动。陆昊同志出席并讲话，王晓、汪鸿雁同志出席活动。部分全国人大代表、全国政协委员，新生代农民工代表，全国人大、全国政协相关部门负责同志等围绕"丰富新生代农民工精神文化生活"的主题进行交流。

2 月 27 日 陆昊同志与江苏省委常委、南京市委书记杨卫泽商谈青奥会有关工作。

2 月 27 日 周长奎同志在北京出席全国双拥模范城(县)命名暨双拥模范单位和个人表彰大会。

2 月 28 日 陆昊同志在北京出席中宣部举办的第九届中国公民道德论坛并发言。

2 月 28 日 陆昊同志召集会议，专题研究学雷锋活动有关工作。宣传部负责同志参加。

2 月 28 日 中国青年政治学院、中央编译局在北京举行加强全面战略合作签约仪式暨"中共中央编译局中国青年政治学院青年政治人才培养研究基地"揭牌仪式。王晓同志、中央编译局局长衣俊卿出席并讲话。

2 月 28 日 卢雍政同志在北京出席中俄旅游年中方组委会第一次会议。

2 月 29 日 王晓同志在北京出席 2012 年对台工作会议第一次全体会议。3 月 1 日下午，贺军科同志出席第二次全体会议。

2 月 29 日 汪鸿雁同志在北京出席国务院残疾人工作委员会第七次全体会议。

3 月 1 日 中央综治委预防青少年违法犯罪专项组、团中央在北京召开青少年法制宣传教育工作研讨会，来自基层一线从事青少年法制宣传教育工作的法官、民警、中职学校校长、团干部，法学、教育学、心理学专家，媒体代表参加研讨。陆昊同志出席并讲话，汪鸿雁同志主持会议，中央综治办、教育部、司法部有关负责同志参加会议。

3 月 1 日至 4 月 28 日 王晓同志参加中央党校第 51 期省部级干部进修班学习。

3 月 1 日至 4 日 应老挝人民革命青年团中央邀请，罗梅同志率中国青年代表团访问老挝。期间，老挝党中央政治局委员、中组部部长占西，老挝团中央第一书记维莱翁分别会见代表团。代表团先后赴凯山纪念馆、苏发努冯纪念馆敬献花圈，访问了塔銮小学、寮都公学，考察了待建的中国青年志愿者楼等。

3 月 1 日 周长奎同志在北京出席中宣部、中央文明办召开的部署"弘扬雷锋精神、开展志愿服务"工作视讯会议并讲话。

3 月 2 日 陆昊同志在北京出席中央文明委召开的深入开展学雷锋活动座谈会并发言。

3 月 3 日 王晓同志在北京出席全国政协十一届五次会议党员小组召集人会议。

3 月 3 日至 13 日 王晓、罗梅同志出席全国政协十一届五次会议。10 日下午，王晓同志在第三次全体会议上代表团中央作大会发言。

3 月 4 日 中共中央政治局常委、中央纪委书记贺国强参加全国政协十一届五次会议工会、共青团、青联、妇联界委员联组会。陆昊、王晓、罗梅同志参加会议。

3 月 5 日 卢雍政同志在北京出席北京大学团委与沈阳军区雷锋生前所在团"学雷锋共建共育关系"签约仪式。

3 月 6 日 陆昊同志主持召开共青团第十

六届中央书记处 2012 年第 5 次会议，研究团中央直属机关出席党的十八大代表推荐人选建议名单、推荐全国“五一劳动奖章”候选人等事项。

3 月 6 日 陆昊、王晓同志会见来京参加“两会”的部分港澳地区全国人大代表、全国政协委员，并就港澳青少年交流工作进行研讨。

3 月 6 日 陆昊同志会见新加坡驻华大使陈燮荣。

3 月 6 日、7 日、9 日 陆昊同志召集会议，专题研究社会主义核心价值体系专题调研报告。周长奎同志、宣传部负责同志参加。

3 月 7 日 王晓同志在北京出席全国政协社会和法制委员会第九次全体会议。

3 月 7 日 周长奎同志在团中央机关与中国延安精神研究会常务副秘书长耿文喜一行座谈。

3 月 8 日 陆昊同志在团中央机关会见来访的青海省委常委、省总工会主席苏宁。

3 月 8 日 周长奎同志会见以中央会长李汰键为团长的韩国青年会议所代表团一行。

3 月 10 日 王晓同志在北京出席全国政协提案委员会召开的“统筹城乡社会发展 促进农民工融入城市”提案办理协商会。

3 月 11 日 陆昊、王晓同志与出席全国政协十一届五次会议的共青团、青联界别委员进行工作交流。

3 月 11 日 文化部、工业和信息化部、教育部、团中央、湖南省人民政府、中国移动通信集团等单位共同主办的第七届中国原创手机动漫游戏大赛在中国国家博物馆举行启动仪式暨十七大以来中国动漫产业发展成果展湖南活动日。卢雍政同志出席。

3 月 11 日至 15 日 应团中央邀请，以古巴共产党中央委员、古共青盟全国局第一书记柳德米拉·阿拉莫为团长的古巴共产主义青年联盟代表团一行访华。12 日下午，中共中央政治局委员、中央书记处书记、中宣部部长刘云山会见代表团，陆昊同志陪同会见。12 日上午，陆昊同志会见代表团。13 日中午，卢雍政同志会见代表团。

3 月 12 日 团中央学校部在团中央机关召开中学生题材电影《十五岁的笑脸》演创人员座谈会。卢雍政同志出席并讲话。影片演创人员代表，中国传媒大学、北京市一六一中学、青岛市三十九中的师生和团干部代表参加座谈会。

3 月 13 日 陆昊同志主持召开共青团第十六届中央书记处 2012 年第 6 次会议，研究部署近期工作。

3 月 13 日至 17 日 团中央、教育部在北京共同举办全国地市级团委学校工作分管书记培训班。部分地市级团委分管负责同志、学校部负责同志、教育系统团工委负责同志 350 人参加培训。

3 月 14 日至 25 日 应意大利民主党青年组织、匈牙利国家资源部、土耳其青年与体育部邀请，陆昊同志率中国青年代表团访问意大利、匈牙利、土耳其。期间，代表团分别会见了意大利国会议员、前总理达莱马，意大利民主党总书记贝尔萨尼，意大利副外长玛尔塔·达苏，匈牙利国家资源部社会、家庭与青年事务办公室国务秘书米克洛什，土耳其议会土中友好小组主席埃明，土耳其青年与体育部部长苏阿特，土耳其正义与发展党青年组织主席伊斯马义。

3 月 14 日至 21 日 应缅甸巩固与发展党、新加坡全国青年理事会邀请，卢雍政同志率中国青年代表团访问缅甸、新加坡。期间，代表团分别会见了缅甸巩发党总书记吴泰乌，新加坡全国青年理事会主席，社区发展、青年与体育部代部长陈振声，新加坡国会议员、通商中国总裁吴燕玲。

3 月 16 日至 17 日 教育部、中国青年志愿者协会指导，中华少年儿童慈善救助基金会主办的国内首部爱心儿童剧《月亮姐姐和嘟噜嘀嘟农场》关爱农民工子女专场志愿演出在北京国家大剧院上演。16 日晚，十届全国人大常委会副委员长、中国关心下一代工作委员会主任顾秀莲，教育部副部长刘利民，周长奎同志观看演出。2000 多名农民工子女在青年志愿者陪同下共同观看演出。

3 月 17 日至 18 日　贺军科同志在河北石家庄市出席中央企业青联三届二次常委（扩大）会议并讲话。

3 月 19 日至 24 日　贺军科同志率国务院就业工作部际联席会议第六督察组赴陕西省就高校毕业生就业工作开展督导调研。期间，贺军科同志赴安康市、西安市等地分别与省市有关部门、高校、毕业生、用人单位和就业服务机构代表座谈，并实地考察了就业服务机构、创业孵化基地和高校毕业生创办的企业。

3 月 19 日至 20 日　汪鸿雁同志在北京出席第十三次全国民政会议。

3 月 20 日至 23 日　罗梅同志赴广西南宁市、桂林市就少先队学科建设、辅导员职称等工作进行调研。

3 月 20 日　周长奎同志在北京出席国家体育总局、中央文明办、北京市人民政府、中央电视台共同主办的第四届全国体育进社区优秀健身项目展演晚会。

3 月 21 日至 29 日　应全国青联邀请，以青年与体育部部长安迪·马拉朗恩为团长、副部长阿尔菲特拉·沙拉姆为执行团长的印度尼西亚青年代表团访华。23 日下午，卢雍政同志与代表团主要成员进行工作会谈；晚，王晓同志会见代表团。24 日上午，中共中央政治局常委李长春与印度尼西亚总统苏西洛在北京共同会见两国青年代表并讲话。王晓同志主持会见活动，卢雍政同志参加。

3 月 23 日　中宣部、总政治部、团中央、辽宁省委在北京人民大会堂联合举行雷锋生前所在团先进事迹报告会。会前，中共中央政治局委员、中央军委副主席徐才厚会见报告团成员并讲话。中央军委委员、总政治部主任李继耐参加会见。中宣部副部长申维辰陪同会见并主持报告会，总政治部副主任杜金才、辽宁省委副书记夏德仁、周长奎同志陪同会见并出席报告会。

3 月 23 日　卢雍政同志在北京出席国家旅游局，俄罗斯体育、旅游与青年政策部，俄罗斯旅游署共同主办的中国“俄罗斯旅游年”开幕式。

3 月 23 日　汪鸿雁同志在北京出席中央创先争优活动领导小组召开的通报“七一”创先争优专项表彰有关事宜碰头会。

3 月 24 日　汪鸿雁同志在北京参加全国绿化委员会、首都绿化委员会等单位共同组织开展的以“力行身边增绿，共建绿色家园”为主题的“共和国部长义务植树活动”。

3 月 25 日　全国青联在北京召开界别秘书长工作座谈会，与会同志围绕如何进一步做好新形势下的青联界别工作进行研讨交流。王晓同志出席并讲话。

3 月 26 日　陆昊同志在北京出席国务院第五次廉政工作会议。

3 月 26 日　中国青少年发展基金会在北京召开第六届理事会第六次会议。贺军科同志出席并讲话。

3 月 26 日至 29 日　应全国青联邀请，以教育与文化部文化、体育与青年政策司司长瑞依塔·凯沃索娅为团长的芬兰青年工作者代表团访华。26 日晚，卢雍政同志会见代表团。

3 月 26 日　教育部、公安部、铁道部、国务院妇儿工委、团中央、全国少工委、北京市人民政府等单位在北京市回民学校共同举办以“普及安全知识，提高避险能力”为主题的第十七个全国中小学生安全教育日活动启动仪式。教育部副部长刘利民出席并讲话，罗梅同志等主办单位负责同志出席。

3 月 27 日　陆昊同志召集会议，专题研究共青团新媒体和文化成果专题交流展览有关工作。周长奎同志、宣传部负责同志参加。

3月27日 汪鸿雁同志在北京出席国务院召开的全国造林绿化表彰动员大会。

3月27日至4月10日 团中央城市青年工作部先后在贵州、山东、江苏、陕西组织召开2012年全国非公企业团建片区推进会。各省级团委主责部门负责同志参加会议，就2012年非公企业团建工作、非公企业团组织创先争优活动等进行交流。

3月29日 团中央书记处召开2011年度民主生活会，主题为"坚持以人为本执政为民理念，发扬密切联系群众优良作风"。陆昊同志主持会议，书记处各同志参加。中纪委、中组部、中直工委有关同志，机关有关部门负责同志参加会议。

3月29日 陆昊同志召集会议，专题研究参与道德领域突出问题专项教育和治理活动有关工作。周长奎同志、宣传部负责同志参加。

3月29日 陆昊同志与宁波市有关负责同志研究社会管理蹲点调研有关工作。

3月29日至30日 团中央、全国青联、全国学联、联合国国际劳工组织在浙江温州市共同主办2012年度KAB创业教育年会暨第四届大学生就业创业教育论坛。卢雍政同志、联合国国际劳工组织北京局副局长管静和等出席并讲话。

3月29日 团中央主办、团山东省委承办的"关爱自然、义务植树"保护母亲河青年志愿服务行动示范活动在山东东营市举行。

3月30日 2012年全国青基会系统工作会议在北京召开。贺军科同志出席并讲话。

3月30日 罗梅同志在北京出席国家教育体制改革领导小组第五次全体会议。

3月30日 周长奎同志在北京出席中宣部组织召开的理论宣传工作座谈会。

3月30日 周长奎同志在北京出席中宣部组织召开的实施中国特色社会主义理论体系普及计划调研协调会。

3月31日 贺军科同志在北京出席中央创先争优活动领导小组第九次会议。

3月31日 团中央权益部、团湖北省委在湖北武汉西藏中学共同举办共青团2012年"轻松备考，12355与你同行"阳光行动启动仪式。

4月1日 全国保护母亲河行动领导小组办公室、国家林业局宣传办公室、团北京市委等单位在北京林业大学共同举办"高擎团旗，绿色长征"2012年绿桥、绿色长征活动启动仪式。汪鸿雁同志，国家林业局党组成员、纪检组组长陈述贤出席活动。

4月5日 卢雍政同志在北京参加中共中央政治局委员、国务委员刘延东主持召开的出访英国、欧盟和比利时筹备工作会议。

4月6日 陆昊同志召集会议，听取关于共青团新媒体和文化成果专题交流展览工作进展情况的汇报。周长奎同志、宣传部负责同志参加。

4月6日 汪鸿雁同志在北京参加中华环保世纪行宣传活动组委会会议。

4月9日 陆昊、贺军科同志在团中央机关与财政部副部长、中国注册会计师行业党委书记王军就推动全国注册会计师行业团建工作座谈。

4月9日 全团青年外事工作培训会在北京召开。卢雍政同志出席并讲话。各省级团委、副省级城市团委青年外事工作负责同志，团中央直属单位外事专办员等参加会议。

4月10日 陆昊同志主持召开共青团第十六届中央书记处2012年第7次会议，传达学习中央有关文件，研究讨论团中央书记处述职报告，研究支持乡镇街道共青团工作专项经费、建团90周年纪念邮票等工作。

4月10日 陆昊同志主持召开团中央机关副处级以上党员干部和各直属单位主要负责同志会议，传达中办发电有关文件。随后，陆昊同志主持召开共青团第十六届中央书记处2012年第8次会议，学习讨论中办发电有关文件。

4月10日 罗梅同志在中国青年政治学院与中直工委常务副书记孟学农带队的中直工委基层党组织建设专题调研组座谈。机关党委、中国青年政治学院负责同志参加。

4月10日 汪鸿雁同志在北京出席民政部主办的《大爱中华》第七届“中华慈善奖”颁奖晚会录制活动。

4月10日 周长奎同志在北京出席中宣部召开的中办发电有关文件通报会。

4月11日 周长奎同志在北京出席2012年中央企业共青团工作会议暨纪念建团90周年五四表彰大会并讲话。

4月12日至22日 应全国青联邀请，以女性家族部长官金锦来为名誉总团长、女性家族部青少年家族政策室室长李馥实为总团长的韩国青少年代表团访华。13日下午，陆昊同志会见代表团主要成员，王晓同志会见代表团并与金锦来签署中韩两国政府间新一轮青少年交流协议。

4月12日至21日 卢雍政同志陪同中共中央政治局委员、国务委员刘延东访问英国和欧盟总部，并参加中英、中欧高级别人文交流（对话）机制第一次会议。

4月12日 团中央、全国绿化委员会、国家林业局联合开展的“保护母亲河——2012年黄河流域青少年植树行动”统一行动日活动在青海、四川、甘肃、宁夏、内蒙古、山西、陕西、河南、山东等9省（区）同步展开，3.6万多名青少年集中开展了植树造林、环保宣传等活动。汪鸿雁同志、国家林业局副局长张永利、陕西省政协副主席李进权参加了陕西省合阳县的活动。在陕期间，汪鸿雁同志就乡镇团的组织格局创新工作调研。

4月13日 陆昊同志在北京出席朝鲜驻华大使馆举办的金日成诞辰100周年纪念活动。

4月13日 陆昊同志召集会议，专题研究社会主义核心价值体系专题调研有关工作。宣传部负责同志参加。

4月13日 2012年共青团统战工作会议在北京召开。王晓同志出席并讲话。各省级团委分管负责同志、统战部长参加会议。

4月13日 团中央在北京召开共青团对口支援少数民族地区工作研讨会。罗梅同志出席并讲话。受援地和支援地省级团委分管负责同志、统战部长参加。

4月13日 中组部、人力资源和社会保障部、教育部、团中央等单位在北京联合召开2012年高校毕业生“三支一扶”计划实施工作电视电话会议。周长奎同志出席并讲话。

4月16日 中组部考察组到团中央机关进行2011年团中央书记处年度考核，并就中央“两委”人选进行考察。陆昊同志主持召开团中央直属机关党员领导干部会议，中组部考察组组长宋育英、副组长尹成杰，王晓、贺军科、罗梅、汪鸿雁、周长奎同志出席会议。机关正处长以上干部、各直属单位主要负责同志等参加会议。

4月16日 陆昊同志主持召开书记处会，研究近期重点工作。

4月16日 瀛公益基金会在北京召开第一届理事会第四次（扩大）会。王晓同志出席并讲话。

4月16日至21日 以国家杜马议员安德烈·斯温特索夫为团长的俄罗斯青年公众院代表团访华。16日下午，贺军科同志会见代表团。

4月16日 周长奎同志在北京出席团中央宣传部、中共广东省委宣传部、海军政治部宣传部联合出品的电视剧《新青年》关机仪式暨新闻发布会。

4月17日 陆昊同志召集会议，专题研究全国青少年井冈山革命传统教育基地有关工作。周长奎同志、基地筹备组负责同志参加。

4 月 17 日 陆昊同志召集会议,专题研究共青团新媒体和文化成果交流展览有关工作。周长奎同志、宣传部负责同志参加。

4 月 17 日 陆昊同志在北京参加中央关于“推进社会主义核心价值体系建设问题研究”重点课题调研情况汇报会并作汇报。周长奎同志、宣传部负责同志参加。

4 月 17 日 贺军科同志在北京出席国务院召开的全国集中开展安全生产领域“打非治违”专项行动电视电话会议。

4 月 17 日 团中央、教育部、财政部、人力资源和社会保障部在北京共同召开 2012 年大学生志愿服务西部计划视讯会议。周长奎同志,人力资源和社会保障部副部长信长星,教育部部长助理、党组成员林蕙青出席并讲话。

4 月 18 日 陆昊同志参加中央办公厅召集的纪念建团 90 周年有关工作协调会。

4 月 18 日 陆昊同志主持召开共青团第十六届中央书记处 2012 年第 9 次会议,研究纪念中国共产主义青年团成立 90 周年、第 16 届“中国青年五四奖章”“中国青年五四奖章集体”评选等工作。

4 月 18 日至 27 日 应全国青联邀请,以青年与体育部部长艾哈迈德·沙比里·契克为团长的马来西亚青年代表团访华。19 日,周长奎同志会见代表团全体成员。23 日,陆昊、卢雍政同志分别会见代表团主要成员。

4 月 19 日至 22 日 团中央在北京展览馆举办共青团新媒体和文化成果交流展览会。全国各省(自治区、直辖市)团委和部分系统团委以及社会文化单位参展。19 日下午,中共中央政治局委员、全国人大常委会副委员长王兆国,中共中央政治局委员、中央书记处书记、中宣部部长刘云山参观展览,陆昊、王晓、周长奎同志陪同参观。21 日,贺军科、罗梅、汪鸿雁同志先后参观展览。

4 月 19 日 陆昊同志主持召开书记处会,研究纪念建团 90 周年大会筹备工作。

4 月 19 日、20 日 陆昊同志先后召集会议,专题研究纪念建团 90 周年大会有关文稿。

4 月 19 日 罗梅同志在北京出席妇女儿童工作领导(协调)小组联席会议全体会议。

4 月 19 日 团中央、农业部联合下发了《关于引导农村青年学用科技创业致富的意见》,就大力培养农村青年实用人才、鼓励和引导农村青年带头示范应用农业科技新成果、支持和帮助农村青年科技创业、调动各方力量开展农业科技服务作出工作部署。

4 月 20 日 团中央召开共青团新媒体和文化成果交流展览会工作交流会议。陆昊同志出席并讲话,周长奎同志主持会议。各省级团委负责同志、宣传部长及各地市级团委负责同志共约 400 人参加会议。

4 月 20 日 中国青少年发展基金会主办的 2012“与世界有约”希望工程青少年足球邀请赛在北京体育大学举办启动仪式。贺军科同志出席并为比赛开球。来自中西部 16 个省区的 20 支乡村小学、农民工子弟小学足球队参加比赛。

4 月 21 日 汪鸿雁同志在北京出席国家林业局、北京市人民政府、日中绿化交流基金共同主办的纪念中日邦交正常化 40 周年友好植树活动。

4 月 22 日 卢雍政同志在北京出席北京科技大学建校 60 周年庆祝大会。晚,出席北京科技大学 60 周年校庆文艺晚会。

4 月 22 日 罗梅同志在北京出席国土资源部、北京市人民政府联合举办的纪念第 43 个世界地球日主会场宣传活动。

4 月 23 日 陆昊同志在中央政法委机关参加王乐泉同志主持的中央综治委第一蹲点调研组赴宁波、深圳调研情况汇报会并作汇报。

4 月 23 日 中央综治委预防青少年违法犯罪专项组、全国人大常委会法工委、团中央在北京人民大会堂联合主办“刑事诉讼法修改与预防青少年违法犯罪”研讨会。全国人大法工委副主任信春鹰出席会议并讲话，汪鸿雁同志主持会议并讲话。中央综治办、全国人大法工委、全国人大内司委、最高法、最高检、公安部、司法部、团中央等单位有关同志，部分知名高校、科研机构的专家学者以及法律实务工作者参加研讨会。

4 月 23 日至 29 日 应团中央邀请，以老挝人民革命青年团占色巴省委书记宋・布达坤为团长的老挝青年代表团访华。27 日，罗梅同志会见代表团。

4 月 23 日 汪鸿雁同志在北京出席第七届中华宝钢环境奖颁奖典礼。

4 月 24 日 陆昊同志与到访的中共湖南省委宣传部负责同志交流“雷锋精神论坛”有关工作。

4 月 24 日 陆昊同志会见美国嘉康利公司全球董事长兼 CEO 罗杰・巴奈特一行。

4 月 24 日、25 日、26 日 陆昊同志召集会议，专题研究纪念建团 90 周年大会有关文稿。周长奎同志、大会文件处负责同志参加。

4 月 25 日 卢雍政同志在北京出席全国总工会、中国文联、中央文明办、中央电视台联合举办的 2012 年庆祝五一国际劳动节文艺晚会暨第三届中国职工艺术节开幕式。

4 月 27 日 贺军科同志在北京参加全国总工会举办的庆祝五一国际劳动节大会。

4 月 27 日 卢雍政同志在北京出席中美人文交流高层磋商机制中方成员全体会议。

4 月 27 日 周长奎同志在北京人民大会堂出席团辽宁省委、省青联共同主办的辽宁青少年共建“温情、包容、互助、尊重、和谐”现代网络文化活动启动仪式。

5 月 2 日 陆昊同志列席研究《社会保障“十二五”规划纲要》的第 201 次国务院常务会议。

5 月 2 日至 7 日 应团中央邀请，老挝人民革命青年团中央委员会第一书记维莱翁、书记处书记兼办公厅主任阿龙赛，朝鲜金日成社会主义青年同盟中央委员会书记处书记李英焕，越南胡志明共青团中央书记处书记杨文安，古巴共产主义青年联盟全国委员会书记处书记米格尔・奥斯纳伊・科利纳等访华并参加纪念中国共产主义青年团成立 90 周年大会。在京期间，陆昊同志会见四国代表，并与维莱翁、阿龙赛举行了工作会谈；王晓、卢雍政同志分别会见四国代表。

5 月 2 日 周长奎同志在北京出席团北京市委主办的“青春之歌”——北京共青团纪念中国共青团成立九十周年大型歌会。

5 月 3 日 李长春同志在北京大学百周年纪念讲堂观看北京大学原创歌剧《钱学森》，陆昊同志等陪同。

5 月 3 日 陆昊同志主持召开书记处会议，研究纪念建团 90 周年大会筹备工作。

5 月 3 日 罗梅同志在北京出席中央纪委监察部机关召开的纪念中国共产主义青年团成立 90 周年暨第八届机关青年岗位能手表彰大会。

5 月 3 日 罗梅同志在北京出席中央统战部庆祝中国共产主义青年团成立 90 周年表彰大会。

5 月 3 日 汪鸿雁同志在北京出席中央国家机关团工委主办的“中央国家机关青年五四奖章”表彰会暨“根在基层走进一线”调研实践活动启动仪式。

5 月 3 日 周长奎同志在北京出席“青春的旋律”新华社五四青年音乐会。

5 月 4 日 纪念中国共产主义青年团成立 90 周年大会在北京人民大会堂举行。中共中央总书记、国家主席、中央军委主席胡锦涛出席并发表重要讲话，中共中央政治局常委、中央书记处书记、国家副主席习近平主持纪念大会，吴邦国、温家宝、贾庆林、李长春、李克强、贺国强、周永康、王兆国、刘云山、刘延东、李源潮、何勇、令计划、王沪宁、李继耐同志出席纪念大会。陆昊同志,青年典型代表、武汉理工大学管理学院青年教师郎坤,中华全国总工会副主席、书记处第一书记王玉普先后在纪念大会上发言。王晓、贺军科、卢雍政、罗梅、汪鸿雁、周长奎同志,中央党政军群有关部门和北京市的负责同志以及首都各界团员青年代表等约6000人参加纪念大会。会前,胡锦涛、吴邦国、温家宝、贾庆林、李长春、习近平、李克强、贺国强、周永康等党和国家领导人亲切会见了参加纪念大会的先进青年典型、优秀团员团干部和基层先进团组织代表等。王兆国、刘云山、刘延东、李源潮、何勇、令计划、王沪宁、李继耐同志,团中央书记处全体同志参加会见活动。

5月4日 中央宣传部、教育部、团中央共同主办的《五月的鲜花——心中的歌儿唱给党》2012年全国大学生校园文艺会演在北京举行。中共中央政治局常委李长春与首都高校学生代表一起观看演出,并与大学生演员和代表亲切交谈。中共中央政治局委员、书记处书记、中宣部部长刘云山,中共中央政治局委员、国务委员刘延东,全国政协副主席、中国社会科学院院长陈奎元出席活动。教育部部长袁贵仁,陆昊、周长奎同志参加活动。

5月4日 团中央、中国邮政集团公司在北京联合举行《中国共产主义青年团成立九十周年》纪念邮票首发式。王晓同志、中国邮政集团公司总经理李国华出席首发式并为纪念邮票揭幕。

5月4日 卢雍政同志在北京出席第三轮中美人文交流高层磋商全体会议。

5月5日 团中央、全国青联、全国学联在北京召开学习贯彻胡锦涛总书记在纪念中国共产主义青年团成立90周年大会上的重要讲话精神座谈会。陆昊同志出席座谈会并讲话,王晓同志主持座谈会,贺军科、卢雍政、罗梅、汪鸿雁、周长奎同志,全国学联主席齐兴达,机关各部门主要负责同志,第十六届中国青年五四奖章获得者,2011年度全国优秀团员、团干部、先进团组织代表,北京高校学生代表等参加座谈会。9名来自各行业的青年和团干部代表结合各自成长经历谈了学习体会。

5月5日 团中央发出通知,要求各级团组织要把组织引导广大团员青年和团干部认真学习贯彻胡锦涛总书记重要讲话精神作为当前和今后一个时期的重要政治任务,切实抓紧抓好。

5月6日 王晓同志在北京出席中华职业教育社成立95周年纪念大会。

5月7日 贺军科同志在江西共青城市出席支持共青城发展领导小组第八次全体会议并讲话。会前,与会代表实地参观考察了赛龙通信、共晶光伏、挪宝电器、南湖大桥等项目。

5月8日 广东省纪念建团90周年暨"团一大"纪念广场落成仪式在广东广州市举行。中共中央政治局委员、广东省委书记汪洋,陆昊同志出席并讲话。广东省委副书记、省长朱小丹,广东省委副书记朱明国,广州市委书记万庆良等出席落成仪式。来自北京、上海、广州、武汉、南京等团的历次代表大会召开地、"团一大"代表来源地的优秀团员青年及各界青年代表参加落成仪式。在穗期间,陆昊同志参加了"驻粤团工委广州联络中心"和"广东省亲青家园青年社会组织培育发展中心"揭幕仪式等活动。

5月8日至9日 陆昊同志就学习贯彻胡锦涛总书记在纪念中国共产主义青年团成立90周年大会上重要讲话精神在海南调研。陆昊同志在海南大学、团海南省委机关等单位,分别参加海南青年和团干部学习贯彻胡锦涛总书记重要讲话精神座谈会,并到海南青年创业平台、海南大学创新学院考察工作。期间,中共海南省委书记罗保铭与陆昊同志进行工作交流。

5月11日 陆昊同志在北京参加中央纪

委监察部组织召开的学习贯彻《关于加强和改进中央和国家机关纪检监察组织建设的意见》座谈会。

5 月 11 日至 12 日 团中央青运史工作指导委员会、团中央宣传部、中国青少年研究中心联合举办的纪念中国共青团成立 90 周年理论研讨会在北京举行。陆昊同志出席并讲话,汪鸿雁同志主持研讨会,周长奎同志出席研讨会。各省级团委有关负责同志、有关专家学者和青运史著名人物亲属代表约 150 人参加研讨会。

5 月 11 日 中国青年科技工作者协会在北京召开学习贯彻胡锦涛总书记在纪念中国共产主义青年团成立 90 周年大会上的重要讲话精神座谈会。来自金融、信息电子、材料、环境能源等领域的会员代表参加座谈会。

5 月 13 日 陆昊同志陪同中共中央政治局常委、国务院总理温家宝在北京出席第五次中日韩领导人会议配套活动“亚洲校园”项目启动仪式。

5 月 13 日至 17 日 应团中央邀请,以朝鲜金日成社会主义青年同盟中央委员会书记张炫哲为团长的朝鲜青年友好代表团访华。16 日,卢雍政同志会见代表团。17 日,陆昊同志会见代表团。

5 月 13 日 卢雍政同志在北京大学出席北京市教委、北京市体育局主办的首都高等学校第五十届学生田径运动会开幕式。

5 月 13 日至 26 日 应中联部、团中央的邀请,来自阿根廷、巴西、智利、哥伦比亚和秘鲁 5 国主要政党的青年干部和青年组织负责人来华参加以“从党团关系角度看新形势下中国共产党的群众工作”为主题的第三届拉美政党青年干部研修班。17 日,卢雍政同志会见研修班全体成员。

5 月 14 日 陆昊同志在北京出席中央文明委召开的道德领域突出问题专项教育和治理活动视讯会议并发言。

5 月 14 日至 20 日 应全国青联邀请,以国会议员、青年与体育部前部长卡玛拉·罗卡为团长的尼泊尔青年代表团访华。15 日,陆昊同志会见代表团主要成员;晚,汪鸿雁同志会见代表团全体成员。

5 月 14 日 全国青联、德国墨卡托基金会共同举办的首届“中德未来之桥青年领导者交流营”在北京开营。卢雍政同志出席开幕式并致辞。

5 月 14 日 汪鸿雁同志在北京出席农业部青年联合会成立大会。

5 月 14 日至 15 日 中国社会科学院、团中央、解放军总政治部、求是杂志社、光明日报社、中共湖南省委在湖南长沙市共同主办 2012 年“雷锋精神论坛”。中共湖南省委书记周强出席并讲话。中国社会科学院党组副书记、常务副院长王伟光,中宣部原常务副部长、中国伦理学会顾问徐惟诚,周长奎同志,中共湖南省委常委、长沙市委书记陈润儿,解放军总政治部宣传部副部长杨定宇,求是杂志社副总编辑黄中平,光明日报社副总编辑何东平出席并发言。

5 月 15 日 陆昊同志会见美国美中关系全国委员会会长史蒂夫·欧伦斯一行。

5 月 15 日至 24 日 应英国英中中心、德国青年体育联合会邀请,贺军科同志率中国青年代表团访问英国、德国。在英期间,代表团参加了第三届中英青年领导者圆桌会议,英国国会议员、工党影阁就业与养老金大臣利亚姆·伯恩担任英方代表团团长参加会议;英国外交与联邦事务部国务部长豪威尔勋爵会见代表团。在德期间,德国联邦家庭、老人、妇女与青年部国务秘书约瑟夫·海肯,德国联邦议会议员、基民盟联邦议会党团外交政策发言人、德国青年联盟主席米斯菲尔德分别会见代表团。

5 月 15 日 卢雍政同志在北京出席中国贸促会成立 60 周年招待晚宴。

5月15日　团中央、全国学联主办的2011年度寻访“中国大学生自强之星”活动颁奖典礼在北京清华大学举行。卢雍政同志出席并讲话。

5月16日　陆昊同志主持召开共青团第十六届中央书记处2012年第10次会议，研究学习表彰宣传青年典型张丽莉、沈星同志，进一步深入学习贯彻胡锦涛总书记在纪念中国共产主义青年团成立90周年大会上的重要讲话等工作。

5月16日　王晓同志在北京出席中央台办、国务院台办召开的对台交流工作座谈会。

5月16日　汪鸿雁同志在北京出席国家禁毒委员会全体会议。

5月17日　团中央机关召开学习贯彻胡锦涛总书记在纪念中国共产主义青年团成立90周年大会上重要讲话精神交流会。陆昊同志出席并讲话，王晓、卢雍政、汪鸿雁、周长奎同志出席，罗梅同志主持交流会。

5月17日　中宣部、科技部、团中央、青海省人民政府等单位共同主办的“科技列车青海行”活动送行仪式在北京西站举行。

5月18日　全国青联在北京召开学习贯彻胡锦涛总书记在纪念中国共产主义青年团成立90周年大会上重要讲话精神座谈会。王晓同志，全国青联副主席学诚、纪斌出席并讲话。

5月18日　全国学联在北京召开学习贯彻胡锦涛总书记在纪念中国共产主义青年团成立90周年大会上的重要讲话精神座谈会。卢雍政同志、全国学联主席齐兴达出席座谈会。

5月18日　汪鸿雁同志在北京出席全国公安系统英雄模范立功集体表彰大会。会前，陪同中央领导同志会见全体与会代表。

5月19日　中宣部、科技部、中国科协、团中央等单位共同主办的2012年全国科技活动周暨北京科技周在北京农业展览馆开幕。中共中央政治局委员、国务委员刘延东出席开幕式并讲话。科技部党组副书记、副部长王志刚代表组委会介绍科技活动周有关情况，北京市委副书记、市长郭金龙在开幕式上致辞，中国科协党组书记、常务副主席陈希，中央宣传部副部长申维辰，王晓同志等主办单位负责同志出席。

5月20日　中国青年报社主办的“全国大学生村官支持计划——万家农户增收致富扶助行动”在北京举行启动仪式。汪鸿雁同志出席并讲话。

5月20日　中国青年企业家协会在北京召开学习贯彻胡锦涛总书记在纪念中国共产主义青年团成立90周年大会上的重要讲话精神座谈会。

5月21日至25日　陆昊同志就团组织和团员青年学习胡锦涛总书记在纪念中国共产主义青年团成立90周年大会上的重要讲话精神情况，在宁夏回族自治区进行调研。陆昊同志先后深入到高校、机关、企业、农村合作社、青年创业园、移民新村，与大学生、青年教师、各级团干部座谈。其间，宁夏回族自治区党委书记张毅、政府主席王正伟与陆昊同志进行工作交流。

5月21日至22日　罗梅同志在北京出席中央创先争优活动领导小组组织召开的全国创先争优理论研讨会。

5月21日　中国农村青年致富带头人协会在北京召开学习贯彻胡锦涛总书记在纪念中国共产主义青年团成立90周年大会上重要讲话精神座谈会，协会会员代表、北京市属涉农青年组织代表参加座谈。

5月23日　国家体育总局、教育部、团中央共同主办的2012年全国青少年“未来之星”阳光体育节在北京举行新闻发布会。国家体育总局副局长冯建中、罗梅同志出席。

5月24日至25日　周长奎同志在全国青少年井冈山革命传统教育基地就工程建设和

设备安装情况等进行调研，听取基地筹备组工作情况汇报，专题研究基地开营筹备及后期管理运营等工作。江西省委副书记、省纪委书记尚勇一同调研。

5 月 28 日 贺军科同志与中组部党建读物出版社负责同志就进一步做好团干部和团员青年理想信念教育有关工作座谈交流。

5 月 29 日 贺军科同志在北京出席中国宋庆龄基金会成立 30 周年纪念大会。

5 月 29 日 贺军科同志会见《澳门日报》特邀优异生访京团一行。

5 月 30 日 陆昊同志召集会议，专题研究编写学习胡锦涛总书记在纪念建团 90 周年大会上重要讲话辅导提纲、学习读本等工作。周长奎同志，办公厅、宣传部负责同志参加。

5 月 30 日 陆昊同志召集会议，专题研究大中专学生“三下乡”社会实践活动有关工作。卢雍政、汪鸿雁同志，学校部、农村青年工作部负责同志参加。

5 月 31 日 全国妇联、中央文明办、团中央、教育部、文化部、广电总局、国务院妇女儿童工作委员会办公室、中国关心下一代工作委员会、中央电视台等单位在中央电视台联合举办庆祝 2012 年六一国际儿童节晚会《幸福像花儿一样》。中共中央政治局常委李长春出席晚会，王兆国、刘云山、刘延东、陈至立、彭珮云、顾秀莲一同观看演出。罗梅同志参加活动。

5 月 31 日 陆昊同志主持召开共青团第十六届中央书记处 2012 年第 11 次会议，传达中央有关文件，研究参与维护稳定、深化“研究生支教团”、成立共青团中国注册会计师行业委员会等工作。

5 月 31 日至 6 月 1 日 各地少先队组织围绕学习贯彻胡锦涛总书记在纪念中国共产主义青年团成立 90 周年大会上的重要讲话精神，集中开展了“红领巾心向党——学先锋，找榜样，争四好”全国统一主题队日活动。6 月 1 日，罗梅同志在北京参加了现场活动。

6 月 1 日 陆昊同志召集会议，专题研究重点青少年群体试点工作交流会有关工作。汪鸿雁同志、权益部负责同志参加。

6 月 4 日 陆昊同志召集会议，专题研究中国少年宫选址有关工作。王晓、周长奎同志，中国青少年宫协会负责同志参加。

6 月 5 日 陆昊同志会见韩国驻华大使李揆亨一行。

6 月 5 日 环境保护部、国家发展改革委、科技部、团中央、全国妇联、北京市人民政府在北京举办以环境保护优化经济增长暨纪念“6·5”世界环境日高层论坛。环境保护部部长周生贤作主旨报告，汪鸿雁同志，全国妇联党组副书记、副主席、书记处书记孟晓驷，北京市人民政府副市长洪峰出席论坛，环境保护部副部长吴晓青主持论坛。

6 月 5 日 环境保护部、团中央、全国妇联和联合国环境规划署在北京共同主办“绿色消费你我同行”2012“6·5”世界环境日文艺晚会。环境保护部副部长潘岳、汪鸿雁同志出席晚会。

6 月 6 日 团十六届中央书记处举行第二十五次集体学习。中国青少年研究中心研究员、团中央青运史档案馆副馆长李玉琦围绕共青团 90 年的历史回顾这一主题进行专题讲解。陆昊同志主持并讲话，王晓、贺军科、卢雍政、罗梅、汪鸿雁、周长奎同志，机关全体干部参加学习。

6 月 7 日至 8 日 陆昊、王晓、罗梅同志在北京出席中央直属机关党代表会议。

6 月 8 日 卢雍政同志会见欧洲华人青年联合会主席傅旭海一行。

6 月 9 日 陆昊同志在北京出席武警部队争做党和人民忠诚卫士活动 15 周年史诗报告会——《我们忠诚》。报告会前，陆昊同志陪同国务委员、公安部部长、武警部队第一政委孟建柱会见第 15 届“中国武警十大忠诚卫士”。

6月9日 王晓同志在北京参加全国党委秘书长会议第一次全体会议。

6月10日 王晓同志会见以国民党中常委、青工总会总会长阙枚莎为团长的国民党青工总会大陆参访团。

6月10日 卢雍政同志出席中美人文交流机制工作有关会议。

6月11日 全国供销总社、农业部、全国总工会、团中央、全国妇联在北京人民大会堂共同举办"2012·国际合作社年"主题报告会。中共中央政治局委员、国务院副总理回良玉出席并代表中国政府致辞,国际合作社联盟主席珀琳·格林出席并致辞,全国人大常委会副委员长乌云其木格、全国政协副主席白立忱出席。全国供销合作总社党组书记、理事会主任杨传堂主持会议并做主旨演讲,汪鸿雁同志等主办单位负责同志参加。

6月11日至13日 陆昊同志赴辽宁沈阳市、大连市调研。陆昊同志先后来到乡镇、工读学校、青年科技创新创业服务中心、青年新媒体应用中心等进行调研,并参加了团辽宁省委召开的学习贯彻胡锦涛总书记五四重要讲话精神座谈会,与大连市团干部座谈交流学习胡锦涛总书记五四重要讲话精神的体会。期间,辽宁省委书记王珉、省长陈政高分别与陆昊同志进行了工作交流。

6月11日 王晓同志与财政部有关负责同志就加强基层团组织经费保障工作进行交流。

6月11日 罗梅同志在北京出席观看江苏省参加第四届全国少数民族文艺会演的原创舞剧《格桑花·茉莉花》汇报演出。

6月11日至7月31日 团中央、全国青联、香港中联办联合举办"2012年香港大学生暑期内地实习计划"。来自香港多所高校的1029名在校大学生到174家企事业参加为期1个月至1个半月的实习。期间,还组织了参观、拜会、与内地杰出青年代表交流等活动。

6月12日 贺军科同志在北京出席全国总工会、国家安监总局联合召开的2011年度全国"安康杯"竞赛表彰暨经验交流电视电话会议。

6月12日 罗梅同志在北京出席观看国家民委、文化部、广电总局和北京市人民政府联合主办的第四届全国少数民族文艺会演开幕式文艺晚会。

6月12日至13日 中央综治委预防青少年违法犯罪专项组、中央综治办、团中央在辽宁大连市联合召开全国重点青少年群体服务管理和预防犯罪试点工作经验交流会。中央政法委副秘书长、中央综治办主任陈训秋,陆昊同志出席并讲话,汪鸿雁同志主持会议。最高人民法院、最高人民检察院、教育部、公安部、民政部、司法部的预防专项组司局级联络员和试点工作指导专家,各省(自治区、直辖市)和试点城市的综治办、团委负责同志等参加会议。12日,团中央权益部在辽宁大连市召开全团权益工作座谈会,汪鸿雁同志出席并讲话。

6月13日 中央宣传部、中央文明办、教育部、解放军总政治部、团中央等单位在北京共同召开学习时代楷模座谈会。中共中央政治局委员、中央书记处书记、中宣部部长、中央文明委副主任刘云山出席并讲话。教育部部长袁贵仁、解放军总政治部副主任杜金才、全国总工会书记处第一书记王玉普、陆昊同志、全国妇联书记处第一书记宋秀岩、人民日报社总编辑吴恒权、新华社总编辑何平、中央电视台台长胡占凡,专家学者代表,以及时代楷模张丽莉、吴斌、高铁成的同事在座谈会上发言。

6月14日 陆昊同志会见日中友好会馆副会长、前日本驻华大使宫本雄二一行。

6月14日 陆昊同志会见新加坡驻华大使罗家良。

6月15日、17日 陆昊同志召集会议,专题研究第二届中非青年领导人论坛有关工作。

6 月 15 日至 17 日 全国青联和台湾中华青年交流协会、台湾中国青年创业协会总会在福建厦门市共同举办以“同根同祖,同心同行”为主题的第十届海峡青年论坛,王晓同志,福建省委常委、厦门市委书记于伟国,台湾中华青年交流协会创办人李钟桂,台湾中国青年创业协会总会长陈世铭出席开幕式并致辞。来自两岸和港澳地区的青年社团负责人和青年代表参加活动。

6 月 15 日 中国青少年发展基金会、梅赛德斯-奔驰公司在北京人民大会堂共同举办“希望工程·梅赛德斯-奔驰快乐音乐汇”活动。贺军科同志出席。

6 月 15 日 罗梅同志在北京出席中直机关文明单位表彰暨精神文明创建活动现场观摩会。

6 月 16 日 第四届两岸青年社团负责人圆桌会议在福建厦门市举行,王晓同志出席并讲话。

6 月 16 日至 22 日 国务院台办、全国青联、福建省人民政府等 68 家两岸有关单位在福建厦门市等地共同主办第四届海峡论坛。中共中央政治局常委、全国政协主席贾庆林出席论坛并致辞。全国人大常委会副委员长陈至立,全国政协副主席黄孟复、张榕明、林文漪,十届全国人大常委会副委员长顾秀莲,王晓同志等出席相关活动。

6 月 16 日至 25 日 应全国青联邀请,美国青年政治领袖理事会组派由美国民主和共和两党人士组成的青年领导人代表团访华。19 日下午,卢雍政同志会见代表团。

6 月 18 日 陆昊、周长奎同志出席第二届中非青年领导人论坛开幕式。18 日至 19 日,周长奎同志参加论坛有关活动。

6 月 18 日、19 日 王晓同志在北京出席中国和平统一促进会八届二次理事大会有关活动。

6 月 18 日至 21 日 王晓同志在北京出席全国政协十一届常委会第十八次会议。

6 月 19 日至 20 日 陆昊同志陪同中共中央政治局常委、中央书记处书记、国家副主席习近平到北京大学、中国人民大学、清华大学就加强和改进高校党建工作进行调研。

6 月 19 日 团中央、全国青联与丰田汽车共同举办的第六届“中国青年丰田环境保护资助行动”在北京举行资助项目发布仪式。卢雍政同志出席并讲话。

6 月 19 日 汪鸿雁同志到北京东城区古城职业高中调研专门学校建设工作。

6 月 20 日 中宣部、教育部、团中央、人民日报社共同指导,人民网、大学生杂志社联合主办的 2011 中国大学生年度人物评选活动在北京人民大会堂举办颁奖典礼和座谈会。中共中央政治局委员、国务委员刘延东出席并讲话。教育部部长袁贵仁主持,陆昊同志出席活动。座谈会前,中共中央政治局常委李长春看望教书育人楷模先进事迹报告团成员和 2011 中国大学生年度人物,刘延东、袁贵仁、陆昊同志参加看望。

6 月 20 日 陆昊同志主持召开共青团第十六届中央书记处 2012 年第 12 次会议,研究共青团深入学习胡锦涛总书记五四重要讲话暨 2012 年年中工作交流会等工作。

6 月 20 日 卢雍政同志会见应文化部邀请来访的毛里塔尼亚文化、青年与体育部长布瓦德一行。

6 月 21 日 陆昊同志在北京出席中央社会管理综合治理委员会第二次全体会议并发言。

6 月 21 日 陆昊同志召集会议,专题研究学校共青团有关工作。卢雍政同志、学校部负责同志参加。

6 月 21 日 汪鸿雁同志在北京出席全国供销合作总社组织召开的“中国特色合作社发展之路”基层建设恳谈会。

6 月 24 日 中央文献研究室、团中央、中央电视台、江苏省委在北京人民大会堂联合举行大型革命史诗电视剧《我们的法兰西岁月》首播仪式。中共中央政治局委员、国务委员刘延东，全国人大常委会副委员长韩启德，十届全国人大常委会副委员长盛华仁出席。中央文献研究室主任冷溶、陆昊同志、中央电视台台长胡占凡、江苏省委副书记石泰峰以及剧中老一辈革命家的亲属代表在仪式上致辞，江苏省委常委、宣传部部长王燕文主持仪式。

6月25日 陆昊同志召集会议，专题研究全国青少年井冈山革命传统教育基地开营有关工作。周长奎同志参加。

6月25日 陆昊同志召集会议，专题研究加强农村基层团建有关工作。汪鸿雁同志、农村部负责同志参加。

6月25日 卢雍政同志会见前韩国驻华大使、韩中文化青少年协会会长权丙铉。

6月25日至7月1日 应全国青联邀请，以英国青年理事会主席利亚姆·普莱斯顿为团长的英国青年工作者代表团访华。25日下午，卢雍政同志会见代表团。

6月26日 团中央在北京召开共青团深入学习胡锦涛总书记五四重要讲话暨2012年年中工作交流会。书记处全体同志和各省级团委主要负责同志参加会议，就学习胡锦涛总书记讲话精神和上半年全团重点工作推进情况及存在问题进行了交流探讨。陆昊同志作总结讲话。

6月26日 全国少工委办公室、教育部体卫艺司等单位在北京国家大剧院共同举办“红领巾之歌”首届全国少年儿童优秀合唱歌曲征集展播活动启动仪式。罗梅同志出席。

6月27日 陆昊同志在北京出席香港特别行政区政府主办的“迈向更好明天——庆祝香港特别行政区成立十五周年成就展”开幕式。

6月27日 陆昊、贺军科同志与团江西省委、共青城市委负责同志商谈共青广场规划等工作。

6月27日 中国青年政治学院举行2012年毕业典礼。王晓同志出席并讲话。

6月27日至29日 汪鸿雁同志赴青海就农村基层团建工作和农村留守儿童群体试点工作调研。

6月28日 贺军科同志在北京出席全国创先争优表彰大会并参加接见合影活动。

6月28日 卢雍政同志在北京出席国家教育体制改革领导小组第六次全体会议。

6月28日 农业部、团中央共同开展的2012年“全国保护母亲河——青年万亩示范草场”建设活动在青海贵德县启动。农业部副部长高鸿宾、汪鸿雁同志出席并讲话，青海省人民政府副省长邓本太出席。

6月29日 教育部、团中央、中华职业教育社、天津市人民政府等共同举办的2012年全国职业院校技能大赛在天津闭幕。中共中央政治局委员、国务委员刘延东致信祝贺，中共中央政治局委员、天津市委书记张高丽宣布大赛闭幕。全国政协副主席、中华职业教育社理事长张榕明，教育部副部长鲁昕，卢雍政同志出席闭幕式。

6月29日 陆昊同志召集会议，专题研究少先队学科建设有关工作。罗梅同志、少年部负责同志参加。

6月29日 卢雍政同志在天津出席天津大学、团天津市委共同主办的反映张太雷同志事迹的原创红色话剧《醒世惊雷》首演活动。

7月2日 团中央举办2012年度全国少先队辅导员大规模远程培训，通过电视电话系统对各级团委少年部长、少先队总辅导员和中小学大队辅导员进行培训。陆昊同志在主会场讲话，罗梅同志授课。

7月2日 陆昊同志召集会议，专题研究上海部分基层团组织“公推直选”有关工作，王晓、贺军科同志，组织部负责同志参加。

7月2日 中宣部、中央文明办、教育部、团中央、全国学联共同举办的2012年全国大中专学生志愿者暑期“三下乡”社会实践活动在北京林业大学启动。卢雍政同志出席启动仪式并讲话。

7月3日 贺军科同志在北京出席国务院安全生产委员会全体会议。

7月5日 团中央、教育部共建中国青年政治学院协议签字仪式在中国青年政治学院举行。陆昊同志、教育部部长袁贵仁共同签署协议，王晓同志，教育部部长助理、党组成员林蕙青出席。

7月5日 王晓同志在北京出席全国政协社会和法制委员会会议。

7月5日 全国台联、全国少工委和台湾中华企划人协会、台湾创价学会联合主办的两岸和平小天使20周年纪念大会在北京大学举行。全国政协原副主席张克辉、中央统战部副部长朱维群、罗梅同志、全国台联会长梁国扬、国务院台办主任助理龙明彪出席。

7月5日 周长奎同志在北京出席校车安全管理部际联席会议第一次会议。

7月6日 陆昊同志在北京出席全国科技创新大会第一次全体会议。6日至7日上午，王晓同志全程出席大会。

7月6日 全国餐饮行业共青团工作指导和推进委员会成立大会在北京举行。中国烹饪协会会长苏秋成、贺军科同志出席并讲话。来自部分省份、副省级城市的烹饪协会有关负责同志、全国主要餐饮企事业单位的党政领导、团组织负责人、青年代表参加会议。

7月6日 罗梅同志在北京出席第四届全国少数民族文艺会演闭幕式暨颁奖晚会。

7月8日至10日 科技部、人力资源社会保障部、国务院侨办、团中央、江苏省人民政府联合主办的2012年苏州国际精英创业周在江苏苏州市举行。人力资源社会保障部副部长杨志明，江苏省副省长史和平，中国科协副主席冯长根，卢雍政同志，中国科学院副院长施尔畏，江苏省委常委、苏州市委书记蒋宏坤出席开幕式。8日下午，卢雍政同志考察江苏苏州市大学生就业创业见习基地工作。9日下午，卢雍政同志出席第四届“创业姑苏”青年精英创业大赛颁奖典礼。9日上午，卢雍政同志出席江苏苏州市高校共青团网络新媒体座谈会。11日上午，卢雍政同志调研江苏常熟市共青团工作。

7月9日 共青团中国注册会计师行业委员会成立大会在北京举行。陆昊同志，财政部副部长、中国注册会计师行业党委书记王军出席并讲话，贺军科同志出席，财政部党组成员、部长助理余蔚平主持会议。来自全国注册会计师行业的团组织负责人和青年代表参加会议。

7月9日 团中央宣传部、武警政治部组织部召开革命英雄主义专题座谈会。陆昊、周长奎同志，武警部队副政委王长河出席并讲话。

7月9日 汪鸿雁同志在北京出席全国供销合作社系统先进集体、劳动模范和先进工作者表彰大会。

7月10日 卢雍政同志在江苏苏州市出席第二届“中非民间论坛”开幕式等活动。

7月10日至15日 罗梅同志赴四川甘孜藏族自治州丹巴县、康定县和阿坝藏族羌族自治州汶川县、成都市调研少先队工作和民族地区青少年工作。

7月11日 陆昊同志召集会议，专题研究全国社会管理综合治理工作会议有关工作。汪鸿雁同志、权益部负责同志参加。

7月12日 中国青少年发展基金会、中国贵州茅台酒厂（集团）有限责任公司、团贵州省委、全国32家省级青少年发展基金会共同举办的“国酒茅台·国之栋梁——2012希望工程圆梦行动大型公益助学活动”在北京人民大会堂启动。茅台集团向中国青基会捐款1亿元，用于资助今年考取高校的全国2万名贫困生。

全国政协副主席罗富和，陆昊、贺军科同志，贵州省委常委、副省长刘晓凯出席。

7月12日 陆昊同志在北京出席中央文明委召开的道德领域突出问题专项教育和治理活动座谈会。

7月12日至21日 应全国青联邀请，以青年事务与体育部秘书尼塔·乔杜里为团长的印度青年代表团访华。12日下午，王晓同志会见代表团主要成员。13日下午，卢雍政同志会见代表团。

7月12日至19日 应全国青联邀请，以经济部国务秘书诺伯特·齐兹马迪亚为团长的匈牙利青年代表团访华。12日晚，卢雍政同志会见代表团。13日下午，陆昊同志会见代表团主要成员。

7月12日至14日 汪鸿雁同志赴吉林柳河县调研农村基层团建工作。

7月13日至14日 王晓同志在北京出席第七次全国信访工作会议。

7月13日 周长奎同志在北京出席教育部、国务院港澳办、香港中联办、澳门中联办主办的“我的祖国——2012年京港澳学生交流营”开营式。

7月13日 团中央、全国学联在江苏南京市举行以“青春建功90载民族团结代代传”为主题的2012年全国“少数民族大学生骨干实践锻炼计划”启动仪式。

7月15日 司法部律师公证工作指导司、司法部法律援助工作司、团中央青年志愿者工作部、中国法律援助基金会等在北京人民大会堂召开“1+1”中国法律援助志愿者行动2011年总结表彰暨2012年派遣工作新闻发布会。全国人大常委会原副委员长、中国关心下一代工作委员会主任、中国法律援助基金会名誉理事长顾秀莲，司法部部长吴爱英，司法部副部长赵大程，周长奎同志，中国法律援助基金会理事长岳宣义出席。

7月16日 陆昊同志主持召开专题会议，研究少先队学科建设等工作。罗梅同志、少年部负责同志参加。

7月16日至19日 贺军科同志就非公企业团建、街道共青团工作等在浙江调研。

7月16日 卢雍政同志在北京出席“中日青年国民感情调查”中方专家组第一次会议。

7月16日 卢雍政同志会见应中联部邀请来访的以联邦议员、自民党北威州主席林德纳为团长的德国自民党青年政治家代表团。

7月16日 卢雍政同志会见日本日中国际交流协会理事长长谷川隆淑一行。

7月17日 陆昊同志在北京出席全国维护社会稳定工作电视电话会议。

7月17日 陆昊同志会见德国联邦议会议员、青年联盟主席米斯菲尔德。

7月17日 汪鸿雁同志在北京出席全国就业创业工作表彰大会。

7月18日 团中央召开高校学生社团工作座谈会。陆昊、卢雍政同志出席。

7月18日 团中央城市青年工作部在浙江宁波市召开全国非公有制企业团建工作年中推进会（东部和南部片区）。贺军科同志出席并讲话，上海、浙江等17个省级团委分管负责同志及非公企业团建主责部门负责同志参加。

7月19日 陆昊同志在北京出席中非合作论坛第五届部长级会议开幕式。

7月19日、20日 周长奎同志在北京分别出席第十一届全国见义勇为英雄模范表彰大会和主题文艺晚会。

7月20日至21日 陆昊同志在北京出席全国社会管理综合治理工作会议，并介绍预防青少年违法犯罪专项组下一步工作安排。

7月20日至27日 应团中央邀请，以第一书记维莱翁·布达康为团长的老挝人民革命青年团代表团访华。25日上午、25日下午、26日上午，陆昊、卢雍政、汪鸿雁同志分别会见代表团。

7 月 20 日 全国学联、台湾中华青年交流协会在福建厦门市举行第八届两岸校园歌手邀请赛总决赛暨颁奖典礼。卢雍政同志、全国学联主席齐兴达出席。

7 月 20 日 周长奎同志在北京出席中华见义勇为基金会第 17 次理事会。

7 月 22 日至 24 日 周长奎同志赴广东广州市出席全军青年工作干部学习总书记五四重要讲话培训研讨班并作辅导报告。在广东期间,周长奎同志在广州市、江门市就共青团新媒体和文化工作、青年志愿者工作进行调研。

7 月 23 日至 24 日 陆昊同志在北京参加省部级主要领导干部专题研讨班。

7 月 24 日 卢雍政同志会见应国务院侨办邀请来访的马来西亚华裔杰出青年代表团。

7 月 25 日至 8 月 3 日 应团中央邀请,以胡志明共青团中央书记处书记阮孟勇为团长的越南青年代表团来华参加第十三届中越青年友好会见活动。25 日下午,陆昊同志会见代表团主要成员。26 日下午,全国政协副主席孙家正会见代表团主要成员并与全团合影留念,卢雍政同志陪同;晚,卢雍政同志会见代表团。

7 月 26 日 团中央、全国青联志愿者艺术团在贵州贵阳市举办"向生态贵州建设者致敬"慰问演出活动。全国政协副主席李金华,贵州省委书记、省长赵克志,贵州省委副书记陈敏尔,王晓同志出席。

7 月 27 日、30 日 陆昊同志主持召开共青团第十六届中央书记处 2012 年第 13 次会议,学习讨论中央有关文件,研究 2013 年"共青团与人大代表政协委员面对面"活动主题等工作。

7 月 27 日 团中央机关举办年轻干部学习胡锦涛总书记在纪念中国共产主义青年团成立 90 周年大会上的重要讲话交流会。周长奎同志出席并与年轻干部交流学习体会。

7 月 28 日 王晓同志代表团中央书记处在北京八宝山革命公墓参加第十三届中央政治局候补委员、中央书记处书记,第十四届、十五届中央政治局委员、中央书记处书记丁关根同志遗体送别仪式。

7 月 28 日至 8 月 3 日 应全国青联邀请,以联邦众议员丹尼尔·托马斯·特汉为团长的澳大利亚政治交流理事会代表团访华。30 日下午,卢雍政同志会见代表团。

7 月 28 日至 31 日 团中央宣传部、中国青少年宫协会等单位在天津共同举办以"沐浴在党的阳光下"为主题的"银杏杯"中国青少年宫文化艺术节。28 日下午,天津市委常委、组织部长尹德明,周长奎同志出席开幕式并观看节目。

7 月 28 日至 29 日 团中央、全国青联、香港中联办在四川共同举办"相聚国旗下——千名香港青少年走进美好新家园"活动。

7 月 29 日 中国国际青年交流中心、日本茨城县日中友好协会、韩国仁川广域市国际交流中心在北京联合举办"中日韩青少年摇滚音乐交流活动"。卢雍政同志出席活动并会见日本茨城县知事桥本昌和韩国仁川市副市长金镇英。

7 月 29 日 周长奎同志在天津出席 2012 天津国际少年儿童艺术节开幕式。

7 月 31 日 陆昊同志在北京出席中国人民解放军建军 85 周年招待会。

7 月 31 日 团中央、教育部、财政部、人力资源社会保障部在北京人民大会堂共同举办 2012 年"大学生志愿服务西部计划""优秀大学生西部基层建功计划"及"中国青年志愿者研究生支教团"出征座谈会。陆昊、卢雍政同志,财政部副部长李勇,人力资源社会保障部副部长杨志明出席并讲话,周长奎同志主持。

7 月 31 日 团中央城市青年工作部在黑龙江哈尔滨市召开全国非公有制企业团建工作年中推进会(北部和西部片区)。贺军科同志出席并讲话。

7月31日至8月2日 罗梅同志赴上海与华东师范大学负责同志商谈开设“少年儿童组织与思想意识教育”专业有关工作，并与上海市教育部门、人力资源社会保障部门有关同志就中小学教师职称单设“少先队活动”科目等工作进行座谈。

8月1日至3日 陆昊同志围绕学习贯彻胡锦涛总书记在纪念中国共产主义青年团成立90周年大会上的重要讲话精神这一主题，在吉林调研共青团工作。陆昊同志先后到青年创业俱乐部、青年创业园、非公企业、农业合作社、大学等，与创业青年、高校师生及各级团干部进行交流和座谈。期间，吉林省委书记孙政才与陆昊同志进行工作交流。

8月2日 团中央少年部、全国少工委办公室、国家广电总局电影频道节目中心在北京共同举办“红领巾电影夏令营”启动仪式。罗梅同志出席。

8月6日 王晓同志会见国际青年创业组织（YBI）执行总干事安德鲁·费德曼一行。

8月7日 陆昊同志召集会议，专题研究2013年“共青团与人大代表政协委员面对面”活动主题。汪鸿雁同志、权益部负责同志参加。

8月8日 国务院侨办、北京市人民政府、全国青联在北京国家游泳中心共同举办“水立方杯”海外华裔青少年中文歌曲大赛颁奖晚会。王晓同志，北京市委常委、统战部长牛有成，北京市委常委、宣传部长鲁炜，北京市副市长程红出席。

8月8日至17日 团中央、全国学联在广东举行主题为“青春励志共奋进，民族团结齐发展”的2012年全国少数民族大学生社会实践与社会观察活动。来自全国15所民族院校的195名少数民族大学生和广东53所高校的105名优秀汉族大学生参加活动。

8月9日 陆昊同志与中国民用航空局党组副书记、副局长李军交流工作。

8月10日 贺军科同志在北京出席亚太经合组织（APEC）青年技能夏令营开营式。

8月12日 中国科协、教育部、科技部、环境保护部、国家体育总局、团中央、全国妇联、国家自然科学基金委员会和宁夏回族自治区人民政府在宁夏银川市共同举行第27届全国青少年科技创新大赛开幕式。全国人大常委会副委员长、中国科协主席韩启德发去视频寄语，全国人大常委会副委员长、民建中央主席陈昌智宣布大赛开幕，中国科协书记处第一书记陈希，科技部党组书记、副部长王志刚，宁夏回族自治区党委书记张毅，教育部副部长刘利民，环境保护部总工程师万本太，罗梅同志，全国妇联副主席、书记处书记赵东花等主办单位领导同志出席开幕式。来自全国各地的34支代表队、475名学生、200名科技辅导员参加了为期4天的大赛活动。

8月13日 王晓同志会见韩国驻华使馆公使赵镛天一行。

8月13日 卢雍政同志会见俄罗斯青年联盟主席克拉斯纳卢斯克·巴维尔一行。

8月14日至17日 应全国青联邀请，来自上海合作组织青年委员会的哈萨克斯坦、吉尔吉斯斯坦、俄罗斯和塔吉克斯坦4国青年代表访华，并参加上海合作组织青年委员会第五次会议。15日下午，卢雍政同志会见代表团。

8月14日 汪鸿雁同志在北京出席中央综治委护路护线联防专项组全体会议并发言。

8月15日 中宣部、解放军总政治部、团中央在人民大会堂举行北京军区某机步团四级军士长贾元友同志先进事迹报告会。会前，中共中央政治局委员、中央军委副主席徐才厚，中央军委委员、总政治部主任李继耐会见报告团成员。中宣部副部长申维辰主持报告会，总政治部副主任童世平在报告会上讲话，周长奎同志陪同会见并出席报告会。

8月15日 团十六届中央书记处举行第二十六次集体学习。清华大学哲学系教授、中国伦理学会会长万俊人围绕我国经济社会变革过程中道德建设的若干重要问题这一主题进行讲解。陆昊同志主持并讲话，王晓、贺军科、卢雍政、罗梅、汪鸿雁同志，机关全体干部参加。

8 月 15 日至 24 日 应全国青联邀请，来自哈萨克斯坦、吉尔吉斯斯坦、俄罗斯和塔吉克斯坦 4 国的上海合作组织成员国青年领导人访华。15 日下午、17 日下午，卢雍政同志分别会见俄罗斯、塔吉克斯坦代表团主要团员，17 日晚，卢雍政同志会见代表团。

8 月 16 日 全国青联十一届三次常委（扩大）会议在北京召开。中共中央政治局委员、全国人大常委会副委员长王兆国接见全体与会代表并发表即席讲话，陆昊同志出席会议并讲话，王晓同志作工作报告，贺军科、卢雍政同志出席会议。15 日下午，王晓同志主持召开全国青联十一届三次主席会议。

8 月 16 日 中国法学会、团中央共同主办，司法部、教育部协办的 2012 年“爱祖国、学法律、创和谐”港澳与内地青年法律交流周活动在北京人民大会堂举行启动仪式。全国政协原副主席罗豪才、司法部副部长张苏军、国务院港澳办副主任华建、汪鸿雁同志出席启动仪式。来自香港和澳门 7 所大学的青年学生、青年律师和媒体记者参加了启动仪式。

8 月 16 日 周长奎同志出席全国老龄工作委员会第十四次全体会议。

8 月 17 日 陆昊同志在北京人民大会堂出席第 30 届夏季奥林匹克运动会中国体育代表团总结大会。会前，陪同胡锦涛总书记等中央领导同志接见中国体育代表团全体成员。

8 月 17 日 陆昊同志主持召开共青团第十六届中央书记处 2012 年第 14 次会议，学习讨论中央有关文件，学习传达中共中央政治局委员、国务院副总理、重庆市委书记张德江对重庆共青团等群团工作的指示精神。

8 月 17 日 罗梅同志与北京师范大学校长董奇、党委书记刘川生交流开设“少年儿童组织与思想意识教育”专业有关工作。

8 月 18 日 全国青联指导的“青联委员走进中科院”活动在北京举行。王晓同志、中科院党组副书记方新出席并讲话。

8 月 19 日至 29 日 团中央、全国学联主办的“中国大学生骨干培养学校”第五期学员暑期实践锻炼活动在江西吉安市举行，132 名学员参加为期两周的社会实践活动。20 日，卢雍政同志为全体学员作辅导报告并参加相关活动。21 日下午，卢雍政同志在江西南昌市出席高校学会组织建设座谈会。

8 月 19 日至 22 日 国家体育总局、教育部、团中央在内蒙古赤峰市联合主办 2012 年全国青少年“未来之星”阳光体育节。19 日上午举行开幕式，国家体育总局副局长冯建中、教育部副部长郝平、罗梅同志、内蒙古自治区副主席刘新乐出席。

8 月 20 日 中国青年企业家协会在北京举行以“财政政策与货币政策”为主题的第六次理论与实践相结合圆桌会议。陆昊、贺军科同志出席。

8 月 20 日至 22 日 周长奎同志赴吉林长春市出席中央文明委召开的“关爱他人、关爱社会、关爱自然”志愿服务活动座谈会并发言。其间，调研青年志愿服务工作和新媒体有关工作。

8 月 20 日 团中央、财政部联合下发《关于进一步支持和推动共青团基层组织建设和基层工作的意见》，就贯彻落实中央要求、进一步支持和推动共青团基层组织建设和基层工作提出明确要求。

8 月 22 日 陆昊同志在北京出席共青团北京市第十三次代表大会开幕式并讲话。

8 月 22 日 陆昊同志主持召开共青团第十六届中央书记处 2012 年第 15 次会议，学习讨论中央有关文件，研究部署有关工作。

8 月 22 日至 23 日 团中央、全国少工委在北京举办少先队学科建设专题研讨班。罗梅同志出席并讲话,教育部有关司局负责同志,21 所综合性大学、师范院校有关负责同志以及以上高校所在省份团委分管书记、少年部长出席研讨班。期间,全国少工委还召开了少先队辅导员职称工作座谈会。

8 月 23 日　王晓同志召集会议,研究青少年励志教育人选工作。周长奎同志,宣传部、统战部负责同志参加。

8 月 23 日　汪鸿雁同志在内蒙古呼和浩特市出席共青团内蒙古自治区第十三次代表大会开幕式并讲话。

8 月 24 日　陆昊同志出席中央党的建设工作领导小组会议。

8 月 24 日　汪鸿雁同志到财政部商谈小额贷款贴息政策有关工作。

8 月 26 日至 27 日　汪鸿雁同志在山西朔州市出席国务院召开的三北防护林四期工程总结表彰暨五期工程启动大会。

8 月 27 日　陆昊同志召集会议,专题研究新任职地市级、县级团委书记培训工作。贺军科同志、组织部负责同志参加。

8 月 27 日　罗梅同志在北京出席中国儿童中心成立 30 周年纪念大会。

8 月 28 日　陆昊同志会见应中联部邀请来访的以书记处书记、组织部长斯通波为团长的意大利民主党代表团。

8 月 28 日　周长奎同志在北京出席党建读物出版社与中国人民革命军事博物馆联合举办的"万水千山——走进长征路大型纪实摄影展"开幕式并观看展览。

8 月 28 日　周长奎同志在北京出席中国思想政治工作研究会第九届常务理事会第六次会议。

8 月 29 日　陆昊同志列席研究部署深入推进义务教育均衡发展和规范农村义务教育学校布局调整工作的国务院第 215 次常务会议。

8 月 29 日　陆昊同志主持召开共青团第十六届中央书记处 2012 年第 16 次会议,研究全国新任职地市级团委书记培训、2013 年"共青团与人大代表政协委员面对面"活动主题、《少先队总辅导员设置管理办法(试行)》等工作。

8 月 30 日　全国青联在北京举行第十次建言献策研讨会("道德建设"专题)。陆昊、王晓同志出席。

8 月 30 日、9 月 3 日　陆昊同志主持召开团中央书记处专题会议,研究组织格局创新后乡镇实体化"大团委"建设和桥头堡作用发挥等工作。汪鸿雁同志,组织部、农村部负责同志参加。

8 月 30 日　贺军科同志在北京出席中组部组织召开的窗口单位和服务行业为民服务创先争优经验交流会。

8 月 30 日　贺军科同志会见以皇宫内务大臣凯提·坎塔米特为团长的泰国诗琳通公主项目办公室官员代表团。

8 月 31 日　陆昊同志在北京出席对外友协与韩国驻华使馆共同举办的庆祝中韩建交 20 周年招待会。

8 月 31 日至 9 月 1 日　全国新任职地市级团委书记培训班在北京举行,团中央书记处同志分别围绕当前全团重点工作和针对性问题解读授课。

8 月 31 日　王晓同志召集会议,研究青少年励志教育人选工作。周长奎同志,宣传部、统战部负责同志参加。

8 月 31 日至 9 月 9 日　应全国青联邀请,以社会发展与人类安全部弱势群体权益保护、促进和能力建设局副局长萨玛猜·崇威亚为团长的泰国青年代表团访华。9 月 1 日晚,卢雍政同志会见代表团。

8 月 31 日　团中央学校部在河南郑州市召开全国中学共青团重点工作课题推进研讨会。

9 月 2 日 国家质检总局、教育部、团中央在陕西西安市联合举行“万名大学生质量安全志愿服务活动”启动仪式。国家质检总局局长支树平、陕西省副省长李金柱、周长奎同志出席并讲话。

9 月 3 日 陆昊同志召集会议，专题研究中国青少年新媒体协会有关工作。周长奎同志、宣传部负责同志参加。

9 月 3 日至 6 日 团中央组织部在北京举办 2012 年新任职县级团委书记培训研讨会。4 日下午，陆昊、贺军科同志与部分新任职县级团委书记座谈。4 日上午、5 日下午，贺军科同志出席会议。

9 月 3 日至 12 日 应全国青联邀请，世界民主青年联盟和社会党国际青年联盟部分会员组织负责人访华，并参加主题为“新形势下的青年政治教育与成长服务”的国际青年组织领导人研修班。5 日晚，卢雍政同志会见研修班全体学员。

9 月 4 日 中国青年政治学院举行 2012 年新生开学典礼，陆昊同志出席并与经济系师生代表座谈。

9 月 4 日 王晓同志会见台湾青商总会会长沈伯璋。

9 月 4 日 卢雍政同志在北京出席教育部、中央电视台主办的 2012 年度全国教书育人楷模颁奖特别节目《至高荣誉》录制活动。

9 月 4 日 卢雍政同志与全国学联新任驻会主席座谈。

9 月 5 日 陆昊同志主持召开共青团第十六届中央书记处 2012 年第 17 次会议，学习讨论中央有关文件，研究农村基层团组织建设和基层工作等。

9 月 5 日 汪鸿雁同志参加中国农村青年致富带头人协会会长办公会。

9 月 5 日至 6 日 团中央、中国农村青年致富带头人协会在北京举行政府部门与农村青年致富带头人“倾听心声共促发展”集中活动月启动仪式暨座谈会。5 日下午，汪鸿雁同志出席启动仪式并讲话。科技部、农业部、银监会、中华全国供销合作总社等单位有关司局负责同志及来自全国 19 个省份的中国青年致富带头人协会会员、省级涉农青年协会代表参加。

9 月 5 日至 11 日 应蒙古国青年联合会邀请，以汪鸿雁同志为团长的中国青年代表团访问蒙古。在蒙期间，汪鸿雁同志与蒙外交部国务秘书巴·巴特赫士格进行工作会谈，并分别与蒙青年联合会、社会民主青年联合会、民主青年联合会负责人进行座谈。

9 月 6 日 全国青联在北京举行第十一次建言献策研讨会（“自主创新”专题）。陆昊、王晓同志出席。

9 月 6 日 贺军科同志在吉林长春市出席商务部、国家发改委、吉林省人民政府主办的第八届中国吉林·东北亚投资贸易博览会开幕式和第六届东北亚经贸合作高层论坛。

9 月 6 日 贺军科同志在吉林长春市与部分乡镇街道、机关事业单位团干部座谈。

9 月 6 日 卢雍政同志在北京出席中央国家机关工委召开的中央国家机关青年基层实践锻炼工作推进会。

9 月 6 日 周长奎同志在北京出席中宣部、中央外宣办等单位主办的“走基层、转作风、改文风”大型主题采访活动视频动员会。

9 月 7 日 陆昊同志会见世界经济论坛执行主席、创始人克劳斯·施瓦布一行。

9 月 7 日 吉林省人民政府、中国青年企业家协会在吉林长春市共同举办以“创新·多元·共赢——加强区域合作，服务经济发展”为主题的第五届东北亚青年企业家发展论坛。吉林省委副书记竺延风、贺军科同志出席论坛并致辞。来自美国、韩国、日本及港、澳、台等地的 400 多名青年企业家代表参加论坛。

9 月 7 日 罗梅同志在北京出席全国教师工作暨“两基”工作总结表彰大会。

9月8日至18日 教育部、国家体育总局、团中央主办，天津市人民政府承办的第九届全国大学生运动会在天津举行。来自全国34个代表团的6196名运动员参加了比赛。8日上午，中共中央政治局委员、天津市委书记张高丽宣布大赛开幕，天津市市长黄兴国、教育部部长袁贵仁、陆昊同志、国家体育总局副局长冯建中出席开幕式。

9月8日 罗梅同志在广西南宁市出席共青团广西壮族自治区第十三次代表大会开幕式并讲话。

9月10日 陆昊同志主持召开团中央书记处专题会议，研究部署参与做好“九一八”敏感期涉日维稳工作。卢雍政、周长奎同志，办公厅、宣传部、城市部、学校部负责同志参加。

9月10日 陆昊同志主持召开团中央书记处专题会议，研究深入推进少先队学科建设工作。罗梅同志、少年部负责同志参加。

9月11日 陆昊、王晓同志参加全国政协“加强和创新社会管理”专题协商会。

9月11日 团中央在机关召开乡镇实体化“大团委”建设工作座谈会。贺军科同志出席，组织部、农村部负责同志，部分省级团委分管书记、组织部部长、农村部部长，部分地市级团委书记参加。

9月11日 卢雍政同志会见台湾青年菁英协会创始人施明豪。

9月12日 陆昊同志主持召开团中央书记处专题会议，听取乡镇实体化“大团委”建设工作座谈会有关情况汇报，进一步研究推进乡镇实体化“大团委”建设工作。贺军科同志，办公厅、组织部、农村部负责同志参加。

9月12日 陆昊同志召集会议，专题研究新任职县级团委书记培训有关工作。贺军科同志、组织部负责同志参加。

9月12日 王晓同志在北京人民大会堂出席第14届残疾人奥林匹克运动会中国体育代表团总结表彰大会，会前陪同中共中央政治局常委李长春接见中国体育代表团。

9月12日至15日 应朝鲜金日成社会主义青年同盟邀请，以汪鸿雁同志为团长的中国青年代表团访问朝鲜。在朝期间，朝鲜最高人民会议常任委员会副委员长杨亨燮、朝青盟中央委员会委员长全勇南会见代表团主要成员。

9月12日 全国青联、全国学联发表声明，对日本宣布“购买”钓鱼岛及其附属的南小岛、北小岛，实施所谓“国有化”表示坚决反对和强烈谴责。

9月13日 陆昊同志召集会议，专题研究中央综治委加强和创新社会管理重点工作推进会有关材料。权益部负责同志参加。

9月13日至19日 应全国青联邀请，国际美慈组织代表团访华，与来自中美青年领导人社会建设项目前4期的中方学员代表共同参加中美青年领导人社会建设项目总结研讨会。15日晚，卢雍政同志会见代表团。

9月13日 团中央为云南、贵州两省分别筹集100万元、50万元，专项用于支持两省地震灾区基层团组织开展青少年生活救助和灾后恢复重建工作。

9月14日 陆昊同志主持召开团中央书记处专题会议，进一步研究部署涉日维稳工作。王晓、卢雍政、周长奎同志，办公厅、宣传部、城市部、学校部负责同志参加。

9月14日 贺军科同志在北京参加中央创先争优活动领导小组第十次会议。

9月17日 陆昊同志主持召开共青团第十六届中央书记处2012年第18次会议，传达中央有关文件精神，进一步研究部署涉日维稳工作。

9月17日 罗梅同志主持召开团中央民族地区工作领导小组会议。

9月18日至27日 应马来西亚青年与体育部邀请，以周长奎同志为团长的中国青年代表团访问马来西亚。在马期间，马来西亚青年与体育部部长艾哈迈德·沙比里·契克出席

"2012 中马百名青年互访"交流活动开幕式，世界青年大会主席、马来西亚国会议员伊德瑞斯·哈伦和马来西亚青年理事会主席马利基·默罕默德等会见代表团。

9 月 20 日至 28 日　应全国青联邀请，以沙特外交部经济与文化事务次大臣助理费萨尔·哈西姆大使为团长的沙特青年代表团访华，并参加第三届"中沙青年友好会见"活动。24 日下午，全国人大常委会副委员长韩启德会见代表团全体成员。

9 月 21 日　中共中央政治局常委、全国政协主席贾庆林在北京人民大会堂会见由香港知名爱国人士发起组织，中央统战部、教育部、香港中联办、团中央协助接待的第十一届海外杰青汇中华交流团全体成员。中央书记处书记、中央统战部部长令计划，全国政协副主席杜青林，陆昊同志参加会见。

9 月 21 日　罗梅同志在江苏南京市出席江苏省委宣传部、江苏省周恩来研究会等主办的"依托基地，创建'周恩来班'成果展示"大会。

9 月 23 日至 27 日　团中央在中央团校举办 2012 年"培养计划"民族地区乡镇团干部学习考察暨挂职团干部总结培训活动。来自民族地区的 49 名挂职团干部和 50 名乡镇团干部参加了学习培训。26 日下午，罗梅同志出席结业座谈会并讲话。

9 月 23 日至 27 日　应柬埔寨教育、青年与体育部邀请，以周长奎同志为团长的中国青年代表团访问柬埔寨。在柬期间，柬埔寨教育、青年与体育部国务秘书芷恰，柬埔寨青年协会主席满昆和暹粒省副省长毛武之等会见代表团。

9 月 24 日　中国青年创业就业基金会和微软（中国）有限公司合作实施的青年就业创业信息技能培训项目签约暨启动仪式在北京人民大会堂举行。陆昊、王晓同志，微软大中华区首席执行官贺乐赋等出席仪式。

9 月 24 日　陆昊同志召集会议，专题研究预防青少年违法犯罪工作。汪鸿雁同志、权益部负责同志参加。

9 月 24 日　贺军科同志在北京出席解放军总后勤部举办的"迎接十八大、永远跟党走"知识竞赛决赛。

9 月 24 日至 27 日　团中央、人力资源社会保障部在辽宁沈阳市共同举办第八届"振兴杯"全国青年职工技能大赛决赛。来自全国各省（自治区、直辖市）及金融、铁道、民航系统的 254 名选手分别参加了计算机网络管理员、工具钳工、汽车修理工 3 个工种的比赛。27 日晚，贺军科同志，辽宁省委常委、省总工会主席赵国红出席闭幕式。

9 月 24 日　罗梅同志在北京出席中宣部举办的第十二届精神文明建设"五个一工程"颁奖晚会。

9 月 25 日　陆昊同志主持召开共青团第十六届中央书记处 2012 年第 19 次会议，研究推进乡镇实体化"大团委"建设、2012 年全国新任职县级团委书记培训、共青团参与做好涉日维稳等工作。

9 月 25 日　罗梅同志在北京出席中宣部召开的第十二届精神文明建设"五个一工程"表彰座谈会。

9 月 25 日　中宣部、国家体育总局、全国总工会、团中央、全国妇联和中国残联在北京人民大会堂联合举办"残奥英雄事迹报告会"。中宣部副部长申维辰、国家体育总局副局长冯建中、汪鸿雁同志、全国妇联书记处书记崔郁、中国残联主席张海迪等主办单位领导同志和首都各界 700 余名观众出席报告会。

9 月 27 日　陆昊同志召集会议，专题研究农村共青团工作。汪鸿雁同志，组织部、农村部负责同志参加。

9 月 27 日　汪鸿雁同志在天津出席新闻出版总署召开的全国农家书屋工程建设总结大会。

9 月 28 日　陆昊同志主持召开共青团第十六届中央书记处 2012 年第 20 次会议，传达学习中央有关文件。

9 月 29 日　陆昊同志在北京出席国务院举行的 2012 年国庆招待会。

9 月 29 日　王晓同志会见泰国华人青年商会会长李桂雄。

10 月 1 日　陆昊同志在北京参加庆祝中华人民共和国成立 63 周年首都各界代表向人民英雄纪念碑敬献花篮仪式。

10 月 8 日　陆昊同志召集会议，专题研究全国乡镇实体化“大团委”建设有关工作。汪鸿雁同志参加。

10 月 9 日　团中央召开全国乡镇实体化“大团委”建设工作电视电话会议。陆昊同志出席并讲话，王晓同志主持，贺军科、汪鸿雁同志出席。各团省（自治区、直辖市）委班子成员，农村部、组织部全体同志，其他部门负责同志；团地市委班子成员，各部门负责同志；团县（市、区）委全体同志，各乡镇团委书记、副书记、委员，部分农村专业合作组织负责人，共约 30 万人参加会议。

10 月 9 日　卢雍政同志出席外交部组织召开的中日关系部际协调会。

10 月 10 日　王晓同志会见哥斯达黎加国会议员、前哥斯达黎加青年部青年公共政策理事会主席豪尔赫·阿尔杜罗·罗加斯一行。

10 月 11 日　陆昊同志主持召开专题会议，研究少先队学科建设工作。罗梅同志、少年部负责同志参加。

10 月 12 日　陆昊同志召集会议，专题研究中央综治委加强和创新社会管理重点工作推进会有关材料。汪鸿雁同志、权益部负责同志参加。

10 月 12 日　全国各地少先队组织集中开展“红领巾心向党——感受你的爱”全国统一主题队日活动。上午，罗梅同志在北京翠微小学出席主题队会并与少先队员交流。

10 月 12 日　汪鸿雁同志在北京出席政协第十一届全国委员会优秀提案和先进承办单位表彰会。

10 月 13 日至 14 日　2012 年全国省级团委办公室主任会议在四川成都市召开，研究梳理各地支持基层共青团工作经费的具体举措和办法。

10 月 14 日至 18 日　应团中央邀请，以朝鲜金日成社会主义青年同盟国际部部长郑永远为团长的朝鲜青年友好代表团访华。15 日下午，卢雍政同志会见代表团。

10 月 15 日至 17 日　陆昊同志就推进乡镇实体化“大团委”建设在黑龙江调研。陆昊同志先后到乡镇团委、农村合作社团支部、企业团总支等基层团组织调研，与基层团干部座谈交流，并到哈尔滨工业大学与大学生代表座谈。期间，黑龙江省委书记吉炳轩与陆昊同志进行工作交流。

10 月 15 日　贺军科同志在中组部机关参加全国创先争优活动总结交流会议。

10 月 15 日　卢雍政同志会见应中国国际青年交流中心邀请来访的以大韩航空社长智昌薰为团长的“中韩友好绿色长城项目”韩国绿色志愿者代表团。

10 月 16 日　卢雍政同志会见前国民党青工总会会长何庆纹一行。

10 月 17 日　贺军科同志在北京出席国务院安全生产委员会全体会议。

10 月 17 日　汪鸿雁同志在北京出席国务院扶贫办“减贫与发展”高层论坛。

10 月 19 日　陆昊同志主持召开共青团第十六届中央书记处 2012 年第 21 次会议，研究加强省级团委班子工作制度建设、加强省级团委换届期间有关工作等事宜。

10 月 22 日　中共海南省委、团中央在北京中国剧院共同举办根据海南鹦哥岭自然保护区管理站青年团队事迹创作的青春纪实剧《执着》演出活动。全国政协副主席、中国社会科学院院长陈奎元，全国政协副主席、中国文联主席孙家正，中宣部副部长申维辰，文化部副部长赵少华、董伟，国家林业局局长赵树丛，中国文联党组书记赵实，周长奎同志，海南省政协主席于迅，海南省委常委、宣传部长许俊观看演出。

10月22日至31日 应印尼青年与体育部、韩国青少年联盟邀请，以王晓同志为团长的中国青年代表团访问印尼、韩国。在印尼期间，印尼青年与体育部部长安迪·马拉朗思与代表团进行工作会谈，印尼全国青年理事会主席陶凡、中国驻印尼大使刘建超会见代表团。在韩期间，韩国国会议员、执政党新国家党党首兼韩国青少年联盟总裁黄祐吕，国会议员南景弼、高熙善，女性家族部长官金锦来，韩国青少年团体协议会会长车光善，韩国青年会议所中央会长李汰键，韩中文化青少年中心代表权丙铉，中国驻韩大使张鑫森等分别会见代表团。

10月22日 贺军科同志在江西九江市出席共青城市重大项目集中开工仪式。

10月23日 贺军科同志在北京出席共青团中国人民银行第二次代表大会。

10月23日 周长奎同志在团中央机关与中央党史研究室副主任张树军一行就进一步做好党史教材规划有关工作进行交流。

10月23日 团中央下发《关于做好省级团委换届期间工作的通知》，要求各省级团委严肃换届纪律，认真做好换届工作；始终保持良好的工作状态和进取精神，努力做好团的各项重点工作；以换届为契机，抓好团干部队伍作风建设。

10月23日 团中央下发《关于进一步规范省级团委班子有关工作制度建设的通知》，要求各省级团委严格执行重大事项集体决策、规范会议纪要起草下发、建立健全领导班子成员外出报备制度、建立健全领导班子成员一周主要工作及活动汇总制度等。

10月24日 陆昊同志召集会议，研究学校战线近期重点工作。卢雍政同志、学校部负责同志参加。

10月24日 罗梅同志在北京出席“青春记忆——庆祝北京市学生金帆艺术团成立25周年”舞蹈专场晚会。

10月25日 陆昊同志召集会议，专题研究专门学校有关工作。汪鸿雁同志、权益部负责同志参加。

10月25日 团中央学校部在机关召开《中学生校园游戏100例》出版暨中学共青团工作载体创新研讨座谈会，围绕中学生校园游戏推广和中学共青团工作载体创新进行交流研讨。卢雍政同志出席并讲话。

10月25日 周长奎同志与中央文献研究室有关负责同志商谈《青年工作文献选编》修订出版事宜。

10月26日 陆昊同志在北京出席加强和创新社会管理重点工作推进会并代表预防青少年违法犯罪专项组汇报专门学校建设进展情况。

10月26日 卢雍政同志会见应国家体育总局邀请来访的以青年与体育部副部长颜炳寿为团长的马来西亚青年代表团。

10月26日 周长奎同志在北京出席鲁迅文化基金会成立会议暨2012“鲁迅论坛”。

10月27日 卢雍政同志在北京出席庆祝北京航空航天大学建校60周年大会。

10月30日至11月2日 全国乡镇实体化“大团委”建设工作调度会在内蒙古、浙江、江西、贵州分4个片区召开。会议通报了全国乡镇实体化“大团委”建设的工作情况，就下一步工作进行交流和部署。

11月1日至4日 陆昊同志在北京列席党的十七届七中全会。

11月2日 王晓同志召集会议，专题研究中国少年军校总校有关工作。罗梅同志，办公厅、少年部、中国少先队事业发展中心负责同志参加。

11月5日 陆昊同志主持召开共青团第十六届中央书记处2012年第22次会议，学习党的十七届七中全会精神，研究部署有关工作。

11月6日 卢雍政同志在北京出席中俄“旅游年”中方组委会第二次会议。

11月7日至15日 陆昊、王晓同志参加中国共产党第十八次全国代表大会。

11月8日 卢雍政同志会见应对外友协邀请来访的日本创价学会副理事长池田博正一行。

11月9日 汪鸿雁同志在北京出席全国人大环资委组织的《中华环保世纪行五年工作总结（征求意见稿）》征求意见座谈会。

11月11日至15日 应全国青联邀请，美国子午线国际中心高级副总裁桑德拉·戴维斯一行访问北京。13日晚，卢雍政同志会见代表团。

11月12日至14日 汪鸿雁同志在云南调研乡镇实体化“大团委”建设、重点青少年群体服务管理和预防犯罪试点等工作。

11月14日 卢雍政同志会见英中中心主任裴士高一行。

11月15日 共青团系统出席党的十八大代表座谈会在北京召开。陆昊同志主持，王晓同志和部分共青团系统的党的十八大代表参加。

11月16日 陆昊同志主持召开共青团第十六届中央书记处2012年第23次会议，传达学习党的十八大精神，研究部署全团学习宣传贯彻党的十八大精神有关工作。

11月16日 全国青联在北京召开学习党的十八大精神座谈会。陆昊同志出席座谈会并讲话，王晓同志传达了党的十八大主要精神，并就学习贯彻党的十八大精神作出部署，全国青联副主席于旭波主持。来自北京、黑龙江、广东、云南、新疆等地的140多名全国青联委员参加会议。

11月17日 陆昊同志参加十八届中央政治局第一次集体学习。

11月19日 团中央直属机关在北京召开传达学习党的十八大精神会议。陆昊同志出席并讲话，王晓同志传达党的十八大精神，罗梅同志主持会议，贺军科、卢雍政、汪鸿雁、周长奎同志，团中央机关全体党员干部、直属单位主要负责同志参加会议。

11月19日 全国学联在北京召开学习宣传贯彻党的十八大精神座谈会。陆昊同志出席并讲话，卢雍政同志、全国学联主席齐兴达出席。全国学联秘书处负责同志、北京市部分大中学校学生代表参加会议。

11月19日 陆昊同志在北京会见日本驻华大使丹羽宇一郎。

11月19日至22日 王晓同志在北京出席十一届全国政协常委会第十九次会议。

11月19日至24日 应全国青联邀请，以杜马议员施列格尔·罗伯特为团长的俄罗斯国家杜马青年议员代表团访华。19日晚，卢雍政同志会见代表团。

11月19日 全国少工委在北京召开学习宣传贯彻党的十八大精神座谈会。罗梅同志出席并讲话，全国少工委、教育部基础教育一司负责同志，参加党的十八大的少先队工作者代表、采访党的十八大的少先队员小记者，少先队员、少先队工作者、专家学者等参加会议。

11月20日 陆昊同志召集会议，专题研究团中央常委（扩大）会议有关安排。办公厅负责同志参加。

11月21日 陆昊同志主持召开共青团第十六届中央书记处2012年第24次会议，研究讨论拟提交团中央常委（扩大）会议讨论的关于学习宣传贯彻党的十八大精神有关决议。

11月21日 团中央在北京召开常委（扩大）会议，学习党的十八大精神，就全团深入学习宣传贯彻党的十八大精神进行研究和部署，审议通过了《关于深入学习宣传贯彻党的十八大精神,狠抓团的自身建设,团结动员广大团员青年在全面建成小康社会进程中充分发挥生力军作用的决议》。陆昊同志主持会议并讲话,王晓、贺军科、卢雍政、罗梅、汪鸿雁、周长奎同志,机关各部门主要负责同志、各省级团委主要负责同志出席会议。

11 月 21 日 中国青年企业家协会在北京召开学习宣传贯彻党的十八大精神座谈会。

11 月 21 日 中国青年科技工作者协会在北京召开学习宣传贯彻党的十八大精神座谈会。

11 月 22 日 陆昊同志主持召开共青团第十六届中央书记处 2012 年第 25 次会议,研究部署全团进一步学习宣传贯彻党的十八大精神有关工作。

11 月 22 日至 23 日 卢雍政同志在广西南宁市出席东盟青年干部高级研修班开办 10 周年暨中国(广西)国际青年交流学院 10 年发展座谈会相关活动并讲话。

11 月 23 日 陆昊同志召集会议,专题研究国内民间维权组织有关调研报告。汪鸿雁同志、权益部负责同志参加。

11 月 23 日 中国农村青年致富带头人协会在北京召开学习宣传贯彻党的十八大精神座谈会。汪鸿雁同志出席并讲话,协会在京会员代表以及北京市属涉农青年组织的代表共 40 余人参加。

11 月 24 日 卢雍政同志出席共青团清华大学第二十三次代表大会并讲话。

11 月 25 日至 28 日 团中央、中国科协、教育部、全国学联、上海市人民政府在上海同济大学共同举办第八届“挑战杯”中国大学生创业计划竞赛决赛。来自大陆地区 152 所高校的 200 支团队、港澳地区 10 所高校的 23 支团队参加比赛。26 日晚,卢雍政同志、上海市副市长沈晓明、同济大学校长裴钢出席开幕式并致辞,中国科协书记处书记徐延豪、同济大学党委书记周祖翼、全国学联主席齐兴达出席开幕式。

11 月 26 日 陆昊同志召集会议,专题研究《共青团 2012 年工作情况和 2013 年工作安排(送审稿)》起草工作。文件起草组有关同志参加。

11 月 26 日 团中央、中国科协、教育部、全国学联、江苏省人民政府共同主办的第十三届“挑战杯”全国大学生课外学术科技作品竞赛组委会第一次全体会议在苏州大学召开。卢雍政同志、江苏省副省长曹卫星出席并讲话。竞赛组委会全体成员,各省级团委分管书记、学校部部部长,部分高校团委书记等参加会议。

11 月 26 日 汪鸿雁同志在北京出席国务院防治艾滋病工作委员会全体会议。

11 月 28 日至 30 日 全国青联在中央社会主义学院举办学习党的十八大精神专题培训班。来自全国各地的 180 余名全国青联委员参加培训。29 日上午,陆昊同志看望全体学员并讲话,王晓同志参加看望活动。30 日下午,王晓同志作总结讲话。

11 月 28 日 卢雍政同志在北京出席国务委员刘延东主持召开的中俄人文合作委员会第十三次会议中方筹备会。

11 月 29 日 陆昊同志主持召开共青团第十六届中央书记处 2012 年第 26 次会议,研究《共青团 2012 年工作情况和 2013 年工作安排(送审稿)》和筹备成立全国钢铁行业、全国汽车行业、全国港口共青团工作指导和推进委员会有关工作。

11 月 30 日 陆昊同志召集会议,专题研究《共青团 2012 年工作情况和 2013 年工作安排(送审稿)》。周长奎同志、文件起草组有关同志参加。

11 月 30 日 卢雍政同志陪同国务委员刘延东会见欧盟委员会教育、文化、多语言和青年事务委员安德鲁拉·瓦西利乌一行。

12月3日 陆昊同志主持召开共青团第十六届中央书记处2012年第27次会议,研究讨论《共青团2012年工作情况和2013年工作安排(送审稿)》,研究深入学习宣传贯彻党的十八大精神有关工作。

12月3日 贺军科同志在北京出席省区市党委组织部长、统战部长、中央和国家机关等有关单位负责人会议。

12月3日至5日 根据外交部与中俄人文合作委员会中方秘书处安排,应俄罗斯教育科学部邀请,卢雍政同志赴俄罗斯参加中俄人文合作委员会第十三次会议,并与委员会青年分委会俄方主席、俄教育科学部国务秘书、副部长特列琪雅克·娜塔莉亚共同主持分委会第二次会议。

12月3日至10日 团中央学校部在北京举办2012年高校团干部培训班,学习党的十八大精神,研讨高校共青团工作。9日下午,卢雍政同志出席结业仪式并作专题报告。

12月3日 团中央下发《关于组织引导广大团员青年认真学习宣传贯彻习近平总书记在十八届中共中央政治局第一次集体学习时的讲话和在参观〈复兴之路〉展览时的讲话精神的通知》,要求各级团组织把认真学习宣传贯彻习近平总书记讲话精神作为学习宣传贯彻党的十八大精神的重要举措,作为在广大青少年中深入开展理想信念教育的重要内容,切实抓好落实。

12月4日 陆昊同志会见韩国仁川广域市市长宋永吉一行。

12月4日 王晓同志在北京出席首都各界纪念现行宪法公布实施三十周年大会。

12月4日 贺军科同志在北京出席全国个体劳动者第四次代表大会暨全国先进个体工商户表彰大会。

12月4日至6日 团中央城市青年工作部在北京举办机关共青团干部研讨培训班。部分省(区、市)、副省级城市直属机关团工委书记,部分中直机关、中央国家机关团委书记共70多人参加。5日上午,贺军科同志参加分组讨论。

12月4日 中国法学会、团中央共同主办的“爱祖国、学法律、创和谐”青年普法志愿者法治文化基层行活动授旗仪式在北京举行。司法部副部长张苏军、中国法学会副会长胡忠、汪鸿雁同志出席授旗仪式并致辞。

12月5日 陆昊同志在北京出席中央企业团工委召开的中央企业共青团学习贯彻党的十八大精神会议并讲话。

12月5日 汪鸿雁同志在北京出席中国计划生育协会第七届常务理事会第三次全体会议。

12月6日 团中央组织机关党员干部参观《复兴之路》展览。陆昊、王晓、贺军科、卢雍政、罗梅、汪鸿雁同志参观展览。

12月6日至9日 全国青联在中央党校举办学习党的十八大精神第二期专题培训班。来自全国各地的126名全国青联委员参加培训。7日下午,陆昊同志与青联委员们交流学习体会。7日下午至9日,王晓同志出席培训班有关活动并作总结讲话。

12月7日 中组部、团中央在北京召开第13批博士服务团培训动员会。中组部常务副部长沈跃跃出席并讲话,陆昊同志主持会议,王晓同志、中央人才工作协调小组办公室主任孙学玉出席。

12月7日 贺军科同志在北京出席中华全国工商业联合会第十一次会员代表大会开幕式。

12月8日 人力资源社会保障部、中组部、中宣部、教育部、团中央等单位在北京召开第十一届高技能人才表彰大会暨全国百家城市职业培训工作推进会。人力资源社会保障部部长尹蔚民出席并讲话,贺军科同志等主办单位负责同志出席。

12月9日 全国学联第二十五届主席团

第三次会议在北京召开，研究部署各级学联、学生会组织深入学习宣传贯彻党的十八大精神有关工作，审议通过《关于在全国学联设立专门工作委员会的说明》。

12月10日至16日 团中央、全国学联在北京举行中国大学生骨干培养学校第六期学员开班式暨理论学习周活动，283名来自全国重点高校的大学生骨干参加。12日上午，陆昊同志为学员授课，并就如何学习宣传贯彻党的十八大精神及当代大学生骨干的正确成长路径等问题进行座谈交流。16日下午，卢雍政同志出席总结交流会。

12月11日至12日 团中央举行2012年全国县级团委书记电视电话培训。11日上午，陆昊同志为学员授课。培训期间，团中央有关部门负责同志围绕分类引导青年、非公企业团建、乡镇实体化"大团委"建设及农村青年就业创业、驻外团工委建设、中学中职共青团工作等重点工作进行授课。新任职省级和地市级团委班子成员、县级团委书记及新任职县级团委副书记共4400余名团干部参加了培训。

12月11日 中央综治委预防青少年违法犯罪专项组办公室、团中央权益部和中国预防青少年犯罪研究会共同主办的首届"为了明天——关爱青少年彩虹行动"微电影大奖赛评审会在北京举行。汪鸿雁同志出席。

12月12日 周长奎同志在重庆出席共青团重庆市第四次代表大会开幕式并讲话。

12月13日 中共中央政治局委员李源潮听取团中央书记处工作汇报。书记处全体同志参加。

12月13日 陆昊同志在北京参加中央党的建设工作领导小组会议。

12月13日 周长奎同志参加中共中央政治局委员、中央书记处书记栗战书听取有关单位向党中央汇报工作相关安排的会议。

12月14日 陆昊同志主持召开共青团第十六届中央书记处2012年第28次会议，传达学习中央政治局关于改进工作作风、密切联系群众的有关文件和习近平总书记在中央政治局会议上的有关讲话，传达学习中共中央政治局委员李源潮12月13日上午在听取团中央书记处工作汇报时的讲话精神。

12月14日至15日 中国青年企业家协会在北京举办学习党的十八大精神专题培训班。14日下午，贺军科同志出席培训班并讲话。

12月15日至16日 陆昊同志在北京参加中央经济工作会议。

12月15日 王晓同志在北京出席中国民主促进会第十一次全国代表大会开幕式。

12月15日 中国预防青少年犯罪研究会在北京召开第六届理事会第二次会议。汪鸿雁同志出席并作工作报告。

12月16日 中央综治委预防青少年违法犯罪专项组指导、中国预防青少年犯罪研究会主办的"为了明天——预防青少年违法犯罪论坛"开幕式在北京举行。中国法学会党组书记、中国预防青少年犯罪研究会名誉会长陈冀平出席并讲话，汪鸿雁同志主持，约200名专家学者和实务工作者参加论坛。

12月17日 陆昊同志召集会议，专题研究推荐全国人大代表全国政协委员有关工作。组织部负责同志参加。

12月17日 陆昊同志在朝鲜驻华大使馆出席金正日逝世一周年悼念活动。

12月17日 王晓同志在北京出席第九次全国台湾同胞代表大会开幕式。

12月17日 全国港口共青团工作指导和推进委员会成立大会在福建福州市举行。交通运输部副部长高宏峰、贺军科同志出席并讲话。来自全国港口各企事业单位的团组织负责人、青年代表参加会议。

12月17日 团中央机关召开会议，传达中央政治局关于改进工作作风、密切联系群众的八项规定。罗梅同志传达，机关正处级以上干部和直属单位主要负责同志参加。

12月17日 团中央、农业部在北京召开第八届“全国农村青年致富带头人”评审会。汪鸿雁同志出席。

12月18日 陆昊同志主持召开共青团第十六届中央书记处2012年第29次会议，传达学习中央经济工作会议精神。

12月19日 陆昊同志主持召开共青团第十六届中央书记处2012年第30次会议，进一步研究学习贯彻中央政治局关于改进工作作风、密切联系群众的八项规定有关工作，研究向有关地方、部门提出十二届全国政协青联界别组委员建议人选名单。

12月19日、20日 陆昊同志召集会议，研究全国政协青联界别有关工作。王晓同志、统战部负责同志参加。

12月19日 全国钢铁行业共青团工作指导和推进委员会成立大会在山东济南市举行。贺军科同志、中国钢铁工业协会党委书记刘振江出席并讲话。来自全国大型钢铁企业、科研院所、高校等单位的青年代表参加会议。

12月19日 汪鸿雁同志在天津出席共青团天津市第十三次代表大会开幕式并讲话。

12月20日 团十六届中央书记处举行第二十七次集体学习。党的十八大精神中央宣讲团成员、中央文献研究室主任冷溶围绕学习党的十八大精神进行专题讲解。陆昊同志主持并讲话，王晓、贺军科、卢雍政、罗梅、汪鸿雁同志，机关全体干部参加。

12月20日 卢雍政同志在北京出席首届中国创新创业大赛全国总决赛颁奖晚会。

12月21日 中共中央政治局委员李源潮主持召开高校师生座谈会，就大学生思想状况特点、大学生关注的热点问题、大学生骨干成长路径等进行座谈交流。陆昊、卢雍政同志参加。

12月21日 团中央、人力资源社会保障部在北京召开第七届“中国青年创业奖”评审会。贺军科同志出席。

12月21日至22日 中国青少年研究中心、中国青少年研究会、团北京市委、北京市青联在北京举行主题为“中国特色社会主义事业与青少年发展”的第八届中国青少年发展论坛(2012)暨学习贯彻党的十八大精神研讨会。来自全国25个省、自治区、直辖市及香港、澳门地区的青少年工作者和青少年研究专家、学者500余人参加。21日上午，罗梅同志、北京市委常委陈刚出席开幕式并讲话。

12月21日至22日 汪鸿雁同志在北京参加中央农村工作会议。

12月22日 汪鸿雁同志在北京出席公安部春节电视文艺晚会。

12月24日 中国大学生骨干培养学校第五期学员结业活动在北京举行。中共中央政治局委员李源潮出席结业总结会，与275名来自全国重点院校的大学生骨干座谈交流。陆昊同志主持会议，中宣部副部长王晓晖、教育部副部长杜玉波、卢雍政同志、全国学联主席齐兴达出席。

12月24日 贺军科同志在北京观看“共举中国梦，我们是党的好孩子”全国革命老区红军小学宣传队向首都人民汇报演出。

12月24日 中国青少年宫协会第五次会员代表大会在北京召开，200多名来自全国各地青少年宫的代表参加大会。周长奎同志出席并讲话，中央文明办、教育部等协会指导委员会成员单位有关负责同志参会。

12月25日 全国汽车行业共青团工作指导和推进委员会成立大会在北京举行。中国机械工业联合会党委书记、会长王瑞祥，贺军科同志出席并讲话。

12月25日 汪鸿雁同志在北京出席流浪乞讨人员救助管理工作部际联席会议第二次全体会议。

12月26日 中共中央政治局常委、中央书记处书记刘云山主持召开中央书记处办公会议，听取团中央2012年工作情况和2013年工作安排的汇报。刘奇葆、赵乐际、栗战书、杜青林、赵洪祝、杨晶同志参加会议。陆昊同志代表团中央书记处作汇报,书记处全体同志参加。会议对 2012 年共青团工作给予肯定,对 2013 年工作作出重要指示。

12 月 26 日 陆昊同志在北京参加全国组织部长会议。

12 月 26 日 团中央、全国青联、欧美同学会共同主办的"创新创业报效祖国——2012 年海外学人回国创业周"活动在天津滨海新区开幕,来自美国、英国、法国、日本等 11 个国家的海外留学人员参加活动。

12 月 27 日 陆昊同志主持召开共青团第十六届中央书记处 2012 年第 31 次会议,学习传达中央书记处在听取共青团中央工作汇报时的指示精神。

12 月 27 日 陆昊同志召集会议,研究中国青年报社有关工作。王晓同志,组织部、中国青年报社负责同志参加。

12 月 27 日、31 日 陆昊同志先后召集会议,专题研究团十六届六中全会报告起草工作。周长奎同志、文件起草组有关同志参加。

12 月 27 日 外交部青年读书研究会、团中央国际联络部、中国国际问题研究所青年读书研究会在北京举行第七届全国青年国际问题研讨会。外交部副部长宋涛、卢雍政同志出席并讲话。

12 月 31 日 陆昊同志在北京参加十八届中央政治局第二次集体学习。

12 月 31 日 团中央、教育部、全国少工委联合下发《关于印发〈少先队总辅导员设置管理办法(试行)〉的通知》,就各级少先队总辅导员岗位设置、任职条件、基本职责、培养、管理、职业发展等作出具体规定。